Gunter Hofmann
Willy Brandt

Gunter Hofmann

Willy Brandt

Sozialist, Kanzler, Patriot

C.H.Beck

Mit 35 Abbildungen

© Verlag C.H.Beck oHG, München 2023
www.chbeck.de
Umschlaggestaltung: Kunst oder Reklame, München
Umschlagabbildung: Willy Brandt 1990 © Kurt Reichenbach/RDB/ullstein bild via Getty Images
Satz: Janß GmbH, Pfungstadt
Druck und Bindung: Druckerei C.H.Beck, Nördlingen
Gedruckt auf säurefreiem und alterungsbeständigem Papier
Printed in Germany
ISBN 978 3 406 79875 7

myclimate
klimaneutral produziert
www.chbeck.de/nachhaltig

Für
Lars, David, Benjamin

«Wir ließen uns nicht ins Ungeheuerliche verstricken, doch im Laufe weniger Jahre wurde mir immer klarer, dass man auch als deutscher Antinazi keinen Grund hatte, sich auf ein hohes Ross zu setzen.»
Willy Brandt 1982

«Nicht notwendigerweise hat es so kommen müssen, wie es 1933 und 1939 gekommen ist. Nicht erst in lebensgefährlichen Schriften des Untergrunds, nein, schon in Aufrufen aus der Zeit der zu Ende gehenden Weimarer Republik war gewarnt worden, dass Hitler Krieg bedeute. Mit dieser Einsicht bin ich politisch erwachsen geworden ... Eine selbstkritische Frage drängt sich mir auch hier auf. Wenn man die Warnung vor dem, wohin die NS-Herrschaft führen werde, buchstäblich und ganz ernst genommen hätte, wären dann nicht viel größere Risiken angemessen gewesen, um das nationale und europäische Unheil abwenden zu helfen? Auch als klar war, dass Hitlers Krieg nur noch zu verlieren war, hätte sich beträchtliche menschliche und materielle Substanz vor der Vernichtung bewahren lassen. Die große Lehre jener Zeit lautet: Wo die Freiheit nicht beizeiten mit großem Einsatz verteidigt wird, ist sie nur um den Preis schrecklich hoher Opfer zurückzugewinnen. Ein mündiges Volk darf die Macht nicht in die Hände von Verrückten und Verbrechern fallen lassen ...»
Willy Brandt 1989[1]

Inhalt

Vorwort   11

I. «Unbehaust»   19

II. «Wo sind die Mühsam-Alleen, die Heinrich-Mann-Plätze?»
Julius Leber und Adam von Trott   29

III. «Links und frei»
Radikal und auf der richtigen Seite   55

IV. «Unsägliche Schande legte sich über den deutschen Namen. Ich ahnte, dass uns diese Schande lange nicht verlassen würde»
Ex patria   89

V. «Verbrecher und andere Deutsche»
Wieder ein Anfang   115

VI. «Mein Weg nach Berlin»
Ein «Norweger» wird repatriiert   139

VII. «Und was issen Fortschritt? Bisschen schneller sein als die Schnecke»
Zum Beispiel Günter Grass   189

VIII. «Wandel durch Annäherung» 225

IX. Der andere «andere Deutsche»: Herbert Wehner 291

X. Der «Vaterlandsverräter» als Patriot 349

XI. «Die Generation, auf die wir gewartet haben»
1968 385

XII. «Lebensläufe lassen sich nicht auf Flaschen ziehen»
Frei und links 421

XIII. Flaschenpost: Ostpolitik 429

XIV. Der ewige Dissident 457

Anmerkungen 483
Bildnachweis 507
Personenregister 509

Vorwort

Als dieses Buch begonnen wurde, war an einen Einfall russischer Truppen in die Ukraine und einen imperialistischen Krieg zur Rückeroberung des Besitzstandes aus sowjetischen Zeiten nicht zu denken. Die Zeit schien gekommen, die Ostpolitik der 70er Jahre zu historisieren. Uneingeschränkt galt das auch für den Mann, der sie angestoßen und Mehrheiten für sie erstritten hatte. Jahrzehntelang schieden sich die Geister an Willy Brandt. Es ist nicht übertrieben zu sagen, sein Bild als «anderer Deutscher» hatte sich seit dem Kniefall in Warschau 1970 weltweit eingraviert. Es wirkte nach. Heimlich revisionistische Absichten werden der Republik in der Regel nicht mehr unterstellt, wenn doch, wie in Warschau, dann eher zu innenpolitischen Zwecken – und es verhallt.

Was genau Brandts Vermächtnis ist, steht unvermittelt neu zur Debatte, manche Kritik geht so weit, diese Politik für den Anfang jener «naiven» Annäherung an die (damalige) Sowjetunion zu erklären, die Wladimir Putin zu seinem Feldzug geradezu ermunterte. Schon bei der Ostpolitik handelte es sich demzufolge um Appeasement.

Wie die Einwände von heute denen von damals zu Anfang der siebziger Jahre gleichen, voller Empörung über fehlenden Kampfgeist und Feigheit, über die pazifistische Nachkriegsmentalität. In der *FAZ* wurde Jürgen Habermas als intellektueller Wortführer ausgemacht, der die Bundesrepublik mit historisch-moralischen Argumenten seit jeher auf die falschen Gleise schob, im Konflikt um die

«Nachrüstung» habe endgültig Willy Brandt mit seinen entspannungspolitischen Illusionen gegen den Realisten Helmut Schmidt obsiegt.[1] Als «Reise zum Mars» beschrieb der *Spiegel*, der einst zu den vehementen Befürwortern von Brandts Ostpolitik zählte, die Geschichte der Bundesrepublik. Seit dem Machtwechsel im September 1969 und dem Beginn der Entspannungspolitik träumten die Deutschen von ewigen Friedenszeiten, was sich bis heute perpetuiere, Willy Brandt sei dabei der «romantische Held dieser postheroischen Zeit» geworden.[2]

Es geht hier nicht darum, die deutsche Russlandpolitik seit 1970 nachzuverfolgen. Vielmehr soll reflektiert werden, was Willy Brandt anleitete während seiner Kanzlerschaft und danach, aber auch, was er als seine Erbschaft betrachtet und verteidigt haben würde.

Schon in der erbitterten Debatte Anfang der siebziger Jahre wurden die Ostverträge mit «Rapallo» verglichen, dem Vertrag von 1922 zwischen der Weimarer Republik und Sowjetrussland, oder auch mit dem Münchner Abkommen 1938, Chamberlains Entschluss, Hitler im Konflikt um die Tschechoslowakei entgegenzukommen, um einen großen Krieg doch noch zu verhindern. Heute klingt es ähnlich, die Geister scheiden sich wieder an Brandt. Die Frage, was würde Brandt dazu sagen, klingt dreißig Jahre nach seinem Tod merkwürdig aktuell. Was hätte er zu dem Überfall auf die Ukraine am 24. Februar 2022 gesagt? Was dazu, dass Amerika, das ihm so viel bedeutete, den demokratieunverträglichen Donald Trump zum Präsidenten erwählte? Würde er heute noch festhalten an dem Traum seiner Jugend, den Vereinigten Staaten von Europa, wovon er erstmals schon 1940 sprach? Wie soll man verfahren mit den Nationalkonservativen Polens, wenn sie Brüssel als «neues Moskau» anprangern, wie mit den Apologeten einer «illiberalen Demokratie» in Budapest?

Die Antworten auf solche Fragen können sehr unterschiedlich ausfallen, je nachdem, wer welchen Brandt vor Augen hat. Hier geht es, zugegeben, um «meinen Brandt». Wie ich ihn erlebt habe als Journalist und wie er sich aus heutiger Sicht ausnimmt. Aus meiner Sicht jedenfalls gehörte er nach der Rückkehr aus dem Exil in Norwegen sehr rasch zu den Stimmen, die man heraushörte in der jun-

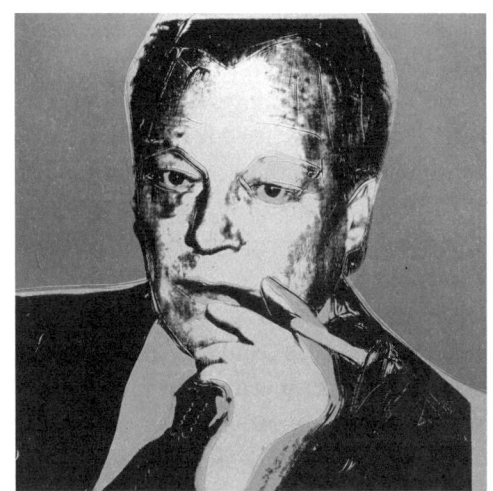

Mit seiner Polaroid-Kamera schafft Andy Warhol 1976, zwei Jahre nach dem Rücktritt des Kanzlers, die fotografische Vorlage für 26 Multiples, Siebdrucke, mit denen er den weltweit geschätzten Brandt wie Marilyn Monroe oder Mao Tse-tung in den Pop-Himmel erhebt.

gen Republik, einer Halbnation, die ihre Identität noch suchte. Eine solche Stimme mit Autorität ist er unbestreitbar geblieben. Wie immer man ihn sieht, die Antworten, die er suchte und gab, die Autorität, die er gewann, leiteten sich ab aus seinem Leben, dessentwegen er aber auch oft mit Ressentiments verfolgt wurde. Um diese Spur geht es mir insbesondere.

Quelle dieses Buches ist vor allem Willy Brandt, also was er über sich sagte und was er notierte. Quelle ist aber auch, was über ihn gesagt, gedacht, geschrieben worden ist und welches Bild Zeitgenossen wie Günter Grass, Heinrich Böll oder Alexander Mitscherlich von ihm zeichneten. Er spiegelte sich in uns, wir in ihm. Jeder hatte seinen Brandt vor Augen. Unbeteiligt ließ er nicht. Dem ganzen Brandt suchte Andy Warhol auf seine Weise gerecht zu werden, als er 1976 in Bonn mit der Polaroidkamera 26 Fotos von dem Ex-Kanzler machte, die er in Siebdrucke umwandelte. Jedes der Multiples (84 × 59), mit Zigarettenspitze, präsentierte zugleich einen jeweils anderen Brandt. Warhol hob den deutschen Politiker, mit dem sich «mehr Demokratie wagen», der «Kniefall» und (im Ausland) auch das Wort vom «anderen Deutschen» verband, damit für alle Zeiten in den Pop-Himmel, auf eine Ebene mit Mao Tse-tung oder Marilyn Monroe.

So defensiv und zurückhaltend er auch auf Ressentiments und Diffamierungen wegen seiner Lebensgeschichte reagierte, mir scheint, man muss seine zahlreichen Bücher (oder auch Reden und Essays) als Antwort verstehen, insgeheim setzte er sich damit zur Wehr. Ihn quälte selbst die Frage, warum er es sich so schwergemacht habe, wenn ihm Ressentiments wegen seiner Herkunft und seiner zwölf Jahre in Norwegen und Schweden entgegenschlugen. Anhören musste er sich, dass ein Vaterlandsloser, der Norwegen als neue Heimat empfand, kein wahrer Patriot sein sollte. Emigranten galten als «Deserteure». «Verrat» oder «Verzicht», das blieb die Grundmelodie der Gegner über weite Strecken seines Lebens seit der Rückkehr aus Oslo 1946, dagegen musste er sich verteidigen und behaupten, obwohl er sich lieber bedeckt gehalten hätte. Zur Ausnahmefigur machte ihn allein schon dieser Lebenslauf, wie ich meine, aus dem sich die Ostpolitik gleichsam zwangsläufig ergab. Nach seiner Lesart setzte die Ostpolitik nur die Kontinuität der Westpolitik fort. Mir scheint, dass es sich auf paradoxe Weise dennoch um eine radikale Zäsur handelte, die Republik definierte sich neu. Auch um diese Spur geht es.

Im Jahr 1974 übernahm der Kanzler die Verantwortung, nachdem Kanzleramtsmitarbeiter Günter Guillaume als DDR-Agent enttarnt worden war, er trat zurück. In späteren Jahren machte Brandt Herbert Wehner dafür verantwortlich, gegen ihn intrigiert und seinen Rücktritt betrieben zu haben. Auch diese Spur verfolgt das Buch, Wehner war der andere «andere Deutsche». Brandt schien an ihn gefesselt zu sein und wollte sich emanzipieren, sie scheiterten aneinander. Helmut Schmidt, mit dem ihn ein kompliziertes Verhältnis verband, folgte ihm nach als Regierungschef. Brandt behielt den Vorsitz seiner Partei. Schmidt hatte sich als Soldat zur Wehrmacht gemeldet und am Krieg teilgenommen, einer von neunzehn Millionen, er verkörperte die Mehrheitsdeutschen. Wenigstens mit ihm musste das Bündnis gelingen, daran orientierte sich Brandt an der Spitze der SPD, also die Versöhnung von Mehrheits- und Minderheitsdeutschen wie ihm. Der Streit um die Nachrüstung wurde zur großen Zerreißprobe, aber beide verhinderten einen endgültigen Bruch. 1982 löste der Christdemokrat Helmut Kohl den Sozialdemokraten Helmut Schmidt im Kanzleramt ab. *Links und frei* betitelte Brandt die Erinnerungen an seine Jugendjahre, in denen er nun endlich ausführlich erwiderte auf die Vorwürfe, links und frei fühlte er sich jetzt auch. Ein radikales Moment bewahrte er sich, seinen Respekt vor Rosa Luxemburg verbarg er nicht. Seine Reputation, weltweit, schmälerte das alles nicht, ganz im Gegenteil.

So beseelt er vom Mauerfall 1989 war, unterstellt wurde ihm, er habe die Einheit nicht gewollt. Aber die Sache war komplizierter. Erwartet hat er ein Ende der Spaltung noch im Sommer 1989 wohl nicht, obgleich ihn die unruhigen jungen Leute in der DDR, in Warschau oder in Prag elektrisierten. Aber das heißt nicht, er habe es nicht gewünscht.

In wenigen Zeilen seines Buches *Andenken* komprimierte Lars Brandt den Werdegang des Vaters, den er schlicht «V» nennt, folgendermaßen: «Um sich vor den Nazis in Sicherheit zu bringen, die eben an die Macht gekommen waren, floh Herbert, neunzehnjährig, nach Norwegen. Machte sich mit der Zeit als Willy Brandt einen Namen in politischen Kreisen, in der skandinavischen Sozialdemokratie und der Opposition gegen Hitler. Er zeichnete Artikel und Bücher mit ihm. Als er ins zerstörte Deutschland zurückkehrte, stand V. zu seiner Identität. Zog sich nicht wieder eine Vorgeschichte über, aus der er herausgewachsen war. Insoweit gab es nichts an seinem Lebensweg, was einen besonders hätte verwirren müssen.» Überflüssigerweise habe V., wie Lars fortfuhr, selber Geschmack daran gefunden, das Bild von sich zu verwirren. Manches habe er ins Halbdunkel gehüllt, das eigentlich kein Geheimnis brauchte. «Wollte man von ihm mehr über seine Person hören, physische und geistige Erfahrungen mitgeteilt bekommen, wurde er einsilbig. V. gab sich nicht die geringste Mühe, die Unschärfe, in der sich seine Herkunft und die Konstituanten seiner Seele verloren, wegzuwischen – im Gegenteil. Sorgsam war er darauf bedacht, sich das, was er wohl als ihre Aura empfand, zu bewahren.»[3] Man wird also die Unschärfen und das Verwirrende schwerlich auflösen oder wegwischen dürfen, so verstehe ich das. Gerne schwiegen sie sich beim gemeinsamen Angeln an, erinnerte Lars sich, was sich unter der Wasseroberfläche abspielte, habe sich allenfalls erahnen lassen, wortlos verstanden sie sich.

Mein Weg nach Berlin, Erinnerungen, Links und frei, ich lese ein ums andere Mal all jene Selbsterkundungen, die Willy Brandt verfasst, die Interviews über sein Leben, die er geführt hat, oder die Biografien über ihn, ich erinnere mich an Gespräche mit ihm, auf der Suche nach «Willy Brandt». Kennengelernt habe ich Willy Brandt früh als junger Korrespondent für die ZEIT. Aber kannte ich ihn? Wer war Brandt? Andy Warhols viele Konterfeis enthalten eine Antwort darauf, Lars Brandts Metaphern auch. Lübeck, Oslo, Stockholm, Berlin oder Bonn, dramatischer als bei ihm kann man sich die Zäsuren zwischen den Stationen kaum vorstellen. Mehr als einmal musste Willy Brandt, als Herbert Frahm geboren, sich neu erschaffen. So viele Abschiede, so viele Anfänge, mehr als genug für ein Leben.

Gegen Ende seines Lebens wurde er auf ein Podest gestellt, das ihn entrückte: Der Lübecker Junge, der Linke, der Anarchosozialist, dessen Traum von der deutschen Einheit 1989 mit dem Mauerfall überraschend wahr wurde, unversehens galt er als Patriot, den man den «vaterlandslosen Gesellen» und Einheitsskeptikern als leuchtendes Beispiel vorhielt. «Verräter» waren jetzt andere. Er schwieg dazu.

Man werde mit der Zeit zum «Kollektivwesen», oft wisse man nicht mehr genau, was man selber gedacht oder was man übernommen habe von anderen, bekannte er 1987 beim Abschied von der Spitze seiner Partei. Mal sei er links, mal rechts, dann wieder links gewesen, spottete er über sich. Ja, vieles konnte man auf ihn projizieren, auch das war erlaubt, er hatte nichts dagegen.

Die letzte Biographie über ihn verfasste Peter Merseburger, *Visionär und Realist*, ein imponierendes Mammutwerk nicht zuletzt über die fernen Exiljahre, das 2002 erschien. Damals regierte Rot/Grün, das Team Gerhard Schröder und Joschka Fischer, jene «außerparlamentarische» Generation, die in den Brandt-Jahren langsam hineinwuchs in die etablierte Politikwelt. Wenn Brandt heute in anderem Licht erscheint, dann, weil man noch klarer zu erkennen meint, gemeinsam mit einigen Weggefährten habe er trotz aller Idiosynkrasien schon in den siebziger Jahren zu denjenigen gehört, die viele der gegenwärtigen Herausforderungen – die Zukunft der Lebenswelt, die Ungleichheiten zwischen Nord und Süd, Überrüstung, Hunger, Migration – verblüffend früh gesehen haben. Aber es blieb vieles stecken über Jahrzehnte. Unversehens steht es neu auf der Tagesordnung. Vor allem aber: Selbst wenn das Wort von der «Implosion der Russlandverständigungspolitik» in einem *Spiegel*-Essay vielleicht zugespitzt war,[4] falsch war es nicht, auch Brandts wahres Vermächtnis steht seit dem Ukrainekrieg neu zur Debatte, die Ostpolitik. War sie die Ursünde und der Anfang aller Illusionen?

Bei aller Reputation heute – für viele Zeitgenossen war er insbesondere wegen dieser Politik gegenüber Moskau, Warschau oder Prag mal Held, mal Schurke, er polarisierte, 1972 ging die junge Protestgeneration für ihn auf die Straße, und die Gewerkschaften konnten mühelos Zehntausende in den Großbetrieben zu Kundgebungen für ihn aufrufen. Im Wege eines Konstruktiven Misstrauensvotums sollte er abgelöst werden. Abgeordnete aus den Reihen der sozialliberalen Koalition wechselten die Seiten, sie galten als Verräter. Von wenigen rühmlichen Ausnahmen abgesehen lief die Opposition Sturm gegen die Ostverträge, zielte aber vor allem auf ihn als Person. Es ging um die Macht am Rhein. Die Republik bebte. Rainer Barzel verlor, Brandt blieb Kanzler. Die Verträge wurden gerettet, das Kunststück war geglückt, aus einer befehdeten Minderheitspolitik eine Mehrheitspolitik zu machen, Brandt stand auf dem Zenit. Wenige Monate später erklärten die Leitartikler der Republik ihn unisono für führungsschwach, matt und erledigt, Herbert Wehner orakelte, der Regierung fehle ein Kopf, das alte Brandt-Bild, die bekannten Aversionen hatten ihn wieder ereilt. Keinem Kanzler widerfuhr es in so kurzen Zyklen ähnlich. Lagen diese Umschwünge und dieses Volatile an Brandt oder nicht doch in erster Linie an uns? Willy Brandt also und wir: Soziologen würden es wohl ein sehr spezifisches Resonanzverhältnis nennen.

Seinen Platz in der Geschichte der Republik hat sich der Mann, der so polarisierte, längst schon erobert. Wenn dennoch bis heute Ressentiments latent abrufbar bleiben, dann, weil er eine Ausnahme von der Regel darstellt, weil er ein Minderheitsdeutscher war, der Mehrheiten erobern wollte für die Politik eines «anderen Deutschlands». Um diese Flaschenpost, die vom Selbstverständnis der Republik handelt, geht es, wenn wir heute von Brandt sprechen.

Dreißig Jahre liegt sein Staatsbegräbnis zurück, am 17. Oktober 1992 wurde er am Zehlendorfer Waldfriedhof in Berlin bestattet, gleich neben Ernst Reuter. Einzig sein Name, «Willy Brandt», ist eingraviert auf dem Findling aus Granit.

I
«Unbehaust»

«War ich das?»
«Es ist schwer für mich zu glauben», notierte Willy Brandt im Jahr 1960, *«dass der Knabe Herbert Frahm ich selber war.»* Mit nur 47 Jahren, früh für eine Autobiographie, brachte er seinerzeit erstmals sein Leben zu Papier, wie er es sah. Drei Jahre zuvor war er zum Nachfolger Otto Suhrs als Regierender Bürgermeister Berlins gewählt worden. Er staunte über sich.

Geradezu seufzen hört man ihn beim Schreiben, wenn er sich zwingt, korrekt ein paar dürre Fakten über den fremden Jungen festzuhalten. Herbert Ernst Karl Frahm: geboren am 18. Dezember 1913, unter diesem Namen eingetragen ins Geburtsregister der Hansestadt Lübeck. Sehr jung war die Mutter noch bei seiner Geburt, eine «tüchtige kleine Verkäuferin» im Konsumverein. Und dann fuhr er fort in der dritten Person über sich, knapp, unwirsch, als wolle er Rückfragen unterbinden: *«Den Vater hat er nie gekannt, er wusste nicht einmal, wer er war. Und wollte es auch nie wissen. Er trug den Namen der Mutter, vom Vater wurde daheim nie gesprochen.»* Daheim, das meinte eine bescheidene Arbeiterwohnung, aber da die Mutter Geld verdienen musste, kam Herbert tagsüber in die Obhut einer anderen Frau. Mit vier oder fünf zog ein Mann ein im «verdreckten Soldatenmantel», den er Papa nannte, nun lebten sie zu dritt zusammen. Aber nicht lange, «Papa» – in Wirklichkeit der ver-

Großvater Ludwig Frahm, den Herbert (später Willy) «Papa» nennt. Sozialismus war ihm «eine Art Religion». (Aufnahme ca. 1900)

witwete Großvater – heiratete wieder, Herbert zog zu ihm, die Mutter rückte noch weiter weg, er sah sie höchstens ein- oder zweimal wöchentlich. Politisch ging es zu Hause zu, das vergaß er nicht: «*Sozialismus war dem Großvater mehr als ein politisches Programm, es war ihm eine Art Religion. Sie würde alle Menschen zu Brüdern machen, alle Ungleichheiten aus der Welt zu schaffen, sogar das Geld würde verschwinden. Herbert wurde nie müde, diesen Prophezeiungen zu lauschen ...*» Unbehaust fühlte er sich oder als unbehaust beschrieb er jenen Jungen, der er gewesen sein sollte. Das Wort könnte präziser kaum sein.

Kaum hatte er angefangen mit den persönlichen Erinnerungen an die Fragmente seiner Familie und seines Zuhauses, sprang er aber schon mitten hinein in die große Politik, als gebe ihm das den erwünschten Halt, die vermisste Geborgenheit. Dafür musste er selber sorgen, es war eben so. Mit keinem Wort lamentierte er. «*Es waren*

Als eine «tüchtige kleine Verkäuferin» im Konsumverein wird Brandt später seine Mutter, Martha Frahm, beschreiben. Auch sie ist politisch hellwach. Geborgenheit sucht er anderswo. (Aufnahme ca. 1930)

turbulente Jahre. Es hieß, die sozialdemokratischen Arbeiter waren an der Macht – aber hatten sie die Macht? Ihr Führer Ebert stand an der Spitze der Republik – aber meistens geschah, was die anderen Parteien wollten ... 1920 zerbrach der reaktionäre Kapp-Putsch in Berlin am Generalstreik der Gewerkschaften. 1921 putschten die Kommunisten. 1922, nach der Ermordung von Walther Rathenau, strömten die Arbeiter voller Empörung zu mächtigen Demonstrationen zusammen ... 1923 trieb die Inflation ihrem gespenstischen Höhepunkt zu ...» Zu den spärlichen Bruchstücken aus dem Fami-

Mit vierzehn Jahren wird Herbert – ein guter Schüler – ins renommierte Reform-Gymnasium Johanneum aufgenommen, das Schulgeld wird ihm erlassen. Geschichte interessiert ihn besonders. Aber noch mehr liegt ihm am Herzen: Für den Lübecker Volksboten *kann er politische Texte verfassen, erste journalistische Fingerübungen. Brav klingen sie nicht.
(Aufnahme 1930)*

lienleben, die man erfährt, gehört, dass Herbert mit dreizehn Jahren, da seine Leistungen gut waren, der Eintritt in eine Realschule ermöglicht wurde. Das Schulgeld wurde ihm erlassen. Ein Jahr später wechselte er auf das Johanneum, ein Reformrealgymnasium. Um diese Zeit, Herbert war also vierzehn, heiratete die Mutter einen Maurerpolier, Mecklenburger und Sozialdemokrat wie der Großvater, den Herbert «Onkel» nannte. Zu dieser Zeit fing er erstmals den Namen eines Mannes auf – «ohne sich ihn zu merken» –, der sein Vater gewesen sein sollte.[1]

Als Erwachsener, der genau weiß, was er tut, präsentierte er sich hingegen bereits mit dem ersten Satz in den *Erinnerungen* aus dem Jahr 1989: Es war kein schwerer Abschied, als er im April 1933 Lübeck verließ, *«ich musste weg, wenn ich nicht Leib und Leben riskieren wollte, und den Blick nach draußen wenden»*. Im gleichen Atemzug warf er sich vor, sich später gegen die *«Nachrede»* über seine Herkunft, die ihn ein «*langes politisches Leben lang*» verfolgte, nicht energisch gewehrt zu haben, aus Rücksichtnahme auf die «Stimmung der Landsleute». «*Warum habe ich es mir so lange so schwer gemacht?*» Es gab doch auch andere Lübecker Arbeiterkinder, antwortete er sich, die ihren Vater nicht kannten und den mütterlichen Namen trugen. Warum er nicht zurückschlug, fragte er sich jetzt, drei Jahre vor seinem Tod, warum er die «banale Personalie» nicht auf den Tisch legte, als Adenauer einen «halben Wahlkampf» mit seiner Herkunft bestritt und ihn am Tag nach dem Mauerbau (!) als «alias Frahm» titulierte. Sogar noch mit solchen selbstkritischen Fragen zog er, wie mir scheint, einen Paravent vor, damit andere nicht bohrten in der Wunde.

Hemmungen, die das Private betrafen, plagten ihn selbst im engsten Familienkreis. Da der Vater «so offenkundig nichts von mir wissen wollte», habe er es später nicht für angezeigt gehalten, die väterliche Spur zu verfolgen. Gefragt habe er die Mutter erst, brieflich vorsichtshalber, variierte er nun seine Darstellung, als er dreißig Jahre alt war und wiedereingebürgert werden wollte. Ihm blieb keine Ausflucht, keine Ausrede mehr. Einen Zettel schickte sie zurück, auf dem der väterliche Name vermerkt war – John Möller aus Hamburg, stand darauf zu lesen.[2] Ein Buchhalter von Beruf, im Ersten Weltkrieg verwundet, 1958 in Hamburg verstorben. Mehr wollte er dazu nicht sagen.

Etwas auskunftsfreudiger schilderte er bei der Gelegenheit nur, der Großvater Ludwig Frahm, sein «Papa», sei 1875 zur Welt gekommen. Noch in seinem Reifezeugnis tauchte er dann als «Vater» auf. Sein Onkel Ernst, ein Bruder seiner Mutter, habe das «familiäre Chaos vollkommen» gemacht und ihm zu verstehen gegeben, dass Ludwig Frahm gar nicht der leibliche Vater seiner Mutter gewesen sei. Und dann: «*Im alten Mecklenburg – meine Mutter wurde 1894 geboren – wäre es nicht das erstemal gewesen, dass eine Landarbeiterin dem gutsherrlichen Recht der ersten Nacht zu gehorchen hatte; in diesem Falle wäre es die spätere Frau des Ludwig Frahm gewesen, die früh starb und die ich nicht mehr kennenlernte ...*»: Die Mutter Martha also war die (uneheliche) Tochter des Gutsherrn. Noch verwirrender erscheint dieses Chaos, wenn man bedenkt, dass Brandt nach seiner Ankunft in Warschau am 6. Dezember 1970 während seiner Autofahrt vom Flughafen gegenüber Premierminister Józef Cyrankiewicz bekannte, seine Mutter sei polnischer Abstammung gewesen.³

Szenen aus einer untergegangenen Welt rekapitulierte der Autor, eine Welt, die ihm fern gerückt war. Auch deshalb fiel ihm das Schreiben darüber schwer. Spürbar rang er mit sich, wie er das Private in seiner Autobiographie anpacken sollte. Seltsam spröde und hölzern für einen versierten Journalisten wie ihn, der die Worte so liebte, klingen seine Formulierungen. Und wieder erlaubte sich der Autor nur ein paar pflichtschuldige Zeilen, um bald mit einem großen Satz in die politische Welt zu springen, in der er sich sicherer fühlte, behauster. Knapp raffte er eine schwierige Adoleszenz also folgendermaßen zusammen: «*In der ‹Bewegung›, wie sie sagten, hatten Großvater und Mutter ihre Heimat gefunden, hier fühlten sie sich zu Hause, hier suchten sie ihre Chance, anerkannt zu werden und sich selbst zu entfalten. Sie steckten mich, kaum dass ich laufen konnte, in die Kindergruppe des Arbeitersports, sodann in einen Arbeiter-Mandolinenclub; bald bereicherte ich auch das einschlägige Bühnen- und Puppenspiel. Doch konnte einem wie mir, dem auch Entfaltungsdrang in die Wiege gelegt war, genügen, was hier zu finden war? Mein Zuhause suchte und fand ich in der Jugendbewegung, bei den Falken zuerst, dann in der SAJ, der Sozialistischen Arbeiterjugend.*» Mit fünfzehn, zitierte er sich selber mit ein paar altklugen Sätzen aus dem Lübecker *Volksboten*, es dürfe nicht vergessen werden, «*dass wir als junge Sozialisten uns vorbereiten müssen für den politischen Kampf, dass wir immer an uns arbeiten müssen, um uns zu vervollkommnen, und nicht etwa unsere Zeit nur mit Tanz-, Spiel- und Singabenden ausfüllen.*» Von Kindesbeinen an habe er gelernt, dass Klassenbewusstsein, nicht Klassenhass nötig sein würde, «wenn der Zukunftsstaat heraufziehen soll».⁴ Er verbot sich Emotionen auch in der Retrospektive.

Wer aus beengten Verhältnissen kam wie er, ohne Vater, fast ohne Mutter, dem bot die Jugendbewegung – die Falken in seinem Fall – die Chance auf einen Zuhause-Ersatz. Heimabende und Zausestunden, Gesang und Volkstanz, Fahrten und Lagerfeuer, nur zu gerne erinnerte er sich daran. Mit vierzehn Jahren wechselte er, wie es üblich war, zur SAJ, einer «sozialistischen» Mischung aus Wandervogel und Pfadfinder. 50 000 Mitglieder gehörten ihr an. Vorsitzender des Parteinachwuchses: Erich Ollenhauer, der aus einer Magdeburger Maurerfamilie stammte, später stieg er zum Parteivorsitzenden als Nachfolger Schumachers auf.

Rauchen habe als Verbrechen gegolten, erinnerte er sich, Schnaps erst recht. Blaue Hemden trugen seine Freunde und er, «nicht das stumpfe Blau der Schlosseranzüge, sondern das leuchtende der Kornblumen». Dazu ein Halstuch im Rot der Mohnblüten, kam ihm in den Sinn, Kornblumen und Mohnblüten habe es damals entlang der Landstraßen reichlich gegeben, «bevor sie die Chemie zur Rarität werden ließ». Mit fünfzehn Jahren wurde er Vorsitzender einer der Ortsgruppen der SAJ, die sich «Karl Marx» nannte. Als radikal habe man sich präsentieren und abgrenzen wollen von der «schwächlichen» oder auch «langweiligen» Mutterpartei. Schon im Sommer 1930, gerade mal sechzehn, wurde er aufgenommen in diese «langweilige» SPD, das war nicht die Regel, der junge Herbert muss aufgefallen sein mit seinem Mundwerk und wachen politischen Verstand. Ein Jahr später, blitzschnell ging das alles, wurde er bereits stellvertretender Bezirksvorsitzender der SAJ, aber da, räumte er ein, befand er sich auch schon kurz vor der «Weggabelung», die ihn weit wegführte von seiner Mutterpartei.[5]

Stolz war der Großvater – «einfach im Denken und stark in seinem Glauben» – auf das, was er erreichte. Als großes Ereignis betrachteten sie es alle, 1929 endlich in eine Neubauwohnung umziehen zu können, zwei Zimmer, Küche, ein kleines Bad und sogar eine Dachkammer für Herbert. Einen Wochenlohn kostete es, etwa fünfzig Mark. Er war es, der dafür sorgte, dass der Junge in eine «höhere» Schule kam. Kein Verständnis hatte der Großvater für Kritik an der SPD, sie machte doch diesen Aufstieg erst möglich. Seit 1932 schlug bei ihm Enttäuschung durch, er glaubte nicht mehr blind der Führung. Hindenburg wiederzuwählen, bloß weil es die Partei als «kleineres Übel» empfahl, brachte er nicht übers Herz, dass die sozialdemokratische Massenbewegung 1933 kampflos abtrat, ließ ihn verzweifeln. «Zwei Jahre später nahm er sich als schwerkranker und gebrochener Mann das Leben.»[6] Das war's mit dem Privatleben, folgt man dem Autor Brandt bei seiner Introspektion. Es folgt der Eintritt in die politische Arena, in der er bis zum Lebensende bleiben sollte. Das wurde zum neuen Zuhause.

Erstaunlich nüchtern – selbstkritisch, ohne sich selbst zu kasteien – konnte er sich in seinen Eigenheiten als Politiker einschätzen. Dass nach dem Mauerbau eine neue Außenpolitik nötig würde, ein großer Wurf, unterstützt von John F. Kennedy, war ihm durchaus klar. Brandt wurde sich spätestens 1963 zwar sicher, die Bundesrepublik müsse «ihren eigenen Beitrag im Konzert des Westens» spielen, aber dem Versuch, der Außenpolitik ein neues Gesicht zu geben, waren subjektive Grenzen gesetzt – *«und der Typ, der die Welt aus den Angeln heben möchte, ihr einen Weg vorschreiben will, der noch nicht geebnet ist, war ich eh nicht»*. Schnörkellos konzedierte er sogar, in seinen öffentlichen Äußerungen der offiziellen Politik der westlichen Regierungen auch dort gefolgt zu sein, wo er sie nicht für richtig hielt, die Bonner Politik habe er mit Kritik verschont, wo sie angezeigt gewesen wäre.[7] Auch weiterhin trumpfte er nicht auf mit seinem Lebenslauf, er passte sich einfach an. Es kostete ihn nicht einmal etwas, das auch einzugestehen.

Auch wenn er nur mit Samtpfoten auftrat, behutsam, froh, überhaupt wieder im Lande Fuß zu fassen – ohne darauf zu pochen, aber die Idee eines «anderen Deutschland» brachte er als Expatriierter aus Norwegen mit zurück. Bestandteil seines Lebensgepäcks war das. Die Aggressionen, die er auf sich zog, hingen damit zusammen. Er wiederum musste aufschreiben, woher er kam und was er wurde, schon um seinen Verleumdern zu entgegnen, aber auch zur Selbstvergewisserung. Schreiben gab ihm Halt, Worte gaben Halt.

Anpassen, ohne sich zu verlieren? Exakt darum ging es seinem Sohn Lars, als er schilderte, unter keinen Umständen sei «V» bereit gewesen, das Bild, das er von sich hatte, in Frage zu stellen. In dem wunderbaren, wie von Bleistift gezeichneten *Andenken*, von dem schon die Rede war, heißt es, ein künstlerischer Zug seines Wesens sei es gewesen, «für den er bereit war zu zahlen».[8] Der künstlerische Zug seines Wesens – ein Satz, den man sich merken muss. «Hätte man diesen Menschen von seinen Widersprüchen befreien wollen», spitzt der Sohn schließlich zu, «wäre wenig von ihm übrig geblieben.»[9]

Nur auf den ersten Blick entrückten ihn solche Beobachtungen. Ja, Lars Brandts Vermutung, der Vater habe die eigene verworrene Familiengeschichte noch zusätzlich ins Geheimnisvolle gehüllt, dürfte die Sache treffen. Vielleicht wollte er so auch die Kontrolle über sich behalten, er schrieb, damit andere nicht über ihn schreiben konnten, was sie gerade wollten. Er erklärte und entzog sich zugleich.

II
«Wo sind die Mühsam-Alleen, die Heinrich-Mann-Plätze?»
Julius Leber und Adam von Trott

Erst in seinem persönlichsten, schönsten Buch, *Links und frei*, der Autobiographie seiner Jugend aus dem Jahr 1982, schrieb Willy Brandt sich wie befreit eine Menge Ballast von der Seele. Er hatte viel zu erzählen und fand dafür seine eigene Melodie, manchmal melancholisch, nie nostalgisch. Zwölf Seiten darin widmete er einer Episode, die ich früher allenfalls oberflächlich wahrgenommen habe. Dem Kapitel gab er die lapidare Überschrift: «Leber und Trott». Welche Kombination!

Einerseits also Julius Leber, 1891 in Biesheim (Elsass) geboren, sozialdemokratischer Reichstagsabgeordneter und Chefredakteur in Lübeck, der den jungen Herbert (Frahm) schon als Schüler unter seine Fittiche nahm, ihm geduldig zuhörte und das Schreiben beibrachte – was diesen nicht hinderte, sich im Abiturienten-Überschwang zu emanzipieren von dem Übervater. Hingerichtet wurde Leber, der mutige Oppositionelle, am 5. Januar 1945 in Plötzensee. Andererseits Adam von Trott zu Solz, 1909 geboren, ein talentierter Jurist und Diplomat, der am 26. August 1944 gleichfalls in Plötzensee ermordet wurde, wenige Wochen nach dem Attentat vom 20. Juli. Als «Liebling der Götter» bewunderte ihn Marion Dönhoff, er habe zum mentalen Kern der Widerständler aus den Reihen der Offiziere gezählt, seine Kritiker verdächtigten ihn, auf beiden Schultern getragen oder doch als Befürworter eines *Appeasements* an der Seite Ernst von Weizsäckers[1] einen Burgfrieden zwischen Hitler und den Alliierten angestrebt zu haben. Beide gelten als Schlüsselfiguren einer disparaten Opposition, von der es hieß, sie habe nie so recht zueinandergefunden: Da der aufrechte Gewerkschaftler, der früh ahnte, wer wirklich 1933 die Macht übernommen hatte und wohin das Deutschland führen werde, dort der Jurist aus hessischem Uradel, von dem es hieß, er habe bei den Reichstagswahlen 1930 die Sozialdemokraten gewählt.

Abgesehen von der Hoffnung jener Jahre, dass Deutschland sich europäisch verankere und ein Europa Wirklichkeit werde, «in dem es sich für Europäer leben lässt»[2] – offen räumte der Memoirenschreiber ein, die «nicht bestätigte» (!) Arbeitshypothese seiner Freunde wie auch von ihm sei es gewesen, «dass der Krieg in einen Aufstand des betrogenen Volkes (oder sogar in eine europäische Revolution mit demokratisch-sozialistischer Gesamtorientierung) münden werde». In dem Sinne, zitierte er sich selber, würden die deutschen Soldaten wohl mithelfen, ihren Gestapo- und SS-Leuten und NS-Offizieren die Rechnung aufzumachen, wenn der Tag kommt. Das würde «eine ganz neue Konstellation» schaffen, ein Deutschland, das nicht nationalistisch, aber geeint ist, unbillige Forderungen der Siegermächte ließen sich somit abwehren, den Frieden also könnten die Deutschen noch einigermaßen aushandeln.

Nichts davon sollte sich, wie man heute weiß, als realistisch erweisen.

Lange gab sich Brandt wohl dieser Illusion hin, bevor die Skepsis die Oberhand gewann, die Erlösung erwartete er nur in den letzten Kriegsjahren von außen. Und so überwältigten ihn die Gefühle, als Amerika intervenierte: «*Als ich am 6. Juni 1944 die Radiomeldungen von der Invasion der Alliierten in der Normandie hörte, trieb mir die innere Bewegung Tränen in die Augen. Ich habe nicht oft geweint. Jetzt ...*» Den Satz führte er nicht zu Ende.

Zwei Wochen später erhielt er Besuch von einem der Männer, die sich schon vor einiger Zeit entschlossen hatten, Hitler zu beseitigen, die sich aber in jenem Sommer 1944 endgültig entschieden, den

Zeitpunkt nicht länger hinauszuschieben. *«Hätten sie nur Erfolg gehabt»*, grübelte Brandt dem Plan nach, *«und jedenfalls die ungeheuren Leiden der dann folgenden Monate verhindern können.»* Allein dieser Seufzer schon ist bemerkenswert. Keinerlei Unterton klingt dabei an, nichts von Vorbehalten gegenüber dem adligen Offizierswiderstand, wie sie zunächst von rechts und später besonders von linken Historikern angemeldet wurden: weil die Männer des 20. Juli selber Eidesbrecher, Reaktionäre oder zumindest Nationalkonservative gewesen seien; weil sie sich erst zur Tat entschlossen hätten, nachdem der Krieg an der Ostfront praktisch verloren war; weil sie nur ihre Besitztümer in Ostpreußen retten wollten; oder weil es sich in Wahrheit bestenfalls um eine symbolische Geste gehandelt habe, nicht gut geplant und von vornherein zum Scheitern verurteilt.

Willy Brandt dachte anders. So wie er sich auch in der Kontroverse über die Volksfront eindeutig positionierte, so hielt er es im Streit um den 20. Juli: Als Messlatte galt für ihn, ob das richtige Ziel verfolgt wurde. Welche Motive hingegen die Einzelnen zu ihrem Entschluss bewegten, ihr Leben zu riskieren und sich diesem Kampf gegen Hitler zu verschreiben, erschien ihm letztlich als zweitrangig. Auf die innere Haltung und die Tat selber kam es an. Hauptsache also, die Offiziere um Stauffenberg waren am Ende dort angekommen, wo Julius Leber und seine Freunde – Brandt zählte sich zu Recht weiter zu ihnen – schon früh standen.

Geschrieben hat der Autor Brandt dieses Kapitel, das ich hier näher betrachten möchte, im Jahr 1982, also im Abstand von 38 Jahren nach dem Attentatsversuch vom 20. Juli. Den Emissär kannte er bis dato nicht, der ihn an einem Junivormittag 1944 in seiner Wohnung in Hammarbyhöjden besuchte, seinen Landsmann Adam von Trott zu Solz. Der große, selbstsichere, kahlköpfige Mittdreißiger stellte sich mit den Worten vor: «Ich bringe Ihnen Grüße von Julius Leber. Er bittet Sie, mir zu vertrauen.»

Trott zeigte sich dabei von seiner «linken» Seite (die er tatsächlich hatte), erinnerte Brandt sich, er selbst sei zunächst misstrauisch geblieben. Gut vertraut zeigte er sich mit Paul Tillichs Schriften, hatte SPD gewählt, ohne sich ganz mit ihr zu identifizieren, wirkte ernst und lebensfroh, eine Mischung, die Brandt zunehmend gefiel. Wohl-

Adam von Trott zu Solz, hingerichtet 1944 in Plötzensee: Kurz vor dem Attentat vom 20. Juli sucht der Jurist und Diplomat überraschend den deutschen Exilanten Willy Brandt in Schweden auf. Die beiden kommen aus unterschiedlichen Welten, aber verstehen sich. An seiner Hochachtung auch für den militärischen Widerstand sollte Brandt nie mehr Zweifel aufkommen lassen. (Aufnahme vermutlich 1944)

weislich fielen die Namen Stauffenbergs, Goerdelers oder Helmuth James von Moltkes (der bereits im Gefängnis saß) nicht. «Ergänzt» hat der Besucher sein Bild von den politischen und militärischen Persönlichkeiten, formulierte Brandt vorsichtig, *«die über alle Unterschiede hinweg die Überzeugung teilten, dass der deutschen Schande und dem europäischen Elend ein Ende bereitet werden müsste»*.

Gerne hätte man an der Stelle genauer erfahren, wie informiert er damals bereits war über die Verschwörer um Stauffenberg, Tresckow und Moltke, Brandt ließ das aber offen.

Erstaunlich sicher gefühlt hat sich ganz offenkundig von vornherein Adam von Trott zu Solz bei dem deutschen Journalisten, denn immerhin gab er ihm zu verstehen, für die nächsten Wochen sei die Beseitigung Hitlers geplant. Seiner Darstellung zufolge stand die Struktur einer neuen Regierung fest, es sei aber noch eine «fortschrittliche Korrektur» möglich, ja, aus seiner (Trotts) Sicht wünschenswert: Auf Julius Leber nämlich könne eine noch wichtigere Aufgabe zukommen als die des Innenministers. Brandt erinnerte daran, im Kreis der Verschwörer sei im Frühsommer tatsächlich erwogen worden, Julius Leber oder Wilhelm Leuschner an Stelle des «deutschnationalen» Goerdeler an die Spitze einer Regierung in der Ära nach Hitler zu setzen. Stauffenberg und Leber – Brandt war klar, dass sie üblicherweise nicht zusammen gedacht wurden, gleichwohl wollte er klären, was sie nach seiner Meinung verband. Der eine hatte sich als junger Leutnant für die «nationale Bewegung» begeistert und dabei aus seinem Antibolschewismus keinen Hehl gemacht, der andere hatte den Kommunisten in der politischen Auseinandersetzung bis 1933 nichts geschenkt. Beide beharrten bis an ihr Ende auf der Ablehnung all dessen, was mit Stalins Herrschaft und kommunistischen Machtansprüchen zu tun hatte. Aber beide waren sich auch einig in einem sich steigernden Widerwillen gegen die deutschnationale und restaurative Orientierung einer Anzahl ihrer Mitverschworenen.

Erst nachträglich jedenfalls scheint Brandt erfahren zu haben, dass sein Überraschungsbesucher nach der Verhaftung Moltkes zum außenpolitischen Berater Stauffenbergs aufgerückt war. Allerdings erörterte Trott offen und kundig die empfindlichste Frage, mit der er befasst war, nämlich das Verhältnis der Alliierten zum Widerstand. Man muss dazu mitdenken, dass Trott schon 1933, besonders intensiv noch zu Kriegsbeginn 1939/40, enge Kontakte in den Vereinigten Staaten und in Großbritannien geknüpft hatte. Leidenschaftlich warb er in London dafür, den kritischen Offizieren entgegenzukommen und – anders als Winston Churchill – auf einer bedingungslosen Kapitulation zu beharren. Seine Hoffnungen auf territoriale Zugeständnisse an die Deutschen vor allem in Westpolen, aber auch in der Tschechoslowakei empfanden die meisten der wohlwollenden Gesprächspartner auf der Insel als reaktionär und unakzeptabel. Brandt kommentierte das nicht.

Ob es doch noch eine Waffenstillstandspause geben könne, wollte Brandts Gast an diesem Junitag 1944 erörtern. Die Besetzung Deutschlands sei kaum zu vermeiden, weshalb es wenig sinnvoll sei, den Krieg für einen «gerechten» – also ausgehandelten – Frieden fortzusetzen.

Über das ganze Ausmaß der verzweifelten Anstrengungen, buchstäblich in letzter Sekunde das Blatt zu wenden oder doch eine Brücke aus Anerkennung und Respekt für ein «anderes» Deutschland zu bauen, war Brandt sich nicht im Klaren, wie er einräumte. Von den Kontakten der evangelischen Kirche (darunter der spätere Bundestagspräsident Eugen Gerstenmaier) zu schwedischen Politikern, von Gesprächen zwischen dem Bischof von Chichester im Mai 1942 mit Abgesandten der deutschen Opposition, auch von einer Stippvisite Helmuth von Moltkes im März 1943 in Stockholm erfuhr er erst später. «Ich wusste von alledem wenig», bekannte er.

Man kann es auch anders lesen. In den Exilkreisen sprach sich einiges herum, und Brandt hatte brennendes Interesse an Nachrichten aus der Opposition. Ernst nahm er zunächst einmal alle, die ihren Hauptgegner in Hitler sahen. Immerhin hat er nach eigener Schilderung im Winter 1942/43 zunächst über einen deutschen Geschäftsmann aus Oslo, der zu seinem Freundeskreis gehörte, dann von einem deutschen Offizier[3] von einer Koalition unterschiedlicher antinazistischer Gruppen erfahren. Sie hatten sich darauf eingestellt, nach der – «wie immer sich vollziehenden» – Entmachtung Hitlers die Verantwortung übernehmen zu können. Seine eigenen Worte, «wie immer sich vollziehend», erläuterte er damit, es ranke sich nämlich eine Legende um den 20. Juli, «dass alle im Zusammenhang damit verfolgten und vernichteten Oppositionellen sich auf die Tötung Hitlers verständigt hätten».[4]

Ihn störte aber nicht das Heterogene dieser Opposition. Offen bekannte er, sich auch selbst falsche Vorstellungen von einem möglichen Ende der Herrschaft Hitlers gemacht zu haben. Noch im April 1944 prophezeite er einem amerikanischen Journalisten, John Scott von *Time* und *Life*, vieles spreche für die «Erhebung breiter Volksschichten», zumal eine Niederlage zu erwarten sei. Unbeirrbar optimistisch, knüpfte er daran die Hoffnung, die Chancen für eine einheitliche Arbeiterbewegung «mit radikal-demokratisch-sozialistischer Orientierung» seien gestiegen. Auch die Idee von einer sozialistischen Gesellschaftsordnung, die er aus Lübeck mitgebracht hatte, schleppte er damals noch unverändert mit sich. Der Glaube versetzt Berge, der Satz gilt auch für den jungen Brandt. Ganz im Wolkenkuckucksheim lebten er und die Freunde darum gleichwohl nicht, im Freundeskreis machten sich die Exilanten durchaus praktische Gedanken, vor allem wie man Dogmenstreitigkeiten untereinander künftig vermeiden könne, da existenzielle Fragen drängten – eine Hungersnot drohte, und dringend musste für normale Beschäftigung gesorgt werden.

Den gut vernetzten Landsmann benötigte Trott vor allem als Brückenbauer, der zu einem Gespräch mit Alexandra Kollontai verhelfen könnte, der einflussreichen sowjetischen Gesandtin. Bei ihr wollte er vermutlich sondieren, wie die Sowjets auf einen Umsturz in Berlin reagieren würden. Auch hier stand also wieder die Frage der Widerständler im Zentrum, ob in letzter Sekunde noch ein ausgehandelter Frieden denkbar sei. Zu dem Gespräch mit der Moskauer Diplomatin kam es nicht, Trott zuckte plötzlich zurück. Brandt nahm an, über einen Vertrauten in der deutschen Gesandtschaft sei er vorgewarnt worden, seine Kontakte mit sowjetischen Diplomaten könnten durchsickern.

«Madame Kollontai», wie Brandt sie titulierte – sichtlich voller Respekt vor der eigenwilligen und ungewöhnlich emanzipierten Dame, mit schönem Gesicht und neugierigen Augen, wie er ausdrücklich festhielt –, Generalstochter, radikale Sozialistin, Schriftstellerin, war 1930 von der Parteileitung in Moskau auf den Posten der Missionschefin in Stockholm abgeschoben worden. Wie eng seine eigenen Verbindungen zu den sowjetischen Diplomaten in Stockholm waren, gab er nicht offen zu erkennen. Alexandra Kollontai jedenfalls, die ihn sichtlich beeindruckte und der er ein realistisches Urteil auch über das deutsch-russische Verhältnis zutraute, traf er nur ein einziges Mal: Ende 1944 fand diese Begegnung statt bei einem sowjetischen Jahresempfang, journalistische Gesprächsmöglichkeiten nach dieser Seite seien ansonsten «spärlich» gewesen, wie er sich entsann.

Nicht sonderlich beeindruckt zeigte sein Besucher sich vor allem von dem, was Brandt und seine Freunde in einer Broschüre zur Nachkriegspolitik aufgeschrieben hatten. «Wir lebten ja nicht nur in unterschiedlichen Erfahrungswelten», notierte er nüchtern in den Memoiren, «sondern auch mit stark voneinander abweichenden Arbeitshypothesen – keine von beiden sollte durch die Entwicklung bestätigt werden.»[5]

Offenbar meinte er einerseits seine fixe Idee, zu guter Letzt werde es zu einer Art Arbeiterrevolution von links kommen, und andererseits Trotts Strohhalm, an den dieser sich klammerte – wenn den Offizieren erst einmal ein Coup gegen Hitler gelungen sei, würde sich dann schon erweisen, dass die schweigende Mehrheit auf ihrer Seite stehe. Beide irrten, beide schätzten die Deutschen falsch ein oder klammerten sich zu lange an wilde Hoffnungen.

Schon weil Deutschland in der Mitte Europas liege, lautete Adam von Trotts Argument, könne es sich nicht ausschließlich mit dem Westen und gegen Russland verständigen. Willy Brandt zeigte sich fest überzeugt, dass die geplante Mitteilung an die Moskauer Führung – über Alexandra Kollontai – mit Julius Leber konzertiert gewesen sei, vermutlich auch mit Stauffenberg. Unverzüglich, hatte Trott ihm erklärt, solle ein hoher Beamter der neuen deutschen Regierung Gespräche mit der sowjetischen Regierung suchen. Damals wusste Brandt nicht, dass der letzte deutsche Botschafter des Regimes (seit 1934), Graf Friedrich-Werner von der Schulenburg, im Auswärtigen Amt längst kaltgestellt, im Jahr 1943 einen Gesprächsauftrag in die Sowjetunion hatte übermitteln sollen; genauer, er sollte mit Stalin über einen Sonderfriedensvertrag sprechen.

Sehr lebhaft hatte sich Willy Brandt beim Schreiben offenbar in diese Tage in Oslo zurückversetzt. Ohnehin lebte er mehr mit der Vergangenheit, als er im Alltag zu erkennen gab. So erinnerte er auch ausdrücklich an die Rolle, die Theodor Steltzer seit exakt diesen Monaten für ihn spielte. Steltzer, der in Exilantenkreisen großen Respekt genoss, war als Offizier nach Norwegen zu Generaloberst Falkenhorst abkommandiert. Verständnisvoll schilderte Brandt, Steltzer habe gute Gründe ins Feld geführt, weshalb er eine einseitige Westorientierung einer neuen deutschen Regierung reserviert betrachten würde: Russland zählte der Diplomat eindeutig zu Europa, und daher war er auch überzeugt, dieses Land – das Hitler 1941 hatte erobern und unterwerfen wollen – werde sich als unentbehrlich bei einer Neuordnung des Kontinents erweisen. Er zählte zu den strengen Christen im Kreisauer Kreis, der auch an eine christliche Renaissance Russlands glaubte, und zu jener Fraktion im Widerstand, die den Tyrannenmord nicht mit ihrem Gewissen und ihrer Religion vereinbaren konnten.

Auch wenn Theodor Steltzer anders urteilte als er über die Frage der Westorientierung, er nahm ihn gleichwohl ernst, ihm hatte er sogar zu verdanken, im Winter 1943/44 wieder mit Julius Leber in Kontakt gekommen zu sein. Mitte Januar 1945 wurde er vom Volksgerichtshof zum Tode verurteilt, nachdem sein Name auf einer Liste von Goerdeler gefunden wurde, er überlebte jedoch glücklich mit Hilfe von Freunden. Wenig später schon gehörte der unermüdlich engagierte Demokrat zu den ersten Mitbegründern der CDU und übernahm das Amt des Ministerpräsidenten in Kiel. Der Respekt, den Brandt ihm zollte, spiegelt exemplarisch wider, nach welchem Koordinatensystem er in den ersten Jahren nach dem Krieg Politiker beurteilte, wie wenig parteipolitisch er verfuhr und an welche gemeinsame Basis für ein «anderes Deutschland» die einstigen Hitler-Gegner dachten – eine geistige Koalition mit großer politischer Bandbreite, die dennoch eine Minderheit blieb.

Sparsam, aber liebevoll skizzierte der Autor am Ende dieses Kapitels den Mann, von dem er sich 1933 losgesagt hatte und den er 1943/44 für sich wiederentdeckte: Julius Leber. Seine Leidensgeschichte, Jahre im Gefängnis und in Lagern, zuletzt ein mühseliger Alltag für das Ehepaar in Berlin, dann die Ermordung im KZ, das alles rückt Brandts frühes Aufbäumen gegen seinen Lübecker Chefredakteur in ein anderes Licht. Mit seinem Leben hatte Leber Brandts Urteil über die zu brave, zu angepasste und zu kompromissbereite SPD des Jahres 1933 widerlegt. Willy Brandt machte auch keine Anstalten, das etwa zu leugnen. Früh suchte Leber zu Moltke und anderen Kreisauern Kontakt, Ende 1943 lernte er Stauffenberg kennen, zu seinen Vertrauten zählte ohnehin die sozialdemokratische Elite, deren Namen Brandt sorgsam auflistete: Carlo Mierendorff, Adolf Reichwein, Hermann Maaß, Theodor Haubach, Wilhelm Leuschner und Gustav Dahrendorf. Man liest die honorige Namensliste und spürt noch heute: So sah Brandts Welt aus, diesen Weggefährten und Zeitgenossen wollte er ein kleines Denkmal setzen; und jener Julius Leber, von dem er sich als Gymnasiast so altklug emanzipieren wollte, wurde ihm in der Erinnerung erst recht zum leuchtenden Beispiel für einen aufrechten Gang.

Um der Zeit für einen Moment weit vorauszueilen: Der Fall

Julius Leber als Angeklagter vor dem Volksgerichtshof. Seine Verhaftung spornte Stauffenberg an, die Attentatspläne zu forcieren. Von dem «braven» Sozialdemokraten Leber, dem väterlichen Freund in Lübeck, sagt der Abiturient sich 1933 los, 1943/44 entdeckt er ihn wieder für sich: Mehr Mut als die meisten habe er bewiesen in der Opposition gegen Hitler, und Recht hatte er mit seiner Warnung vor einer Zersplitterung der Linken. (Aufnahme Oktober 1944)

«Leber» ließ ihn nicht mehr los. In seiner Rede zum 100. Geburtstag von Julius Leber am 15. November 1991,[6] ein knappes Jahr vor seinem Tod, griff Brandt auf Alan Bullock zurück, den Historiker aus Oxford, der gerade eine Untersuchung über *Hitler und Stalin – Parallele Leben* veröffentlicht hatte. Zu bedenken gab Bullock darin, der Begriff «deutscher Widerstand» könne den Eindruck erwecken, es habe sich um eine «organisierte Bewegung» gehandelt, während man es doch nur mit einer kleinen, lose verbundenen Gruppe fluktuierender Mitglieder zu tun hatte, ohne gemeinsame Organisation und Programm, «abgesehen von der Gegnerschaft zum NS-Regime». Ziemlich exakt entsprach das der britischen Sicht auf die deutsche Opposition. Lakonisch kommentierte Brandt: «*Immerhin! – würde ich da gern hinzufügen und fragen wollen, ob es damals überhaupt ein wichtigeres ‹Programm› geben konnte als den Sturz des hirnrissigen Terrorregimes und das Ende des völkerfressenden Krieges. Gewiss war 1944 unendlich vieles schon nicht mehr zu retten. Aber eine Menge hätte, wäre der Krieg in jenem Sommer zu Ende gegangen, doch noch bewahrt werden können – man braucht sich nur vor Augen zu halten, welches Ausmaß an Opfern und Zerstörungen sich auf das Dreivierteljahr vor dem Mai (19)45 konzentrierte. Europa und Deutschland hätten so tief nicht zu fallen brauchen. Die zeitweilige Besetzung war schon nicht mehr abzuwenden, da machten sich – im Unterschied zu anderen – weder Graf Stauffenberg noch Julius Leber etwas vor ... aber die Tiefe der Spaltung (Deutschlands und Europas), das Ausmaß der Vertreibungen und – nicht zuletzt – die Ausdehnung groß-stalinscher Macht bis an die Elbe – das alles musste nicht notwendig so kommen, wie es kam. Sogar die Chance, dass deutscher Selbstreinigung angemessener Raum bliebe, war noch nicht verspielt.*»

Mit spürbarer Sympathie zeichnete er als betagter Autor das Bild Lebers. Innerlich versöhnt mit ihm hatte er sich längst. Auch ihm habe eine Art «neuer Volksfront» vorgeschwebt, hob er hervor. Um eine soziale Erneuerung sei es Leber gegangen, die vor dem Grund- und Kapitalbesitz nicht haltmachen dürfe. Eine der beiden großen Parteien, die er sich für das erwünschte Zweiparteiensystem vorstellte, stellten die Sozialdemokraten dar. Eine kommunistische Partei dürfe es nicht geben, meinte er. Gehindert hatte ihn das aber nicht daran, im Frühsommer 1944 – in Absprache mit Stauffenberg – mit führenden KPD-Leuten in Berlin Kontakt aufzunehmen. Das Treffen wurde verraten, Leber verhaftet. Claus von Stauffenberg nahm das als Ansporn, das seit längerem geplante Attentat jetzt auf jeden Fall zu wagen.[7] Beide scheiterten, Stauffenberg wie Leber, beide büßten ihren Mut mit dem Leben. Beiden zollte Brandt uneingeschränkt Respekt.

Ohne zurückzublenden auf sein Verständnis davon, wer «Opfer» war und wer aus seiner Sicht «Widerstand» leistete, wird man Brandts Haltung schwerlich verstehen können. Es gebe nun einmal sehr unterschiedliche Grenzen dessen, was Menschen ertragen, lautete sein Credo, das er an dieser Stelle gern wiederholte. Nie habe er sich deshalb daran beteiligen wollen, «jemand zu kritisieren, weil seine Widerstandskraft rascher als die anderer gebrochen wurde». Er habe verstehen können, versicherte er, wenn jemand in der Illegalität es ganz aufs Überleben anlegte.[8]

Andererseits: Herzenssache war ihm die Bemerkung schon, dass sich jedenfalls die deutschen Sozialdemokraten nicht durch «arrogante und verlogene Belehrungen» beleidigen lassen müssten, wie sie sich unter Hitler hätten verhalten sollen. Seine kleine Geschichte des Widerstands begann er daher mit einer Erinnerung daran, dass nach dem Reichstagsbrand in der Nacht vom 27. auf den 28. Februar 1933 etwa 3000 sozialdemokratische Funktionäre in die Gefängnisse wanderten oder in SA-Kellern misshandelt wurden. Einer noch größeren Zahl von Kommunisten widerfuhr es ebenso. Im Sommer 1933 wurden etwa 50 000 Hitlergegner in «Schutzhaft» genommen, zu Beginn des Zweiten Weltkrieges saßen über 100 000 politische Gefangene in Gefängnissen und Konzentrationslagern. 200 000 Hitler-Gegner wurden während des Krieges inhaftiert. 25 000 zum Tode Verurteilte zwischen 1933 und 1945, 5765 hingerichtete politische Häftlinge allein im Jahr 1944 (die Opfer in den KZs nicht mitgerechnet), Willy Brandt war als Autor bemüht, an Hand der Opferzahlen klarzumachen, wie dieses Deutschland beschaffen war, an das er glaubte und das dazu beitrug, ihn an Hitler und den Nationalsozialisten nicht vollends verzweifeln zu lassen.

Sein Rehabilitierungsversuch gegen die verbreiteten Ressentiments, die ihm geläufig waren, galt also allen, von den Kommunisten bis zu Stauffenberg, Brandt pickte keinen gesondert heraus. Ausdrücklich zur Wehr setzen wollte er sich nur gegen einen Monopolanspruch auf den wahren, richtigen Widerstand und seine Opfer von kommunistischer Seite, wie ihn allein der andere deutsche Staat, die DDR, anmelde. Dass manche Sozialdemokraten, die gegen Hitler gekämpft hatten, auf der anderen Seite des Eisernen Vorhangs allerdings in Gefängnissen landeten oder nach Sibirien geschickt wurden, also das Lager zweimal von innen kennenlernten, vor 1945 und danach, das wollte er ausdrücklich nicht verzeihen. Wer den 20. Juli ernst nimmt, hieß das, und er nahm ihn ernst, solle auch alle anderen Formen und Motive der Hitler-Gegnerschaft anerkennen – verfolgte Katholiken, bekennde Protestanten, die vielen mutigen Zweige der Arbeiterbewegung. Eine «Einheit im Leiden» erkannte er darin, die stärker gewesen sei als alle ideologischen Schranken.

Tatsächlich machte auch die Protestgeneration Ende der sechziger Jahre den Widerstand nicht zu ihrem Thema, weder den der Arbeiterbewegung noch den der Offiziere des 20. Juli, schon gar nicht von beidem zusammen. Diese Generation zelebrierte gern ihren «Antifaschismus», enttäuscht über das Schweigen der Eltern, rief auf zur Unterstützung der Guerilla in Südamerika oder kritisierte ersatzweise die Vereinigten Staaten wegen des Vietnamkrieges. Wegen seines «ersten Lebens» im Exil und als Hitler-Gegner erwarb Willy Brandt bei dieser Generation im Laufe der Zeit Sympathien, während weite Teile der Elterngeneration ihm gerade diese Etappe seines Lebens verübelten. An die Spitze der Protestgeneration mit ihren Fragen an die Eltern wollte er sich nicht stellen. Geschehen ließ er es zwar, dass sich Schriftsteller, Journalisten, Intellektuelle und die «68er» zunehmend deutlicher auf ihn als Kronzeugen beriefen, auf den «anderen Deutschen», aber selbst schwieg er in aller Regel dazu. Vermeiden wollte er unter allen Umständen einen Kulturkrieg zwischen den Generationen.

1955 Brandt blieb sich treu. In der Gedenkstätte Berlin-Plötzensee erinnerte er, damals Präsident des Berliner Abgeordnetenhauses (Nachfolger Otto Suhrs wurde er 1957), an den 20. Juli 1944, ohne auf die Osloer Begegnung mit Adam von Trott zurückzugreifen. Souverän ignorierte er in seiner Rede vom 19. Juli 1955 sämtliche Klischees, die auch die Linke (die Rechte noch kategorischer) vom Offizierswiderstand und von den «Junkern» aus Ostpreußen pflegte. Sehr grundsätzlich verteidigte er den «Versuch der befreienden Tat» des 20. Juli. Mehr noch, er betrachtete den Offizierswiderstand und den Attentatsversuch Stauffenbergs ausdrücklich als «Höhepunkt», in dem der Widerstand all jener Hunderttausende mündete, die Folterkeller und Konzentrationslager kennengelernt hatten, oder der Zehntausende, die für ihre Überzeugung gestorben waren. Niemand habe das Recht, Einsatz und Überzeugungstreue der «zumeist einfachen Menschen» für das andere Deutschland zu verkleinern. Niemand solle sich zum Richter aufwerfen über denjenigen, den Gefahr oder Gewissen außer Landes trieb. Persönlicher wurde er nicht. Willy Brandt verbeugte sich vor den Attentätern auf eine Weise, wie sie in den fünfziger Jahren nicht viele wagten: Niemand solle sich anmaßen, den Maßstab mäkelnder Besserwisserei anzulegen, so Brandt, wenn es sich um ein nationales und geschichtliches Ereignis wie das des 20. Juli handelt.

Vielleicht fiel es ihm leichter, gleichsam stellvertretend den «Aufstand des Gewissens» – gemeint war damit jener der Offiziere – dezidiert zu verteidigen als die Opposition gegen Hitler von links? Er wusste, als er das freimütige Bekenntnis zum 20. Juli ablegte, auch in der SPD herrschte in Sachen Widerstand und Exil keineswegs Konsens. Viele Sozialdemokraten hatten den Krieg in Uniform erlebt wie Helmut Schmidt. An der Spitze von Partei und Fraktion standen zwar Heimkehrer aus dem Exil oder aus Konzentrationslagern, aber das Gros wehrte sich gegen kollektive Verdächtigungen – die Debatte über die Vergangenheit stand auch der Oppositionspartei noch bevor.[9] Ähnlich wie Theodor Heuss sich 1952 sehr grundsätzlich gegen die «Versudelung» des Andenkens an den 20. Juli wandte,[10] wehrte er sich dagegen, dass eine «Front des schlechten Gewissens» und angeblich «mangelnder Mut zur Konsequenz» bisher eine würdige Deutung erschwerten. Man müsse den Widerstand loslösen von «Rechthaberei und falscher Anklage».

Kaum verschlüsselt ging es bei diesem Plädoyer auch um ihn: Er kam der Mehrheit – selbst bei dieser Gelegenheit, gerade bei dieser Gelegenheit – noch einen Schritt entgegen, keiner dürfe sich ausnehmen, so Brandt, wenn von der Unzulänglichkeit des menschlichen Erkenntnisvermögens die Rede sei. Wir werden nicht als «gut oder böse geboren». Und wir dürfen nicht selbstgerecht, so seine häufig wiederholte Formel, den Stab über andere brechen. Behutsamer, vorsichtiger konnte man kaum formulieren. Willy Brandt argumentierte, als bewege er sich auf sehr dünnem Eis.

Heute lese ich es so, also habe Brandt sich in den fünfziger Jahren allmählich hineingetastet und hineingeredet in die junge Bundesrepublik, in der er politisch Einfluss nehmen wollte. Immer auf der Hut, antizipierte er augenscheinlich realistisch viel von dem, was ihn erwartete. Ganz traute er der Mehrheit noch nicht, jemanden wie ihn willkommen zu heißen. Niemandem wollte er deshalb Vorwürfe machen, niemanden aufschrecken, niemanden gegen sich aufbringen. War es Opportunismus? Mit dem Vorwurf würde man es sich zu leicht machen. Er verbog sich nicht, er schrieb nichts, was er nicht auch so meinte, aber er neigte dazu, die Wogen zu glätten so früh wie möglich. Den Attentätern des 20. Juli bescheinigte er, über herkömmliche Maßstäbe und Opportunitäten des Tages hinaus «zum Letzten durchgestoßen» zu sein, zu den «eigentlichen» Werten. Nahtlos ordnete er sie sogar ein in die «Geschichte deutscher Freiheitskämpfe» zwischen 1933 und 1945. Denen, die ein Recht zum Handeln bezweifelten («Verrat»), hielt Brandt kategorisch entgegen, es habe sich um eine Pflicht zum Handeln gedreht. Keine Wertungen, keine Differenzen, keine Widersprüche zwischen Widerständlern wollte er gelten lassen in dieser «breiten nationalen Einheitsfront», so hatte er es während der Nazi-Jahre auch schon gehalten.

Gleichwertig standen alle Oppositionellen für ihn nebeneinander, weil sie «Anti-Nazis» waren. Um ein «nationales Aufbegehren» handelte es sich nach seiner Auffassung. Dann reflektierte er, und es lohnt sich, den Passus genau zu lesen: *Es wäre uns nicht schlecht bekommen, hätten wir in die deutsche Gegenwart mehr als es geschehen ist, herüberzuretten vermocht von der Radikalität des Wollens, von dem ungestümen Drang zur Erneuerung, der die berufenen Exponenten des Widerstandes beseelte ... Es würde uns auch heute noch nicht schlecht bekommen, wenn wir uns bemühten, mehr von dem Geist des Widerstandes und des 20. Juli in uns aufzunehmen und durch unsere Arbeit Gestalt annehmen zu lassen.*»[11] Zu solchen Bekenntnissen rang er sich äußerst selten durch.

Das Proletarierkind Brandt ging damit fast ebenso weit wie der Bürger Heuss, der den Offizierswiderstand nicht nur verteidigte gegen seine Verächter, sondern der auch laut darüber nachdachte, ob das «andere Deutschland» als geistige Grundlage der Bundesrepublik hätte dienen können. Verleumdern und Ehrabschneidern müsse man «den Mund stopfen», formulierte er ungewohnt harsch – harscher als gegen Kritiker in eigener Sache. Als löbliche Ausnahme erwähnte der Redner die Art, wie die Bundeswehr wenige Monate zuvor, am 5. Mai 1955, ins Leben gerufen und auf das Leitbild des «Staatsbürgers in Uniform» verpflichtet wurde.

«Allenfalls als Zaungäste», monierte Willy Brandt im Jahr 1984 in einem Aufsatz für die *Tribüne*,[12] hätten diejenigen ertragen werden sollen, «die in Wahrheit historisch ins Zentrum gehörten». Ungewöhnlich deutlich, ja bitter für seine Verhältnisse sprach er gar von einer «teuflischen Verkehrung von außen und innen». Und, noch ungewöhnlicher, ausdrücklich schloss er sich mit ein. Viele «von uns» sind 1945 und später zurückgekehrt und haben bisweilen Einfluss auf den Gang der Dinge nehmen können – «Gott sei Dank» –, aber erobern mussten sie sich diesen Einfluss allemal, nicht selten gegen «infamen Widerstand». Persönliche Tragik, von den «Braunen» ins Werk gesetzt, wurde so potenziert, daran lasse sich jetzt nichts mehr ändern.[13]

Die Wahrheit über das Nazi-Regime, argumentierte er in diesem Aufsatz, konnte man vorher wissen. Aus ihren Plänen hatten sie keinen Hehl gemacht. Selbst der Wahnsinn der Vernichtung der Juden war angekündigt worden. Viele wussten, was kommen würde. Ein Teil von denen, «die es nicht ablehnten das zu wissen», wie er formulierte, konnte und wollte noch ins Ausland fliehen, um wenigstens das eigene Leben zu retten. Diejenigen, die wussten und warnten und außer Landes gingen, hätten neben den im Reich überlebenden entschiedenen Nazigegnern «die ersten legitimen Bürger eines kathartisch gereinigten Nach-Nazi-Deutschland sein müssen – symbolisch für die Opfer, zumal für die, die ihre Feindschaft gegen die Hitlerei überlebt hatten».[14]

Derart pointiert wie bei diesen zuletzt genannten Gelegenheiten hatte Brandt wohl auch selten zuvor über eine andere Begründung der Bundesrepublik nachgedacht. Oder besser, so hatte er es nicht öffentlich formuliert. Und so, muss man ergänzen, hat er es auch nicht wiederholt. Für ein anderes Bild von sich selbst hatte er sich entschieden, das er bieten und an dem er «um jeden Preis» festhalten wollte, wie sein Sohn Lars formulierte. Und selbst jetzt wählte er kein großes Forum, sondern nutzte nur die Gelegenheit in einem Zeitschriften-Aufsatz, als handele es sich um eine bloße Randfrage.

Willy Brandt: Bonn ist nicht nur nicht Weimar,[15] es ist fast ein Land geworden wie irgendeines in Europa. Fast! Sein «fast» resultiere aus der Schuld, die mit dem Namen unseres Landes untilgbar verbunden bleibe. Wenn wir so weit gekommen sind in bald vierzig Jahren, «*wäre es nicht zuletzt das Verdienst jener Frauen und Männer aus Widerstand und Exil, die dafür sorgten, dass Deutschland nie ganz und gar mit dem Nazismus identifiziert werden konnte*». Auch wenn sich die junge Bundesrepublik darauf nicht ausdrücklich berief, ohne diese Tradition wäre sie so, wie sie ist, nicht möglich geworden. Ob man das, was sie zu geben hatten, «nicht umfassender hätte annehmen müssen, ob man ihnen dafür den rechten Dank zu sagen wusste, möchte ich allerdings offen lassen».[16]

Brandt weiter: Die Nazis gaben vor, gegen «Undeutsches» ins Feld zu ziehen, hatten aber selbst keinen Begriff von Deutschland. Daher gab es keine erste, harmlose oder gar idealistische Periode Nazi-Deutschlands. Aber wird das vierzig Jahre danach unumwunden anerkannt? Gehen die Zeiten wirklich zu Ende, in denen «der Altnazi immerhin als Patriot galt», wohingegen der ins Exil Verdammte «mit dem Odium des Landesverrats versehen wurde?» Denjenigen, antwortete er geradeheraus, fast zornig, die ihr Leben retten mussten, heimlich bei Nacht und Nebel, sei daraus auch noch ein Strick gedreht worden. «*Wer so verschwindet, hat wohl etwas zu verbergen, raunten brave Bürger und störten sich auch nicht daran, wenn ihre jüdischen Nachbarn abgeholt wurden. Wohin? Wer weiß ... Hauptsache, es ging amtlich zu.*»

Als er das niederschrieb, 1984, war Brandt bereits 71 Jahre alt. In der Regel verwehrte er strikt solche Einblicke ins eigene Seelenleben. Für einen Moment sah man, noch immer laborierte er an der Frage herum, die sich zu einer Lebensfrage auswuchs – weil sich das Bild von den Hitler-Gegnern, der Umgang mit den Exilanten von einst, das Verhältnis zur deutschen Vergangenheit nur quälend langsam veränderte. Da er schon einmal beim Abrechnen war, wird denn die Literatur des Exils überhaupt zur Kenntnis genommen? Vielleicht Berühmtheiten wie Thomas und Heinrich Mann … Jedenfalls bezweifelte er, allgemein sei bekannt, dass Thomas Mann ins Exil ging, um seine «geistige Persönlichkeit zu retten», oder die Deutschen hätten zur Kenntnis genommen, welche Mahnungen der Schriftsteller, mit dem sich die Deutschen gerne schmückten – als dezidierter Antifaschist –, in über fünfzig BBC-Radioansprachen an die «deutschen Hörer» richtete. Vielleicht wird es jetzt verstanden? Besser spät als gar nicht. Oder Heinrich Mann, der Bruder: Schon mit seinem *Untertan*, vor dem Ersten Weltkrieg entstanden, hat er es sich mit den «deutschen Spießern» verscherzt. Und lange dauerte es, bis seine Bücher auf den Bücherborden auftauchten. Professor Alfred Kantorowicz, vergaß Brandt nicht zu erwähnen, der ein Großteil seines Werkes dem Studium von Heinrich Mann widmete, auch er im Exil, wurde kein Lehrstuhl in seiner Heimat angeboten … Er war beim Großreinemachen, ausnahmsweise. Was ihm auf der Seele lag, musste heraus.

Wenn er von seinem Büro in Bonn zu einem Restaurant in der Nähe fahre, fügte Brandt noch hinzu, passiere er zunächst die Walter-Flex-Straße und dann die Hindenburgallee. «Wo sind eigentlich die Mühsamalleen, die Heinrich-Mann-Plätze?» Erich Mühsam, hieß es kürzlich im Fernsehen, sei vor fünfzig Jahren gestorben. Brandt: «Wo? In seinem Bett, an Altersschwäche, der gerade 56-jährige?» Warum wird nicht erwähnt, wollte er wissen, dass er im KZ Oranienburg zuerst gefoltert, dann ermordet wurde?

Schließlich nutzte Brandt auch die Gelegenheit, um Einspruch einzulegen gegen die Gewohnheit, mit dem Begriff «Volksfront» Ressentiments zu schüren und die Ehre von Überlebenden in Frage zu stellen. In Frankreich und Spanien sei sie als «antifaschistisches Notbündnis» entstanden. Die Westmächte haben sich immerhin mit der Sowjetunion liiert, um Hitler niederzuringen, warum dann dagegen «anschwadronieren»? Ehrenrührig ist nicht das gewesen, was einen Zirkel von Persönlichkeiten 1936 im Pariser Hotel «Lutetia» dazu trieb, sich unter Heinrich Manns Vorsitz zusammenzufinden. Ein Bündnis schmieden wollten sie dort zwischen aufgeklärten Kräften des Bürgertums und Repräsentanten der Arbeiterpartei. Anständigkeit war nicht das Problem, verteidigte Brandt diesen Versuch, die Schwäche lag woanders – «es fehlte der Front das Volk».

Der Verfasser wusste, wovon er spricht: An Sitzungen der Volksfront mit Heinrich Mann hatte er verschiedentlich teilgenommen während seiner Paris-Besuche. Dass ihrer beider Heimatstadt, Lübeck, von ihrem Sohn Heinrich Mann wegen seiner «Volksfront»-Aktivitäten nichts wissen wollte, empfand er als besonders engstirnig und bedrückend. Überrascht freilich dürfte es ihn nicht haben. Von den drei Vorsitzenden der SPD nach 1945 saß einer, Kurt Schumacher, im KZ, Erich Ollenhauer und er hatten lange Exiljahre hinter sich. An Versuchen, auch ihn zu schmähen, fehlte es nicht. Wie immer man zu dem Verfasser dieser Zeilen stehe, notierte Brandt, für unser Land sei es wichtig gewesen, dass die Kräfte des Widerstands und des Exils nicht kapitulierten. Aus seiner Sicht musste das Priorität haben, nicht die kleinliche Frage, ob deutsche Emigranten die Volksfront hätten unterstützen dürfen, also mit Kommunisten paktierten. Als Berliner Politiker bediente er sich durchaus der gängigen Kalte-Kriegs-Rhetorik, aber auch im Nachhinein wollte er deshalb seine Haltung aus den dreißiger Jahren nicht korrigieren.

Nicht mehr als gleiche Rechte zwischen denen reklamierte er, «die nicht die Kraft fanden, sich gegen die Nazis zu stellen», und anderen, die das Land verließen. Widersinnig allerdings wäre es, das musste gesagt werden, nachträglich eine Pflicht zum Hierbleiben postulieren zu wollen. Gemünzt war diese Bemerkung auf Franz Josef Strauß. Bei ihm ließ er die übliche Vorsicht fallen. «Pseudobieder» nannte er dessen Aufforderung zu berichten, was er draußen gemacht hätte, mit dem scheinheiligen, zynischen Zusatz, «wir wissen, was wir getan haben». Mit seinem «Pokerspiel» habe Strauß 1961 vielleicht die Entwicklung des Landes behindert, aufhalten werde er sie nicht. Eine aufgeklärtere Öffentlichkeit würde heute vielleicht entgegnen: «Bitte schön, die Debatte können Sie haben.»

Nur, das sah er so im Jahr 1984, im Jahr von Brandts erster Kandidatur für das Kanzleramt bekam Strauß diese Debatte nicht. Gar zu überrascht (und verletzt) muss Brandt seinerzeit über die Direktheit solcher Angriffe gewesen sein. Jetzt erst, 1984, grübelte er ausführlicher über Schicksalsgefährten, die Strauß' Verdächtigungen ja auch trafen – was haben sie wohl gemacht, dachte Brandt laut vor sich hin, alle die Geflohenen, Heinrich Brüning, Rudolf Hilferding,

Joseph Wirth, Rudolf Breitscheid, Arnold Schönberg, Martin Buber, Walter Gropius, Ernst Cassirer, Wassily Kandinsky, Max Beckmann, Kurt Weill, Sigmund oder Anna Freud? Was haben die 300 000 deutschen Juden gemacht, die aus Nazi-Deutschland flohen? Hätten Lion Feuchtwanger und Ernst Reuter, Bert Brecht und Oskar Maria Graf hierbleiben sollen? Willy Brandt: «Sie wären umgebracht worden.» Und weiter: «*Wussten die, sie sich über ihr Fortgehen empörten, eigentlich, was sie befürworteten? Ich fürchte gar, sie wussten es.*»
So zeigte er sich selten. Er bebte.

Jetzt erst holte Brandt endgültig als Autor jene Debatte nach, die er seinerzeit nicht riskierte. Jedenfalls redete er sich viel von der Seele. Aber es war spät. Franz Josef Strauß hatte mittlerweile als Kanzlerkandidat der Unionsparteien mit der Niederlage gegen Helmut Schmidt im Wahljahr 1980 seinen Einfluss verloren, Helmut Kohl endlich das ersehnte Kanzleramt erobert, hütete sich aber wohlweislich, die Ressentiments aus der frühen Republik gegen Exilierte und Remigranten noch einmal aufzuwärmen. Geschichtspolitisch zählte er nicht zu den Avantgardisten, obwohl er auch nicht vergangenheitsblind und gewiss nicht revisionistisch war. Mit ihm ging die Geschichte der Diffamierung der Exilanten tatsächlich langsam zu Ende.

Unterschrieben hätte Helmut Kohl gleichwohl ganz gewiss nicht Brandts Befund, die Bundesrepublik sei «fast ein Land wie irgend eines in Europa, fast». Fast normal so wie andere Länder in Westeuropa? So drückte sich nur der ältere Brandt aus, und auch der nur in Ausnahmefällen. Wenn es so weit gutging mit der Bundesrepublik, argumentierte Brandt, sei das «nicht zuletzt das Verdienst derer, die, zäh gegen alle Widerstände kämpfend, außer Acht ließen, dass sie eigentlich ihren Kampf hätten hinter sich haben sollen.»

Wer Brandt verstehen wollte, verstand ihn. Aber Helmut Kohl klagte mit besonderem Nachdruck die Anerkennung der Bundesrepublik als «normale» europäische Demokratie ein, die nicht mehr das Brandmal des Exzeptionellen mit sich herumschleppt. Das Wörtchen «fast» wollte er am liebsten eigenhändig streichen, das unterschied ihn von Brandt.

Als «eine Art Vater-Sohn-Komplex» sei sein Verhältnis zu Julius Leber beschrieben worden, berichtete Brandt in einer Rede zu dessen 65. Geburtstag. Wenn sein Name mit dem des großen Lübeckers verknüpft wurde, bitte sehr, in dieser Form hatte er nichts dagegen einzuwenden. Widersprechen aber wollte er bei allem Respekt der Vermutung, Leber sei eine Art Vaterersatz für ihn gewesen. Angedichtet worden sei ihm das. Leber und der junge Brandt, Ernst Reuter und der nicht mehr ganz so junge Brandt – nein, er habe sich «nie als junger Mann von irgend jemandem verstanden». Dazu, so Brandt, «war ich vielleicht ein bisschen zu eigen».

Schön gesagt war das. Niemanden wollte er über sich haben. Aber war es die ganze Wahrheit? Man liest es und stutzt noch heute. Mit seinem Autonomiebedürfnis scheint sich die Beobachtung schlicht nicht vertragen zu haben, dass er sich fest an andere Menschen band – selbst wenn er sie ungemein schätzte. Auch Behauptungen wie jene missfielen Brandt, Lebers tragisches Schicksal im KZ habe ihn nach dem Krieg dazu bewogen, Politiker zu werden und sich wieder einbürgern zu lassen. Seine Entscheidung habe mehr mit «Deutschsein» zu tun, erläuterte er fast pathetisch, im Sinne von «Dienst an der Demokratie» in jenem Teil Europas, wo es am nötigsten war. Was er mit «Deutschsein» genauer meinte, wisse er auch nicht genau, wich er allerdings seiner Gesprächspartnerin, der Journalistin Birgit Kraatz, vorsichtshalber aus. Sie erkannte den wunden Punkt und reagierte verdutzt. Hier nur so viel: Das kulturelle und geschichtliche Erbe sei für ihn nie zu abstrahieren davon, ob Deutschland ein freies Land sei; und ob sich die vielen entfalten können, erklärte er ihr umständlich. «*Mein Vaterland ist nicht, wo es keine Freiheit gibt. Insofern war es völlig in Ordnung, dass die Nazis mir die Staatsbürgerschaft weggenommen haben. Das war jedenfalls logisch ...*»[17]

Immerhin erwähnte Brandt selber verschiedentlich, Julius Leber sei es gewesen, von dem die Frage ausging, ob er – sein ehemaliger Schützling aus Lübeck – für eine Umsturzregierung zur Verfügung stünde. Berührt habe ihn das, und selbstverständlich habe er zugesagt, berichtete er. Aufgelehnt habe er sich gegen Leber in jugendradikaler Ungeduld, bekannte er in der Geburtstagsrede.[18] Denn in

Lübeck gehörte er zu den linken Kritikern der Partei, wegen der «Betulichkeit der parteioffiziellen Straßenbahnlinie». Brandt weiter: «*Er aber war es, eine herausragende Figur, ganz gewiss. Julius Leber – unser Julius Leber. Sie haben bemerkt, ich zögerte etwas mit der vereinnahmenden Formulierung, sei sie auch noch so wahr und gleichsam selbstverständlich schon auf den ersten Blick. Es wäre in der Tat widersinnig, wollte man darauf verfallen, die Besonderen, Ausgezeichneten, die Besten auszugrenzen, wo sie sich selbst mit Haut und Haaren zugehörig fühlten ... Den, nach eingebürgerten Kriterien eher ‹rechten› Leber verband, das empfand ich noch während der Nazizeit, viel mehr mit vielen von den sogenannten Linken als mit jenen, an denen er Kraft vermisste.*» Brandt wollte spürbar etwas wiedergutmachen mit solchen Sätzen. Eher reumütig klang es, als er einräumte, er habe sich damals auch nicht von Lebers Reaktion beeinflussen lassen, nämlich ob er «von allen guten Geistern verlassen» sei. Trotz seiner Jugend wisse er doch ein «gutes Buch, einen guten Tropfen und die Gunst eines schönen Mädchens» zu schätzen, sei also durchaus normal. Und doch, ihn als jungen Linkssozialisten habe mit dem älteren Sozialdemokraten vom rechten Flügel mehr verbunden.

Also kein Vaterersatz, wohl aber ein Held seines Lebens? Eine ähnlich verehrungsvolle Rede jedenfalls wie jene vom 16. Januar 1985 in Ahrensburg über den «großen und wirksamen Lehrmeister» hat er wohl selten gehalten. Erst als er den «doktrinären Kinderschuhen» entwachsen war, blickte er reumütig zurück, habe er Lebers Größe ermessen und erahnt, welche Gunst er ihm entgegenbrachte, als er ihm im Herbst 1931 einen großen Irrweg abzuschneiden versuchte.[19]

Besonders gegenüber seinem Ghostwriter und Freund Leo Lania sprach Brandt solche Aspekte in aller Klarheit an. In den gern unterschätzten Berliner Memoiren schilderte er erstmals die Rolle, die Adam von Trott für ihn spielte – insbesondere aber, dass es die späte, aber umso engere Beziehung zwischen Stauffenberg, Trott, den Kreisauern und Julius Leber gewesen sein muss, die ihn dazu brachten, den 20. Juli ausdrücklich zu verteidigen und ihn nicht abzutun als «letztes Gefecht der Reaktionäre» oder eben von «Landesverrätern», wie es rechts und links Usus war.

Nur in *Mein Weg nach Berlin* ist offen davon die Rede, manche seiner engeren politischen Freunde hätten Lebers Bündnis mit den Offizieren für «falsch und gefährlich» gehalten. Sie fürchteten, dass die «rechten Sozialdemokraten» sich zur Fassade reaktionärer Kräfte hergeben könnten. Brandt erinnerte sich, widersprochen zu haben: «*Die Formeln und Begriffe der vorhitlerschen Ära schienen mir überholt. Ich hatte volles Vertrauen in Lebers Urteil und seinen politischen Instinkt.*» Solchen Instinkt hatte Leber auch in der Einschätzung der weltpolitischen Konstellation bewiesen, mit der die deutschen Verschwörer rechnen mussten. Zu Beginn des Krieges hoffte er wie viele der Mitkämpfer noch darauf, so Brandt, ein Staatsstreich werde einen ehrenhaften Frieden befördern und die Unabhängigkeit Deutschlands in den Grenzen von 1938 garantieren. Seit 1943 jedoch hielt er eine bedingungslose Kapitulation für unvermeidlich. Nur noch um die Überwindung des Hitler-Regimes ging es.[20]

Eine überraschende Schlussbemerkung findet sich am Ende des Kapitels über Brandts schwierige Rückkehr nach Berlin: «*Unter den Ereignissen, die mitbestimmend waren für meinen Entschluss, nach Berlin zu gehen und dort zu bleiben, war eines von besonderem Gewicht. Es begab sich am 20. Juli 1944.*»[21] In keiner seiner diversen Autobiographien ging Brandt derart weit wie hier. Den Satz ließ er stehen ohne Erläuterung.

Alle, die Torturen wie Leber erlitten und überlebten, vermerkte Brandt lediglich ganz allgemein, blieben für immer gezeichnet. Er wolle die selbstkritischen Gedanken über die «Todesursachen» der Sozialdemokratie, die Leber im Juni 1933 in der Haft niederschrieb, lieber nicht naseweis kommentieren.[22]

Hauptredner zum 100. Geburtstag Lebers waren Willy Brandt und Helmut Schmidt, eingeladen zu der Gedenkveranstaltung in Berlins Gethsemanekirche am 15. November 1981 hatte die Friedrich-Ebert-Stiftung. Auch Schmidt verehrte den ehemaligen Reichstagsabgeordneten, wenn auch aus anderen Gründen. In seinen Büros in Berlin wie in Bonn hing bei Schmidt eine berühmte Fotografie, die

Leber vor Freislers Volksgerichtshof zeigt. Das Bild mag ihn daran erinnert haben, dass er selber als Leutnant der Wehrmacht im Jahr 1933 für einen Tag zum Volksgerichtshof abkommandiert worden war. Tief bewegt, so erinnerte Schmidt sich, hatte er dort das Verfahren gegen Ulrich von Hassell erlebt – der Tag in Berlin habe ihm endgültig die Augen geöffnet über den wahren Charakter des Regimes, liebte er zu sagen. In der Kirche erinnerte er daran, mit Lebers Vermächtnis – er kannte ihn nicht persönlich – in Berührung gekommen zu sein in den frühen fünfziger Jahren. Seinerzeit erwärmten sich die Westmächte für die Idee, den Deutschen doch wieder den Aufbau eigener Streitkräfte zu erlauben, Konrad Adenauer plädierte mit Franz Josef Strauß entschieden dafür, einmal weil es zum Feindbild im Kalten Krieg passte, zum anderen aber auch, weil man damit vom Paria zum gleichberechtigten Bündnispartner avancierte; die Sozialdemokraten zögerten. Helmut Schmidt zählte wie Brandt zu der Minderheit in der SPD, die sich offen für die Wiederbewaffnung aussprach. In der Nachfolge Lebers wollte Schmidt ausdrücklich, wie er erläuterte, «Sozialdemokratie und Soldaten miteinander versöhnen». Den Sozialdemokraten empfahl er, sich in der letzten Dekade dieses blutigen Jahrhunderts zu bemühen, das zu werden, «was man von der SPD Lübecks in den Weimarer Jahren zu sagen pflegte, nämlich: sie sei eine Leber-Partei». Ohne dass Schmidt es erwähnen musste, war seinen Zuhörern klar: Jahre zuvor hatte er Brandt vorgeworfen, unter seiner allzu laxen Regie entwickle sich die SPD unweigerlich zu einer «Nenni-Partei». In der Gethsemanekirche saß Brandt in der ersten Reihe der Gäste, die Schmidts Ausführungen lauschten.

Willy Brandt hielt eine andere Rede, im Blick auf einen anderen Julius Leber. Der Name des Mannes, der so viel erlitten hatte, verknüpfte sich für ihn mit einem optimistischen Geschichtsbild. Hier in Berlin habe der Volksgerichtshof ihn den Scharfrichtern überstellt, aber hier habe Leber auch zusammen mit Otto Wels und seiner Fraktion gegen Hitlers Gesetz zum permanenten Verfassungsbruch votiert, in Berlin baute er sich nach Jahren der Haft und Folter seit 1937 eine bescheidene Existenz auf, hier traf er Gesinnungsfreunde, die den Kampf gegen den Tyrannen nicht aufgaben.

Mit Julius Leber verteidigte Brandt Opposition und Widerstand ganz generell.

Aber warum hat die organisierte Nazigegnerschaft hierzulande nicht stärkere Spuren hinterlassen? Da war sie unversehens wieder, Brandts Frage, die in ihm rumorte und die er nur selten nach außen trug.

Seine Antwort in der Gethsemanekirche: «*Mir stellt es sich so dar, dass es die neue bundesdeutsche Staatlichkeit schon bald nicht mehr nötig zu haben meinte, sich auf ihr antinazistisches Erbe – und dessen Blutzeugen! – deutlich zu berufen. Der Klimawechsel hin zum Kalten Krieg bedeutete eben auch für Deutschland, dass neue politische Wetterkarten gezeichnet wurden.*» Ja, im «gleitenden Übergang», suchte Brandt nach Erklärungen, interessierte es kaum noch, was Theodor Heuss über seine heimlichen Besuche beim Kohlehändler in Berlin-Schöneberg (Leber) berichtete. Auch Generaloberst Ludwig Beck, der vermutlich Staatsoberhaupt geworden wäre, habe den «Kohlehändler» noch aufgesucht, kurz bevor diesen die Gestapo verhaftete – ein letztes Mal.

Willy Brandts Bilanz aus Anlass des Todestages: «*Die überkommenen Kategorien von Pflicht und Gehorsam hinter sich zu lassen, das musste, wie die Dinge lagen, die Haltung einer besonders mutigen Avantgarde bleiben. Und diese schälte sich unabhängig von Herkunft und früherer Zuordnung heraus.*» Von Anfang an, so fuhr Brandt fort, war es daher töricht, mit erhobenem Zeigefinger danach zu fragen, ob sich ein Sozialdemokrat wie Leber mit rückwärtsgewandten Nationalkonservativen oder Heerführern ohne politischen Überblick, mit blinden Beamten oder sogar mit solchen hätte einlassen dürfen, die Hitler auf den Leim gegangen waren, bevor sie sein Verbrechertum durchschauten. Brandt war damit angekommen bei seinem ceterum censeo: «*Die Frage nach den Prioritäten war so zu beantworten: Gilt es eine überragende Gefahr zu überwinden, so sind dazu ungewöhnliche Bündnisse erlaubt – oder sogar geboten.*»

Schlimmeres hätte ihm passieren können, fügte er amüsiert hinzu, als Schüler (oder Sohn) Lebers genannt zu werden. Zu denjenigen, die «blutleere Wortungetüme» damals für «brauchbaren Politikersatz» hielten, zählte der Redner in der Kirche offenbar auch sich selber, er könne davon jedenfalls sein «eigenes, längeres Lied singen».[23] Die Botschaft war unmissverständlich: Für ihn war Leber nicht in erster Linie der Mann, der Sozialdemokraten und Soldaten, also die «wehrhafte Demokratie», miteinander versöhnte, wie Schmidt das sah. Sich selber warf Willy Brandt ausdrücklich vor, in den ersten Wochen und Monaten nach dem gescheiterten Attentat nicht den notwendigen Abstand gefunden zu haben, um seine Bedeutung richtig würdigen zu können. Wörtlich: *«Wieder ein Fehlschlag – Leber war tot und Hitler lebte, der Gedanke war wie ein fürchterlicher körperlicher Schmerz, mitten im Jubel meiner norwegischen und alliierten Freunde überfiel er mich.»*

An dieser Stelle kam er zurück auf das Gespräch mit Adam von Trott zu Solz. Zwar war der Auftrag, den Leber ihm mit dessen Hilfe übermittelte, mit dem Scheitern am 20. Juli gegenstandslos geworden. Aber das «Beispiel seiner Tat» blieb. Es war diese Botschaft des Toten mehr als meine Herkunft, schrieb Brandt, die ihn bestimmte, *«mein Leben dem Wiederaufbau eines neuen Deutschland zu widmen: im Geist der Männer des 20. Juli. Mein Entschluss wurde mir nicht leicht gemacht.»*[24]

Noch ein Satz von solchem Kaliber.

Der Lübecker und der Hesse, die sozialdemokratische Opposition und der Offizierswiderstand, er dachte sie beide zusammen, weil sie zusammengehörten. Gut möglich, dass Brandt insgeheim darauf hoffte, die Ressentiments gegenüber Exilanten wie ihm würden schmelzen, wenn der Widerstand gegen Hitler ganz generell angemessen gewürdigt werde. Es kam bekanntlich anders. Sein früher Wunsch erfüllte sich zu Lebzeiten jedenfalls nicht, die «Einheit im Leiden» des Widerstands und der Opposition gegen Hitler ins Bewusstsein zu rücken oder der nach der «großen geschichtlichen Würdigung des deutschen Widerstands und seiner Opfer», die alle umfasst.[25]

III
«Links und frei»
Radikal und auf der richtigen Seite

«Hineingeboren» sei er in Lübeck in die Bebel'sche Sozialdemokratie, mit dieser selbstbewussten, ja stolzen Einordnung in eine Jahrhundertgeschichte eröffnete Willy Brandt *Links und frei*. Die Forderung breiter Schichten nach staatsbürgerlicher Gleichstellung und das Verlangen nach sozialer Sicherheit seien ihm als zwei Seiten einer Medaille erschienen. Sozialismus stellte sich ihm in seinen jungen Jahren als «konsequent verwirklichte demokratische Freiheit» dar, politisch, ökonomisch, kulturell. «*Wir waren links im Sinne von antiautoritär, veränderungsbereit, Gerechtigkeit und Sicherheit bewirkend.*» Streng komprimiert gab er damit bereits im Vorwort den Ton vor für die gesamte Autobiographie. Es handele sich um einen politischen Rückblick auf sein Leben, hieß das, er wollte sich selbst im Kontext seiner Zeit sehen und in eine Tradition stellen.

Mit einem Paukenschlag begann er schon das erste Kapitel über seine Heimatstadt: «*Es war ein Sonntag im September. Am 14. September 1930 fanden Wahlen zum Reichstag statt, die den Nazis zum sensationellen Durchbruch verhalfen. Ich war Unterprimaner, bald siebzehn, politisch engagiert. Ich ahnte, dass viel auf dem Spiel stand. Nicht ahnte ich, dass jener Wahlsonntag in den Chroniken als Anfang vom Ende der ersten deutschen Demokratie vermerkt werden würde.*»[1]

Das enthielt, unnachahmlich, in einer kurzen Skizze schon vieles von jenem Brandt, wie er unsereins vertraut wurde. Die Rahmenbedingungen für sein Leben – ein junger Sozialist schon der Herkunft wegen, aber auch aus Idealismus – änderte das radikal und für immer.

Nie hat Brandt näher zu erklären versucht, wie es kam, dass er in diesem Deutschland zwischen den Kriegen früh auf der richtigen Seite stand und dort blieb, trotz aller Irrungen und Wirrungen. Sooft er sich später auch ärgerte über den jungen Herbert Frahm oder sich wunderte über ihn – in der Lebensfrage, wie man es halten solle mit Hitler, hatte er sich nicht getäuscht, keine Sekunde. Ins Licht rücken allerdings wollte er sich deshalb nicht.

Tatsächlich stellte sich die Frage, wofür man denn sein solle, die Helmut Schmidt nach eigener Auskunft plagte, für den jungen Brandt ganz offenkundig erst gar nicht, er war ja «hineingeboren» in ein gewisses Koordinatensystem und musste nicht lange suchen. Dennoch grübelte der ältere Brandt gelegentlich darüber, warum sich Hitlers Gefolgschaft auch aus dem Arbeitermilieu rekrutierte. Wie er waren auch viele Industriearbeiter «hineingeboren» in den Sozialismus, immun hatte ihre Herkunft aus der Proletarierklasse sie gleichwohl nicht gemacht. Hatte er seine Gewissheit von der Mutter, vom Großvater, von den sozialistischen Jugendfreunden, lernte er es im Mandolinenclub, in den Zeltlagern der Falken?

Er erinnerte sich an die Arbeit als Schüler für den *Volksboten*, an das gemeinsame Singen und Mandolinenspiel, an die SAP, schließlich in einem großen historischen Bogen an die Konterfeis von August Bebel und Jean Jaurès, deren Portraits er als SPD-Vorsitzender Jahrzehnte später in sein Arbeitszimmer hängen ließ. Als Chiffren für sein Ersatz-Zuhause ließ sich das alles verstehen. Er baute sich auf seine Weise ein Nest. Durchaus selbstbewusst genug machte ihn sein Aufstieg, um sich beim Verfassen der Memoiren in die Ahnengalerie der großen europäischen Arbeiterführer einzureihen.[2]

In die Wiege war ihm der Aufstieg nicht gelegt, er musste sich alles erkämpfen. Über seinen Weg durfte dennoch nur er allein Regie führen. Schon als Schüler brauchte er solche Unabhängigkeit dringend. Widerborstig verzichtete er sogar auf die Chance auf ein Stipendium, lieber eine Lehre von der Pike auf, aber auf eigenen Füßen stehen, als ein Studium zu fremden Bedingungen. Zu Hause fühlte er sich nur wohl, wenn ihm niemand hereinredete. Zu Hause, das war er selbst.

Ohne Vater, fast ohne Mutter, kein Chefredakteur über ihm: Journalismus lockte ihn, aber nicht einmal Julius Lebers wohlmeinenden Ratschlägen dabei wollte er folgen, sich nicht allzu radikal zu gebärden. Frei wollte er sein, sich nicht unterordnen, das allein gab Boden unter den Füßen. Emanzipation hieß für ihn – Selbstbehauptung. Früher als andere musste er damit anfangen. Freiheit schrieb er sehr früh sehr groß.

Wenn er privater wurde, beschränkte er das häufig auf Erinnerungen an den Großvater Ludwig Frahm (geboren 1875), bei dem er aufwuchs. Im Abiturzeugnis firmierte er als «Vater». Ob seine Mutter und der «Vater» das so gewünscht hatten, ließ er offen. Ohnehin huschte er über viele Details – Details, die freilich sein Leben prägen sollten – vorsichtig hinweg.

In seiner mecklenburgischen Heimat zählte der Großvater zu den unbequemen sozialdemokratischen Landarbeitern, die «an Bebels Lippen hingen». Brandt deutete an, dass es den Kindern zu Hause gelegentlich am täglich Brot fehlte (ohne zu klagen), weshalb es ihm früh zu einem ungeschriebenen Gesetz wurde, Brot lange aufzubewahren. Seine unverheiratete Mutter, Martha Frahm, heiratete, als er vierzehn war, den Maurerpolier Emil Kuhlmann. Auch dieser war Mitglied in der Gewerkschaft, hoch angesehen. Beide, Martha und Emil, schlossen sich schon vor 1933 der SPD an. Für Herbert blieb Emil der «Onkel», den er sehr mochte.

Zum quälenden fremden Schatten, der nichts mit ihm zu tun hatte, den er aber nicht loswurde, muss der leibliche Vater für ihn geworden sein. Er tauchte kaum auf in den diversen Memoiren Brandts. Demonstrativ zeigte der Sohn sich desinteressiert an ihm. Jeder hat sein Recht auf eine dünne Haut. Schwer fällt es beim Rekonstruieren dieser Lebensgeschichte, nicht ins Psychologisieren zu geraten: Ausgerechnet das, was Brandt aus dem Kopf haben und aus dem Lebenslauf streichen wollte, wurde später als großes Thema gegen ihn inszeniert. Das musste ihn doppelt treffen.

Oriana Fallaci glückte ein Coup bei ihrem Interview mit dem deutschen Kanzler, den sie spürbar bewunderte. Viel Zeit nahm er sich für die Starjournalistin aus Rom, die auch er seinerseits wohl schätzte. Ungewohnt locker äußerte er sich der versierten Interviewerin gegenüber nicht nur zu seinem Nobelpreis. In seinem Fall, erläuterte Brandt aufgeräumt, habe das Komitee mit seiner Wahl kaum jemanden vor den Kopf stoßen können, weder im Westen, fast niemanden im Osten oder auch in der Dritten Welt. Auf die Frage, ob er sentimental sei, erwiderte er ihr trocken und beinahe heiter: «Ja.» Ob er die deutsche Wiedervereinigung erwarte? «Nein!» Er werde ohnehin «nicht als Methusalem sterben», setzte der Gefragte sicherheitshalber hinzu. Und den Nationalstaat wünschte er sich auch nicht zurück (ein Satz, den er 1989 so nicht mehr formuliert hätte).

In dieser gelösten Stimmung, in der Oriana Fallaci ihn antraf, kam ihm dann über die Lippen: Er wisse, wer sein Vater gewesen sei, und auch, dass er bei seiner ersten Heimreise aus Oslo nach Kriegsende noch am Leben war. Mehr noch, er habe erfahren, wo er wohnte, aber niemals habe er das Verlangen entwickelt, ihn zu sehen. Noch nie habe er das jemandem erzählt. Oriana Fallaci, naiv: Wollte er ihn nicht sehen aus Respekt vor seiner Mutter? Unvermittelt schnitt Brandt in dem Moment ab: Über solche Dinge rede er nicht. Niemals sei er durch eine Psychoanalyse gegangen, und er habe auch jetzt nicht das Bedürfnis danach. Ende der Redseligkeit, das Mondfenster hatte sich wieder geschlossen.

Lange zögerte er mit einer Antwort auf die Frage nach dem Einfluss, den Frauen auf ihn ausübten. Er rang mit sich, sagte dann aber – nichts. Stattdessen zeigte er der Journalistin nur die gewohnt spröde Seite, wie meist, wenn es ums Persönliche ging: Er stamme von der Ostsee, sei ein halber Seemann, außerdem von Norwegen beeinflusst ... das Übliche eben, Brandt beim Mystifizieren. Warum er zu dem Zeitpunkt den Schleier über der Familie ein wenig lüftete, warum gegenüber der Journalistin aus Rom, warum aber dann wieder der Rückfall auf die Versatzstücke und Floskeln, mit denen er auf Fragen zu seinem Leben auszuweichen pflegte, dazu erfuhr man weiter nichts.[3]

Auf seine Mutter Martha ließ er nie etwas kommen, erinnerte

sein Sohn Peter sich, vor allem seine «Beharrlichkeit» habe er ihr zu verdanken gehabt, auch wenn es eine «emotionale Befangenheit» gab, die selbst auf die Enkelkinder ausstrahlte. Immerhin schrieb Sohn «Herbert» ihr häufig, schickte Päckchen in den Nachkriegsjahren nach Lübeck, half finanziell, nach dem Tod der Eltern verzichtete er auf sein Erbteil. Peter verknüpfte das übrigens mit der lustig klingenden Randnotiz, diesen Verzicht habe Vater Willy für seine Söhne gleich mit geleistet, die sicher nichts gegen ihren Anteil am Erbe gehabt hätten, «aber der Einfachheit halber garnicht erst gefragt wurden».[4] In Gelddingen, lernt man nebenbei, zeigte der Vater sich häufig sehr eigen. Brandt war ein Pfennigfuchser.

Willy Brandt bei der Erinnerungsarbeit: Den Gang eines Bauern hatte der Großvater, sprach Plattdeutsch, mit Kahlschädel, er stammte aus einem gräflichen Gut bei Lütz, einem mecklenburgischen Dorf. Dessen Vater wiederum fristete noch ein Leben als Leibeigener, in sozialer Hinsicht war man in Mecklenburg «nicht weiter als in Russland». Aber schon dieser Urgroßvater hatte dagegen rebelliert, dass auf dem gräflichen Gut das Gebot einer geheimen Stimmabgabe bei Reichstagswahlen missachtet wurde – ein Vergehen, für das man auf den Bock gelegt und gezüchtigt werden konnte. Vom angelernten Arbeiter avancierte er zum Lastwagenfahrer der Dräger-Werke. Seiner Gewerkschaft blieb er treu, obwohl er als Vertrauensmann gemaßregelt und entlassen wurde – «einfach im Denken und stark im Glauben» sei er gewesen, so der penible Beobachter Brandt, dessen journalistisches Talent in solchen Passagen aufblitzte. Als großen Fortschritt betrachtete er die demokratische Republik, aber misstrauisch blieb er gegenüber denen, die den Übergang zur Weimarer Republik «in munterer Unverfrorenheit» überlebt hatten.[5] Die neu gewonnene Demokratie, heißt das, musste man ernst nehmen: Etwas vom Vermächtnis Bebels blieb lebendig in diesem Haus, vom Selbstwertgefühl der Arbeiter und der Suche nach Gerechtigkeit.

Herbert sollte es weiter bringen als er, wünschte der Großvater, sieben Jahre lang besuchte er die St.-Lorenz-Knaben-Mittelschule in Lübeck. An der höheren Schule lernte er deutsch – hochdeutsch, muss man sagen, ohne eine merkliche norddeutsche Färbung oder

Anklänge ans Platt. Später, im Johanneum (seit 1928), in das er wechseln durfte, blieb Herbert in seiner Klasse das einzige Arbeiterkind. Trotz dieses Aufstiegs auf der Sozialleiter – Brandt selbst behielt das Gefühl, tief in der Arbeiterkultur verwurzelt zu bleiben. Für die Mutter, den Großvater und auch ihn blieb dieses Ambiente stets die wahre Heimat, ein übergeordnetes Zuhause.[6] Klassenbewusstsein saugte er bereits als Schüler auf, nur daraus könne ein «Zukunftsstaat» entstehen. Fremd blieb ihm das bürgerliche Lübeck der Senatorensöhne, Heinrich und Thomas Mann, er legte Wert darauf, das zu klären. Wenn Brandt träumte, dann davon, einmal Reichstagsabgeordneter zu werden und Chefredakteur. Gerechtigkeit und Gleichheit, so erinnerte er sich, bedeuteten für ihn damals ein und dasselbe. Er glaubte, Vorrechte, die auf Geburt, Besitz und Bildung basierten, würden in diesem «Zukunftsstaat» aufgehoben. Freiheit? Demokratie? Dass sie ihren eigenen Stellenwert hatten, erklärte ihm niemand. Und als es ihm doch jemand vermitteln wollte, habe er sich «widerborstig» abgewandt, er wusste es besser, glaubte er.[7]

Als Schüler von gerade fünfzehn (!) Jahren jedenfalls zeigte er sich sicher, dass die Mehrheitssozialdemokratie, also vom Großvater bis zu Julius Leber, sich zu früh zufriedengab mit ihren kleinen Erfolgen. Ja, die Monarchie war implodiert, der Achtstundentag proklamiert, Staatsbürgerrechte wurden versprochen – auf dem Papier. Und das sollte die ersehnte «Revolution» sein? Großvater Frahm glaubte daran, Herbert partout nicht. Allenfalls Mitleid empfanden er und die ungeduldigen Freunde mit dieser braven Sozialdemokratie. Die Lehrer müssen den eigensinnigen Gymnasiasten gemocht haben, der Deutsch und Geschichte liebte und gerne Bücher verschlang, und der sich gegen ihren Rat politisch engagierte. Am 26. Februar 1932 erhielt Herbert Frahm das Zeugnis der Reife. Letztlich beließ er es bei wenigen Strichen dieser Art, mit denen er seine Familiengeschichte skizzierte.

Ein klein wenig auskunftsfreudiger als in *Links und frei* blickte Brandt in seinen *Erinnerungen* auf die Jugendjahre zurück. Eine gerechte Gesellschaft war kein abstraktes Ziel, am eigenen Leib musste er austesten, ob die Herkunft ein Makel und Brandmal für immer sein darf. Erst 1961 – seit vier Jahren amtierte er schon im Schöneberger Rathaus – informierte ihn ein Vetter, den er bis dahin nicht kannte, sein Vater sei bereits 1958 verstorben. Es interessiere ihn nicht, ließ Brandt brüsk wissen. Sein Vetter beschrieb den verschwundenen Vater als begabte, beeindruckende Persönlichkeit. Brandt blieb dabei, kein Interesse, er wollte kein Sohn sein, nicht mehr jetzt.

Am 8. Oktober 2008 strahlte *Arte* eine Dokumentation über Hans Globke aus, Staatssekretär und Leiter des Kanzleramtes unter Konrad Adenauer. Demzufolge hat Brandt sich mit Globke vertraulich auf einen Deal verständigt: Danach wollte die SPD darauf verzichten, an die Vergangenheit des hohen Ministerialbeamten während des Dritten Reiches (als Mitverfasser der Nürnberger Rassegesetze) zu erinnern, im Gegenzug würde es die CDU unterlassen, im Wahlkampf 1961 Brandt als «vaterlandslosen Gesellen» darzustellen. Was ja auf den Vater anspielte wie auf das Exil. In den CIA-Archiven in Washington, so die Dokumentation, sollen entsprechende Unterlagen liegen, die den Pakt bestätigen. Die Hinweise klangen überzeugend, Dementis blieben aus.

Schweigst du über meine Nazi-Vergangenheit, schweigen wir über dein Exil? Dass Brandt zu einem solchen Stillhalteabkommen bereit war, klingt plausibel; nur zu gut wusste er, wie leicht selbst in seiner eigenen Berliner Partei Ressentiments gegen ihn unter Hinweis auf die zwölf Jahre in Skandinavien und die norwegische Staatsbürgerschaft mobilisiert werden konnten. Weshalb Konrad Adenauer sich am Ende nicht daran hielt und Brandts «Vergangenheit» selbst noch nach dem Mauerbau zum Thema machte, hatten die Autoren der *Arte*-Dokumentation nicht recherchiert. Aber der Kanzler glaubte wohl, den Aufstieg des beliebten Berliner Sozialdemokraten nur per Schmutzkampagne bremsen zu können. Anders Brandt: Er schwieg weiter über Globkes Vergangenheit in den Hitler-Jahren, aber dazu hätte es keines Deals bedurft.

Geheimakten der Bundesregierung und des BND, die der *Spiegel* (7. April 2017) veröffentlichte, belegen, dass Brandt allen Grund hatte, sich zu sorgen vor einer Schmutzkampagne, gegen die ihn kein Stillhaltepakt verschonen würde. Reinhard Gehlen, Generalmajor der Wehrmacht (Fremde Heere Ost) und erster Präsident des

Nachrichtendienstes, sollte demzufolge herausfinden, ob Brandt für Hinrichtungen im Spanischen Bürgerkrieg verantwortlich sei und ob er für fremde Nachrichtendienste spionierte. Nach einem Gespräch mit Konrad Adenauer notierte der BND-Präsident sich demzufolge: «Fragen nach dem Werde- und Entwicklungsgang von Bürgermeister Brandt. Ist er nachrichtendienstlich tätig geworden?» Weit scheint der BND bei den Recherchen zwar nicht gekommen zu sein, aber darum geht es auch nicht: Adenauer, daran ließ diese kleine Meldung keinen Zweifel, scheute wenige Mittel, sich seines Widersachers zu entledigen, auch wenn er unter vier Augen Brandt treuherzig hofierte, das alles sei nicht ganz ernst gemeint. Ernst gemeint war es, und Brandt verstand es auch so.

«Opportunistisch» habe er sich verhalten, sollten später Historiker resümieren, weil Brandt sich damals nicht wirklich mit der nötigen Klarheit zur Wehr gesetzt habe. Gegen Ende seines Lebens – um der Zeit einen Moment lang vorauszueilen – gab Brandt diesen Vorwurf an seine Kritiker zurück. «*Besondere Rücksichtnahme*» auf die Stimmung der Landsleute sei es gewesen, bekannte er unverblümt, «*die die Ausnahme von der Regel nicht erklärt wissen wollten*».[8] Dieser einzige Satz genügte, er hatte es in sich: Er fürchtete nicht so sehr den alternden Adenauer, es waren die Deutschen in ihrer Mehrheit, die eine solche «Ausnahme» nicht akzeptieren wollten. Sosehr er auch die Deutschen vor jedem Pauschalvorwurf im Blick auf die Hitlerjahre in Schutz genommen hatte («besondere Rücksichtnahme»), sie dankten es zwar für einen entscheidenden historischen Moment seiner Kanzlerschaft (im Jahr 1972), aber dauerhaft dankten sie es nicht.

Wenige Monate vor dem Abitur schloss Herbert Frahm sich der Sozialistischen Arbeiterpartei (SAP) an, einer Kleinpartei, die zwischen SPD und KPD lavierte. Im Reichstag stellte seit Sommer die NSDAP bereits die stärkste Fraktion, Hermann Göring wurde zum Reichstagspräsidenten gewählt, Franz von Papen konnte sich auf keine parlamentarische Mehrheit mehr stützen. Persönlich und politisch, glaubte der Gymnasiast, sei eine Trennung von der Mutterpartei unumgänglich. Die meisten der älteren Parteimitglieder hielten ihrer SPD die Treue, aber ein Großteil der jungen Sozialdemokraten (SAJ) in Lübeck, Bremen, Dresden, Breslau und anderen Städten schloss sich der SAP an. Vor allem agitierten sie für eine Einheitsfront, wurden aber letztlich zwischen den verfeindeten Großparteien SPD und KPD zerrieben.[9]

Als er seine *Erinnerungen* zu Papier brachte, lamentierte er nicht: Zwar habe die Entscheidung für die SAP in die «Sackgasse» und «Sektiererei» geführt. Aber immerhin habe er Selbständigkeit gelernt, davon zeigte er sich trotz aller Selbstkritik überzeugt. Daher auch sein Fazit: «*Ohne den Umweg über den Linkssozialismus wäre ich kaum der geworden, der ich bin.*»

Keinen Grund gibt es, diesen Satz nicht gebührend ernst zu nehmen. Sein Engagement für die SAP, die Nähe zu *Mot Dag*, der Respekt und die Freundschaft mit Jacob Walcher (hier nur in Stichworten, davon wird noch die Rede sein), ohne diese Stationen und Ankerplätze ließe sich sein späteres Leben nicht verstehen. Dazu stand er uneingeschränkt.

Bei aller Selbstkritik, er fand auch nicht, er habe viel falsch eingeschätzt oder sich gewaltig geirrt. Hitlers Anhänger hielt er weder für «national» noch für «sozialistisch». Traf das nicht etwa zu? Gegen beides hatte er im Prinzip nichts einzuwenden. Konfus und morbide erschien ihm jedoch, was sie predigten. Wie die Linke angesichts der wachsenden Dominanz der Kommunisten für Mehrheiten hätte sorgen können, ließ er freilich offen.

Auf die Chance, die Julius Leber ihm bot, nach dem Abitur im Februar 1932 beim Studium unterstützt zu werden und sich noch ein wenig Geld bei der Parteipresse hinzuzuverdienen, hatte er spontan verzichtet, als er zur SAP wechselte. Er wurde arbeitslos, diesen Preis nahm er in Kauf. Lübeck ging es ökonomisch nicht besser als anderen deutschen Städten. Mit Glück – wieder hatte er Glück, wie er fand – gelang es ihm, sich als Volontär bei einer Schiffsmaklerfirma zu verdingen, die Frachten vermittelte und Zollpapiere ausfertigte. Als kaufmännischer Lehrling, nicht als Journalist, wie er wohl geträumt hatte, startete er mithin ins Berufsleben.

Seine kleine sozialistische Clique, der er sich verschrieben hatte, heimste nicht gerade Erfolge ein: In Lübeck erhielt sie bei den Wahlen kaum mehr Stimmen, als sie Mitglieder hatte (wenige hundert), im Reich blieb die SAP völlig marginalisiert. Das große Drama aber nahm seinen Lauf: Am 30. Januar 1933 zog Hitler in die Reichskanzlei ein. Am nächsten Tag überfielen SA-Leute Brandts Mentor, Julius Leber, es war nur der Anfang einer langen Oppositions- und Leidensgeschichte. Bei seinen Freunden und ihm wuchs die Überzeugung, die großen Parteien hätten sich zu passiv verhalten, sie hätten kämpfen sollen. Auch im Rückblick nach Jahrzehnten änderte er diese Einschätzung nicht, es sei ein großer Fehler gewesen, den Nazis «nahezu kampflos»[10] das Feld zu überlassen; und falsch war es, fügte er in den Memoiren einmal mehr hinzu, dass das Lager der «sozialen Demokratie», die demokratische Linke insgesamt sich nicht zusammenschloss. Bei den Reichstagswahlen am 5. März 1933 erhielten die Sozialdemokraten mehr als sieben Millionen Stimmen, die Kommunisten büßten einen hohen Prozentsatz ein, zumal der Reichstagsbrand ihnen in die Schuhe geschoben wurde, die NSDAP blieb unter 44 %, was sie aber nicht hinderte, die Macht zu usurpieren.

Illegal trafen sich in einem Vorort Dresdens 60 SAP-Delegierte – Herbert Frahm darunter – am 11. und 12. März, notgedrungen unter konspirativen Umständen, das Gefühl herrschte erstmals vor, der Nazi-Spuk werde so bald nicht vorüberziehen. Sie unterschätzten auch nicht, was das bedeuten könnte: Bei diesem Treffen ging es bereits darum, die Arbeit im Untergrund – und möglichst auch im Ausland – zu organisieren. Herbert wurde dazu auserkoren, einem der SAP-Mitglieder, dem Publizisten Paul Frölich, zur Flucht über Dänemark nach Norwegen zu verhelfen. Von dort aus und mit Hilfe der norwegischen Arbeiterpartei sollte Frölich sich um Unterstützung für die Daheimgebliebenen bemühen. Von Lübeck aus wurde er am 21. März nach Fehmarn gebracht, dort aber enttarnt und verhaftet. Wie genau das passierte, schilderte Brandt nicht. Nur, dass Frölich – der einige Zeit zu den engen Mitstreitern Rosa Luxemburgs gehörte – Monate später glücklicherweise entlassen wurde und mit Hilfe von Freunden über die Tschechoslowakei nach Frankreich flüchten konnte.

Für den Abiturienten wurde die Lage in seiner Heimatstadt damit gleichfalls prekär: Die SAP-Leitung, soweit sie nicht bereits verhaftet

Der Neuankömmling mit dem Kampfnamen «Willy Brandt» 1933 in Oslo. Hier soll er eine Oppositionszelle für die SAP aufbauen. Dass zwölf Jahre Exil daraus würden, kann er nicht ahnen. Als Emigrant versteht er sich nicht, ein Bürger möchte er sein, vom Journalismus leben. Rasch empfindet er Norwegen als neue Heimat. Der Expatriierte erhält hier auch die Staatsbürgerschaft.

war, beauftragte ihn damit, in die Lücke zu springen und Frölichs Aufgaben in Norwegen zu übernehmen. Was genau den Ausschlag für die Wahl gab, Brandt damit zu betrauen – seine Sprachkenntnisse vielleicht oder eine reale Gefahr für ihn –, ließ sich später nicht mehr genau rekonstruieren.[11] Anfang April sollte er in einem Fischkutter von Travemünde nach Dänemark übersetzen. Hundert Reichsmark gab ihm der Großvater mit auf die Reise ins Ungewisse. Seine Mutter verbarg nicht ihre Besorgnis. Die Freundin und erste Liebe, Gertrud Meyer, versprach, bald nachzukommen. Er konnte nicht ahnen, dass es sich um einen Abschied aus Deutschland für lange Jahre handeln würde.

Drei Wochen nachdem er Lübeck verlassen hatte, wurden alle seine SAP-Kameraden verhaftet. Gertrud Meyer fiel in die Hände der Polizei. Einen Brief von ihm trug sie in der Handtasche bei sich, auf dem Weg ins Gefängnis schluckte sie das Papier herunter. Drei Wochen blieb sie in Haft und verriet nichts.

Freunde aus der SAP hatten die Überfahrt vorbereitet, ein Fischer erklärte sich bereit, ihn noch in der Nacht nach Rødbyhavn auf der Insel Lolland zu schmuggeln, was auch glückte. Von dort aus reiste er mit der Bahn nach Kopenhagen, dann per Schiff nach Oslo. In einem möblierten Zimmer quartierte er sich ein. Sein neues Leben begann.

Zwei Bemerkungen fügte Brandt dieser kurzen Skizze über den Weg nach Norwegen an, die ihm wichtig erschienen. Einmal ging es ihm um die «Fluchtlegende». An seine Schilderung der Reise über Dänemark nach Norwegen war nämlich gern die Frage geknüpft worden, ob es sich denn wirklich um eine «Flucht vor den Nazis» gehandelt habe. Nicht zornig, eher höflich, aber doch sehr entschieden setzte Brandt sich nun gegen solche Vorbehalte zur Wehr, die er früher stumm geschluckt hatte. Ja, je genauer ich seine Erinnerungen studiere, umso klarer wird, dass das ganze Opus – *Links und frei* – als große, skrupulöse Erwiderung auf die Schar seiner Widersacher und Ankläger gelesen werden sollte. «Atypisch» sei sein Lebensweg ohnehin gewesen, flocht er also an dieser Stelle ein. Nicht schlechten Gewissens sei er an Bord des Fischkutters gegangen, auch nicht aus Feigheit. Aber *«eine sittliche Pflicht, im Dritten Reich zu bleiben und es dem Zufall zu überlassen, ob man schon früh in einem Keller erschlagen oder erst später in einem hassenswerten Krieg verheizt würde, konnte es nicht geben»*.

Polizeiakten, aus denen hervorging, dass er in Lübeck hätte verhaftet werden sollen, fanden sich nicht. Selbst daraus wurde ein Vorwurf konstruiert. Hätte er ohne «Szenenwechsel» überlebt? Brandt gab immerhin die knappe Auskunft, das sei «eher zu bezweifeln».[12] Die naheliegende Frage stellte er seinen Kritikern erst gar nicht, ob der Aufbau einer Opposition gegen Hitler außerhalb Deutschlands denn nicht sinnvoll gewesen sei. Mit einer fairen, vernünftigen Antwort rechnete er ohnehin nicht mehr. Mit seinen «Kritikern» übrigens meinte Brandt, wie mir scheint, nicht nur ein paar Widersacher, sondern das Gros der Deutschen.

Die zweite Bemerkung, die Brandt damit verknüpfte, bezog sich erneut auf die Frage, warum seine Freunde und er «unsere Art von Illusionen»[13] mit sich herumschleppten, oder anders, ob sie nicht selbst zur Schwächung der Linken beitrugen und endlich zur Niederlage, von der Brandt – 1982! – unverändert glaubte, sie sei zu vermeiden gewesen. Er schrieb nämlich, er sei sich durchaus bewusst gewesen, «*dass ich mich als Angehöriger einer Bewegung, die versagt hatte, ins Exil begab: Versagt, weil sie es nicht vermocht hatte, die Unmenschen von der Macht fernzuhalten; versagt auch, weil sie nicht einmal imstande war, das Ausmaß des moralisch Ungeheuerlichen deutlich zu machen*». Es folgten die Sätze, die ich so nur mit Willy Brandt verbinde: «*Wir ließen uns nicht ins Ungeheuerliche verstricken, doch im Laufe weniger Jahre wurde mir immer klarer, dass man auch als deutscher Antinazi keinen Grund hatte, sich auf ein hohes Ross zu setzen. Wir gingen mit sauberen Händen, aber doch mit der Last der Mitverantwortung für das Scheitern der deutschen Demokratie: damit für das Unglück, das über Deutschland und Europa kommen sollte.*»[14] Schwerlich lässt sich bestreiten, die treffendste Kritik am jungen Brandt übte Brandt selber. Im Zweifel ging er schonungslos mit sich um.

Obwohl er auf Jugendamnestie plädieren könne, fügte er gleichwohl noch ironisch hinzu, wolle er auch die Kurzformel für sich und die Freunde gelten lassen, «man hatte das beste gewollt ...» Brandt: «*Hitler hätte ohne die Unzulänglichkeiten der ‹Linken›, der demokratischen Kräfte, nicht siegen können. Das ist keine Entlastung für die Hugenberg, Papen und die anderen Reaktionäre, die glaubten, sich der Nazis als Lakaien bedienen zu können, die sie dann an die Leine legten. Sie verdienten kein Mitleid. Sie kamen nach 1945 viel zu leicht davon.*»[15]

«Die Entdeckung der Welt»: Als ginge es um eine heitere Abenteuerreise, wollte er unter dieser Überschrift in den *Erinnerungen* von seiner Jugend berichten, ohne zu klagen. Mit dem ersten Satz sprang er mitten hinein: «*Ein schwerer Abschied war es nicht, den ich, an einem der ersten Apriltage des Jahres 1933, von Lübeck nahm. Ich musste weg, wenn ich nicht Leib und Seele riskieren wollte, und den Blick nach draußen wenden.*» Muße für einen Blick zurück fehlte, fügte er rasch hinzu, um nur bloß nicht wehleidig zu erscheinen.

Unerwähnt ließ er, dass ihm seine Freundin Gertrud Meyer wenig später nach Oslo folgte.[16] Brandt hatte Gertrud, 1914 geboren, in

Willy Brandt und Gertrud Meyer, eine Lübeckerin wie er, die er in der SAP kennenlernt. Sie folgt ihm nach Norwegen und lebt mit ihm in den ersten Jahren zusammen, wie er will auch sie auf eigenen Füßen stehen. 1939 emigriert sie mit dem Psychoanalytiker Wilhelm Reich, dessen Assistentin sie ist, in die USA und versucht, auch Brandt die Auswanderung zu ermöglichen. (Aufnahme ca. 1939)

der SAP kennengelernt. Eine Lübeckerin, politisch ähnlich engagiert, lebte sie mit ihm zusammen in Norwegen, gerne stellte er sie als seine Frau vor. Mit Brandt engagierte sie sich auch in der Osloer SAP-Gruppe, an ihren sozialistischen Idealen wurde sie dort wie auch später nie irre, wie Gertrud Lenz festhielt. Das Bild einer selbstbewussten, autonomen Frau zeichnete sie, die in Oslo keineswegs im Schatten ihres Freundes stand. Wie Brandt empfand sie sich nicht in erster Linie als Exilantin, die auf fremde Hilfe angewiesen sei, sie wollte auf eigenen Füßen stehen. Nach einigen Jahren wurde sie Assistentin des Psychoanalytikers Wilhelm Reich. Reich stammte aus einer jüdischen Familie in Galizien und in Wien (später in Berlin), an der Seite Sigmund Freuds arbeitete er an einer Symbiose von Psychoanalyse und Marxismus. Nach der Bücherverbrennung wich Reich nach Dänemark, 1934 dann nach Oslo aus, wo Gertrud Meyer und Willy Brandt ihn kennenlernten. Reich schloss sich zunächst den

Sozialdemokraten an, hatte sich dann aber der Kommunistischen Partei angenähert. Spätestens mit seiner Untersuchung *Massenpsychologie des Faschismus* wurde sein Name weit über die Grenzen hinaus bekannt. 1939 emigrierte Gertrud Meyer mit Wilhelm Reich schließlich in die USA.

Von dort aus versuchte sie, auch Brandts Ausreise zu ermöglichen, nicht nur, weil Skandinavien ein unsicherer Ort für Exilanten zu werden drohte, sondern auch, weil sie glaubte, ihre Beziehung in den Staaten fortsetzen zu können. Näher ging Brandt in seinen Erinnerungen darauf nicht ein, dachte aber wahrscheinlich zumindest für kurze Zeit an Auswanderung, seit die Gerüchte über eine mögliche Okkupation Schwedens und Norwegens durch deutsche Truppen aufflackerten. Sein Privatleben gab vermutlich den Ausschlag, er zuckte zurück, denn in Oslo hatte er in der Zwischenzeit (wovon Gertrud Meyer nichts wusste) Carlota Thorkildsen kennengelernt, die im Oktober 1940 ihre gemeinsame Tochter Ninja zur Welt brachte.

Das Datum konnte Brandt nicht vergessen, an dem er von Carlota erfuhr, sie sei schwanger: An diesem Tag nämlich, dem 9. April 1940, marschierten die Deutschen in Norwegen ein. Eilig bereiteten Willy Brandt und seine Freunde die Flucht nach Schweden vor. Verkleidet als norwegischer Soldat, geriet er bald darauf in deutsche Gefangenschaft. Ungewohnt freimütig, ungewohnt pessimistisch hielt er in *Links und frei* fest: «*Die Zukunft erschien nahezu ohne Hoffnung. Ich hoffte, der Mut zu unserem Kind werde sie nicht verlassen, und klammerte mich in nahezu verzweifelten Stunden an den Gedanken, dass in unserem Kind etwas von mir weiterleben würde, sollte ich nicht überleben.*»[17]

Im schwedischen Exil, wohin Carlota Thorkildsen bald gefolgt war, heirateten die Norwegerin und der Exilant im Jahr 1941. Lange hielt die Ehe nicht. Seine spätere Frau, Rut Bergaust, stammte aus dem norwegischen Hamar. Brandt lernte sie im Stockholmer Exil kennen, wohin auch sie sich aus politischen Gründen abgesetzt hatte. Rut war wie Brandt nicht ledig. Nach dem Tod ihres Mannes und seiner Scheidung heirateten die beiden im Jahr 1948, getraut von einem norwegischen Militärgeistlichen.[18]

War sie der Grund, dass Brandt sich gegen eine Auswanderung nach Amerika entschied? Am 9. April 1940 erfährt er von Carlota Thorkildsen, sie sei schwanger. An diesem Tag marschieren die Deutschen in Norwegen ein, Brandt flieht nach Schweden, wohin sie ihm folgt. 1941 heiraten sie, die Ehe hält nicht lange. (Aufnahme 1940)

Er hatte Glück wie so oft, er formulierte es häufig so: Besonders Norwegen wurde beinahe vom ersten Tag an «Heimat» für ihn. «Schule des Nordens» überschrieb er das Kapitel, in dem er auf die zwölf Jahre zurückblickte, die er in Norwegen und Schweden verbrachte. Brandt bewunderte die skandinavische Mentalität, er rühmte, was er in dieser «Schule» lernte. Leibeigenschaft war den Norwegern fremd, dass jeder über sich selber bestimme, galt ihnen als «Lebenselixier». Ideologien von verordnetem Glück fanden so wenig Anklang wie Vorstellungen, die von «geschichtlichen Zwangsläufigkeiten» handelten. Die Arbeiterbewegung betrachtete Rechtsstaatlichkeit auch als ihren Boden, auf dem sie stand. Hart geführte soziale Kämpfe stellten die innere Verfassung, die Demokratie nicht in Frage. All das habe ihn fasziniert, blieb ihm aber fremd, räumte er ein, zu fremd, um es rasch zu verarbeiten. Die Last, die er mitschleppte, habe zu schwer gewogen – «*es war die Last der deutschen Exilsozialisten, ihrer Niederlage und ihres Wirklichkeitsverlustes, ihrer Besserwis-*

serei und ihres Sektierertums, mit der ich nun ... die Norwegische Arbeiterpartei beschwerte». Aufgeheizt von seinen deutschen Parteioberen in Paris sei er also ans Werk gegangen, die Arbeiterpartei zu bekehren.[19]

Seinen Lebensunterhalt in Norwegen wie in Schweden verdiente er als Journalist mit Zeitungsartikeln, oft mit außenpolitischen Kommentaren und Analysen über die Lage in Deutschland, sowie mit Büchern über die «Kriegsziele» in einer Ära nach Hitler, über den Vansittartismus in Großbritannien, über das «andere» Deutschland – darunter auch *Verbrecher und andere Deutsche* aus dem Jahr 1946, das später dazu herhalten sollte, um ihn als Vaterlandsverräter zu brandmarken. Einhart Lorenz hat diesen Weg des jungen Exilanten, der sich umstandslos und unauffällig eingliedern wollte, ausdrücklich nicht als «Emigrant», einfühlsam nachgezeichnet.

«Weniger wäre mehr gewesen», spottete Brandt später gelegentlich selber über seine damalige journalistische Produktivität. Er komme sich vor wie ein Trödelhändler, der jeden Tag mit einem Kästchen vor der Brust losziehe, da habe er ein Artikelchen für dies, da eines für das ... Texte über brasilianische Oppositionsführer hackte er in die Maschine, oder über mexikanisches Öl, über Gewerkschaftsführer in den Vereinigten Staaten oder Medien in Frankreich, im Rückblick schien er sich beinahe belustigt zuzusehen beim Kampf ums tägliche Überleben.

Gegenüber seinem Freund Jacob Walcher in der Pariser Auslandszentrale der SAP klagte er gelegentlich, als Fixum erhalte er 30 Kronen pro Woche, damit könne man durchkommen, aber «sehr knapp». Er benötige daher einen Zuverdienst.[20] Immerhin erwarb er sich beim journalistischen Brotverdienst auch breitere Kenntnisse über die internationalen Beziehungen,[21] vor allem machte er sich vertraut mit der sowjetischen Außenpolitik, der internationalen Arbeiterbewegung, dem finnisch-russischen Krieg oder der sowjetischen Besetzung Lettlands. Ausgerechnet das Buch, das ihm wohl am meisten bedeutete – *Die Kriegsziele der Großmächte und das neue Europa* –, konnte nicht mehr erscheinen. Einen Tag, nachdem er das erste Autorenexemplar zugesandt bekam, besetzten die Deutschen Norwegen; die Besatzer, die besonders die deutschen Exilanten ins Visier nahmen, verlangten, die ganze Auflage einstampfen zu lassen.

Die Beiträge des politischen Exils, dessen aktivster Vertreter Willy Brandt in Norwegen war, resümierte Einhart Lorenz nicht zuletzt mit Blick auf dieses Buch, hätten gezeigt, dass es ein «anderes Deutschland» gab, das Ausgangspunkt für einen kommenden Frieden sein konnte. Hier liege die Bedeutung der publizistischen Tätigkeit in Norwegen «für beide ‹Heimatländer› Brandts».[22]

Seine politischen Gegner in der jungen Bundesrepublik sollten sich später nicht darum scheren, was er wirklich dachte und schrieb. Vehement widersprach er dem pauschalen Verdikt, die Deutschen stünden geschlossen hinter Hitler, wo immer er das zu hören bekam. Vielleicht handelte es sich auch um den Strohhalm, an den er und seine politischen Freunde in der SAP sich klammerten? Unermüdlich warb Brandt jedenfalls dafür, jenes «andere Deutschland» ernster zu nehmen, das sich Hitler nie beugte – und auf das allein sich nach dem Krieg ein ehrlicher Neuanfang gründen ließe. Von Hitler, so liest es sich heute, wollte er sich sein Heimatland nicht rauben lassen.

Politische Betätigungen blieben den Exilanten im Gastland zwar untersagt, aber wie sollte das gehen? Politik war längst schon sein Leben. Missionarische Züge verbarg er gar nicht. Wie gerne hätte er die Norwegische Arbeiterpartei (NAP) – die im Oktober 1933 im Storting 69 von 150 Mandaten gewann, aber erst im Frühjahr 1935 die Regierung übernehmen konnte – zum richtigen, revolutionären Sozialismus bekehrt; nur die kleine Gruppe der Linksintellektuellen, *Mot Dag*, der er sich anschloss, sah die Welt – wie er glaubte – korrekt.[23] Aber Willy Brandt veränderte mit seinen Kommentaren nicht Skandinavien, Skandinavien veränderte ihn.

Willy Brandts erster Text im *Arbeiderbladet* vom 11. April 1933 unter der Überschrift «Wie sieht es in Hitlerdeutschland aus?» (übersetzt aus dem Norwegischen von Einhart Lorenz) liest sich wie ein Programm, das schon seit Jahren reifte. Der zwanzigjährige Autor, erst vor wenigen Tagen eingetroffen in Oslo als Emissär seiner Partei, stürzte sich hinein ins neue Leben, als wolle er sich Mut machen.

Willy Brandt, illusionslos: Die Arbeiter hätten gehofft, Deutschland sei nicht Italien, Hitler werde es nicht gelingen, die Arbeiterklasse zu zerschlagen wie Mussolini. Die bittere Wahrheit: Mussolini brauchte Jahre, Hitler gelang es in Wochen. Beim Boykott jüdischer Geschäfte am 1. April handelte es sich um ein Ablenkungsmanöver, der Terror gegen Zehntausende sollte verdeckt werden, Geschäfte, Buchhandlungen und Druckereien wurden gestürmt. Aus seiner Sicht waren die Organisationen der Arbeiterklasse «zusammengebrochen», SPD und KPD haben es nicht verstanden, klagte der jugendliche Autor, den Faschismus mit ihrer bisherigen Politik abzuwehren, noch schlimmer, die Gewerkschaftsführer haben sich zur Zusammenarbeit mit dem Faschismus bereit erklärt, «sie arbeiten unter dem Hakenkreuz».[24] Mit dem Faschismus werde der Kapitalismus untergehen, an diese Hoffnung klammerte er sich dennoch. Die Gemütslage Brandts und seiner SAP-Freunde wechselte offenbar ständig zwischen Weltuntergangsphantasien und Siegeseuphorie.

Ausgerechnet im «Mutterland der modernen Arbeiterbewegung» hätten beide Flügel der Linken sich einer grundfalschen Politik verschrieben, monierte er in einem Sammelband unter dem Titel *Deutschland unter dem Hakenkreuz* schon Mitte Juni. Nicht nur Marx und Engels stimmten sie ein auf revolutionäres Denken, auch August Bebel und Wilhelm Liebknecht befanden sich 1870/71 während des Krieges noch auf dem richtigen Pfad. Sie widersetzten sich den Kriegskrediten, ging Brandt im Zeitraffer die Geschichte der Linken durch, «revolutionäre Klarheit» spornte sie an, und sie trotzten Bismarcks Sozialistengesetzen. Dann, um die Jahrhundertwende, vollzog sich eine Zäsur. Der «aufsteigende deutsche Kapitalismus» fraß seine Kinder, die Revolutionäre mutierten zu Revisionisten. Rosa Luxemburg und August Bebel stemmten sich – 1903 – vergebens gegen die Trendwende. Es kam zum Drama vom 4. August 1914, die sozialdemokratische Reichstagsfraktion bewilligte die Kriegskredite für das kaiserliche Deutschland. Die Sozialdemokratie stellte sich «auf die Seite der Nation». Und – «die überwiegende Mehrheit der deutschen Arbeiter fühlte sich nicht verraten». Sie war für den Krieg, sie hielt es für selbstverständlich, «ihr» Vaterland zu verteidigen. Scheidemann und Freunde traten noch in die letzte kaiserliche Regierung ein. Als es dann doch zur Revolution kam, stellte sich die Partei zwar an die Spitze, unternahm aber alles, «um die Revolution zu liquidieren und der Bourgeoisie die Macht zurück zu geben». Die «wilden» Spartakisten, der äußerste linke Flügel, so der junge Brandt, verfolgten die richtige Linie, waren aber viel zu schwach, um ein «neues Deutschland» zu schaffen. Die Sozialdemokratie als Hauptschuldiger und auch Hauptgegner, weil zur Revolution nicht bereit? Und der Faschismus bald besiegt? Im Lichte des Geschehenen kann man Brandts lockere Anmerkung in *Links und frei* aus dem Jahr 1982 durchaus nachvollziehen, das sei «natürlich radikal und von Illusionen nicht ganz frei» gewesen. Wahrscheinlich hat er beim Niederschreiben dieses milden Tadels geschmunzelt.

Als er im August 1936 in einem Luftpostbrief aus Paris von Jacob Walcher aufgefordert wurde, sich unter einem Decknahmen insgeheim im Parteiauftrag der SAP für unbestimmte Zeit – drei Monate wurden daraus insgesamt – nach Berlin zu wagen und anschließend nach Paris zu reisen, zweifelte er nicht, es konnte Lebensgefahr bedeuten. Reparieren sollte er die Verbindungslinien zwischen den Freunden in Deutschland und den Emigranten, die schon arg beschädigt waren, die Lage der illegalen Arbeiterbewegung sondieren und auch den Lebensalltag in Berlin unter dem Hitler-Regime kennenlernen. Begeistert reagierte er nicht, aber «Nein» zu sagen kam ihm erst recht nicht in den Sinn. Also setzte er sich in den Zug: Mit einem gefälschten Pass, ausgestellt auf den Namen eines norwegischen Freundes, «Student Gunnar Gaasland». Vorsichtshalber lernte er dessen Lebensdaten auswendig, noch als Berliner Bürgermeister konnte er sie aus dem Kopf herunterbeten.

Gaasland, ein Freund von *Mot Dag*, hielt sich zu der Zeit in England auf. Zu Brandt bestand bereits eine enge Querverbindung, denn Gaasland hatte Gertrud Meyer geheiratet, um ihr zu einem norwegischen Pass zu verhelfen. In einem Prager Hotel wiesen sie sich damit als Ehepaar aus, wie Brandt sich vergnügt erinnerte, da er jetzt auch unter dem Namen Gaasland reiste.

Zur Vorbereitung wurde er noch einmal nach Paris beordert, von dort aus sollte er dann direkt nach Berlin weiterreisen. Seinem Freund Max Diamant – ein polnischer Jude, der der SPD beitrat und Bezirksvorsitzender der SAP in Baden wurde[25] – schüttete er sein Herz aus: «*Ich fragte mich wohl sogar einen Augenblick, welcher Teufel mich dazu gebracht habe, meinen Kopf in den des Raubtiers legen zu wollen, soll ich für diesen Quatsch wirklich alles riskieren?*» Mit einigen Gläsern Obstwasser und der Vernunft seines Freundes habe er sein Gleichgewicht wiedergefunden.

Willy Brandt vergaß nicht, daran zu erinnern, dass Max Diamant später politischen Freunden zur Flucht aus Südfrankreich verhalf, bevor er sich selber nach Mexiko absetzte, lange nach dem Krieg kehrte er zurück und engagierte sich bei der IG Metall. Der Vater, anfangs im polnisch-jüdischen «Bund», dann Kommunist, war 1936 gemeinsam mit der Mutter verhaftet worden und blieb verschollen. Brandt kommentierte das nicht weiter. Dennoch, solche Seitenbemerkungen waren ihm offenbar wichtig, kleine verstreute Stolpersteine, die an eine Welt erinnerten, die untergegangen war und die ihn dennoch sein ganzes Leben lang begleitete.

Nach drei Jahren in Norwegen also kehrte er endlich zu dieser Stippvisite in politischem Auftrag via Paris zurück nach Deutschland, Zielort Berlin. An der Ecke Kurfürstendamm/Joachimsthalerstraße quartierte er sich bei einer «netten Frau Hamel» in einem möblierten Zimmer ein, mit Frühstück und eventuell auch Abendbrot. Gut war sie nicht auf die Nazis zu sprechen, ihr Besucher hielt sich vorsichtshalber – als norwegischer Student ausgewiesen – mit Kommentaren zurück. Die Olympischen Spiele waren gerade beendet worden, dem Regime hatten sie einen beträchtlichen Prestigegewinn beschert. Mannschaften aus «zivilisierten Ländern» genierten sich nicht, mit erhobenem Arm an Adolf Hitler vorbeizudefilieren. Schilder, die Juden als «unerwünscht» bezeichneten, erinnerte Brandt sich, waren während der Spiele entfernt worden, der Flottenvertrag mit England und die Besetzung des entmilitarisierten Rheinlands bescherten Propagandaerfolge. Die Welt sah zu, wie Deutschland – entgegen den Auflagen – rasch aufrüstete und die Wehrpflicht einführte, die «Siegermächte» blickten einfach weg. Nicht überschwänglich sei die Stimmung gewesen, erinnerte er sich, aber auch nicht regimefeindlich. Selbst viele Arbeiter, die vor kurzem noch links gewählt hatten, zeigten sich beeindruckt von der Vollbeschäftigung.

In Berlin muss Brandt erstmals zu dem Ergebnis gelangt sein, es sei dennoch nicht die «überwältigende Mehrheit» der Deutschen, die sich leichten Herzens mit dem Regime abfanden. In Spanien putschten gerade Francos Truppen gegen die demokratisch gewählten Republikaner, der Auftakt des Bürgerkriegs. Was Hitler wirklich gegen die Tschechoslowakei plante, erschien noch ungewiss. In Moskau begannen die ersten großen Schauprozesse. Stimmen der «tiefen Enttäuschung» registrierte er, Hitler wurde *«in den Schoß geworfen, was die Alliierten der deutschen Demokratie in den Weimarer Jahren verweigert hatten»*.

Eine grundlegende Differenz zwischen den Berliner Erfahrungen und Skandinavien fiel ihm auf, seit Norwegen 1940/41 von den Deutschen besetzt worden war. Auch dort musste jeder, der gefälschte Papiere hatte, auf der Hut sein, es drohten ständige Kontrollen, aber alles in allem habe man unter einer sympathisierenden Bevölkerung «wie ein Fisch im Wasser» gelebt.[26] Auch in Berlin fand er standhafte Freunde, aber gefühlt habe er sich als Illegaler «wie ein Aussätziger». Dass die Illegalität «beherrscht war von Zeichen konspirativer Rechtmäßigkeit» – nein, ausdrücklich wollte er diesem Eindruck des Schriftstellers Peter Weiss[27] widersprechen. Bei den Franzosen wie bei den Skandinaviern, erinnerte Brandt sich, habe sich die nationale Idee mit einer demokratischen verbunden, «bei uns war ein Gegner der Nazis Feind im eigenen Land». Erst nach der Katastrophe sei es vielen Deutschen aufgegangen, dass Hitler und seine Helfer die «Verräter an der Nation» gewesen waren.

Vorsichtshalber schottete er sich streng ab in diesen Berliner Monaten, kein Flirt, kein Alkohol, sparsam leben musste er ohnehin, als Student aus einer nichtbegüterten Familie, als der er sich ausgab. Das einzige Vergnügen, an das er sich erinnerte: Dank der Berliner Philharmonie mit Wilhelm Furtwängler entdeckte er klassische Musik für sich.

Die Retrospektive auf die Berliner Wochen inkognito (Deckname: Martin) nutzte Brandt, um über den «deutschen Untergrund» zu reflektieren. Gerüchteweise hörten die Freunde von Folterkellern und Sklavenlagern. Die Gestapo zog ihr Netz dichter. Die Arbeiter wurden vorsichtiger, auch Systemgegner wogen die Risiken ab. Für offene Gegnerschaft blieb kein Spielraum, Vertraute berichteten, dass Angst in den Betrieben, unter Nachbarn, sogar unter Verwandten umging. Nur der Weg in den Untergrund blieb, wenn man den Mut dazu hatte. Aber in Wirklichkeit «waren wir Deutschen für die illegale Arbeit ziemlich unbegabt».[28] Sein Resümee der Berliner Ortsbesichtigung: Reale Chancen, das Regime zu erschüttern, rechnete er sich seitdem nicht mehr aus. Es bleibe nur zu hoffen, so Brandt, dass die Machtstruktur zerfalle. Dass die Militärführung sich gegen Hitler wenden würde, wie er es bei einigen älteren Sozialdemokraten hörte, glaubte er nicht mehr, «sie verdankte ihm zuviel». Vollbeschäftigung, die Passivität der einstigen Siegermächte, vieles kam für seine Landsleute zusammen. Nicht nur Angst, Terror, Propaganda und Mitläufertum wirkten sich aus. Nein, Brandt fügte hinzu, leichten Herzens hätten die Deutschen sich nicht mit dem Verlust politischer Freiheit abgefunden. Keineswegs hätten sie sich in «ein einzig Volk von Nazis» verwandelt, wie es ausländische Korrespondenten gerne berichteten.[29]

Dass er mit der Wahl seines Fluchtpunktes, Skandinavien, Glück hatte, dass Schweden und Norwegen die «natürliche Wahl» für ihn darstellten und zu prägenden Lernorten wurden, konnte er im Rückblick gar nicht genug hervorheben. Als Lübecker hatte er den Norden nicht nur vor Augen, sondern auch im Blut, wie er fand. In den kurzen Lehrmonaten bei der Schiffsagentur nach dem Abitur musste er sich einigermaßen vertraut machen mit dem Lesen schwedischer, dänischer und norwegischer Papiere und Zeitungen. Ihm fiel das Sprachenlernen grundsätzlich leicht, das Niederländische eignete er sich noch schneller an als das Norwegische. Kenntnisse in Englisch, Französisch und Latein brachte er aus dem Gymnasium in Lübeck mit, Spanisch hatte er freiwillig hinzugewählt. Seine Fähigkeit, genau zuzuhören und Sprachen zu adaptieren, hatte ihm geholfen. Aber auch ein anderes Talent verbarg sich darin: Brandt vermochte sich ohnehin erstaunlich mühelos in Fremdes hineinzufühlen, sich einzufügen und sich der Umgebung anzupassen. Daher auch sein

Wunsch, nicht als Exilant behandelt zu werden, sondern als Bürger unter Bürgern.

Der Neuankömmling erinnerte sich, schon bald wie junge norwegische Arbeiter oder Studenten gedacht zu haben. Materiell ging es ihm nicht schlecht, auch wenn er nicht sorgenfrei lebte. Aber wieder vergaß Willy Brandt nicht einzuräumen: Ja, an der allgemeinen Lage gemessen, hatte er es noch verhältnismäßig einfach. Schon bald nach der Ankunft in Oslo konnte er sich einschreiben lassen an der dortigen Universität. Viel brauchte er nicht zum Leben, die norwegische Arbeiterpartei sowie die Gewerkschaft unterstützten politische Flüchtlinge wie ihn. Ein Zubrot verdiente er sich bald mit Vorträgen in norwegischer Sprache. Im Zweifel trug er sich selber sogar die Rede vor, die er gern gehalten hätte in einer Zeit nach Hitler – ein Mittel, um sein Heimweh zu dämpfen. Lange dauerte es nicht, und er konnte mit Artikeln für Zeitungen seinen Lebensunterhalt verdienen.

Skandinavien kam seiner Neigung entgegen, ja verstärkte sie noch, sich auf unterschiedliche Meinungen einzulassen, umzugehen mit Ambivalenzen, oder um es mit der Historikerin Kristina Meyer zu sagen, seine eigene «Ambiguitätstoleranz» zu probieren.

Mit einer halben Million Mitglieder zählte die AUF zu den einflussreichen politischen Vereinigungen Norwegens, ganz anders als die SAJ in Deutschland. Nicht zum ersten Mal fühlte Brandt sich hingezogen zur Minderheit, seine Gruppe – «Friheten» – bildete eine Oppositionsfraktion, die sich gegen die moderaten Sozialdemokraten an der Spitze sträubte. Ähnlich kannte er das schon aus Lübecker Zeiten. Als «halbkonspirativ» beschrieb Brandt den Zirkel und bedauerte rückblickend, sich überhaupt darauf eingelassen zu haben. Im Nachhinein wunderte er sich über sich selber – wie fixiert er immer noch von dem Gedanken war, es komme nur auf die richtige sozialistische Gesinnung an. Nachträglich freilich erschien ihm die «eifernde Überheblichkeit» eher peinlich, dass auch er sich daran beteiligt hatte, anderen beizubringen, wie man «Niederlagen vermeiden oder Schlachten gewinnen» solle. Er habe sich – an Selbstbewusstsein fehlte es nicht – an fraktionellen Streitigkeiten um ein Mehr an sozialistischer Gesinnung beteiligt, «als Versprengter einer Armee, die keinen Ruhm an ihre Fahnen geheftet hatte».[30]

Jacob Walcher, 26 Jahre älter als Brandt, zählt zu den führenden Köpfen der SAP. Er steht in enger Verbindung mit Rosa Luxemburg. Für den Jüngeren ist Walcher Lehrmeister und Freund zugleich. Diese Mischung aus Intellektualität und Bodenständigkeit schätzt er ebenso wie dessen Bedürfnis nach Autonomie. Trotz politischer Differenzen – in seinen Freundschaftsgefühlen lässt Brandt sich nie beirren. (Aufnahme ca. 1932)

Dieser Spur in seinem eigenen Leben ging er noch genauer nach. Die jungen Studenten, Künstler, Intellektuellen oder bereits berufstätigen Akademiker, unter denen er sich zu Hause fühlte, hatten sich erstmals unter dem Namen Mot Dag *(Dem Tag entgegen)* nach dem Ersten Weltkrieg als Fraktion innerhalb der Arbeiterpartei formiert. Als kleine Elite von Trotzkisten beschrieb er sie in seinen *Erinnerungen*, sie selber ordneten sich links von den Kommunisten ein. Jedenfalls schmeckte es bei den Gesinnungsgenossen ziemlich nach Männerbund, die Berufstätigen unter ihnen, Architekten, Ärzte, Gewerkschaftler, mussten einen beträchtlichen Teil ihres Einkommens abführen an die Organisation mit ihrer gestrengen Hierarchie. Zuerst, 1923, erklärte die linientreue Komintern sie zu ihren Gegnern, weil sie sich zu eigensinnig und zu unorthodox gebärdeten, wenig später distanzierte sich auch die Arbeiterpartei, für deren Geschmack *Mot Dag* gar zu radikal auftrat. Er wunderte sich rückblickend, daran jemals Gefallen gefunden zu haben.

Unumwunden zählte er Jacob Walcher zu den führenden Köpfen, die ihn beeinflussten, er kannte ihn schon aus dem SAJ-Treffen in Dresden, an dem er kurz vor seinem Abschied nach Norwegen teilgenommen hatte. Seinerzeit hatte Walcher ihn spontan beeindruckt. Zweifellos standen sie sich politisch und intellektuell nahe, obendrein wies ihr Lebenslauf einige Parallelen auf. Im Portrait, das er von ihm zeichnete, spiegelte sich einiges von Brandt selber wider. Kurz sei es daher hier rekapituliert.

Walcher (1887–1970), 26 Jahre älter als Brandt, war der Sohn eines Kleinbauern aus Oberschwaben, aufgewachsen im protestantischen Milieu dieser Region. Mit fünfzehn Jahren stellte ihn Daimler in Stuttgart als Dreher ein, dort kam er mit der Arbeiterbewegung in Berührung, 1906 schloss er sich der SPD an, bald schon der linkssozialdemokratischen Arbeiterjugend. Noch vor dem Ersten Weltkrieg lernte er an der Berliner Parteischule Rosa Luxemburg kennen, die das junge politische Talent, eine seltene Mischung aus Tatkraft und Intellektualität, erkannt und geschätzt haben muss. Wie Rosa Luxemburg trennte er sich während des Krieges von der Mutterpartei und reihte sich beim Spartakusbund ein. Nach der Oktoberrevolution versuchte Walcher gemeinsam mit Rosa Luxemburg und Karl Liebknecht, etwas von diesem Geist auch nach Deutschland zu übertragen, 1918 beteiligte er sich an der Gründung der Kommunistischen Partei, erwies sich aber als viel zu eigensinnig – 1928 schloss die KPD ihn aus, in der Folge bewegte er sich in einer Splittergruppe am Rande, der KPD-Opposition. Ziel blieb stets, den Aufstieg der Nationalsozialisten und Faschisten in Europa zu verhindern. In den nächsten Jahren verschrieb Walcher sich ganz der SAP. Nach der Machtübernahme 1933 wich er nach Paris aus, von wo aus er die Exil-SAP leitete, also die Auslandszentrale. Er war es, der Brandt 1933 nach Norwegen delegierte, um die politischen Aufgaben zu übernehmen, die Paul Frölich zugedacht waren. Im Pariser Lutétia-Kreis machte sich Walcher – immer noch seiner grundsätzlichen Haltung treu – für eine Koalition von Sozialdemokraten und Kommunisten stark, weil anders der Nationalsozialismus nicht zu besiegen sei. Brandt ging darauf nicht näher ein – aber mit Walchers Einfluss lässt sich wohl auch erklären, weshalb er mit solcher Unbeirrbarkeit über lange Jahre für eine «Einheitsfront» optierte. Nach dem Einfall der deutschen Truppen in Frankreich glückte ihm die Flucht in die USA, 1946 kehrte er zurück, nach Ostberlin allerdings, ohne gegen den Zwangszusammenschluss zur Sozialistischen Einheitspartei (SED) zu rebellieren. Lange hielt der Burgfrieden zwischen dem eigensinnigen Walcher und der Einheitspartei jedoch nicht an. Willy Brandt wunderte sich nicht darüber, für viel zu autonom hielt er seinen Lehrmeister und Freund («Vater» wollte er ihn ja keinesfalls genannt wissen), um sich dauerhaft dem Diktat einer dogmatischen Partei zu beugen. Schließlich fragte er sich das auch selber: Für manche von uns, räsonierte Brandt kaum verklausuliert, sind das Duo Karl Liebknecht und Rosa Luxemburg Repräsentanten der «unverfälschten» Sozialdemokratie gewesen. Vor allem auf Jacob Walcher zielte das, den *pater familias* der SAP, der bei der Gründung der KPD 1918 Pate gestanden hatte, aber er schloss sich durchaus in das Urteil mit ein.

Der durchweg geduldige, oft warmherzige Ton, in dem Walcher dem Jüngeren über Jahrzehnte, Ländergrenzen und Kontinente hinweg Briefe zusandte, lässt wenig Zweifel, dass er seinerseits jedenfalls diesen jungen Mann durchaus als eine Art Sohn betrachtete. Walcher, der Lehrmeister in Paris, brachte ihn mit *Mot Dag* in Kontakt. «Schau, lieber Willy», mahnte der Revolutionär den Sprössling gelegentlich beinahe liebevoll, «in dieser Hinsicht ist es sicherlich ein Mangel, dass Du allein stehst und dass Du deswegen des großen Nutzens einer positiven Kritik älterer Genossen verlustig gehst. Ich bin überzeugt, dass Du auch so Deinen Weg finden wirst, doch wird Dir das umso leichter und sicherer gelingen, wenn Du Dir stets in klarer und selbstkritischer Weise über Dein eigenes Tun und Lassen Rechenschaft gibst.» Datiert ist der Brief vom 14. November 1933, Hitler war bereits an der Macht, die SAP untergetaucht oder im Ausland.

Nahezu ausnahmslos ergriff Brandt in den SAP-Diskussionen Walchers Partei. Kein «blutleerer Intellektueller» war das nach Brandts Geschmack, er beeindruckte, weil er «in den Kämpfen und Auseinandersetzungen, welche die Arbeiterbewegung schließlich spalteten, immer auf der richtigen, nämlich der revolutionären Seite gefochten hat».³¹ Erst nach Brandts «skandinavischer Kehre» sollte sich das gründlich ändern, Brandt monierte nun Walchers dogmatisches Klammern an den Positionen von gestern. Willy Brandt fast entschuldigend: Es sei daher unvermeidlich gewesen, «dass ich meinen eigenen Weg ging».³² Man glaubt ihm das gerne. Dass Walcher gleichwohl einer der seltenen Lebensfreunde für ihn wurde und es immer blieb, hätte Brandt dennoch gewiss nicht geleugnet.

Fast zwei Jahre brauchte der junge Mann in Oslo, bevor er es im Frühjahr 1935 schaffte, sich aus den allzu engen Fesseln von *Mot Dag* zu befreien. So lange benötigte der junge «Unbehauste» offensichtlich die Geborgenheit einer Schutz- und Trutzburg. Zu ökonomistisch und deterministisch erschienen ihm die Freunde im Nachhinein. Ein schlechtes Gewissen plagte ihn aber auch im Rückblick nicht, dazugehört zu haben. Selbst seine Distanzierungen verrieten Respekt.

Revolutionärer Syndikalismus und demokratischer Sozialismus sollten zusammengeführt werden: Darauf lief der «norwegische Weg» der Linken zum damaligen Zeitpunkt hinaus, darin bestand der besondere Reiz für den jungen Brandt. Aber ihm entging auch nicht, dass die Arbeiterpartei unter Tranmæls Regie früh über ökologische Fragen und Risiken nachdachte. 1939 gab sie sich ein Grundsatzprogramm, das vieles von dem vorwegnahm, was die deutschen Sozialdemokraten mit der Godesberger Wende 1960 nachholten. Vor allem schworen die Norweger seinerzeit schon prinzipiell dem «Marxismus» ab und bekannten sich ausdrücklich zur Demokratie.

Der Norweger Brandt «tendierte zum Reformismus», so beschrieb ihn Torsten Nilsson (der später Norwegens Außenminister wurde), «während er als Deutscher weiterhin revolutionärer Sozialist war.» Ja, Brandt gab ihm vollkommen Recht. Auch er selber beobachtete ein solches «Doppeldenken» an sich. Als die Arbeiterpartei in Oslo in die Regierung eintrat, versuchte er, das den deutschen Freunden zu Hause verständlich zu machen. So viel Pragmatismus und Staatszugewandtheit, das war ihm bewusst, hätte er als Gymnasiast in Lübeck noch als falsches «Kompromisslertum» gegeißelt. Zum Gipfel,

Von der Sozialistischen Arbeiterpartei wird Brandt im Frühjahr 1937 nach Barcelona delegiert, ins Zentrum des spanischen Bürgerkrieges. Er sammelt denkbar schlechte Erfahrungen mit der Moskau-gelenkten, dogmatischen und machthungrigen Komintern, die er nicht mehr vergessen wird – sein Abschied aus Katalonien gleicht fast einer Flucht.

formulierte er einige Jahre später unter dem moderierenden Osloer Einfluss, gelange man nicht immer auf dem geraden Weg.³³

In den ersten Februartagen des Jahres 1937 entschied die Parteileitung in Paris, Brandts SAP-Freund Max Diamant solle für mehrere Wochen als Beobachter nach Barcelona reisen, auch als Zeichen der Solidarität mit der Linken und den Republikanern, die seit einigen Monaten Widerstand leisteten gegen den Putsch der nationalistischen Militärs unter Franco. Boris Goldenberg wurde sogar aus Palästina nach Paris und Katalonien beordert, Brandt erhielt den Auftrag, als Vertreter des Jugendverbandes eine Konferenz in Spanien vorzubereiten. Zudem war vorgesehen, dass er zumindest zeitweise Max Diamant als Verbindungsmann zu den spanischen Sozialisten ablöst.³⁴ Dem Parteiauftrag folgte er nicht begeistert, aber klaglos. An strenges Reglement von oben hatte er sich offensichtlich gewöhnt, trotz seines großen Bedürfnisses nach Unabhängigkeit. Es sollte sich – wie auch dem Spanien-Kapitel in *Links und frei* unschwer zu entnehmen – als die heikelste und schwierigste Episode seiner Exiljahre erweisen.

Der Arm des Diktators Josef Stalin reichte weit, seit den Moskauer Schauprozessen übten die Kominternparteien rigorosen Druck auf die zahlreichen über Europa verstreuten Emigrantenorganisationen aus. Wie gewohnt behandelten sie die Linke, die sich nicht einordnete, als ihren Hauptgegner, nicht etwa die Francisten. In Katalonien bekam Brandt rasch zu spüren, wie hierarchisch, autoritär und intransparent die kommunistische Fraktion operierte. Dagegen musste die SAP unter Walchers Regie als ein Trüppchen liberaler Anarchisten erscheinen. Das Volksfrontkonzept sollte in den Dienst der kommunistischen Zentrale gestellt werden, die Bruderpartei POUM (Partido Obrero de Unificación Marxista) lavierte zwischen den Fraktionen, auch Brandt persönlich geriet dazwischen. Während die POUM die SAP verdächtigte, kommunistisch dominiert zu sein, weil sie dem Volksfrontgedanken anhing, verdächtigten die Kommunisten die SAP offen des Trotzkismus. In Moskau galt das als Todsünde, so wurde es auch geahndet.[35] Nach Katalonien war Brandt nicht nur abgeordnet worden, um als Journalist für die Zeitungen der Norwegischen Arbeiterpartei zu berichten, vor allem war der Auftrag damit verbunden, die POUM auf Parteilinie zu bringen.[36]

Reichlich verwirrend erschienen ihm die ideologischen Frontverläufe: Während Brandt fürchtete, mit Hetze und Terror mache die KP eine gemeinsame «antifaschistische» Front praktisch unmöglich, wurde er verdächtigt, den Kommunisten in die Hände zu spielen. Geschockt von solchen Erfahrungen, bezog er erstmals Position gegen jede Zusammenarbeit mit der Komintern und Moskaus Agenten, gleichwohl wollte er die Volksfrontidee nicht aufgeben – und vertrat auch weiterhin die Auffassung, im Kampf gegen Hitler werde die Unterstützung der Sowjetunion unverändert benötigt.[37] Schon das brachte ihn in eine fatale Zwickmühle, zudem setzte ihm, wie er offen gestand, auch die Grausamkeit des Spanischen Bürgerkrieges zu. Grausam auf beiden Seiten, wie er nicht zu erwähnen vergaß.

Seine Sympathien gehörten – in einer gespaltenen spanischen Arbeiterbewegung – eher den Anarchosyndikalisten mit ihrem Hauptquartier in Barcelona als der marxistisch orientierten Gewerkschaftsvertretung in Madrid.

Ungehindert von London oder Paris konnten Hitler und Mussolini Franco mit Waffen (und Piloten) unterstützen, vor allem ließen sie für Moskau freies Feld. Stalins Schergen, so Brandts niederschmetternde Erfahrung, konnten ungebremst Sozialisten, Syndikalisten, Unabhängige strangulieren, wie es ihnen gefiel.

Der Linken innerhalb der Linken warf er zwar auch Sektiererei, Fehler und Irrtümer sondergleichen vor, nichts davon aber habe das Vorgehen der Komintern rechtfertigen können, weil sie alle Kräfte vernichten wollte, welche sich nicht gleichschalten ließen. Die «brutalen» und zum Teil «wahnwitzigen Bedürfnisse der Zentrale des Stalinismus» blieben eine Lebenserfahrung, die ihn nicht mehr verließ.[38] Ein eitler Wahn und die fatale Neigung vieler Ideologien freilich sei es gewesen, die Menschen zu ihrem Glück zwingen zu wollen.[39] Mehr noch, ausdrücklich bekannte er sich zu einer «libertären» Tradition anstelle einer marxistischen Dogmatik, die Sinne dafür hatten sich in Barcelona geschärft. Zur skandinavischen Schulung kam der Schnellkurs in Spanien: Sozialismus, der nicht totalitär pervertiert werden soll wie in Moskau, setzt eine breit verankerte Demokratie an der Basis voraus.

Rätselhaft blieb ihm hingegen die spanische Politikwelt, die er erstmals in Barcelona kennengelernt hatte. Dass er dennoch fast väterliche Gefühle für Felipe González empfand, der nach Francos Tod zum Führer der demokratischen Opposition, 1982 dann zum Ministerpräsidenten (an der Spitze der PSOE) avancierte, steht dazu nicht in Widerspruch; ihn betrachtete er ähnlich wie Schwedens Olof Palme als legitimen politischen Erben der aufgeklärten europäischen Linken. Das Spanien, das er erlebt hatte, war anders: Beispielhaft gilt das für die POUM-Jugend, die ihm eigentlich hätte nahestehen müssen. Aber sie schwankte zwischen «ultralinks und überheblich», sie wandte sich «zugleich gegen Faschismus und bürgerliche Demokratie», die ideologischen Zerklüftungen nahm er als landestypisch wahr wie den «Don-Quichottismus» einerseits, aber auch die «linken Sancho Pansas» andererseits. Mit keiner Seite kam er zurecht. Zwischen alle Stühle geriet Brandt damit innerhalb weniger Wochen, «eine nicht mehr ganz neue Erfahrung, und später gewöhnte ich mich an diese Lage». Derart entspannt konnte er das wohl nur im Nachhinein konstatieren.[40]

Léon Blums Entschluss von 1936, eine Volksfrontregierung zu installieren, vermutet Peter Merseburger, trieb Brandt zu dem Ratschlag an die Adresse der SAP-Freunde, auch die Moskauer Prozesse dürften sie nicht skeptisch gegenüber dieser Idee eines einheitlichen linken Lagers werden lassen. Brandt hielt dem ein «jetzt erst recht» entgegen. Treffend verknüpfte Merseburger das mit der Bemerkung, wenn man Brandts Einlassungen aus dem Jahr 1936 lese, vermisse man «ideologische, aber auch intellektuelle Trennschärfe», die allerdings nie seine Sache gewesen sei.[41]

Je näher er die ideologische Zersplitterung innerhalb der Linken kennenlernte, umso mehr sträubte sich alles in ihm gegen den «absurden Bürgerkrieg».[42] Aber er gehörte nun einmal dazu, das war ihm bewusst. Ein einziges Mal nahm er eine Waffe in die Hand, als er gemeinsam mit Freunden nachts ein Gebäude an Barcelonas Prachtboulevard, den Ramblas, bewachte. Ja, wenn er zum eigenen Schutz oder dem seiner Freunde hätte schießen müssen, bekannte Brandt rückblickend, «hätte ich daran auch nichts ändern können».

Willy Brandts Lage in Barcelona zwischen den Fraktionen und Fronten wurde nach wenigen Wochen unhaltbar, er tauchte vorsichtshalber bei Freunden unter und verließ im Juni 1937 fast fluchtartig die Stadt Richtung Paris.[43] Sein Fazit, schonungslos: Die Linke, auch die POUM, der er intellektuell nahestand, war nicht nur an den Francisten, vor allem am Terror von Stalins Gefolgsleuten, sondern auch an sich selber gescheitert.

Am 28. März 1939 zog General Franco mit seinen Truppen in die katalonische Hauptstadt ein. 7200 «Rotspanier», die beizeiten geflüchtet waren, landeten allein im KZ Mauthausen. Insgesamt kamen in deutschen Lagern annähernd 8000 Parteigänger der «Linken» ums Leben, die gegen Franco gekämpft hatten. Der Schriftsteller Jorge Semprún – den er kannte und schätzte – zählte zu den Glücklichen, die das KZ Buchenwald überlebten. Der Diktator, Franco, hatte gewonnen und verteidigte bis 1975 seine Macht in Madrid. Im Sommer 1972 wurden Deutsche, die gegen ihn kämpften, nach dem Bundesversorgungsgesetz mit den Angehörigen der Legion Condor glcichgestellt, notierte Brandt kommentarlos in einem letzten Satz.[44]

Auch die «demokratische» Linke verrannte sich, und dennoch, so konnte man seine Botschaft in *Links und frei* verstehen, war das Engagement im Spanischen Bürgerkrieg nicht falsch. Nein, er bereute es nicht. Der Traum von der sozialistisch-kommunistischen Einheit, den auch er geträumt hatte, ende in Gefängniszellen und Folterkellern, das habe er in Barcelona gelernt, lautete sein Resümee. Zum Renegaten wandelte sich Brandt deshalb nicht, anders als viele radikale Linke. Der anarchistische Schüler aus Lübeck emanzipierte sich im Osloer Exil zusehends von politischen Lagern. Autonomie, das war ihm klar geworden in Barcelona, würde er immer ganz groß schreiben.

Der Moskauer Versuch im Jahr 2022, gewaltsam das alte Großreich wiederzuerrichten, hätte ihn daher vermutlich nicht wirklich überrascht. In Wladimir Putin hätte er wohl eher einen Wiedergänger jenes alten Denkens erkannt, das er schon bei den spanischen Kommunisten erlebt hatte. Der skrupellose, autoritäre Sozialismus war es, der ihn zurücktrieb in die Arme der «braven» Sozialdemokraten.

IV
«Unsägliche Schande legte sich über den deutschen Namen. Ich ahnte, dass uns diese Schande lange nicht verlassen würde»
Ex patria

Ausgebürgert sei er worden, erfuhr er am 5. November 1938, einige Wochen nach der Rückkehr aus Paris von einer neuerlichen Visite der SAP-Zentrale. Es überraschte ihn nicht. Zwei Jahre zuvor war sein deutscher Pass abgelaufen, aber den benutzte er ohnehin nicht mehr. Sein Name stand auf der 51. Ausbürgerungsliste und tauchte ordnungsgemäß im «Reichsanzeiger» auf. Der Verlust der Staatsbürgerschaft, von diesem Regime exekutiert, schmerzte nicht weiter.

Einer von 38 766 Deutschen war er damit, denen die Nazi-Behörden erklärten, sie seien keine Deutsche. Willy Brandt vergaß nicht hinzuzufügen, dass zu dieser Zahl auch all jene hinzugezählt werden müssten, die wie die deutschen Juden nicht einmal dieser Prozedur unterzogen wurden. Sie galten ohnehin nicht als Staatsbürger. Die Ausbürgerung – Bert Brecht sprach lieber von «entnazen», erinnerte sich Brandt – sollte für Illoyalität und Treulosigkeit bestrafen. Entgeistert war Brandt, wie er in einer Klammer festhielt, dass die DDR ein solches Ausbürgerungsverfahren einführte, obwohl doch manche Parteigenossen aus der SED-Spitze während der Hitler-Jahre selbst zu denen gehört hatten, denen die Staatsbürgerschaft entzogen worden war.

Was Brandt nicht erwähnte: Indirekt beteiligten sich auch westdeutsche Politiker daran, wenn sie Exilanten wie ihn zu «vaterlandslosen Gesellen» abstempelten. Egal war ihnen offenbar, in welche Tradition sie sich damit stellten. Franz Josef Strauß betrieb mit seinen Attacken in Vilshofen im Februar 1961 bei Lichte besehen eine neuerliche Ausbürgerung des geschmähten sozialdemokratischen Opponenten.[1] Er gab den Ton an bei den Schmutzkampagnen gegen Brandt, Adenauer sah es mit Wohlgefallen, der CSU-Politiker (1961 wurde er Vorsitzender der Christlich Sozialen Union und blieb bis zum Lebensende an der Spitze der Partei) galt als der «starke Mann» an seiner Seite.

Für die Mehrheitsdeutschen wollte Strauß das Testat erkämpfen, dass sie aus dem Schatten der Geschichte heraustreten dürfen, sich nicht länger wegen ihrer Vergangenheit im Büßerhemd geißeln müssen und eine «normale» Demokratie geworden seien wie andere europäische Nachbarn auch. Dazu aber musste er die Grenzen kontinuierlich nach rechts verlagern, Tabus brechen, Unsagbares sagen.[2] Brandt mit seinem ungewöhnlichen Lebenslauf kam ihm dafür wie gerufen. An ihm konnte er demonstrieren, dass es immer noch besser war, seinen vaterländischen Dienst als Soldat zu leisten wie er selbst und nicht aufzumucken wie das Gros der Deutschen, das ja nicht extremistisch gewesen sei; besser jedenfalls, als sich einer radikalen Minderheit gegen Hitler – oder sollte man sagen: gegen die Deutschen – anzuschließen.

Kolportiert wurde in den Gazetten auch ein infames Wort Konrad Adenauers, der «Mangel an National- und Selbstwertgefühl des deutschen Volkes» erschüttere ihn, keiner nehme Anstoß daran, dass sein sozialdemokratischer Herausforderer norwegische Uniform getragen habe. Unverhohlen forderte er zur «Aufklärung» über Berlins Bürgermeister Willy Brandt auf. Wie Strauß spekulierte Adenauer mit solchen Äußerungen ungeniert darauf, dass die Deutschen in ihrer Mehrheit einen wirklich konsequenten Bruch mit der Vergangenheit immer noch nicht wollten. Und sie vermuteten, das ungestraft ausreizen zu können, weil Brandt sich nicht wehren werde. Recht hatten sie mit dieser Annahme,[3] Ostberlin und Moskau wiederum konnten Brandt schwerlich als «linken Vaterlandslosen» denunzieren, sie stellten den Sozialdemokraten in Flugschriften und Broschüren am liebsten als «rechten» Gestapo-Agenten vor, der schon beim Reichstagsbrand seine Hände im Spiel hatte und für Abwehrchef Wilhelm Canaris sowie SS-Führer Heinrich Himmler gearbeitet habe. In Barcelona, hieß es dort, habe er den POUM-Aufstand angezettelt gegen die Komintern.[4] Besonders haften blieben diese Verleumdungen, weil auch seine Partei dem nicht geschlossen entgegentrat, im Gegenteil, seit Franz Neumanns Zeiten[5] öffneten sich die Schleusen über Außenseiter und neu Eingebürgerte wie ihn. Erst viele Jahre später wurde sogar Brandts früher Verdacht bestätigt, dass es Franz Neumann selbst war, der sich an der «Giftspritzerei» (Brandt) beteiligte, der nationalistische Vorurteile mit dem Unterton schürte, Brandt sei eine Art Landesverräter.[6] Franz Neumann, der als sozialdemokratisches Urgestein in Berlin galt, hatte sogar, wie aus dem Neumann-Archiv ersichtlich, ein Dossier über ihn anlegen lassen. Brandt packte den Stier bei den Hörnern, als er erfuhr, Neumann solle an der Kampagne beteiligt sein, die im «Montags-Echo» der Journalist Hermann Fischer gegen ihn führte. Gegen Fischer strengte Brandt eine Klage an. Von Neumann wollte er wissen, ob er tatsächlich Quelle der Falschinformation sei, wonach sich der Landesvorstand in diesem Streit nur mit knapper Mehrheit hinter Brandt gestellt habe.[7]

Immer wieder fanden sich Sozialdemokraten, die nur zu bereitwillig miteiferten bei den Feldzügen gegen Brandt. Parteifreunde gerieten früh in den Verdacht, einem der übelsten Verleumder, Hans Frederik, Stoff für sein Buch *Die Kandidaten* aus Barcelona und Stockholm geliefert zu haben.[8] Auch alte Exilstreitereien spielten hinein; als eine der Quellen stand – wie vor Gericht verhandelt wurde – sein ehemaliger SAP-Freund Peter Blachstein bereit, mit dem er sich in Spanien im Streit über den Volksfrontkurs überworfen hatte.[9]

Sträflich versäumt habe er es tatsächlich, monierte sein Biograph Hans Georg Lehmann, über wichtige Details des skandinavischen Exils offen zu berichten. Damit habe er den Verdacht eher bestärkt, er habe etwas zu verbergen. Illustrieren lässt sich das unter anderem mit seinen Schriften aus dem Exil, die immer wieder in schwer überprüfbaren Textpassagen zitiert wurden, um den «Vaterlandsverrat» zu belegen. Als Brandt sich entschloss, sie 1965 in einer eigens ins Deutsche übersetzten Edition, *Draußen*, der Öffentlichkeit zugänglich zu machen, stellte sich bald heraus, dass an empfindlichen Stellen Auslassungen vorgenommen oder Ergänzungen eingefügt worden waren, ohne dass die Passagen gekennzeichnet wurden.¹⁰ Tatsächlich kann es wenig Zweifel geben, Willy Brandt fühlte sich bedrängt und reagierte überaus ungeschickt. In eigener Sache erwies sich der Vollblutpolitiker – nicht zum letzten Mal – keineswegs als Profi.

Die Immatrikulation (Herbst 1934) an der Osloer Universität diente wohl primär dem Zweck, auf jeden Fall eine Ausweisung zu verhindern. Mit einer Klausurarbeit im Fach Philosophie musste er den Nachweis erbringen, dass er wirklich studiere, Brandt befasste sich mit dem französischen Philosophen Auguste Comte und bestand problemlos. Zum regelmäßigen Vorlesungsbesucher entwickelte er sich deshalb aber nicht. Wenn er überhaupt den Weg in die Universität fand, dann hörte er am liebsten Geschichte, das Interesse daran brachte er schon aus Lübeck mit. Aber die reale Geschichte, die ihn am meisten fesselte, vollzog sich draußen vor der Tür, nicht in den Hörsälen. Die Professoren in Ehren, aber das Leben erzog ihn.

Weshalb seine wahre Identität den Berliner Behörden nicht früher bekannt wurde, blieb ihm ein Rätsel, schon 1934 waren Freunde in den Niederlanden verhaftet und an die Gestapo ausgeliefert worden; und wie er vermutete, könnte sein Name dort schon gefallen sein. Zudem blieb ihm nicht verborgen, dass er in Oslo beschattet wurde, bei den deutschen Auslandsvertretungen war das ohnehin üblich. Erst die Lektüre von Lehmanns Habilitationsschrift machte ihm allerdings klar, was wirklich geschehen war: Die deutsche Botschaft in Paris hatte konspirative Post in Schließfächern abgefangen und an das Auswärtige Amt in Berlin weitergeleitet. In einem Bericht aus dem Mai 1937 hieß es, «ein gewisser Herbert Frahm» sei zwischen Paris und Skandinavien als Kurier für Emigrantenorganisationen aktiv. «Er hat einen deutschen Reisepass Nr. 472, ausgestellt durch das Polizeiamt Mecklenburg-Schwerin.» Zudem, hieß es in den Polizeiakten, unterstütze ihn in Oslo ein Flüchtlingskomitee. Geld verdiene er auch unter dem «Decknamen Brandt» mit Artikeln für das «Arbeiderbladet», aus Gestapo-Sicht handelte es sich dabei um eine marxistische Tageszeitung. Den Antrag auf Ausbürgerung im Innenministerium unterschrieb der berüchtigte SS-Obersturmbannführer Kurt Lischka.[11] Brandt beschränkte sich freilich nur auf den kurzen Hinweis zu Lischka, er hatte sich angewöhnt, den deutschen Umgang mit den ehemaligen Nazi-Schergen nicht weiter zu kommentieren.

Da alles seine bürokratische Ordnung haben musste, hatte das Auswärtige Amt dem Antrag zuzustimmen. Berliner Beamte forderten also von der Gesandtschaft in Oslo Unterlagen an. Der zuständige Gesandte, Sahm, behandelte die Angelegenheit nachlässig. Brandt war sich sicher, er habe nach Berlin nichts weitergegeben, was nicht ohnehin bekannt war. Im Amt an der Wilhelmstraße erfuhren die Beamten etwa, der Vorsitzende der Arbeiterpartei (DNA), Oscar Torp, habe sich für Brandt stark gemacht.[12] Dankbar erwähnte Brandt im Rückblick, dass Torp tatsächlich seine schützende Hand über ihn hielt, trotz aller Meinungsunterschiede.

Viel hatten die deutschen Häscher nicht herausgefunden über ihn, stellte er fest, von Kurierdiensten konnte keine Rede sein, seine Adresse in Oslo blieb ihnen unbekannt. Spätestens seit 1936 gewöhnte er sich an, vorsichtshalber mit dem Pass eines Freundes durch Europa zu reisen oder mit einem korrekten norwegischen Fremdenpass. Von einem normalen Pass seines Gastlandes ließ er sich nicht unterscheiden, wenn er in einer Lederhülle steckte. Brandt vermutete, dass der Gestapo der Bericht eines Spitzels über die Tätigkeiten des Volksfrontausschusses (aus dem Jahr 1936) zugegangen war, in dem sein Name auftauchte. Im Jahr 1938 wurde die Gestapo aktiv und wies die Kieler Polizei an, die sofortige Ausbürgerung zu betreiben.

Im Herbst 1939, nach nunmehr sechs Jahren, beantragte Brandt die norwegische Staatsbürgerschaft. Bevor in der Sache entschieden wurde, marschierten deutsche Truppen ins Land ein. Erst in Stockholm, wohin er sich beizeiten aus Oslo abgesetzt hatte, erfuhr er dann, dass sein Antrag bewilligt worden sei. Aus dem Staatenlosen war damit ein norwegischer Staatsbürger geworden, bis 1948 sollte er Norweger bleiben.

Der «Anschluss» Österreichs, das Münchner Abkommen 1938, die Besetzung Böhmens und Mährens, der Sieg Francos in Spanien, der Zerfall der Volksfront in Frankreich und schließlich der Überfall auf Polen 1939 – Brandt zählte zu den gebannten Zuschauern im Exil, die miterleben mussten, wie der große Krieg in rasendem Tempo näher rückte. Die Exilzänkereien flauten ab. Zu dramatisch erschien ihm und seinen Freunden die Entwicklung in ganz Europa, zumal Großbritannien und Frankreich nach dem Einmarsch in Polen Hitler erwartungsgemäß den Krieg erklärten.

Als unwirklich empfand er diesen historischen Moment, ja als Ruhe vor dem Sturm, folgt man seiner Darstellung, besonders weil es ihm persönlich so gut ging wie selten. Weihnachten und Ostern 1939 und 1940 leistete er sich das Vergnügen, ein Paar Ski anzuschnallen und den nordeuropäischen Winter zu genießen. Nervös machten ihn allerdings weltfremde Freunde, die lieber lamentierten über den Imperialismus der britischen Kolonialherren in Indien, über die Behandlung der Farbigen in den USA, als sich darauf zu konzentrieren, was Europa von Seiten Hitlers drohte. Mit dem Gros teilte er die Meinung, das Münchner Abkommen Ende September 1938 – unterzeichnet von Adolf Hitler, Neville Chamberlain, Édouard Daladier und Benito Mussolini; danach fiel das Sudetenland an Deutschland, Prag stimmte zu, um einen Krieg zu vermeiden – sei ein Fehler gewesen, es drohe ein neuer Weltkrieg, schuld daran sei eindeutig Nazi-Deutschland. Damit behielt er Recht, 1939 besetzten deutsche Truppen die ganze Tschechoslowakei, Hitler bereitete den Überfall auf Polen vor.

Weltfremd kam ihm die Einschätzung der deutschen Komintern-Anhänger vor, die sich 1939 überzeugt zeigten, eine Revolution in Deutschland werde Hitler bald schon hinwegfegen. Der Hitler-Stalin-Pakt traf sie ins Mark, Stalin verteidigten sie dennoch. Brandt und seine Freunde empörten sich: So habe Hitler den Krieg gegen Polen in Gang setzen können, Moskau habe sich mit dem Faschismus verbrüdert. Als Illusion erwies sich der Funken Hoffnung auf der Linken, die Arbeiterbewegung werde sich gegen Hitler erheben.

Sosehr ihn die Erfahrungen in Barcelona mit der Komintern auch schreckten, so nervös seine Freunde und er auch die Bedrohung für Finnland registrierten, ihr Hauptgegner blieb Adolf Hitler. Ohne eine enge Anbindung der europäischen Arbeiterbewegung an die russischen Revolutionäre vermochte er sich damals den Kontinent nicht vorzustellen. Bei dem «Norweger» Brandt hörte der Memoirenverfasser Brandt einen «Mythos» heraus, der ihm aus der zeitlichen Distanz schwer erklärlich erschien. Aber er wollte ja getreu rapportieren.

Den endgültigen Beleg dafür, dass Stalin die Welt betrogen und die Arbeiterbewegung verraten habe, sah auch Brandt im Pakt des Moskauer Diktators mit Hitler. Vorausgesehen habe der Mann im Kreml nicht, dass die geheimen Zusatzprotokolle zu dem, was die Außenminister Molotow und Ribbentrop für ihre Chefs aushandelten, 1948 ans Licht kommen würden. Aus den Akten des Auswärtigen Amtes ging hervor, dass die englischen und französischen Verhandlungsdelegationen im April in Moskau betrogen wurden: Hinter ihrem Rücken und parallel verhandelten Moskau und Berlin, als das Abkommen unterschriftsreif war, bereitete das Regime längst schon den Angriff auf Polen vor. Hitler wollte – erfolgreich – eine frühzeitige Intervention Moskaus verhindern, mehr noch, er teilte sich insgeheim Polen mit Stalin. Am 17. September 1939, zweieinhalb Wochen nach dem Einmarsch der Deutschen, drang die Rote Armee in Ostpolen ein und stieß rasch bis Warschau vor. Das Zusatzprotokoll gab darüber hinaus Stalin freie Hand in Finnland sowie zur Annexion der baltischen Staaten.

Brandt: Hitler hat Russland zur Besetzung Ostpolens geradezu eingeladen, und Stalin hat gegen Kriegsende dafür gesorgt, dass Polen «zu Lasten Deutschlands mehr als entschädigt wurde», nicht einmal die polnische Exilregierung hatte eine so weitgehende Westverschiebung verlangt, wie sie tatsächlich verwirklicht wurde.

Er zählte sich zu den zahlreichen jungen Sozialisten und Intellektuellen, daran deutelte er nicht herum, für die in den zwanziger und dreißiger Jahren eher eine «freundlich-kritische Haltung» gegenüber der Sowjetunion überwog. Fruchtbar machen wollten sie die Oktoberrevolution, um daraus eine Demokratie zu destillieren. Seit dem Jahr 1933 kam noch etwas anderes hinzu: Gegen Hitler, daran klammerte die Linke sich gern, sitzen alle in einem Boot. Größer konnte der Irrtum kaum sein, wie sich bald erwies. Nach welchen Kriterien Stalins Schergen vorgingen bei ihren Säuberungen, blieb im Dunkeln. Nicht einmal die «Spitze des Eisbergs» haben seine Freunde und er gesehen, bilanzierte Brandt fast verwundert, gesträubt hätten sie sich, *«sich die ganze Wahrheit ‹einzugestehen›, die schon damals zu erfahren gewesen wäre, auch wenn man sich weigerte, der nazistischen Propaganda auf den Leim zu gehen».*[13]

Dass der Terror in der Sowjetunion schrecklich war und die Schauprozesse eher der Inquisition glichen, bestätigte spätestens Nikita Chruschtschow in seiner Geheimrede beim 20. Parteitag der KPdSU im Frühjahr 1956, deren Inhalt bald durchsickerte. Ja, Arthur Koestlers *Sonnenfinsternis* wollte diesen Jahren des Schreckens und der «freiwilligen» Unterwerfung auf die Spur kommen, er las es gebannt. Und dann der Gipfel, Stalins Pakt mit Hitler: Viele zerbrachen daran, manche ordneten sich dennoch unter. Warum blieben gerade einige der Kommunisten trotz allem ihrer Partei felsenfest treu? Zum Beleg zitierte Brandt Walter Ulbricht aus dem Februar 1940, der schrieb, wer gegen die Freundschaft des deutschen und des sowjetischen Volkes intrigiere, sei ein «Feind des deutschen Volkes und wird als Helfershelfer des englischen Imperialismus gebrandmarkt». Und das firmierte als «Arbeiterbewegung», unfassbar erschien ihm das.[14] Mit Barcelona 1937 fing die Distanzierung an, die Wege hatten sich jetzt im Grundsatz getrennt.

Am 7. April 1940 passierten deutsche Kriegsschiffe die dänische Meerenge Richtung Norwegen, die Invasion in seiner neuen Heimat begann. Am Abend des nächsten Tages, als Brandt einen Vortrag vor politischen Freunden hielt, sprach er zwar warnend davon, bereits morgen könnten deutsche Flugzeuge über Oslo auftauchen, aber er wollte nicht daran glauben. Immer noch klammerten sich die norwegischen Militärs, die es besser hätten wissen können, an die Vorstellung, die britische Navy werde beizeiten die Deutschen an einer Intervention hindern. Alle täuschten sich, er auch. Seine damalige Lebensgefährtin Carlota beruhigte er, den Luftalarm in der Nacht halte er für eine bloße Übung. Am nächsten Morgen weckte ihn ein Bekannter: Fremde Kriegsschiffe befänden sich im Oslofjord, Truppen stünden bereits an Land. Etwa tausend Deutsche lebten in Norwegen, die nun besonders gefährdet waren, die meisten versuchten sofort, nach Schweden zu flüchten, Willy Brandt befand sich darunter. Er wusste, was er zu tun hatte, wirklich aus heiterem Himmel kam der Einmarsch der Deutschen ja nicht. Zugute kam den Flüchtenden Richtung Schweden, dass die «Blücher» gleich zu Beginn der Invasion versenkt wurde; auf dem deutschen Kriegsschiff wiederum befanden sich, wie er vermutete, die Akten, die dazu dienen sollten, die gesuchten deutschen Exilanten zu verhaften. Norwegens König Haakon samt Regierung setzte sich Richtung Norden ab, auch der Storting (das Parlament) verließ fluchtartig Oslo. An Bord eines Kriegsschiffes entkamen wenig später König und Regierung nach England.

Am 8. April, das Datum blieb haften, nahm er im Büro das erste Exemplar seines Buches in die Hand über *Die Kriegsziele der Großmächte und das neue Europa*, das freilich nicht mehr erschien.[15]

Noch am frühen Morgen des 9. April verließen Willy Brandt und Carlota vorsichtshalber ihre Wohnung und suchten Unterschlupf bei Freunden. Carlota, am Institut für vergleichende Kulturforschung beschäftigt, sollte zunächst in Oslo bleiben. An eine dünne Hoffnung klammerten sich beide: Bald würden die Alliierten eingreifen und die Deutschen vertreiben. Aber die Besatzer wollten, dass der König sich offiziell unterwerfe (was er ablehnte), Vidkun Quisling – bis dahin weithin einflusslos an der Spitze einer sektenähnlichen, nationalistischen Kleinpartei – hatte sich inzwischen selbst zum Ministerpräsidenten ernannt und verlangte die Verhaftung des Königs. Gemeinsam mit Martin Tranmæl und anderen Mitgliedern der Arbeiterpartei reiste Brandt mit der Bahn nordwärts zunächst nach Hamar, von dort aus weiter in einem kleinen Lastwagen bis Nybergsund. Stunden später wurde die Stadt bombardiert; Brandt versteckte sich in einem Hotel am Ortsrand, bald darauf in einer Hütte, die Freunde ihm angeboten hatten. Obwohl sie ihm rieten, sich rasch nach Schweden abzusetzen, zögerte er noch und hielt sich versteckt. Als Ausgebürgerter war er besonders gefährdet. Machte es Sinn, sich abzusetzen in das Nachbarland, würden es die Deutschen wirklich nicht auch bald besetzen? Und wie konnte er flüchten, auf Skiern über die Berge? Dazu kannte er sich nicht hinreichend aus. Aber wieder halfen ihm seine Wandlungs- und Anpassungsfähigkeit. Mit Freunden beschloss er, sich eine norwegische Uniform überzustreifen, die Sprache beherrschte er mühelos, um sich mit vielen hundert anderen Soldaten gefangen nehmen zu lassen, immer noch in der Hoffnung, seine wahre Identität würde unentdeckt bleiben und der Spuk werde nicht allzu lange dauern. Seine Ausweispapiere vernichtete er, um nicht identifiziert zu werden, zog die Uniform von Paul René Gauguin an, dem Osloer Freund, mit dem gemeinsam er schon einige Wochen im Spanischen Bürgerkrieg verbracht hatte. Gauguin wollte sich alleine und in Zivilkleidung durchschlagen.

Ihr Plan ging auf, tatsächlich landete Brandt mit einigen hundert norwegischen Kameraden in einem deutschen Gefangenenlager. Während die Wärter draußen saßen, hörten die Gefangenen in der Stube den Londoner Rundfunk ab, um sich auf den letzten Stand zu bringen. Inzwischen bewirtete die Bäuerin die Soldaten mit Schinkenbrot und Milch.

Mit Hitlers Vorliebe für den nordischen Menschen erklärte er es sich, dass die Gefangenen schon im Juni entlassen wurden. Im Zug zog Brandt sich um, als Zivilist traf er wieder in Oslo ein. In seine Wohnung konnte er nicht zurück, in der Stadt durfte er nicht riskieren gesehen zu werden, Brandt tauchte bei Freunden unter.[16] Wochen der Einsiedelei am Oslofjord in einem Sommerhäuschen folgten. Sein Gehalt erhielt er erstaunlicherweise weiter, aber die Zukunft sah zunehmend düster für ihn aus. Sieben Jahre lebte er nun schon in Skandinavien.

Winston Churchills kompromisslose Ankündigung, den Kampf mit den Deutschen aufzunehmen, schließlich das mutige Verhalten der Briten während der Luftschlacht, mit der Hitler die Insel überzog, das machte viel von dem Bild wieder wett, das Brandt von den britischen Truppen – zumal auf norwegischem Territorium – gewonnen hatte. Vielen vermittelte Churchill den Glauben ans Überleben, auch ihm. Ähnlichen Mut bewies aus seiner Sicht Charles de Gaulle, der im Londoner Exil verkündete, Frankreich kämpfe trotz der Besetzung seines Landes durch deutsche Truppen weiter. Der Dritte im Westen, auf den Brandt baute: Franklin Delano Roosevelt. Seine erneute Nominierung 1940 zur Präsidentschaftswahl in den Vereinigten Staaten verfolgte er hoffnungsvoll in dem Versteck am Fjord. Das Leben erzog ihn nicht zum Pazifisten. Alle drei gemeinsam, Churchill, de Gaulle und Roosevelt, bildeten fortan für Willy Brandt eine politische Einheit. Es war die Geburtsstunde des «Westlers» Willy Brandt, der er fortan sein Leben lang bleiben sollte.

Viel lag ihm an dem ambitionierten Buch über «Kriegsziele», das er 1939/40 eilig in die Maschine tippte. Es war davon schon die Rede. Auch in der Rückschau gab Brandt nicht vor, es sei ihm darin geglückt, weit vorauszuschauen. Sicher war er sich allerdings in einer Hinsicht, das Urteil revidierte er auch nicht: Wenn es einen neuen Frieden gebe, dann würden ihn nicht «einzelne große Männer» stiften, Diktatoren da oder auch Amerikas Präsident Wilson dort hätten nach Ende des Ersten Weltkrieges nur in neues Elend und in die nächsten Kriege geführt. Jedes Land müsse für sich gegen Unterdrückung und Reaktion kämpfen. Die Kriegsziele und die Idee von einem neuen Frieden lagen auch für ihn im Sommer 1940 noch im Dunkeln.[17]

Besuch von Freunden erhielt er gelegentlich in seinem Versteck in der einsamen Hütte, aber viele durften nicht erfahren, wo er sich aufhielt, dazu war er zu bekannt aus Emigrantenkreisen. Und nicht allen Emigranten konnte man trauen. Brandt schwankte lange, aber schließlich folgte er dem Rat von Freunden, Anfang 1940 bewegte er sich per Fjorddampfer, Auto, Bahn und zu Fuß in Richtung schwedischer Grenze. An abgelegener Stelle, immer auf der Hut vor deutschen Patrouillen, fand er dank einiger Helfer den Weg über die Grenze und stellte sich der Polizei in Charlottenberg. Nach drei Wochen der Internierung durfte er am 22. Juni weiterreisen nach

Stockholm. Am 2. August 1940 wurde ihm die norwegische Staatsbürgerschaft bewilligt. Ihm gab das ein Gefühl der Sicherheit, trotz des neuerlichen Ortswechsels, der noch weiter erschwerten Lage und der höchst ungewissen Perspektiven.[18] Durchlässige Grenzen machten es möglich, in den nächsten Monaten und Jahren gelegentlich nach Oslo zurückzukehren, um Carlota mit der gemeinsamen Tochter zu sehen. Aber auch Schweden, das zweite Exil, betrachtete er erstaunlich rasch als nächstes, fast heimatlich vertrautes Basislager. Zwar versuchten die Besatzer, das Land gleichzuschalten, doch gerade damit provozierten sie mehr Widerstand als geahnt. In gewissem Sinne hatten die Norweger sogar Glück, davon war er überzeugt, weil die deutschen Besatzer verrückt genug waren, aus «rassischen» Gründen die Menschen im Norden für nächste Verwandte zu halten, die man für sich gewinnen könne – aber die SS, die Standgerichte und der Reichskommissar wüteten schlimm genug, vergaß er nicht zu erwähnen. Mehr als 10 000 Menschen fielen insgesamt dem Freiheitskampf gegen die Deutschen zum Opfer, viel in einem kleinen Volk, notierte er voller Empathie, in dem man einander besser kennt und wo jeder Verlust empfunden wird, «als sei es der eines Verwandten». Dankesschuld abtragen wollte er daher als Journalist während der nächsten fünf Jahre.[19]

Zwar war er in Stockholm «Teil des norwegischen Exils», wie Einhart Lorenz' sorgfältige Rückschau ergab, so sehr identifizierte er sich bereits mit seiner neuen politischen Heimat; als Journalist widmete er sich fortan in mehreren Büchern und unzähligen Zeitungstexten vor allem dem norwegischen Krieg gegen die Besatzer.[20] Aber zunehmend verdüsterten sich die Perspektiven. Im Herbst 1940 drängte immerhin Erling Falk, lange an der Spitze von *Mot Dag*, bei einem Krankenbesuch Brandts, es werde höchste Zeit für Sozialisten aus Skandinavien, sich nach Amerika abzusetzen. Europa drohe auf lange Zeit dem Faschismus zu erliegen, eine kleine Gruppe von politischen Freunden solle jenseits des Atlantik ausharren und später nach Möglichkeit wieder in Europa neu mit der politischen Rekonstruktion beginnen. Schwarze Gedanken plagten ihn wie selten zuvor. Was würde bleiben von der Arbeiterbewegung? Würde man sich jemals politisch neu orientieren können? Er wollte nicht kapitulieren, aber ...

Immerhin stellte Brandt nun den Antrag auf ein Visum für die Ausreise in die Vereinigten Staaten. Zwar vermutete Einhart Lorenz, dass es eher taktisch begründet war, um die Aufenthaltsgenehmigung für Stockholm zu erhalten, wies aber auch darauf hin, dass im Freundeskreis seinerzeit tatsächlich große Unsicherheit und Nervosität herrschten über die weiteren Pläne der deutschen Besatzer.[21] Auch mit Exilfreunden in London und New York verhandelten sie von Stockholm aus, was zu geschehen habe. Plötzlich galt das Exil nicht länger als sicherer Hort. Aber zu dem nächsten, dramatischen Schritt sollte es nicht mehr kommen.

Deutsche Freunde, die er besonders schätzte und in seinen *Erinnerungen* verewigte, Stefan Szende und August Enderle, rückten die linkssozialistische SAP wieder nahe an die Sozialdemokraten heran. Ihm kam das gelegen, denn seit Herbst 1944 zählte Brandt wieder zu den Mitgliedern der Partei, der er 1933 in Lübeck den Rücken gekehrt hatte. Besonders die schwedischen Sozialdemokraten, unter ihnen Alva und Gunnar Myrdal, übten hier intensiven Einfluss auf ihn aus. Das Professorenehepaar, dem er gleichfalls in den *Erinnerungen* ein ganzes Kapitel widmete, zählte er zu den herausragenden schwedischen Intellektuellen mit Einfluss weit über die Landesgrenzen hinaus. Alva war Sozialpädagogin, Gunnar hatte sich einen Namen gemacht mit *An American Dilemma*, der Untersuchung eines Teams von Wissenschaftlern über afrikastämmige Amerikaner, also den Rassismus in den Vereinigten Staaten. Wie so viele der skandinavischen Freunde hatten auch sie lange in Amerika gelebt und sympathisierten mit dem Land, bei aller Kritik, die die Linksintellektuellen anmeldeten. Ähnlich wie Brandt beschäftigten sich die Myrdals mit den «Friedenszielen demokratischer Sozialisten», seit ein Ende des Krieges absehbar schien. Beide beeinflussten stark die reformistische Programmatik von Schwedens Sozialdemokraten, nachdem Hitler besiegt war. Alva und Gunnar setzten schließlich ihr Engagement fort im Kampf für soziale Gleichstellung innerhalb der Gesellschaften, aber auch für einen Ausgleich zwischen

Das Professorenehepaar Alva und Gunnar Myrdal, stark geprägt von ihren Jahren in den USA, zählt zu den herausragenden schwedischen Linksintellektuellen. Sie tragen viel bei zur Re-Sozialdemokratisierung Brandts, nachhaltig beeinflussen sie ihn mit ihrer Vorstellung von sozialer Gleichheit – innerhalb der Gesellschaften, aber auch zwischen Nord und Süd – wie sonst wohl nur noch der amerikanische Diplomat George F. Kennan. (Aufnahme 1947)

Nord und Süd in der Welt, sogar für ökologische Fragen, denen sie frühzeitig wachsende Relevanz beimaßen.

Brandt musste es gar nicht extra betonen: Beeinflusst haben die Myrdals nicht allein Schwedens Sozialdemokraten, sondern besonders auch ihn. Gerade mit ihrer Mischung aus Weltoffenheit, intellektuellem Anspruch, mit ihrer Vorstellung von Gleichberechtigung zwischen Frauen und Männern, aber auch mit ihrer Absage an jede Orthodoxie und allzu platten Marxismus beeindruckten sie ihn. Die Demokratie müsse verbreitert werden, ein Recht auf Arbeit solle gelten, soziale Sicherheit, Vollbeschäftigung, Bildungschancen gehörten oberste Priorität – für die Myrdals bildete das alles die Leitlinien. Sozialismus müsse zum Individuum hin- und nicht von ihm wegführen, davon zeigten beide sich überzeugt.[22] Wo Brandt unsicher war, machten sie ihn sicherer. Er hörte zu und lernte, wie so oft in seinem Leben. Die Anziehungskraft, welche die Myrdals auf ihn ausübten, lässt sich wohl am besten vergleichen mit der George F. Kennans, des amerikanischen Diplomaten und Historikers aus Princeton.

Die Völker müssen ihr eigenes Recht haben, ihre nationale Selbständigkeit zu behaupten, darauf lief Brandts Argumentation seinerzeit hinaus. Erste Konturen einer europäischen Föderation mit internationaler Rechtsordnung wollte er dabei sichtbar machen, ja der Autor, damals dreißig Jahre alt, beschwor ausdrücklich immerhin schon die «Vereinigten Staaten von Europa», auch wenn das noch reichlich vage klang. Auch an eine ökonomische Einheit dieser Föderation immerhin dachte er dabei bereits. Als Kanzler musste er also Europa nicht erst neu für sich entdecken. Es waren solche Passagen, die Brandt wohl im Blick hatte, als er auf Fragen nach der Entstehung seiner Ostpolitik erwiderte, nicht erst eine Antwort auf den Mauerbau 1961 sei das gewesen, sondern schon gereift in Zeiten des Krieges.

Seine Idee von Europa, die er über lange Jahre verfolgte, sollte sich als realistisch und richtig erweisen. Einigermaßen illusionär aus heutiger Sicht hingegen wirkt Brandts frühe «Gedankenskizze» für die Zeit nach dem Krieg, soweit sie sich auf die Sowjetunion bezog: Ein Russland ohne Komintern malte er sich aus, er hoffte sogar auf ein Land, das sich mit den angelsächsischen Demokratien irgendwie arrangiere. Andernfalls drohe ein neuer Krieg.[23]

Willy Brandt irrte. Die «Friedensziele demokratischer Sozialisten», über welche die Freunde im Exil seit dem Frühjahr 1943 grübelten, richteten sich auf ein «sozialistisches» oder doch «soziales» Europa, zu dem es nicht kam. Beschwingt freilich zeigte sich die Runde am 1. Mai 1943 aus gutem Grund: Schweden fürchtete nicht länger eine Okkupation und stoppte den Transit deutscher Soldaten nach Finnland, Erwin Rommel verlor die Schlacht bei El Alamain, die Amerikaner landeten in Afrika, Hitlers 6. Armee brach nach vielen Monaten in den ersten Wochen des Jahres 1943 in Stalingrad zusammen, es war die Wende im Ostfeldzug. Die Stimmung der Exilanten hob sich. An Hitlers Geburtstag, erinnerte sich Brandt, habe er – «leider verfrüht» – darauf angestoßen, dass dieser den nächsten Geburtstag nicht mehr erleben werde. Unter denen, die über die

Jahre nach Hitler nachdachten, befanden sich das Ehepaar Myrdal, Bruno Kreisky und Ernst Paul (für Österreich und die Sudetendeutschen), Wilhelm Böhm (Ungarn), Maurycy Karniol (Polen), Jules Guèsde (Frankreich und Schweden), dänische, isländische, tschechische, spanische Sozialdemokraten, Zionisten aus Palästina, Briten, Amerikaner sowie der deutsche Gewerkschafter Fritz Tarnow. Sie bildeten Brandts Welt, bekannte Namen und Namenlose darunter, namenlos für uns heute. In dieser «Internationalen Gruppe demokratischer Sozialisten» in Stockholm, die sich 1942 zusammenfand und in der er sich zu Hause fühlte, war Brandt bald eine «Schlüsselrolle» zugewachsen.[24]

An die Rolle einer internationalen Arbeiterbewegung als «Friedensfaktor» glaubte er lange, für ihn führte das weit über die «soziale Frage» hinaus. Fast ähnelte das Treffen einer «kleinen Internationale», auch wenn Brandt das Wort scheute. Wohl aber gingen aus der illustren Runde einflussreiche Politiker sowie führende Gewerkschafter hervor. Im Nachhinein wollte er die Gespräche doch auch als eine Vorstufe jener Sozialistischen Internationale (SI) betrachten, an deren Spitze er 1976 gewählt wurde. Sie sollte für Brandt – er blieb sich darin treu – das wirkliche demokratische Gegenstück zur Komintern bilden, der sowjetisch dominierten «Internationale» aus der Zeit seiner Exiljahre, mit der er so schlechte Erfahrungen gesammelt hatte.

Bruchstückweise und mit großer Verspätung, berichtete er, habe er in Stockholm vom Ausmaß der Verbrechen und Tragödien, von dem großen Morden erfahren. Aber dann notierte er doch, was aus seiner Sicht zum Basiswissen aller gehört haben müsse: dass Hitler im Reichstag am 30. Januar 1939, lange vor dem Überfall auf Polen, «die Vernichtung der jüdischen Rasse in Europa» ankündigte. «Jedem» sei die zentrale Rolle bewusst geworden, die das antijüdische Ressentiment in der NS-Weltanschauung von Anfang an spielte. SS und SD begannen wenig später mit dem systematischen Morden, seit dem Polenfeldzug im September 1939 erschossen die Einsatzgruppen auf Himmlers Befehl Vertreter der polnischen Führungsschicht, um den polnischen Staat zu zerschlagen und den Widerstand zu brechen. Zufällig aufgegriffene Juden wurden exekutiert. Die planmäßigen antijüdischen Repressalien begannen 1940, Juden wurden aus dem Deutschen Reich, aus Österreich und der Tschechoslowakei nach Polen transportiert. Wohin? Einzelheiten kannten die Exilanten nicht. Erst viele Jahre nach dem Krieg berichtete ihm Fritz Sänger (damals Chefredakteur des *Vorwärts*), der Gauleiter des Warthegau habe schon Anfang 1940 gegenüber Journalisten vertraulich angekündigt, die polnische Führungselite werde beseitigt: «In einigen Monaten wird die modernste Judenaustreibung, die je stattgefunden hat, in Lodz in Szene gesetzt werden. Es gilt dort, 350 000 Juden loszuwerden.»[25] Brandt wusste selbst nicht umfassend, was geschah während der Hitler-Jahre, aber konnte und wollte nicht glauben, die Deutschen zu Hause seien schlechter informiert gewesen als die Geflüchteten im Exil.

Nicht ganz sicher war Brandt sich in der Rückschau, wann genau – im Herbst 1942 oder später? – ihm einer der Freunde, Maurycy Karniol (Karniol war mit Stefan Szende befreundet, von dessen Erfahrungsbericht aus Polen schon die Rede war), ihm einen Bericht über Vergasungen zu lesen gab, der von der polnischen Untergrundbewegung stammte und seinen Weg über London genommen hatte. Er erinnerte sich, darüber für ein New Yorker Nachrichtenbüro berichtet zu haben.

Die Erinnerung an Szende und seinen Bericht nutzte er daher rasch zu einer Randbemerkung über die Deutschen selbst, mit der er sich ansonsten gleichfalls lieber zurückhielt. Offen bezweifelte er die gern kolportierte These, überhaupt nichts gewusst zu haben. Brandt: «Als ob Soldaten während ihres Heimaturlaubs nichts von Einsatzgruppen, Massenhinrichtungen und Vernichtungslagern erzählt hätten!» Wenigstens Gerüchte, fügte er an, hätten viele Soldaten und Bürger in der Heimat erreicht. Aber selbst Vertraute, darunter der Gewerkschafter Fritz Tarnow, hielten den Bericht für Gräuelpropaganda, er habe den Kopf in den Sand gesteckt. Das volle Ausmaß der Verbrechen, bekannte Brandt später, sei auch ihm jedenfalls erst als Beobachter bei den Nürnberger Prozessen klar geworden. Es folgte sein mildes Fazit, das auch den Grundton von *Links und frei* bestimmte. Dieser Autor machte nicht Rechnungen auf, er war auf Versöhnung aus.[26]

In Skandinavien griff nicht nur Angst vor den deutschen Besatzern und der Wehrmacht um sich, es erwachte auch «ein Rassismus mit umgekehrtem Vorzeichen». Unermüdlich schrieb und redete er fortan auch gegen diesen «Vansittartismus» an. Lord Robert Gilbert Vansittart, ein hoher Beamter im Londoner Außenministerium, deutete das Naziregime als ein logisches Resultat ewiger deutscher Mentalität. Nur dieser eine Weg bleibe, so musste man das Plädoyer des Lords verstehen, die prinzipiell unbelehrbaren Deutschen nach dem Krieg unter strengste Kuratel zu stellen. Schon immer hätten sie zwischen Angriffsmentalität und Herrenvolkideologie geschwankt, in ihrer ganzen Geschichte von Karl dem Großen über Bismarck bis Göring hätten sie sich nie anders verhalten, argumentierte der Brite. Fazit: Das Reich müsse in ein reines Agrarland verwandelt werden. Die Idee fand nicht wenige Anhänger.

Gegen derart grundsätzlich «destruktives» Denken sträubte Brandt sich vehement. Er war sich sicher, andere Gründe hatten die Demokratie in die Krise geführt und die Weimarer Republik scheitern lassen. Niemand werde als Verbrecher geboren, hielt er Vansittarts Thesen entgegen. Man könne nicht das ganze Volk prügeln, argumentierte Brandt, und die Verantwortlichen davonkommen lassen.[27] Mitverantwortung ja, Kollektivschuld nein, darauf lief seine Überzeugung hinaus.[28]

Zur Hommage auf eine vergangene Welt geriet ihm unter der Hand in *Links und frei* ein Kapitel, das er schlicht «Paris» überschrieb. In der Holzklasse durchquerte er als junger Mann im Exil rastlos Europa. Acht Mal insgesamt reiste er vor Kriegsbeginn in die französische Metropole, meist quartierte er sich dort gleich für mehrere Wochen ein. Willy Brandt fremdelte, Großstädte machten ihn unsicher, aber Paris war zum Glück nicht Berlin, wenigstens fühlte er sich dort nicht verfolgt und gefährdet wie bei seiner Geheimvisite in der Hauptstadt im Auftrag der SAP. Anfangs benutzte er seinen deutschen Pass aus dem Jahr 1931 (der ihm Schwierigkeiten bereiten sollte), in späteren Jahren reiste er mit norwegischen Papieren.

Von Paris fuhr er nach Amsterdam, von dort mit dem Bus ins niederländische Laren zu einem Treffen der Jugendverbände linkssozialistischer Parteien. Nur flüchtig erwähnte Brandt, worum es ging, meist redeten die Freunde sich den Kopf heiß über die vermeintliche Dauer der NS-Herrschaft, er selbst hielt es für realistisch, sich auf eine Zeitspanne einzustellen wie etwa im Ersten Weltkrieg. Bei Kaffee und Kuchen hatten sich die jungen Leute aus halb Europa in Laren gerade versammelt, als Feldgendarmerie das Gebäude umstellte. Per Bus wurden die verhafteten Ausländer – Willy Brandt unter ihnen – zurück nach Amsterdam expediert. Vier deutsche Genossen wurden am nächsten Tag mit Handschellen an der deutschen Grenze bei Emmerich den «zuständigen Behörden» übergeben. Veranlasst hatte das der nazistisch gesinnte Bürgermeister. An jedes Detail suchte Brandt sich zu erinnern. «Der duitschers over de gren gezet», lauteten die Schlagzeilen in niederländischen Zeitungen, im Parlament habe es Proteste gegen diese Art der Kooperation mit dem deutschen Regime gegeben. Amsterdamer Politiker intervenierten in Berlin, um zu verhindern, dass die vier mit dem Tode bestraft würden.[29] Bei der Kontrolle zeigte er nicht seinen deutschen Pass, die norwegische Aufenthaltsgenehmigung rettete ihn. Er hatte Glück, die Holländer übergaben den «Norweger» Brandt und seine Freunde nicht der Gestapo. Noch am Abend wurde im Amsterdamer Polizeigefängnis die Identität festgestellt, nun sollten die Freunde aus Oslo, Finn Moe und Arne Ording (*Mot Dag*), als missliebige Ausländer über die nahe Grenze nach Belgien abgeschoben werden. Diese Methode hatte sich schon fest eingespielt. Hinter der «grünen» Grenze suchten die drei den nächsten Bahnhof und schlugen sich von dort nach Brüssel durch. In einer Schule hielten sie Ende Februar doch noch die Konferenz ab, die für Laren geplant war.

Am Morgen des 12. Februar 1934 traf er ein am Gare du Nord, Paris wurde gerade von einem Generalstreik erschüttert, Métro und Taxis fuhren nicht. Den langen Weg bis zum Quartier Latin schleppte er seinen Koffer, wie er sich erinnerte, Freunde erwarteten ihn hier, das Netzwerk, zu dem er gehörte, funktionierte gut eingespielt. Frankreich befand sich in einer tiefen ökonomischen Krise, die Arbeiterschaft forderte gemeinsame Aktionen der Linken. Aber es musste nicht ablaufen wie in Deutschland, lernte er, bei den Nachbarn mobilisierte die Krise «nicht automatisch antisozialistische und antidemokratische Ressentiments». Es sei eben kein Naturgesetz gewesen, merkte er dazu an, dass immer die radikale Rechte von der Not profitiere. Wörtlich: *«Die vergleichbaren sozialen Gruppen, von denen sich Hitler seine Wählerstimmen holte, ebneten in Frankreich einem intellektuellen Sozialisten (obendrein noch jüdischer Herkunft) wie Léon Blum den Weg zur Regierungsverantwortung. Der erbitterte Streit zwischen den Arbeiterparteien schwächte die Linke. Doch er hob die französische Tradition nicht auf, die es der Mitte nahelegte, sich nicht krampfhaft von links abzuwenden. Ein wichtiges Faktum: Anders als bei uns bestand in Frankreich eine breite, liberale Mitte.»*

Vielleicht waren es solche Erfahrungen, die dazu führten, dass ihm dieses Frankreich zwischen 1934 und 1938 zu einem «europäischen Erlebnis» wurde, wie Brandt bekannte, fast so bedeutsam für seine Lehrjahre wie Skandinavien.

Dieses «europäische Erlebnis» wirkte unübersehbar nach, bis zum Lebensende behielt Frankreich für ihn besonderen Stellenwert. Im südfranzösischen Garnières (nahe Uzès) legte er sich nach dem Rücktritt als Kanzler ein kleines Landhaus zu, mit großem Garten direkt am Waldrand, am gegenüberliegenden Hang in Sichtweite quartierten sich die BKA-Beamten ein, die ihn bewachten. Nächst Skandinavien fühlte Willy Brandt sich wohl in keiner Kultur ähnlich zuhause wie in dieser Einsiedelei unter mediterranem Himmel. Brandt konnte ins Schwärmen geraten, wenn er darüber sprach.

Dem Land, in dem Arbeiter noch links wählen, schrieb er es mit einem Anflug von Nostalgie auch gut, die Volksfront *(Front Populaire)* gegründet zu haben. Ausdrücklich widersprach er der gängigen These, dieses Linksbündnis sei ein «Geschöpf Moskauer Strategie und kommunistischer Taktik». Früh genug war er dabei, um sich an die Wurzeln im Linkssozialismus genauer zu erinnern. Eigenwilliger und spontaner als die deutsche Linke kam ihm die französische Linke vor. Der Generalstreik vom 12. Februar 1934, dem Tag seiner ersten Paris-Visite, hatte für ihn symbolischen Stellenwert: Ausgerechnet an diesem Tag startete das Experiment namens Volksfront, auf das er große Hoffnungen setzte.

Wider sämtliche «Bürgerschreckklischees» wollte er die Volksfront-Idee auch beim Verfassen seiner *Erinnerungen* verteidigen. Ernst zu nehmenden politischen Zeitgenossen legte Brandt ans Herz zu differenzieren: Die Kommunisten waren stark verankert in Frankreichs Arbeiterschaft, aber sie bildeten nicht die entscheidende Macht, als kritische Intellektuelle, wache Gewerkschaftler und besorgte Republikaner die «Einheit der Linken» proklamierten.

Immerhin eine halbe Million Menschen brachte der Front Populaire bereits 1935 auf die Beine. Moskau schloss sich dem Bündnis an. Im Frühjahr 1936 siegten die Parteien der Volksfront knapp. Brandt hielt sich zu dem Zeitpunkt erneut in Paris auf. Anfang Juni bildete Léon Blum seine Regierung, während viele Millionen Arbeiter die Fabriken besetzt hielten. Im Kampf gegen Hitler sah er neue Chancen, der Pariser Frühling berauschte Linke wie ihn. Seine skandinavischen Freunde, mit denen er reiste, ließen sich mit «heißen Herzen und feuchten Augen» mitreißen, ihm erging es offensichtlich nicht anders. Er erinnerte sich an sein kleines Hotel in der Rue Monsieur le Prince, an die Abende im Stammlokal deutscher Freunde am Boulevard St. Michel, an Ausflüge in der Umgegend, Picknicks, Waldwanderungen, selbst in der Rückschau geriet er ins Schwärmen. Zum Glück, sie hatten ja alle wenig Geld in der Tasche, fanden Brandt und die Freunde bald heraus, wo man billig und gut essen konnte, im Zweifel mussten Weißbrot, Käse und Rotwein genügen.

Aber auch die französische Linke, auf die er so viele Hoffnungen setzte, scheiterte, wie Brandt nicht zu erwähnen vergaß. Drei Jahre später marschierten deutsche Truppen in Frankreich ein. 1943 wurde Léon Blum verhaftet und nach Buchenwald deportiert.

So gut es Willy Brandt gefiel bei seinen Stippvisiten von Oslo nach Paris: Das Zentrum für die deutschen Exilanten erwies sich auch als Ort der Erosion. Die Mehrheit der Zwangsemigranten, erinnerte sich Brandt, bildeten Juden. Viele von ihnen, Kurt Tucholsky sprach von «deutschen Staatsjuden bürgerlicher Herkunft», hätten «durchaus nicht republikanisch und demokratisch, sondern (wie schade für den Antisemitismus!) konservativ und deutschnational» gefühlt und gedacht. Obwohl er es nicht besser kannte aus Oslo, schockierend muss diese Erfahrung von Schwäche und Zerrissenheit dennoch für ihn gewesen sein. Die Hitler-Emigration sei wohl «die in sich heterogenste und beziehungsärmste» gewesen, die je in die Welt gejagt worden sei. Alfred Döblin wetterte über das «klägliche Nebeneinander». Demoralisiert hat die Niederlage, vor allem aber auch die «Aussichtslosigkeit», seit die Exilanten keinen Silberstreif am Horizont mehr entdeckten. Hinzu kam, schrieb Brandt, dass viele einflussreiche Bürger der Gastländer eher dazu neigten, Hitler Respekt zu bekunden, als sich einzulassen auf die deutschen Hitler-Gegner. Seltsam marginalisiert fühlte er sich mittlerweile in Paris, obwohl er die Stadt oft und gern aufsuchte. Das allerdings hatte er über Skandinavien nicht so gesagt.

Längst hatte er die Zersplitterung der Linken in der Emigration als ihre Hauptschwäche gegenüber der Hitler-Anhängerschaft diagnostiziert, daher sympathisierte er mit einem breiten Zusammenschluss, der «Volksfront». Aber die Initiatoren eines solchen Bündnisses standen, wie er in der Rückschau befand, mit dem Rücken zur Wand. Linksorientierte Literaten gaben 1935 den Anstoß, Willi Münzenberg, ein «begabter Kommunist» (der sich in Moskau wegen «trotzkistischer Umtriebe» rechtfertigen musste), auch ihn kannte Brandt, suchte das Puzzle zusammenzusetzen. Als Aushängeschild der geplanten «Volksfront» bot der frankophile Heinrich Mann sich an, der Schriftsteller aus seiner Heimatstadt, der vor der deutschen Besetzung Frankreichs nach Nizza ausgewichen war, noch am *Henri IV* arbeitete und für französische Zeitungen Essays zum Geist der Zeit und über den wahren Charakter des NS-Regimes verfasste, weitsichtiger und differenzierter als sein Bruder Thomas.[30]

Als Treffpunkt der Exilanten diente seit dem Herbst 1935 das Hotel Lutétia, genannt nach dem keltischen Namen der Stadt Paris zur Römerzeit (Heinrich Heine hatte seinem Pariser Tagebuch gleichfalls diesen Namen gegeben), ein Lieblingsort der Intellektuellen. Aus der Ferne unterstützten zahlreiche Emigranten, deren Namen man auch nach dem Krieg wiederbegegnen sollte, die Bündnisidee: Ernst Reuter, Max Brauer, Sozialdemokraten wie Rudolf Breitscheid, Kommunisten wie Münzenberg, der die Fäden in der Hand hielt. Ein «Ausschuss zur Vorbereitung der Deutschen Volksfront» formulierte Anfang 1936 einen ersten Aufruf, unter den 118 Namen, die unterzeichnet hatten, fand sich auch der Willy Brandts. Beteiligt waren in gleicher Zahl (jeweils sechzehn) Sozialdemokraten und Kommunisten, Brandts SAP stellte zehn Vertreter. Seine breite Resonanz erzielte der erste öffentliche Appell aus dem Lutétia vor allem wegen der großen Namen, neben Heinrich Mann hatten zahlreiche Autoren, Künstler und Intellektuelle unterschrieben: Lion Feuchtwanger, Arnold Zweig, Ernst Toller, Ernst Bloch oder Anna Siemsen darunter.

Der illustre, aber höchst heterogene Kreis, der sich um Heinrich Mann scharte, sprach in seinem Aufruf von einer tiefen und einheitlichen Sehnsucht «nahezu aller Deutschen, ausgenommen der direkten Nutznießer des Systems, nach dem Ende dieses Terrors und nach Wiederherstellung der elementarsten Menschenrechte». Mit einem einzigen Satz kommentierte das Brandt in den Memoiren: «*Wäre es nur so gewesen*».[31] Mehr wollte er dazu nicht sagen.

Auch den nächsten Aufruf unterschrieb er bei einer neuerlichen Stippvisite in Paris im Mai 1936, dieses Mal warnten die Emigranten nach der Rheinlandbesetzung vor Hitlers Kriegsabsichten. Für die Sozialdemokraten unterschrieb wieder Rudolf Breitscheid, für die Kommunisten Walter Ulbricht, daneben Namen von jeweils weiteren fünf Reichstagskollegen. Kurz vor Weihnachten 1936, als Brandt sich inkognito in Berlin aufhielt, erschien ein dritter Aufruf. Wieder hatte Brandt mitunterzeichnet. Man wollte ihm später «einen Strick daraus drehen», erinnerte er sich, weil sein Name nicht nur neben denen der sozialistischen Freunde stand, Ernst Bloch etwa, Arnold Zweig oder Oskar Maria Graf, sondern eben auch «gemeinsam mit Walter Ulbricht». Wieder einmal sollte suggeriert werden, man habe ihn in flagranti ertappt: Eine Volksfront mit Ostberlins SED-Chef! An Landesverrat grenzte das.

Nach einem Jahr implodierte das Experiment. Im Herbst 1938

nahm Willy Brandt zwar nochmals an einem Lutétia-Treffen teil, aber prominente Sozialdemokraten wie Breitscheid und Kommunisten wie Münzenberg fehlten mittlerweile, die SAP mied den Kontakt. Offen warf die kommunistische *Volkszeitung* in Prag der SAP vor, einen Sieg Hitlers und Mussolinis vorzubereiten, das heißt, sie wurden zu Feinden erklärt. Bis zum Einmarsch deutscher Truppen in Belgien und Frankreich sollte es nicht mehr lange dauern.

25 Jahre war Brandt jetzt alt. Bei dem Paris-Besuch im Jahr 1938 lernte er erstmals den Kopf des Volksfrontexperiments, Heinrich Mann, persönlich kennen. Der renommierte Autor interessierte sich für den jungen Lübecker, der aus Oslo anreiste. In der Erinnerung an die gemeinsame Vaterstadt kamen Heinrich Mann Tränen in die Augen, wusste Brandt zu berichten, die sieben Türme, fürchtete er, würden sie wohl beide nie mehr wiedersehen. Bitter bestätigt fand er die Prognose, als er ein paar Monate nach Kriegsende erstmals über Bremen nach Lübeck reiste: Den Bombenkrieg hatten die Türme nicht überlebt.

Makaber kam ihm dieses Treffen vor. Heinrich Mann ließ sich darauf ein, fremde Texte vorzutragen, er wurde «missbraucht» und merkte es nicht einmal, fürchtete Brandt.[32] Mann, Kantorowicz, Münzenberg, soweit er konnte, verfolgte Brandt in den Erinnerungen das Schicksal all derer, die ihm etwas bedeuteten. Geistig eng, ja spießig kam ihm die Bundesrepublik vor, die solche Verdienste während der zwölf Hitler-Jahre nicht anerkennen wollte, bloß weil jemand als «Intellektueller» oder gar als «Kommunist» galt. Nach der Besetzung Frankreichs flüchtete Heinrich Mann mit seiner Frau, mit dem Neffen Golo, mit Franz Werfel und Alma Mahler-Werfel über die Pyrenäen nach Spanien und Portugal. Siebzig Jahre alt war er immerhin schon, als er auf diese Weise sein Leben zu retten suchte.

Warum berichtete Brandt das alles? Mit dem kleinen Passus über Heinrich Mann wollte er sich nicht selbst illuminieren, aber auf diesem Umweg ließ sich seine Kritik an den Deutschen leichter andeuten. Er sprach auch von sich, wenn er vom Schicksal derer berichtete, die ihm am Herzen lagen. Selbst nach der Rückkehr aus dem kalifornischen Exil, vergaß Brandt nicht zu erwähnen, stieß der Schriftsteller auf eine «Verschwörung des Schweigens – wie andere, die draußen waren». An den 100. Geburtstag Heinrichs habe Lübeck nicht erinnern wollen. Beiden Brüdern, Heinrich und Thomas, «wurde niemals ganz verziehen, dass sie sich draußen gegen Hitler – und damit gegen Hitler-Deutschland – engagiert hatten». Erschwerend kam im Falle Heinrichs hinzu, dass er sich von Ostberlin hatte in Anspruch nehmen lassen. Brandt störte auch das nicht. Andere Deutsche hatten größere Fehler gemacht, nicht wahr?

Noch schlimmer erging es den weniger Prominenten unter den Schriftstellern, die nach dem Krieg unter dem Gefühl litten, totgeschwiegen zu werden. Nur in Klammern ergänzte Brandt: «*Es musste wohl eine neue Generation heranwachsen, die genauer verstand, was das Exil für sich reklamiert hatte: wenn nicht das eigentliche, so doch wenigstens das bessere Deutschland repräsentiert zu haben.*»³³ Auch diesen Satz brachte er erst jetzt über die Lippen: 1982.

Größer konnten die ideologischen Verwirrungen kaum sein. Mit Moskau als mächtigstem Alliierten, auf den sich die Hoffnungen richteten, hatten die jungen Sozialisten wie er noch keineswegs gänzlich gebrochen. Viele erwarteten, wie er sich erinnerte, die neue sowjetische Verfassung im Dezember 1936 könne Rechtssicherheit und Demokratie bringen. Ob er selbst sich zu diesen «Überoptimisten» zählte, ließ Brandt offen. Sie lernten, wie er schrieb, «kleine Brötchen zu backen».

Viel zu wenig dachten die SAPler nach über das NS-Regime selbst, so sein Urteil im Nachhinein. Im Mai 1933 hatte er in seinem ersten Artikel, den er in Oslo zu Papier brachte, den Nationalsozialismus auf ein Aufbegehren der jungen Generation zurückgeführt. Die Weimarer Sozialdemokratie habe die Jungen nicht an sich binden können. Der Faschismus habe dieses Problem nicht geschaffen, sondern ausgenutzt, befand der junge Autor selbstsicher.

Sein Faible für die «Revolution» an Stelle einer evolutionären Schritt-für-Schritt-Politik vergaß er wohl nie ganz, auch wenn er seine dogmatischen Jugendjahre in der Rückschau belächelte. «Revolution» führte nicht nur die SAP im Mund, so dachten und sprachen auch die meisten Gefährten der Linken in der Emigration. Brandt selbstkritisch: «Theoretisch» bevorzugten sie nach 1933 den Sieg des Proletariats, der Parlamentarismus galt nicht viel, als Alternative drohte eine Diktatur der Nazis oder Faschisten. Bis in die Sozialdemokratie im Exil zog sich diese Spur. Je weniger ein Silberstreif am Horizont aufleuchtete, umso hypnotisierter richtete sich der Blick auf die «große» Lösung.[34]

Ganz anders der Brandt des Jahres 1982: Beim Blick auf den jungen Mann namens «Gaasland» inkognito in Berlin, 1936, wunderte er sich kopfschüttelnd, dass seine Freunde und er die These vom «Nazismus als bloßem Büttel des Großkapitals» nachbeten mochten. War ich das? Wieder einmal fragte sich Brandt das. Zu wenig nachgedacht hatten seine Freunde und er über die Ursachen für das Aufkommen Hitlers. Schon gar nicht hatten sie eine Antwort auf die Frage, «warum es für viele unserer Landsleute ganz selbstverständlich wurde, verbrecherische Befehle zu befolgen – ja, sie geradezu herbeizusehnen.» An der Frage jedoch knabberten Brandt und Freunde nicht alleine herum. Eine einfache Antwort hatten sie ohnehin nicht.[35] Niemand hatte sie.

V
«Verbrecher und andere Deutsche»
Wieder ein Anfang

Ihre Impressionen von Deutschland nach ihrem ersten Besuch im Jahr 1950 schilderte Hannah Arendt folgendermaßen: «In weniger als sechs Jahren zerstörte Deutschland das moralische Gefüge der westlichen Welt, und zwar durch Verbrechen, die niemand für möglich gehalten hätte, während die Sieger die sichtbaren Zeugnisse einer über tausendjährigen deutschen Geschichte in Schutt und Asche legten. Danach strömten in dieses verwüstete Land, das durch den Schnitt entlang der Oder-Neiße-Linie verkleinert wurde und seine demoralisierte und erschöpfte Bevölkerung kaum versorgen konnte, Millionen von Menschen aus den Ostgebieten, dem Balkan und aus Osteuropa ... Der Anblick, den die zerstörten Städte in Deutschland bieten, und die Tatsache, dass man über die deutschen Konzentrations- und Vernichtungslager Bescheid weiß, haben bewirkt, dass über Europa ein Schatten tiefer Trauer liegt ... Doch nirgends wird dieser Alptraum von Zerstörung und Schrecken weniger verspürt und nirgendwo wird weniger darüber gesprochen als in Deutschland. Überall fällt auf, dass es keine Reaktion auf das Geschehene gibt, aber es ist schwer zu sagen, ob es sich dabei um eine irgendwie absichtliche Weigerung zu trauern oder um den Ausdruck einer echten Gefühlsunfähigkeit handelt. Inmitten der Ruinen schreiben die Deutschen einander Ansichtskarten von den Kirchen und Marktplätzen, den öffentlichen Gebäuden und Brücken, die es gar nicht mehr gibt. Und die Gleichgültigkeit, mit der sie sich durch die Trümmer bewegen, findet ihre genaue Entsprechung darin, dass niemand um die Toten trauert; sie spiegelt sich in der Apathie wider, mit der sie auf das Schicksal der Flüchtlinge in ihrer Mitte reagieren oder vielmehr nicht reagieren ... Wenn es überhaupt zu einer offenen Reaktion kommt, dann besteht sie aus einem Seufzer, auf welchen die halb rhetorische, halb wehmütige Frage folgt: ‹Warum muss die Menschheit immer nur Krieg führen?› Der Durchschnittsdeutsche sucht die Ursachen des letzten Krieges nicht in den Taten des Naziregimes, sondern in den Ereignissen, die zur Vertreibung von Adam und Eva aus dem Paradies geführt haben. Eine solche Flucht vor der Wirklichkeit ist natürlich auch eine Flucht vor der Verantwortung.»[1]

Zitieren wollte ich Hannah Arendt ausführlich, weil ich mir von wenigen Texten vorstellen kann, dass sie Brandts Empfindungen derart genau widerspiegelten. Nur dass er eben vergleichbare Impressionen über die physischen, vor allem aber die seelischen Verwüstungen im frühen Nachkriegsdeutschland, über Apathie und Ausflüchte nicht aufgezeichnet hat. So vieles von dem er auch zu Papier brachte, was ihn umtrieb, aber darüber wollte er offenkundig nicht sprechen oder gar schreiben. Lediglich ein paar Absätze seiner *Erinnerungen* über den Besuch bei der Mutter, einige Worte über das zerstörte Berlin (davon wird noch die Rede sein) und schließlich sein Bericht aus Nürnberg lassen ein wenig ahnen von dem, was er empfand. Moralisierende Pauschalvorwürfe über «die Deutschen» empörten ihn ohnehin, mit denen allerdings auch Hannah Arendt nicht aufwartete. Ich vermute, dass Willy Brandt bei seinem ersten Besuch ähnlich verwundert auf Deutschland geblickt hat wie die emigrierte Philosophin, nur verstand er seine Rolle anders. Er wollte den Deutschen keinen Spiegel hinhalten, er wollte sich politisch einmischen, seit er 1946 erstmals wieder sein Geburtsland besuchte. Der Kompromiss mit sich selbst hieß daher, über vieles zu schweigen. Hannah Arendt war Philosophin, Schriftstellerin, Professorin, die darüber reflektierte, was ihre Landsleute getan hatten und wie sie sich damit auseinandersetzten. Sein Beruf war Politik. Der Preis war, dass er über vieles schwieg.

In Vorfreude auf ein Ende des Krieges feierte Willy Brandt am Abend des 1. Mai 1945 gemeinsam mit schwedischen Freunden. Die Regierung in Stockholm und das Rote Kreuz hatten gerade noch 20 000 Gefangene aus deutschen Lagern gerettet, Graf Folke Bernadotte und Heinrich Himmler vereinbarten am 23. April das Verfahren – der SS-Führer, einer der Hauptverantwortlichen und Paladine Hitlers, spekulierte mit dieser Geste auf einen «Privatfrieden» mit den Alliierten.

Willy Brandt berichtete darüber in seinen *Erinnerungen* von 1989, dem Folgeband von *Links und frei*, in dem er sich vor allem mit seinem zweiten Leben befasste, mit den Berliner Jahren, der Kanzlerschaft und dem SPD-Vorsitz, von dem er sich 1987 verabschiedete. Den Jubelabend in Stockholm, sieben Tage vor dem offiziellen Waffenstillstand, schilderte er in einem Kapitel mit der eigentümlichen Überschrift «Am Rande des Lebens». Seine Dankesrede an die Adresse der Schweden für die bereitwillige Aufnahme von Exilanten wie ihn und die Kriegsopfer, die sie brachten, hatte er noch nicht beendet, als ihm die Meldung einer Nachrichtenagentur gereicht wurde, Hitler habe Selbstmord begangen. Zu einem Endkampf mit deutschen Truppen, auf den man sich in Stockholm wappnete, war es nicht mehr gekommen, offiziell wurde Norwegen am 9. Mai wieder frei.

Als einer der Ersten im Exilantenkreis, erinnerte Brandt sich, setzte er sich vierundzwanzig Stunden später in die Bahn nach Oslo, wo er sieben Jahre gelebt hatte. Die nächsten Monate, von Mai bis August 1945, pendelte er zwischen beiden Hauptstädten. In Norwegen wie in Schweden hatte er sich einen Namen gemacht als Berichterstatter, der versuchte, seriös die Lage in Deutschland zu beurteilen (den Schweden legte er dann die Lage in Norwegen auseinander). Eine Sprachbarriere gab es für den polyglotten Journalisten nicht. Dass Deutsch seine Muttersprache war, sollte sich jetzt bezahlt machen: Im September bereits sagte er schwedischen und norwegischen Blättern zu, aus Nürnberg über den Kriegsverbrecherprozess vor dem Internationalen Militärgerichtshof zu berichten.

Nach langem Hin und Her akkreditiert als «Kriegskorrespondent» von der britischen Botschaft, konnte er schließlich mit der Royal Air Force nach Kopenhagen und schließlich nach Bremen fliegen.

Zum ersten Mal, abgesehen von der heimlichen Visite in Berlin 1936, betrat er wieder deutschen Boden. Wilhelm Kaisen, den die Amerikaner als Bürgermeister in Bremen eingesetzt hatten, empfing ihn im Rathaus und ermunterte ihn, seine Mutter in Lübeck zu besuchen. Willy Brandts *Travel Order* erlaubte das zwar nicht, sie war nur für Nürnberg gedacht, aber Kaisen verhandelte mit der amerikanischen Kommandantur, lieh ihm seinen Dienstwagen aus und schickte ihn weiter nach Lübeck.

Seit zehn Jahren hatte «Herbert» seine Mutter nicht mehr gesehen, zehn Jahre, in denen sie auch wegen ihres Sohnes schikaniert und in Polizeihaft genommen worden war. Ein einziges Mal besuchte sie ihn in der Zwischenzeit kurz in Kopenhagen, engen Kontakt pflegten sie in den zwölf Jahren nicht. Es erwies sich als schwierig, wie er sich erinnerte, in der zerbombten Stadt die Vorrader Siedlung zu finden. Zu einem merkwürdigen, nicht ganz einfachen Gespräch kam es dann zwischen dem Sohn sowie seiner Mutter und deren Mann. Willy Brandt beschrieb die Atmosphäre folgendermaßen: *«Die schwerblütige Natur der Mecklenburger erleichterte das Wiedersehen, das viele Worte nicht ertragen hätte.»* Als die erste Aufregung sich gelegt hatte, sprachen sie über ihre Erfahrungen, vor allem über die Verbrechen der Nazis und was man davon gewusst habe. Nicht viel, gab die Mutter ihm zu verstehen.[2]

Unbefangen klang diese Schilderung der Mutter und Lübecks beim Wiedersehen nicht. Man muss allerdings dazu wissen: Im ersten Rückblick auf sein Leben aus dem Jahr 1960, *Mein Weg nach Berlin,* umging er das Thema noch ganz. Offenkundig aus dem einzigen Grund, auf keinen Fall als Ankläger oder gar Richter zu erscheinen. Niemand habe ihm einen Vorwurf gemacht, hielt er fest, als wäre er es, der mit Kritik und Vorwürfen hätte rechnen müssen. Niemand warf ihm vor, fuhr Brandt fort, «dass ich es draußen besser gehabt hätte». Fast klang es so, als wolle er sich für die Exiljahre entschuldigen: *«Ich aber musste mir sagen, dass mein Schicksal doch viel leichter gewesen sei. Gewiss, auch in der Emigration war ich nicht auf Rosen gebettet gewesen, ich hatte mich aber durch meine eigene Arbeit über Wasser halten können, hatte diese Jahre des Grauens gesund an Körper und Seele überstanden.»*

Seine Mutter und ihr Mann, die beide «unbezweifelbare und unerschütterliche» Nazi-Gegner gewesen seien, gaben vor, von der Massenvernichtung der Juden keine Ahnung gehabt zu haben. Man stolpert beim Lesen des Textes heute einen Moment über seine Formulierung, es klang so, als misstraute er ihren Auskünften. Sagten sie wirklich die Wahrheit? Aber er hütete sich wohl, zu widersprechen oder gar die beiden zu verurteilen. In den *Erinnerungen* heißt es zum Gespräch im Familienkreis: «*Zu fühlen, was in ihnen vorging, war nicht schwer. Es war die Anschuldigung, dass alle Deutschen Mörder seien, die auf ihnen lastete und die sie nicht tragen wollten. Ich fand bestätigt, wie zerstörerisch die These von der Kollektivschuld war. Erschrocken von dem Ausmaß der Anklage, flüchteten viele in Ausreden und suchten den Umfang der Verbrechen herunterzureden. Oder war es Angst zu fragen, was hätte geschehen sollen, hätte man mehr gewusst oder sich eingestanden, was man wusste? Als die Scheu gewichen war, sprudelte es aus ihnen heraus, was sie selbst gesehen, was Soldaten von der Ostfront berichtet hatten.*» Auch in Stockholm hätten sie nicht alles gewusst über das Ausmaß der Morde an den Juden Europas, ergänzte er nur, bei weitem nicht alles, «aber einiges».

Was er mit «einiges» meinte, illustrierte Brandt am Beispiel des Warschauer Aufstands 1944 (ein Jahr nach dem Ghetto-Aufstand 1943). Die sowjetischen Truppen, die jenseits der Weichsel lagen, hatten tatenlos zugesehen, als deutsche Soldaten die Stadt dem Erdboden gleichmachten, sie ließen sich von den Deutschen die Arbeit abnehmen. Wie schon erwähnt, hatte der Gesandte der Exilregierung, Maurycy Karniol, ihm – Ende 1942 oder Anfang 1943 – davon berichtet, in Kraftwagen würden die Deutschen hinter der Front Menschen vergasen. Einer der Freunde, Fritz Tarnow, weigerte sich, solchen Berichten zu glauben, «so etwas machen die Deutschen nicht». Aber das Buch eines anderen Freundes, Stefan Szende, *Der letzte Jude aus Polen*, das noch vor Kriegsende erschien, enthielt bereits «alles Wesentliche», wie Brandt glaubte, er bedauerte nur, dass es nicht das Echo gefunden habe, das es verdiente.[3]

Brandt ließ es sich nicht nehmen, zu den Memoiren von Szende, die 1975 erschienen *(Zwischen Gewalt und Toleranz)*, ein Nachwort zu verfassen. Seine *Erinnerungen* nutzte er zu der – für Brandt ungewöhnlich deutlichen – Frage, warum nicht schon allein diese Schrift Szendes in der zivilisierten Welt einen Aufschrei ausgelöst habe. Die alliierten Regierungen, wisse man inzwischen, seien ab Sommer 1942 über Gaskammern in den Vernichtungslagern informiert worden, sowohl von den eigenen Geheimdiensten als auch über das Rote Kreuz, die Jewish Agency, den Vatikan oder Botschaften neutraler Staaten in Berlin. Gezögert haben sie, mutmaßte er, solche Kenntnisse propagandistisch auszuwerten, weil Forderungen zur Rettung der Juden «der Kriegsführung abträglich» hätten sein können.[4] In Klammern erlaubte er sich den Zusatz, dass engagierte Kritiker die Ansicht vertraten, mit Angriffen aus der Luft auf Eisenbahnlinien, die zu den KZs führten, hätten Hunderttausende gerettet werden können.

Während des Prozesses in Nürnberg zwischen dem 20. November 1945 und dem 1. Oktober 1946 wohnte er mit zahlreichen anderen Journalisten aus aller Welt auf dem Schloss von Faber-Castell, dem Sitz der Bleistift-Dynastie. Nur ein einziges Mal deutete Brandt an, wie sehr ihn das Gehörte mitnahm. Als Beobachter bei den Verhandlungen gegen die Hauptverantwortlichen sei es ihm wie einem amerikanischen Kollegen ergangen, der seufzte, «ich kann nicht mehr, habe keine Worte mehr». Noch die stärkste Natur müssten die Gräuel, über die hier berichtet wurde, an den Rand des seelischen Zusammenbruchs führen. Entsetzt verfolgte er die starrköpfigen Auftritte der Angeklagten, mit Ausnahme Albert Speers, der sich zu seiner Verantwortung bekannt habe.

Besonders in Bann zog ihn der «Schatten» über dem Prozess, den die Differenzen zwischen den Westmächten und der Sowjetunion damals warfen. Wenn diese Allianz platzt, was wird dann aus den Deutschen? Drohte ein dritter Krieg? Ganz ausschließen wollte er selbst das nicht. Sicher war er sich nur, dass die Siegermächte sich verständigen müssten, wenn Deutschland ein einheitlicher Staat bleiben solle.

Einem Freund verriet er, er wolle gern nach Berlin gehen, ohne Politik könne er nicht leben. Und absehbar war, Berlin würde wohl den Kern der künftigen Probleme bilden, zumindest könnte man sie dort früher als anderswo erkennen. Hin- und hergerissen blieb er natürlich zwischen Norwegen und Deutschland, aber Norwegen, flocht er eher beiläufig ein, hätte bedeutet, dass er wohl einige Jahre in der Provinz würde leben oder sich als «Bauer bewähren» müssen, da er nicht im Land geboren sei.[5] Das waren neue Töne, er schwankte und sammelte Argumente für sich selber – zugunsten einer Heimkehr. Sehr lange dauerte diese Suchphase tatsächlich nicht mehr. Im Sommer 1946 sondierte er bei Theodor Steltzer seine persönliche Zukunft. Der Hitler-Gegner, den er hoch schätzte, hatte sich inzwischen der CDU angeschlossen. Seinen Besucher, Brandt, dessen Rolle in Skandinavien ihm bestens vertraut war, lockte er mit dem Angebot, das Amt des Bürgermeisters in Rendsburg zu übernehmen, wenn er sich für Deutschland entscheide. Immerhin klang das anders als bei Kurt Schumacher, der «mit eiserner Hand und ergebenen Helfern» die SPD im Nachkriegsdeutschland auf den gewünschten Kurs zu bringen suchte. Mit dem starrsinnigen, leicht aufbrausenden und undiplomatischen Parteichef tat Brandt sich schwer, er machte daraus auch kein Geheimnis.

Was führte zu solcher Distanz zwischen dem Parteipatriarchen und dem «Norweger», der sich heftiger zurücksehnte, als er zugeben wollte? Sein mögliches Sündenregister ging Brandt still für sich durch. War es seine Vergangenheit bei der SAP als Linkssozialist? Bei Otto Brenner, Willi Eichler, Erwin Schoettle störte Schumacher die politische Haltung in jungen Jahren doch auch nicht. War er als Volksfront-Befürworter den Kommunisten zu nahe gekommen, aus der Sicht eines glühenden Antikommunisten wie Schumacher damit verbrannt? Die Wege der Volksfront-Anhänger hatten sich längst getrennt, sein Mentor Jacob Walcher beispielsweise hatte sich noch in den USA für die Rückkehr nach Deutschland, aber nicht für die Sozialdemokraten, sondern für die SED als politischer Plattform entschieden. Nur zu gerne wollte er den jüngeren Freund zwar auf seine Seite locken, nach der Zwangsvereinigung von SPD und KPD schloss Brandt das aber definitiv für sich aus. Demokratische Grundrechte und auch Demokratie innerhalb der Arbeiterbewegung, das seien für ihn «grundsätzliche Fragen», erwiderte er auf das Werben Walchers. Das war deutlich genug. Was also verheimlichte ihm der oberste Sozialdemokrat? Für den «Nachfolger Julius Lebers» in Lübeck – im Amt des Bürgermeisters – wünschten sich die «gutmütigen Lübecker» Schumachers Segen. Bloß hatten sich Leber und Schumacher schon vor 1933 nicht gemocht. Brandt: Der Überlebende habe nach dem Krieg einiges unternommen, damit «der Name dessen, der den Tod nicht gescheut hatte», nicht über Gebühr wachgehalten werde. Allein das schon klang überaus bitter. Aber Brandt ging noch einen Schritt weiter: Während Leber ja unzweifelhaft mit seinem politischen Oppositions- und Widerstandsgeist jeden Gedanken an zu große Anpassungsbereitschaft widerlegt hatte, stütze sich Schumachers Macht *«auf jene übergroße Mehrheit der Sozialdemokraten, die 1933 Abwartestellung bezogen hatte, sich nicht anpassend, sich nicht auflehnend, und die nicht dauernd an die Heroen des Widerstands erinnert werden mochte».* Schließlich auch das noch: Wiederum anders als Leber, wollte Schumacher es nicht akzeptieren, dass man im Kampf gegen Hitler sogar auch mit Konservativen habe koalieren können. Willy Brandt hingegen wollte die These nicht übernehmen, der demokratische Sozialismus müsse aus Not und Leid geboren werden. Nicht als Leidensgeschichte betrachtete er seine Exiljahre in Skandinavien, sie hatten ihr Gutes, und darauf wollte er aufbauen. Von vielen Weggefährten hob ihn das ab. Er hatte es so gewollt, um Adolf Hitler loszuwerden.

Wohin er gehörte, stand insgeheim fest. *«Die Bindung an Deutschland empfand ich als eng»*, erinnerte er sich als alter Herr, *«noch enger, als ich es mir hätte träumen lassen.»*

Einen Auftritt im Mai 1946 in Lübeck verstand er wohl als Test, ob diese Gefühle ihn wirklich nicht trügten. Vor Parteifreunden referierte er über «Deutschland und die Welt», wobei er zunächst den Eindruck gewann, die Genossen wünschten ihn sich gerne zurück. Spöttisch erinnerte Willy Brandt sich, die «gutmütigen Lübecker» seien eilig zu Kurt Schumacher nach Hannover gepilgert; von dem Chefsozialdemokraten wollten sie hören, wie er über diesen Norweger Brandt denke und ob er als «Nachfolger von Julius Leber» genehm sei. Damit kam er zum empfindlichen Kern. Julius Leber, Claus Schenk von Stauffenberg und Adam von Trott: Für ihn bildeten sie eine «deutsche Koalition», die sich 1943/44 herauskristallisierte unter Eingeweihten, sie hatte ihm Hoffnung gemacht, während Schumacher diesem Widerstand skeptisch gegenüberstand. Kennengelernt hatte Brandt ja inzwischen den Wert der parlamentarischen Demokratie und auch den entspannten Umgang sozialdemokratischer und konservativer Parteien untereinander. Schwedens sozialdemokratisches Volksheim (folkhem) lockte den zum Reformismus bekehrten Revolutionär als neues Modell. Überdrüssig war Brandt der Fraktionskämpfe, die es auch unter den Emigranten gab, er suchte pragmatisch Koalitionspartner. Nachträglich gab er jenem Julius Leber aus Lübeck auf ganzer Linie Recht, der allzu braven «Vaterfigur», wie er einst meinte. Auch deshalb betrachtete er jetzt Leber als einen der «Heroen des Widerstands», nicht etwa Kurt Schumacher. Traurig, erinnerte er sich, sei er wegen der Lübecker Erfahrungen nicht gewesen. Inzwischen kam ihm die Stadt, die ihn nicht wollte, ein wenig eng vor. Überwältigend sei auch bei ihm die Neigung nicht ausgeprägt gewesen, zurückzukehren.

Das Kapitel Lübeck – von «Lübeck als geistiger Lebensform» hat Thomas Mann gesprochen – war für ihn damit abgeschlossen.

Aber das hieß, Willy Brandt musste weiter reisen und suchen. Sollte er wieder Deutscher werden oder doch nicht? Journalist oder Politiker? In der Hamburger Redaktion des sozialdemokratischen *Echo* begegnete er 1946 erstmals einem Genossen namens Herbert Wehner, der wie er die letzten Jahre in Schweden verbracht hatte, für längere Zeit allerdings inhaftiert. Zu spät erreichte ihn ein Angebot, Chefredakteur der Nachrichtenagentur *dpd* (später *dpa*) zu werden. Enttäuscht über die anfängliche Resonanz, redete Brandt sich den Gedanken fast wieder aus, nach Deutschland zurückzukehren. Daher freute er sich, als ihm von norwegischer Seite offeriert wurde, die Rolle des Presseattachés an der Pariser Botschaft zu übernehmen. Der Mann, der sich grundsätzlich vorstellen konnte, seinen «beiden Vaterländern» zu dienen, wollte gerade im Außenministerium seine

Rolle in Frankreich klären, als er vom Osloer Außenminister (Lange) mit einer neuen Überlegung überrascht wurde: Wäre er auch bereit, als Attaché der norwegischen Militärmission nach Berlin zu gehen? Jetzt zögerte der Gefragte «nicht einen Augenblick». Sein Weg nach Berlin, sein Berliner Weg begann.

Gemeinsam mit Rut wartete er in Oslo auf seine *Military Entry Permit* und *Travel Orders*, ohne die er nicht in die Viermächtestadt reisen durfte. Er habe sich alle Filme angesehen, die in der Stadt liefen, verriet Rut später, und las, was ihm in die Hände kam, Upton Sinclair, Aldous Huxley, Jean-Paul Sartre, aber «ohne Begeisterung». Rut gut gelaunt weiter: «Er schrieb die längsten Briefe, die ich bekommen habe. Er begann eine Verschwörung gegen sich zu sehen – es müssten Leute am Werk sein, die gegen ihn bei den britischen Militärbehörden intrigiert hätten, Leute, die ihn nicht auf dem Posten in Berlin haben wollten und die Briten dazu gebracht hätten, misstrauisch gegen ihn und seine deutsche Vergangenheit zu werden.» Sogar den Entwurf für einen politischen Kriminalroman begann er, der zum Teil auf seiner Exilgeschichte aufbaute. Mitte Januar traf dann doch die Reisegenehmigung ein, mit dem Roman war er nicht weit gekommen.[6] Im strengen Nachkriegswinter berichtete er ihr aus Berlin, die Bewohner der Stadt lebten unterhalb des Existenzminimums, nachts erfroren Menschen in ihren Betten. Er pflege nicht zu beten und glaube auch nicht, dass es etwas nütze, schrieb Brandt ihr in einem dieser langen Briefe, «sonst würde ich mich auf die Knie werfen und sagen: Lieber Gott, gib den hungernden Menschen in den zerstörten Häusern wenigstens etwas Wärme.» Für sinnvoll halte er es, erörterte er ein anderes Mal per Brief, dass Kurt Schumacher mit den Russen in Berlin ins Gespräch komme. Was immer man über ihre Regierung denke, «*so ist es doch eine Tatsache, dass Deutschland nicht existieren wird, wenn es nicht gelingt, das Verhältnis zur Sowjetunion zu normalisieren*». Nicht immer sandte er also Liebesbriefe, der wartenden Rut versicherte er auch mal gerne, wenn er für etwas kämpfen werde, dann für die Vereinigten Staaten von Europa.[7] Sie beklagte sich nicht darüber. Noch hatte Rut sich nicht endgültig entschieden, ob sie ihm folgen würde nach Deutschland.

Willy Brandts umstrittenstes Buch, das ihm noch lange nach Erscheinen viel Ärger bereitete, *Verbrecher und andere Deutsche*, kam erstmals 1946 in die Buchhandlungen. In großer Eile hatte er es mit seinen 32 Jahren verfasst, gedacht war es für ein norwegisches Publikum. Verknüpft mit einem Report über die Nürnberger Prozesse, sollte es einen ersten Blick auf die Lage Deutschlands werfen, von dort war der große Krieg ausgegangen, weithin lag das Land in Trümmern. Anders als er lange Zeit hoffte, hatten weder der Widerstand im Inneren noch die Anstrengungen in Exil und Emigration ausgereicht, dem Regime aus eigener Kraft ein Ende zu bereiten. Nur die breite Allianz von außen vermochte Hitler-Deutschland zu bezwingen. Die Militäradministration hatte in den vier Zonen die Regie übernommen. Besonders dieses Buch, seine erste Auseinandersetzung mit den Deutschen und Deutschlands Perspektiven nach Kriegsende, von dem es jahrzehntelang keine deutsche Übersetzung gab, musste in mehreren Wahlkämpfen – meist kolportagehaft und als Gerücht – dazu herhalten, Brandt als Vaterlandsverräter anzuprangern. «Deutsche und andere Verbrecher», drehten Widersacher den Titel gerne auf den Kopf. Er habe sich im Elfenbeinturm des Exils aufgehalten und die Deutschen pauschal als willfährige Gehilfen des Regimes dargestellt, während sie zu Hause litten oder als Soldaten an der Front ihr Leben riskierten. Aber sie, die Mehrheitsdeutschen, lautete der Tenor seiner Kritiker, waren doch die eigentlichen Opfer.

Erst im Jahr 2007 edierte die Willy-Brandt-Stiftung neu und ungekürzt in deutscher Sprache seinen «Bericht aus Deutschland 1946», wie der Untertitel korrekt lautete. «Verneigen» könne man sich nur vor der «unglaublichen Kenntnis, der moralischen Strenge und der historischen Fairness» des Autors, bekannte Richard von Weizsäcker bei der Präsentation der Neuausgabe in Berlins Deutschem Historischem Museum (DHM). Der Kontrast könne gar nicht größer sein, begeisterte sich der ehemalige Bundespräsident, zwischen diesem 32-jährigen Journalisten Brandt und jungen Leuten wie ihm seinerzeit. Kurz nach dem Krieg hätten die Deutschen, auch er als Heimkehrer von der Ostfront, sich um Essen bemüht, um Heizung, «einen Stein hat man auf den anderen gestellt», Überlebenssorgen füllten den Alltag. Richard von Weizsäcker: Und dann kommt dieser Willy Brandt, wenig älter, schreibt über die Zeitverhältnisse nach dem Krieg, über die Schwierigkeit, eine Nation zu werden, das Unvermögen der Deutschen, ein verlässliches Bürgertum zu entwickeln, beurteilt fair das Ende des Ersten Weltkrieges sowie den Versailler Vertrag und denkt perspektivisch über ein «europäisches Deutschland» nach. Vor allem habe er den europäischen Nachbarn klarmachen wollen, rühmte Weizsäcker, dass es nicht nur die Verbrecher auf der Anklagebank, sondern auch «andere Deutsche» gegeben habe. Was der Redner nicht erwähnte und auch nicht erwähnen musste, da es jedermann mitdachte beim Zuhören: Zu den Angeklagten im Wilhelmstraßen-Prozess hatte auch sein Vater, Ernst von Weizsäcker, als ehemaliger Staatssekretär im Amte Ribbentrops gehört, er war zu einer siebenjährigen Haftstrafe verurteilt worden. Willy Brandt, fuhr Richard von Weizsäcker fort, habe an die «moralisch aufbauenden Kräfte dieser Minderheit» in Deutschland fest geglaubt, wie er seinem Buch entnehme. Er selbst marschierte mit seinem Infanterieregiment 9 durch Osteuropa, Brandt bekämpfte Hitler von Skandinavien aus und im Untergrund. Trotz solcher unterschiedlichen Lebenswege teilten sie die Überzeugung, so musste man Weizsäcker verstehen, diese Minderheit könne und müsse Verantwortung übernehmen, «Verantwortung, nicht Schuld».

Ausdrücklich stellte sich Richard von Weizsäcker damit auf die Seite derjenigen, die ein «anderes Deutschland» gewollt hatten, auf die Seite Willy Brandts eben. Größer konnte die Reverenz kaum sein, hat man die Familiengeschichte der Weizsäckers noch im Sinn. Er erinnerte daran, 1945 habe Anthony Eden, Londons Außenminister, die Ansicht vertreten, es gebe «keinen vernünftigen Menschen unter den Deutschen, dem wir vertrauen können». Britische Diplomaten jubelten, setzte Weizsäcker seine Aufzählung fort, als das Attentat vom 20. Juli scheiterte. Es sei besser, dass Stauffenbergs Versuch fehlschlug, damit könnten keine «guten Deutschen» präsentiert werden. Winston Churchill schließlich habe zwar den Widerstand abgewertet als «Nazi-internen Machtkampf», auch wenn er selbstkritisch von dem «unnecessary war» sprach, den beizeiten zu verhindern Großbritannien hätte mehr unternehmen müssen. Nichts von solchen pau-

Willy Brandts Ausweis als Berichterstatter von den Nürnberger Prozessen für das norwegische «Arbeiderbladet».

schalen Urteilen über die Deutschen habe er bei der Lektüre von Brandts Buch gefunden. Vielmehr entdeckte er, so Richard von Weizsäckers Fazit, einen Geistesverwandten, der früher und entschiedener als er Deutschland konsequent und überzeugt im europäischen Kontext dachte.[8]

Welten lagen zwischen dieser souveränen Rehabilitierung des Buches aus dem Jahr 1946 und den Kritikern früherer Jahre, die den Autor als Nestbeschmutzer brandmarken wollten. Weizsäcker wollte, wie mir scheint, mit der Anerkennung für Brandt auch den anständigen Konservativismus retten, also jene Bürgerlichkeit, der er sich selber zurechnete.

Das Tribunal in Nürnberg sowie der Bericht darüber boten Willy Brandt unerwartet eine erste Gelegenheit, sich nach zwölf Jahren Deutschland auf seine Weise wieder anzunähern. Kopfüber musste er sich in die Auseinandersetzung mit dem eigenen Land stürzen. Den Deutschen fiel es schwer zu erkennen, urteilte Brandt im zentralen Teil seines Buches, dass Göring und seine Kumpane angeklagt waren, «weil sie den Krieg angefangen, nicht, weil sie ihn verloren hatten». Vielleicht, fuhr er fort, besaßen sie ein verschwommenes Gefühl, «dass der Prozess gegen ganz Deutschland gerichtet war und das Urteil jeden Deutschen treffen würde».⁹ Näher nahm er dazu nicht Stellung, aber seine Sympathien gehörten den Initiatoren des Nürnberger Tribunals und dem Grundgedanken, nur die Hauptkriegsverbrecher anzuklagen. Von «Kollektivschuld» wollte er weiterhin nichts wissen.

Ein paar antinazistische deutsche Juristen unter den Anklägern hätten vielleicht beteiligt werden können, erwog er, vor allem mehr deutsche Medienvertreter gehörten in den Gerichtssaal. Aber im Großen und Ganzen hielt er es für richtig, das Verfahren so wie geschehen und nicht anders in Gang zu setzen. Von dem rechts und links verbreiteten Vorbehalt, damit werde nachholende Rechtsprechung betrieben, hielt er nichts. Besonders imponierte ihm der amerikanische Chefankläger, Robert H. Jackson, der unbedingt wollte, dass die Deutschen erfahren, was sie getan hatten, der aber zugleich auch «Verständnis für die Deutschen» zeigte. Die Nazipartei, lautete Jacksons Befund, sei nicht auf demokratische Weise an die Macht gekommen, sie sei vielmehr ein Bündnis mit den «hemmungslosesten Reaktionären und aggressivsten Militaristen» eingegangen. Hätten die Deutschen bereitwillig das Nazi-Programm angenommen, wären keine Sturmabteilungen für die Machtübernahme und hinterher weder Konzentrationslager noch Gestapo nötig gewesen.¹⁰

Diese außerordentlich wohlwollende Interpretation leuchtete Brandt offenbar ein. Besonders gefiel ihm, dass Robert H. Jackson in seiner Eröffnungsansprache die Naziführer anklagte, gewaltsam gegen die deutsche Bevölkerung vorgegangen zu sein, vor allem gegen die Opposition, der früh physische Vernichtung drohte, der Terror habe «lange vor 1933 begonnen». Mit Terror wurden die Deutschen – auch darin stimmte Brandt Jackson zu – in die Kriegsmaschine «hineingepresst». Buchenwald wurde schon 1933, Dachau 1934 als KZ präpariert (Brandt bezog sich dabei offenkundig auf Jackson, aber mit der Einrichtung des Konzentrationslagers in Dachau wurde 1933, mit der Buchenwalds 1937 begonnen). Die Ehrenhaften und Schwachen wurden eingeschüchtert. «Aber Widerstand blieb immer vorhanden», zitierte er Jackson, einschließlich seines Verweises auf den Versuch, Hitler am 20. Juli umzubringen. Willy Brandt empfand das als späte Anerkennung auch für sich und seine Freunde. Ob dabei unausgesprochen die Hoffnung mitschwang, diese Sichtweise würde ihm gegebenenfalls einen Rückweg nach Deutschland erleichtern? Noch trug er norwegische Uniform, noch war er nicht wieder angekommen in Deutschland.

Stärkeren Widerstand gegen die Aushöhlung der Republik hätten die Deutschen leisten müssen, das war Jackson klar, aber als «taktvoller Mann» habe er dazu geschwiegen. Allerdings monierte der Ankläger zugleich, «dass die demokratischen Elemente» in der Weimarer Republik von den demokratischen Kräften in der Welt, einschließlich der USA, nur unzureichend unterstützt worden seien. Bei Brandt rannte er damit offene Türen ein.[11] Im Interesse Amerikas und anderer Mächte hätte es daher liegen müssen, darauf zielte auch Brandts Argument, diese Opposition stärker und früher zu unterstützen. Herauskristallisiert hatte sich seine Auffassung dazu nicht erst in Nürnberg, sondern in den langen Exiljahren, und Adam von Trott hatte ihn bei dem Treffen in Stockholm 1944 nachdrücklich darin bestärkt. Von Jackson sah er sich nun vollends bestätigt. Unreif habe das Volk sich gezeigt, aber die Deutschen wurden «nicht als SS-Männer geboren».

Unter dem Titel «Herrenvolk oder Verbrecherbande?» erschien das erste Kapitel des Buches ungekürzt 1966 in *Draußen*. Mit dieser Publikation in deutscher Sprache machte Willy Brandt den Versuch, den permanenten Unterstellungen wegen seiner angeblichen Pauschalkritik an den Deutschen wenigstens den Originaltext zum Abgleich entgegenzuhalten. Der Gesamtduktus auch von *Draußen* blieb trotz der ungeschickten editorischen Eingriffe, von denen schon die Rede war, eindeutig: Eine entschiedenere Verteidigung Deutschlands, noch dazu aus der Feder eines Exilanten, während die Prozesse gegen die Nazi-Eliten in Nürnberg andauerten,[12] erscheint schwerlich vorstellbar. Allerdings waren von rechts bis links die Vorbehalte gegenüber der «Siegerjustiz» sehr verbreitet, sodass Brandt allein schon wegen seiner prinzipiellen Sympathien für das Tribunal nicht mit Applaus bei deutschen Lesern hätte rechnen können.

«Werkzeuge und Opfer» des Nazismus waren seine Landsleute, auf diese Formel spitzte der Autor seinen Befund zu – frei von allen Gedanken an Rache. Ein «im guten Sinne pazifistisches Deutschland» konnte er sich durchaus vorstellen. Willy Brandt ging noch weiter, für das Jahr 1946 erstaunlich weit: «*Eine Gemeinschaft in Not ist nicht der schlechteste Nährboden für einen neuen Patriotismus. Vielleicht hat sogar die deutsche Kultur hier noch eine Aufgabe zu erfüllen. Ich bin mir darüber im Klaren, dass das so kurze Zeit nach Majdanek, (Bergen-)Belsen und Auschwitz eine kühne Hoffnung ist.*»[13]
Auf Bestrafung beharrte er nicht. Erspart solle den Deutschen aber nicht bleiben, sich die Filme aus Buchenwald und Bergen-Belsen anzusehen. Auch wenn sie das nicht persönlich getan hatten, rücksichtslos sollte enthüllt werden, «was sie mit ermöglicht haben».[14] Brandt sah Deutschland realistisch und pragmatisch, dass er jedoch in diesem frühen Moment – kaum waren die Bilder der Leichenberge wie der Überlebenden aus den KZs um die Welt gegangen – bereits auf einen neuen Patriotismus vertraute, sprengte den Rahmen, so konziliant war es von anderen heimkehrenden Exilanten kaum je zu hören.

Bemerkenswert erscheint heute noch eine Grundhaltung, die von den Wortführern der Kampagnen gegen den Heimkehrer aus dem Exil bewusst ignoriert worden sein muss: Eine gewisse Ausnahme bildete er insofern, als er ohne jede Verbitterung, ohne moralischen Fingerzeig und ohne den Stab über die Mehrheitsdeutschen zu brechen, beobachtete, analysierte und berichtete. Kein Gedanke an Revanche trieb ihn um, keinen Moment bereute er seine zwölf Jahre Exil, von Bitterkeit keine Spur in *Verbrecher und andere Deutsche*.
Andererseits ließen ihn auch im Nachhinein die großen Fragen keineswegs los, was beispielsweise den «Widerstand» ausmachte, warum er erfolglos blieb und ob sich ein Neuanfang allein aus den Reihen der Opposition heraus bewerkstelligen lasse. Für ihn handelte es sich nicht um ein abstraktes Problem, es war die Frage seines Lebens. Unbeirrt hielt er weiterhin an der Überzeugung fest, wirklich vereint wären die «Antinazis» nicht kläglich gescheitert. Zugrunde lag dem die Annahme, dass es immer ein «anderes» Deutschland

gab – und man für dieses «Andere» auch hinreichend Sympathien hätte entfachen und nutzen können. Insofern schwang beim «Beobachter» Brandt in Nürnberg stets auch ein Stück Selbstkritik mit. Schon am 1. Mai posierten Gewerkschaftsführer an der Seite der Nationalsozialisten, vielleicht im Irrglauben, den Rechtsstaat damit retten zu können. Der Rest der Reichstagsfraktion stimmte am 17. Mai für die «Friedensresolution» Adolf Hitlers. Schlimmer, die Reichstagsfraktion segnete mehrheitlich das «Ermächtigungsgesetz» ab. Dennoch, lautete sein fast trotziger Befund, trotz der zerbrochenen Illusionen und der großen Menge an «Überläufern», das «andere Deutschland» konnte sich auf einen Grundstamm aus Arbeiterbewegung und Antinazismus stützen, der stabil blieb.

Sein Bild vom «anderen Deutschland» setzte sich aus tausend Mosaiksteinen zusammen, der Glaube daran versiegte nie restlos, obwohl er die Verführbarkeit der Massen mit Schrecken verfolgte. Sicher, räumte er ein, wenige waren so mutig wie die Kirchenleute, die er erwähnte. Aber viele waren es gemessen an dem, was man sich in anderen Ländern vom Widerstand in Deutschland vorstellte. Zumindest nachträglich, da war er sich sicher, hatten die Alliierten genügend Berichte zusammengetragen, um zu wissen, wie breit die Opposition tatsächlich war. Hätten sie es früher erfahren (oder früher zur Kenntnis nehmen wollen), hätte es ihre Politik beeinflusst? Zumindest andeuten wollte er, dass er nicht ganz sicher war, ob sie überhaupt intervenieren wollten.

Dem Internationalen Militärgerichtshof lag schließlich auch eine Äußerung von Alfred Jodl vor, die während einer Konferenz der Reichsleiter und Gauleiter am 7. November 1943 gefallen war: Danach machten sich feindliche Propaganda, Kleinmut und böswillige Gerüchte im Volk breit, der Teufel der Zersetzung gehe um, die Feigen suchten nach politischen Lösungen. Brandt fühlte sich davon in der Annahme bestärkt, tatsächlich sei die Opposition zuletzt stark angeschwollen. Er ging sogar noch einen Schritt weiter und schrieb, für ihn habe es etwas «von einem Mysterium an sich, dass die Nazis so lange weitermachen konnten». Nur mit der «phantastischen Macht» in ihrer Hand könne das erklärt werden. Eine Folge dieser

Machtkonzentration sei die Spaltung und Unentschlossenheit – sein *ceterum censeo* – der Opposition gewesen. Auch habe ihr Glück gefehlt. An Leuten aber mangelte es nicht, die ihr Leben einzusetzen bereit waren, darauf pochte er erneut an dieser Stelle.

Bei aller Kritik, die er am politischen Kurs der Kommunisten übte, Respekt zollte er ihrer Führungsspitze ebenso wie jener der Sozialdemokraten, die Männer wie Thälmann und Breitscheid verlor. Nur wenige dieser Oppositionellen, die im Land ausharrten, überlebten.[15]

Sicher berichtete und urteilte Brandt in *Verbrecher und andere Deutsche* aus Stockholmer Perspektive, er sah die Welt durch eine deutsche *und* eine skandinavische Brille. Als er an dem Buch arbeitete, förderte das Tribunal bereits eine Menge Material über Täter und Opfer, damit also auch über die Opposition gegen Hitler zutage. Und dennoch, Brandts unvoreingenommene Neugier auf die Widerständler um Stauffenberg markiert eine seltene Ausnahme. Nicht minder überraschend erscheint auch der Umfang seiner Kenntnisse selbst über jenen Teil der «Opposition», der vielleicht christlich, konservativ, deutschnational, jedenfalls politisch nicht «links» war.

Etwa 1942/43 schnappte er erstmals Gerüchte auf, so jedenfalls erinnerte er sich, in tiefster Verborgenheit würden im «Reich» Pläne geschmiedet, wer nach einem Attentat auf Hitler die Regierung übernehmen könne. Ein klares Bild über den Widerstand konnte auch er nicht gewinnen, an der Brisanz konnte es ja keine Zweifel geben, keinesfalls durfte die Gestapo davon erfahren, oder sie musste irregeführt werden. Brandt mit Blick auf den 20. Juli: Vieles von dem, was bereits geschrieben sei – 1946! –, zeige ihm, wie «großartig» sich die Verschworenen verhielten, nachdem sie verhaftet waren. Sein uneingeschränkt positives Urteil nahm er gleich vorweg. Er kannte die Vorbehalte. Besonders eine kleine Filmvorführung mit Ausschnitten aus den Verhandlungen vor dem Volksgerichtshof für die Prozessbeobachter in Nürnberg muss ihn beeindruckt haben: Der brüllende Roland Freisler, der als Staatsanwalt und Richter zugleich auftrat gegenüber offensichtlich misshandelten Angeklagten, kontrastierte mit dem Verfahren im Nürnberger Tribunal, wo ein würdiger Prozess stattfand und die «wohlgenährten und teilweise lächelnden Angeklagten» ihre Rechte wahrnehmen durften. Damit wandte der Prozessbeobachter sich gegen jene Journalisten, die den Prozess generell als «Siegerjustiz» ablehnten.

Den 20. Juli nannte er eine Revolution, auch wenn sie nicht erfolgreich war. Im Reich der Gestapo habe sie so viel zu bedeuten gehabt wie die Widerstandsbewegungen in Frankreich, Italien und der Slowakei während des Vorrückens der Alliierten. Eine Befreiung von «außen», fügte Brandt hinzu, wäre es allerdings auch dann gewesen, wenn das Attentat vom Juli 1944 erfolgreich verlaufen wäre, die militärische Lage zu dem Zeitpunkt duldete für ihn daran keine Zweifel. Das Regime, davon war er nach langen Jahren endlich überzeugt, habe nicht von unten gestürzt werden können. Man musste mit einem Teil der Wehrmacht, mit Vertretern des Militärs zusammenspielen, sofern sie bereit waren, mit den Nazis zu brechen. In der Logik störte es ihn nicht, dass es neben den demokratischen auch nichtdemokratische Gegner Hitlers gab. Als Beispiel nannte er Carl Friedrich Goerdeler, bis 1937 Leipziger Oberbürgermeister und als Reichskanzler nach dem Attentat vorgesehen, und den «größten Teil der militärischen Fraktion», die keine Demokraten und ausgesprochen deutschnational gewesen seien.[16]

«Andere Deutsche» gab es zum Glück tatsächlich, summierte Willy Brandt seine Erfahrungen. Nein, er hatte sich nicht getäuscht. Diese Opposition sei jedoch nicht imstande gewesen, eine Revolution zu wagen, sein erhofftes «anderes Deutschland» habe der Geburtshilfe der Alliierten bedurft. Die Alliierten, so Brandt verständnisvoll, hatten sich zu einer totalen militärischen Lösung entschlossen, sie bauten nicht auf eine Volkserhebung. Brandt: «*Wer ein Land besetzt, will ‹Ruhe und Ordnung›, nicht Chaos und Unruhe.*»[17]

Nervös, ja beunruhigt, so liest sich das alles heute, reiste der norwegische Journalist Brandt durch das kriegszerstörte Deutschland. Eine deutsche Revolution fand nicht statt, schon als junger Sozialist hatte er vergebens darauf gehofft. Jetzt hätte es dazu einen Anlass gegeben, mit dem er zuvor nie gerechnet hatte: Adolf Hitler und seine Erbschaft. Aber als Revolutionsprediger erlebte man ihn in diesen Wochen nicht.

Mit sich selber erwog er das Für und Wider eines strengen oder milden Umgangs mit den Belasteten: «*Die ungefährlichen Nazis sind nicht unschuldig. Es ist nicht so einfach, wie einige von ihnen glauben, sich reinzuwaschen, indem man darauf hinweist, keinem Vergasungskommando angehört oder einem bestimmten Juden den einen oder anderen Dienst erwiesen zu haben. Sie haben bereits durch ihre NSDAP-Mitgliedschaft zu den nazistischen Verbrechen beigetragen. Sie müssen also auch einen Teil der Konsequenzen auf sich nehmen. Sie können nicht damit rechnen, sofort akzeptiert zu werden. Die Gesellschaft kann sie aber auch nicht endgültig ausschalten. Deutschland kann nicht mit fünf bis sechs Millionen erwachsener Menschen in Dauerquarantäne leben. 600 000 in Gefängnissen und Arbeitskommandos stellen bereits eine starke Belastung dar, insbesondere wenn man berücksichtigt, dass viele von ihnen auch Familie haben.*»[18] Mit dieser Auffassung, über viele Millionen lasse sich keine «Dauerquarantäne» verhängen, bewegte er sich nicht weit entfernt von Konrad Adenauer, der vier Jahre später dafür sorgen sollte, dass das Gros der Beamten (1949/50) in den Staatsdienst zurückkehren durfte.

Weder ließen sich die Deutschen auf einen radikalen Neuanfang allein mit unbelasteten Beamten und Richtern ein, noch wollte der vorsichtige, übervorsichtige Deutschlandreisende Brandt 1946 wirklich dazu raten. Grundsätzlich ließ sich das neue Deutschland nicht ohne die ehemaligen Beamten, ohne Mitläufer, auch nicht ohne die Soldaten aufbauen, die zur «Reserve der Nazis» gehörten.

Jede Chance auf Erhebung sei im Ausland «auf den absoluten Nullpunkt reduziert» worden, fasste er seine Erfahrungen zusammen. Sosehr ihn das bedrückte, Willy Brandt gab gleichwohl zu bedenken, es könne immer noch das «Beste für das deutsche Volk» gewesen sein, denn leicht hätte jede Rebellion in einen zerstörerischen Bürgerkrieg münden können.[19] Wie die Mehrheit wirklich auf einen Erfolg Stauffenbergs in der Wolfsschanze reagiert hätte, darin blieb er sich letztlich unsicher. Mit diesen unberechenbaren Mehrheitsdeutschen aber sollte er es später in der Bundesrepublik zu tun haben, sie musste er auf seine Seite bringen. Als er *Verbrecher und andere Deutsche* schrieb, dachte er so weit natürlich noch nicht.

Er beschränkte sich auf diesen einen konkreten Aspekt: Hätten die Männer des 20. Juli Glück gehabt, hätten die Antinazis im Kriegsverbrecherprozess zumindest einen offiziellen Mitankläger stellen können. Dann hätte das «andere Deutschland» wenigstens unter denen gesessen, die Recht sprechen.

1946. Als Diplomat nach Berlin zu gehen, hielt er für keine schlechte Option, so musste er sich zunächst nicht zwischen beiden Welten entscheiden. Brandt trug norwegische Uniform, als er 1947 in der Funktion eines Presseattachés der Militärmission in der weithin zerstörten Stadt eintraf. Berlin war in vier Sektoren geteilt. Hier konnte man spüren, wie Moskau und die Westmächte, gerade noch Bündnispartner, gegeneinander aufmarschierten.

Aber wie sah jetzt dieses Berlin aus, das er zuletzt während der Hitler-Jahre inkognito im Auftrag der SAP besucht hatte? In seinen ersten Memoiren – *Mein Weg nach Berlin* – erinnerte Brandt sich an die Stadt im Winter 1946 folgendermaßen: «*Krater, Höhlen, Schuttberge, Trümmerfelder, Geröllhalden, Ruinen, die kaum noch erkennen ließen, dass hier einst Häuser gestanden hatten, Kabel und Wasserleitungen, die wie die zerstückelten Eingeweide eines vorsintflutlichen Untiers aus der Erde ragten, keine Heizung, kein Licht, jeder kleine Garten ein Friedhof und über allem wie eine unbewegliche Wolke der Gestank der Verwesung. In diesem Niemandsland am Rande der Welt lebten Menschen. Ihr Leben war eine tägliche Jagd nach einer Handvoll Kartoffeln, nach einem Laib Brot, nach einigen Brocken Kohle, nach einigen Zigaretten ... Berlin hatte praktisch aufgehört, Hauptstadt zu sein, und damit hatte die eine Hälfte der Bevölkerung ihre Existenzgrundlage verloren. Die andere Hälfte stand vor dem Nichts, da fünfundsiebzig Prozent aller nach den Kriegszerstörungen verbliebenen Maschinen und industriellen Anlagen von den Russen demontiert und in die Sowjetunion verfrachtet worden waren ... Es gab kein Material, um auch nur die leichten Kriegsschäden zu reparieren, selbst die Straßenarbeiten mussten eingestellt werden.*»[20]

Berlin: Ausgehungert, eine Stadt für Schwarzhändler, Spitzel und Zuhälter, überall materieller und moralischer Zerfall, ein Bild des «allgemeinen Sterbens», strategisch und politisch also völlig uninteressant, so erlebten alliierte Offiziere die Stadt. Etwas Wichtiges hatten sie übersehen, hielt er dagegen, Berlin lag «immer noch an der Spree, nicht in Sibirien», fast drei Millionen Menschen lebten noch hier, gegen viereinhalb Millionen der Vorkriegszeit. Immer noch traute er der Stadt viel innere Stärke zu.

Auf die «deutschen Dinge» richtete sich sein Augenmerk, wie er etwas gespreizt formulierte. Lakonischer und ehrlicher brachte es Rut Bergaust auf den Punkt: «Was er wollte, wusste er selbst nicht genau.»[21] Der Danziger Erich Brost, einer der Exilfreunde, schlug ihm schon im Spätsommer 1947 vor, Anfang des nächsten Jahres sein Amt als Berliner Vertreter im Parteivorstand zu übernehmen. Brost selber zog es als Verleger zur *Westdeutschen Allgemeinen*, deren Lizenz er erhalten hatte, Brandt willigte ein. Viel Wert legte er darauf klarzumachen, dass dies keine Entscheidung gegen Norwegen sei. Von dem, was ihn umtreibe, könne er in Deutschland mehr verwirklichen als in Norwegen. Was er wohl mit dem Satz meinte, er sei darauf vorbereitet gewesen, in Berlin «die große Niederlage meines Lebens» zu erleiden? Es klang ganz so, als fürchtete er, auf eine Mauer von Vorbehalten zu stoßen – außer bei Freunden, die zurückkehrten wie er nach langen Jahren des Exils.

Rascher als ihm lieb sein konnte, bestätigten sich solche düsteren Vorahnungen. Als «nicht ganz zuverlässig» sollte er angeschwärzt werden, erinnerte er sich, besonders gelegentliche Besuche Jacob Walchers bei ihm spielten dabei eine unglückliche Rolle. Walcher war mittlerweile zurückgekehrt aus Amerika, aber es zog ihn nicht etwa in Schumachers SPD, sondern nach Ostberlin. Das machte ihn verdächtig – und Brandt, der die Freundschaft nicht leugnen wollte, damit auch.[22] Bedenken in Hannover deutete ihm Brost vage an, dort werde gefragt, ob Brandt der Richtige für die Rolle im Parteivorstand sei. Das konnte nur heißen, Kurt Schumacher sträubte sich gegen den Zuwachs aus Oslo. Als «miese Denunziation» empfand Brandt das, wie er seinem Freund Stefan Szende gestand. Emigrantentratsch sei das, wie er sich ausdrückte, «illegaler Schieber» sollte er gewesen sein oder gar ein «Agent» in Moskaus Diensten.[23]

Aber unvermittelt zeigte Brandt sich von der Seite, die man selten zu sehen bekam in seinem Leben: Was er wollte, wollte er unbedingt.

Einen Tag vor Weihnachten, am 23. Dezember, richtete er an den zaudernden Schumacher einen pointierten Brief, in dem er selbstbewusst auftrumpfte, seine norwegische Stellung und noch einiges mehr habe er nach reiflicher Überlegung aufgegeben, aber er dränge sich nicht nach einem bestimmten Amt. Dann: «*Lassen Sie mich in unmissverständlicher Weise erklären: Ich stehe zu den Grundsätzen des demokratischen Sozialismus im allgemeinen und zur Politik der deutschen Sozialdemokratie im besonderen. Ich behalte mir vor, mir über neu auftauchende Fragen selbst den Kopf zu zerbrechen. Und ich werde nie im voraus ja sagen zu jeder Einzelformulierung, auch wenn sie von dem ersten Mann der Partei geprägt wird.*» Er dränge sich nicht auf, sehe aber keine Veranlassung, sich zu verteidigen – obgleich man Fehler und Irrtümer in der Vergangenheit eingestehen solle, wie sonst könne eine Partei wachsen und erfolgreich sein bei der jungen Generation? Erst jetzt lenkte der starke Mann in Hannover ein: Am 26. Januar 1947 gab der Vorstand grünes Licht, Willy Brandt wurde zum Vertreter der Bundespartei in Berlin berufen, im Januar 1948 trat er sein Amt an. Den Platz hatte er sich selber erstritten.

Bei der Landesregierung in Kiel stellte er seinen Einbürgerungsantrag. Alles musste korrekt ablaufen. Den Namen des Vaters (John Heinrich Möller) kannte er inzwischen, wie schon geschildert, die Wiedereinbürgerung wurde dann aber ohne Nachfrage nach dem Familiengeheimnis genehmigt. Seit dem 1. Juli 1948 galt «Willy Brandt» auch amtlich als sein legaler Name.

Schon vor dem Abschied aus Lübeck 1933 hatte er sich den Namen Willy Brandt zugelegt (wie er darauf kam, ist nie restlos entschlüsselt worden), ein Kampfname aus Sicherheitsgründen, wie es hieß, weil er und seine Freunde bereits Verfolgungen fürchteten. Sie rechneten damit, jederzeit untertauchen zu müssen. In Skandinavien benutzte er diverse Pseudonyme, in Exilkreisen ließ er sich gerne «Willy Brandt» nennen, bei den skandinavischen Behörden wiederum tauchte er meist als Herbert Frahm auf, wie es auch im Pass stand, als Journalist und Autor wechselte er zwischen Brandt, Felix Frank, Martin und Ähnlichem. Gern nannte er sich auch Gunnar

Gaasland – mit dem Pass dieses Freundes war er unerkannt nach Berlin und durch halb Europa gereist. Namenswechsel, Identitätswechsel, ihm fiel das nicht schwer.

In seiner einfühlsamen Biographie über die «Familie Brandt» mutmaßte Torsten Körner, die Namensstreitfrage habe ihre Bedeutung nicht nur erlangt, weil sich Willy Brandt damit ins Zwielicht rücken ließ. Die Familienherkunft und das Exil ließen sich so in einem Atemzug verknüpfen und mit Fragezeichen versehen. Er habe eine «paradoxe Erfahrung» gemacht, denn er war zwar der Besitzer von vielen Namen und Pässen, aber zugleich sei er «namenlos» gewesen. Die wesentliche Funktion eines Namens, so Körner, von anderen identifiziert und von sich selbst als Ich erkannt zu werden, versagten ihm diese Namen, «die er wie Hemden wechselt». Transitorische Namen seien es gewesen, der junge Brandt war ein Mensch, dessen Identität sich im Transitverkehr bildete. Torsten Körner: «Und immer wieder läuft ihm sein Geburtsname nach, der ihn bedroht, mit dem er eine unglückliche Kindheit verbindet, den er aber noch nicht loslassen kann, da er seine Existenz verbürgt. Ließe er diesen Namen schon jetzt fahren, wäre er praktisch niemand und allen Zuschreibungen ausgeliefert.»[24]

Er lernte, sich zu verwandeln, ohne sich preiszugeben. Zugespitzt heißt das allerdings, dass seine politischen Gegner, die zu solchen Mitteln gegriffen haben, durchaus einen wunden Punkt trafen: Brandt war vielleicht unsicherer, als er sich selbst eingestehen wollte, und er durfte es sich auch nicht eingestehen, weil er in Lübeck, in Norwegen und dann in Berlin jeweils neu beginnen, sich einmal mehr behaupten musste. Sosehr ihm seine Kritiker aus dem Namenswechsel auch einen Strick drehen wollten, seinen Geburtsnamen Herbert Frahm wieder anzunehmen, hätte wohl auch bedeutet, vor ihnen einzuknicken. Seit 1949 also blieb er beim Namen Willy Brandt, die Geschichte des Mannes mit den vielen Identitäten endete, als er seine Berliner Karriere begann.[25] Nur hantierten mit seinem Namen jetzt andere, die einen Knüppel gegen ihn daraus machten.

VI
«Mein Weg nach Berlin»
Ein «Norweger» wird repatriiert

Auf die Frage nach den Ursprungsmotiven seiner Ost- und Deutschlandpolitik hat Willy Brandt gerne zwei disparate Antworten gegeben. Zunächst sei es nur darum gegangen, kleine Schritte (nach dem Mauerbau 1961) zu wagen und für menschliche Erleichterungen beiderseits der Mauer zu sorgen, lautete eine von ihnen. Bei anderer Gelegenheit riet er hingegen, nicht zu unterschätzen, wie weit zurück in sein früheres Leben schon im Exil die Wurzeln der Ostpolitik reichten, also verknüpft waren mit einer Idee von der Rolle Deutschlands in der Mitte Europas. Das gespaltene Deutschland nach dem Krieg spielte also eine Rolle dabei, so musste man das verstehen, aber auch das ungeteilte Deutschland vor dem Krieg, das sein Verhältnis zu Russland, aber auch zum Westen und zu Amerika neu definieren musste. Nach seiner eigenen Darstellung kam mit dem Chruschtschow-Ultimatum 1958 und der Kubakrise die wachsende Sorge vor einer realen Atomkriegsgefahr als weiteres Motiv hinzu, insbesondere seine *Erinnerungen* hoben diesen Aspekt hervor. Gemeint war damit wohl eher die entspannungspolitische Seite seines Neuansatzes, die gleichwohl zum Gesamtbild gehört. Atombomben waren bereits gefallen in Hiroshima und Nagasaki, Amerika hatte den Befehl dazu gegeben, um den Krieg mit Japan zu beenden, und niemand konnte ganz sicher ausschließen, dass sich in einem zweiten Schritt aus dem Kalten Krieg nach der Aufteilung der Welt in Jalta ein Nuklearkrieg zwischen Ost und West entwickeln könnte. Später ist häufig vergessen worden, wie ernst Brandt dieses Argument nahm.

Gerade die betont «nationale» Seite der Ostpolitik, der Wunsch nach deutscher Einheit, habe ihn ausgezeichnet, argumentierte insbesondere Brandt-Biograph Peter Merseburger, wobei er sich durchaus auch auf Brandt selbst berufen konnte.[1] Allerdings muss man hinzufügen, dass Brandt nie müde wurde zu beteuern, angesichts des Weges, den Deutschland seit 1933 eingeschlagen habe, sei eine feste Einbettung des Landes in Europa unerlässlich geworden. Eine vollständige Antwort auf die Frage, was Brandt anleitete, erhält man wohl erst, wenn man die nationale und die europäische Seite der Medaille mit den wechselnden Schattierungen im Laufe seines Lebens zusammendenkt. Dieser Spur möchte ich im Folgenden nachgehen.

Timothy Garton Ash, der liberale Historiker aus Oxford, der den Umbruch von 1989/90 hautnah und enthusiasmiert in Warschau, Prag und Berlin verfolgte, kam in seiner großen Untersuchung *Im Namen Europas* über die Ostpolitik nach zahlreichen Gesprächen mit den Akteuren – voran Brandt und Bahr – zu einem zwiespältigen Ergebnis. Tenor bei Ash: In Wahrheit habe die deutsche Einheit und die künftige Rolle eines vereinigten Deutschland eine zentrale Bedeutung für Brandt besessen. Damit wollte er auch erklären, weshalb es nicht einmal zwischen Regierung und Opposition in ostpolitischer Hinsicht große Differenzen gegeben habe – ungeachtet der erbitterten Auseinandersetzungen, die Vertriebenenverbände, nationalkonservative Publizisten, der deutschnationale Flügel der Union und speziell Franz Josef Strauß mit Brandt, Scheel und Bahr austrugen. Von aggressiver Rhetorik untermalt, hätten die Kontrahenten, wie er formulierte, «Berge erklommen, die Maulwurfshügel waren».[2] Tatsächlich habe es deshalb eine «Kontinuität der Ostpolitik» gegeben auch nach dem Regierungswechsel (1982) von Helmut Schmidt zu Helmut Kohl.

In Garton Ashs Wahrnehmung handelte es sich sowohl bei Adenauers Westpolitik als auch bei Brandts Ostpolitik jeweils um «bedeutende Schritte zur Emanzipation der Bundesrepublik».[3] Den Satz hätte Brandt gewiss unterschrieben, aber wohl kaum die harsche Pointe des Autors: Die permanente «Zweideutigkeit» der eigenen Haltung habe Bonn von Anfang an verschleiert, eine «klare Sprache war nicht Bonns Stärke, Geschwafel war seine Stärke». Konsequent bescheinigte er auch Brandt in dieser Bonner Tradition «inspirative Verschwommenheit».[4] Allein das große Ansehen Brandts, der Respekt vor seinem Lebenslauf, seine «delphischen Qualitäten» auf der politischen Bühne schützten ihn vor einem harten Verdikt.

Tatsächlich wollte er manches unausgesprochen lassen, dafür nahm Brandt in Kauf, dass selbst sympathisierende Kritiker seiner Politik – nicht nur die Opposition – unterstellten, mit seinem Kurs betreibe er ein neues Appeasement. Von Entspannung durch Besänftigung sprach Garton Ash. In den sechziger Jahren sei es innovativ gewesen, diese Hypothese zu vertreten, in den siebziger Jahren «war es gerechtfertigt, sie auszuprobieren, obwohl bereits damals manch einer in Ostmitteleuropa auf ihre fundamentalen Schwächen hinwies». In den achtziger Jahren, fuhr Garton Ash fort, war es töricht, an ihr festzuhalten und zu ignorieren, dass die Geschichte eine andere Richtung eingeschlagen hatte. Egon Bahr habe das später mit seiner Bemerkung bestätigt, die zweite Ostpolitik der SPD habe einen Fehler gemacht, indem sie die Abrüstung der Demokratisierung voranstellte.

Willy Brandt kam im Gesamturteil trotz des Appeasement-Verdachts glimpflich davon mit dem Verdikt, dies sei «eines der besseren Kapitel in der Geschichte der deutschen Außenpolitik» gewesen. Unter dem Strich hieß das für ihn: «Es war keinesfalls nur eine Politik, die von Europäern für Europäer betrieben wurde. Doch es war auch nicht allein eine Politik von Deutschen für Deutschland. In ihrer besten Prägung war sie die Arbeit von» – auch hier fand Brandt wieder einmal die richtigen Worte – «‹deutschen Patrioten in europäischer Verantwortung›. Diese Beschreibung trifft auf die meisten ihrer führenden Akteure zu, auf Schröder, Kiesinger, Scheel, Bahr, Schmidt, Genscher, Weizsäcker, Kohl, auf jeden in seiner Weise. Unter der Lupe sieht man auch das Kleinliche, auch die Schwächen. Auch die

Schwächen Brandts. Doch neben Konrad Adenauer hat Deutschland in Willy Brandt eine historische Figur, die zumindest ein Hauch von Größe umgibt.»[5]

Ungleich zurückhaltender bewertete er hingegen den Anteil der deutschen Politik an der europäischen Zäsur von 1989. Timothy Garton Ash unterstellte, das Leben mancher Regime im Osten sei damit sogar künstlich verlängert und ein «deutsches Europa» zum Politikziel erklärt worden. Ausgelöst vom Ukraine-Krieg bekam dieser Einwand erneut Nahrung, eine «wirkliche» Ostpolitik, die die Nachbarländer und ihre Opfergeschichte ernst nahm, habe es noch gar nicht gegeben.

Tatsächlich erwarteten manche Sozialdemokraten, wenn überhaupt, dann nur Reformen des Systems von oben, sie bauten in Wahrheit auf «Stabilität» im Verhältnis von West und Ost. Ungewollt trugen sie damit jedenfalls bei zur Beruhigung der Falken im Warschauer Pakt und besonders in Ostberlin. Eine engagierte Minderheit, die linken «Menschenrechtler», plädierte für eine entschiedenere Unterstützung der Graswurzelbewegungen in Osteuropa.

Bei Willy Brandt liefen die Fäden zusammen. Er selber zählte eher zu jener Fraktion, die sich eine «Reform» des Systems im Osten bis zur Implosion am 9. November 1989 tatsächlich nur von «oben» vorstellen konnten. Aber er entschied sich nach außen weder für das eine noch für das andere, er musste aus dem Disparaten etwas Überzeugendes machen. Auch hierbei verständigte er sich mit sich selber auf ein Sowohl-als-auch.

Gerade seine Berliner Erfahrungen spielten bei diesem Versuch, zwei Denkschulen zu verknüpfen, eine gar nicht zu überschätzende Rolle. Auf die Viermächte-Stadt, durch die unsichtbar der Eiserne Vorhang (noch nicht die Mauer) verlief, richteten sich die Augen der Welt, Berlin war der östlichste Winkel des Westens, so wie die DDR der westlichste Vorposten des Ostens war. Das freie Westberlin galt als Stachel im Fleisch Moskaus, so wie Fidel Castros sozialistisches Kuba zum Stachel für Washington wurde.

Ernst Reuter

Welche Schlüsselrolle Berlin für sein Verständnis der Ost-West-Beziehungen und der internationalen Politik im Kalten Krieg spielte, machte Willy Brandt bereits in seiner Biographie über Ernst Reuter deutlich, die 1957 erschien. Anfang 1960, drei Jahre nach seiner Wahl zum Regierenden Bürgermeister, veröffentlichte er ein zweites Buch, diesmal in eigener Sache, unter dem Titel *Mein Weg nach Berlin*.[6] Brandt ließ darin schon keinen Zweifel, dass er die ehemalige Hauptstadt an der Nahtstelle zwischen West und Ost als permanenten Testfall betrachtete, hier würde ausprobiert, wie das künftige Verhältnis der Großmächte sich gestalte, und eher verdeckt wohl auch, ob es eine Alternative zu Adenauers Deutschland- und Berlinpolitik gebe.

Zu den unorthodoxen Freundschaften, die Brandt sein Leben lang besonders gern pflegte, zählte in Berlin an vorderster Stelle sein Ko-Autor Lania (wie er offiziell firmierte). Als Lazar Herman 1896 im ukrainischen Charkiw geboren (Sohn eines Chirurgen und einer jüdischen Kaufmannstochter aus Wien), Journalist, Romancier und Theatermacher, zählte er zu den schillernden Figuren des literarisch-intellektuellen Milieus der Weimarer Republik. Seine Texte publizierte er in liberalen, sozialistischen, kommunistischen Blättern. Vor den Nazis setzte er sich nach Frankreich ab, später emigrierte er in die USA. Er starb 1961 in München an einem Herzinfarkt, ein fast vergessener Journalist, der zu den engagierten Antikommunisten von links gezählt wurde.

Wie es zu der Verbindung zu Leo Lania kam, erläuterte Brandt in seinen Memoiren nicht näher. Schon im Exil hatte sich Brandts Faible für exzentrische Figuren gezeigt, von Leo Lania war bekannt, dass er 1923 als Undercover-Journalist den aufstrebenden Adolf Hitler interviewt hatte, krumme Lebensläufe störten ihn nicht, Berührungsängste aus Gründen politischer Korrektheit jedenfalls kannte Brandt kaum. Krumm genug verlief ja auch sein eigener Lebensweg. Aber mehr dürfte gezählt haben, dass sie beide hineingewachsen waren ins linkssozialistische Milieu, zu den entschiedenen Hitler-Gegnern zählten und das Emigrantenlos teilten. Leo Lania hatte offenbar Mühe, Boden unter die Füße zu bekommen und sich eine

Ernst Reuter und Willy Brandt beim Landesparteitag der Berliner SPD in Neukölln am 28. Oktober 1951. Brandt gilt rasch als der «junge Mann» des populären Reuter, der 1947 zum Bürgermeister gewählt wird – hat aber lange Jahre Mühe, sich in der Partei durchzusetzen. Am politischen Himmel und in der Welt des Geistes, schreibt Brandt später, hatten sie beide dieselben Sterne.

neue Existenz aufzubauen. Solche Querverbindungen in sein erstes Leben zu Schicksalsgefährten und Seelenverwandten wie Lania bedeuteten Brandt viel.

Nur nebenbei sei hier daran erinnert: Eine ähnliche Freundschaft wie zu Lania schon Ende der fünfziger Jahre verband Brandt mit Leo Bauer, dessen Vita noch abenteuerlicher klang. Bauer, fast gleichaltrig wie Brandt, stammte aus einer galizischen jüdischen Kaufmannsfamilie. Jung schloss er sich der KPD an, emigrierte und streifte im Untergrund durch halb Europa, die SED machte ihn nach dem Krieg zum Chefredakteur des *Deutschlandsenders*. Rasch fiel der eigensinnige Kopf in Ungnade, die Sowjets verurteilten den Journalisten zunächst zum Tode, das Urteil wurde umgewidmet auf fünfundzwanzigjährige Lagerhaft in Sibirien. 1955 wurde Leo Bauer abgeschoben in den Westen und trat der SPD bei. Auch diese Freundschaft pflegte Brandt bis zu Bauers Tod 1972 sorgsam, ohne viel Aufhebens darum zu machen, aber auch ohne sie zu verstecken. Und nicht zu vergessen, auch die Freundschaft zu Jacob Walcher war aus dem Stoff wie jene zu Leo Lania oder Leo Bauer. Willy Brandt war kein Freundesfreund, er scheute die Nähe, aber man kann ihn gleichwohl ohne solche Loyalität unter Vertrauten schwerlich verstehen. Allesamt waren sie links, couragiert, im Zweifel exzentrisch, sie sprengten Schablonen, sie alle verteidigten ihre Autonomie bis aufs Messer.

Die Selbstdarstellung *Mein Weg nach Berlin*, im Reportagestil gehalten, ließ wenig von der Sprache Brandts erkennen, obwohl sie auf gründlichen Gesprächen mit ihm beruhte. Mit einer Konfettiparade und begeisterten «Hi Willy!»-Rufen auf New Yorks Broadway in den Mittagsstunden des 10. Februar 1959 begann der Bericht. In Wahrheit, schrieb Leo Lania, habe die Parade nicht allein Brandt gegolten, sondern es sei eine impulsive Demonstration gewesen, durch die der Bürgermeister und die New Yorker ihre Sympathien mit den Berlinern bekunden wollten.

Schon um den dritten Besuch Brandts in den Vereinigten Staaten handelte es sich, als Abgeordneter war er erstmals 1954 nach Washington geflogen, 1958 reiste er bereits als Bürgermeister, der auch auf Adenauers Wunsch «die Sache Berlins und der Freiheit auf der die Welt beherrschenden Bühne Washingtons» vertreten sollte. Obendrein musste er den Amerikanern klarmachen, dass Berlin «nicht irgend eine beliebige Stadt im fernen Deutschland war, sondern ein vorgeschobener Brückenkopf der freien Völker», wie es im Jargon dieser Jahre hieß. Die Botschaft dieser Mission: An eine Statusänderung, Berlin als freie Stadt, sei nicht zu denken.[7]

Er sei kein Berliner, flocht Brandt an der Stelle ein, sondern erst nach dem Krieg Berliner geworden, aber dem, wofür die Stadt stehe, fühle er sich seit seiner Jugend verpflichtet: «*Und es war keine zufällige Laune, die mich 1946 nach Berlin zurückführt. Der Entschluss, mein Schicksal mit dem Berlins zu verknüpfen, war ebenso reiflich überlegt wie zwangsläufig.*»[8]

Ein wenig Stilisierung schwang dabei mit. Aber es war nicht falsch, tatsächlich wurde Berlin für Brandt nicht nur Lebensmittelpunkt, die ehemalige Hauptstadt bildete künftig auch den Kern seines politischen Denkens. Berlin erzog ihn, ähnlich wie Skandinavien ihn bereits erzogen hatte. Nicht um berufliche Karriere ging es ihm, wenn man das richtig versteht. Er sah eine Aufgabe vor sich, Berlin war dafür kein schlechter Ort.

Als «lebensentscheidend» sollte sich eine der ersten Bekanntschaften erweisen, die er noch als norwegischer Attaché bald machte. Bei Annedore Leber, der Witwe des Ermordeten, lernte er Ernst Reuter kennen, der bis vor kurzem im türkischen Exil ausgeharrt hatte.[9] Im Juni 1947 wurde Reuter zum Bürgermeister (der Titel Regierender Bürgermeister wurde erst später eingeführt) des Magistrats von ganz Berlin gewählt, die sowjetische Seite legte jedoch ihr Veto gegen ihn ein und erkannte die Wahl nicht an, weil er als Verräter an der gemeinsamen kommunistischen Sache galt.

Das Jahr darauf, 1948, sollte auch für den «Norweger» Brandt zum Wendepunkt werden. Im Februar schalteten die Kommunisten Prag gleich, kurz darauf stürzte Außenminister Jan Masaryk, der Hoffnungsträger, aus dem Fenster. Die sowjetischen Besatzer deklarierten es eilig als Selbstmord. Willy Brandt reagierte nicht länger mit Verständnis, aus dem «Anhänger einer antifaschistischen Allianz mit den Kommunisten» wurde ein «Kalter Krieger», wie Peter Merseburger pointierte.[10] Von «liberal cold warriors» sprach der Historiker Volker Berghahn im Blick auf Linke wie Brandt. Ich bin mir sicher, Brandt hätte nicht widersprochen. Ein *liberal cold warrior* blieb er – zumindest in der öffentlichen Wahrnehmung, aber auch in den eigenen Augen – bis zum Mauerbau.

Weshalb Brandt derart betont Wert auf die Bemerkung legte, mit der ihm «angedichteten Orientierung an Vaterfiguren» habe diese Begegnung mit Reuter nichts zu tun, bleibt letztlich sein Geheimnis. Unehrenhaft war es ja nicht, mit dem Namen in Verbindung gebracht zu werden. Was ihm Ernst Reuter dennoch bedeutete, machten allein schon die wenigen Seiten in seinen Memoiren deutlich, in denen er schilderte, wie er am 29. September 1953 die überraschende Nachricht von Reuters Tod erhielt. Ein Anrufer aus der norwegischen Regierung bat ihn um einen raschen Nachruf auf den Bürgermeister. Sein Herz hatte nicht mehr mitgespielt, offenbar hatte sich das länger schon angebahnt, er ging aber nicht zum Arzt und arbeitete sich auf für seine Stadt, so behielt Brandt ihn im Gedächtnis.

Er eilte zur Bülowstraße, wo Reuter in einem bescheidenen Haus lebte. In sämtlichen Wohnungen, in jeder Straße, die er auf dem Heimweg passierte, standen schon brennende Kerzen in den Fenstern. Die Berliner weinten, eine «ganze Stadt trauerte um ihren toten Vater». An die aufgewühlten Gefühle der Amerikaner erinnerte Brandt das, als Präsident Roosevelt im April 1945 starb, und auch an seine eigene Erschütterung, als er im Stockholmer Freundeskreis die Todesnachricht aus Washington erhielt. Für den «Lehrer, Mahner und guten Freund» Ernst Reuter hielt er die Abschiedsrede bei einer der größten Trauerfeiern, welche die Stadt je erlebt hatte. Kern seiner Bilanz: Ernst Reuter hatte Berlin in den schwierigsten Jahren Mut gemacht, die Viermächtestadt hat ihre Vaterfigur verloren. Brandt war auserkoren, um in seine Fußstapfen zu treten.

Einleuchtend nimmt sich die Erklärung aus, in der Berliner Zeit sei Ernst Reuter zu einer jener Leitfiguren geworden, die Brandt brauchte, um sein Denken zu formen und ihm Richtung und Halt zu geben. Zu jener Zeit habe Brandt den Gedanken an das «friedliche Zusammenwirken von Ost und West beim Aufbau Deutschlands» keineswegs aufgegeben, «dann aber miterleben müssen, wie sein ganzes Gedankengebäude, in dem sich die Essenz seiner Stockholmer Jahre widerspiegelte, mit dem Beginn des Kalten Krieges in Trümmer fiel». Reuter, der intime Kenner Russlands und des Bolschewismus, schrieb Peter Merseburger weiter, der immer wieder die «totalitäre Wesensverwandtschaft» zwischen Nationalsozialismus und Kommunismus hervorhebt und zum Symbol für den Freiheitskampf Westberlins wird, habe auf Brandt einen Einfluss ausgeübt, der schwer zu überschätzen sei. Am politischen Himmel und in der Welt des Geistes, so Brandt, hatten sie beide dieselben Sterne.[11]

Größer kann man sich die Übereinstimmung wohl kaum vorstellen. Selbst im Rückblick schien Brandt geradezu mitzuleiden mit Reuter, der gegen «Neid und Nichtigkeiten» anzukämpfen hatte, «die ihn zermürbten und sein Herz brachen». Groß genug war die Enttäuschung über die verlorene zweite Bundestagswahl, er beschwor seine Partei (die SPD war auf 28,8 Prozent abgesackt, die CDU/CSU auf 45,1 Prozent geklettert), «endlich zu sagen, wofür man sei, statt immer nur wogegen». Alles vergebens. Sein Wort war nicht gefragt.

Brandt rechnete ihm hoch an, dass er «kein Macht-, erst recht kein enger Parteipolitiker» war, der sich eine Hausmacht verschafft und seine Leute auf Posten schleust. Ihn störte es auch nicht, dass Reuter empfindlicher war, als man ihm ansah. Nicht um rechts oder links ging es, liest man zwischen den Zeilen, Reuter suchte konstruktive Lösungen.

An seiner klaren Entscheidung für den Westen ließ er nie Zweifel aufkommen. Die Bundesrepublik als (geteilter) Staat, als Halbnation musste Partei sein, keinesfalls durfte sie sich als «isolierter Pufferstaat» wie Österreich einrichten. In der Person Reuters, der sich zu seiner Partei bekannte, aber in reiner Parteipolitik nicht stecken blieb, der Auswege suchte, gerade wenn er mit dem Rücken zur Wand stand, erkannte Brandt intuitiv etwas von sich selber. Reuter trat sicher auf, er war in mancher Hinsicht noch unsicher. Dieser Reuter machte ihm Mut, zu sich selber zu stehen. Dass er «wie von selbst» zum Führer des «Reuter-Flügels» heranwuchs, hatte hier seinen Grund – und es machte ihn spürbar stolz.[12]

Vor allem das Verhältnis von Ost und West ließ ihn nicht los. Das aber wurde das Thema einer einflussreichen Zeitschrift, *Der Monat*, herausgegeben von Melvin J. Lasky, in der prominente Linksintellektuelle, die meist mehr oder minder angelockt waren von der russischen Revolution und den kommunistischen Gründerjahren, jetzt dezidiert auf Distanz gingen. Einer der Autoren, Klaus Harpprecht – neben Federn wie Theodor W. Adorno, Hannah Arendt, Heinrich Böll, Raymond Aron, Milovan Djilas, Richard Löwenthal, George Orwell, Hilde Spiel, Ignazio Silone – sollte sich später als Redenschreiber in Brandts Kanzleramt verdingen. Zum Stil des *Monat* gehörte nicht nur der kritische Blick von Linken oder ehemaligen Linken nach Osten, zugleich entdeckte er für seine Leser den Westen. Das machte die Zeitschrift auch für Willy Brandt interessant. Bereits

Skandinavien hatte ihn weitgehend «amerikanisiert», den Rest besorgte Berlin. Aus der Zeitschrift heraus entstand auch die Idee, einen «Kongress für kulturelle Freiheit» zu organisieren, in dem Linksintellektuelle aus ganz Europa während der fünfziger Jahre sich mit dem dogmatischen, orthodoxen Sozialismus Moskauer Provenienz auseinandersetzten. Später wurde moniert, Amerika habe damit den kommunistischen Propagandisten nur eigene PR-Truppen entgegengestellt. Das schwang zwar auch mit, aber zur kulturellen Anbindung der Linken an Amerika, an Parlamentarismus, Demokratie und westliche Wertewelt, trug dieser Kongress dennoch entscheidend bei. Über Propaganda ging das, was der *Monat* verfolgte, weit hinaus.[13]

In diesem transatlantischen *Monat*-Milieu, mit Harpprecht, Arendt oder Löwenthal, fühlte Brandt sich zuhause, ihm gefiel, dass Linke und Konservative sich darin tummelten, während Autoren, die im Dritten Reich schon journalistisch aktiv gewesen waren und mit dem Regime sympathisierten, im Unterschied zu fast allen großen Zeitungen und Zeitschriften ausdrücklich *nicht* zu Wort kommen sollten. Ernst Reuter eröffnete den Kongress. Für das Februarheft 1949 verfasste Willy Brandt einen Beitrag über seine Sicht auf den «demokratischen Sozialismus», spürbar beeinflusst von seinen Lehrjahren in Schweden; er dachte nach über eine Teilsozialisierung der Industrie, Spuren von Antikapitalismus aus Lübecker und Osloer Zeiten waren noch zu erkennen. Aber im Jahr zuvor, 1948, trug sich ja auch die CDU in ihrem Ahlener Programm noch mit revolutionären, antikapitalistischen Verstaatlichungsideen.[14]

Zeitweise habe der charismatische Sozialdemokrat «zwei Herren gedient», berichtete der *Spiegel* noch im Jahr 2021, als gebe es immer noch etwas über den «wahren» Brandt zu enttarnen. Unterstellt wurde, er habe nicht nur für den *Monat* geschrieben, das war ja nicht ehrenrührig, sondern er habe sich mit amerikanischem Geld kaufen lassen. Mit keinem Wort wurde erwähnt, wie lange Brandt nach dem Krieg Opfer von Diffamierungen war, als habe er sich als junger Sozialist blind in einer Allianz mit der Volksfront auf kommunistischen Spuren bewegt. Umgekehrt hieß es, er habe über mehrere Nachkriegsjahre hinweg für Geld (oder drei Flaschen Whisky) dem US-Militärgeheimdienst *Counter Intelligence Corps* (CIC) mit Nachrichten aus der Sowjetisch Besetzten Zone (SBZ) gedient. Der *Spiegel* stützte sich dabei auf ein Buch des deutschamerikanischen Historikers Thomas Boghardt zur Geschichte der US-Geheimdienste im Nachkriegsdeutschland.[15] Demzufolge erfuhr Boghardt, dass Brandt am 27. Januar 1950 offiziell als O-Type, als investigativer Informant, registriert worden sei und dem CIC geholfen habe; was er berichtete, sei jedoch nicht mehr zu rekonstruieren.

Unbestritten hielt Brandt Kontakt zum «Ostbüro» der SPD, das Verbindungen zu den Sozialdemokraten in Ostberlin und der DDR aufrechterhielt. Er musste diesen Kontakt auch pflegen, als Vertreter des SPD-Vorstandes in Berlin gehörte das zu seinen Verpflichtungen. Schon der Verdacht, Brandt habe hinter dem Rücken seiner Genossen gehandelt, erscheint waghalsig, das Honorar führte er ohnehin an seine Partei ab. An seinem politischen Standort in jener Zeit hatte Brandt zudem nie einen Zweifel gelassen, er selbst sah sich offen als «Kalten Krieger», wie schon berichtet. Dass er Amerika großes Vertrauen entgegenbrachte und darauf seine ganzen Hoffnungen setzte, konnte jeder wissen, der sich mit seiner Vita im Exil und in den Jahren danach befasste.

Vier Jahre nach Reuters Tod, 1957, veröffentlichte Brandt seine politische Biographie über den «Mann mit der Baskenmütze», der viele Leben geführt hatte: Oberbürgermeister von Magdeburg, Volkskommissar an der Wolga in den bolschewistischen Hochzeiten, Hitler-Gegner, Emigrant in der Türkei, Sozialdemokrat und Bürgermeister Berlins, ein Redner, den auch sein Pathos nie unglaubwürdig machte und dessen Unbeirrbarkeit gegenüber den sowjetischen Machtansprüchen ihn zu einem Repräsentanten der freien Welt aufsteigen ließ. Verfasst hatte Brandt den umfänglichen Text gemeinsam mit Richard («Rix») Löwenthal, auch er einer jener Journalistenfreunde, die nach verwegenem Lebensweg – aus einer jüdischen Berliner Familie, jung in der KPD, Studium bei Alfred Weber und Karl Mannheim, Promotion über Karl Marx, in den Hitler-Jahren bei *Neu Beginnen*, Exil in Prag, Paris und London – 1945 bei der SPD ankamen, hier galt er bald als einer der brillanten theoretischen Köpfe.[16]

Hineingeboren war Ernst Reuter zwar 1889 in eine gutbürgerliche, konservative Familie, aber schon als Student lockte ihn die Sozialdemokratie. Den Eltern galt er seitdem als «vaterlandsloser Geselle». Dem Vaterland hatte er gleichwohl schon im Ersten Weltkrieg zu dienen, zunächst an der Westfront, später an der Ostfront, 1916 geriet er schwer verwundet in russische Gefangenschaft, wo er, wie die Autoren berichteten, das «russische Volk» kennen- und schätzen lernte. Besser konnte sich der Rekonvaleszent, der mühsam wieder gehen lernte, offenbar kaum aufgehoben fühlen. Er begann Russisch zu lernen, Russland wurde sein «Skandinavien». Im März 1917 brach die Revolution aus, der Zar wurde gestürzt. Brandt/Löwenthal: *«Die entschiedensten Kritiker des Regimes und Befürworter eines Friedens ohne Annexionen unter den deutschen Sozialdemokraten wurden nun zu offenen Gegnern der Fortführung des Krieges; sie konstituierten sich als Unabhängige Sozialdemokratische Partei, und die kleine Gruppe von revolutionären Marxisten, die schon vorher den Spartakusbund gebildet hatte, schloss sich der neuen Partei an, ohne die eigene Sonderorganisation aufzulösen.»*[17]

Obwohl verwundet, wurde er nicht in die Heimat entlassen, die Sache der Russischen Revolution habe er zu seiner eigenen gemacht, hieß es.[18]

Seine Sprachkenntnisse halfen ihm, Reuter bekannte sich nach kurzer Zeit zum Kommunismus und ließ sich zum Kommissar für die Wolgadeutschen berufen, immerhin 450 000 Menschen, die während des Krieges von Stalin entrechtet und nach Kasachstan umgesiedelt worden waren. Wie Brandt/Löwenthal urteilten, erwies sich das als «bisher glücklichste, erfüllteste Zeit seines Lebens», dank der Revolution habe Politik sich nicht als kritisches Denken, sondern als schöpferische Leistung offenbart.[19] 1918 flüchtete er, als heimkehrender österreichischer Kriegsgefangener verkleidet, mit der Eisenbahn über Königsberg nach Berlin.

Was die Autoren spürbar fesselte, war, wie der Mann aus diesem linken Milieu, der Karl Radek, Rosa Luxemburg, Leo Trotzki kannte, den Weg aus dem Kommunismus und zurück zur Sozialdemokratie fand. Brandt wusste wie Löwenthal, wovon er sprach: Jugendradikalismus, politische Metamorphosen, am Ende aber die Gewissheit, dass ohne Demokratie Sozialismus nicht zu denken sei. Freiheit ging über alles. Die Lektion saß. In Berlin arbeitete Reuter zunächst als Redakteur für den *Vorwärts*, im April 1931 nahm er das Amt des Oberbürgermeisters in Magdeburg an. Vom Journalisten zum Bürgermeister, wie Brandt. 1935, nach zwei KZ-Aufenthalten und schweren Misshandlungen, entschloss er sich erneut, Deutschland zu verlassen. Als die Gestapo ihn suchte, hatte er glücklicherweise bereits die Grenze nach Holland überschritten. Zuflucht fand er fortan aber in der Türkei. Von da an freilich sah Reuter es als Aufgabe an, beizutragen aus der Ferne für die Stunde danach, zum «anderen Deutschland».

Sorgfältig hielten die Autoren fest, dass das Scheitern des Attentats vom 20. Juli auch Reuter erschüttert habe. Als er über die Ausdehnung und Ernsthaftigkeit der Verschwörung mehr hörte, habe er seine Skepsis begraben. Im Wortlaut zitierten sie dann Reuters Worte aus dem Jahr 1952 zur Grundsteinlegung eines Ehrenmals für Stauffenberg und seine Freunde im Bendlerblock: «Vor acht Jahren sind an dieser Stelle Männer, die das Beste für ihr Volk wollten und die uns alle befreien wollten von der grausamen Tyrannei eines satanischen Regimes, den Tod gestorben für ihr Land, für unser Vaterland und für uns alle ...»[20] Brandt/Löwenthal verzichteten auf jeden Kommentar.

Nach der Rückkehr (1946) wandte er sich gegen die «Steinigungssucht», warnte vor der Kollektivschuldthese und mahnte, Unschuldige nicht büßen zu lassen, was Schuldige getan hätten; der «Entnazifizierungsrummel» kam ihm «albern» vor. Zweifellos war dieser Rückkehrer aus der Türkei ganz nach Brandts Geschmack. Aus dem «roten Berlin» der Weimarer Zeit war der «Brückenkopf der Freiheit» geworden. «Es war dieses neue Berlin, zerstört und verarmt, aber von einem neuen Glauben beseelt, das Ernst Reuter zu sich rief.»[21]

Im Oktober 1946 fanden die ersten Wahlen nach dem Krieg in Berlin statt, in der damals ungeteilten Viermächte-Stadt. Die Sozialdemokraten profitierten von der Konkurrenz, sie erhielten fast die

Hälfte aller Stimmen für das Stadtparlament, die Kommunisten landeten weit abgeschlagen bei knapp 20 %. Der Heimkehrer aus der Türkei, Reuter, wollte Oberbürgermeister werden. Aber es waren die Kommunisten, von denen er sich 1922 losgesagt hatte und die seine Karriere jetzt blockierten. Erst verspätet, 1947, konnte er sein Amt antreten, da die sowjetische Kommandantur Widerspruch einlegte – nunmehr allerdings regierte Reuter nur den Westteil, Berlin blieb von da an geteilt.

Ernst Reuter suchte den Dialog mit den Stadtkommandanten, er wollte Vertrauen gewinnen und vermitteln. Ihn plagte nicht die Angst Schumachers, die Linke könne sich in der nationalen Frage als unzuverlässig oder gleichgültig erweisen. Brandt: Es war nicht der eine Nationalist, der andere Internationalist, beide waren beides. Aber für Schumacher ging es ganz darum, die SPD zur gestaltenden Kraft Deutschlands und Europas zu machen. Reuter habe allgemein menschliche Ziele verfolgt, suchte ein vereintes Europa, globale Kooperation, geistigen Austausch. Ein «Geistiger» im guten Sinne aus dem letzten Jahrhundert war Reuter für ihn, um dann ganz hoch zu greifen: Kantischer Idealismus und sozialistische Ideen verschmolzen. Welten lagen zwischen Reuters Generation (1889 geboren) und seiner, mehr, als die fünfundzwanzig Jahre Altersunterschied zwischen ihnen ahnen ließen.

In diese fünfundzwanzig Jahre fielen der Erste Weltkrieg und das gewaltige soziale Beben, «*in dem neben materiellem Besitz, neben Geld und Gut, Städten und Ländern, die vernichtet wurden, auch fast alle jahrzehntelang als unverletzlich und unzerstörbar betrachteten Werte auseinanderbrachen*».[22] Brandt: Ohne Zweifel habe er Deutschland und die politischen Tagesaufgaben nicht immer mit den Augen Reuters gesehen. Aber so, wie er auch zwischen Julius Leber und sich den Altersunterschied nicht als trennend empfand, so fühlte er auch im ersten Augenblick, dass Ernst Reuter und er sich verstehen. Sechs Lehrjahre absolvierte er an Reuters Seite. In dem Jahr, in dem das Buch über Reuters abenteuerliches, außergewöhnliches Leben erschien, zog er als Regierender Bürgermeister ins Schöneberger Rathaus ein.

Ein Paukenschlag weckte die Stadt, die noch vom Krieg gezeichnet war: Seit dem 24. Juni 1948 blockierten sowjetische Soldaten Straßen und Wasserwege nach Berlin und schnitten damit die Lebensadern ab, bis 12. Mai 1949 sollte die Blockade dauern. Die Alliierten erwiderten mit der Einrichtung einer Luftbrücke.

Moskau reagierte mit der Blockade auf den Beschluss der Westalliierten, die drei Westzonen auch politisch zusammenzufassen; Brandt sprach deshalb von einem Jahr der «demokratischen Gegenoffensive», die zumindest in Europa den weiteren Vormarsch des Kommunismus zum Stehen bringen sollte. Im Juni 1947 hatte George Marshall, Washingtons Außenminister, mit einer Rede in Harvard den Auftakt gegeben für diese Offensive, indem er großzügige wirtschaftliche Hilfe für den Wiederaufbau des kriegszerstörten Europa versprach.

Im März 1947 bereits hatte Harry S. Truman, der US-Präsident, vor dem Kongress verkündet, die USA würden mit ihrer Militärmacht allen demokratischen Staaten beistehen, nach denen die Sowjetunion ausgreife (Truman-Doktrin). Damit, schrieb Brandt, hätte Amerika bereits Griechenland gerettet. Stalin aber reagierte, indem er die Auseinandersetzung an vielen Fronten suchte, vor allem, das wurde 1947 deutlich, würde er ein geeintes, demokratisches Deutschland nicht akzeptieren. Für Berlin bedeutete das nichts Gutes, es lag auf östlichem Territorium. Damit traf er einen empfindlichen Punkt – die Westalliierten stimmten untereinander keineswegs darin überein, wie ernst sie eine Verteidigung Berlins nehmen und was ihnen die Stadt wert sein sollte. Die Angst der Berliner wuchs, Willy Brandt litt mit. Sowohl Londons Außenminister Ernest Bevin als auch Lucius Clay, der amerikanische Militärgouverneur, suchten vergeblich, mit Solidaritätsbekundungen gegen die Skepsis anzukämpfen. Ausgetragen wurde der Konflikt mit Moskaus Marschall Sokolowski anhand zweier Streitfragen, einmal ging es darum, ob die drei Westzonen eine politische Einheit bilden, und zum anderen, ob sie nach einer Währungsreform die Westmark übernehmen. Naturgemäß hätte die Übernahme der Ostwährung für ganz Berlin die Vorstufe zur Einverleibung in den Sowjetblock bedeutet. Mit einigem Stolz berichtete Brandt, dass vor allem die Sozialdemokraten in der Währungsfrage eindeutig Flagge zeigten. Nach einer schwierigen Übergangsphase, in der teilweise auch die Ostmark in «Trizonesien» galt, setzte Ernst Reuter im Frühjahr 1949 die alleinige Geltung der Westmark durch. Es trug zu Reuters Ansehen bei, aber auch zu dem seiner Partei, die sich auf diese Weise allmählich eine lange währende *pole position* in der Stadt sicherte. Begründet wurde die Blockade des Eisenbahnverkehrs, der Autobahnen, Landstraßen und der Wasserwege zunächst mit Vorwänden, vor allem wegen Straßen- und Brückenreparaturen. Aber rasch stellte sich heraus, dass eine strikte Abriegelung geplant war, lediglich drei Luftkorridore blieben offen. Berlin sollte nach den Moskauer Plänen hungern bis zur Kapitulation. Sogar Medikamente und Milch durften auf den üblichen Verkehrswegen nicht mehr in die Stadt geliefert werden. Lucius Clay plädierte dafür, das Risiko – das er gering einschätzte – einzugehen und einen Militärkonvoi auf die Strecke zu schicken, um die Blockade zu durchbrechen, aber er blieb damit eine der Einzelstimmen. Washington und London gaben den Ton an bei der Entscheidung, die Stadt zunächst aus der Luft zu versorgen. Länger als sechs Wochen werde man die Versorgung auf diese Weise kaum durchhalten, hieß es zunächst. Brandt schrieb Ernst Reuter das Verdienst zu, den Stadtkommandanten in freundlicher Offenheit klargemacht zu haben, dass die Berliner keinesfalls aufgeben würden, auch wenn die Alliierten sich selber die Kraft zum Durchhalten nicht zutrauten. An die 1400 Flugzeuge täglich landeten im Frühjahr 1949 auf den Flughäfen der zerbombten Stadt. Berlins Bevölkerung half geschlossen mit, ohne zu jammern. Die Flieger der Alliierten, die Techniker, die Bodenmannschaften und Organisatoren, sie hatten die Luftbrücke zum Erfolg gemacht, aber den Berliner Widerstandsgeist und die Standhaftigkeit brauchte es dazu eben auch. Es folgten schwierige Monate, in denen Moskau mit Hilfe der SED Westberlin mürbe zu machen versuchte. Ernst Reuter war zwar gewählt, aber nicht im Amt bestätigt während der Blockade, gleichwohl stellte er die «Seele des Berliner Widerstandes» dar.[23]

Am 10. November, inmitten der Blockade, wurde im Ostsektor Fritz Ebert, Sohn des Präsidenten der Weimarer Republik, zum Oberbürgermeister ernannt, die Spaltung der Stadt sollte unumkehrbar gemacht werden. Am 5. Dezember fanden wie geplant Wahlen statt, allerdings nur in den Westzonen, die Sozialdemokraten ernteten stolze 64,5 %, was ihnen 60 Abgeordnetensitze bescherte, die CDU erhielt magere 21 Sitze, die LDP 17.

Ganz nebenbei plauderte der Autor Willy Brandt ein wenig privat. Materielle Sorgen hätten Rut und ihn nicht zu sehr bedrückt, erinnerte er sich, gelegentlich erhielten sie von skandinavischen Freunden Pakete, aus Schweden traf eine moderne Petroleumlampe ein, er brachte von einer Westreise einen Kochapparat mit. Im September 1948 – inmitten der Blockade – heirateten Rut Bergaust und Willy Brandt. Kopfzerbrechen bereitete es ihnen, als Rut im Oktober vor der Geburt ihres Sohnes Peter stand, das Krankenhaus war kaum beheizt und schlecht beleuchtet. Peter, so schilderte es der Vater, kam bei Kerzenlicht zur Welt, stilgemäß als «richtiges Blockadekind». Wie es beruflich mit dem «Berlin-Beauftragten» weitergehen würde, stand nicht fest.

Nach 322 Tagen, am 12. Mai 1949, hoben die Russen die Blockade wieder auf. Berlin hatte nicht umsonst Zähigkeit und Widerstandsgeist bewiesen. Zehn Jahre später, am 12. Mai 1959, hatte der Regierende Bürgermeister General Lucius Clay zu Gast, Lord Attlee aus London, Robert Schuman für die französische Seite. Als Ehrengäste nahmen die Hinterbliebenen der Opfer der Luftbrücke teil. Damals fragte Willy Brandt auch selbstkritisch, ob der Mai 1949 richtig genutzt worden sei. War schon die Abwehr der Blockade ein Erfolg? Hätte man sie damals nicht zurückdrängen, hätte man die deutsche Frage nicht lösen müssen? Bloß, die Westmächte, erinnerte er sich auch, waren froh, dass sich die Bundesrepublik im Westen etabliert hatte, sie wollten nicht noch einmal von vorne anfangen. Wie genau er sich dieses «Zurückdrängen» gewünscht hätte, verriet Brandt übrigens nicht. Dennoch handelte es sich nicht um bloße Rhetorik, wenn er sich als Vertreter einer härteren Gangart offenbarte, selbst noch beim Mauerbau zeigte er sich – von den Verbündeten enttäuscht – ganz von dieser Seite. Die Lage und die Geschicke Berlins erzogen ihn nicht zur Taube, wie später oft unterstellt.[24]

Willy Brandt galt zwar als Reuters Mann, was seinen ohnehin schweren Stand bei Schumacher weiter belastete. Aber trotzdem, Schumacher wollte helfen, um Brandt einen Listenplatz für die Bundestagswahl 1949 zu sichern. Brandt zog es vor, auf einem der Berliner Plätze anzutreten, dann allerdings ohne volles Stimmrecht. Er suchte einen sicheren Platz im Bundestag. Ernst Reuter zeigte sich zwar enttäuscht, aber das nahm sein Zögling in Kauf. In Bonn wollte er seinem Interesse an der Außenpolitik nachgehen, aus der Berliner Stadtpolitik musste er sich darum nicht gänzlich zurückziehen, er hatte sich für beides entschieden.

Groß war die Enttäuschung bei den Sozialdemokraten am 14. August 1949, sie unterlagen knapp bei den ersten freien Wahlen seit 1932 (139 Bundestagsmandate erhielten die Christdemokraten mit ihren 31 %, 131 die Sozialdemokraten mit 29,2 %). Auch Brandt fand, sie hätten sich während der Hitler-Jahre nicht angepasst, sie mussten sich nicht rechtfertigen wegen ihrer Verstrickung, sie hätten immense Wiederaufbauarbeit in den Ländern und Kommunen seit 1945 geleistet – aber Kanzler wurde der Christdemokrat Konrad Adenauer. So hatte er sich den Anfang nicht ausgemalt. Es blieb nichts, als sich einzurichten auf eine Durststrecke, mit einer starken SPD in Berlin, aber schwachen und perspektivlosen Sozialdemokraten in der Opposition im Bund.

Seit dem Herbst 1949 pendelte Brandt als frischgewählter Bundestagsabgeordneter (anfangs vertraten acht Abgeordnete Berlin, seit 1952 delegierte die Stadt insgesamt 19 Mandatsträger) häufig zwischen Bonn und Berlin. Er musste fliegen, mit der Eisenbahn oder per Auto konnte er die DDR nicht passieren, er wäre verhaftet worden, fürchtete Brandt, schon weil er als Leiter des Ostbüros der SPD auf der Gegnerliste stand. Zwar täuschte sich die SED, er leitete nicht das Büro, aber als Repräsentant des Parteivorstandes war er auch befasst mit dem Ostteil der Stadt und der Sowjetzone, ganz abgesehen davon, dass er sich seinerzeit als Lokalpolitiker angewöhnte, offen anzuprangern, was er vom Regiment im kommunistischen Machtbereich der Stadt hielt. In seinen Memoiren blickte Brandt ironisch darauf zurück, ja, er sei damals eben «rechts» gewesen, zu revidieren hatte er nichts, es herrschte Kalter Krieg. Erst seit er 1955 zum Präsidenten des Berliner Abgeordnetenhauses gewählt worden war, benutzte er auch den Wagen, um durch die DDR zu reisen. Es funktionierte reibungslos, sogar mit höflichen Kontrollbeamten, wie er sich erinnerte.

Zwar interessierte ihn auch in Bonn vor allem die Außen- und Deutschlandpolitik, in erster Linie aber, das räumte er unumwunden ein, betätigte er sich zunächst als Berlinlobbyist. Die Stadt hing am Tropf, die Berliner Betriebe brauchten Aufträge. Das Wort von den Almosen ärgerte ihn wie alle Berliner, der Stadt zu helfen war kein karitativer Akt, es ging um ein «nationalpolitisches Problem ersten Ranges».[25]

Einüben mussten Reuter und sein Team sich in eine komplizierte Zwitterrolle: Die SPD hatte zwar 1948 bei den Kommunalwahlen gesiegt (im Dezember 1950 erlitt sie eine empfindliche Niederlage, bei diesen Wahlen kam Brandt erstmals ins Abgeordnetenhaus), aber den scharfen Oppositionskurs Schumachers gegen Adenauer in Bonn mochten die Sozialdemokraten nicht recht mittragen. Der alte Christdemokrat genoss hohes Ansehen (Reuter freilich auch), mit dem Wiederaufbau aus Trümmern ging es schnell voran, mit den Christdemokraten in der Stadt musste die SPD seit Ende 1950 kooperieren, zudem blieb die Viermächtestadt dringend angewiesen auf möglichst großzügige Bundeshilfe. Und dann sollte er auf die Adenauer-Regierung einprügeln?

Alle Schritte in Richtung eines transnationalen Status Berlins lehnte er ab, die Gefahr war aber nicht gebannt. Aus dem Europarat sollte sich die Bundesrepublik heraushalten, die Montan-Union, die Robert Schuman angeregt hatte – und der Adenauer zustimmte –, stellte er sich als Supra-Organisation vor, die an der Souveränität der Nationalstaaten rüttelt.

Zu den Europäern der ersten Stunde gehörte Brandt dennoch. Einmal konnte er sich nur ein europäisch eingebettetes Deutschland vorstellen, nichts sonst würden die Nachbarn akzeptieren, zum anderen aber war er sich sicher, dass jede Art der Westintegration richtig, ja unerlässlich sei – was Westeuropa, aber auch Amerika meinte. Im Streit um eine Wiederaufrüstung zu Beginn der fünfziger Jahre musste er daher nicht lange überlegen, es waren die Amerikaner, die darauf drängten, nicht nur Adenauer. Auch Kurt Schumacher neigte dazu, anders als die Mehrheit der Genossen. Mit Fritz Erler, dem Wehrexperten und kommenden Star der Sozialdemokraten in Bonn, sowie auch mit Helmut Schmidt, der 1953 als Hamburger Abgeordneter ein Bundestagsmandat erhielt, zählte er als Neu-Berliner fraglos zu den besonders «militärfreundlichen» Sozialdemokraten.

In Wahrheit, suchte Brandt in der Rückschau von 1960 seine Position zu differenzieren, habe ihn die Frage der Wiederbewaffnung «beunruhigt und erschrocken». 1949 bei Gründung der Bundesrepublik wurde versichert, nie wieder werde Deutschland bewaffnet. Plötzlich, seit 1954, kamen ganz andere Signale, und jetzt waren die Freunde im Ausland entsetzt, wie er sich erinnerte, weil die Deutschen keineswegs so wiederbewaffnungs- und verteidigungsfreudig reagierten, wie sie es erwarteten. Ihm sei das lieber gewesen, argumentierte er, als wenn es eine «Wehrbegeisterung» gegeben hätte.[26] Nur, als er das aufschrieb, existierte die Bundeswehr bereits seit fünf Jahren, Westdeutschland gehörte zur NATO. Dass Brandt diese Entscheidung für richtig hielt, stand fest, seit es erste Überlegungen dazu gab, für den Berliner im Kalten Krieg galt das ohnehin. Zu dem Lager deutscher Atomwaffenfreunde aber wollte Brandt keinesfalls gerechnet werden. Man könnte auch sagen, er hatte als Berliner, der er geworden war, für beide Positionen etwas übrig – nicht zum ersten Mal –, Berlins Status war ohne Militärschirm nicht zu sichern, und in den Verdacht eines neuen Militarismus durften die Deutschen, gebrannte Kinder, auf keinen Fall geraten. Bei genauerem Hinsehen meint man, mit heutigem Wissen natürlich, in solchem Doppeldenken bereits besondere Merkmale der Ostpolitik zu erahnen. Alle Politik, lernte Brandt früh, stand fortan im Schatten einer wechselseitigen nuklearen Bedrohung und Abschreckung.

Alarmstufe eins löste in Bonn im Frühjahr 1952 ein überraschender Deutschlandplan Stalins aus. Er lief auf das Angebot hinaus, die beiden getrennten deutschen Staaten könnten sich wieder vereinigen, falls das «neue» Gesamtdeutschland neutralisiert werde, also aus den Militärbündnissen aussteige.

Eine heftige Kontroverse entbrannte darüber, ob der Plan überhaupt ernst gemeint sei, dann aber auch in der Sache, ob man nämlich die Idee gründlich prüfen und über eine Neutralisierung nachdenken solle. Es hätte immerhin bedeutet, dass ein neutrales Deutschland unmittelbar an das Sowjetimperium angrenzen würde, die US-Truppen als Schutzschirm aber nicht mehr zur Verfügung stünden. Willy Brandt und seine Parteifreunde zählten zu denjenigen, die für Verhandlungen plädierten, um auszureizen, ob Stalin meinte, was er versprach. Ähnlich vermisste er auch 1955, als Adenauer in Moskau verhandelte (und zehntausend deutsche Kriegsgefangene freikamen), Gespräche mit Moskau über den militärpolitischen Status eines wiedervereinigten Landes. Im Rückblick klang Brandt skeptischer: Nicht ohne Grund sei bezweifelt worden, ob es sich damals um ein echtes Anliegen der Sowjetunion gehandelt habe. Vieles spricht dafür, meinte er 1960, dass es sich um ein Scheinangebot handelte und Stalin keineswegs bereit war, seine Truppen von Elbe und Werra zurückzuziehen, also die DDR aus dem Warschauer Pakt zu entlassen. Weil die Ratifizierung des Vertrages über die europäische Verteidigungsgemeinschaft (EVG) unmittelbar bevorstand, konnte es sich leicht um ein Manöver handeln, diesen Schritt zu blockieren. Seine Freunde und er hätten sich allerdings gefragt, ob der Westen «nicht in Gefahr gerate, in einem nur militärischen Denken zu erstarren», wenn man vielleicht die Chance habe, mit politischen Mitteln die Sowjetunion aus ihrem europäischen Vorposten zurückzudrängen.[27] Willy Brandt scheint sich, wie der Rückblick zeigt, im Nachhinein sicherer geworden zu sein, dass aber auch der Westen nicht ernsthaft Stalins Angebot akzeptiert hätte, ganz unabhängig von dem klaren «Nein» Adenauers.[28]

Das Grundrauschen im Ohr

Ernst Reuter bereitete es keine Mühe, mit allen drei demokratischen Parteien, SPD, CDU und FDP, im Senat zusammenzuarbeiten. Mit Brandt hatte er, wie er glaubte, einen geradezu prädestinierten Nachfolger gefunden, der einen ähnlich konsensuellen Stil pflegte. Aber in seiner Partei stand Brandt der mühsame Bergauflauf noch bevor.

Zwar rückte er in Bonn 1953, im zweiten Bundestag, in den Fraktionsvorstand vor, auf der Bundesebene aber verweigerten ihm die Genossen bei den Parteitagen 1954 (Berlin) und erneut 1956 (München) einen Platz im Vorstand. Ob es die Differenzen mit Schumacher waren, der nach außen hin gerne behauptete, er wolle die jüngere Generation und die Unorthodoxen stärker zum Zuge kommen lassen? Er vermutete das, tippte aber zudem auch auf den Einfluss des mächtigen Berliner Sozialdemokraten Franz Neumann, der mit seiner schlagkräftigen Anhängerschaft die Kommunalpolitik dominierte. Neumann hatte auch die Urabstimmung gegen die geplante Zwangsvereinigung mit den Kommunisten organisiert. Das machte ihn als Berliner Lokalhelden nahezu sakrosankt. Er zählte zur «linken» SPD, Brandt zur «rechten». Aber das hieß nicht viel in diesen Zeiten.

Der Konflikt zwischen Neumann und Brandt offenbarte paradigmatisch Haarrisse in der SPD. Berlins Parteichef gehörte als Arbeiterfunktionär zu den Verfolgten während der Nazijahre, und wie Schumacher glaubte er letztlich, die SPD müsse als Klassen- und Umverteilungspartei dort wieder anknüpfen, wo sie 1933 stehengeblieben war.

Moden darf eine Traditionspartei, eine Arbeiterpartei keinesfalls folgen! Kurt Schumacher unterstützte ihn dabei vehement. Tradition stand damit gegen Erneuerung, der SPD-Vorstand in Bonn gegen Berliner Sozialdemokraten (seit 1951), die stetig Einfluss gewannen und über die der populäre Reuter schützend seine Hand hielt. Immerhin war es auch Reuter, der 1952 Brandt überzeugte, für den Landesvorsitz zu kandidieren. Damit wurde der politische Kurskonflikt endgültig auch zur Machtfrage.

Franz Neumann genierte sich nicht, als Erster mehr oder minder unverhohlen eine Diffamierungskampagne gegen den jüngeren Konkurrenten zu starten, der dermaßen offen von Reuter unterstützt wurde. Alle späteren Schmutzkampagnen gegen Brandt, zumal von Adenauer und Strauß, haben letztlich hier ihren Ursprung; Neumann lieferte das Muster, er spekulierte vermutlich zu Recht auf Applaus bei der schweigenden Mehrheit. In einem Brief an den Landesvorstand setzte Brandt sich erstmals scharf gegen den Vorwurf zur Wehr, dass er seinen Namen «Willy Brandt» nach dem Krieg beibehalten habe, belege, er selbst stehe nicht zu seiner Vergangenheit. Umgekehrt werde ein Stiefel daraus: Die Frage seines ursprünglichen Namens sei aufgetaucht bei der Wiedereinbürgerung, seine Mutter trug ihn nicht mehr, sein Vater hieß nie so. Mit dem Namen, den er seit dem 19. Lebensjahr annahm, identifiziere er sich, unter dem Namen habe er im Exil gelebt, mit ihm Artikel unterzeichnet, jede andere Entscheidung hätte zu dem Vorwurf geführt, er wolle etwas verbergen. Der Autor, man spürte es in jeder Zeile, reagierte empört, weil er verwundbar war. Leicht waren die Exiljahre nicht, er musste sich oft seiner Haut wehren – und dennoch fehlte ihm einfach ein Schutzpanzer.[29]

Der Bewerber um den Vorsitz unterlag deutlich beim ersten Versuch im Landesverband der Berliner SPD (196 zu 93), beim zweiten Anlauf, 1954, fehlten ihm nur noch zwei Stimmen gegen Franz Neumann, zu dessen Stellvertreter er immerhin aufrückte. Mittlerweile war allerdings viel Porzellan zerschlagen worden. Willy Brandt bezog in den Streitfragen häufiger öffentlich Position, vor allem wenn es um das Verhältnis zur Bonner Regierung und zur Bundespolitik ging, bekam aber Ressentiments aus den eigenen Reihen in einem Maße zu spüren, das er sich nicht ausgemalt hatte. Sogar zu einem Beschwerdebrief an Kurt Schumacher führte das jetzt, obwohl er wusste, dass der Parteivorsitzende Neumann unterstützte. Im Zusammenhang mit seiner Kandidatur, schrieb Brandt in einem offenen Brief an die Parteispitze in Berlin, komme es zu «Anfeindungen». Die Kommunisten, vergaß er nicht zu erwähnen, hätten – hoffentlich nur ein Zufall – eine inhaltsgleiche Kampagne gestartet. Im Laufe der Jahre habe er sich an manches gewöhnt, aber der von einigen Genossen aufgeworfene «Emigrationskomplex» erschüttere ihn. In einem der Kreisvorstände sei von der politischen Emigration «im Sinne persönlicher Feigheit» gesprochen worden. Den Genossen, die «draußen» waren, sei nur eine «begrenzte Urteilsfähigkeit» zuzuerkennen. Brandt: Politische Emigration sei «kein Verdienst, kein reines Vergnügen, aber auch keine Disqualifikation». Deutschland habe er nicht aus eigenem

Entschluss, sondern auf Anweisung seiner Organisation (SAP) verlassen. Mit der Widerstandsarbeit zu Hause hielt er engen Kontakt. Vor einem persönlichen Risiko sei er niemals zurückgezuckt. Aus ehrlicher Überzeugung sei er den Weg zur SAP gegangen – «*zu der Gesinnung von damals bekenne ich mich noch heute, wenn ich auch viele der damals strittigen politischen Fragen heute anders beurteile*». Persönliche Streitigkeiten hätten die Emigrationsatmosphäre häufig belastet, er blieb davon nicht verschont, wie er einräumte. Aber seine Tätigkeit in Norwegen und später in Schweden liege offen für jeden, der sich dafür interessiere. Den ganzen Katalog der Ressentiments blätterte Brandt dann auf, die von Genossen gegen ihn mobilisiert wurden: den Spanien-Aufenthalt 1937; die mühsame Wiederannäherung 1947 vom sicheren Hafen Norwegen aus an Deutschland und seine Entscheidung für «Berlin als Arbeitsplatz»; die Ausbürgerung, die *gegen* ihn ins Feld geführt wurde; Norwegen als sein «zweites Vaterland»; seine Kritik an der «Kollektivverdammung» der Deutschen, die ihm von kommunistischer Seite den Vorwurf des «Gestapoagenten» einbrachte; schließlich die ewige Fragerei nach dem ursprünglichen Namen. Dieser Werdegang und seine Schritte im Exil waren dem Parteivorstand bekannt, als er sich wiedereingliederte in die Parteiarbeit, argumentierte Brandt, zum Schluss zürnte er über die «Dreckschleudern», die seine meist anonymen Kritiker einsetzten.[30]

Zu Ende war der innerparteiliche Krieg damit noch nicht. Bevor er nach einer langen Durststrecke 1958 beim Stuttgarter Parteitag erstmals den Sprung schaffte und in den Vorstand gewählt wurde, musste er – wie schon erwähnt – weitere Wellen der Diffamierung über sich ergehen lassen. Je größer seine Chancen wurden, in Berlin demnächst in das Schöneberger Rathaus einzuziehen, umso offener, schäbiger und schmutziger fielen die Angriffe aus. Konrad Adenauer beglückwünschte ihn im Oktober 1957 zu seiner Wahl als Berliner Bürgermeister, sprach aber öffentlich von ihm als dem «früheren Kommunisten». Mehr davon sollte bald folgen.

Nur in Ausnahmefällen entschloss sich Brandt, von seiner Linie abzuweichen und vor Gericht gegen Verleumdungen zu klagen. Am

5. September 1961 stellte er Strafanzeige gegen den Verleger der *Passauer Neuen Presse*, Hans Kapfinger, wegen dessen Buches *Die Kandidaten*, und zwar wegen «Beleidigung, Verleumdung und politischer übler Nachrede», sowie gegen den rechten Publizisten Hans Frederik, dessen Pamphlet über Brandt unter dem Titel *Da war auch ein Mädchen* erschien.[31] Beide, Kapfinger wie Frederik, galten als ideologische Kampfgefährten von Franz Josef Strauß. Hans Frederik wolle ihn zu einem «unehrenhaften Emigranten» stempeln, formulierten Brandts Anwälte, «indem er dessen anti-nazistische Betätigung in eine anti-deutsche Vergangenheit umlügt». Alle Emigranten, die vor den Nazis flüchteten, würden als potentielle Landesverräter verleumdet, weil sie im Ausland eine aktive Tätigkeit «gegen Deutschland» entfalteten. «Der Kampf gegen Hitler war in den Augen der Beschuldigten ein Kampf gegen Deutschland. Der Beschuldigte identifiziert also Hitler mit Deutschland.»[32] Brandt solle zudem eine kommunistische Vergangenheit angedichtet werden. Er habe Stalin verehrt und mitgewirkt bei der Ermordung Kurt Landaus. Schließlich wurde ihm auch noch vorgehalten, der exponierteste Vertreter einer Volksfrontpolitik gewesen zu sein. Satz für Satz, Punkt für Punkt gingen die Anwälte die Sündenliste durch. Der Prozess endete mit einem außergerichtlichen Vergleich.

Aus heutiger Sicht mag man sich fragen, warum Brandt sich angesichts des abstrusen Katalogs überhaupt auf einen Kompromiss einließ. Aber im Justizapparat der Bundesrepublik dominierten Juristen, die schon im Dritten Reich aktiv waren – das höchste Gericht (BGH) stellte Richter und Staatsanwälte de facto von Strafverfolgung frei, egal, was über diese Generation aus NS-Zeiten publik wurde. Brandt kannte den Zeitgeist, und er kannte auch die Justiz. Ihm war klar, nach dieser Faustregel hatten sich die Minderheitsdeutschen zu erklären und zu rechtfertigen, sie hatten das Land verlassen. Wenig war wirklich geklärt, auch nicht in den Medien.

Aufmerksam verfolgte immerhin aber der Hausherr der Villa Hammerschmidt, Theodor Heuss, die Anfeindungen und Kampagnen gegen den Aufsteiger in Berlin, zum Amtsantritt im Rathaus richtete er an ihn einen seiner feinziselierten Briefe: «Wie Sie sich denken kön-

nen, hat mich in den verstrichenen Wochen Ihr persönliches und politisches Schicksal stark beschäftigt – die Begleitmusik, die aus Berlin kam, machte mich manchmal ziemlich besorgt. Ich wollte Ihnen aber erst schreiben, wenn die Entscheidung gefallen ist; d. h. das Ergebnis war mir an sich nie zweifelhaft. Nun sollen Ihnen diese Zeilen meinen aufrichtigen Glückwunsch sagen – Ihre prüfende Gelassenheit und Ihre furchtlose Energie werden die Aufgabe meistern.»[33]
Über Exil und Emigration dachte der liberale Bundespräsident anders als die schweigende Mehrheit. Hinzufügen muss man: Heuss hatte als erster namhafter Politiker im Bendlerblock die richtigen Worte zu den Offizieren vom 20. Juli 1944 gefunden und sie gegen alle Klischees und Ressentiments verteidigt. Ob es Offiziere, Gewerkschaftler, Priester, Linke oder Konservative waren, für Heuss galt wie für Brandt: Opposition gegen Hitler, gleich aus welchen Quellen sie sich speist, hatte ihren eigenen Stellenwert. Sie alle zählten zum «anderen Deutschland». Willy Brandt bekannte später freimütig, er habe den Präsidenten verehrt, der Rut und ihm seine «väterliche Freundschaft» schenkte.

Bereits in *Mein Weg nach Berlin* bekannte Brandt sich zu einem Verständnis von Politik, für das er später häufig belächelt oder gescholten wurde: «*Was wir brauchen, ist die Synthese von praktischem Denken und idealistischem Streben. Sagt nicht ‹entweder – oder›, sondern ‹sowohl als auch›, wie Strindberg empfiehlt.*»
Mit Strindberg auf den Lippen Berlin regieren, oder gar die Bundesrepublik? Brandt wird gewusst haben, welches Echo er damit auslösen und wie viel Spott er sich einhandeln würde, «sowohl als auch», eine solche Maxime lief ja zweifellos dem Idealbild von Politikern zuwider, die führen, sich klar entscheiden, keine Schwäche zeigen.
Sein Buch selbst stellte bereits ein Novum dar, es sollte die Bewerbung Brandts um das Kanzleramt Anfang der sechziger Jahre legitimieren und unterstützen. Verlagschef Axel Springer sorgte seinerzeit dafür, dass seine Zeitungen diese Kandidatur wohlwollend begleiteten, die *Berliner Morgenpost* mit ihrer hohen Auflage veröffentlichte nicht nur zahlreiche Homestories über die Brandt-Familie, sondern

1957 wird Brandt zum Nachfolger Otto Suhrs als Regierender Bürgermeister gewählt. Das «regierende» Ehepaar, Rut und Willy, bringt frischen Glamour in die geteilte Stadt. Gern zeigen sie sich tanzend auf dem Parkett: Ein Kontrastprogramm zum alten Kanzler in Bonn, Konrad Adenauer. Mitarbeiter Brandts pilgern nach Washington, um das Erfolgsrezept des jugendlich-strahlenden Kennedy zu studieren. Dass der Präsident aus der Logik des Kalten Krieges heraus will, fasziniert Brandt.

auch Auszüge aus dieser Autobiographie. Brandt personalisierte sich selber auf amerikanische Art und Weise. Gegen den alten Adenauer galt er seit den späten fünfziger Jahren – immerhin schon Regierender Bürgermeister – als junger Hoffnungsträger der Sozialdemokraten, die Augen der Weltöffentlichkeit richteten sich fast mehr auf den Berliner Star als auf den Patriarchen vom Rhein, sein Lebensbericht erschien gleichzeitig in den Vereinigten Staaten, in Schweden, Norwegen, Dänemark, Holland, Frankreich, Italien, sogar ins Japanische wurde es übersetzt.

Wenn man das lese, seine offene Verteidigung eines «Sowohl-als-auch», wollte der Journalist Günter Gaus 1964 von Brandt wissen, bedeute das etwa, jedem etwas sagen zu wollen, die Austragung politischer Gegensätze zu unterbinden zugunsten einer möglichst publikumswirksamen Dauerwerbung? Gut gefragt war das. Er hielt

Brandt nicht wie üblich entgegen, Politik müsse doch «führen» (wie Adenauer). Brandt hänge sein Fähnchen in den Wind, hieß vielmehr sein Einwand, höflich verpackt. Keineswegs verlegen erwiderte der Gefragte, frischgebackener Vorsitzender der SPD und zum zweiten Mal Kanzlerkandidat seiner Partei: «*Da ist was dran ... Von Bismarck stammt die einfache Faustregel, dass die Politik die Kunst des Möglichen sei. Wir in Berlin haben uns sagen müssen – ich habe das seinerzeit in Gesprächen mit Ernst Reuter in den allerschwersten Nachkriegsjahren entwickelt –, dass wir heute damit nicht mehr auskommen. Für uns in Berlin – aber das gilt auch für die deutschen Dinge überhaupt – ist Politik zu der Kunst geworden, das zunächst unmöglich Erscheinende möglich werden zu lassen. Man kann nicht nur in den Tag hineinleben und sich arrangieren, man muss auch abzielen auf Dinge, von denen einem die meisten sagen: Das wird wohl nicht, oder das wird wohl nicht so rasch. Insofern bleibe ich also ganz bei dem, was da steht, und wäre eher geneigt, es noch dick zu unterstreichen. Aber trotzdem haben Sie Recht, wenn Sie hinführen zu einer Betrachtung darüber, ob nicht bei zwei großen Parteien ... die Gefahr besteht, es zu vielen Leuten recht machen zu wollen. Ich sehe das als eine Gefahr ... Auf der einen Seite ist ein größeres Beharrungsvermögen da, ein stärkeres Verhaftetsein im Vergangenen und im Jetzigen, im Grunde der Glaube daran, dass die Welt, wie wir sie haben, eine der schönsten ist. Auf der anderen Seite ist eine Kraft, die stärker an den Anschluss an die neuen Fragestellungen, an die Fortentwicklung unseres Staates und unserer Gesellschaft denkt.*»[34] Auf die Frage, ob sich nicht zu große Biegsamkeit hinter der Formel «sowohl als auch» verberge, erklärte Brandt also entwaffnend: Ja und nein, sowohl als auch. Als Dezisionist im Sinne Carl Schmitts präsentierte er sich eindeutig nicht. Aber dass dies alles ein Rezept für einen unaufhaltsamen Aufstieg gewesen wäre, darauf hätte wohl kaum jemand gewettet.

Brandt schwankte und suchte selber noch. Nicht nur Strindberg hatte er im Gepäck, er scheute sich auch nicht, wie schon erwähnt, sich gegen den Alten im Palais Schaumburg, Konrad Adenauer, als «deutscher Kennedy» zu inszenieren. Man sah den Berliner Bürgermeister folglich bald häufig mit seiner eleganten Frau, Rut, tanzend auf den Parketts der Stadt. Er musste sich dazu nicht einmal sonderlich verstellen, er konnte das Leben genießen, dieser Zug an ihm hatte ihm schon die Exiljahre erleichtert. John F. Kennedy bot mit der Mischung aus Glamour, Herkunft, Intelligenz und Aufbruchsgeist nicht das schlechteste Vorbild, um gegen Adenauer zu reüssieren. Ganz nebenbei ließ sich damit auch signalisieren, dass er mit den Bemühungen des jungen Präsidenten um Entspannung zwischen Ost und West sympathisierte. Ein Schulterschluss mit Amerika konnte ohnehin nicht schaden, schon gar nicht für den Bürgermeister Berlins, aber mit Kennedy konnte er sich von Adenauer ein Stück weit emanzipieren, ohne sich mit dem Kanzler in Bonn direkt anzulegen.

Weniger subtil ging der *Spiegel* mit dem Kandidaten um. Nachdem seine Interviewer ihn gefragt hatten, ob er sich selber als einen Intellektuellen bezeichne (Brandt: «*Nicht als jemand, der irgendwo im Elfenbeinturm sitzt. Ganz gewiss nicht.*»), wie er fit bleibe, warum er nur Wein und keine «harten Sachen» trinke, wie viele Zigaretten er täglich inhaliere und weshalb er nicht selber Auto fahre, wollten sie endlich wissen, ob er eine «dünne Haut» habe. Willy Brandt wusste, worauf die Magazin-Journalisten hinauswollten. «*Ob ich empfindlich sei, meinen Sie? Sicher, manchmal ja. Es wechselt sehr. Und es ist wohl auch ganz gut, wenn man nicht zu sehr abgebrüht ist und sich noch ärgern kann über was, wenn's nur nicht allzusehr haften bleibt.*» Aber den Fragern ging es natürlich um mehr, nämlich ob die Angriffe wegen seiner Vergangenheit (nicht: die der deutschen Mehrheitsgesellschaft), besonders wegen der Emigration, ihn wütend, traurig oder mutlos machten. Er antwortete: «*Nicht mehr, nicht mehr.*» «*Aber?*», hakten die Interviewer nach. Brandt: «*Manchmal frage ich mich, ob es richtig war, dass ich mich jemals überhaupt gegen die Vorwürfe zur Wehr gesetzt habe. Das ist das einzige, was mich dabei beschäftigt. Aber es wird mich nicht mehr stören und mir nicht unnötig Kraft nehmen wie in früheren Jahren.*»[35]

Ob er das wirklich glaubte? Ruhe ließ ihm die Frage nie, sie wurde auch immer wieder gestellt. Kein Wunder, dass Brandt sich schon wenige Monate später, am 18. November 1965, beim Chefredakteur des *SFB* Matthias Walden ausdrücklich für die «klare und noble Haltung» für dessen ungewöhnlichen Kommentar in Sachen Emigration bedankte. Mit Schützenhilfe von dieser Seite hatte er offenbar nicht gerechnet: Unter der Überschrift *Die Legende einer Niederlage* (*Quick*) schrieb Walden, wer Brandt nicht wählte, weil er vor Hitler und gegen Hitler nach Norwegen emigrierte, «hat sich selbst disqualifiziert bis in die finsteren Winkel politischer Vor- und Fehlurteile».

Ehrenhafter für einen Deutschen sei es zwischen 1933 und 1945 gewesen, eine norwegische Uniform zu tragen als eine braune deutsche oder eine schwarze deutsche oder auch in vielen Fällen eine feldgraue deutsche. Nicht minder pointiert wandte sich der Autor auch gegen SPD-Analytiker des Wahlergebnisses von 1965, die auf ein «böses, schmähliches» Motiv reduzierten, dass Brandt nicht Kanzler geworden und seine Partei nicht über die 40-Prozent-Hürde gesprungen sei: «Der norwegische Uniformrock soll die Ursache, der deutsche Wähler in all seiner Voreingenommenheit soll schuld gewesen sein. Mit Hilfe dieser Legende spinnen und puppen sich viele SPD-Leute und manche ihrer intellektuellen Freunde schmollend ein.»

Er selbst würde «nicht so weit gehen», ließ Brandt Matthias Walden wissen. Er betrachte die Emigration und die Aktivität draußen «nicht als ein Verdienst und möchte daraus nicht nachträglich einen Maßstab für das Verhalten anderer ableiten». Es wäre der «Aussöhnung nicht zuträglich». Respekt reiche ihm, auf den hätten er und andere Anspruch. Er räumte ein, ohne konkret zu werden, erschrocken sei er gewesen, als er erst nach dem Wahltag (19. September 1965) erfahren habe, was sich in einer Vielzahl von Wahlkreisen tatsächlich abspielte. Seinen Freunden habe er nach der Wahl daher gesagt, sie hätten viel für ihn «mittragen» müssen, und er könne leider nicht wissen, ob seine eigenen Anstrengungen «nicht durch die Wirkungen der Dreck-Kampagne aufgewogen worden seien».[36] Was er Walden nicht schrieb: Fast hätten die Deutschen – Parteifreunde wie Parteigegner – es geschafft, ihn aus der Bahn zu werfen.

Entweder habe er sich zu wenig oder zu überspitzt verteidigt gegen Kampagnen von rechts, gab sein Biograph Hans Georg Lehmann zu bedenken. Ich denke, Brandt hätte dem zugestimmt, er wusste, dass er unsicher war und verletzt. Aber er konnte nicht aus seiner Haut. Folgerichtig kapitulierte er nach der zweiten Niederlage im Jahr 1965 und kündigte öffentlich seinen Entschluss an, nach weiteren vier Jahren, bei den Wahlen von 1969, nicht ein drittes Mal als Kandidat zur Verfügung zu stehen. Aber ausgerechnet die Wahlschlappe 1965 markierte zugleich, wie Lehmann schlüssig aufzeigte, eine Wende im Leben Brandts: «Zunächst schien es so zu sein, als verfalle er in dumpfe Resignation, als könne er seine Depressionen, an denen er politisch litt, nicht überwinden. Zwar blieb er Vorsitzender der SPD, aber er begann in gewisser Hinsicht sein Leben nochmals von neuem. Diese vitae reversio schuf zugleich die Grundlage dafür, dass Brandt eine politische ‹Karriere› zu einem Zeitpunkt neu einleiten konnte, als sie eigentlich bereits beendet zu sein schien.»[37] Mit dem Rücken an der Wand zeigte er sich fähig, ganz neu zu beginnen. Solche Metamorphosen gab es öfter in seinem Leben.

Das könnte erklären, weshalb er sich erst inmitten der sechziger Jahre zur Identifikationsfigur entwickelte. Jetzt, nach herben Rückschlägen, suchte er nicht mehr nach einer Rolle, er brauchte kein «Image», er musste keine Anleihen machen bei Kennedy, er realisierte, dass er die Ressentiments wegen seines Lebenswegs nicht mehr loswerden würde. Damit musste er leben. Erst dieser andere Brandt, dessen Konturen in den späten sechziger Jahren sichtbarer wurden, bot sich als Projektionsfigur an, auf die viele Hoffnungen sich richteten. Erst ihn akzeptierten die Schriftsteller und Intellektuellen, die sich 1961, von Grass geschubst, noch zögerlich zu Wort gemeldet hatten. In der Republik gärte es zunehmend unter der Oberfläche, 1967/68 explodierte das Aufgestaute. Jetzt erst gewann das Exil besonderen Stellenwert zumal bei den Jüngeren, jetzt wurde es positiv konnotiert.

Für ihn behielten die Jahre im Exil ihr besonderes Gewicht, es waren Lehrjahre sondergleichen. Brandt fand gleichwohl, die Sozialdemokraten, von zwei Weltkriegen geprägt und von Heimkehrern aus der Emigration dominiert, mussten auf andere Weise anschlussfähig werden an die moderne Welt.

17. Juni 1953

Seine Reaktion auf den Arbeiteraufstand in Ostberlin und dessen blutige Unterdrückung am 17. Juni 1953 und in den Tagen danach verschaffte ihm erstmals über die Stadtgrenzen hinaus Gehör. Im Bundestag war es Brandt, der vierzehn Tage später, am 1. Juli 1953, für Berlin sprechen sollte: Ein schwieriger Balanceakt, denn die Ostberliner Aufständischen – aus dem Arbeiterprotest entwickelte sich unversehens ein Volksaufstand – waren vom Westen alleingelassen worden, während sie bei den russischen Soldaten und Offizieren zum Teil auf offene Sympathien stießen. Aber sowjetische Standgerichte fällten in Eile sechzehn Todesurteile, in Ostberlin und der russischen Zone wurden annähernd zwanzigtausend Menschen verhaftet. Im Parlament verurteilte Brandt das Zögern, die Arbeiter pries er als Vorkämpfer des Ringens um Einheit in Freiheit, er wetterte gegen alle, die sich in Wahrheit vor einer erfolgreichen Wiedervereinigungspolitik fürchteten. Was genau er befürwortete, wurde nicht recht klar, er drängte auf Verhandlungen auf internationaler Ebene, aber zwischen wem und um was? Die achtzehn Millionen Menschen in der Ostzone, schrieb Brandt, könne man nicht auf den «Sankt-Nimmerleins-Tag» vertrösten». Weder eigenes Handeln noch Nicht-Handeln dürfe dazu führen, dass sich die Verhältnisse im Osten wieder konsolidieren. Verhandlungen schlug er vor, aber um was sollten sie sich drehen? Worauf zielte er, wenn er über die «politische Passivität» klagte, mit welcher der Sowjetregierung das Feld überlassen wurde? Was hätte der Westen machen sollen, um ernsthafte Zweifel an der Glaubwürdigkeit der westlichen Politik zu verhindern? Präziser wurde er nicht, Konrad Adenauer konnte damit leben. Brandt hatte die Stimmung dennoch glänzend getroffen und auf seine Weise kanalisiert, sich dabei aber auch als ein Meister des Ungefähren erwiesen.[38] Vielleicht konnte das in einer Stadt wie Berlin kaum anders sein.

Die nächste Tragödie folgte drei Jahre später – Stalin war 1953 gestorben –, mutige Ungarn revoltierten 1956 in Budapest und riefen den Westen um Hilfe an, wieder gingen sowjetische Truppen brutal gegen die Aufständischen vor, wieder verschanzte sich der Westen ratlos und untätig im Abseits, trotz aller großen Freundschaftsbekenntnisse zuvor.

Auf Westberlin, wo Otto Suhr seit 1955 im Schöneberger Rathaus amtierte, schlug das Vorgehen Moskaus besonders dramatisch zurück. Die Berliner Parteien riefen zu einer Kundgebung vor Suhrs Amtssitz auf, um der erregten Öffentlichkeit ein Ventil zu bieten; auch die Erinnerungen an den 17. Juni 1953 wurden wach. Auf Hunderttausende schätzte Brandt die Zahl der Menschen, die am Abend in Schöneberg zusammentrafen, die Vorsitzenden von SPD und CDU, die die Erregung dämpfen wollten und zur Besonnenheit mahnten, wurden ausgepfiffen. Im Konflikt mit Franz Neumann sammelte er Punkte.[39]

Rasch muss Willy Brandt klar geworden sein, wie explosiv die Lage war. In Krisen behielt er auffallend kühles Blut. Sprechchöre forderten dazu auf, zum Brandenburger Tor und zur Sowjetbotschaft in der Nähe, Unter den Linden, zu ziehen. Um einen wilden Marsch zum Ostsektor abzuwenden, erinnerte sich Brandt, habe er die Menge aufgefordert, mit ihm zum Steinplatz in Charlottenburg zu marschieren, zum Denkmal für die Opfer des Stalinismus im Herzen des Westteils der Stadt. In seiner Rede gelang es ihm dort, die Empörung zu dämpfen, zum Schluss stimmte er das Lied vom guten Kameraden an. Aber einige tausend jüngere Demonstranten zogen unabhängig davon zum Brandenburger Tor, auf dem Weg kam es zu ersten Zusammenstößen mit der Polizei. Brandt erinnerte sich, mit Rut in einem Wagen an die Grenze zwischen dem Westen und Osten der Stadt geeilt zu sein, um Zusammenstöße mit Volkspolizisten oder gar russischen Panzern zu verhindern. Tatsächlich gelang es ihm gemeinsam mit dem Polizeipräsidenten, den Schülern und Studenten zu vermitteln, was geschehen könne, wenn sie sich provozieren ließen. Ein blutiger Zusammenstoß, warnte er vor dem Brandenburger Tor von einem Autodach herab, werde den Ungarn nicht helfen, könne aber in einen Krieg münden. Vor dem russischen Denkmal auf der Westseite des Brandenburger Tores forderte er dann dazu auf, die Nationalhymne anzustimmen. Am Ende habe er Glück gehabt, resümierte Brandt, außer ein paar Blessuren, die englische Militärpolizisten erlitten («aus Rache für Suez!»), war nichts passiert. Seit dem bestandenen Test galt er als der natürliche und unbestrittene Nachfolger für Otto Suhr, der erst 1955 zum Bürgermeister gewählt worden war, aber damals bereits schwer erkrankte. Inzwischen unterstützten ihn Helfer an seiner Seite, auf die er sich verlassen konnte. Vor allem Heinrich Albertz und Klaus Schütz hatte er früh für sein Team gewonnen. Der Pastor kam 1955 aus Hannover und übernahm zunächst das Amt des Senatsdirektors für Volksbildung, erwies sich aber bald als wichtiger Ratgeber und Helfer im innerparteilichen Streit. Unmissverständlich stand er auf der Seite der Reformer. Der vielseitige Klaus Schütz wiederum zählte rasch zu den engsten außenpolitischen Mitarbeitern, auf die Brandt hörte, er riet und drängte ihn nicht nur, in der Landespartei endgültig die Machtfrage zu klären, der «Modernisierer» und Amerika-Kenner beriet ihn auch, nachdem er als Kanzlerkandidat auserwählt worden war. Dritter im Freundes- und Beraterkreis, der länger als alle an Brandts Seite bleiben sollte: Egon Bahr. Von Haus aus war Bahr Journalist wie Brandt, es sollte nicht lange dauern, und die beiden verstanden sich fast ohne Worte. Ohne diese neuen Berliner Freundschaften, ohne das Trio Albertz, Schütz und Bahr, lässt sich Brandts weiterer Aufstieg schwerlich verstehen. Einzelkämpfer war Willy Brandt wider allen Augenschein nie.

Dass für ihn Berlin zum Lernort wurde, an dem er den Umgang mit den außenpolitischen Realitäten, vor allem dem Ost-West-Konflikt, einübte, hat Brandt im Rückblick besonders hervorgehoben. Das dialogische Grundmuster, die pragmatische Schritt-für-Schritt-Politik (Passierscheine), Behutsamkeit, Krisenfestigkeit, aber auch Klarheit in den Grundsätzen, das alles wurde in den nächsten Jahren getestet in seiner Stadt. Berlin lehrte, dass es nicht nur Selbstbewusstsein brauchte, sondern auch Vorsicht – wozu er ohnehin neigte –, nur nicht mit dem Kopf durch die Wand! Historiker wie Siegfried Heimann haben ihm daher attestiert, ähnlich wie Adenauer habe Brandt «über weite Strecken anders geredet als gedacht».[40] In diesen Berliner Hoch-Zeiten erwies sich das als Stärke, nicht als Defizit.

Noch zu Kurt Schumachers Zeiten drängte Brandt allerdings schon auch, die Sozialdemokraten müssten eigene Alternativen zur Außenpolitik der Christdemokraten anbieten. Aber welche? Er forschte nach Spielräumen, wollte aber festhalten am Ziel Wiedervereinigung, ja er suchte zugleich auch eine gewisse Nähe zu Adenauer. Jede Politik, die auf Wiedervereinigung ziele, operierte aus seiner Sicht im Schatten der Atombombe, also der Nuklearkriegsgefahr und eines möglichen dritten Weltkrieges. Jeder Schritt wollte bedacht sein, jeder Fehler konnte ungeahnte Folgen haben. Über die lockere These im Ukraine-Krieg (2022), wer vor einer Ausweitung in einen Nuklearkrieg warne, bestärke Putin nur in seiner Drohpolitik oder rede ihm nach dem Mund, hätte er wohl bloß den Kopf geschüttelt. Das Potential war da, die Gefahr real, Russland atomar bis an die Zähne bewaffnet.

Er hätte gelernt, das ernst zu nehmen, für «feige» hätte er solche Argumente nicht erachtet, für «feige» hielt er 1980 auch die Proteste der Friedensbewegung gegen die Nachrüstung nicht, weil sie fürchtete, der Konflikt könne irgendwann der Kontrolle entgleiten ... Nicht zufällig gehörte es zu den ersten Entscheidungen der sozialliberalen Koalition bereits im November 1969, kaum saßen Brandt/Scheel im Sattel, den Vertrag über die Nichtweiterverbreitung nuklearer Waffen endgültig zu unterzeichnen, den die großen fünf Atommächte initiiert hatten.

Spielraum für eine «alternative» Politik, die nicht als Absage an Adenauers Kurs verstanden werden konnte, suchte Brandt früh in der Debatte über eine «Koexistenz» zwischen Ost und West. In der Frage zeigte er keine Berührungsängste, er kümmerte sich nicht um die Vaterschaft der Idee, die in Moskau sondiert wurde – ähnlich sollte er es später mit den Plänen für eine Konferenz für Sicherheit und Zusammenarbeit halten, die gleichfalls von Moskau propagiert wurden –, unbefangen vereinnahmte er den Koexistenz-Gedanken auch für sich.

George F. Kennan oder die Liebe zum selbstständigen Denken

Am 17. Januar 1958 griff Brandt, nun bereits in der Suhr-Nachfolge Regierender Bürgermeister, erstmals expressis verbis Ideen von George F. Kennan auf. Vor der Steuben-Schurz-Gesellschaft in Berlin berief er sich in seinen «Betrachtungen zur internationalen Politik» auf die legendäre fünfteilige Vortragsserie, die Kennan im Herbst 1957 in der *BBC* gehalten und mit der er eine weltweite Debatte ausgelöst hatte. Als eine Art Brennglas betrachtete der amerikanische Historiker und Diplomat Berlin. Zur Überraschung der weltweiten Zuhörerschaft hatte ausgerechnet der renommierte «Vater» des *Containment*-Gedankens, also der Eindämmung des Sowjetkommunismus, nun ein *Disengagement* favorisiert, also den Rückzug von NATO- und Warschauer-Pakt-Truppen aus Europa. Der Westen, riet Kennan, solle auf seine eigenen Werte, auf die Stärke der Demokratie, nicht auf eine Politik der Stärke vertrauen, wenn er sich selbstbewusst genug zeige, werde sich auch die Lage in Osteuropa ausdifferenzieren.[41]

«Beachtliche Gedanken» attestierte Willy Brandt dem Autor George Kennan. Als eine kleine Sensation muss man seine Reaktion trotz ihrer Behutsamkeit verstehen, denn Kennan war auf scharfe Ablehnung in der Community der Außenpolitiker aller Couleur gestoßen. In der Washingtoner Diplomatie wurde George Kennan inzwischen längst als Außenseiter behandelt, der im Elfenbeinturm seiner Universität gefährliche Kopfgeburten produziere. Willy Brandt berief sich ausdrücklich darauf, sich als verantwortlicher Bürgermeister Berlins und Sozialdemokrat seine eigene Meinung machen zu dürfen. Er war nicht der einsame Held, er brauchte Pilotfische, Kennan zählte früh zu ihnen, oder auch Peter Bender, Egon Bahr, Marion Dönhoff, Günter Gaus, Günter Grass ...

Brandt seinerzeit: Die Welt habe sich seit dem Zweiten Weltkrieg und besonders seit 1950 geändert, die militärtechnischen Voraussetzungen seit dem Koreakrieg und dem Streit um die EVG (Europäische Verteidigungsgemeinschaft) seien neu, und die Entwicklungen in der Sowjetunion sowie dem kommunistischen Teil der Welt zeigten, dass die Weltenuhr nicht stillstehe.

In der Zimmerstraße (in Westberlin) beobachten Passanten am 13. August 1961 Grenzsoldaten der DDR beim Mauerbau. Für Brandt wird der Tag zur Zäsur. Härte muss der Westen zeigen, aber dosiert, so exerziert er das vor. Seine ostpolitischen Überlegungen führt er später häufig vor allem auf dieses Datum zurück.

Zwar relativierte der Redner gleich wie gewohnt, Berlin wolle «keinesfalls so etwas wie eine eigene Außenpolitik machen». Durch «geistige Anstrengungen» und mit politischen Mitteln könne man etwas mehr von dem in Bewegung bringen, was viele vor einigen Jahren noch für unveränderlich hielten.[42]

Zu der Zeit, als er laut nachdachte über Kennan, amtierte Dwight D. Eisenhower noch als Präsident im Weißen Haus. Dass John F. Kennedy ihm nachfolgen und sich aus den Fesseln des Kalten Krieges befreien würde, zeichnete sich nicht ab. Aber tastend und mit tausend Rückversicherungen nahm dieser Redner schon einmal mit Hilfe George Kennans andeutungsweise vorweg, wie etwa die «Westpolitik» zu ergänzen sei. Nicht alternativ, sondern komplementär, möglichst im Konsens. Die Stalin-Note 1952, der Aufstand in Ostberlin 1953, Ungarn 1956, George F. Kennans «Gedankenexperiment», die Wahl Kennedys zum Präsidenten am 8. November 1960, schließlich der Mauerbau am 13. August 1961 und die Kubakrise im Jahr darauf – es waren insbesondere diese Stationen nach den Exiljahren, die man im Auge behalten muss, um das allmähliche Verfertigen des Gesamtkomplexes namens «Ostpolitik» nachvollziehen zu können.

Der Mauerbau 1961 beruhigte paradoxerweise die Lage, wie John F. Kennedy vorausgesagt hatte. Willy Brandt und seine Freunde mussten zur Kenntnis nehmen, wie West und Ost sich darauf einrichteten, dass auf absehbare Zeit zwei deutsche Staaten nebeneinander existieren würden. Die Teilung würde sich vielleicht mildern, aber nicht beseitigen lassen.[43] Offen sprach Kennedy aus, er halte die Lage damit für konsolidiert, da die DDR keine Angst mehr hatte, in Kürze auszubluten. Auf dem Boden dieser neugeschaffenen Realität suchte Washington nach Wegen, das Verhältnis zu Moskau zu entspannen. Willy Brandt muss spätestens bei seiner Reise im Herbst 1961 nach Amerika klar geworden sein, dass die Schutzmacht, von der Berlins Schicksal abhing, die Wiedervereinigungspolitik – sofern es nicht ohnehin nur Lippenbekenntnisse waren – nicht weiterverfolgte. Mehr noch, John F. Kennedy und seine außenpolitischen Ratgeber wünschten ausdrücklich, die westdeutsche Regierung solle ihr Verhältnis zu Osteuropa stärker «normalisieren». Brandt stapelte eher tief mit dem Satz, es sei darum gegangen, Steine aus der Mauer zu brechen und die Zukunft der Stadt Berlin zu sichern, die unter dem Mauerbau im Alltag am schwersten litt. Priorität hatten die erwünschten «menschlichen Erleichterungen» im Alltag. Aber eingebettet war das früh in den größeren Zusammenhang von Entspannung und Normalisierung. 1953 (Ostberlin) und 1956 (Ungarn) durften sich nicht wiederholen.

Kleine Schritte stellten weder grundsätzlich die Existenz der DDR in Frage, noch liefen sie den Einheitsbekenntnissen zuwider. Brandt konnte nicht verborgen bleiben, dass der gewaltige Exodus von DDR-Bürgern bis zum 13. August 1961 die ohnehin unsichere DDR-Führung noch unsicherer gemacht hatte – und von der neuen Mannschaft in Bonn befürchtete sie das Schlimmste, eine heimliche Umarmung, die ihr die Luft rauben könnte.

Der Tod Peter Fechners am 17. August 1962 an der Mauer auf

Ostberliner Stadtgebiet bedeutete noch einmal eine Zäsur mit enormen psychologischen Folgen. Im Gespräch kam Willy Brandt häufig darauf zurück. Grenzsoldaten hatten gezielt auf den 18-jährigen Bauarbeiter geschossen, als er in den Westen zu fliehen versuchte, sie ließen den Schwerverletzten an der Grenzbefestigung verbluten. Logisch, dass der erregte Protest, den die Bilder von dem sterbenden Fechner auslösten, auch heftige Demonstrationen gegen die amerikanische Schutzmacht und den hilflosen Berliner Senat auslösten. Brandt ließ das keine Ruhe. Wenige Wochen darauf kam es zur Kubakrise, der gefährlichste Konflikt, in den Amerika und die Sowjetunion sich je verwickelten. Kennedy zog daraus die keineswegs selbstverständliche Folgerung, verstärkt Wege der Entspannung auszuloten, um eine Wiederholung oder gar einen atomaren Krieg zu verhindern. Er müsse schon wegen der exponierten Rolle Berlins sichtbarer und aktiver werden, glaubte Brandt, die Bonner Deutschlandpolitik stecke in der Sackgasse. Außenminister war er nicht, er saß nicht in Adenauers Kabinett, aber er wollte seinen Spielraum ausdehnen. Er wurde ungeduldiger, unruhiger.

Fünf Monate nach dem Mauerbau, Anfang 1962, ließ Brandt erstmals erkennen, dass er bereit wäre, mit Ostberlin über Besuchsmöglichkeiten wenigstens zwischen West- und Ostberlin zu sprechen. Wenige Monate später unterbreitete die DDR ein Verhandlungsangebot, immer mit dem Hintergedanken, auf diesem Umweg die westdeutsche Seite zur staatlichen Anerkennung bewegen zu können. Kurz vor Weihnachten 1963 war es so weit, das Passierscheinabkommen erlaubte wenigstens für gut vierzehn Tage bis zum 5. Januar den Besuch von Westberlinern bei Familienangehörigen und Verwandten im Osten. Für die geteilte Stadt bedeutete es eine psychologische Entlastung sondergleichen. Willy Brandt zog später gerne eine gerade Linie von den «kleinen Schritten» bis zum Mauerfall 1989, auch wenn er sich vor simplen Kurzschlüssen hütete.

Neues Denken, aber auf amerikanischem Boden

1963 Zurückblenden möchte ich für einen Moment auf die beiden Vorträge an der *Graduate School of Public Administration* an Harvards renommierter *Ivy League University.* Im März 1963 ließ Brandt sie – um ein drittes Kapitel erweitert – als kleines Büchlein publizieren. Der Schritt war wohlüberlegt und mit seiner «heiligen Familie», wie das Trio Egon Bahr, Klaus Schütz und Heinrich Albertz gern apostrophiert wurde, gründlich erörtert worden. Die neue Politik sollte ausdrücklich zur Debatte gestellt werden. Allein das schon bedeutete in der Adenauer-Republik ein Novum. Mit den Reden in Harvard nahm die Ostpolitik in ihrer Vielschichtigkeit erstmals konkreter Gestalt an.

Emanzipieren konnte sich die deutsche Politik nur mit, nicht gegen die USA, nur mit, nicht gegen John F. Kennedy. Nicht um ein national grundiertes «Germany first» ging es dabei, obwohl ihn beschäftigte, weshalb die Christdemokraten nicht gleichfalls für mehr Eigenständigkeit der deutschen Politik plädierten. War Eigenständigkeit immer dann falsch, wenn Sozialdemokraten sie anstrebten? Tatsächlich folgte die Reaktion reflexartig – seit dieser frühen Phase wurden alle Gehversuche gebrandmarkt als Abwendung von den USA, «Schaukelpolitik» oder «Finnlandisierung». Ausgerechnet dem «Amerikaner» Brandt wurde unterstellt, die Loyalität gegenüber den USA aufkündigen zu wollen. Aus zeitlicher Distanz erscheinen die Unterstellungen doppelt absurd. Für Brandt handelte es sich nicht um eine taktische Frage, sein Amerikabild hatte sich geformt im Exil, 1940 spielte er mit dem Gedanken an eine Emigration, *last exit* USA, für die Viermächtestadt Berlin – das hatte die Luftbrücke ein für alle Mal demonstriert – blieb das amerikanische Solidaritätsversprechen überlebensnotwendig, und generell dachte er über die Westbindung nicht anders als Konrad Adenauer. Ohne diese Anbindung wäre die Politik ohnmächtig, zudem glaubte er – anders als Franz Josef Strauß – gerade nicht, die Bundesrepublik habe lange genug «gebüßt» und sich inzwischen als normale Demokratie jede Menge Handlungsfreiheit verdient. Obendrein hatte er das Auftreten Kennedys seit seiner Wahl sorgfältig studiert und war davon

John F. Kennedy besucht Berlin am 26. Juni 1963, die Stadt jubelt dem Präsidenten begeistert zu. Sein Satz «Ich bin ein Berliner» wird legendär.

überzeugt, der amerikanische Präsident suche Auswege aus der fatalen Logik des Kalten Krieges. John F. Kennedys Rede vom 4. Juli 1962, prophezeite er, werde wahrscheinlich als ein der Monroe-Doktrin vergleichbares Dokument in die Geschichte eingehen. Nur dass die Monroe-Doktrin, die den europäischen Kolonialismus vom amerikanischen Kontinent verbannte, im Grunde defensiv konzipiert sei, die Kennedy-Doktrin hingegen offensiv in die Zukunft weise, sie verbinde das Prinzip der nationalen Unabhängigkeit «mit der Anerkennung gegenseitiger Abhängigkeit».[44] Und endlich auch dies, als sei es nur eine Randfrage: Von Harvard aus konnte er sich bei aller Vorsicht erlauben, ein klein wenig auf Distanz zum großen Monument Adenauer zu gehen, wenn er reflektierte über «Koexistenz in Ost und West», ohne eines Tabubruchs bezichtigt zu werden, da er damit Kennedys Vortasten doch lediglich loyal unterstützte.

«Koexistenz», dozierte Brandt daher gleich zu Beginn bei seinem Auftritt im Elfenbeinturm von Cambridge (Mass.), werde zwar von der sowjetischen Propaganda ständig benutzt und missbraucht, ja es werde gerade bei Blockfreien gleichgesetzt mit «Friedenspolitik». Aber weder sei es eine Erfindung noch ein Monopol der Sowjets, sondern eine «Grundidee der Demokratie».[45] «Wahre Koexistenz», wie er sich ausdrückte, sei ein «langfristiger Test unserer geistigen, politischen, ökonomischen und auch militärischen Lebenskraft», sie sei ein «Wagnis». Gegen Adenauers «keine Experimente» plädierte er damit erstmals ausdrücklich dafür, ein Experiment zu wagen. Damit lockerte er nicht die Anbindung an Amerika, sondern jene an Konrad Adenauer, ohne deshalb in die schrill nationale Stimmlage von Kurt Schumacher zu verfallen.

Selbstverständlich klang seine Botschaft auch für amerikanische Ohren nicht: Politische Koexistenz, so übersetzte der Redner das umstrittene Wort – es tauchte neuerdings auch in Moskau auf – vor dem Auditorium aus Studenten und Professoren, meine ursprünglich nicht «feindliches Nebeneinander», sondern ein Miteinander, das auf «gegenseitiger Duldung und Achtung der Eigenarten und Auffassungen des anderen» gründe, es sei die «eigentliche Form des geschichtlichen Lebens zivilisierter Völker», ja die «einzig mögliche Form eines friedlichen und vernünftigen Zusammenlebens». Für Brandt führte der Gedanke damit weit über die Ost-West-Problematik hinaus. Vor allem gehe es um die «Integration der Entwicklungsländer», um das Verhältnis zwischen den «reichen und den armen Völkern» und um die Gefahr einer «totalen Selbstvernichtung der Menschheit», die technisch möglich wurde. Brandt erlaubte sich sogar von einer «Vision» zu sprechen, nämlich einer *entente économique*, einem «offenen Club», der für die Entwicklungsländer besonders attraktiv sei.[46] «*Die Welt wird erst dann sicher sein, wenn Milliarden Menschen in den nächsten dreißig oder vierzig Jahren Zugang zu den Errungenschaften des Fortschritts der modernen Industriegesellschaft finden können ... Das Ost-West-Problem wird nun schon seit Jahren von einem Nord-Süd-Problem begleitet und beeinflusst. Eines Tages mag es davon sogar überlagert werden.*» Vor allem in diesen Ländern des Südens werde künftig die Koexistenz als friedlicher Wettkampf ausgetragen. Im Jahr 2000 würden die Historiker – der deutsche Redner wagte die Prognose vor den amerikanischen Hörern – weder auf ein amerikanisches noch auf ein sowjetisches Jahrhundert zurückblicken.⁴⁷ An den Gedanken sollte er sehr viel später an der Spitze der Nord-Süd-Kommission wieder anknüpfen, die die Vereinten Nationen einrichteten, wobei er sich vorwarf, nicht konsequent und intensiv genug das Thema weiterverfolgt zu haben. Dennoch, er nahm eben auch diese andere Mauer, die zwischen Nord und Süd, in den Blick. Die Methode Ostpolitik, hieß das überraschend früh und ungewohnt offensiv, würde sich auch übertragen lassen auf andere Problemfelder in der Welt.

«Zusammenleben ohne den Lärm der Waffen?» Mit dieser Formel in Harvard meinte er – Brandt sprach jetzt ganz, wie er dachte – offensichtlich eine Alternative zur Politik der Stärke, auf die auch der Westen vertraute. Darin steckte das wirkliche Novum: Der Redner in Harvard verlangte nicht misstrauisch vom neuen Präsidenten Bekenntnisse als Schutzmacht und zugleich zur Wiedervereinigung als verpflichtendem Ziel, er nahm sich die Freiheit, sich in die großen Fragen der Ost-West- sowie der Nord-Süd-Beziehungen, auch der drohenden Atomkriegsgefahr einzumischen.

Nahm er den Mund damit zu voll? Beziehen konnte Brandt sich auf seine Rolle als Berliner Bürgermeister, auf seine Stadt, die bis zum 13. August 1961 «ein Modellfall friedlichen Wettbewerbs» gewesen sei. Nun, nach der Mauer, verschaffte ihm das den Freiraum, entschiedener als bisher nach einem neuen «modus vivendi in der Berlin-Frage» zu suchen, «ohne den Zusammenhang mit den umfassenderen Problemen aus den Augen zu verlieren».⁴⁸

In der ersten Aufwallung, am 13. August 1961, hatte es anders geklungen, mittlerweile waren Ost und West während der Kubakrise haarscharf an einem neuen Weltkrieg vorbeigeschrammt. Der Realist Brandt: «*So schwer es auch ist: Wir müssen mit der Mauer leben.*»
«*Die sichtbare Erbitterung der Berliner zeigt, dass sie aus der Vergangenheit gelernt haben: Sie werden Unrecht niemals mehr einfach hinnehmen. Die gerechte Empörung leidender Menschen wird durch den Willen zum Frieden gezügelt. Aber sie können auf Dauer nicht leben ohne die Vorstellung, wie die Zukunft aussehen wird. Der augenblickliche Schwebezustand muss umgeformt werden zu einer vernünftigen Zwischenlösung, die eine gewisse Stabilität verspricht und die den eigentlichen Sinn Berlins, Hauptstadt zu sein, nicht auslöscht.*»⁴⁹

Weder als Falke noch als Taube sprach er in diesem Moment. Und auch über eine Anerkennung der DDR dachte er zu dem Zeitpunkt lieber nicht laut nach. Aber, so seine Botschaft dennoch unmissverständlich, die Suche nach neuen Perspektiven im festgefahrenen Ost-West-Verhältnis müsse mit einem realistischen Erkennen der Lage beginnen. Berlin stellte er als erstes Testfeld vor. Ohne den Kanzler zu desavouieren, hatte er dazu als Bürgermeister sein eigenes Recht.

Ziel Nikita Chruschtschows seit vier Jahren, seit dem Beginn der Berlin-Krise 1958, sei es erstens, einen Atomkrieg zu vermeiden, argumentierte Brandt, zweitens wolle er das westliche Bündnissystem aufweichen (also das westliche Deutschland seinen Verbündeten entfremden und damit das Vertrauen in die Garantien der Vereinigten Staaten zerstören), drittens die blockfreien Länder auf seine Seite ziehen. Gemeinsam verfolge man also immerhin die Idee, einen Zusammenstoß der Nuklearmächte zu verhindern, das biete einen «Ansatzpunkt». Zwischen beiden Seiten hielt er ein Abkommen darüber für möglich. In keinem Land Europas, in dem der Wille des Volkes in Wahlen gemessen wird, habe der kommunistische Einfluss zugenommen, im Gegenteil, das kommunistische Lager differenziere sich auseinander, es gebe schon «keinen ganz einheitlichen Ostblock mehr».

Strategische Positionen räumte Brandt damit noch nicht wirklich, aber er wollte etwas grundsätzlich Neues: Ausgerechnet der Bürgermeister aus der Stadt mit der Mauer empfahl auch für die Ost-West-Beziehungen Tuchfühlung und Dialog. Auf die übliche Formel, das Bekenntnis zur Wiedervereinigung, verzichtete Brandt schließlich, stattdessen riet er, «um jeden Millimeter menschlicher Erleichterungen und praktischer Lösungen zu ringen». Kleine Schritte, hieß das, hatten Priorität. Über alles Weitere muss man endlich reden.

Vor diesem Forum scheute der Redner sich nicht, auf sein Exil zu verweisen – hier verschaffte es ihm Respekt. In Amerika wagte er sogar eine Parallele, die man von ihm sonst nicht zu hören bekam, er verschmolz die Opposition gegen Hitler mit seiner Haltung gegenüber dem kommunistischen Osten. «*Meine eigenen unvergesslichen Erfahrungen aus dem norwegischen und aus dem Berliner Widerstand*», formulierte der Redner, «*haben mir gezeigt, was moralische*

Stärke als Kraftquelle politischen Handelns bedeutet.»⁵⁰ Immerhin traute er sich im gleichen Atemzug zu, eine Art Tagesordnung für die neue Atlantische Partnerschaft, Amerika und Europa, zu skizzieren, ohne dass es anmaßend klang.⁵¹ Europa, fuhr der Redner selbstbewusst fort, sei größer, als manche meinen, es sei stärker, als andere gern glauben möchten, und jünger, auf der Basis dürfe man die Partnerschaft nicht nur als «militärische Allianz» verstehen.

Der Westen solle auf eine «Gegen-Ideologie» oder ein «Anti-Dogma» verzichten, argumentierte Willy Brandt weiter, wir wüssten, «warum wir auf dieser Seite leben wollen», es sei unser «großer politischer Trumpf, dass weite Lebensbereiche von jeder politischen Einwirkung frei sind», Freiheit sei Stärke, und wir brauchten Vertrauen in die eigene Sache.⁵² Da sprach nicht mehr der *liberal cold warrior*, der junge Mann Reuters, der Bürgermeister, der dem Mauerbau ohnmächtig zusehen musste. Es sprach vielmehr einer, der John F. Kennedy ernst nehmen wollte und der fast im Wortlaut zurückgriff auf George F. Kennan, der dringend eine Alternative zur «Politik der Stärke» empfahl und zugleich dem Westen mehr Selbstvertrauen wünschte. Im Umkehrschluss hieß das immerhin, der Westen trumpfe mit großen Worten auf, weil er sich unsicher fühle. Brandt wusste, dass Kennan sich mit solchen Urteilen den Vorwurf einhandelte, das eigene Nest zu beschmutzen. Dass er sich dennoch diesen Kronzeugen suchte und gerade in Harvard, also auf amerikanischem Boden, tabulos nachdachte, war ein wohlüberlegter Schachzug, um jedem Verdacht vorzubeugen, die Deutschen wollten sich damit vom Westen verabschieden, wenn sie sich der Logik und Sprache des Kalten Krieges zumindest vorsichtig widersetzten. Die Zuhörer konnten es nicht wissen, aber sie hatten Willy Brandts nächste politische Wende erlebt. Allerdings: Unvermittelt erinnerte er nun doch noch an die «Pflicht zur Wiedervereinigung», die sich aus der «Achtung vor dem Recht» ergebe.⁵³ Das klang wieder überraschend konventionell, als verlasse ihn der Erneuerungsmut auf halber Strecke. Ausgerechnet von der Bundesrepublik könne man nicht verlangen, dass die Oder-Neiße-Linie anerkannt werde, darin irrten die Verfechter einer Zwei-Staaten-Theorie.⁵⁴ Hatte er sich zu weit vorgewagt? In Harvard exerzierte Brandt vor, dass die Ostpolitik kein einmaliger

Akt war, auf eine Formel gebracht, sie entstand beim lauten Nachdenken, peu à peu, zwei Schritte vor, ein Schritt zurück, *trial and error*.

Denkübungen in Tutzing

Erstmals machten Willy Brandt und Egon Bahr in der Evangelischen Akademie Tutzing am 15. Juli 1963 deutlich, sie könnten bereit sein, die Realitäten anzuerkennen. Das ging über Harvard eindeutig hinaus. Mit seiner legendären Formel vom «Wandel durch Annäherung» ging Brandts engster Vertrauter, Egon Bahr, freilich in aller Öffentlichkeit weiter als der «Chef» (Bahr über Brandt) selber. Brandt, der anders als ursprünglich vorgesehen bei der Konferenz zufällig erst nach Bahr zu Wort kam, distanzierte sich vorsichtig. Zwar hielt er den Begriff für genial, der Freund war ein Meister solcher Zuspitzungen, aber für missverständlich und ein wenig zu forsch, zumindest zu diesem Zeitpunkt. Mauerbau und Kubakrise hallten noch nach. Drei Monate zuvor, im April 1963, hatte die CDU/CSU-Fraktion – von der FDP bedrängt – mehrheitlich entschieden, Ludwig Erhard als Kanzlernachfolger zu nominieren. Brandt zeigte sich zu diesem Zeitpunkt fest entschlossen, bei den nächsten Bundestagswahlen ein zweites Mal anzutreten.

Sowjetische Diplomaten suchten zwei Jahre nach dem Mauerbau, 1963, Kontakt mit Westberlins Bürgermeister. Nikita Chruschtschow bot an, ihn im Ostteil der Stadt zu treffen. Und nicht allein Moskau, auch Ostberlins Regime suchte eine gewisse Annäherung über die Mauer hinweg, denn die Stimmung im Kessel DDR wurde zunehmend explosiver. Die Christdemokraten, die Brandts Senat mittrugen, lehnten kategorisch ab, auf die Gesprächsofferte aus Moskau einzugehen. Rückenstärkung aus Bonn war ohnehin auszuschließen, die Hallstein-Doktrin durfte auf keinen Fall aufgeweicht werden. Ob Willy Brandt wirklich zunächst entschlossen war, wie er in den *Erinnerungen* festhielt, den Tabubruch zu wagen, bleibt dahingestellt, es hätte ihn niemand hindern können, und seiner Popu-

Brandt im Gespräch mit Egon Bahr, seinem Staatssekretär im Bundeskanzleramt, Juni 1972. Noch sind die Ostverträge, die Bahr aushandelte, nicht über alle parlamentarischen Hürden. Respektvoll nennt Bahr ihn «Chef». Zusammen sind sie «das einflussreichste politische Freundespaar, das die Republik je hatte», wird Richard von Weizsäcker ihnen nachrühmen.

larität in Berlin hätte es keinen Abbruch getan. Ob es Rücksicht auf die Christdemokraten, ob es seine Neigung zu Vorsicht beim Explorieren von Neuland war, die ihn bremsten? Eine klare Antwort darauf gab er nicht. Drei Jahre später, 1966 – der CDU in Bonn mit dem unschlüssigen Ludwig Erhard im Palais Schaumburg entglitt rasch die Macht –, kümmerten ihn solche Bedenken dann nicht mehr, er traf sich mit dem Moskauer Botschafter in Bonn, Andrei Smirnow, mehrfach auch mit dem sowjetischen Emissär in Ostberlin, Pjotr Abrassimow. Damit signalisierte er seine Bereitschaft, jetzt über einen größeren Schritt in Richtung Anerkennung Ostberlins nachzudenken. Systematisch, wenn auch behutsam und stufenweise befreite sich Brandt von den Fesseln der lange Jahre eingeübten Deutschlandpolitik Adenauers, seine eigenständige Haltung nahm langsam Kontur an.[55]

Im gleichen Jahr, 1966, wechselte er endgültig von Berlin nach Bonn. Die Große Koalition unter Kurt Georg Kiesinger (CDU), bis dahin Ministerpräsident Baden-Württembergs, löste die Regierung Ludwig Erhards ab, Willy Brandt erklärte sich nach langem Zögern bereit, als Außenminister und Vizekanzler in ein Kabinett Kiesinger zu gehen. Er wusste, wie groß die Vorbehalte in der jüngeren Generation, im «geistigen» Milieu der Republik, von Böll bis Grass, nicht zuletzt auch in den Gewerkschaften gegen eine solche «Elefantenhochzeit» der beiden großen Parteien waren. Aber der starke Mann im Hintergrund, Herbert Wehner, setzte sich durch, die Sozialdemokraten sollten endlich an der Macht partizipieren. Nur so könne ihr legitimer Anspruch auf gleichberechtigte Mitsprache in der Republik gesichert werden. Brandt hatte seine Zweifel. Aber zwei Mal, 1961 und 1965, war er als Kanzlerkandidat gescheitert, was er nicht zuletzt sich selbst anlastete, seiner Biographie, deretwegen die Deutschen ihn ablehnten, wie er meinte. Er lenkte ein. Es folgten drei Jahre an der Spitze des Auswärtigen Amtes zwischen Adenauer-Allee und Rheinufer, in denen er einen Kurswechsel in der Deutschlandpolitik vorbereitete, die Hallstein-Doktrin auflockerte, während Egon Bahr mit den konkreten Vorarbeiten an der Ostvertragspolitik begann. Aber das Konzept insgesamt blieb in den Schubladen, die kühne Agenda blieb hinter den Kulissen verborgen.

Dass Brandt gewillt war, die Idee einer neuen Politik gegenüber Moskau und Ostmitteleuropa konsequent weiterzuverfolgen, machte der Herbst 1968 unmissverständlich deutlich. In den Morgenstunden des 21. August rollten Panzer des Warschauer Pakts in Prag ein, Soldaten besetzten zunächst das Rundfunkgebäude, sie sollten dem «Prager Frühling» und der Regierung Alexander Dubčeks gewaltsam ein Ende bereiten. In einer Rede als Außenminister gut vier Wochen darauf, am 26. September, versicherte Brandt im Bundestag, «unsere Politik der ausgestreckten Hand nicht ändern» zu wollen. Man müsse die «Früchte ernten, wenn sie reif sind». So deprimierend es sei, wenn Panzer gegen den eigenen Weg eingesetzt werden, für den sich ein ganzes Volk entschieden hat – aussichtslos sei der Kampf um Frieden und eine «europäische Friedensordnung» darum nicht. Er vergaß nicht, dies mit einem ausdrücklichen Bekenntnis zu den Vereinigten

Staaten – ohne die es den Westen nicht gebe – und zur Militärallianz zu verbinden. «*Ich meine, wir müssen auch jetzt wissen, dass wir ‹USA› sagen, wenn wir ‹Bündnis› sagen.*»[56]

Wie auf den Mauerbau 1961, so reagierte Brandt auf die gewaltsame Niederschlagung des «Prager Frühling» 1968, den er als «erregendes historisches Experiment», ja als Versuch betrachtete, «Humanität und Kommunismus, Demokratie und Sozialismus östlicher Prägung miteinander zu versöhnen». Weder dürften wir uns die «Federn der Tschechen» an den Hut stecken noch Trauerflor tragen. Der historische Prozess sei durch eine Okkupation nicht beendet. Gerade die Besetzung habe gezeigt, «dass Panzer keine Ideen unter ihren Ketten zermahlen können».[57]

Unter der Oberfläche der Großen Koalition schlummerte spürbar etwas, was trotz Kurt Georg Kiesingers Kompromissbereitschaft – die Politik der «ausgestreckten Hand» nach dem Prager Herbst trug er durchaus mit – in dieser Konstellation nicht einzulösen war. Brandt fühlte sich nicht frei, er wartete auf einen Machtwechsel, der aber keineswegs sicher war. Zwei Niederlagen immerhin, gegen Adenauer und gegen Erhard, hatte er hinter sich.

VII
«Und was issen Fortschritt? Bisschen schneller sein als die Schnecke»
Zum Beispiel Günter Grass

I

Im Frühsommer, beizeiten vor der Bundestagswahl vom 17. Oktober 1961, organisierte Günter Grass ein Gespräch mit den Freunden der «Gruppe 47». Bei dem Treffen der einflussreichen Schriftstellervereinigung sollte die Idee für eine Wortmeldung der Autoren zur Bundestagswahl ventiliert werden. Bis dahin galt derlei als tabu. Kurzerhand wurde die Idee für ein *rororo*-Bändchen geboren, eine damals hochpopuläre Reihe, das noch während der Wahlauseinandersetzung unter dem Titel *Die Alternative oder Brauchen wir eine neue Regierung?* erscheinen sollte. Martin Walser betreute es als Herausgeber, zwanzig Autoren beteiligten sich an dieser ungewohnten Einmischung in deutsche Zustände.

Günter Grass, der in Berlin lebte, hatte den Regierenden Bürgermeister gerade erst persönlich kennengelernt. Dass bald eine Mauer quer durch die Stadt errichtet und den Ostteil vom Westteil abriegeln würde, ließ sich noch nicht absehen. Mutig hatte die SPD immerhin den populären Berliner Willy Brandt als Herausforderer des Kanzlers – noch hieß er Konrad Adenauer – trotz begrenzter Erfolgserwartungen ins Rennen geschickt. Bei dem Buchprojekt, das den versammelten Autorinnen und Autoren der «Gruppe 47» vorschwebte, sollte es sich jedoch nicht so sehr um eine Promotion für den Kanzlerkandidaten handeln, vielmehr wollten sie ihre Vorbehalte gegenüber der christdemokratischen Regierung artikulieren, Konrad Adenauer (Jahrgang 1876) wirkte zunehmend ermattet.

Keiner der Autoren, hieß es im Vorwort, verfüge über ein politisches Programm, jeder habe andere Vorstellungen eingebracht zum künftigen politischen Kurs, gemeinsam sei den Beteiligten lediglich «die Besorgnis über den Bestand der Demokratie», die satt geworden sei und dem Trägheitsgesetz mehr folge als dem einer «steten Selbstprüfung, Selbstreinigung gar». Nicht ohne Pathos beriefen sich die zwanzig Autoren auf eine französische Tradition, von Voltaire über Émile Zola bis Jean-Paul Sartre hätten sich immer «Männer der Feder auch als Gewissen der Nation» verstanden. Der Beitrag von Günter Grass, «Wer wird dieses Bändchen kaufen?», erschien als Vorabdruck in der ZEIT, das kleine Taschenbuch erwies sich als ungewöhnlicher Erfolg, 75 000 Exemplare wurden allein in den vier Augustwochen verkauft. Das hieß, die Atmosphäre im Lande lud sich politisch auf, der Stabilitätsgarant Konrad Adenauer galt plötzlich nicht mehr als sakrosankt.

Eine solche Intervention selbst schon kam einer kleinen Kulturrevolution gleich. Politik war aus Sicht Adenauers und der Christdemokraten allein Sache von Berufspolitikern, die Mitsprache von «Unbefugten» galt als unerwünscht (zu den «Unbefugten» zählte die Regierungspartei kaum verhüllt auch die SPD-Opposition), aber auch die kritischen Geister der «Gruppe 47» hatten sich in ihrem Elfenbeinturm recht behaglich eingerichtet. Streiten wollten sie bis dato lieber um Literatur, Fragen der Ästhetik standen für sie weit eher im Vordergrund als die leidige Politik. Oder die Autoren (hauptsächlich Männer) stritten sich die Köpfe heiß darüber, ob beispielsweise Martin Heidegger, Ernst Jünger, Carl Schmitt und Gottfried Benn trotz ihrer Verwobenheit mit dem Hitler-Regime tatsächlich einen herausragenden Platz auch in der jungen Bundesrepublik einnehmen sollten. Unerheblich war das keineswegs, dennoch spielte sich diese Kontroverse um die geistige Verfassung der Republik am Rande, im Feuilleton ab.

Willy Brandt, seit vier Jahren Bürgermeister, kandidierte zum ersten Mal, als die jüngere Schriftstellergeneration sich mit aufregenden Werken zu Wort meldete, Günter Grass (*Blechtrommel*, 1959), Hans Magnus Enzensberger (*Verteidigung der Wölfe*, 1957) und Martin Walser (*Ehen in Philippsburg*, 1957) voran. Man ahnte, nicht allein über Belastungen aus der Vergangenheit wollten sie debattieren, zunehmend wagten sich die Jüngeren heraus aus dem literarischen Schutzraum. Sie hatten sich nicht die Finger verbrannt in den Hitler-Jahren, sie mussten sich nicht erklären oder rechtfertigen, Politik hielten sie auch nicht für ein «schmutziges Geschäft», das man am besten Berufspolitikern oder der Staatspartei CDU überlässt. Etwas Neues lag in der Luft, ein anderer Ton.

Prompt empörte sich die *FAZ* in ihrem Feuilleton – heute undenkbar – über den Aufruf zur Wahl der SPD, die Autoren sähen «nicht mit den Augen der Kritik, sondern mit denen des Hasses» auf die Republik. Kritik müsse sich durch «Liebe zum Staat rechtfertigen». Anders als die Frankfurter Zeitung meine, handele es sich nicht nur um eine «kleine Gruppe», stellte einer der Beteiligten, Klaus Wagenbach, seelenruhig klar, «alle namhaften Autoren zwischen 25 und 50 Jahren» stimmten in den Ruf nach einer «Alternative» ein. Tatsächlich listete er dann eine Reihe ansehnlicher Namen auf: Heinrich Böll, Paul Schallück, Günter Grass, Wolfgang Hildesheimer, Uwe Johnson, Wolfgang Koeppen, Peter Rühmkorf, Walter Höllerer, Günter Eich, Hans Magnus Enzensberger, Wolf Dietrich Schnurre, Hans Werner Richter, Alfred Andersch, Martin Walser, Siegfried Lenz, Heinz von Cramer, Walter Jens, bis hin zu den jüngsten Autoren wie Christoph Meckel, Herbert Heckmann und Klaus Roehler. Wagenbach erwiderte damit auf Günther Rühles Kritik vom 6. Oktober 1961 an der Streitschrift. Ironisch qualifizierte er Rühles Reaktion auf das Plädoyer für eine Alternative als einen «Eintrag ins Klassenbuch», den versammelten Autoren würden «schlechte Zensuren» erteilt, weil Kritik in der *FAZ* wohl immer noch als Hass, Sabotage oder Volksverrat gelte. Ginge es nach Rühle, sollten die kritischen Geister wohl besser «nach drüben» gehen.[1]

Bei seinem bundespolitischen Startversuch von 1961 als Kanzlerkandidat konnte Brandt sich also auf einen veränderten Zeitgeist berufen, der sich in solchen Kontroversen artikulierte. «Geist und Macht» näherten sich erstmals einander an. Auch führende Protestanten der EKD intervenierten mit Denkschriften zur Modernisierung des Bildungssystems und zur Anerkennung der Oder-Neiße-Grenze, namhafte Atomphysiker (Werner Heisenberg und Carl Friedrich von Weizsäcker darunter) widersetzten sich leidenschaftlich einer Ausstattung der Bundeswehr mit Atomwaffen. Gewöhnen musste man sich plötzlich an ein dissonantes Stimmengewirr, das obrigkeitliche Politikverständnis der fünfziger Jahre erschien nicht länger als selbstverständlich.

Andererseits: Noch im Wahlkampf 1961 – bis zum Mauerbau – scheute sich die SPD unter Brandts Führung, das Wählerpublikum mit allzu viel Politik zu konfrontieren. Auf den Plakaten («Voran mit Willy Brandt», «Wohlstand ist für alle da», «Wir schaffen es») prangten Fotos des Kandidaten, nicht mehr handgemalte Portraits, die Farbe Rot wurde verbannt, um Assoziationen mit der Einheitspartei in Ostdeutschland zu vermeiden. Aber Willy Brandt präsentierte sich auf einer «Deutschlandfahrt» quer durch die Bundesrepublik als modisch-gediegener Kandidat, der die Konturen seiner Partei eher abschleifen wollte. Wenn möglich stand er im offenen Mercedes-Cabriolet (cremefarben, nicht im staatstragenden Schwarz), winkte dem Publikum mit seinem grauen Homburg zu und versprach ein Füllhorn sozialer Wohltaten, um Ludwig Erhard auszustechen. In seiner Partei war eine solche Personalisierung nicht unumstritten.

Erst am 13. August änderte sich das abrupt: Die Mauer ließ gar nichts anderes zu, nun mussten die Wahlkämpfer wohl oder übel prononcierter über Politik sprechen, in Moskau suchte ein offensiver Generalsekretär, Nikita Chruschtschow, die Anschlussfähigkeit seines Sowjetimperiums zu demonstrieren. Immerhin hatte er dem Westen mit dem erfolgreichen Sputnik sowie dem Bau moderner Interkontinentalraketen einen gehörigen Schock eingejagt. Mehr noch, der Kreml-Chef hatte zutreffend diagnostiziert, dass die Westalliierten die Bewegungsfreiheit zwischen den Sektoren nicht mit Waffen verteidigen würden.

Zwar büßten die Christdemokraten bei den Bundestagswahlen

im September 1961 ihre absolute Mehrheit ein, die sie 1957 erobert hatten, die Sozialdemokraten legten 4,5 % zu – nur ein enttäuschender Achtungserfolg, kein wirklicher psychologischer Durchbruch für Brandt. Die FDP, die die Adenauer-Müdigkeit offensiv nutzte («Für die CDU – ohne Adenauer», stand auf ihren Plakaten), triumphierte mit 12,8 %. Adenauer drohte den Liberalen zeitweise sogar mit einer Großen Koalition, bis sie ihm nach einem quälenden Handel hinter den Kulissen gegen alle ihre Schwüre ermöglichten, doch weiter zu regieren. Nur musste er sich dazu verpflichten, nach zwei Jahren einem Nachfolger Platz zu machen.

Rechtzeitig zum zweiten Anlauf Willy Brandts als Kanzleraspirant auf der Bundesbühne, im Juni 1965, mischte sich erneut ein Kreis von Autoren ein. Diesmal trat Hans Werner Richter als Herausgeber des gelben *rororo*-aktuell-Bändchens auf, das den Titel *Plädoyer für eine neue Regierung oder Keine Alternative* trug.[2] Wieder fand sich auf der Liste in alphabetischer Reihenfolge ein Who's who der Gegenwartsliteratur und des geistigen Deutschland, wie Brandt sich das prominenter schwerlich wünschen konnte: Carl Améry, Rudolf Augstein, Jürgen Becker, Axel Eggebrecht, Hubert Fichte, Erich Fried, Günter Grass, Peter Härtling, Robert Havemann, Helmut Heißenbüttel, Richard Hey, Rolf Hochhuth, Walter Jens, Robert Jungk, Siegfried Lenz, Reinhard Lettau, Christa Reinig, Peter Rühmkorf, Paul Schallück, Hans Schwab-Felisch, Ulrich Sonnemann, Klaus Wagenbach, Peter Weiss und Dieter Wellershoff. Im Kanzleramt waltete biedermeierlich mittlerweile Ludwig Erhard als Nachfolger Konrad Adenauers, der den Aufstieg seines Wirtschaftsministers unbedingt hatte verhindern wollen. Den versammelten Autoren reichte dieses kleine Revirement nicht. Aber was wollten sie?

Außer Günter Grass nahm in den Beiträgen immer noch keiner wirklich Bezug auf Willy Brandt, der bekannt, ja populär war als krisenfester Berliner Bürgermeister, aber nicht als neuer Popstar am Politfirmament angehimmelt wurde. Vielmehr plädierten die Autoren in kleineren Portraits sehr grundsätzlich für eine «Regierung der Persönlichkeiten». Vielleicht war Brandt nur der kleinste gemeinsame Nenner? Es klang fast so. Weder sei das Buch ein Bekenntnis zu einer politischen Anschauung, die allen Autoren gemeinsam wäre, noch zu einer Partei, der sie sich verbunden fühlten, schickte Hans Werner Richter daher fast entschuldigend vorweg. Eine parlamentarische Demokratie sei aber «zum Absterben verurteilt», in der die eine Partei immer nur als Regierungspartei fungiere und die andere immer nur als Oppositionspartei. Läge der CDU/CSU ernsthaft an der Erhaltung der parlamentarischen Demokratie, argumentierte er, müsste sie sogar auf «Baisse» spielen und sich in die Opposition hineinwählen lassen, um sich regenerieren zu können. Das Ancien Régime hat ausgedient, hieß das immerhin im Klartext, mit Ludwig Erhard würde das notwendige Ende der Ära Adenauer nur übertüncht und hinausgezögert. Was gewiss zutraf.

Eher aus demokratietheoretischen Gründen also wünschte Richter der SPD eine absolute Mehrheit, um sich erholen zu können von der Mühsal der Opposition seit 1949 und damit das Land dem «Schreckgespenst» einer großen Koalition entgehe. Richter spekulierte auf den schlichten Wunsch nach Wechsel, *time for a change*. Attraktiv machen konnte das die Opposition nach Überzeugung des Autors am ehesten mit einem superben Angebot von Persönlichkeiten. Auf seiner Namensliste rangierten ganz oben und in dieser Reihenfolge: Fritz Erler, Adolf Arndt, Gustav Heinemann, Karl Schiller, Willy Brandt, Herbert Wehner, Carlo Schmid, Ernst Schellenberg, Helmut Schmidt, auf der anderen Seite listete er kommentarlos die CDU/CSU-Granden Rainer Barzel und Ludwig Erhard auf neben Gerhard Schröder, Hermann Höcherl, nicht zu vergessen Franz Josef Strauß.

Was hieß das? Willy Brandts Name stand da als einer von vielen, darum geht es mir hier. Skepsis gegenüber dem Sozialdemokraten aus Berlin spiegelte sich darin wider, aber immer noch auch eine gewisse Zögerlichkeit, ja ein Ressentiment, sich als Intellektuelle überhaupt einzumischen in die Niederungen der Politik.

Die moderne Medienwelt, das hatte sich herumgesprochen, zwang zum «Personalisieren». Die SPD machte es mit Brandt bloß der CDU nach, die ganz nach der Melodie «Auf den Kanzler kommt es an» ihre Kampagnen auf Adenauer abstellte. Kennedys professionelles Rennen um die Präsidentschaft bestärkte sie darin, Brandts

Mitarbeiter Klaus Schütz (später Regierender in Berlin) studierte die Konkurrenz Kennedy/Nixon vor Ort. Sicher waren sich die Autoren gleichwohl nicht, ob sie sich überhaupt für eine Person an der Spitze erwärmen sollten – gesucht war ja eine Alternative zur Patriarchenfigur Adenauer, der seine Partei beherrschte und die Politik der Republik bis in alle Poren prägte. Von diesem obrigkeitlichen Modell wollten die Autoren verständlicherweise doch gerade freikommen. Für was stand Brandt wirklich? Zwar hatte er den großen Härtetest, das Chruschtschow-Ultimatum 1958 (es zielte auf einen Abzug der Alliierten und eine Freie Stadt Berlin ab, die Republik hielt monatelang den Atem an), standhaft gemeistert und während der Mauerbau-Krise im Schöneberger Rathaus geglänzt. 1963 dachten Egon Bahr und er erstmals nach über einen «Wandel durch Annäherung». Mit dem Passierscheinabkommen für Berlin war es gelungen, den Alltag zwischen Familien, Verwandten, Freunden in der geteilten Stadt zu erleichtern. Seine Partei hatte ihn zudem 1964 zum Nachfolger Erich Ollenhauers an die Spitze befördert. Aber zumindest die versammelten Schriftsteller schienen unsicher zu sein, ob er tatsächlich ein demokratischeres, liberales, auf Legitimation von unten bedachtes Politikverständnis mitbringe. Seit der Godesberger Wende der SPD 1959 wusste man, dass Brandt (gemeinsam mit Helmut Schmidt, Fritz Erler, Herbert Wehner) auf jeden Fall zu den Reformern und Modernisierern seiner Partei zählte. Als die ersehnte, personifizierte Alternative zur latent autoritären, hierarchisch geordneten Adenauerrepublik galt er dennoch nicht. Der Zeitgeist nahm sich keineswegs eindeutig aus. Herbert Wehner dachte, wie gemunkelt wurde, nach der Niederlage 1961 mittlerweile über einen neuerlichen Austausch des Spitzenkandidaten nach. Insgeheim lasteten ihm doch manche Parteifreunde die Niederlage gegen Adenauer an, obwohl sie ihre Loyalität beteuerten. Es hatte sich ja gezeigt: Je mehr Brandt als Person in den Vordergrund rücken würde, umso stärker würde sein Lebensweg thematisiert. Dafür sorgten die politischen Konkurrenten. Das Diffamierungsgift war langsam eingesickert und wirkte 1965 erst richtig.

An der Person Brandt schieden sich die Geister. Je nachdrücklicher sich die einen den «anderen Deutschen» auf die bundespolitische Bühne wünschten, eine große Alternative, umso heftiger der Widerspruch bei den anderen. Hatte man denn nicht schon einiges geschafft in dieser jungen Republik? Würde Brandt das als Regierungschef in Frage stellen? Kontroversen über Brandt, das wurde 1965 mit dem *Plädoyer für eine neue Regierung* vollends klar, hatten das Zeug, sich zu einem Kulturkrieg, genauer, zu einer Kontroverse um den Geist der Zeit zu entwickeln.[3]

Bei aller Sehnsucht nach einer Alternative, einig waren sich nicht einmal die Autoren, die Richter versammelt hatte, was das heiße. Wollten sie eine andere Republik? Ein Kontrastprogramm zu Adenauer? Eine Alternative zur Deutschlandpolitik, der Nichtanerkennung der DDR als zweitem deutschen Staat, die im Mauerbau gemündet war? Sollte gar die «Stunde Null», der große Kontinuitätsbruch und grundsätzliche Neuanfang, nachgeholt werden?

Gleich vorweg gab Peter Rühmkorf Bedenken gegen Hans Werner Richters «heikles Problem der Kopfwahl» zu Protokoll, räumte dann aber ein, einige Personen um Brandt herum machten durchaus «Hoffnung auf Veränderung». In dem Sinne plädierte er entschieden für Gustav Heinemann als Mitglied einer neuen Regierung, Siegfried Lenz wünschte sich Helmut Schmidt am Kabinettstisch, Paul Schallück erwärmte sich für Fritz Erler, Rolf Hochhuth für Otto Brenner ... ihre Lieblinge gruppierten sie um den SPD-Vorsitzenden Willy Brandt herum. Zugetraut wurde ihm immerhin, eigenständige Köpfe hinter sich zu versammeln und Heterogenes integrieren zu können.

Für die Intellektuellenfraktion, der das alles nicht reichte, sprach Peter Weiss. Er machte zwar ausdrücklich mit bei dem Projekt Hans Werner Richters, aber ging zugleich auf größtmögliche Distanz, indem er daran erinnerte, dass er sich – noch immer und jetzt erst recht – einen grundsätzlicheren, nachholenden Neubeginn für die Republik wünsche. Eigentlich hielt er die Westrepublik, gemessen an seinen frühen Erwartungen, für gescheitert. Düsterer als alle Autorenkollegen argumentierte der Verfasser der *Ästhetik des Widerstands*, der mit seiner Familie früh emigriert war und (wie Brandt) seit 1940 in Stockholm lebte: «So wie ich selbst, zusammen mit vielen anderen Emigranten, die Chance zum Neubeginnen verpasst hatte, so wurde auch bei euch die Chance verpasst, man merkte es nur nicht unter dem äußeren Betrieb, der sich entfaltete. Die sozialistische Demokratie, die ihr damals plantet, wurde unter dem Berg aus Hirsebrei begraben ... Zwischen den Sozialdemokraten gäbe es nun integre Leute, solche, die den Kampf gegen den Faschismus am eigenen Leibe erfahren haben, solche, die weiter blicken, als bis zum eigenen Herd. Aber es scheint, sie lassen sich nach Emigration und Kerkerdasein anstecken von den Traumstimmen aus dem Hirseberg, und geben ihrerseits vaterländische Brusttöne von sich. Bedenklich ist all der Ballast, mit dem sie liebäugeln – vielleicht nur, um die Wahlstimmen der Halbherzigen, der Schlafenden für sich zu gewinnen –, und ich frage mich, ob sie mit diesem Ballast je eine Regierung ausmachen können, die sich progressiv nennen ließe.»[4] Willy Brandts Name fiel bei ihm nicht, aber die Anspielungen waren nicht zu überlesen. Ob er ihn für einen der «integren» Politiker hielt, die noch den Gedanken an eine «sozialistische Demokratie» und an ein «anderes Deutschland» wachhielten, ließ er offen.

In der Summe hieß das alles: Solche Bündnisgenossen, kaum unter einen Hut zu bringen, würde Brandt hinter sich scharen müssen, um einen Machtwechsel zu realisieren. Ihm stand eine Sisyphosarbeit bevor. Ein Wechsel wurde offenbar weiter ersehnt, es reichte nicht, dass Erhard 1963 wie mit der FDP vereinbart den widerwilligen Adenauer abgelöst hatte. Der Zeitgeist (den die Autoren verkörperten) verlangte nach einer größeren Zäsur. Aber bei aller Sympathie, mit dem Namen des Berliner Bürgermeisters und Spitzenkandidaten der Opposition verbanden sich unübersehbar noch gemischte Gefühle.

Bei den Bundestagswahlen unterlag Willy Brandt ein zweites Mal, und dieser Rückschlag war noch schwerer wegzustecken, es wird davon noch die Rede sein. Viel von der Niederlage lastete er sich an, ganz einfach, weil er wieder als Zielscheibe für die Diffamierungen hatte herhalten müssen. Im Jahr darauf scheiterte Ludwig Erhard, Kurt Georg Kiesinger wurde – trotz seiner Vergangenheit, auch wegen seiner Vergangenheit? – zum Kanzler an der Spitze der ersten Großen Koalition gewählt. Der große Wechsel, der Wechsel des Kulturcodes, wie ihn das Gros der Autoren letztlich wollte, wurde vertagt.

Nachzutragen wäre: Der große Solitär Heinrich Böll befürwortete zwar, wie man wusste, einen radikalen Trennstrich zu den Adenauer-Jahren und ihrem katholisch-autoritären Milieu, wie er es empfand. Aber er führte Termingründe an, derentwegen er sich nicht habe beteiligen können an dem *Plädoyer für eine neue Regierung*.

II

Keiner der Autoren, der Künstler und Intellektuellen ergriff ähnlich offen, früh und loyal Partei für Willy Brandt wie Günter Grass, der schon 1961 die Freunde zusammengetrommelt hatte, keiner dachte sich mit ähnlicher Empathie hinein in Brandts Lage, keiner sonst brachte so ungeniert seine Erwartung zum Ausdruck, dass mit dem Exilanten, dem dezidierten Hitler-Gegner das Selbstverständnis der Republik noch einmal grundsätzlich neu definiert werde. Grass wollte die Bundesrepublik neu schreiben, Brandt war dazu prädestiniert wie kein anderer, fand er.

Eine «scheue Freundschaft» nannte Peter Merseburger das Verhältnis der beiden. Scheu war sie tatsächlich. Aber hinzufügen muss man, dass Grass dennoch auch ein radikaler Freund sein konnte. Fast dreißig Jahre lang hielt das Band zwischen beiden. Aber welchen Brandt wünschte sich Günter Grass, wie hätte er sich – als Bildhauer, der er war – ihn am liebsten geformt, was projizierte er auf ihn? Und wie ist es zu verstehen, dass Brandt über Jahrzehnte all die Grass'schen Mahnungen, Klagen, Gegenentwürfe anhörte mit wahrer Engelsgeduld?

Wenn nötig eigenhändig, so sah es aus, hätte Grass diesen verehrten Brandt am liebsten ins Kanzleramt geschoben. Als Gipfel solcher Anstrengung, die 1961 bei dem Berliner Freundestreffen begann, muss man wohl seine Werbetour im Jahr 1969 begreifen: Sechzig Tage, von März bis September, tingelte er im VW Bulli quer durch die Republik, durch 79 Wahlkreise, sprach bei 55 Abendveranstaltungen, in 46 Pressekonferenzen, bei 25 Betriebsversammlungen. Einzige Botschaft: Wählt Willy! Hinter das Steuer des kleinen Camping-

Günter Grass und Willy Brandt: Kein anderer Schriftsteller trommelt so lange und leidenschaftlich wie er, um den Berliner «Regierenden» und den Außenminister zu unterstützen. Der Autor der «Blechtrommel» möchte sich freilich auch Brandt, den er schon wegen seines Lebenslaufes verehrt, nach seinem Bild formen – am liebsten an dessen Seite im Kanzleramt.

busses zwängte sich Friedel Drautzburg, der spätere Wirt der «Ständigen Vertretung» (StäV) am Bahnhof Friedrichstraße. Im *Tagebuch einer Schnecke* berichtete Günter Grass darüber und setzte den Freunden wie Drautzburg ein Denkmal, aber ohne sich etwa mit der Nähe zu Brandt oder gar der Freundschaft zu ihm zu schmücken. Schon ein solches Rundumengagement des berühmten Autors fiel aus dem Rahmen, zudem lockte Grass mit seinem fröhlichen Ungestüm wiederum andere prominente Intellektuelle, voran Eberhard Jäckel, Kurt Sontheimer, Günter Gaus, Arnulf Baring, alle beteiligten sie sich an dieser «Sozialdemokratischen Wählerinitiative» (SWI). Sie machten die SPD für ein Publikum wählbar, das sich traditionell politikabstinent verhielt, ja sogar auch für die politische 68er-Generation, die im Streit um die Notstandsgesetze und gegen den Vietnamkrieg eher mit Rudi Dutschke auf die Barrikaden gegen das «Establishment» gegangen war. Und Brandts SPD, ja auch er als Person galten zweifellos als Teil dieser etablierten Welt, von der sie sich nicht gerne schlucken lassen wollten.[5] Willy Brandt scheute zwar nicht Konflikte. Aber er illuminierte sich ungern selbst damit, dass er auch andere Seiten habe. Lieber sollten das andere erledigen für ihn.

Im Jahr 1959 zeichnete Günter Grass (1927–2015) mit seinem Debütroman *Blechtrommel* das Bild eines anderen Deutschland, das sich intelligent, frech und schonungslos seiner Vergangenheit stellt, das also jenen mentalen Neuanfang wagt, den die Politik 1945 und danach nur halbherzig versuchte. Der Danziger Schriftsteller, Maler und Bildhauer glaubte, die Demokratie in der Adenauer-Republik sei noch nicht wirklich verankert und die Kontinuität zur jüngsten Vergangenheit nicht radikal genug gekappt. Mit beidem hatte er Recht. Auf die SPD als Alternative richteten sich seinerzeit, wie geschildert, gar nicht zu große Hoffnungen. Auch Willy Brandt galt noch keineswegs als einsam herausragender Hoffnungsträger, wie der nachträgliche Ruhm es will. Grass hingegen zählte zu den bekennenden «Brandtianern» der ersten Stunde.

Als «Reichsschrifttumskammer» beschimpfte ein Unionspolitiker 1963 prompt Grass und die «Gruppe 47», weil sie gewagt hatte, sich einzumischen. Über «Entartungserscheinungen» entrüsteten sich andere. Ludwig Erhard, der bei seiner Wahl die «schöpferischen Menschen» noch zur Mitarbeit ausdrücklich eingeladen hatte, höhnte über «einen gewissen Intellekt, der in Idiotie umschlägt».

Schon im Wahlkampf von 1961 begleitete Grass Willy Brandt im Flugzeug zu Kundgebungen in Stuttgart und Heilbronn. Seine Partei hatte ihn zum Kanzlerkandidaten nominiert, mit dem Bonus des Berliner Bürgermeisters sollte der 48-jährige gegen den 85-jährigen Konrad Adenauer antreten. Dass er ein Demokrat war, wurde nicht bestritten – bei aller Kritik an der Neigung zum obrigkeitsstaatlichen Denken und an den «restaurativen» Tendenzen, wie es seinerzeit hieß. Intellektuelle Kritiker monierten zunehmend, er dulde, dass die alte Funktionselite aus den Hitler-Jahren sich weitgehend wieder in ihre tradierten Rollen eingenistet habe. 1957 hatte er für die CDU noch die absolute Mehrheit bei den Septemberwahlen eingefahren, inzwischen aber ließ ihn sein Instinkt häufiger im Stich. Für Brandt handelte es sich dennoch um einen Balanceakt: nicht nur, weil er ahnte, dass Adenauers Darstellung der sozialdemokratischen Widersacher als fünfte Kolonne Moskaus verfange. Wie Historiker im Jahr 2022 herausfanden, hatte der BND auf Adenauers Wunsch die gesamte SPD-Spitze unterwandert und lieferte tagesfrische Spitzelberichte auf den Tisch des Kanzleramtschefs, Hans Globke.[6] Mit dem Namen des Kanzlers verknüpfte sich für ihn immerhin auch Respektables, die strikte Westorientierung der Bundesrepublik, mit der die SPD lange haderte, während er zumal als Berliner Bürgermeister Adenauer darin vorbehaltlos unterstützte. Die Deutschlandpolitik allerdings erschien auch Brandt festgefahren, die Bekenntnisse zur «Wiedervereinigung» klangen in seinen Ohren zunehmend hohl. Die Hallstein-Doktrin mit dem Dogma, die DDR nicht als Staat anzuerkennen, hatte aus seiner Sicht direkt zum Mauerbau 1961 geführt. Das beförderte endgültig Brandts Entschluss, zwar einen Neuanfang zu wagen. Aber zugleich scheute er die große Konfrontation mit Adenauer, dem die Deutschen lange vertrauten. Immerhin verspürte er Rückenwind aus Washington für eine Kurskorrektur seit der Wahl John F. Kennedys ins Weiße Haus.

Vermutlich hat Konrad Adenauer geahnt, welches Risiko in dieser Konstellation für ihn steckte: ein jüngerer Gegenkandidat, der vieles adaptierte, sich aber auch dosiert abgrenzte. Ihm entging ganz gewiss nicht, dass der Berliner Sozialdemokrat mit einer Mischung aus zorniger Entschiedenheit und Besonnenheit auf den 13. August 1961, den Mauerbau, reagiert hatte. Er wartete nicht auf den Alten aus Bonn, der zögerte, wie er reagieren solle (und auch den großen Fehler beging, nicht spontan nach Berlin zu fliegen). Brandt wandte sich, ohne Rückfrage im Palais Schaumburg, brieflich direkt an den amerikanischen Präsidenten, weil es ihn empörte, wie demonstrativ stoisch die westlichen Schutzmächte – und vor allem Kennedy selber – auf den Mauerbau reagierten.

Ein Großteil der Empathie auf Seiten der Schriftsteller wie Günter Grass für Brandt hing gerade mit den Denunziationen zusammen, mit denen Adenauer seinem Konkurrenten den Kampf angesagt hatte. Wie in der großen Untersuchung Axel Schildts über die «Medienintellektuellen» der Bundesrepublik in den fünfziger und sechziger Jahren treffend nachgezeichnet, bestätigte das den Argwohn vieler liberaler, kritischer Journalisten und Schriftsteller in der Adenauer-Ära, die Republik habe sich seit 1945 nicht klar genug von ihrer Vergangenheit abgegrenzt und befreit; und noch seien die Redaktionen von Zeitungen, Zeitschriften, Rundfunkanstalten stark dominiert gewesen von Autoren, die vor 1945 dem Hitler-Regime willfährig assistierten.[7] Die Nachweise erdrückten in ihrer Fülle.

«POUM oder die Vergangenheit fliegt mit» nannte Grass ein «Portrait», zu dem er auf dem Flug nach Stuttgart von Brandt inspiriert wurde. Der SPD-Kandidat hatte dem Begleiter von seinen Erlebnissen in Barcelona 1937 erzählt, was schon einen Vertrauensbeweis bedeutete. Für dieses geplante Portrait erbat Grass sich jetzt Unterlagen. Brandts Büro sandte ihm daraufhin sämtliche Dokumente zum Prozess gegen den Schriftsteller Hans Frederik zu, der sich Brandt und seine Vergangenheit zum Lieblingssujet erwählt hatte und mit solchen Denunziationen sein Geld verdiente. Grass erhielt die detaillierte Begründung für die Klage wegen Verleumdung aus der Feder des Brandt-Anwalts, zum anderen die gleichfalls sehr ausführlichen Anmerkungen Brandts für das Gericht. Für den Geschmack von Günter Grass, der gern die Ärmel aufkrempelte und sich ins Getümmel stürzte, reagierte der Berufspolitiker Brandt eigentümlich unprofessionell und zurückhaltend auf die Diffamierungen.

Gegen die ärgsten Verleumdungen wehrte Brandt sich vor Gericht, blieb aber tatsächlich spürbar defensiv, als mache ihn die Sache verlegen. Erst Günter Grass drehte den Spieß mit Lust und Leidenschaft um, er bewunderte diesen Willy Brandt geradezu wegen seines Lebenslaufes, stolz sollten die Deutschen darauf sein, fand er, dass der SPD-Vorsitzende einst mit seinen vierundzwanzig Jahren in Katalonien den Spanischen Bürgerkrieg erlebte, stolz darauf, dass er zu den «Anti-Nazis» zählte. Vielleicht schwang sogar etwas mit von Respekt für den linken Brandt, der sich konsequenter als er selber verhielt und nicht verführbar war.[8] Brandt hatte ihm etwas voraus, was er nicht erreichen konnte, er gehörte zu jener Minderheit, zu der er trotz aller schriftstellerischen Anstrengungen nie würde zählen können: ein Zauderer, der sich gleichwohl im richtigen Moment richtig entschieden hatte und dafür zwölf Jahre «draußen» ohne zu jammern verbrachte.

Aus Brandts Schilderungen seines Barcelona-Besuchs 1937 destillierte Grass einen Einakter, der für die Bühne gedacht war. Im Wortlaut veröffentlichte ihn Hans Werner Richter erst 1965 in seinem *Plädoyer für eine neue Regierung oder Keine Alternative*. Das Stück handelt von den Gesprächen eines britischen Flugkapitäns, dem «Kandidaten», dem Wahlkampfleiter, einem Schriftsteller, einem Referenten und einer Sekretärin auf dem verregneten Flugplatz Berlin-Tempelhof, vor dem Start einer zweimotorigen Dove-Chartermaschine. Der Flug führt durch Schlechtwetterzonen nach Stuttgart. Alle Schauspieler, heißt es in der Regieanweisung, die den Kandidaten darstellen, mögen beachten – «ich sehe ihn tatkräftig, mit trockenem Charme ausgestattet, wachsam mürrisch beim Diktieren, mehr angestrengt, als es die Sache zu erfordern scheint, vertrauenerweckend, sympathisch und kritisierbar». Was den Schriftsteller angeht, so Grass fröhlich weiter, dürften alle Vorurteile, «die dessen Beruf keimen lässt, dick aufgetragen werden».

Einen wendigen Wahlkampfleiter lernt man auf wenigen Seiten kennen, der sich permanent auf Umfragen beruft, denen er sich anzupassen empfiehlt, samt einer kleinen Invektive über die «direkte Parteinahme der sogenannten Linksintellektuellen». Der Schriftsteller beantwortet sie mit dem Satz: «Auf Wunsch kann ich umkehren.» Vor allem aber geht es um den Kandidaten, der frühmorgens, mit einem Homburg auf dem Kopf und in der frühen Stunde «noch nicht von der Aura des Siegers umgeben», hin- und hergerissen ist zwischen einem grauen und widersprüchlichen Alltag und den Auftritten, bei denen er Siegeswillen ausstrahlen soll. Wenigstens dem Wahlkampfleiter will der Schriftsteller (im Stück) beibringen, dass er den Homburg doch eher für eine «Arbeitgeberkopfbedeckung» und für eine Beleidigung von Brandts Wählerschichten halte. Vom Kandidaten erwartet er eine «unmissverständliche» Äußerung zur Oder-Neiße-Grenze. Der aber verweist auf Meinungsbefragungen, die Zurückhaltung nahelegen. Der Kandidat plagt sich beim Flug dann herum mit Denunziationen. Angegriffen wird er von den «Ulbrichtleuten» als «Faschisten- und Kapitalistenknecht», von den Rechtsradikalen hingegen, die sich als «Bannerträger der abendländischen christlichen Welt» ausgeben, als «Kommunist». In Passau will der Kandidat dazu sprechen, weil der dortige Verleger Kapfinger an vorderster Stelle zu seinen Denunzianten zählt. Aber der Wahlkampfleiter flüstert dem Schriftsteller zu, sie hätten Brandt abgeraten wegen der Meinungsbefragungen des Emnid-Instituts.

Darauf also zielte die Botschaft von Günter Grass: Die Deutschen glaubten den Denunziationen und misstrauten Brandt, und der wiederum neigte deshalb dazu, ohne Gegenwehr zu schweigen.

Die westlichen und östlichen Partner der «Koalition der Verleumder», flicht der Kandidat ein, fischen «aus der gleichen trüben Quelle», worauf der Schriftsteller erwidert: «Wenn es gestattet ist, ein kleiner Einwand. Erstens stört mich der doppelte Genitiv, zum anderen fischt man nicht in Quellen, auch nicht in trüben; allenfalls fischt man im Trüben. Aus Quellen, auch aus getrübten, schöpft man. Mein Vorschlag lautet: ... dass die westlichen und östlichen Partner der Verleumder-Koalition aus den gleichen Tümpeln fischen.»

Während der Schriftsteller – beinahe selbstironisch – sich also kleinkariert mit sprachlichen Finessen herumschlägt, verrät der Kandidat ihm Dramatisches: Hauptabnehmer der gefälschten Dokumente über ihn sei nämlich das Bundeskanzleramt gewesen, also Adenauer, das Amt bezahlte dafür mit Steuergeldern.

Auf dem Weiterflug ist es dann freilich der Kandidat, der sich ins Detail verbeißt und Seite für Seite, Zeile für Zeile an der Stellungnahme für den Prozess gegen Hans Frederik feilt. Statt Grundbesitzer muss es Grubenbesitzer heißen, falsch sind die Angaben über die Schulzeit, er habe nicht mit 17 Jahren, sondern Ostern 1932 mit 18 Jahren, nach Ablegung der Reifeprüfung das Johanneum verlassen und sei im Anschluss daran nicht zwei Jahre, sondern ein Jahr als Volontär bei einer Schiffsmaklerfirma ...

«Kandidat: Es ist falsch, dass der Spanische Bürgerkrieg die Idee der Volksfrontpolitik begründet habe. Tatsache ist, dass die Volksfrontpolitik in Frankreich begründet wurde, bevor es einen Spanischen Bürgerkrieg gab ... Schriftsteller: Geschichtsunterricht zwischen Luftlöchern ...»
Der Schriftsteller schläft darüber ein, träumt wirr und bringt die Fronten in Passau 1965 sowie in Barcelona 1937 bunt durcheinander.
«Der Ortsverein Heilbronn empfängt ihn, nachdem die Gangway herunter gelassen ist, die Musik spielt ‹Das ist die Berliner Luft, Luft, Luft› ... Falls ein Vorhang da ist, fällt er.»
Lapidar lautet Grass' Nachwort zu seinem Einakter folgendermaßen: «Die POUM (Partido Obrero de Unificación Marxista) war eine spanische linkssozialistische Arbeiterpartei, die, innerhalb des republikanischen Lagers, von den Kommunisten bekämpft und mit stalinistischen Methoden verfolgt wurde.»[9]

Nicht nur für eine andere Regierung plädierte der *Blechtrommel*-Autor, er plädierte für einen anderen Umgang mit der Geschichte. Darauf drängte er konsequenter als Willy Brandt. Aber ihn wollte er freundschaftlich stubsen, nicht länger kleinlaut aufzutreten, sich nicht in Details zu verzetteln, mit denen seine Kritiker aufwarteten, sondern offener, offensiver zu seiner Vergangenheit zu stehen, auf die er stolz sein könne. Die Bundesrepublik war nicht fertig für Günter Grass, solange sie sich zu diesem «anderen Deutschen» nicht eindeutig bekenne.

Der Kandidat mit den zwei Leben: Gut kann man sich vorstellen, dass Brandt sich in dem Stück wiedererkannte, vor allem, dass er sich anerkannt fühlte. Günter Grass hatte jedenfalls die Denunziationen genutzt, die Brandt im Prozess gegen «F.» so akribisch auflistete und zerpflückte. Unfreiwillig hatten Kapfinger und Frederik dazu beigetragen, Brandts erstes Leben zu seinem Markenzeichen zu machen. Von sich aus hätte Brandt gerade beim Auftritt auf der bundespolitischen Bühne das nicht riskiert, Freunden hingegen blieb er dankbar für solches Engagement. Er brauchte sie dringend, er brauchte Anerkennung, ja Rückenstärkung.

Günter Grass wiederum hatte die Prozessunterlagen gründlich studiert, ihm war klar geworden, in was für ein vollkommen anderes Leben – anders auch als sein eigenes – er damit Einblick gewann. Aus den Akten ging eindeutig hervor, dass Frederik Brandt das Wort im Munde herumdrehte. Um jeden Preis sollte das Konterfei eines Vaterlandsverräters entstehen, der es wagt, die Adenauer- und Strauß-Union herauszufordern. Nichts davon ließ Brandts Anwalt in seiner Erwiderung unwidersprochen stehen. In insgesamt 130 (!) sorgsam formulierten Anmerkungen suchte überdies auch sein Mandant klarzumachen, worin «F.» sich irre und warum es sich um Denunziationen handele. Gut möglich, dass Frederik das sogar als Aufwertung seiner Rolle empfand, er wollte ja diesen Brandt auf dem Weg nach oben in einem bundesweiten Spektakel entlarven.

Willy Brandt wiederum, das erkannte Günter Grass richtig, gingen die Angriffe unter die Haut. Jedes Wort wollte er widerlegen. Was ihn derart verwundbar machte, konnte auch Grass, bei allem Gespür für Brandts Seelenlage, allenfalls mutmaßen. Er hatte es in der Hinsicht leichter, nicht nur weil er robuster war, aus seiner Sicht handelte es sich bei dem Sammelsurium Frederiks über den «Kandidaten» von der ganzen Anlage her um ein reines Pamphlet, das Täter und Opfer vertauschte und auf die glatte Lüge hinauslief, Hitler-Gegner hätten Deutschland verraten. In seinen Augen wertete das Brandt eher noch weiter auf.[10] Und Brandt dankte Grass diese Rückenstärkung, wie der Briefwechsel zwischen beiden belegt, indem er ihm geduldig über lange Jahre zuhörte, auch wenn er ihm manchmal mit seinen pädagogischen Allüren auf die Nerven gegangen sein mag.

Um Zimperlichkeit jedenfalls handelte es sich bei Brandt nicht, die ihn zögern ließ, ähnlich deutlich auf Angriffe zu antworten wie Grass mit seinem Theaterstück. Reden wie jene vom 10. September 1961 in Passau blieben also die Ausnahme. Eine Koalition der Verleumder behaupte, so entfuhr es Brandt seinerzeit, er habe in Spanien für den Franco-Faschismus und in Norwegen für die Gestapo gearbeitet. Solche Lügen im Westen entsprächen jenen im Osten, nur unter umgekehrten Vorzeichen. Wie trübe die Quellen sind, fuhr der Redner fort, habe der Prozess gegen den im Jahre 1957 wegen Betrugs, Urkundenfälschung und Verleumdung zu drei Jahren Zuchthaus verurteilten Nachrichtenhändler Heinz Stephan bewiesen. Der habe seine Fälschungen gut verkauft, sein Hauptabnehmer war – auf diesen Passus der Rede hatte Grass in seinem Theaterstück zurückgegriffen – das Bundeskanzleramt. Ein Freund Stephans, rekapitulierte Brandt weiter, habe die Lügen über ihn in einer Berliner Zeitung verbreitet, da die «Gefahr» bestand, er könne zum Regierenden Bürgermeister gewählt werden. Nicht ohne Stolz fügte Brandt jetzt hinzu, die Berliner hätten darauf geantwortet: Am 3. Oktober 1957 wählte das Abgeordnetenhaus ihn zum Nachfolger Otto Suhrs. Die Gerichte hätten diesem «Lügner den Mund gestopft».[11]

Auch in den folgenden Wahlkämpfen, 1965 und 1969, mischte Günter Grass sich ein, anfangs mit der Berliner Schreibstube, in der Folge dann mit der «Wählerinitiative». Eine Beziehung mit Höhen und Tiefen zwischen den beiden blieb es.

Einen gemeinsamen Auftritt mit Helmut Schmidt im Berliner Sportpalast zum Auftakt des Wahlkampfes nutzte Grass beispielsweise, um Brandt seine «teils kritischen Beobachtungen» mitzuteilen: Er solle anders reden, rüffelte er ihn hinterher. Schmidt habe zu viel satirischen Charme und Improvisation bewiesen, das habe ihm «den Mangel an Satire und Improvisation bei Brandt» nur zu deutlich gemacht. Überzeugt habe ihn nur, wenn er mit «halblauter Stimmlage» auftrete. Es sei keine Beckmesserei, belehrte Grass den Wahlkämpfer, «wenn ich kritisch auf die verschwimmenden Satzenden in Ihrer Rede hinweise». Lustlosigkeit spüre er heraus. Sprache verschleiße rasch. Er wünsche sich keine Rede im Stile Schmidts, irgendwann habe Brandt – ungeniert vergab Grass Noten – auch den richtigen Ton gefunden. Sodann bot er ihm konkret Hilfe an: Einige seiner Autorenkollegen und auch er stünden gerne bereit, nach Kräften zu helfen, nur lasse sich das schlecht improvisieren. «Ich wünsche Ihnen alles Gute und ab und zu Grund, wenn nicht zum Lachen, dann wenigstens zum Lächeln.»[12]

Je weniger Brandt ihm parierte, umso lauter wurde Grass. Seit 1966 suchte eine tiefe Rezession erstmals die junge Bundesrepublik heim, die Arbeitslosigkeit stieg, und – Adenauer hatte es richtig prognostiziert – der populäre Kanzler Ludwig Erhard zeigte sich von seiner schwächsten Seite, die anhaltende Wirtschaftskrise überforderte ihn hoffnungslos. Plötzlich lag eine Große Koalition in der Luft. Am 1. Dezember 1966 fielen die Würfel, Christdemokraten und Sozialdemokraten verständigten sich auf einen Pakt, ohne das ewige «Zünglein an der Waage», die Liberalen. Günter Grass reagierte alarmiert, nicht zuletzt auch wegen der NSDAP-Mitgliedschaft und Karriere Kurt Georg Kiesingers im Dritten Reich, er sandte Brandt einen Brief, den die *ZEIT* publizierte: «Lieber Willy Brandt, bevor es zur Großen Koalition kommt, bevor also Sie zwischen den Herren Kiesinger und Strauß den Kronzeugen einer falschen Harmonie werden abgeben müssen, bitte ich Sie, den Vorsitzenden der SPD, einer Partei also, in die ich meine Hoffnung setzte und setze, noch einmal die unabsehbaren Folgen einer solchen Entscheidung zu bedenken. Diese Entscheidung wird mich und viele meiner Freunde, gegen ihren und meinen Willen, in eine linke Ecke drängen und zum bloßen, obendrein politisch machtlosen Widerpart der NPD degradieren. Wie sollen wir weiterhin die SPD als Alternative verteidigen, wenn das Profil eines Willy Brandt im Proporz-Einerlei der Großen Koalition nicht mehr zu erkennen sein wird? Zwanzig Jahre verfehlte Außenpolitik werden durch Ihr Eintreten in eine solche Regierung bemäntelt sein ... Ihre Vorstellung vom ‹Anderen Deutschland› wird einer lähmenden Resignation Platz machen. Die große und tragische Geschichte der SPD wird für Jahrzehnte ins Ungefähr münden ...»[13] Willy Brandt muss klar gewesen sein, dass Grass damit die Stimmung unter der Anhängerschaft auf den Punkt brachte. Die Bundesrepublik hatte die Trümmer- und Aufbaujahre hinter sich, die *Spiegel*-Affäre 1962 hatte geradezu zu einem Aufstand der kulturellen, liberalen Öffentlichkeit geführt, die Journalisten ließen sich nicht mehr in Teegesprächen mit dem Rosenzüchter aus Rhöndorf einlullen, die Bundesrepublik wurde unruhiger.

Brandts Antwort auf Grass ließ keinen Zweifel aufkommen, dass er gewillt sei, sich solche Kritik anzuhören, es sich mit Freunden nicht zu verderben, gleichwohl aber seinen eigenen Weg zu gehen. Gefühl und Wille, warb er bei Grass um Verständnis, wiesen zwar einen anderen Weg, die Große Koalition enthalte Risiken, aber angesichts der «dürren Ziffern im Bundestag» und der Aufgaben im Inneren sei er überzeugt, ein anderer Weg sei nicht gangbar. Tatsächlich wäre auch seinerzeit schon eine sozialliberale Koalition – die erst im Herbst 1969 folgen sollte – möglich gewesen, Brandt hätte sie grundsätzlich vorgezogen. Aber ein sozialliberales Bündnis hätte mit 251 Abgeordneten (die Union wäre auf 245 Sitze gekommen) lediglich über zwei Stimmen Mehrheit verfügt. Dem Mahner Grass versicherte Brandt, Versäumnisse und Fehler würden nicht zugedeckt und es werde keinen «faden politischen Eintopf» geben. Das Gewissen der Sozialdemokratischen Partei schlage nicht außerhalb der Partei. Sorgen um das «politische Profil Willy Brandts», flocht er in dem Brief sogar ein, müsse Grass sich nicht machen.[14] Ob er selber daran glaubte?

Günter Grass ließ nicht locker. Wünschenswert wäre es, ließ er kurz nach dem Staatsbegräbnis für Konrad Adenauer im April 1967 den Außenminister wissen, wenn er als Vizekanzler eine grundsätzliche Rede an die Deutschen in beiden deutschen Staaten hielte. Klar war ihm dabei natürlich, dass eine Anerkennung des zweiten deutschen Staates für die Bonner Parteien – einschließlich der SPD – bis dato das große Tabu bildete. Aber die Teilung ging aus der Sicht von Grass auf den Krieg zurück, den die Deutschen zu verantworten hatten, die Frage der Anerkennung hing daher eng mit der nach dem Verhältnis zur eigenen Vergangenheit zusammen. Und gerade Brandt hatte doch auch stets schonungslose Offenheit über das deutsche Versagen verlangt, nicht wahr? Nicht zuletzt deshalb hatte er sich zu dessen Herold gemacht. Also schlug Grass Brandt vor, sie sollten sich möglichst bald zusammensetzen und die wichtigsten Thesen zu einem wünschenswerten «Selbstverständnis der Deutschen» für eine solche programmatische Rede erarbeiten. Hohe Zeit werde es für den Vizekanzler, belehrte er Brandt, «sein Amt wahrzunehmen, damit die Arbeit des Außenministers im großen Zusammenhang erkennbar wird». Der Autor, der sich als Ratgeber sah, weiter: Sichtbarer müsse Brandt werden, klarer, grundsätzlicher, Linien müsse man sehen …[15] Andere hätten sich den belehrenden Ton verbeten, Brandt blieb bei seiner Linie, er hörte zu.

Günter Grass: «Ich habe Dich oft gebeten – und sei es gelegentlich wider Deine Natur – das Kabinett und die Partei nicht härter, aber bestimmter zu führen. Ich bin auch jetzt noch der Meinung, dass sich die Sozialdemokratische Partei als Regierungspartei die politischen und ehrgeizbedingten Ungezogenheiten einiger Minister nicht leisten kann ...» Grass spielte an auf den Protest Helmut Schmidts, der Horst Ehmke nicht als Chef des Kanzleramtes akzeptieren wollte (Brandt fühlte sich geradezu erpresst, denn Schmidt knüpfte daran indirekt seine Zusage, Schillers Ministerium zu übernehmen und damit in der Auseinandersetzung in einem Wahlkampf die wirtschaftspolitische Seite der Sozialdemokraten abzudecken) – und ihn als Rivalen im stillen Konkurrenzkampf um eine mögliche Nachfolge für Brandt fürchtete. Er wolle keinen «Unterkanzler» oder «Oberminister». Zudem haderte Wirtschaftsminister Karl Schiller mit Finanzminister Alex Möller über dessen breite Kompetenzen, die Querelen waren kaum zu stoppen, tatsächlich traten bald mehrere Minister – Möller, Leussink und Schiller – verärgert zurück.[16]

Willy Brandt hatte Grass anfangs zum Mitmachen eingeladen, er ahnte wohl nicht, dass der neue Freund nicht nur den kleinen Finger nehmen würde, sondern gleich die ganze Hand. Grass war so, aber Brandt akzeptierte es eben auch. Manchmal ließ er Günter Grass eine Antwort zukommen, häufiger nicht. Meistens bezog Brandt nicht Stellung zur Sache, aber immer bedankte er sich freundlich, wie unwirsch oder auch herrisch der Coach am Spielfeldrand auftrat. Nur in Ausnahmefällen ließ er Grass spüren, in seine Kompetenzen lasse er sich nicht hineinregieren.

Im Jahr 1972 erschien *Aus dem Tagebuch einer Schnecke* aus der Feder von Günter Grass. Bei dem schmalen Buch handelte es sich in jeder Hinsicht um ein Novum: Privat, aber nicht wirklich ein intimes Tagebuch, ein Report, der Schriftsteller hockte nicht länger im Elfenbeinturm und saß auch nicht als Kommentator pfeifend auf dem Zaun, sondern bewegte sich als Getriebener und als Treibender inmitten des bunten, dissonanten Demokratiegewühls. Günter Grass blickte zurück auf das Jahr 1969, in dem er für Brandt beim dritten Anlauf zum Kanzleramt getrommelt hatte. Eine breitgefächerte

Wählerinitiative unterstützte die Sozialdemokraten, anders als 1961 und 1965 aber auch ausdrücklich die Person Willy Brandt, der diesmal aus einem Regierungsamt heraus ins Rennen um die Kanzlerschaft ging, als Außenminister und Vizekanzler der Großen Koalition. Grass' Warnungen vor den fatalen Folgen eines solchen Bündnisses hatten sich vielleicht nicht völlig erfüllt, seit 1967/68 aber schwoll der Zustrom zur neuen Protestgeneration rapide an. Seit dem Tod von Benno Ohnesorg am 2. Juni 1967 kam Berlin nicht mehr zur Ruhe, Springers *Bild*-Zeitung wiegelte gezielt gegen die studentische Linke auf, die Apo machte mobil gegen den Medienmogul, Kiesingers Vergangenheit, der Vietnamkrieg und die Notstandsgesetze lieferten Stoff für hitzige Kontroversen. Profilieren musste Brandt sich zudem gegenüber dem Kanzler, ohne illoyal zu wirken. Schwieriger konnte die Gratwanderung kaum sein, die er zu absolvieren hatte.

Als Grass sein *Tagebuch* anfing, konnte er nicht ahnen, dass sich 1972 als das Schlüsseljahr dieser Kanzlerschaft, auch als ein Schlüsseljahr für die Bundesrepublik insgesamt erweisen sollte. Nach einer beispiellos heftigen Kontroverse brachte die Koalition die Ostverträge im Parlament unter Dach und Fach, das Konstruktive Misstrauen scheiterte, mit dem Rainer Barzel ein Ende der sozialliberalen Koalition erzwingen und Brandt beerben wollte, wegen fehlender Mehrheiten im Bundestag setzte Brandt dennoch Neuwahlen durch. Unerwartet strömten nun allerdings der Koalition und insbesondere dem Kanzler mehr Wähler zu denn je seit den ersten Bundestagswahlen, ein verspäteter Triumph für Brandt.

Zwar hatte Grass schon Jahre zuvor die sozialdemokratische Wählerinitiative ins Leben gerufen (Autoren, Künstler, Intellektuelle unterstützten Willy Brandt bereits seit 1961, wie geschildert), aber jetzt organisierten sie diese Hilfe professionell und veranstalteten eigene Programme mit Lesungen und Diskussionen. Und keiner, so sah es aus, mischte sich mit solcher Lust ein wie Grass, keiner unterlief das Ressentiment gegen die Parteien oder die Konfliktdemokratie so locker wie er, keiner unterstützte derart ungeniert und ausdrücklich die «Espede». Andere mochten herumdrucksen, Grass betrachtete diese «Espede» einfach als Chiffre für ein anderes, noch nicht realisiertes Deutschland, man müsse sie nur wählen und arbeiten lassen, ganz egal, mit wie viel Kritik und Enttäuschung seine Kollegen wie Axel Eggebrecht, Carl Améry, Hans Werner Richter oder Martin Walser diese allzu brave und vorsichtige Partei in den vergangenen Jahren belobigt und zugleich doch auch niederkartätscht hatten. Der «linke» Grass ging konstruktiver an die Sache heran, er wünschte keine Revolution, die Bundesrepublik sollte klar Grenzen ziehen nach rechts und links. Dazu gehörte nicht zuletzt der Wunsch, die Republik solle sich ehrlicher machen.

Was Günter Grass mit dem «anderen» Deutschland meinte, sollten schon die ersten Zeilen im Tagebuch klarmachen. «Liebe Kinder», damit begann er, «heute haben sie Gustav Heinemann zum Präsidenten gewählt.» So trocken das klang, man spürte, Grass bebte. Die Bundesrepublik fand zu sich, er war sich sicher. Allein diese Wahl schon – von einem «Stück Machtwechsel» hatte Heinemann selbst gesprochen – kam für ihn einem Neuanfang gleich, obwohl Brandt noch nicht einmal sein Ziel erreicht hatte, das Palais Schaumburg. Günter Grass gebärdete sich nicht als Maschinenstürmer. Das Versprechen des Grundgesetzes wollte er ernst nehmen, die Republik hatte seit 1949, wie er meinte, ihre Mitte nicht wirklich gefunden, diese Neujustierung der jungen Demokratie sollte mit einem Machtwechsel auf die Tagesordnung gesetzt werden. Mit Heinemann fing das an.

Mit 512 Stimmen, einer knappen Sechs-Stimmen-Mehrheit, setzten Sozialdemokraten und Freidemokraten Gustav Heinemann durch, Schröder erhielt 506 Stimmen von CDU/CSU und NPD. Er hatte angekündigt, die Wahl anzunehmen, auch wenn er nur mit Hilfe der NPD-Stimmen eine Mehrheit erhalten hätte. So weit kam es also nicht.

Nicht nur Günter Grass hatte das Empfinden, die Wahl Heinemanns stelle eine Zäsur dar. Erstmals hielten es die Sozialdemokraten für greifbar nahe, dass das nur der Auftakt zur ersten großen Zäsur seit 1949 sein könnte. Willy Brandt war noch gar nicht zum Kanzler gewählt, schon warnte der *Tagebuch*-Autor, ihn nicht mit Erwartungen zu überhäufen, Politik komme nur im Schneckentempo voran. Das richtete sich insbesondere an die Jungen, die sich als «außerparlamentarisch» empfanden, die aber eine ganz neue Emphase in die Politik importierten.

Grass' Werben für die Mühsal der Ebenen als Dialog zwischen Vater und Kindern las sich dann so: «‹Und was meinte mit Schnecke?› ‹Die Schnecke, das ist der Fortschritt.› «Und was issen Fortschritt? ‹Bisschen schneller sein als die Schnecke ...›»
Willy Brandt selber tauchte im *Tagebuch* zunächst eher am Rande auf, wenn auch mit Sätzen, die haften bleiben sollten: «Ich weiß nicht, ob jener in sich zurückgezogene Mann, den ich Willy nenne und dessen Vergangenheit nicht aufhören kann, sein Spiel mit den Streichhölzern demnächst (möglichst bald) unterbrechen und die Strecke von Bebel bis heute um ein Schneckenmaß mehr Gerechtigkeit verlängern wird. (Fast möchte ich meinen, es habe Zweifel, als er später im Keller saß, dieses akkurate Zurechtrücken verschachtelter Refugien als Spiel gegen die Zeit erfunden.) Bonn, Kiefernweg. Heute saß ich bei ihm eine Stunde und hätte ihm die Streichhölzer, weil sein Spiel abgeguckt und zur lähmenden Mode wird, klauen mögen. (Ihn vormittags wortkarg nennen, hieße, ihn redselig erlebt zu haben.) Er hörte zu, machte Notizen, ließ von den Streichhölzern nicht ab, und ich begriff, dass dieser Mann erst kämpfen wird, wenn sich sein Zustand abgenutzt hat. (Was lässt ihn zögern? Der Hass seiner Gegner, die Ansprüche der Macht?)»[17]

Richtig ist sicher, Günter Grass stellte diesen Sozialdemokraten Brandt auf einen Sockel, aber nicht als Heldenfigur, sondern als Antiheld. «Jemand mit Hintergrund» ist dieser Wahlkämpfer des Jahres 1969, wie er im *Tagebuch* notierte, jemand, der «im Aufstieg von Kehre zu Kehre Niederlagen gesammelt, verpackt und mitgeschleppt hat». «Sobald er Schritte macht, bewegt er Vergangenheit, seine unsere: die nationalen Wackersteine.» «Wenn er spricht, schieben seine Sätze einander. Jeder schiebt jeden vor sich her und wird von jedem, der folgt, geschoben. Rangiergeräusche. Wo, wenn nichts zieht, ist die Schubkraft?»

Lösen kann auch Grass das Rätsel nicht, was diesen Brandt – im Schneckengang – vorwärtstreibt, aber ihm gelingen überraschende

Annäherungen. Er schaut Brandt zu und grübelt über das, was ihm auffällt. Noch einmal Grass: «Nennt ungern beim Namen ... Zögerphasen Verzettlungen. Zwar sieht er die großen Zusammenhänge bis ins Feinkörnige, aber Personen (auch große) sieht er entschärft, hinter Milchglas gestellt ... Jemand, der nur zögernd ich sagt und dennoch von sich nicht absehen kann ... Jemand vom Stamme Zweifel ... Jemand, der seiner Melancholie Termine einräumt. Jemand, den nichts hebt, überhebt. Jemand, dessen Ausflüchte versperrt sind, der sich nach vorwärts zurückzieht. Viele sind übereingekommen, sich zu helfen, indem sie ihm helfen. Er lässt sich helfen.» Man liest es und meint, Brandt direkt in die Augen blicken zu können.

Sich zu helfen, indem sie ihm helfen? Ja, darum ging es wohl nicht zuletzt. Viele suchten in der Politik nach einer Person mit Autorität, mit der sie sich identifizieren, auf die sie ihr «anderes Deutschland» projizieren konnten. In Brandt hatten sie schließlich gefunden, wonach sie Ausschau hielten. Keiner gestand das so offen ein wie Günter Grass.

Stolz verriet er den *Tagebuch*-Kindern, denen er seine Erlebnisse schilderte, mit diesem Mann, den er sich nicht erklären kann, mit dem «unbeabsichtigt Mysteriösen» inzwischen befreundet zu sein. Wer Brandt akzeptiert, darauf zielte er, muss auch «Zweifel» hinnehmen ... Die eine Wahrheit gibt es nicht – «eine Schnecke verlässt feste Standpunkte» – auch wenn das die Kommunisten behaupteten, oder jene Linken, die ihm zu radikal erschienen.[18]

Getroffen reagierte Günter Grass auf den Rücktritt Brandts Anfang Mai 1974. Er spüre, ließ er ihn brieflich wissen, wie stark seine eigenen politischen Bemühungen an Brandts Bemühen gebunden waren und wie auch er nun «gleichfalls zurücktrete», weil mit Brandts Rückzug eine für ihn unerlässliche Dimension verlorenzugehen drohe. Gerne wolle er ihm zeigen, «dass Du mehr Freunde hast, als Du während der letzten Zeit wahrnehmen wolltest». Seine allmähliche Vereinsamung habe wechselseitig mehr Scheu entstehen lassen, als einer Freundschaft auf Dauer guttue. «Vielleicht ist Dir nicht so recht bewusst, dass alle Verletzungen, die Dir während der letzten Wochen zugefügt worden sind, von einer Vielzahl Menschen wie

Verletzungen der eigenen Existenz empfunden wurden; und das nicht auf Grund oberflächlicher oder gar sentimental-mitleidiger Identifizierung, sondern weil Deine Art, Politik human zu betreiben und Toleranz als ihre Voraussetzung zu werten, im Verlauf der letzten Jahre (besonders bei der jungen Generation) Allgemeingut geworden ist.»[19]

Spannungsfrei verlief die Beziehung auch in den Post-Kanzler-Jahren nicht. Insbesondere die «zweite» Ostpolitik hielt Günter Grass für zu etatistisch, er vermisste Empathie für die mutigen Dissidenten im Osten, zahlreiche Schriftstellerkollegen darunter. Gemeinsam mit Carola Stern und Johano Strasser rief er deshalb eine politische Zeitschrift ins Leben, *L 76*, die sich besonders mit der Lage der Bürgerrechtler in Osteuropa befasste.

Aus heutiger Sicht, im Lichte des russischen Angriffs auf die Ukraine, gewinnt dieser kleine Disput zwischen Grass und Brandt noch einmal neues Gewicht. Willy Brandt fürchtete eine neue Ära der Instabilität, war aber dennoch dankbar für solche Einmischungen. Es war wie so oft: Die Autorenfreunde schlugen eine Saite an, die zu ihm gehörte, ohne dass er es erkennen ließ. Froh war er, dass andere ihm das abnahmen.

Nach der Ausrufung des Kriegsrechts in Polen im Dezember 1981 und dem Verbot der Gewerkschaftsbewegung Solidarność verschärfte Günter Grass seine Kritik, auch sie erhält heute – im Blick auf die Ukraine – ganz frische Bedeutung. Grass: Er wolle die «immer wieder ausgesprochene Selbstverständlichkeit» nicht noch einmal niederschreiben, weil er wisse, dass es vergeblich sei. Aber die «anhaltende Sprachlosigkeit oder die nur noch staatsmännischen Verlautbarungen der SPD zur Lage in Polen» könne er auch nicht länger akzeptiere. «Erbärmlich wortlos oder wortreich heuchelnd stehen wir da, sobald im Machtbereich des Leninismus-Stalinismus mit Gewalt zugeschlagen, 1968 die Tschechoslowakei okkupiert, ab 13. Dezember 1981 das polnische Volk in eine nur neu anmutende, im Grunde althergebrachte Knechtschaft gezwungen wird ... schlüge doch endlich die deutschen Sozialdemokraten die Erkenntnis, dass man das Argument für den Demokratischen Sozialismus, auch aus

Gründen der Entspannungspolitik, nicht aufgeben darf, sonst machen sich Strauß und Kohl zu Fürsprechern einer Bewegung, die sie für Polen gutheißen und die sie hier, wo immer sie sich zaghaft rührt, niederknüppeln möchten. Anfang Dezember 1970 begleiteten Siegfried Lenz und ich mit anderen Willy Brandt nach Warschau. Die deutsch-polnischen Verträge wurden unterschrieben. Die mühsame, noch immer nicht abgeschlossene Aussöhnung zwischen beiden Völkern begann … Wir sind mit Polen durch Nachbarschaft, durch blutige Geschichte, durch immer noch lastende Schuld verbunden. Eine weitere Verbundenheit wäre möglich und ist notwendig. Sie heißt: Solidarität des deutschen Volkes mit dem polnischen Volk.»[20]

Das entsprang nicht der Schriftstellereitelkeit, Grass meinte es ernst. Willy Brandt wusste, dass dieser enttäuschte Briefeschreiber mit seiner Kritik auch auf ihn zielte. Eine Antwort gab er Grass nicht, jedenfalls ist sie nicht überliefert. Dass er Freunden wie Grass gleichwohl zuhörte, kann man als gesichert betrachten. Dazu waren doch Freunde da, gerade wenn sie anderer Meinung waren. Brandt ließ sich einige Jahre später (1987) auf ein Buchprojekt Freimut Duves ein, in dem er seine Haltung zu Menschenrechten im Norden, im Osten und im Süden der Welt grundsätzlich reflektierte.[21]

Die Geschichte von Brandt und Grass ist damit freilich nicht zu Ende, der Mauerfall am 9. November 1989 rüttelte ihr Verhältnis noch einmal heftig durcheinander. Günter Grass erging es ähnlich wie Oskar Lafontaine, er fremdelte mit dem «Patriotismus» Brandts, ja er zögerte wie Richard von Weizsäcker, ob wir uns eine rasche Vereinigung der beiden deutschen Staaten wünschen sollten. Für Brandt sah das anders aus: Lange genug war er als Vaterlandsverräter denunziert worden, jetzt ließ er sich nicht mehr ins Abseits stellen. Der Jubel, der dem Redner am 6. Dezember in der Rostocker Marienkirche entgegenschlug, machte ihm endgültig klar, wohin die Sehnsüchte zielten. Die Westrepublik hatte kein Recht, sich dem entgegenzustellen. Wenn die Einheit schnell gewünscht würde, dann bitte!

Wenig später, bei einer Tagung der Evangelischen Akademie in Tutzing im Januar 1990, die «neue Antworten auf die deutsche

Frage» suchen wollte, kam dieser Dissens offen zur Sprache. Willy Brandt hatte sich bereit erklärt, einer Einladung der Organisatoren zu folgen, zu denen auch Günter Grass und Antje Vollmer zählten. Er nahm kein Blatt vor den Mund. Schon mit seiner saloppen Bemerkung, «die Sache ist gelaufen, die von Deutschland handelt», provozierte er viele der Teilnehmer aus Ost und West, unter denen weithin Konsens herrschte, weil zu viel Zeitdruck gemacht werde. Wenigstens nachdenken müsse man über das künftige Verhältnis der beiden deutschen Staaten. «Innehalten», lautete Weizsäckers Wort der Stunde. Brandt hingegen konnte auf Michail Gorbatschow verweisen, der öffentlich erklärt hatte, die Vereinigung der Deutschen werde «niemals und von niemandem in Zweifel gezogen». Damit war kein Halten mehr.

In seiner «kurzen Rede eines vaterlandslosen Gesellen» schlüpfte Grass in die Haut Brandts, unverblümt plädierte er dafür, es bei zwei souveränen Staaten zu belassen, die konföderativ verbunden werden sollten. Er griff damit einen Gedanken auf, den Willy Brandt noch vor Weihnachten 1989 ernsthaft verfolgt hatte. Über das «schmerzhafte Vergnügen» klagte nun Grass, nicht mit Brandt übereinzustimmen. Gleichwohl, eine gemeinsame «Kulturnation» würde ihm genügen, beharrte er. Auch damit knüpfte er an frühere Positionen Brandts an, ohne es auszusprechen.

Günter Grass: Der deutsche Einheitsstaat sei die früh geschaffene Voraussetzung für Auschwitz gewesen. «Wer gegenwärtig über Deutschland nachdenkt und Antworten auf die deutsche Frage sucht, muss Auschwitz mitdenken. Der Ort des Schreckens, als Beispiel für das bleibende Trauma genannt, schließt einen zukünftigen Einheitsstaat aus.» Viele der Intellektuellen aus dem Osten, voran Jens Reich, applaudierten in Tutzing Grass und seiner Begründung.

Die Teilung als Folge von Auschwitz? Schon Wochen zuvor, während des Berliner Parteitages der SPD Ende Dezember 1989, hatte Brandt dazu erstmals unverblümt Stellung bezogen. Er konnte nur Grass gemeint haben, als er bemerkte: *Noch so große Schuld einer Nation kann nicht durch eine zeitlos verordnete Spaltung getilgt werden.*» Mit dem «anderen Deutschland», von dem Brandt schon im Exil sprach und an das Grass jahrzehntelang erinnerte, meinten sie offensichtlich nicht unbedingt dasselbe. Jedenfalls nicht mehr jetzt. Ihre Männerfreundschaft – oder wie sonst sollte man es nennen? – stellte es nicht in Frage, dazu waren die Bande über die Jahre hinreichend strapazierfähig geworden. Grass bewunderte Brandts Unverführbarkeit schon als junger Mann in Lübeck. Keiner hat ihn mit ähnlicher Empathie und so glänzend beschrieben wie der Schriftsteller in seinem *Tagebuch*. Nur den einen großen, sehnlichen Wunsch versagte Willy Brandt seinem Trommler, ihn als eine Art fest installierten Berater an seine Seite zu holen ins Kanzleramt.

In seinem autobiographischen Buch *Beim Häuten der Zwiebel* (2006) hat Günter Grass bekannt, als Siebzehnjähriger der Waffen-SS angehört und darüber geschwiegen zu haben – obwohl er stets offen darüber berichtete, als Pimpf begeistert gewesen zu sein von dem Hitler-Regime. Willy Brandt, vermutete Paul Ingendaay, Kulturkorrespondent der *FAZ*, in einem ungewöhnlichen Essay unter dem Titel «Ein mutiger Mann»», verkörperte das ganz Andere für ihn, wie der Kniefall in Warschau den letzten Zweiflern deutlich gemacht haben musste – und Grass hatte ihn nach Polen begleitet.

Als «lebenslange Abbitte» könne man das Erwachsenendasein von Grass begreifen, spitzte Ingendaay zu. «Ein Stück Wiedergutmachung» habe er gesucht, wie seine gesammelten Reden und Essays noch mehr als seine Romane verraten. Beinahe entrückte Brandt mit der Warschauer Geste, einer, der nicht schuldig ist, fällt dennoch auf die Knie. Brandt habe als Unschuldiger etwas getan, «was Grass zu tun versäumt hatte und nun nie mehr würde tun können». Geirrt habe Grass sich, wenn er glaubte, mit dem freiwillig gelieferten Bekenntnis zum «Sündenfall» seiner Jugend werde ihm das lange Schweigen nachgesehen, sein öffentliches Nachdenken über «deutsche Schuld», seine Verteidigung eines moderaten, zurückhaltenden, vergangenheitsreflektierten Deutschland werde dagegen aufgewogen. Nein, ihm wurde nicht verziehen. Das «nagende Schuldgefühl» wurde ihm nicht geglaubt, obgleich es ihn tatsächlich nie in Ruhe ließ. Dass Auschwitz lebenslang «seine Geißel» blieb, so Ingendaay, akzeptierten die selbstgerechten Kritiker nicht. Günter Grass starb verbittert.[22]

Wie hätte Brandt Grass' Selbstenthüllung verstanden? Dass der Autor auch ihn brauchte, muss Brandt intuitiv geahnt haben. Gesprochen haben sie über das, was sie füreinander bedeuteten, vermutlich nie. Ich denke, sein spätes Bekenntnis hätte Brandt dem Schriftsteller nicht vorgehalten, er hätte ihm einen aufmunternden Brief geschrieben, handschriftlich. Günter, wir sind nicht zu Helden geboren ...
Was den Kern dieser Freundschaft ausmachte, lässt sich sagen: Sie wollten gemeinsam ein «anderes Deutschland». Sie hatten, um es mit Paul Ingendaay zu sagen, aus unterschiedlichen Gründen eine feste Idee von dem, was die Mitte der Republik ausmachen müsse. In dieser Mitte trafen sie sich.

Brandt hatte als junger Schüler etwas mehr Weitsicht und Glück, gerade seine Herkunft – oft belächelt – schob ihn auf die richtige Bahn. Grass blickte naiver in die Welt und hatte Pech, er war anfällig als junger Mann wie die Mehrheit der Deutschen, anfällig für die Sirenentöne. Seinen Weg musste er sich erst freischaufeln. Aber seltsam, wenn man ihren Briefwechsel über Jahrzehnte hinweg noch einmal durchblättert, wird man den Eindruck nicht los, dass es nur Millimeter waren, die sie trennten, den Trommler aus Danzig und den Zweifler aus Lübeck. Bei aller Eitelkeit, die ihm nachgesagt wurde, vielleicht war es ja auch nicht ganz falsch, wenn Grass glaubte, er habe mit seinem Trommeln im September 1969 Brandt zum Kanzler gemacht.

III

PS. Aus der Reihe tanzte auffällig Heinrich Böll, der Melancholiker unter den Schriftstellern, linkskatholische Leitfigur und seinerzeit überaus populär. An den Initiativen seiner Kollegen in den sechziger Jahren zugunsten eines *regime change* beteiligte ausgerechnet er sich nicht.

Seine Zurückhaltung hinderte Böll zwei Jahre nach Brandts zweiter Wahlniederlage, 1965, allerdings nicht, einen drängenden Brief

Der Kölner Heinrich Böll, linkskatholische Leitfigur, zählt zu den populärsten Schriftstellern der Republik. Aus Wählerinitiativen hält er sich heraus. Er trommelt nicht für den Kanzlerkandidaten, fast möchte er ihm raten, sich herauszuhalten aus der Politik, um ihn zu schützen vor den tiefen Ressentiments im eigenen Land. Ihn empören die Diffamierungen Brandts, die er für bigott hält. (Aufnahme um 1960)

an den SPD-Vorsitzenden (und Außenminister) zu richten: Mit «brennender Sorge» – wie es in päpstlichen Enzykliken heiße – verfolge er die Haltung seiner Partei im Streit um die Notstandsgesetze. Schon in dem Wort «Notstand» liege eine «Mystifikation», er begreife die Haltung Brandts in dieser Frage nicht. Wenn die SPD die Bundestagswahlen 1969 gewinnen wolle, müsse sie die Große Koalition verlassen. Und wenn sie die Koalition verlasse, habe sie kein besseres Argument, als Nein zu sagen zu den Notstandsgesetzen. Wenn der Bundestag mit den Stimmen der SPD diesen Gesetzen zustimme, treibe sie ihn und viele andere nicht nur auf die Straße, warnte Böll, sondern in eine «desperate Anarchie».[23] Brandt antwortete wie gewohnt höflich und verständnisvoll und nicht sehr verbindlich.

Er wusste, er brauchte diese kritischen Geister, die lange vom Gartenzaun aus zuschauten, er musste sie an sich binden, so wie er bürgerliche «Schiller-Wähler» benötigte. Wer Brandt wählte, wählte auch Grass und Böll oder deren kritisch-liberale, frisch durchlüftete Republik gleich mit. Dieser Pakt, für die Bundesrepublik ein vollkommenes Novum, funktionierte nicht schlecht.

Anfreunden konnte Willy Brandt sich mit den Notstandsgesetzen nicht wirklich, aber anders als Heinrich Böll suchte er mit nach einem Kompromiss, überzeugt davon, falls die Gesetze an seiner Partei scheiterten, würde die SPD abermals den Einzug ins Kanzleramt verpassen. Als der Bundestag mit zahlreichen Stimmen der SPD – nach langem Zögern Brandts, der von Helmut Schmidt dringend um Schützenhilfe gebeten wurde – endlich den Notstandsgesetzen zustimmte, war Böll am Boden zerstört. Aber er kündigte Willy Brandt nicht die Sympathien, er schrieb ihm. Ihm wäre es lieber, ließ er ihn wissen, die Alliierten als ehemalige Kontrollmächte übernähmen die Regie – dem wollten die Notstandsgesetze gerade vorbeugen – als die Herren Barzel, Lenz und Schmidt. Immerhin hätten ihn nicht Deutsche von den Nazis befreit, sondern Amerikaner und Engländer, in dem Sinne bleibe er «ganz und gar 1945er».[24] Gut kann man sich vorstellen, wie Brandt diesen Brief las, vermutlich mit wohlwollendem Kopfnicken. An Heinrich Bölls Stelle hätte er es sicher nicht anders gehalten. Abgesehen davon, dass auch er sich befreit fühlte von amerikanischen und britischen Soldaten. Jedenfalls lud er ihn ein zu einem vertraulichen Gespräch.

Im Jahr 1972 dann, als um die Ostverträge erbittert gekämpft wurde und Brandts Kanzlerschaft auf der Kippe stand, gab Böll seine Zurückhaltung endgültig auf. Er beteiligte sich an einem Sammelband Dagobert Lindlaus, der als Beitrag zur Rettung des Kanzlers Brandt, vor allem aber seiner Ostpolitik gedacht war. Wegen seines Lebens war Brandt seit Betreten der bundespolitischen Arena an den Pranger gestellt worden, der Kölner mit seinem Sensorium für geheime Motive des Zeitgeistes stellte das Argument, das gegen Brandt herhalten musste, endlich vom Kopf auf die Füße.

«Stoff für eine Legende» liege in Willy Brandts Lebenslauf, schrieb er nämlich, «fast für ein Märchen, das wahr wurde». Wenn ihm einmal Zeit und Ruhe in den Schoß fielen, würde er gerne einen längeren biographischen Essay schreiben über Willy Brandt. Viel zu erforschen gäbe es da. Böll: «Lübeck um 1913, Straße, Milieu, in denen Willy Brandt aufwuchs, die Schulen, die er besuchte und absolvierte; ich möchte herauszufinden versuchen, was es bedeutet haben kann und muss, in einer so respektablen norddeutschen Stadt im Jahr 1913 das gewesen zu sein, was man eine uneheliche Mutter zu nennen beliebte. Welche Verletztheit und Verletzlichkeit da vor- und mitgegeben wird von jener Ehrbarkeit bürgerlicher Provenienz, die spätestens seit den *Buddenbrooks* in ihrer verlogenen Brüchigkeit beschrieben wurde. Und wie erstaunlich wenig haben sich Willy Brandts Verletztheit und Verletzlichkeit je in Aggression geäußert. Offenbar verletzt der Verletzliche nicht gern, und das macht ihn den sporenklirrenden, gelegentlich die Peitsche schwingenden Herren von der Herrenpartei so verdächtig.» Der erste deutsche Kanzler sei Brandt, «der aus der Herrenvolktradition herausführt».

Mit einem Schuss Skepsis endete der Schriftsteller: Es gebe kein Vorbild in der deutschen Geschichte für ihn, auch nicht Friedrich Ebert. Aber Brandt stehe am Anfang einer kurvenreichen Strecke, warnte er. Noch sei die neue Zeit, die Willy Brandt repräsentiere, nämlich gar nicht gekommen. Die zweite Regierungsperiode Brandt werde schwerer als die erste, und er wisse nicht recht, ob er ihm das überhaupt wünschen möchte.[25]

Er sollte Recht behalten, mehr, als ihm lieb war. Böll sprach aus, was Alexander Mitscherlich verschwieg: Er zweifelte an den Deutschen, denen er nicht zutraute, sich auf das einzulassen, was Brandt als Kanzler wirklich bedeute. Böll begriff Brandt als Projekt – das Projekt einer neuen Verständigung der Deutschen über ihre moralisch-politischen Fundamente, was sie aus seiner Sicht unmittelbar nach dem Krieg versäumt hatten.

Solche Einmischungen vergaß Willy Brandt nicht. Auf dem Höhepunkt des Streits um die «Baader-Meinhof-Gruppe» hatte Böll es gewagt, in einem Beitrag für den *Spiegel* («Will Ulrike Gnade oder freies Geleit?») um Verständnis für die Gruppe zu werben. Trotz ihrer Kriegserklärung an das System solle man ihre Motive «würdigen», plädierte der Schriftsteller, Ulrike Meinhof und Andreas Baader würden verfolgt und denunziert. In die Enge getrieben, würden ihre Theorie weit radikaler klingen, als sie es tatsächlich seien. Schuld daran trug aus Bölls Sicht der Springer Verlag, der «Volksverhetzung» betreibe.

Eine wilde publizistische Debatte folgte, was angesichts der aufgeheizten RAF-Diskussion nicht überraschen konnte; Böll stand plötzlich einsam am Pranger. Jetzt mischte Willy Brandt sich moderierend ein. Auch er stand als Regierungschef unter Druck, die Linke ohnehin unter Dauerverdacht, klammheimlich mit der «Baader-Meinhof-Bande» dem System den Krieg zu erklären. Abgrenzungsbekenntnisse wurden verlangt, nicht etwa Verständnis. Am Schluss seines Briefes an Böll bat der Kanzler den Autor, sich «bitte nicht entmutigen» zu lassen. Er habe dessen Essay als eine «Aufforderung zum Nachdenken» gelesen – was man auch als Appell an Bölls Kompromissbereitschaft verstehen konnte. Brandt noch einmal: «Resignieren Sie nicht. Ich habe es auch nicht getan.»[26]

Unter all den sympathisierenden Schriftstellern und Intellektuellen war Heinrich Böll wohl derjenige, der eine Wahl Brandts für einen besonders radikalen Bruch mit der Mentalität der Adenauer-Republik hielt. Skeptischer als die meisten jener Autoren, die sich für ihn erwärmten, blickte er auf die Mehrheitsdeutschen und die katholisch verbrämten, restaurativen Tendenzen, zu viele Kontinuitäten aus den Hitler-Jahren wirkten noch nach. Also fürchtete er, einen wie Brandt würden die Deutschen rasch auch wieder abstoßen. Gerne wollte er ihm das ersparen. Aber dazu war es zu spät, wie sich bald zeigen sollte.

Beim wechselseitigen Respekt zwischen Brandt, der 1971 den Friedensnobelpreis erhielt, und Heinrich Böll, dem im Jahr darauf der Literaturnobelpreis zuerkannt wurde, blieb es bis zu Bölls Tod. Wie wenige andere engagierte sich der Schriftsteller auch in den achtziger Jahren für Schriftstellerfreunde im Osten, Alexander Solschenizyn, Lew Kopelew, Václav Havel, Pavel Kohut ... Mit Günter Grass warb er bei Brandt für eine offene Unterstützung der demokratischen Opposition, nicht zuletzt für die Gewerkschaftsbewegung in Polen. Brandt blieb bei seinem sehr behutsamen Kurs, nur heimlich steckte er seinen offiziellen Gesprächspartnern in Moskau oder Warschau Zettel mit Namen derjenigen zu, die besonders dringend Hilfe benötigten. Es sah aus nach einem großen Dissens. Und doch war Brandt froh, dass er intellektuelle Freunde wie Grass oder auch Böll hatte, die sich nicht scheuten, Ostpolitiker wie ihn an ihren eigenen Maßstäben zu messen. Die Ostpolitik hatte ihre Schwachstellen, er wusste das.

VIII
«Wandel durch Annäherung»

1969 Mit der hauchdünnen Mehrheit von 251 Abgeordneten (gegen 235, bei fünf Enthaltungen und vier ungültigen Stimmzetteln) wurde Willy Brandt am 21. Oktober 1969 nach Adenauer, Erhard und Kiesinger zum vierten Kanzler der Republik gewählt. Nur zwei Stimmen «über dem Durst», wie Brandt kommentierte, also der absoluten Mehrheit von 249 Stimmen. Im entscheidenden Moment zeigte er eine Seite, die man selten zu sehen bekam. Schon in der Wahlnacht hatte er entschlossen zugepackt, Herbert Wehner und Helmut Schmidt ignoriert, die für eine Fortsetzung der Großen Koalition unter Kiesinger plädierten, sich der Zustimmung Walter Scheels vergewissert, obwohl die Liberalen von den Wählern besonders gerupft worden waren. Scheel wirkte angeschlagen und verunsichert. Aber mit Brandt hatte er sich grundsätzlich bereits im Vorfeld verständigt: Wenn möglich, sollte es ein sozialliberales Bündnis geben. Der Westpolitik Adenauers sollte eine grundsätzlich neue Politik gegenüber Moskau, Warschau, Prag, auch gegenüber Ostberlin folgen.

Selbst der Warnschuss also, die knappe Zwei-Stimmen-Mehrheit, erschreckte Brandt nicht mehr – und Scheel stand zu seinem Wort, er nickte zustimmend. Auf diesem Pakt zwischen dem ungleichen Duo, lange vorbereitet, in Minuten ultimativ besiegelt, gründete die sozialliberale Koalition. Brandt hielt große Stücke auf Walter Scheel, den Liberalen, der häufig unterschätzt wurde, er traute ihm zu, die

Dominanz des nationalliberalen Flügels der Freidemokraten zu brechen. Aber damit sind diese Entschiedenheit und Zielstrebigkeit von der ersten Sekunde an nicht ganz erklärt. Willy Brandt erweckte den Eindruck, als sei für ihn die Stunde gekommen, auf die er seit langem zugesteuert hatte. Er wirkte, als hätte er einen Auftrag zu erfüllen.

In Brandts Augen (und wohl auch für Walter Scheel) besaß das sozialliberale Bündnis historische Qualitäten, aber eben nicht nur, weil es erstmals zur Versöhnung von Arbeiterbewegung und liberalem Bürgertum würde beitragen können. Für beide hatte die Ostpolitik höchste Priorität auf der Agenda. Deshalb hatte Brandt «Macht» erobern und Einfluss auf den Kurs der Sozialdemokraten nehmen wollen. Eine Modernisierung und Liberalisierung der Republik schloss das nicht aus, die Republik war auch in Brandts (und Walter Scheels) Augen erstarrt und bedurfte eines Reformschubs, die Protestbewegung auf den Straßen hatte das seit 1967 unübersehbar gemacht. Bildungsreform hatte für beide Partner hohe Priorität. «Die Schule der Nation ist die Schule», Sätze wie dieser – gegen Kiesingers Wort von 1968, die Bundeswehr sei «die Schule der Nation» – kamen Brandt sehr selbstverständlich über die Lippen. Mehr Frauenrechte, mehr Partizipation in den Betrieben wie an den Hochschulen – Sozialdemokraten wie Liberale meinten das alles ernst. Weg mit dem «Muff unter den Talaren» – den Schwung der Protestgeneration, die gegen alte Strukturen anrannte, wollten sie weitergeben. Man unterschätzt das alles nicht, wenn man dennoch sagt, der historische Auftrag aus seiner Sicht lag in der Ostpolitik.

Walter Scheel übernahm das Amt des Außenministers und Vizekanzlers nicht nur aus Prestigegründen. Brandt und er wollten unzweifelhaft Neuland betreten. Keine Experimente? Die Statusquo-Jahre waren definitiv vorbei.

Der Kanzler kannte das Misstrauen in Europa wie in den USA, niemand sollte fürchten, dass die Deutschen einen Alleingang planen. Natürlich traf es zu, dass die Bundesrepublik, fest eingebunden ins Atlantische Bündnis, aus seiner Sicht sich ein Stück emanzipieren und selber Regie führen sollte bei der Neuausrichtung der Politik. Umso wichtiger erschien ihm folgendes Bekenntnis: «*Wir durften nicht die ‹letzten Kalten Krieger›, die Neinsager im Feld der Wandlungen und damit womöglich die internationalen Störenfriede (und Sündenböcke) werden»*:[1] Mit dieser Bemerkung spielte er darauf an, dass «Entspannung» – nicht von den Deutschen in die Debatte gebracht – plötzlich in Mode gekommen sei. Die deutsche Politik, so stellte er es dar, müsse sich klugerweise nur einordnen und den Einsichten anderer folgen.

Eher zwischen den Zeilen ließ sich herauslesen, dass sich damit seine heimliche Hoffnung verband, eine Entspannung im Ost-West-Verhältnis und mehr Zusammenarbeit in Europa könnten vielleicht einen neuen Rahmen schaffen, um auf lange Sicht die «deutsche Frage» zu lösen. Das war verständlich und legitim, aber heikel – die Sehnsucht in der Welt nach einem Großdeutschland hielt sich eindeutig in Grenzen, wie er sehr wohl wusste. Er zog es vor, an das Gewissen der Weltmächte zu appellieren: Viel zu wenig befassten sie sich mit den wahren Problemen unserer Erde, der Nichtweiterverbreitung von Atomwaffen, der Bevölkerungsexplosion, dem Hunger, der sicheren Versorgung mit Öl und Rohstoffen. Dem sollte die Ostpolitik Rechnung tragen, sie sollte alten Ballast wegräumen und den Weg in diese Richtung eröffnen. Die Deutschen, suchte Brandt sein Vorgehen zu erklären, müssten sich stärker um ihre eigenen Angelegenheiten kümmern, damit die Großmächte sich nicht ewig mit der «deutschen Frage» herumquälen müssten. Dazu gehörte, gegenüber den osteuropäischen Regierungen «zum Anwalt unserer eigenen Interessen» zu werden.[2]

Brandt zitierte dazu sich selber: «*Ich wollte, wir wollten, dass ungelöste Fragen der Vergangenheit uns nicht daran hinderten, die Zukunft zu gestalten.*» So habe er die neue Ostpolitik gedeutet und damit «umschrieben, was mich, lange bevor es an die Ausgestaltung ging, umtrieb».[3] Im Kanzleramt erwies er sich zwar als meisterlicher Erklärer in eigener Sache, wie man es aus der Adenauer-Ära nicht kannte. Aber es sollte sich auch rasch zeigen, die Ostpolitik bedurfte dringend einer Legitimierung durch Diskurs. Auch im eigenen Land gab es dafür zunächst keine Mehrheit. Sie musste erworben werden. Diese Sisyphosarbeit stand der sozialliberalen Koalition noch bevor.

Egon Bahr tastet sich vor

Auf Abstand sei nicht mehr leicht zu verstehen, urteilte ein milde gestimmter Autor in seinen *Erinnerungen*, weshalb der Kampf um die Ostpolitik so verbitterte Formen annahm. Auch wirklich patriotisch fand er die Kritiker nicht, die von ihm wissen wollten, was die Deutschen für die Ostverträge bekämen. Waren denn sie die Opfer, hatten Russen, Polen, Tschechoslowaken eine Bringschuld, ausgerechnet diejenigen, die Deutschland mit Krieg überzog und eliminieren wollte?

In seiner Regierungserklärung vom 14. Januar 1970 sprach er vom «wohlkalkulierten Risiko» seiner Vertragspolitik: «*Den Frieden sicherer zu machen, für unser ganzes Volk – ist das nichts? Der Freundschaft mit den Völkern des Westens, des Nordens und Südens das Vertrauen, den Ausgleich und dann auch die Freundschaft mit den Völkern des Ostens hinzuzufügen, ist das nichts? Und wird nicht Deutschland danach selbst mehr Sicherheit und einen besseren Frieden haben? Werden nicht seine Menschen, jeder einzelne, davon profitieren? Um es mit diesem Wort zu sagen: Weil es weniger Furcht geben wird; weil die Lasten geringer werden; weil sich Menschen wiedersehen können, die sich Jahre nicht sehen konnten; weil vielleicht zwei Menschen aus den beiden Staaten in Deutschland heiraten können, die heute unmenschlicher Zwang trennt.*»[4]

Vorgedacht wurde diese neue Politik schon lange, Egon Bahr selbst erinnerte an ein 180-Seiten-Manuskript unter dem Titel *Was nun?* vom März 1966. Innerhalb von vier Monaten hatte er dieses Konzept für eine andere Deutschland- und Ostpolitik heruntendiktiert.[5] Für die unübersehbaren Mängel entschuldigte er sich seinerzeit gleich in der Einleitung mit einem Zitat von Albert Camus, wonach alle großen Taten und Gedanken in ihren Anfängen «etwas Lächerliches» hätten. Die mögliche Verdammung durch Helmut Schmidt habe er in Kauf genommen, fügte er ironisch hinzu – «jeder, der heute mit einer Patentlösung für die Wiedervereinigung ankäme, wäre entweder ein Scharlatan oder ein Ignorant».[6]

Eine solche «Patentlösung», hieß das mit unverhohlenem Stolz, hatte er durchaus im Auge. Freimütig berichtete Bahr, der «Chef» habe das Manuskript gründlich studiert und ihn prompt angehalten, es in der Schublade verschwinden zu lassen. Brandt alarmiert: Der Berliner Pressechef und enge Mitarbeiter des SPD-Vorsitzenden «kann die Schrift so nicht veröffentlichen». Viel zu früh sei es, darüber zu sprechen, habe Brandt ihn beschieden, wie Bahr sich erinnerte.

Wege zur Einheit standen im Zentrum des Achtstufenplans, den Bahr in *Was nun?* ausbreitete. Für ihn jedenfalls fing die «Ostpolitik» mit der «deutschen Frage» an, er hoffte wohl auch darauf, das Unmögliche möglich zu machen und eine «Patentlösung» zu entdecken. Verhandelt werden sollte der Plan mit Ostberlin, die DDR schrieb Bahr bereits kess ohne Anführungszeichen. «Kommunistische Patrioten» seien gesucht, hieß es, in der Annahme, dass auch die DDR als eigenständiger Staat die Frage nach der Nation nicht loswerden könne, die Menschen wüssten trotz Teilung, Angehörige eines Volkes zu sein. Die DDR, argumentierte der Autor ohne Sorge vor Tabubrüchen, dürfe nicht isoliert werden, sondern sei einzubeziehen in die Verhandlungen über die Grundlagen eines Friedensvertrages mit den Vier Mächten. Sie sei innerdeutsch ebenso wenig zu überstimmen wie die Sowjetunion durch die drei Westmächte, in Zahlen ausgedrückt hieß das für ihn «2 plus 4» (unter dieser Formel verhandelten die beiden deutschen Staaten nach dem Mauerfall mit den vier Mächten über die Modalitäten der Vereinigung).

Mit zwei dicken Strichen am Rand des Manuskripts dokumentierte Willy Brandt seine uneingeschränkte Zustimmung. Sie bezog sich auf Bahrs kritische Anmerkung gegenüber allen, die meinten, man müsse «nachgiebig aus Prinzip» sein und lange sowie nett genug mit den Kommunisten reden, um zu erreichen, was man wolle. Die Wiedervereinigung sei weder durch einen «Gewaltakt» noch durch einen «Trick» zu erreichen. Die Vier Mächte, argumentierte Bahr, würden Deutschland nur dann die Einheit zugestehen, «wenn die Grenzen klar sind, keine territorialen Ansprüche offenbleiben (also Anerkennung der Oder-Neiße-Linie) und mit einer militärischen Stärke, die für keinen Nachbarn bedrohlich ist». Also müssten die Nachbarn in ein «europäisches Sicherheitssystem» einbezogen werden. Egon Bahr, der sich wie Brandt in die Lage der anderen Seite hineinzuversetzen vermochte, brachte das seinerzeit auf die knappe Formel «Sicherheit für und vor Deutschland».[7]

«Hier meldet sich eine Quelle zu Wort», lautet der erste Satz in Egon Bahrs politischen Memoiren *Zu meiner Zeit*. Für die Nachwelt deponiert, hatte diese «Quelle» mit dem Verweis auf die «180 Seiten Ostpolitik in der Schublade» freilich auch eine Art intellektuellen Vaterschaftsanspruch für die Ostpolitik bereits in ihrem frühen Stadium. Brandt ließ abseits der Öffentlichkeit eine Arbeitsgruppe darüber brüten, was aus Bahrs Vorschlägen konkret zu machen sei, er selbst hatte den Spielraum nicht, über den sein enger Mitarbeiter verfügte und den er autonom nutzte. Egon Bahr räumte in den Memoiren allerdings auch ein, die Suche nach einer deutschlandpolitischen Alternative vom Boden der geteilten Stadt aus sei auch objektiv an eine Grenze gestoßen: «Was von Berlin aus zu bewegen war, war mit den Passierscheinen ausgereizt. Wer mehr wollte, sogar für die Stadt, musste nach Bonn.»[8] Wie vorsichtig auch immer, ein eigenes, aktives Konzept trauten sie sich schon zu.

Wenn Brandt von «Ostpolitik» sprach – oft erweckte er den Eindruck, das Wort sei ihm fremd und es hätten ohnehin andere erfunden –, dann gerne auf grundsätzliche Weise. Geschuldet war seine Zurückhaltung insbesondere gerade dieser Sorge, «Ostpolitik» sei eine zu grobe und vieldeutige Formel, um nicht leicht interpretiert werden zu können als Abkehr von der Westorientierung und neuer Sonderweg. Willy Brandt meinte es wörtlich: *«Noch einfacher: Unsere Ostpolitik hatte im Westen zu beginnen!»*[9] Ernst nahm das Gros der Christdemokraten – von wenigen Ausnahmen wie Richard von Weizsäcker oder Walther Leisler Kiep abgesehen – sein Bekenntnis zum Westen übrigens nie. Bei Brandt lagen die Wurzeln dafür bereits im Exil.

Einen «Marathonlauf von tausend Tagen» nannte Egon Bahr das ambitionierte Vorhaben der sozialliberalen Koalition, die Beziehungen zu Moskau, Warschau, Prag und Ostberlin mit Verträgen auf eine neue Grundlage zu stellen.

Bereits wenige Wochen nach der Wahl, im Oktober 1969, ließ die

Regierung den sowjetischen Botschafter wissen, Bonn sei an einer «Weiterführung» des Dialogs über Gewaltverzicht gelegen. Nur mit Einwilligung Moskaus werde sich eine Annäherung mit Warschau, Prag oder auch Ostberlin erreichen lassen, davon waren Brandt und Bahr überzeugt, Ostberlin unter Walter Ulbrichts Diktat hatte sich bis dahin ängstlich gegen einen Dialog gesperrt und im Kreml antichambriert aus Sorge, die DDR könne von einem Pakt Moskau–Bonn über ihren Kopf hinweg isoliert werden. Jetzt fürchteten ausgerechnet die SED-Potentaten im anderen Teil Deutschlands eine Neuauflage des Hitler-Stalin-Pakts unter gewandelten Bedingungen.

Über fünfzig Stunden lang berieten Egon Bahr und Andrej Gromyko im Frühjahr 1970 (auf sowjetischer Seite gab zunehmend Valentin Falin den Ton an, damals Abteilungsleiter im Außenministerium, mit dem Bahr sich blendend verstand, den aber auch Brandt schätzen lernte), Ende Mai stand nach Meinung beider Delegationen fest, man habe in den vertraulichen Gesprächen eine tragfähige Grundlage erreicht, um offizielle Verhandlungen aufzunehmen. Pünktlich zum Auftakt Anfang Juli zwischen Walter Scheel und Andrej Gromyko veröffentlichte *Bild* die sogenannten Bahr-Papiere, den Wortlaut des Textes, der den Verhandlungen zugrunde gelegt wurde. Die Illustrierte *Quick* sowie Gerhard Löwenthal (*ZDF*), der sein Magazin zum Forum eines Privatfeldzugs gegen die Ostverträge umdefinierte, sekundierten und legten nach. Ihr Motto: Brandt macht bedingungslos Konzessionen und gibt deutsche Interessen preis. Das war die Ouvertüre zu einem Drama, das sich bis zu den Gesprächen über den Grundlagenvertrag mit Ostberlin und zur letzten Abstimmung im Parlament hinzog. Obwohl rasch Gerüchte kursierten, Quelle der Indiskretionen seien Gegner der Politik im Auswärtigen Amt, wurde der endgültige Beweis nie geliefert. Bahr musste sich zudem vorhalten lassen, er habe in seinen Gesprächen mit Gromyko, Kossygin und Falin gegen alle Beteuerungen seine Kompetenzen weit überschritten. Tatsächlich flossen nur die ersten Punkte der «Bahr-Papiere» später in den Verhandlungstext ein, Bahr – unschlagbar auch als Kommunikator in einer heiklen Frage wie dieser – bestätigte aber ohne Scheu, es sei tatsächlich über «sehr viel mehr gesprochen» worden als das, was im Vertrag stehen sollte. «Es war gar nicht möglich, über Eins zu reden, ohne Zwei, Drei, Vier und Fünf mit zu erwähnen.» Das Ganze, so Bahr lakonisch, «hatte ja eine Fasson».[10]

Während des gesamten «Marathons» ließ sich trotz Bahrs unzweifelhaften Geschicks in der öffentlichen Darstellung des Verhandlungsprozesses das Dilemma nicht auflösen: Erkundungsgespräche über die Verträge konnte man erfolgreich nur vertraulich führen, während zugleich Willy Brandts Regierung grundsätzlich für ein diskursives Politikverständnis stehen wollte, für demokratisches Verfahren und Transparenz. Brandt verließ sich hundertprozentig auf seinen Vertrauten. Seit den Zeiten im Berliner Senat, besonders seit dem Mauerbau, wich Bahr kaum von Brandts Seite, als Leiter des Planungsstabes begleitete er ihn auch ins Auswärtige Amt, 1969 betraute der Kanzler schließlich den frischgebackenen Staatssekretär im Kanzleramt damit, die Pläne, die sich im Laufe der Jahre in den Schubladen angesammelt hatten, als Unterhändler in die Realität umzusetzen und Gewaltverzichts- bzw. Normalisierungsverträge auszuhandeln. Traumwandlerisch sicher wusste Bahr, was er in Brandts Namen verlangen, zur Debatte stellen oder konzedieren darf. Bahr urteilte, das Verhandeln auf offenem Markt wäre «tödlich» gewesen, was sicher nachvollziehbar war; allerdings kam hinzu, dass der geniale Unterhändler und konzeptionelle Kopf ohnehin zu Gesprächen im Hintergrund neigte, auch zur Absicherung über zahlreiche *back channels*, halboffizielle Gesprächspartner, von deren Existenz die Öffentlichkeit nichts erfahren sollte, geschweige denn, dass die Namen der Geheimakteure hätten publik werden dürfen. Das hätte sie «verbrannt», fürchtete er. Wenn Brandt die Anerkennung der DDR als Staat auch nur im Parteivorstand der SPD offen zur Debatte gestellt hätte, wäre nach seiner Vermutung mindestens wochenlanger Streit entbrannt, ganz abgesehen davon, dass die Sozialdemokraten mit einer solchen Ankündigung «die Wahl verloren hätten, und die sozial-liberale Entspannungspolitik hätte es gar nicht gegeben».[11] Nur mit seinem «Husarenritt» – so nannte es Bahr voller Bewunderung – hatte Herbert Wehner 1960 die SPD entgegen ihren früheren Beschlüssen auf ein Ja zur Nato festlegen können.

Es blieb nicht bei der Enthüllung der «Bahr-Papiere», die Serie von Indiskretionen, die so viele Dissonanzen auslösten (nicht zuletzt auch bei den polnischen Nachbarn, die fürchteten, Deutsche und Russen verständigten sich über ihre Köpfe hinweg), sollte auch die monatelangen Gespräche mit Warschau, Prag und Ostberlin begleiten. Der Verdacht, die sozialliberale Koalition verfolge Ziele, über die sie nicht redlich informiere, überschattete die lange Kompromisssuche zwischen Bonn und Moskau, Warschau, Prag sowie Ostberlin.

Und dennoch gewinnt man in der Rückschau den Eindruck, dass wohl keine Regierung mit ähnlicher Intensität jeden ihrer Schritte erläutert und zur Debatte gestellt hat, sobald sie jeweils glaubte, es könne und müsse jetzt darüber gesprochen werden. Auch wenn die Opposition bei der Wahl ihrer Mittel gegen die Ostverträge nicht zimperlich war, heute würde man Brandt und Bahr gerne fragen, ob es unter dem Strich nicht geradezu hilfreich gewesen sei, dass so viel von den vertraulichen Gesprächen ans Licht gezerrt wurde. *Bild*, *Quick* und der ZDF-Moderator Gerhard Löwenthal wollten wie die CSU und der deutschnationale Flügel der Christdemokraten die Verhandlungen scheitern lassen, damit natürlich auch die sozialliberale Regierung. Beinahe wäre es ihnen auch geglückt. Aber ungewollt haben sie dazu beigetragen, dass jedes Gesprächs- und Verhandlungsdetail öffentlich studiert werden konnte. Die volle Transparenz entlastete auch, die Kriegführung gegen die Verträge produzierte Gegengifte. Der fanatische Widerstand zeigte Wirkung, unter der Oberfläche wuchs allmählich die Zustimmung für eine neue Politik.

Auch das journalistische Lager dividierte sich weit auseinander. *Bild*, *Welt*, *Rheinischen Merkur*, *FAZ*, *Quick*, *Bayernkurier*, *Christ und Welt* und *Welt am Sonntag* prallten in dieser ersten großen Medienschlacht der Republik auf *Süddeutsche Zeitung*, *ZEIT*, *Spiegel*, *Stuttgarter Zeitung*, *Kölner Stadtanzeiger*, *Frankfurter Rundschau*, auch auf einflussreiche TV-Magazine wie *Monitor* und *Panorama*. Befürworter der Verträge wurden vom *Bayernkurier* und Franz Josef Strauß gleichermaßen als «Brandt-hörig» verhöhnt. Brandt wurde mit «Vaterlandsverrat» assoziiert, Strauß selber hatte früh dafür gesorgt, ihm dieses Etikett dauerhaft anzuheften.

Richtig daran war nur: Auch dank der Ostpolitik gingen die Zeiten zu Ende, in denen die kritischen Geister, die liberalen Stimmen sich lieber heraushielten aus der Politik. Den Kandidaten Brandt hatten Hans Werner Richter, Martin Walser, Walter Jens und andere Autoren 1961 und 1965 nur dezent unterstützt, selbst wenn sie einen Machtwechsel befürworteten. Das war alles vorbei, die Ostpolitik zwang zum Engagement. Nur jemand mit Brandts Biographie hatte sie glaubhaft für Ost und West in Gang setzen können. Je lauter die Gegner ihn als «Verzichtskanzler» attackierten, umso klarer kristallisierte sich ein anderes Bild heraus – es fand eine Umdeutung statt, das Exil galt nicht länger als Makel, es zeichnete Willy Brandt aus. Besonders die Kontroverse um die Ostpolitik brachte es an den Tag.

Seinerzeit wütete der *Bayern-Kurier*,[12] Moskau sei nicht auf Kompromiss aus, sondern auf Unterwerfung, womit er einen Vorgeschmack auf das gab, was die Sozialdemokraten im Falle eines Wahlsieges erwartete. Ähnlich apokalyptisch Dieter Cycon in der *Welt*:[13] Auf Drängen des Außenministers Brandt sei schon im Dezember 1966 dessen «Lieblingsprojekt» lanciert worden, ein wechselseitiger Gewaltverzicht. Ohne Anerkennung der «DDR» und der Oder-Neiße-Grenze und ohne Verzicht Bonns auf den Zugang zu Kernwaffen sei das nicht zu haben, prophezeite der Autor, alles andere gelte in Moskau als «Revisionismus».

Von Kurt Georg Kiesinger wurde zwar behauptet, er sei in der Sache flexibel und ziele letztlich in die gleiche Richtung wie Brandt. Wer auf der Anerkennung der Spaltung des Landes nach dem Krieg insistiere, verlange eine «deutsche Kapitulation», polemisierte jedoch auch er. Immerhin hielt Willy Brandt bei einer Pressekonferenz erstmals in dieser Deutlichkeit dagegen, es gebe «keine Einmütigkeit in der Ostpolitik». Er halte die von Moskau vorgeschlagene Europäische Sicherheitskonferenz (die spätere KSZE in Helsinki, aus der die OSZE erwuchs) für einen «konstruktiven Schritt». Eine gewisse Normalisierung müsse es geben. Umfragen stärkten ihm den Rücken dabei: Erstmals sprach sich eine spürbare Mehrheit dafür aus, die Beziehungen zur Sowjetunion und zu anderen osteuropäischen Staaten zu verbessern.[14]

In der *FAZ* wogte offenkundig der Streit über eine deutschland- und ostpolitische Kurskorrektur, fairerweise kamen auch Befürworter zu Wort, so in einer Leitglosse, die mit «J.T.» gezeichnet war: Wenn Willy Brandt und sein sowjetischer Counterpart Andrej Gromyko sich am Rande der Vereinten Nationen in New York treffen, so bedeute das nur die Kontinuität einer Politik, für die schon Außenminister Gerhard Schröder plädiert habe. Egon Bahr habe das vorbereitet. Aber das werde sich einspielen. Auch Schröder hätte solche Treffen gern fortgesetzt, wenn er im Amt geblieben wäre. Der Autor beruhigend: Die deutsche Außenpolitik sei «an viel mehr Konstanten gebunden, als die meisten denken».

«J.T.», Jürgen Tern, einer der Herausgeber des Frankfurter Blattes, sollte diese Erklärung, mit der er der Opposition eine Eselsbrücke baute, bald den Job kosten. So hoch schlugen die Wogen. Von der neuen Regierung – die Bundestagswahl fand am 29. September statt – sei keine «andere Ostpolitik» zu erwarten als von der Konstellation Kiesinger/Brandt, blies er wenige Tage später erneut Entwarnung. Die Ostpolitik habe nur so viel Operationsfreiheit, wie es einer «Nebenerscheinung der amerikanisch-sowjetischen Beziehungen» eben erlaubt sei. Da sich Washington und Moskau jedoch um ein «Arrangement» bemühten – was tatsächlich zutraf –, bleibe Bonn gar keine andere Wahl, «in der Situation liegt auch ein Zwang, sich nach Osten hin tätig zu zeigen».[15]

Matthias Walden, der Brandt in Sachen Exil noch verteidigt hatte, prophezeite jetzt finster, der SPD-Vorsitzende und Außenminister habe mehr vor, als er zeigen dürfte, wenn er erst einmal die Richtlinien der Ost- und Deutschlandpolitik bestimme. «Für die Anerkennung der Oder-Neiße-Grenze hätten wir, wenn es gut ginge, ein Stückchen Verzicht auf Beschimpfungen zu erwarten. Mehr nicht.»[16]

Bild setzte diesen Kalten Krieg besonderer Art als Speerspitze der Scharfmacher fort: In der Politik gebe es die russischen Püppchen, hieß es in einem Kommentar, «das letzte scheint immer ein Panzerfahrer zu sein». Kreml-Chef Leonid Breschnew maße sich an, «jederzeit bei uns Tschechoslowakei zu spielen, wenn es in seine ‹Russland-Russland-über-alles-Politik› passt».[17] Sollte das heißen, es stünde ein Einmarsch bevor? Mindestens eine Einladung an Moskau, sich zu bedienen, wurde der neuen Politik unterstellt, noch bevor sie in die Tat umgesetzt werden konnte.

Bei der großen Schwester, CDU, mühte sich zwar ein kleiner Kreis liberaler Politiker um Walther Leisler Kiep, Richard von Weizsäcker, Norbert Blüm oder Paul Mikat, den außenpolitischen Anschluss nicht zu verpassen, aber mit den permanenten öffentlichen Querschüssen verlegte das CSU-Zentralorgan den Dissidenten den Weg nach vorn. Man wusste, hinter jedem Kommentar stand letztlich Strauß selber. «National höchst bedenklich» sei es, wenn Brandt seinen Vertrauten Egon Bahr als Verhandlungsführer nach Moskau entsende, hieß es nun warnend. Ihm liege an Politik weniger als an Optik, bei Rückkehr werde gewiss «die ihm hörige Presse zum Lobpreis seines Chefs» eingeschaltet.[18] Das Wort «Lügenpresse» machte noch nicht die Runde, in der Sache aber wurden die Journalisten (und Medien), die die Vertragspolitik unterstützten, als willfährige Handlanger Brandts und seiner Koalition geschmäht. «Der Schatten Moskaus über Europa», orakelte Strauß, «wird immer länger.»

Die wütenden Attacken hatten den Effekt, dass auch die Initiatoren der Ostpolitik zunehmend die Öffentlichkeit suchten und Bündnispartner mobilisierten. Seit 1967/68 hatte sich die Republik daran gewöhnen müssen, dass Politik von jungen Leuten auch außerhalb des Parlaments, in den Hörsälen und auf der Straße ausgetragen wurde, nun kam eine Zerreißprobe in den Medien und im Bundestag hinzu, live und immer auf offener Bühne. Die Bundesrepublik wurde bunter, lauter und dissonanter, Politik fand auf vielen Ebenen statt, sie gehörte nicht mehr allein den Politikern.

Rainer Barzel drückte sich zurückhaltender aus als Franz Josef Strauß, aber wenig deutete darauf hin, dass er sich – wie man im Brandt-Lager hoffte – in Neuland wagen würde, wenn er dafür plädierte, den geplanten Gewaltverzicht per Vertrag einer «umfassenden Friedensregelung» vorzubehalten.[19] Er zögerte damit, sich endgültig zu positionieren, weil er ahnte, dass die Mehrheit bei den Christdemokraten wie bei den bayrischen Christlich-Sozialen sich nicht aus den Schützengräben locken lassen würde.

Am 12. Juni 1970 folgte der nächste Paukenschlag, die *Bild*-Zeitung veröffentlichte die Formulierungen, auf die sich Bahr und Gromyko in ihren Gesprächen über einen Gewaltverzicht verständigt haben sollten. Woher die vertraulichen Unterlagen stammten, blieb nebulös – Mitschriften waren den Ministern in der Kabinettssitzung schon vorsichtshalber nicht ausgehändigt worden. Am 1. Juli veröffentlichte *Quick* vorab sogar den Wortlaut der Verhandlungsergebnisse zwischen Moskau und Bonn (Gromyko und Bahr), das Magazin selber erschien eine Woche später. Überschrift in *Quick-Exklusiv*: «Das Bahr-Papier».

Noch am Abend desselben Tages strahlte das *ZDF* ein Gespräch aus zwischen Gerhard Löwenthal und Karl-Theodor Freiherr von und zu Guttenberg (CSU), der neben Strauß als der vehementeste Widersacher Brandts und Bahrs sowie der Gespräche mit Moskau, Warschau und Prag galt.[20] Obwohl er zu jenen Eingeweihten zählte, die im Auswärtigen Ausschuss über den Fortgang der Gespräche informiert worden waren, gab Guttenberg sich überrascht: Über das, was tatsächlich ausverhandelt wurde, seien die Parlamentarier nicht unterrichtet worden, behauptete er. Die Ostpolitik sei nicht nur widersprüchlich, sondern «innerlich unwahrhaftig». Die Bundesregierung komme ausdrücklich dem Wunsch der Sowjetregierung nach «Stabilisierung an der Westgrenze des sowjetischen Herrschaftsbereichs» nach, sie könne daher nicht länger argumentieren, die deutsche Frage bleibe in ihrer Substanz offen. Für einen Vertrag, der «unsere Interessen gefährdet und zum Teil preisgibt», seien die Christdemokraten nicht zu gewinnen. Etwas stilvoller verkleidet und moderater im Ton als bei Strauß, lief das ebenfalls auf eine Verteidigung des Status quo und auf die These vom «Verzichtskanzler» hinaus.

Noch von Moskau aus wandte der Bundeskanzler sich am 12. August 1970 direkt nach der *Tagesschau* anlässlich der Unterzeichnung des deutsch-sowjetischen Vertrages in der *ARD* an die Öffentlichkeit. Es handele sich um einen «wichtigen Augenblick in unserer Nachkriegsgeschichte», eröffnete er sein Statement. 25 Jahre nach der Kapitulation des von Hitler zerstörten Deutschen Reiches und 15 Jahre nachdem Konrad Adenauer hier in Moskau die Aufnahme diplomatischer Beziehungen vereinbart hatte, sei es an der Zeit, unser Verhältnis zum Osten neu zu begründen – und zwar auf den uneingeschränkten gegenseitigen Verzicht auf Gewalt, «ausgehend von der politischen Lage, wie sie in Europa besteht». Er zitierte dazu aus seiner Regierungserklärung: «*Unser nationales Interesse erlaubt es nicht, zwischen dem Osten und dem Westen zu stehen. Unser Land braucht die Zusammenarbeit und die Abstimmung mit dem Westen und die Verständigung mit dem Osten. Das deutsche Volk braucht den Frieden im vollen Sinne dieses Wortes auch mit den Völkern der Sowjetunion und allen Völkern des europäischen Ostens.*»

Nach langen Verhandlungen hatten die Unterhändler Bahr und Gromyko eine Formel für den Gewaltverzicht gefunden, er konnte also nicht mehr «originär» auch mit Warschau ausverhandelt werden, wie man sich das in Polen gewünscht hätte. Seine Regierung verpflichtete sich, «von dem auszugehen, was ist», formulierte Brandt dazu, «was geworden ist, auch in Bezug auf die Westgrenze Polens». Unter Hinweis auf die Potsdamer Konferenz im Sommer 1945 wurde diese Grenze als «Realität» beschrieben. Einen späteren Friedensvertrag schloss das nicht grundsätzlich aus. Nur in beiderseitigem Einvernehmen sollte eine Änderung der Grenzen entsprechend der Vereinbarung von Bahr und Gromyko möglich sein. De facto lief das auf eine Festlegung auf Dauer hinaus. Implizit bezog sich das auch auf die Grenze zwischen der Bundesrepublik und der DDR, die bis dahin offiziell als «Provisorium» betrachtet worden war. Der Begriff von den «unverletzlichen Grenzen», den die Unterhändler gefunden hatten, schrieb die Verhältnisse zwischen den beiden deutschen Staaten fest, schloss mit dem Verweis auf die Möglichkeit friedlicher Grenzveränderungen auch eine Änderung des Status quo nicht aus. Der Vertrag baute auf Kooperation und Vertrauen, eine radikale, ja revolutionäre Abkehr vom sicherheitspolitischen Denken im Kalten Krieg, das auf militärische Stärke, auf Überlegenheit und glaubwürdige Abschreckung setzte. Das Motto, das dem zugrunde lag – «Sicherheit gibt es in den großen Zusammenhängen nicht mehr voreinander, sondern in Wirklichkeit nur noch miteinander».[21] Vier Monate nach dem Moskauer Vertrag (den auszuverhandeln nur neun Monate brauchte) war auch der Warschauer Vertrag perfekt, 1971 regelte das Viermächteabkommen den Status Berlins und den Transitverkehr, zuletzt sollten der Vertrag mit Prag und der Grundlagenvertrag mit der DDR folgen.

Noch einmal zu Brandt in Moskau: Niemand habe seine Regierung zu der Einsicht gezwungen, griff er die Kritik auf, Moskau habe diesen Schritt zur Vorbedingung gemacht, Europa ende weder an der Elbe noch an der polnischen Ostgrenze. Russland sei unlösbar in die europäische Geschichte verflochten, «nicht nur als Gegner und Gefahr, sondern auch als Partner». Und dann Brandts *ceterum censeo*, eine Formulierung, die er schon im August in Moskau benutzt hatte: «*Mit diesem Vertrag geht nichts verloren, was nicht längst verspielt worden wäre. Verspielt nicht von uns, die wir in der Bundesrepublik Deutschland politische Verantwortung tragen und getragen haben. Sondern verspielt von einem verbrecherischen Regime ... Unsere polnischen Gesprächspartner wissen, was ich Ihnen zu Hause auch noch einmal in aller Klarheit sagen möchte: Dieser Vertrag bedeutet nicht, dass wir Unrecht anerkennen oder Gewalttaten rechtfertigen. Er bedeutet nicht, dass wir Vertreibungen nachträglich legitimieren*». «*Uns schmerzt das Verlorene, und das leidgeprüfte polnische Volk wird unseren Schmerz respektieren*».

Willy Brandt weiter, ruhig, aber ohne diplomatische Verkleidung: «*Namen wie Auschwitz werden beide Völker noch lange begleiten und daran erinnern, dass die Hölle auf Erden möglich ist; wir haben sie erlebt. Aber gerade diese Erfahrung zwingt uns, die Aufgaben der Zukunft entschlossen anzupacken. Die Flucht vor der Wirklichkeit schafft gefährliche Illusionen. Das Ja zu diesem Vertrag, zur Aussöhnung, zum Frieden ist ein Bekenntnis zur deutschen Gesamtgeschichte. Ein klares Geschichtsbewusstsein duldet keine unerfüllbaren Ansprüche. Es duldet auch nicht jene ‹geheimen Vorbehalte›, vor denen der Ostpreuße Immanuel Kant in seiner Schrift ‹Zum ewigen Frieden› gewarnt hat. Wir müssen unseren Blick in die Zukunft richten und die Moral als politische Kraft erkennen. Wir müssen die Kette des Unrechts durchbrechen. Indem wir dies tun, betreiben wir keine Politik des Verzichts, sondern eine Politik der Vernunft.*»[22]

Tatsächlich änderte Brandt mit seiner ostpolitischen Wende konsequent das Denken, er setzte andere Prioritäten, die allerdings bedingten, dass auch die Gegenseite zu einer Kursumkehr bereit sei. Aber Brandt war klar geworden: Moskau mit Leonid Breschnew laborierte noch heftig an Prag 1968 herum, mit den Panzern des

Warschauer Pakts hatte die Sowjetunion sich auch selbst beschädigt, ökonomisch war sie dringend angewiesen auf Kooperation. Amerika wiederum war noch zutiefst verstrickt in den Vietnamkrieg, der nach dem alten Denkmuster als Stellvertreterkrieg im Ost-West-Konflikt geführt wurde. Brandt nutzte, wenn man so will, die Gunst der Stunde.

In der *Süddeutschen Zeitung* knüpfte Claus Heinrich Meyer an Brandts Satz, nichts gehe verloren, was nicht längst verspielt worden sei, die Bemerkung, dies sei die «kürzeste und wahrste Interpretation» des Vertrages. Sie sollte eine von der Opposition teils angedachte, teils mitgemachte und auf die Weckung von Irrationalität gerichtete Kampagne «wieder auf einen politischen Kern zurückführen».[23]

Vergebens, es schlug nicht die Stunde der Moderaten. «Mehr als Gewaltverzicht», resümierte die *FAZ* düster, nämlich eine «Bestätigung des Status quo» durch die Bundesrepublik «und damit seiner Befestigung und der Befestigung der Position der UdSSR im Ostblock». In einem Brief zur deutschen Einheit, den die Unionsfraktion verabschiedet hatte,[24] hieß es, von Anfang an habe die Union die Bemühungen um die schnellere und vollständigere Vereinigung der Deutschen und die um Ausgleich mit den Staaten Mittel- und Osteuropas als Einheit angesehen. Die CDU/CSU-Bundestagsfraktion vermöge «ein ausgewogenes Verhältnis von Leistung der Bundesrepublik Deutschland und Gegenleistung der Sowjetunion bisher nicht zu erkennen». Damit blieb sie zwar bei ihrer Ablehnung, hielt sich aber eine Hintertür offen, der unionsinterne Richtungskonflikt war noch nicht endgültig entschieden. Als Fazit prophezeite Nikolas Benckiser, Moskau beeile sich jetzt, uns in die Arme zu schließen. Dem Umarmenden gehe es um «die deutsche Orientierung schlechthin». So tauche ein Europa-Konzept auf, das jenes von de Gaulle geradezu umkehre, das also laute, «vom Ural zum Atlantik ...»[25] Von einigen Ausnahmen wie Dettmar Cramer oder Jürgen Tern abgesehen, ließ sich auch die *FAZ* von der militanten Fundamentalopposition kaum noch unterscheiden.

Seine nachdrückliche Unterstützung der Moskauer Verhandlungsergebnisse begründete Sebastian Haffner[26] auf eine Weise, die man auch von einer ruhigen außenpolitischen Analyse der Opposition hätte erwarten können. Immerhin falle doch auf, dass selbst Walter Ulbricht in Ostberlin, wahrscheinlich von Moskau vorgewarnt, seine ablehnende Haltung spürbar korrigiere. Ostberlin wollte anfangs keine Konzessionen machen, solange Bonn nicht mit einer vollen völkerrechtlichen Anerkennung Entgegenkommen beweise. Haffner fuhr fort: «Jetzt hatte sich Moskau plötzlich fast freundschaftlich auf den Kanzler eingelassen, ohne dass die Anerkennung vorausgehen musste, und Warschau ist gerade dabei, sich zu korrigieren wie Ostberlin. Das heißt nicht, dass Ostberlin von seiner Schutzmacht fallen gelassen wird, aber ganz gewiss findet es sich unversehens draußen in der Kälte wieder und muss sich beeilen, schnell wieder unter den Schutzschirm zu kommen ... Wenn Bonn und Moskau sich verständigen, wird Ostberlin zur gleichen Zeit weniger wichtig für Moskau und doch auch abhängiger; genau umgekehrt gilt das für Bonn und sein Verhältnis zu Washington». Moskau traute Willy Brandt, dem deutschen Kanzler mit dem besonderen Lebenslauf, die Opposition im eigenen Land traute ihm weiterhin nicht. Sie hätte Brandts Lebensgeschichte nutzen können, um über ihre eigene Vergangenheit nachzudenken, aber sah sich in der Kontroverse um die Verträge eher in ihren tiefverwurzelten Ressentiments gegenüber dem Exilanten bestätigt.

Von einer «Frontbegradigung in Richtung Osten» sprach rückblickend Willy Brandt. Das war zurückhaltend formuliert. Selbstkritisch warf er sich sogar vor, manches Gesprächsangebot von Moskaus Seite nicht konsequenter aufgegriffen zu haben. Gelernt hatte er mittlerweile, dass Adenauer insgeheim – allerdings erst nach Ende seiner Kanzlerschaft im Jahr 1963 – darüber nachdachte, wie man ein neues Verhältnis zu Russland gestalten könne.[27] Einen gewichtigeren Kronzeugen aus den Reihen der Christdemokraten als Adenauer konnte er sich in der Tat kaum wünschen.

Setzte seine Versöhnungspolitik nach Osten nur fort, was Adenauer nach Westen betrieb? War es gar keine große Zäsur? In einem vertraulichen Gespräch mit der ZEIT 1972 erwiderte Brandt auf diese Mutmaßung: «*Da ist eine ganze Menge daran. Wobei man eben hinzufügen muss, dass Adenauer dies in seinen späteren Jahren auch nach Osten gewollt hat. Das weiß ich nicht nur auf Grund der schriftlichen Dinge, die er dazu hinterlassen hat ..., sondern das weiß ich auf Grund von Gesprächen mit ihm darüber. Er hatte nicht mehr die Kraft, dieses durchzusetzen, was er dazu wollte. Ich bin nicht sicher, ob er es ebenso angegangen wäre wie ich. Das ist etwas anderes.»*[28] Konsequent legte er in seinen *Erinnerungen* Wert darauf zu betonen, nicht Konrad Adenauers «Gegenüber» gewesen zu sein. Das war keineswegs ein Kotau aus taktischen Gründen, Brandt konnte radikal sein auch in seiner Konzilianz.

Adenauer stichelt, Brandt lobt zurück

Zu einem originellen Selbstportrait sah Brandt sich veranlasst, als er Adenauer zu charakterisieren suchte: «*Ich, von ganz unten kommend in die Arbeiterbewegung hineingewachsen, demokratischer Sozialist und sozialer Demokrat. Durch den lutherischen Protestantismus vielfach beeinflusst, wenn auch mit wachsender Neigung zum Agnostizismus. Des geschichtlichen Erbes bewusst, doch von den Möglichkeiten der modernen Welt fasziniert.*»

Dagegen Adenauer: «*Er, der gestandene Rheinländer, der eher ein Westdeutscher denn ein Deutscher schlechthin sein wollte. Dem der Osten, auch der deutsche, fremd war ... Im ‹heidnischen› Berlin fühlte er sich nicht zu Hause.*»

«*Ich, in einer Hansestadt an der Wasserkante aufgewachsen, auch kein Preuße, höchstens ein angelernter, aber auch heute noch protestierend, wenn man mich einen Westdeutschen nennt; ich sage dann, nicht in West Germany oder l'Allemagne de l'Ouest sei ich geboren, sondern in Deutschland, und falls man es genauer hören will – in Norddeutschland. Für ihn war es, nicht nur räumlich, näher nach Paris. Für mich war und ist Europa ohne seinen Osten ein Torso. Er hatte mit den Nazis ebensowenig im Sinn wie ich. Er redete ihnen nicht nach dem Mund, und sie behandelten ihn nicht gut ... Er wich der Schuldfrage weitgehend aus und nahm manchem* das schlechte Gewissen ... *Er setzte auf Zeitgewinn und trug, mit einem Schuss Opportunismus, dazu bei, dass die Deutschen nicht heillos zerbrachen ... Ich war nicht für eine Entnazifizierung, die die Kleinen an den Pranger stellte und die Großen laufenließ ... Aussöhnung war geboten, aber bei schonungsloser Auseinandersetzung mit der Vergangenheit.*»[29] Die Pointe ist jedenfalls, dass der Alte im Kanzleramt die Mehrheitsdeutschen misstrauischer betrachtete als der Exilant.

Auffallend freundlich fiel gleichwohl Brandts Bilanz aus, die Adenauer-Ära betreffend. Auch die Verleumdungen während der Wahlkämpfe verübelte er dem alten Herrn kaum, plauderte aber vergnügt aus, dass Adenauer 1963 beim Vieraugengespräch mit John F. Kennedy den Präsidenten bedrängt hatte, er möge sich nicht einwickeln lassen von diesem Brandt, «die Sozialdemokraten bleiben unzuverlässig». Nur zu gern verriet John F. Kennedy dem Berliner Regierenden unter vier Augen diese kleine Begebenheit.

Bei der Lektüre der *Erinnerungen* kann man den Eindruck gewinnen, dass Brandt ganz grundsätzlich den Immobilismus und die ideologischen Grabenkriege der Adenauer-Ära nicht Adenauer anrechnete, er klagte auch nicht über die «Restauration», wie es für viele der Autoren und Intellektuellen selbstverständlich war, die Hans Werner Richter, Martin Walser oder Günter Grass im Laufe der sechziger Jahre versammelten. Brandt zeigte sich nicht blind für Adenauers Dilemma, einen demokratischen Staat konstruieren zu müssen, ohne auf ein Volk von Demokraten zurückgreifen zu können. Das sah er anders als Schumacher, Konsens blieb sein Leitmotiv, und das schloss den «Alten» aus dem Palais Schaumburg trotz seines «robusten Realismus» (Brandt) generös mit ein. «*Wir wären damals nicht wieder auf die Beine gekommen, wenn wir nicht Bereitschaft zum inneren Ausgleich gezeigt hätten*», bescheinigte er dem ersten Kanzler, diese Grundsatzentscheidung gleich zu Beginn 1949 überwog für ihn alles, was er zu kritisieren gehabt hätte.[30]

Die neue Regierung machte es sich zum Programm, die Bündnispartner über jeden auch noch so kleinen Schritt bei den Verhandlungen mit Moskau zu unterrichten. Das war ganz gewiss die beste Antwort auf die amerikanische Haltung, die sich an dem Motto orientierte, wenn jemand Entspannungspolitik betreibe, dann Washington selber. Im Großen und Ganzen funktionierte das übrigens, Henry Kissinger reagierte zwar eingeschnappt auf das Duo Brandt/Bahr, das nicht länger Mündel sein wollte, legte sich aber zumindest nicht öffentlich quer.

Westbindung, Nato, Europa: Alle diese Bekenntnisse Brandts und der sozialliberalen Regierung halfen hingegen zu Hause nichts, die Opposition begab sich in ihrer neuen Rolle vom ersten Tag an verbal auf Kriegspfad. Der Frontverlauf zeichnete sich früh ab: Nur eine verschwindende Minderheit würde die Ostvertragspolitik unterstützen und helfen, ein Scheitern zu verhindern. Ob das am Ende reichen würde und Brandt sich durchsetzen könnte, blieb lange offen. Im Bundesrat verfügten CDU und CSU über eine Einstimmenmehrheit, was zusätzlich verführte: Wenn es im Parlament nicht glücken würde, genügend Abgeordnete von SPD und FDP auf die Seite der Opposition zu ziehen, dann konnten sie womöglich im Gremium der Bundesländer Deutschland vor Brandt retten.

In der Ersten Lesung des Moskauer und Warschauer Vertrags vom Februar 1972 setzte sich die Koalition noch durch, aber wenige Wochen danach konnte die CDU am 23. April bei den Landtagswahlen in Baden-Württemberg einen erdrutschartigen Sieg (9 % plus) verbuchen, Hans Filbinger wurde zum Ministerpräsidenten gewählt. Ein Kreis um Rainer Barzel – so erinnerte sich Brandt – beschloss daraufhin, ein Konstruktives Misstrauensvotum gegen den Kanzler in Gang zu setzen, «abgestimmt» mit Franz Josef Strauß.

Kleine Schritte oder große Ziele?

Wenn er seine eigene kleine Geschichte der Ostpolitik reflektierte, ließ Brandt sie stets mit dem Mauerbau beginnen. Den 13. August erlebte er als «Zeitenwende», nachdem die erste Erregung verebbt war, die einen neuen Ansatz gegenüber den Nachbarn im Osten, ein realistisches Anerkennen der vom Krieg geschaffenen Fakten erzwang und erlaubte.[31] Dieser Logik folgte er auch in seiner ersten Regierungserklärung: «*Auch wenn zwei Staaten in Deutschland existieren*», formulierte er bedachtsam, «*sind sie doch füreinander nicht Ausland; ihre Beziehungen zueinander können nur von besonderer Art sein.*» Die Zwei-Staaten-Theorie sei an die Stelle des Alleinvertretungsanspruchs getreten, monierte vom ersten Moment an die Opposition, die jede Änderung des Status quo ablehnte.

Es handele sich nicht um eine «Theorie», die seine Regierung erfinde, erwiderte der Kanzler in einer Parlamentsdebatte, sondern er wolle bloß die «Zwei-Staaten-Realität» zur Kenntnis nehmen. Das Fortschreiten der internationalen Anerkennung Ostberlins sei im Übrigen nicht länger aufzuhalten; ein Satz, mit dem Brandt Bilanz zog aus seiner dreijährigen Erfahrung im Auswärtigen Amt, als er auf verlorenem Posten die Hallstein-Doktrin noch exekutieren sollte, obgleich er sie für obsolet hielt.

Anders als die Union es darstellte, schloss die mögliche «Anerkennung» der DDR aber keineswegs eine gemeinsame «Nation» aus. Was Brandt in seiner Regierungserklärung bereits andeutete: dass in einer europäischen Friedensordnung das «enge nationalstaatliche Denken» relativiert werden könne. Bis es zur erwünschten «Selbstbestimmung» komme, und diese Perspektive wollte er offenhalten, solle ein «geregeltes Nebeneinander» der beiden deutschen Staaten ermöglicht werden. «*Was die Väter verloren haben, das werden wir durch keine noch so schöne Rhetorik und durch keine noch so geschliffene Juristerei zurückgewinnen.*»[32] Aus der Opposition wurde ihm unverändert entgegengehalten, dass er die «Nation» nur als Vorwand einführe, um durch eine Anerkennung der DDR in Wahrheit auf Ostdeutschland zu «verzichten».

Bereits am 22. Januar 1970 schlug Brandt in einem Brief an Willi Stoph, den Vorsitzenden des Ministerrats in Ostberlin, Verhandlungen über einen Gewaltverzicht, über «gleichberechtigte Beziehungen» sowie ein «erleichtertes Zusammenleben der Menschen im gespaltenen Deutschland» vor. Gegen Gespräche hatte er nichts einzuwenden, im Gegenteil, er erklärte sich bereit zu einem «Gipfeltreffen». Nach anfänglichem Zögern Ostberlins – Walter Ulbricht hielt

«Willy Brandt ans Fenster!» Anfangs zögert Brandt, dem Ruf der tausendköpfigen Menge beim ersten deutsch-deutschen «Gipfeltreffen» in Erfurt (Thüringen) zu folgen, doch dann zeigt er sich für einen Moment am Fenster des Hotels «Erfurter Hof», bemüht, die Emotionen zu dämpfen. Seitdem ist er sich sicher: Das nationale Band ist nicht zerrissen. Die Ostdeutschen jedenfalls projizieren alle Hoffnungen auf ihn.

zunächst weiter an seiner Vorbedingung, der Anerkennung, fest – wurde ein Treffen zwischen Brandt und Stoph für den 19. März 1970 in Erfurt vereinbart. Moskau hatte dabei insgeheim kräftig nachgeholfen bei seinen Ostberliner Satrapen.

Erfurt. «Willy Brandt ans Fenster!» Der Tag ging in die Geschichtsbücher ein. Tausende erwarteten den Bonner Kanzler am Bahnhofsvorplatz der Thüringer Stadt und durchbrachen die Absperrungen. Die westdeutsche Delegation hatte Mühe, im Gewühl das nur ein paar Meter entfernte Hotel «Erfurter Hof» zu erreichen. Die Fotos gingen am nächsten Tag um die Welt: Als hätten die Ostdeutschen unterstreichen wollen, dass die Formel vom nationalen Band nicht nur bloße Rhetorik sei. Sie unterstellten Brandt nicht Verzicht und Verrat, sie projizierten alle ihre Hoffnungen auf ihn.

Brandt zögerte, als er die Rufe hörte, er solle ans Fenster kommen, zeigte sich dann aber doch für einen Moment. Die Menschen, schrieb er später, hätten sich das Recht zu einer spontanen Kundgebung genommen, sie fühlten sich frei genug, ihre Gefühle zu zeigen. Allerdings erinnerte er sich, schon einmal in ein unfreies Deutschland gereist zu sein. Damit spielte er an auf seine Visite 1936 in Berlin, die er nur sehr zögerlich und inkognito antrat. «*Damals musste ich mich als Feind im eigenen Land fühlen. Hier war es anders. Ich war bewegt.*»

Mit sparsamen Gesten suchte der Umjubelte die Menge, die «Willy, Willy» skandierte, zur Zurückhaltung zu bewegen. Sie meinten den «falschen Willy», nicht Willi Stoph, wie rasch gespottet wurde. Brandts Mitarbeiter hatten Tränen in den Augen. Er wollte keine Hoffnungen wecken, die unerfüllbar waren, formulierte er rückblickend, ohne Zweifel eine heikle Gratwanderung. Eilig herbeibeorderte Volkspolizisten und Betriebsgruppen mussten bald in Sprechchören nach dem «richtigen Willi» (Stoph) rufen. Die SED, offenkundig überrascht, wollte unbedingt mit linientreuen Komparsen die Scharte auswetzen. Eher formelhaft verlief das folgende Gespräch mit Willi Stoph. Am Ende unterbreitete er den Vorschlag, in einem Kommuniqué mitzuteilen, sie beide beantragten die Mitgliedschaft in den Vereinten Nationen. Stoph wusste, dass Brandt abwinken würde. Am Nachmittag reiste der westdeutsche Gast, begleitet von Otto Winzer, nach Buchenwald – oberhalb Weimars, ein Ort der Gemeinsamkeit, die beide deutsche Staaten unauflösbar verband. Den Wunsch zu diesem Besuch hatte Brandt angemeldet.

Die militärischen Ehren bei der Zeremonie hatte er sich verbeten, die SED jedoch ließ es sich nicht nehmen, eine Formation der Volksarmee trug Kränze, ein Musikzug in Uniform intonierte die beiden Nationalhymnen. Es habe ihn «nicht sehr geärgert», kommentierte Brandt in *Begegnungen und Einsichten*.

Ausdrücklich erwähnen wollte er es immerhin.

Erfurt stellte lediglich einen Anfang dar, wie er es empfand, im Gedächtnis blieb ihm zwar die «Überwältigung», als er ans Fenster gerufen wurde, aber näher gekommen sei er seinem Gesprächspartner nicht. Buchenwald hingegen blieb haften. Freilich ein Buchenwald ohne Weimar, das er gerne gesehen hätte an diesem Tag, Buchenwald und Weimar gehörten für ihn zusammen. Beflissen vermerkte Stoph offiziell, die Haltung seines Gastes habe sich nicht sehr von der früherer Bonner Regierungen unterschieden. Wirklich zugehört hatte er nicht.

Das nächste Treffen von Brandt und Stoph, am 21. Mai 1970 in Kassel, hinterließ weniger historische Spuren als jenes in Erfurt. Vor allem Rechtsradikale und NPD-Anhänger reisten an, die Neonazis hatten gleich zwei Hassobjekte: die DDR und Brandt. «Volksverräter Hand in Hand – Willi Stoph und Willy Brandt». Von anderen Plakaten schrie es: «Brandt an die Wand». Brandt: Ein «Geruch von Weimar» lag in der Luft.

Drei junge Männer rissen die DDR-Flagge vor dem Hotel vom Mast und zerfetzten sie, für den Gastgeber überaus peinlich. Sogar die Kranzniederlegung am Mahnmal für die Opfer des Faschismus musste verschoben werden, da die Polizei die Kontrolle verlor. In den offiziellen Gesprächen schaltete Stoph auf stur, bei Lichte besehen bewegte sich in Kassel nichts. Dass es im Dezember 1972 bereits zum Grundlagenvertrag kommen würde, der die beiderseitigen Beziehungen – nach dem Motto: zwei Staaten einer Nation – neu regelte, war nach dem Fehlschlag von Kassel schwerlich zu prophezeien.

Am schwierigsten, das zeigte sich rasch bei den Verhandlungen über die Verträge, sollten sich die Gespräche mit Ostberlin gestalten. Erst nach monatelangen Querelen konnten die Verhandlungen zwischen Egon Bahr und Michael Kohl, dem SED-Vertreter, über «Verkehrsfragen» beginnen. Brandt und Bahr blieb nicht verborgen, woran es lag: Mit der DDR konnten sie sich nicht ins Benehmen setzen, solange die Verhandlungen über den Moskauer Vertrag in der Schwebe blieben. Der Schlüssel für alle Verträge lag in Moskau, wie Bahr zur Empörung der Polen auch noch öffentlich räsonierte. Wenn er schon so dachte, musste er es derart hinausposaunen? Über Polen sollte nicht ohne Polen gesprochen werden. Auch die DDR fürchtete eine deutsch-sowjetische Übereinkunft zu ihren Lasten.

Die entscheidende Wende brachte es, als sich beide Seiten auf eine Kompromissformel in Artikel 8 verständigten, wonach «Ständige Vertretungen», nicht Botschafter ausgetauscht werden sollten zwischen beiden deutschen Staaten. Beide hatten damit Grundsatzpositionen geräumt. Und dennoch handelte es sich um das Ende von Adenauers deutschlandpolitischem Kurs, wonach eine völkerrechtliche Anerkennung des ostdeutschen Staates unakzeptabel bleiben sollte und die deutsche Einheit die Vorbedingung für alles andere bilden müsse. Nach Brandts und Bahrs Überzeugung handelte es sich dabei um eine Kapitulationsforderung an die Adresse der DDR, die diese nicht erfüllen könne.

Deutschland und deutsch seien Begriffe, «zu denen wir stehen und von denen andere auch kaum weglaufen können», formulierte Brandt sorgfältig im zweiten Bericht zur Lage der Nation im Februar 1972. Es bedürfe einer Politik, die die Nation bewahren wolle. *«Jede Politik, die der nationalen Einheit dienen will, muss jene Wirklichkeit erhalten helfen, die nicht erst 1871 begann, und die 1945 oder 1949 nicht aufhörte. Sie ist auch heute noch da, jene Wirklichkeit der deutschen Nation, die auf dem Bewusstsein der Deutschen als einer geschichtlich gewordenen Gemeinschaft beruht.»* Um Anerkennung ohne Verzicht auf die Nation ging es: Jetzt sprach er aus, was er dachte. Die Zeit des Lavierens und Camouflierens war zu Ende.

Auf die Vertragsverhandlungen mit Moskau ging Brandt in seinen *Erinnerungen* nur kurz ein, ohne die komplizierten Details zu rekapitulieren. Während die Opposition den Verdacht nährte, Brandt und sein Unterhändler Egon Bahr ließen sich auf einen Deal mit dem Kreml ein, der vollkommen zu Lasten der Bundesrepublik ginge, schilderte Brandt seine Erfahrungen auffällig distanziert. Besonders der sowjetische Generalsekretär, Leonid Breschnew, blieb ihm demzufolge fremd – nicht unsympathisch, aber wegen seiner «selektiven Wahrnehmung der Wirklichkeit» doch ein wenig «unheimlich». Nein, ein Reformer sei er nicht gewesen, notierte der Autor Brandt, und geradezu deprimiert habe ihn *«der Verzicht auf eine halbwegs anspruchsvolle Argumentation und die demonstrative Wiederanknüp-*

fung an Stalin». Die Reminiszenzen an den Tag des Überfalls auf Russland im Juni 1941 nahm er Breschnew nicht ab, ihn habe diese Art, Rührseligkeit zu mobilisieren, «weniger beeindruckt als erschreckt».[33] Aber er habe sich sein Gegenüber nicht aussuchen oder auf Gorbatschow warten können, bemerkte Brandt locker.

Beide Vertragspartner bekannten sich dazu, Streitfragen künftig ausschließlich mit friedlichen Mitteln zu lösen. Mit diesem Gewaltverzicht verpflichteten sie sich zugleich, keine der in Europa bestehenden Grenzen – einschließlich der Oder-Neiße-Linie – anzutasten und keine Gebietsansprüche zu erheben. Was Brandt nicht hinzufügte an dieser Stelle: Die Oder-Neiße-Frage bildete den Kern des Problems; ohne eine Übereinkunft darüber, ob diese Grenzziehung als Folge des Hitler-Krieges anerkannt würde, wäre die ganze Ostvertragspolitik nicht zu denken gewesen. Damit aber stand Polen immer im Zentrum der Politik. Brandt konnte das nur deshalb nicht so formulieren, weil zuerst Moskau grünes Licht für die gesamte Vertragspolitik geben musste. Um der Hierarchie im Sowjetreich Genüge zu tun, musste also der Moskauer Vertrag allen andern vorangehen. Mit dem Kniefall machte er daher klar, dass dennoch der Ausgleich mit dem polnischen Nachbarn für ihn oberste Priorität behielt.

Das Ziel der deutschen Einheit durch Selbstbestimmung, für die Opposition in Bonn die Schlüsselfrage, sei «nicht beeinträchtigt» worden, fasste Brandt knapp zusammen. Dabei berief er sich auf den bereits erwähnten Brief zur Einheit, auf dem die Christdemokraten bestanden hatten (die sowjetische Seite bestätigte ihn offiziell).

Selbst in der Rückschau empörte es Brandt, dass Rainer Barzel noch Jahre danach behauptete, mit den Ostverträgen hätten die Deutschen sich verpflichtet, «von Wiedervereinigung nicht mehr zu sprechen». Vehement wehrte er sich in der Rückschau aber auch gegen den Verdacht, dem er jahrelang ausgesetzt blieb, in Anlehnung an Bismarck verfolge er ein «Zusammenspiel deutscher und russischer Interessen» über die ost- und südeuropäischen Staaten hinweg. Wohl aber habe seine Regierung «zu keinem Zeitpunkt versucht, Ostpolitik hinter dem Rücken der Sowjetunion zu machen».[34]

Im September 1970 erläuterte Brandt im Bundestag, der deutsch-

sowjetische Vertrag habe das Verhältnis zur Sowjetunion neu begründen und im Rahmen des Möglichen «normalisieren» sollen. Mit dem Vertrag werde «nichts verschenkt», er gehe von der bestehenden wirklichen Lage aus. Er trenne nicht von den Verbündeten in der Nato. Der Weg solle damit offen bleiben, einen Zustand des Friedens in Europa zu erreichen, «in dem auch die deutschen Fragen auf der Grundlage des Selbstbestimmungsrechts eine gerechte und dauerhafte Lösung finden können».
Ursprünglich war nicht vorgesehen, dass der Kanzler zur Vertragsunterzeichnung nach Moskau reist. Aber er folgte einer Anregung Walter Scheels, der bei seinen Gesprächspartnern in Moskau herausgehört hatte, im Kreml bestehe der Wunsch nach einer politischen Aufwertung des Kontrakts. Brandt ließ sich darauf ein und unterzeichnete am 12. August 1970 im Katharinensaal des Kreml den Vertrag, der allerdings die parlamentarischen Hürden in Bonn noch längst nicht überwunden hatte.

Im Sommer 1971 brachte Scheel aus Moskau die Nachricht mit, Leonid Breschnew hätte erneut Interesse an einem Besuch Brandts, diesmal für ein paar Tage auf der Krim, ohne Protokoll und Delegation. Es gehe ihm darum, wie der abstrakte Vertrag mit Leben erfüllt werden könne. Am Nachmittag des 16. September 1971 landete der deutsche Regierungschef mit einer Maschine der Luftwaffe – ein Novum – auf dem Flugplatz von Simferopol. Noch mehr als der Vertrag sollte diese Visite auf dem Anwesen Breschnews in Oreanda die Spekulationen befördern, ob mit dem «Geheimtreffen» zweier Parteichefs (Franz Josef Strauß unterstellte, Brandt sei nicht als Kanzler, sondern als SPD-Vorsitzender auf die Krim gereist) nicht deutsch-sowjetische Sonderbeziehungen begründet würden, eine heimliche Schaukelpolitik der Sozialdemokraten eben. Lag der Treffpunkt nicht verdächtig nahe bei Jalta, wo Stalin, Roosevelt und Churchill Anfang 1945 über die Zeit nach dem Ende des Krieges berieten und ihre Claims absteckten?
Willy Brandt nutzte seinen Rückblick, um ausführlich auf die Flut von Verdächtigungen zu antworten, die ihm Neutralitätsabsichten, ja offen «Landesverrat» unterstellten. Deshalb schrieb er ja Bücher.

Brandt und Breschnew in Oreanda im September 1971. Handelt es sich um den Beginn einer neuen Ära oder «Appeasement», «Verrat» und «Fraternisierung», wie die Parolen der Opposition lauten?

Eine «offizielle» Pressebegleitung war zwar nicht vorgesehen, da es sich um eine informelle Visite handelte, aber zahlreiche Journalisten durften gleichwohl anreisen. Die Fotografen schossen Bilder von einem sportlich gekleideten deutschen Kanzler unter der Krim-Sonne, ohne Krawatte, zudem unternahm er mit einem sichtlich gutgelaunten Breschnew eine Bootsfahrt auf dem Schwarzen Meer, sogar zum gemeinsamen Schwimmen verabredeten sie sich noch. Die notorischen Gegner in der Opposition und den Medien hatten es schon immer gewusst, nun lieferten die Fotos den Beweis: Appeasement in Badehose! Breschnew geadelt als lupenreiner Demokrat, würde man heute sagen. Von dem Gastgeber befremdet wirkte Brandt nicht mehr, Breschnew habe die deutsche Frage zugleich angeschnitten und aus der Diskussion genommen. Im Wagen legte er seine Hand auf das Knie des Gastes: «Ich verstehe Sie, Willy Brandt, was Deutschland angeht. Aber nicht wir, Hitler ist dafür verantwortlich». Brandt schob noch nach: «Oder sagte er sogar, wir könnten jetzt nichts daran ändern?»³⁵

Die Mehrheit im Parlament für die Koalitionsfraktionen im Herbst 1972 schrumpfte bedenklich weiter, nachdem zunächst drei FDP-Abgeordnete die Seiten wechselten und sich der Unionsfraktion anschlossen, darunter der Vorgänger Walter Scheels an der Parteispitze, der Nationalliberale Erich Mende. Ein Ritterkreuzträger, wie er stolz bekannte. Ob umgekehrt auch Stimmen von Christdemokraten *für* die Verträge zu gewinnen sein würden, ließ sich schwer abschätzen, Brandt rechnete mit allenfalls zwei sympathisierenden Abgeordneten, Hans Katzer (Vorsitzender der Sozialausschüsse) sowie Richard von Weizsäcker. Ein Ende des Erosionsprozesses war nicht abzusehen. Belegen ließ es sich zunächst nicht zweifelsfrei, aber wir Journalisten waren uns seinerzeit sicher, dass Vertragsgegner sich auch unlauterer Methoden bedienten. Willy Brandt unterstellte im Rückblick: «Geld war im Spiel, nicht erst 1972, Geld war auch schon nach der 69er Wahl umgelaufen.»³⁶

Rainer Barzel entglitt restlos die Kontrolle über den Konflikt oder über einen «legitimen Meinungsstreit», wie Brandt formulierte. Er ging auch in der Rückschau nicht näher darauf ein, dass er als «Verzichtspolitiker» denunziert wurde, der den Ausverkauf deutscher Interessen betreibe und dem Kreml auf den Leim gegangen sei. Das stellte die Verhältnisse wissentlich auf den Kopf. Aus lauter «West-Loyalität», erinnerte er sich, habe seine Regierung beispielsweise zur vietnamesischen Tragödie geschwiegen, *«obwohl es an besserer Einsicht nicht mangelte und obwohl die Schere im Kopf zu Lasten unserer Glaubwürdigkeit ging».*³⁷ Er wollte sich ein Stück weit emanzipieren, aber er wusste auch, dass er gegen ein Washingtoner Votum seine Verträge nicht über die politischen und parlamentarischen Hürden heben konnte.

Besonders Jungsozialisten und Parteilinke, aber auch die außerparlamentarische Opposition warfen Brandt damals politischen Opportunismus vor. Nur in dem Zusammenhang lässt sich auch der Extremistenerlass aus dem Jahr 1972 verstehen. Brandt selbstkritisch: Die «inneren Frontlinien» hätten nicht verwischt werden dürfen, die

Öffnung gegenüber dem Osten sei keine Öffnung gegenüber dem Kommunismus, ohne die Ostpolitik und die Schlacht, die um sie geführt wurde, sei der Extremistenerlass «nicht zu verstehen».[38] Diesen Bezug hatte er so deutlich zuvor nie hergestellt.[39] Damit machte Brandt aber auch deutlich, dass der Streit um die Ostpolitik Teil eines viel größeren Kulturkrieges geworden war, in dem die Fronten wild durcheinanderliefen. Die Protestgeneration hatte er auf seiner Seite in der Kontroverse um die Verträge, gleichwohl überwarf sie sich mit ihm wegen des Extremistenerlasses. Andererseits errichteten die jungen kritischen Leute Barrikaden gegen den Verleger Axel C. Springer, einst Brandts Förderer in Berlin, weil dessen Blätter an vorderster Stelle aufwiegelten gegen die Apo-Rebellen und zugleich regelrecht Krieg führten gegen die Ostverträge – Brandt hatte gewagt zu argumentieren, die Mauer müsse zwar weg, aber solange sie stehe, müsse man sich damit arrangieren. (Als wahren Grund der Gegnerschaft betrachtete Brandt, dass seine Partei sich gegen Springers Privatfernsehen-Pläne quergelegt hatte.)

1972 Noch zwei Monate vor der vorzeitigen Bundestagswahl am 19. November 1972 konnten Willy Brandt und Walter Scheel sich keineswegs sicher sein, ob ihre sozialliberale Koalition bestätigt würde. Im Parlament herrschte Stimmenpatt, die Regierung hatte im Mai dieses Jahres die Ostverträge trotz der zahlreichen Mandatswechsel mit Mühe und Not gerettet, für ihren Haushalt aber fand sie bereits keine Mehrheit mehr. Vorzeitige Neuwahlen – zum ersten Mal in der Nachkriegsgeschichte – wurden unumgänglich, der Kanzler hatte sich nur noch bemüht, sie hinauszuschieben, in der Hoffnung, das Klima werde sich dank der Ostpolitik etwas verbessern.

Am Tag der Wahl ausgerechnet nahm Brandt sich die Zeit zu einer gründlicheren Notiz in sein Tagebuch. Zunächst die schlechte Nachricht: Sein Arzt, Professor Becker, bestehe darauf, er müsse in wenigen Tagen in die Klinik. Brandt ahnte bereits, er werde sich um die Koalitionsgespräche nicht hinreichend kümmern können. So kam es, er musste sich an den Stimmbändern operieren lassen, Schmidt und

Wehner übernahmen die Regie bei den Koalitionsverhandlungen und nutzten nach seinem Eindruck kalt die Gelegenheit, um Weichen in ihrem Sinn zu stellen. Nicht zuletzt wollten sie Horst Ehmke als Kanzleramtschef (und engsten Vertrauten des Kanzlers) demontieren, kommentierte Brandt im Rückblick.

Willy Brandt wusste, wie aus seinem Tagebuch hervorgeht, dass Ehmke von Schmidt in ein Fachressort abgeschoben werden sollte, in dem sein Einfluss auf die Regierungspolitik eng beschnitten wäre. Mit dem Gedanken hatte er sich in dem Moment offenbar schon abgefunden, Brandt notierte nämlich, «leider» habe er «kein klares Konzept für die personelle Besetzung des Kanzleramtes». Später sollte er es als seinen «größten Fehler» nach den Wahlen von 1972 bezeichnen, zugelassen zu haben, seines engsten Mitarbeiters und Vertrauten beraubt zu werden.

Im Tagebuch notierte er dann: «*Nachmittags sind wir mit Scheels im Ernst-Moritz-Arndt-Gymnasium. Im ‹Dornröschen› spielt Matthias (Brandt) den König, Cornelia Scheel die Prinzessin, Sibylle Ahlers den Bäckerjungen.*»

Zum Wahlabend hieß es (und das war die gute Nachricht): «*Kurz nach 19.00 Uhr haben wir Präsidiums-Sitzung im Erich-Ollenhauer-Haus. Das Ergebnis ist klar und überrascht eigentlich nur dadurch, dass die FDP noch etwas besser abschneidet als man zuletzt allgemein angenommen hatte.*»

Brandt: «*Auch ausländische Besucher, unter ihnen Edward Kennedy, haben sich eingefunden. Telefonate von außerhalb kommen nur in seltenen Fällen durch. Olof Palme sagt, er habe sich über meinen Erfolg mehr gefreut, als wenn es sein eigener gewesen wäre. Walter Scheel und ich bestätigen in meinem Amtszimmer die weitere Zusammenarbeit. Dann begrüßen wir kurz die Jugendlichen, die in einem Fackelzug zum Palais Schaumburg gekommen sind ... Der Erfolg wird umso eindrucksvoller, wenn man sich klar macht, bei wie hoher Wahlbeteiligung er errungen wurde (über 91 Prozent) und dass die NPD-Stimmen überwiegend von der CDU/CSU absorbiert wurden. Der Erfolg wurde gegen Überläufertum, Treulosigkeit und Kleinmut errungen. Auch gegen das große Geld, das sich für Barzel und Strauß engagierte (5 zu 1 bei den Annoncen). Hier wird doch allerlei politische Reife erkennbar, und das Wort von der neuen Mitte ist wohl nicht übertrieben ...*»[40]

Größeres Ansehen genoss Brandt in der Bundesrepublik nie. Kniefall, Friedensnobelpreis, Barzels Waterloo, Ostverträge, Wahltriumph, im Rückblick schnurrt das alles zu einem einzigen großen Erfolgsmoment zusammen. Er hatte es geschafft, er fühlte sich befreit. Ein Gefühl des Überschwangs schien ihn zu erfassen, wie die Tagebuchnotizen ahnen ließen, als hätten die Deutschen sich in ihrer Mehrheit mit ihm versöhnt.

Dagobert Lindlau in den Fußstapfen von Günter Grass und Hans Werner Richter

Wie sehr sich sein Bild verändert hatte und welche Projektionen sich in dieser Hoch-Zeit auf ihn richteten, konnte man schwarz auf weiß studieren. Das Buch *Dieser Mann Brandt ... Gedanken über einen Politiker*, herausgegeben von Dagobert Lindlau im Juni 1972, war zwar nicht für den Wahlkampf geplant, geriet aber voll in den Sog der vorgezogenen Neuwahlen. Mit seiner Initiative knüpfte der Chefreporter des *Bayerischen Rundfunks* an die Idee der Wählerinitiative an, wenigstens die Intellektuellen, Schriftsteller, Künstler und Wissenschaftler zu Worte kommen zu lassen, die in überwältigender Klarheit und Breite mit der Ostpolitik, aber inzwischen gerade auch mit der Person Willy Brandt sympathisierten. Nicht um eine «Alternative» zur CDU ging es, nicht um ein breites Tableau an Persönlichkeiten, die Brandt einrahmten und ihn wählbar machen sollten – es ging um Wiedergutmachung. Brandt war lange diffamiert und persönlich herabgesetzt worden («Brandt alias Frahm», «Brandt an die Wand»), schließlich wurde auch seine Ost- und Deutschlandpolitik denunziert. Als Verzicht gebrandmarkt wurde die Anerkennung der DDR, Verzicht auf einen Teil Deutschlands, und als Ausverkauf galt insbesondere die Besiegelung der Oder-Neiße-Grenze im Warschauer Vertrag.

Nicht nur die Opposition höhnte über den ewig unentschlossenen Sowohl-als-auch-Kanzler. Helmut Schmidt vermutete die SPD

Demonstration für die Verabschiedung der Ostverträge nach dem Misstrauensvotum des Bundestages gegen den Bundeskanzler. Die Republik zeigt sich erregt wie noch nie. An Brandt scheiden sich noch immer die Geister. Aber der «Verrats»-Vorwurf wendet sich nun erstmals gegen seine Urheber – Brandts Reputation wächst enorm.

bereits auf dem Weg zur «Nenni-Partei». «Palais Schaumschlägerburg», giftete Herbert Wehner über Brandts Kanzleramt, oder er grollte über ihn als den «neuen Hindenburg». Die geballte Kritik, die im Streit um die Ostverträge kulminierte, weckte aber auch die Befürworter des Brandt'schen Führungsstils wie seiner Politik gerade unter den Journalisten auf, Medien befehdeten Medien, der Konflikt dividierte ganze Redaktionen auseinander.

Als ausschlaggebend erwies sich im Laufe des Jahres letztlich ein Leitmotiv: Offensichtlich sollte Brandt gestürzt werden mit unlauteren Methoden – für diesen einen Moment kehrte sich das Verhältnis zu ihm geradezu um. Schon der Weg zum Misstrauensvotum am 27. April 1972 war von breiten Protesten – nicht nur an den Universitäten, sondern gerade auch in Industriebetrieben im Revier – begleitet, und das stellte nur die Ouvertüre zu den Wahlen im Herbst 1972 dar. Die Bundesrepublik zeigte sich plötzlich emotional aufgewühlt wie selten, die Christdemokraten sahen sich moralisch in die Enge getrieben, traditionelle Wähler der Unionsparteien wollten sich nicht mehr öffentlich bekennen, die Bundestagswahlen im Herbst entwickelten sich zu reinen Brandt-Wahlen.[41] Tatkräftig und professionell half dabei Albrecht Müller, Planungschef im Bundeskanzleramt,[42] eine von ihm orchestrierte «Gegenöffentlichkeit» zwang die dominierende Phalanx der Regierungskritiker in den Medien am Ende sogar in die Defensive.

Nach Konrad Adenauer sei Willy Brandt die zweite Identifikationsfigur im Palais Schaumburg seit 1949, diagnostizierte Alexander Mitscherlich voller Anerkennung in seinem Beitrag zu Dagobert Lindlaus *Dieser Mann Brandt*. Aus der Feder dieses Autors – die Essaysammlung unter dem Titel die *Unfähigkeit zu trauern* (1967) hatte seine Frau Margarete und ihn über Nacht berühmt gemacht – besaß das Urteil besonderes Gewicht. Der Frankfurter Psychoanalytiker zählte längst zu den einflussreichsten «Medienintellektuellen» der alten Bundesrepublik, wie Axel Schildt sie nannte. Aus Mitscherlichs Mund klang das schon anders als 1960 oder 1965 in den verhaltenen Texten von Martin Walser, Günter Grass, Hans Erich Nossack, Peter Rühmkorf, die allesamt als Adenauer-Kritiker nach etwas Neuem lechzten, aber nicht recht wussten, wer dieses Neue verkörpern solle – und das ohne Führerkult.

Solche Bedenken fielen nun allesamt weg. Geradezu bekenntnishaft bescheinigte er Brandt, mit seinen Überzeugungen, Entscheidungen, aber auch seinem Lebensschicksal starke Sympathie und heftige Feindseligkeit zugleich auszulösen. Bei dieser Polarisierung werde es auch bleiben, prophezeite er. Um «korrespondierende Größen» handele es sich bei Konrad Adenauer und Willy Brandt. Größen, die zur Identifikation einladen. Jemand, dem Adenauer zutiefst sympathisch war, «vermochte es sicher nicht, nach dessen Abtreten diese Gefühle auf Willy Brandt zu übertragen». Und umgekehrt, wer Brandt hochschätze, werde Adenauer zurückhaltend begegnen. Das Identifikationsangebot, das Adenauer mache, beschrieb Mitscherlich folgendermaßen: «Unbescholten, gänzlich überzeugt, dass verführte Millionen keinen anderen Wunsch haben, als heim- und zurückzukehren zu einem Alltag und zu einem Credo, das sich nicht wesentlich vom Alltag vor der Kriegskatastrophe unterschied». Daher Adenauers berühmte Losung «keine Experimente». Das hieß auch: nicht zu viel nachdenken, das führe zu Zweifeln und Unruhe, und das wiederum stimme einen autoritären alten Herrn ärgerlich. Dem Osten gegenüber gestattete er, das Feindschema aus den Nazijahren beizubehalten. «Er behütete sein Volk vor allem, was ihm rot erschien: vor dem russischen Kommunismus, vor Professoren, die sich gegen die atomare Bewaffnung der Bundeswehr ausgesprochen hatten, bis hin zu seiner unvergesslichen Warnung vor einem ‹Abgrund von Landesverrat›». Seine Traditionsmoral gestatte, die Jahre von 1933, mindestens aber von 1938 bis 1945 auszublenden. Wer sich mit Adenauer identifizierte, habe gleichsam einem «besseren Deutschland» angehört.

Genau an der Stelle bekam der alte Herr nun aber Konkurrenz: Willy Brandt, erläuterte Alexander Mitscherlich nämlich weiter, gewann Sympathien einer anderen Generation mit anderen Zielen, man musste sich ihn nicht zurechtdeuten, er galt mittlerweile als das personifizierte «andere Deutschland». Für die nachrückende Generation bildeten die geschichtlichen Ereignisse zwischen 1914 und 1945 eine Einheit. Die Nazizeit, lautete Mitscherlichs Argument, werde nicht «entwirklicht». Wer sich mit Brandt identifiziere, sei mit ihm einig, dass von der kritischen Rückbesinnung «die innere Festigkeit unserer humanen Gesinnung für die Zukunft abhängt». Adenauer übersprang, was bei Brandt eine «Kernfrage» sei: «Wer von Einsicht in grauenvolle Ereignisse am Ende eine Erweiterung seiner Erkenntnisfähigkeit erhofft, braucht Mut, denn es ist ja nicht so, dass die Nationalsozialisten eines Tages im Frühling 1945 samt und sonders, in Reih und Glied, aus der Geschichte abmarschiert sind in ein Nirgendwo.»

Mitscherlich: Willy Brandt habe nichts jenseits von Gut und Böse anzubieten. «Aber als der Terror ausbrach, empfand er ihn als solchen und nicht als eine nationale Befreiung. Er trug das Schicksal der Emigration. Er war nie ein Mann des schweigenden Kadaver-

gehorsams. In allen Wechselfällen des Schicksals dachte er, bevor er handelte ... Diese Mühe des eigenen Denkens spürt man in fast jeder Rede, und in ihr liegt das stärkste Identifikationsangebot, das Brandt zu machen hat.«[43]
Wo Mitscherlichs Sympathien lagen, muss man nicht lange rätseln. Allmählich, so konnte man ihn verstehen, müsste die Mehrheit der Deutschen über ihren Schatten springen. Sie müsste trauern können. Man schrieb 1972, siebenundzwanzig Jahre waren vergangen seit dem Ende der NS-Herrschaft.

Unter den 35 Autoren des Sammelbandes herrschte darüber wohl weitgehend Einverständnis, sie schrieben und dachten nicht mehr aneinander vorbei wie in den suchenden sechziger Jahren. Willy Brandt hatte Gesicht und Konturen gewonnen, in ihren Augen stand er jetzt für einen Aufbruch, der viel von den Versäumnissen der frühen Adenauer-Jahre wiedergutmachte.

Trotz Walter Scheels Loyalität erwies sich die FDP schon während der ersten Legislaturperiode der Brandt/Scheel-Regierung als die Schwachstelle der sozialliberalen Koalition. Nur knapp hatten die Liberalen 1969 überhaupt noch einmal die Fünf-Prozent-Hürde genommen. Bei den Landtagswahlen im Frühsommer 1970 in Nordrhein-Westfalen, wo sich der Modernisierungsflügel durchgesetzt hatte, behaupteten sie sich mühsam. Brandt muss gespürt haben, dass es gerade die Ostpolitik war, die auch ihn antrieb – wie schon erwähnt, zählten einige liberale Intellektuelle zum kleinen Kreis derjenigen, die sich auf unorthodoxe Weise Gedanken über eine neue Deutschland- und Ostpolitik machten. Die Anerkennung der DDR stand für sie obenan. Walter Scheel kannte seine Pappenheimer, er schloss nicht aus, dass es doch noch vor den Neuwahlen 1972 zu einer Spaltung der Freidemokraten kommen könne, der deutschnationale Flügel, der lange Jahre den Kurs bestimmt hatte, rebellierte. Dieser Richtungskonflikt holte im Frühjahr 1972 die Liberalen endgültig ein. Brandt war überzeugt, dass neben Erich Mende die Abgeordneten Heinz Starke und Siegfried Zoglmann[44] ihm schon bei der Kanzlerwahl die Stimme verweigert hatten. Beide hatten bereits im Oktober 1970 ihre Fraktion verlassen und die Seiten gewechselt, die

Christdemokraten verfügten damit über 246 Stimmen im Parlament. Mit ihrer Unterstützung für die Verträge konnte Brandt ohnehin nicht rechnen. Hingegen hielt er es für unsicher, wie Knut von Kühlmann-Stumm sich verhalten würde.[45] Schließlich wollte ein weiterer Freidemokrat, Wilhelm Helms aus Niedersachsen, zur CDU überwechseln, von ihm nahm Brandt an, dass er die Ostverträge nicht ablehnen werde. Hinter den Kulissen wurde zwei Jahre lang um jede einzelne Stimme gerungen. Walter Scheel hielt die Abstimmung über das Konstruktive Misstrauensvotum am Vortag des 27. April bereits für verloren, als er ankündigte, Knut Freiherr von Kühlmann-Stumm und Gerhard Kienbaum, der eine vom nationalen Flügel der Freidemokraten, der andere eng mit der Wirtschaft verflochten, wollten gegen Brandt stimmen. Von den Sozialdemokraten war schließlich noch Herbert Hupka, der Vorsitzende der Landsmannschaft Schlesien, zur CDU übergetreten, auch er nahm wie alle anderen Dissidenten sein Mandat mit. Von den Sozialdemokraten wechselte schließlich noch der bayerische Abgeordnete Günther Müller die Fraktion, auch er führte «Gewissensgründe» ins Feld.

Auf ihr Gewissen könnten sie sich keinesfalls berufen, hielt ein verbitterter und zorniger Walter Scheel in der Debatte vom 27. April 1972 den Abweichlern aus den eigenen Reihen entgegen. Vom ersten Tag an hätten sie gewusst, argumentierte er, welcher Politikwechsel von dieser sozialliberalen Koalition geplant war. Warum schlägt ihr Gewissen jetzt plötzlich? Entworfen hatte die Rede Karl-Hermann Flach, der profilierte linksliberale Generalsekretär der FDP.[46] Es sei die beste Rede gewesen, die Scheel je hielt, bescheinigten ihm fast unisono die Kommentatoren. Ich empfand es als Journalist auf der Pressetribüne im alten Bundestag ebenso. Scheel brachte das Kunststück fertig, für Brandt und die gesamte Koalition mitzusprechen.

Vor der Abstimmung ließ Brandt nichts unversucht, die Dissidenten umzustimmen, wie er sich erinnerte, er verhandelte lange mit Knut von Kühlmann-Stumm und Gerhard Kienbaum (Chef einer großen Personalberatungsfirma) unter vier Augen, aber vergeblich. Vor einem Kurzurlaub über Ostern richtete er einen Brief an Scheel, in dem es hieß, Barzel zögere wegen eines Misstrauensvotums, er müsse damit rechnen, «dass ihn einige der Eigenen hereinlegen könnten». Eine «innere Stimme» habe ihm das signalisiert. Brandt zeigte sich weniger pessimistisch als Scheel. Seine Vermutung stützte sich immerhin auf eine Andeutung des Schatzmeisters der Partei, Alfred Nau, der in Politik und Wirtschaft eng vernetzt war und ihn beruhigt hatte mit den Worten, er glaube, es werde «alles gutgehen». Brandt vernebelte diesen Hinweis mit dem Zusatz, er habe unverändert keinen Grund, «dem eine geheimnisvolle Bedeutung zuzumessen».

Es kam beim Misstrauensvotum so, wie Alfred Nau angedeutet hatte: Rainer Barzel scheiterte, er reagierte sichtbar fassungslos, so sicher rechnete er mit einem Erfolg. 247 Stimmen von 249, die er gebraucht hätte, entfielen auf den ehrgeizigen Oppositionsführer. Gebaut hatte er auf mindestens eine Stimme Mehrheit, also 250, wie man aus den internen Debatten der Christdemokraten wusste, Richard von Weizsäcker und Hans Katzer hatten offen gemahnt, eine neue Regierung nicht auf eine Ein-Stimmen-Mehrheit zu gründen.

Was an dem Tag des Misstrauensvotums wirklich geschah, ist nach Brandts Auffassung «nie voll rekonstruiert» worden. Ob er es wirklich wünschte? Tausende Spekulationen knüpften sich fortan daran. Auch der Kanzler zeigte sich sichtlich überrascht, als Bundestagspräsident Kai-Uwe von Hassel mitteilte, Barzel habe die «Stimmen der Mehrheit der Mitglieder des Deutschen Bundestags nicht erreicht». Ungläubiger Jubel hingegen brach in den Reihen der Sozialdemokraten und beim Gros der Liberalen aus, wie es der Bundestag wohl kaum je erlebt hatte. Als Journalist auf den Beobachterrängen im alten Parlamentssaal kann ich mich an einen ähnlich dramatischen Moment nicht erinnern, mit derart offenem Ausgang. Der unterlegene Oppositionskandidat stützte stumm den Kopf auf die Hand, wenig später machte er die Sache während einer Fraktionssitzung noch schlimmer mit der Bemerkung: «Es gibt keinerlei Anlass, an unserer Politik oder an den anderen Dingen den geringsten Zweifel zu haben. Wir haben eben gesehen, dass der Bundeskanzler Brandt, wenn Sie das zusammenrechnen, weniger Stimmen hat als der Führer der Opposition.» Er habe «verbindliche Zusagen für eine ausreichende Mehrheit» gehabt, weinte er der Chance hinterher. «Punkt – aus, Ende! Wir können hier keine Interpolationsforschung betreiben. Und wollen dies auch nicht tun.» Was Barzel mit diesem entschlossen klingenden Durchhalteappell nach der Niederlage erreichen wollte, blieb rätselhaft. Noch am Abend musste die CDU/CSU-Fraktion erneut zusammentreten, jetzt hörte er sich schon anders an. Gerüchte geisterten herum, «alle möglichen Blicke des einen auf den anderen» würden getauscht. Wer waren die «Täter»? Der Unterlegene warnte vor einer bevorstehenden Krise in den eigenen Reihen – die natürlich schon da war. Zwar riet Rainer Barzel dringend davon ab, einzelne Abgeordnetennamen zu nennen – «wenn das anfängt, sind wir am Ende» –, erwähnte aber selbst, dass Journalisten den CDU-Abgeordneten Ernst Majonica als Abweichler verdächtigt hätten. Eilig sah der sich veranlasst, sein «Ehrenwort» zu geben, er habe mit Ja gestimmt.[47]

Rainer Barzel, der zunächst zur Tagesordnung hatte übergehen wollen, suchte nun selbstverständlich den Schleier zu lüften. Wegen der «Schüsse in den Rücken» hätte er noch am 27. April zurücktreten müssen, beteuerte er gegenüber seinen Fraktionskollegen Johann Baptist Gradl und Richard von Weizsäcker. Öffentlich behauptete er jedoch weiterhin, man müsse um der Geschlossenheit willen auf Nachforschungen verzichten.

In einem *Spiegel*-Interview vor der Neuwahl des Bundestages 1972 allerdings streute Brandt Salz in die Wunden: Wenn man die Namen einzelner Abgeordneter, die die Fraktion gewechselt hatten, einmal durchgehen würde, würde es in dem einen oder anderen Fall «unappetitlich». Kein Zweifel könne für ihn sein, dass Korruption im Spiel war. Konkrete Beispiele konnte und wollte er jedoch auf spätere Fragen nicht nennen. Wie Brandt korrekt rekapitulierte, mussten drei Abgeordnete der FDP für Barzel gestimmt haben (Kühlmann-Stumm und Kienbaum hatte er genannt, sie beide aber standen nicht in Verdacht, von materiellen Verlockungen verführbar zu sein). Demzufolge müssten aber zwei Unions-Abgeordnete gegen einen Kanzler Barzel votiert haben. «Drei Stimmen aus dem eigenen Lager» haben gefehlt, rechnete ein waidwunder Barzel – der bald nach dem Misstrauensvotum an der Spitze der Opposition von Helmut Kohl abgelöst wurde – 1978 in seinen Memoiren nach. Zwei Stimmkarten, auch das berichtete Barzel akribisch, waren mit Bleistift besonders gekennzeichnet, ohne dass er wisse warum. Brandt ergänzte, er wusste und wisse es «erst recht nicht».

Im Nachruf des *Spiegel* zum Tode Rainer Barzels schrieb dazu Hartmut Palmer im Jahr 2006, von der Stasi bezahlte Überläufer hätten seine Wahl verhindert, aber auch «unbekannte Verräter» in den eigenen Reihen, zu denen er Franz Josef Strauß zählte. Diese scheinbar beiläufige Bemerkung über die Rolle von Strauß ging auf ein Gespräch zwischen dem *Spiegel*-Reporter und Rainer Barzel zurück, der jedoch zur Bedingung machte, zu seinen Lebzeiten dürfe nie publiziert werden, dass der Verweis auf Strauß von ihm stamme. Andernfalls werde er seinen Gesprächspartner durch alle Instanzen hindurch verklagen. Weshalb Strauß Barzel ins Misstrauensvotum getrieben haben sollte, um dann selbst – vielleicht sogar auf dem Umweg über Moskau – zum Scheitern der Abstimmung beizutragen? Barzel soll sich das damit erklärt haben, dass der CSU-Vorsitzende ihm seinen ostpolitischen Enthaltungskurs verübelte und zudem das Kanzleramt nicht zutraute – sehr wohl aber sich selbst. Zu den vielen ungeklärten Fragen, die sich daran immer noch knüpfen, zählt auch, welches Interesse – außer an einer Rettung der Kanzlerschaft Brandts – Moskau an einem heimlichen Zusammenspiel mit Strauß verfolgt haben könnte, denn der hatte die Kampagne gegen die Ostverträge an vorderster Stelle vorangetrieben.

Am 29. Mai 1973, ein Jahr nach dem Scheitern Barzels, meldete sich der CDU-Abgeordnete Julius Steiner beim *Spiegel* und versicherte, er habe dem CDU/CSU-Fraktionschef die Stimme verweigert. Dafür habe er 50 000 Mark in Scheinen von Karl Wienand erhalten, dem Fraktionsgeschäftsführer der SPD. Das Interview im *Spiegel* erschien in der Ausgabe Nr. 23 vom 4. Juni 1973, auf dem Titel hieß es dramatisch: «Der Mann, der gegen Barzel stimmte. Watergate in Bonn?» Der Hinterbänkler Steiner behauptete darin, er habe Barzel als Bundeskanzler verhindern und die Ostverträge retten wollen. Zugleich bezichtigte er sich, sowohl für westdeutsche als auch für ostdeutsche Geheimdienste gearbeitet zu haben.

Am 12. Juni 1973 berichteten diverse Zeitungen von erneuten Behauptungen Steiners, er sei von Wienand mit 50 000 Mark bestochen worden. Nachweisen ließ sich, dass Steiner am 28. April 1972 auf ein Konto bei der Deutschen Bank exakt 50 000 Mark einbezahlte. Er soll sich davon noch am selben Tag drei Limousinen gekauft haben.[48] Als sei die Geschichte mit Hinterbänklern, Doppelagenten, Korruption und lockerem Lebenswandel nicht ohnehin filmreif, beantragte die CDU/CSU einen Untersuchungsausschuss, den Antrag stellte der Abgeordnete Leo Wagner vor. In der Begründung drehten die Antragsteller den Vorwurf Brandts um, es sei Korruption im Spiel gewesen: Wenn Steiner korrupt gewesen sei, sei das auch für sie unangenehm, aber andere hätten seine Schwäche «für ihre parteipolitischen Zwecke» hemmungslos ausgenutzt und «massiv Einfluss auf die Entscheidung von Abgeordneten des 6. Deutschen Bundestages genommen». Der CSU-Hinterbänkler wiederum hatte sich nicht nur einen Namen im Kölner Rotlichtmilieu gemacht, im Jahr 2000 wurde publik, dass er tatsächlich als Agent für die DDR arbeitete und vermutlich mit dem gescheiterten Misstrauen 1972 in Zusammenhang stehe. Im Ausschuss stand Aussage gegen Aussage. Karl Wienand räumte ein, mit dem (bis dato fast unbekannten) Julius Steiner über die Ostverträge gesprochen zu haben, aber nur das, ohne Geld. Bestechung wurde in diesem Dschungel wechselseitiger Verdächtigungen und Vorwürfe nicht nachgewiesen, die Unionsvertreter im Ausschuss verdächtigten Steiner jedoch ausdrücklich ohne Belege, seine Enthaltung sei von Wienand beim Misstrauensvotum «gekauft» worden, im Zusammenhang mit der Abstimmung über die Ostverträge habe Wienand Steiner beeinflusst, wie genau, blieb offen.

Nachgewiesen ist mit hoher Wahrscheinlichkeit, dass Wienand kein Geld gezahlt hat, wohl aber soll er Steiner Geld angeboten haben. Wienand dementierte stets auch diese zweite Version. 1973 leitete die Bundesanwaltschaft ein Ermittlungsverfahren wegen nachrichtendienstlicher Tätigkeit für die DDR gegen Steiner ein. An diesem Tatbestand gab es keinen Zweifel, verurteilt wurde Steiner jedoch nicht, offensichtlich weil er teilweise mit dem BND sowie mit dem baden-württembergischen Verfassungsschutz zusammenarbeitete. Ein Verfahren gegen Wienand wurde 1977 eingestellt, da ihm eine falsche Aussage nicht nachzuweisen war. Im Juni 1996 wurde Karl Wienand dann wegen seiner Tätigkeit für das Ostberliner Ministerium für Staatssicherheit (MfS) zu einer zweijährigen Freiheitsstrafe und etwa einer Million Mark Geldstrafe verurteilt. Laut Gericht hatte er zwischen 1972 und 1989 Kontakte gepflegt, die spätestens ab 1976 unter dem Decknamen «Streit» geheimdienstlicher Art gewesen seien – was er stets leugnete.

Zwanzig Jahre später meldete sich Ostberlins ehemaliger Spionagechef Markus Wolf mit seinen Memoiren aus dem Jahr 1997: Er sei es gewesen, brüstete er sich, der Steiner mit 50 000 Mark bestochen habe, nicht Wienand.[49] Wolf deutete an, er habe die Abstimmung zum Misstrauensvotum verfolgt, nur Herbert Wehner und Franz Josef Strauß hätten auffallend gelassen reagiert, sie waren offenbar «gut informiert über den geheimen Kampf um Stimmen, der dem Votum vorausgegangen war».[50] Wolf argumentierte im Übrigen plausibel, Barzels Niederlage habe für Strauß den Weg zur eigenen Kanzlerkandidatur freimachen sollen.[51] Ungeklärt bis heute bleibt, weshalb zwei der drei Enthaltungsstimmkarten – wie schon erwähnt – mit einem diagonalen Strich gekennzeichnet waren. Der Untersuchungsausschuss im Parlament verzichtete ausdrücklich auf eine genauere Nachprüfung, die abgegebenen Karten wurden für gültig erklärt. Weshalb eigentlich?

Sein Debakel ließ Rainer Barzel keine Ruhe. Zu den Ereignissen vom 27. April 1972 vermerkte er in seinen Memoiren: «Drei Stimmen aus dem eigenen Lager fehlten. Dabei hatten sich alle vorher unmissverständlich erklärt ... Da war nichts Flüchtiges zufällig oder unbedacht geschehen. Von keiner Seite. Da war ein anderer Wille am Werk. Eine andere Überzeugung. Es war ja auch kein Spiel. Es ging um Deutschland, auch um den Vertrag mit Moskau. Drei Männer und Frauen hatten Geschichte gemacht. Ein seit langem gefasster Entschluss und ein wohlberechneter Plan waren gescheitert ... Wer war es? Warum zwei mit Bleistift besonders gekennzeichnete Stimmkarten? Ich weiß es nicht. Man wird es wohl nie wissen.»[52]

An die mit Bleistift gekennzeichneten Stimmkarten knüpfte Barzel in einem weiteren Erinnerungsbuch 1998 die Vermutung, sie zeigten wohl eine vorherige Verabredung an, durch die man sich zu erkennen geben wollte. Ihm beweise das, dass hier eine «erfahrene Strategie» und «nicht Zufall» am Werk war.[53] Der Schock der Niederlage beim Misstrauensvotum wirkte bei Barzel bis zum Tode nach. Vieles bleibt also offen, nicht zuletzt die Frage, weshalb im Mai 1973 Julius Steiner zum *Spiegel* kam, um dort seine Version aufzutischen.

Versöhnlich selbst gegenüber Franz Josef Strauß

Willy Brandt hielt in seinen *Erinnerungen* fest, was er sicher wusste und worüber er weiterhin rätselte. Barzel habe versichert, niemanden abgeworben zu haben. Ein Zeithistoriker hielt es für erwiesen, dass Barzel aus den «eigenen Reihen» verraten worden sei (was der Version Hartmut Palmers nahekommt). Herbert Wehner – die große Unbekannte – behauptete im Januar 1980, er kenne «zwei Leute, die das wirklich bewerkstelligt haben, der eine bin ich, der andere ist nicht mehr im Parlament». An der Stelle flocht Brandt in seinen *Erinnerungen*[54] einige Bemerkungen über Strauß ein, die nichts davon ahnen lassen, dass es sich um seinen erbarmungslosesten Widersacher handelte. Auch die «ehrabschneiderische Frage» von Strauß an ihn zitierte Brandt bei dieser Gelegenheit, nämlich was er in den «zwölf Jahren draußen» gemacht habe. Zudem habe er seine Hand schützend über diejenigen gehalten, die ihn (Brandt) mit einer Flut von Veröffentlichungen zu verleumden suchten.

Und doch, man muss hier daran erinnern, die Wahl 1961 war gerade vorüber, suchte Willy Brandt den bayerischen «Poltergeist» auf, um ihm den Gedanken einer Allparteienregierung oder einer breit verankerten Außenpolitik nahezubringen. Damals kreisten Strauß' Gedanken um die Adenauer-Nachfolge, vielleicht mit Erhard als Notlösung und Zwischenetappe, aber die Rechnung ging nicht auf, 1962 musste er wegen der als «Landesverrat» aufgezogenen Operation gegen den *Spiegel* zurücktreten. Brandt attestierte Strauß,

seiner Nemesis, wie kein Zweiter habe er sein Publikum in Freund und Feind geteilt, dennoch habe es sich bei Strauß um «eine der großen Begabungen aus der Kriegsgeneration» gehandelt, er sei «weder sein Freund noch sein Feind» gewesen. Hatte er Verständnis für den Underdog, schwang da etwas von Solidarität unter Außenseitern und Gebrandmarkten mit?[55] Er war «Herrscher und Rebell», aber «ohne ihn wäre die deutsche Politik langweiliger gewesen».[56]
Wieder einmal begab Brandt sich an die Arbeit der Versöhnung, milder konnte sein Schiedsspruch kaum ausfallen. Die Dimension der innenpolitischen Kontroverse, zu der die Ostpolitik herhalten musste, hatte ihn überrascht, Strauß immerhin hatte die Vendetta gegen den Kanzler und seine Politik zweifellos angeführt. Aber Provokationen wollte Brandt nicht mit Provokationen beantworten, auch nicht im Nachhinein.

Am Tag nach dem Scheitern Barzels, am 28. April 1972, zeigte sich, wie die Kräfteverhältnisse im Parlament tatsächlich aussahen: Der Kanzlerhaushalt erhielt keine Mehrheit, Stimmengleichheit – 247 zu 247 – hieß nach der Geschäftsordnung, dass er nicht gebilligt wurde. Als Ausweg blieben nur Neuwahlen, die für November vereinbart wurden, dazu allerdings musste, rechtlich höchst kompliziert und umstritten, eine Abwahl des Kanzlers von der Regierung selbst in Gang gesetzt werden. Das war schwierig genug. Aber wie ließen sich dann die Ostverträge retten?

Unsicher blieb zunächst, was der entzauberte Rainer Barzel wollte und ob er bereit wäre, seine Fraktion wenigstens zu einer Stimmenthaltung zu bewegen. Der Oppositionsführer agierte ganz so, als ziele er auf einen Kompromiss, in seiner aufgewühlten Fraktion kein leichtes Unterfangen, neben liberalen und moderaten Christdemokraten saßen Falken und Deutschnationale, die zunehmend den Ton angaben. In einer Entschließung sollte festgehalten werden, dass auch der Grundlagenvertrag mit der DDR das Selbstbestimmungsrecht nicht ausschließe. Übersetzt hieß das, die staatliche Anerkennung solle stattfinden, aber auch gleich wieder ein wenig relativiert werden.

Die sozialliberale Koalition verfügte zwar im Parlament nicht mehr über eine Mehrheit, hatte jedoch Grund zu der Annahme, dass die Ostverträge inzwischen von einer parlamentarischen Mehrheit unterstützt würden. Seit dem Misstrauensvotum drehte sich zudem auch die öffentliche Stimmung rapide, zumal dieser Kanzlersturzversuch Barzels einen fatalen Beigeschmack hatte. Am 1. Mai kündigte sich Rainer Barzel überraschend zu einem Besuch bei Willy Brandt an. Einen tatsächlich «erstaunlichen» Vorschlag brachte er mit: Brandt könne sich mit den Stimmen der Christdemokraten zum Bundespräsidenten wählen lassen, dafür sollte die SPD gemeinsam mit den Christdemokraten dann Barzel zum Kanzler einer Großen Koalition küren. Unausgesprochen blieb: Dann wäre die Scharte des gescheiterten Misstrauensvotums ausgewetzt. Ohne zu zögern lehnte Brandt ab. Rainer Barzel besuchte daraufhin Helmut Schmidt, mit dem er sich gut verstand. Als Fraktionsvorsitzende in der Großen Koalition hatten sie vorzüglich kooperiert, ja geradezu ein Duo gebildet. Ob er tatsächlich glaubte, Schmidt auf seine Seite ziehen zu können, ließ Brandt in der Schwebe. In jener Zeit kamen allerdings Gerüchte auf, auch Schmidt habe den Kanzler ins Präsidentenamt wegloben wollen. Zudem sickerte durch, Brandt wisse davon.

Fieberhaft suchte die Koalition in den nächsten zwei Wochen nach Formulierungen für eine Allparteienentschließung, welche die deutschen Rechtspositionen zur Selbstbestimmung festschreibt (obgleich sie Teil der Verträge selbst waren). Moskau erklärte sich bereit, die gefundenen Formulierungen zur Kenntnis zu nehmen. Würde das reichen, um den Christdemokraten die Zustimmung zu erlauben? Rainer Barzel versuchte es eher halbherzig, weil er seiner eigenen Gefolgschaft nicht sicher war. Hinter den Kulissen bemühte sich vor allem Richard von Weizsäcker verzweifelt um einen Kompromiss, um das Gesamtpaket der Ostverträge zu retten. Aber Weizsäcker hatte kaum Bataillone hinter sich, und Barzel erwies sich als zu schwach zum Brückenbau. Franz Josef Strauß konnte wegen seines bellikosen Auftretens von seinem «Nein» nicht mehr herunter. Helmut Kohl, der Barzel an der Parteispitze nachfolgen wollte, lavierte zwischen allen Fraktionen. Das Ergebnis: Die breite Unionsmehrheit enthielt sich mit 238 Stimmen, zehn Abgeordnete stimmten gegen die Verträge, mit 248 Stimmen wurde der Moskauer Vertrag vom Bundestag angenommen. Der Warschauer Vertrag, fast noch umstrittener

Am 12. August 1970 unterzeichnet Brandt im Katharinensaal des Kreml den «Moskauer Vertrag». Beide Staaten verpflichten sich damit, Konflikte künftig ohne Gewalt zu lösen, bestehende Grenzen (zwischen der DDR und der Bundesrepublik sowie Polen und der DDR) werden für unverletzlich erklärt. Am 3. Juni 1972 tritt der Vertrag in Kraft.

wegen der Grenzfrage, erhielt gleichfalls 248 Stimmen, 17 Abgeordnete votierten dagegen, 231 enthielten sich.

Obwohl Brandt spöttelte, nicht jeder führende Freidemokrat sei «zu jeder Zeit ein führender Ostpolitiker» gewesen – was auf Hans-Dietrich Genscher zielte, der «sehr weit hergeholte» Rechtsbedenken gegen die Verträge geltend machte –, die Liberalen konnten sich unmöglich nach dieser nervenaufreibenden Schlacht um die Ostpolitik mit einer Enthaltungspartei (Barzel hatte ein «Jein» empfohlen) liieren, obwohl der Aufbruchsgeist verflogen war und der Wirtschaftsflügel wieder den Ton angab. Wenige Monate später musste Barzel zurücktreten und seinen Stuhl an der Spitze der Fraktion für Karl Carstens freimachen, der mit der Ostpolitik bekanntermaßen nicht sympathisierte; der Mainzer Helmut Kohl ließ sich in einem ersten Schritt zum Vorsitzenden der CDU wählen. Sein Ziel, das er offen anpeilte: das Kanzleramt. Fortan ging die Geschichte über den glücklosen Barzel hinweg.

Am 19. November erhielten die Sozialdemokraten bei den Bundestagswahlen historische 45,8 % (bei den Erststimmen sogar 49 %), die Freidemokraten kamen auf 8,4 %, die Unionsparteien auf 44,9 %. Aus heutiger Sicht war das immer noch ein glänzendes Ergebnis, gemessen an ihrer inneren Zerrissenheit in Sachen Ostverträge sowie ihrem Selbstverständnis als ewige Staatspartei ein wahres Fiasko. Dass die Sozialdemokraten Adenauers Christdemokraten überholen könnten, wenn auch nur um knapp ein Prozent, empfanden viele als Tempelschändung.

Kniefall, wortlos

Klar war Willy Brandt, dass es kein Besuch wie jeder andere sein würde, als er am Nachmittag des 6. Dezember mit einer Maschine der Luftwaffe nach Warschau flog. Während er mit militärischen Ehren empfangen und die Nationalhymne intoniert wurde, so hielt ein Journalist den Augenblick fest, verrieten die Gesichter der umstehenden Polen, von denen viele langjährige KZ-Häftlinge waren, heftige Erregung.

Für den Morgen nach seiner Ankunft, am 7. Dezember, vor der geplanten Unterzeichnung des deutsch-polnischen Vertrages, waren zwei Kranzniederlegungen vorgesehen. Zunächst am Grabmal des Unbekannten Soldaten, wo er in das Gästebuch schrieb: «Im Gedenken an die Toten des Zweiten Weltkrieges und an die Opfer von Gewalt und Verrat, in der Hoffnung auf einen dauerhaften Frieden und auf Solidarität zwischen den Völkern Europas». Danach dann sollte er einen Kranz niederlegen vor dem Denkmal, das an den Aufstand im Ghetto 1943 erinnerte. Ein Denkmal zur Erinnerung an den Warschauer Aufstand 1944 der Heimatarmee gegen die deutschen Besatzer mit über zweihunderttausend Opfern existierte in der Stadt nicht.

Oft wurde Willy Brandt nach verborgenen Motiven gefragt, nach seiner persönlichen Deutung dieses außergewöhnlichen Tages. In der Regel beschränkte er sich auf Repliken wie diese in seinen *Erinnerungen*: «*Ich hatte nichts geplant, aber Schloss Wilanow, wo ich untergebracht war, in dem Gefühl verlassen, die Besonderheit des*

*Kniefall in Warschau,
7. Dezember 1970.*

Gedenkens am Ghetto-Monument zum Ausdruck bringen zu müssen. Am Abgrund der deutschen Geschichte und unter der Last der Millionen Ermordeten tat ich, was Menschen tun, wenn die Sprache versagt.» Zur Überraschung aller Umstehenden, auch der vertrauten Mitarbeiter, war er für lange dreißig Sekunden auf die Knie gefallen, wortlos, mit erstarrter Miene, um sich dann mit einem Ruck zu erheben. Selbst Egon Bahr und Günter Grass hatten es nicht mit eigenen Augen gesehen, weil sie etwas abseits vom Tross standen, nur hörten sie plötzlich ein Raunen unter den polnischen und deutschen Gästen. «Er kniet!» Allein diese Geste brachte die gesamte Ostpolitik auf den Begriff. Besser war sie mit Worten nicht zu erklären.

Nackte Zahlen könnten das Grauen nicht vermitteln, bemerkte Brandt sechs Jahre nach dem Kniefall in *Begegnungen und Einsichten*, das Polen seit dem Überfall 1939 bis zum Ende des Schreckens erdulden musste. *«Sechs Millionen Opfer hatte das polnische Volk* zu beklagen – eine Zahl, die fast seine gesamte jüdische Bevölkerung einschloss ... *In Warschau hatte sich das Ghetto 1944 zu einem Todeskampf aufgebäumt, von dem die Weltöffentlichkeit kaum mehr Notiz nahm als vom Aufstand in der polnischen Hauptstadt wenige Monate danach.*»[57]

Endgültig verknüpfte sich die Ostpolitik in diesem Moment vor dem Ghetto-Mahnmal damit auf schwer definierbare Weise mit der Person Willy Brandts und der sehr spezifischen Biographie eines «anderen Deutschen». Das Bild von der Demutsgeste ging prompt um die Welt, Ost und West spendeten Brandt (mit unterschiedlichem Nachdruck) Applaus. In der Bundesrepublik hingegen löste er damit einen lebhaften Disput aus. Für die geplanten Ostverträge gab es keine Mehrheit im Land, die Resonanz auf den Kniefall spiegelte das wider – 42 % applaudierten, 48 % waren dagegen. Polen hatte seine eigenen Probleme damit, die Zensur ließ nur ein bearbeitetes Foto vor dem Mahnmal erscheinen, der untere Teil wurde abgeschnitten, um es so aussehen zu lassen, als stehe Brandt. Ein deutscher Regierungschef, der kniend Abbitte leistet, widersprach gar zu offensichtlich dem offiziösen Bild vom revisionistischen Feind.

Brandt kannte die polnische Leidensgeschichte. Mit dem Einmarsch deutscher Truppen am 1. September 1939 wurden sie die ersten Opfer des Krieges, das Aufmarschgebiet für den Feldzug gegen Russland. Und doch hatten sich die Politiker fast ausnahmslos bis zum Warschauer Vertrag eine Debatte um die Oder-Neiße-Grenze erlaubt, die den Anschein erweckte, als seien es die Polen (mit ihren millionenfachen Opfern) gewesen, die sich zu rechtfertigen hätten, weil Schlesien polnisch geworden war. Jetzt, am 7. Dezember, konnte Willy Brandt in einem einzigen symbolischen Akt klarmachen, was er von alledem hielt und wie er dachte. Auf niemanden musste er Rücksicht nehmen, er war ganz allein, aber für einen historischen Augenblick auch ganz frei.

Angeführt von Mieczysław Moczar, dem nationalkonservativen Innenminister, war 1968 in Polen eine antisemitische Lawine losgetreten worden, die Zehntausende von polnischen Juden in den Folgejahren zur Emigration trieb. Kein Mehrheitsdeutscher, kein

Kanzler Kiesinger mit seiner Vergangenheit hätte eine Anspielung auf diesen grassierenden Antisemitismus bei den Nachbarn wagen können. Brandts Gastgeber Józef Cyrankiewicz, der polnische Ministerpräsident, hatte Mauthausen überlebt. Auf dem Weg zum Flugplatz, berichtete Brandt in den *Erinnerungen*, habe Cyrankiewicz ihn am Arm gefasst und erzählt, die Geste vor dem Mahnmal sei doch vielen nahegegangen, seine Frau habe abends mit einer Freundin in Wien telefoniert, und beide hätten bitterlich geweint.

Brandt erinnerte sich, schon 1970 gefragt worden zu sein, warum er nicht den Vertrag, «der mit dem unsäglich misshandelten Polen zu schließen war, dem mit der Sowjetunion vorgezogen hätte». Auch die polnische Führung hätte es zumindest lieber gesehen, wie Brandt wusste, wenn die Erklärung zur Oder-Neiße-Grenze wenigstens zuerst in Warschau zu Protokoll gegeben worden wäre, «als ‹Geschenk der Russen› erschien sie nur halb soviel wert.» Aber Brandt war zu sehr Realist, um dem zu folgen. Es ging nicht, im Ratifizierungsverfahren den Warschauer Vertrag dem Moskauer vorzuziehen, selbst Polens erfahrener Parteichef Gomułka warnte davor. Auch darauf antwortete der Kniefall. Ja, der Schlüssel zur Vertragspolitik lag in Moskau. Der «moralische Schlüssel» aber lag in Warschau.

Hermann Schreiber, der Brandt für den *Spiegel* nach Warschau begleitete, kommentierte den Kniefall folgendermaßen: «Dann kniet er, der das nicht nötig hat, für alle, die es nötig haben, aber nicht knien – weil sie es nicht wagen oder nicht können oder nicht wagen können.» Brandt zitierte den *Spiegel*-Journalisten. Andere durften das sagen, er nicht. Weder an hämischen noch an dümmlichen Fragen habe es gefehlt, erinnerte Brandt sich, ob die Geste nicht «überzogen» gewesen sei, wollten viele wissen. Die Polen seien befangen gewesen. Keiner der Gastgeber habe ihn auf die Minute vor dem Mahnmal angesprochen. Er habe daraus geschlossen, dass auch andere diesen Teil der Geschichte noch nicht verarbeitet hätten.

Nicht nur mit der westdeutschen Bonner Regierung schlossen die Polen den Vertrag über die «Grundlagen der Normalisierung» am 7. Dezember, sondern speziell auch mit der Person Willy Brandt. Wie sehr beides für sie zusammengehört, machte Gastgeber Cyrankiewicz anlässlich der Ratifikation klar: Die Polen seien sich bewusst, dass auf deutscher Seite jemand den Vertrag unterzeichnet habe, «der schon am Beginn der Machtübernahme durch den Faschismus das grenzenlose Unglück begriff, das dadurch für das deutsche Volk, für die Völker Europas, für den Frieden in der Welt entstehen würde».

Am Abend dieses ungewöhnlichen 7. Dezember setzte Brandt sich im Hotel mit Freunden und Journalisten zusammen und grübelte über das, was er gerade erlebt hatte. Er suchte Antworten auf die Frage, weshalb ihm im eigenen Land als Rückkehrer aus der Emigration 1946 und später so viel Misstrauen, im Streit um die Ostpolitik sogar offener Hass entgegenschlage. Was trieb seine Landsleute, sich einem Brückenbau zwischen den Mehrheitsdeutschen und einem Minderheitsdeutschen wie ihm derart zu widersetzen? Das zweimalige Scheitern als Kanzlerkandidat hatte er als *seine* Niederlage begriffen. Als Nichtanerkennung seines Lebenswegs interpretierte er das, wie denn auch anders. Diese Erfahrung im eigenen Land kam ihm in Warschau in den Sinn, sie kontrastierte merkwürdig mit dem frischen Eindruck dieses Besuches: Ein «europäisches Gespräch» habe er mit den Gastgebern führen können, ohne Feindbilder, mit ihnen war ein Brückenschlag möglich, im eigenen Land kaum. Willy Brandt dachte nach über seine Wunden.

Sehr bewusst war ihm die ewige Asymmetrie zwischen Deutschland und Polen. Dennoch, die Grenzfrage und nicht die deutsche Polenpolitik von 1939 bis 1945 hatte lange Jahrzehnte den Polendiskurs in der Bundesrepublik bestimmt. Und lange hatte Brandt selbst sich vorsichtshalber am Mainstream angelehnt. Genauere Auskunft gab er auch in seinen *Erinnerungen* nicht darüber, seit wann er ahnte, dass er sich korrigieren müsse. Auch hier mögen Stimmen wie die Klaus von Bismarcks, von Günter Grass oder Peter Bender und Carola Stern eine Rolle gespielt haben, Brandt hörte den Freunden zu, auch wenn er nicht immer darüber laut sprach. Mit dem Warschauer Vertrag jedenfalls wurde viel von dieser Asymmetrie beseitigt, soweit per Regelwerk und auf dem Papier möglich. «*Wer mich verstehen wollte, konnte mich verstehen*», bilanzierte er, «*und viele in Deutschland und anderswo haben mich verstanden.*»[58]

Hie und da plagten ihn Zweifel, ob er sich gegenüber Polen richtig verhalten habe. Verständnis hatte er dafür, dass die Nachbarn nicht «als Anhängsel ihrer Führungsmacht» behandelt werden wollten. Missbehagt habe ihnen der Gedanke, Russen und Deutsche könnten «Textübungen» über eine Frage abhalten, die sie als existenziell empfinden. Auch mit dem Warschauer Vertrag, räumte Brandt ein, bewege man sich weiter «auf dünnem Eis». Die Geschichte, hieß das für ihn, ist nicht vergangen. Die Vernichtung des polnischen Offizierskorps in Katyn, das Abwarten der Roten Armee an der Weichsel, bis die Deutschen ihre Vernichtungsarbeit in Warschau geleistet hatten, der Verlust der eigenen Ostgebiete (als Preis für die Westverschiebung), das alles sei nirgends ausgesprochen und doch gelegentlich «angedeutet» worden. Parteichef Władysław Gomułka vermutete, eine Annäherung von Polen und Deutschen werde mehr als zehn Jahre brauchen. Mit spürbarer Sympathie ließ Brandt das alles noch einmal Revue passieren.

Er erinnerte sich, beim Treffen mit Leonid Breschnew im September 1971 auf der Krim habe ihn eine polnische Bitte erreicht, auf dem Rückflug möge er in Warschau Station machen. «Wegen anderer Verpflichtungen», formulierte er sperrig, habe er gemeint, darauf nicht eingehen zu können. Später habe er sich gefragt, ob er nicht zu sehr zum Sklaven seines Terminplans geworden sei. Andere Verpflichtungen? Die ganze Wahrheit war das nicht.

Wenigstens im Nachhinein wollte er sich selbst korrigieren: *«Ich war vorsichtiger gewesen in dem, was ich während des Krieges zu Papier brachte, und ließ mir trotzdem raten, es für mich zu behalten. Kaum einem von uns war bewusst, dass der konservative Carl Goerdeler – immerhin bis 1937 Oberbürgermeister von Leipzig, bevor er gegen die Nazis zu konspirieren begann – im Jahr 1938 aufgeschrieben hatte, falls es zum Krieg komme, werde Deutschland die Gebiete östlich der Oder verlieren ...»* Noch bei seinem Auftritt in Tutzing 1963, ja auch als Außenminister (1966–1969), rührte er lieber nicht an das Thema. Ahnen konnte man, was er darüber denkt, aber der «Wahl-Opportunismus» führte auch, wie er selbstkritisch einräumte, zu vernebelnden Formeln und politischen Floskeln, die über die Realität hinwegtäuschen sollten. Nicht zu denken daran, er hätte als Berliner Bürgermeister Formulierungen riskiert wie diese: «*statt zur Wiedervereinigung jener Gebiete, über die nicht anders verfügt worden war, kam es zur Wiederbewaffnung auf beiden Seiten*». Was den einen als die natürlichste Sache der Welt erschien, fuhr er fort, war für die anderen das Siegel unter die im Kalten Krieg festgeschriebene Teilung. «*Oder handelte es sich um eine der unbeglichenen Rechnungen für das, was das Hitlerregime Europa angetan hatte?*»[59] Gerade mit dem letzten Satz näherte er sich sogar für einen Augenblick der Mahnung von Günter Grass an, die deutsche Teilung als Folge von «Auschwitz» zu betrachten, ein Urteil aus dem Mund des Autors, von dem er sich nach dem Mauerfall gar nicht deutlich genug distanzieren konnte. Willy Brandt hielt sich nicht an Dogmen, auch nicht an die eigenen.

Die Geschichte von Brandts Beziehung zu Polen ist damit aber nicht zu Ende. Auch Adam Michnik kam häufig auf Brandts Entscheidung im Jahr 1985 zu sprechen, sich während seines Polen-Besuchs nicht mit Wałęsa zu treffen. (Der Geschäftsführer hatte ihn in einem Brief dazu eingeladen, Brandt lehnte auffallend unterkühlt ab. Wałęsa selbst kritisierte das heftig, räumte Jahre später aber ein, es sei verständlich und richtig gewesen, dass Brandt das Scheinwerferlicht gemieden habe, unter dem ein solches Treffen stattgefunden hätte.) Immerhin lastete zu dem Zeitpunkt, 1985, das Kriegsrecht schon vier Jahre auf dem Land, der Zulauf zur Gewerkschaft blieb dennoch überwältigend groß. Längst hätten die deutschen Ostpolitiker klarmachen müssen, wer ihre wahren Gegner und ihre Freunde seien. Aus dem Gefängnis heraus hatte Michnik Brandt in einem offenen Brief vorgeworfen, ausgerechnet einer, der einst so dezidiert gegen die Nazis auftrat, müsse nicht nur Wałęsa, sondern auch polnische Oppositionelle treffen. Sie könnten Brandt «einige interessante Geschichten darüber erzählen, wie man jene politischen Häftlinge traktiert, deren Existenz unsere Generäle (und Ihre eventuellen Gesprächspartner) leugnen». Noch viele Jahre später zürnte Michnik im Gespräch: «Wieso konnte euer Brandt sich mit Bruno Kreisky für Alexander Solschenizyn einsetzen, war aber nicht bereit, sich zugunsten von Solidarność zu äußern? Das war nun einmal die falsche

Politik der SPD, sie hat zu sehr auf die Regierung geblickt, zu wenig auf die Gesellschaft. Ganz bestimmt habe ich nicht erwartet, dass er über Polen so spricht wie über Chile, aber in der Sprache des Papstes hätte er schon sprechen können.»
Richtig, selbst am 9. November 1989, so Adam Michnik, hätte noch alles revidiert werden können, jederzeit konnte die Breschnew-Doktrin wieder angewandt werden, ein verrückter sowjetischer General hätte genügt, und die Geschichte wäre ganz anders verlaufen. Nach Michniks Schilderung war der Opposition dies alles bewusst. Sie spielte nicht mit dem Feuer. Und dennoch, Willy Brandt und seine Partei, dabei blieb er, haben Polens Oppositionelle seit Verhängung des Kriegszustandes bis zum Runden Tisch neun Jahre später nicht ein einziges Mal unterstützt. Nein, es war nicht nur Helmut Schmidt, der mit seinem «idiotischen Spruch» von der «notwendigen» Verhängung des Kriegsrechts im Dezember 1981 den Auftakt machte, «dann kam Brandt, küsste Józef Cyrankiewicz und traf General Jaruzelski, über uns verlor er kein Wort». «Niemand hat erwartet, dass er die Bundeswehr schickt, aber ein Wort hätte er schicken können.» Unbegründet, dachte ich mir seinerzeit beim Zuhören, war diese Philippika nicht.

Allerdings setzten die kritischen Köpfe wie Adam Michnik, Bronisław Geremek oder Tadeusz Mazowiecki auch nachträglich nicht die Ostpolitik mit Appeasement gleich, sie hatten den Konflikt mit den Machthabern mutig geführt und dennoch zu dosieren gelernt, im April 1989 – eine historische Premiere von Rang – setzten sie sich mit den Kommunisten am Runden Tisch in Warschau zusammen, und zwar mit Erfolg. In Warschau implodierte das System, noch bevor im November die Mauer fiel.

Zur Erklärung verwies Brandt in diesem Streit über die Blindheit oder Einseitigkeit oder auch Stabilitätsbesessenheit seiner Partei gern auf die Erfahrungen mit Prag. Für den Versuch, sich auf Gewaltverzichtsverträge und eine Normalisierung der Verhältnisse mit den Nachbarn zu verständigen, habe er sich trotz der russischen Panzer im August 1968 entschieden. Brandt ging noch einen Schritt weiter: Vielleicht habe man sich gerade *deswegen* so entschieden, so verhielt es sich ja nach dem Mauerbau 1961 auch, erst nach dem

Am 10. Dezember 1971 nimmt Brandt den Friedensnobelpreis entgegen. Deutschland habe sich «mit sich selber versöhnt», sagt er in seiner Dankesrede und grüßt erstmals öffentlich die Freunde der Résistance in aller Welt.

13. August bahnte sich allmählich ein Dialog mit Ostberlin an. So entsprach es dem dialektischen Grundsatz, an dem Bahr und er sich orientierten und den sie beide nicht oft genug wiederholen konnten: Man müsse zuallererst die Realität anerkennen (die DDR als Staat, die Mauer durch Deutschland), um sie zu verändern. Brandt nüchtern: «Was wir versucht haben, wäre richtig gewesen, auch wenn es keine inneren Veränderungen bewirkt hätte.» Als Überlebensstrategie bezeichnete er nun die Vertragspolitik. Er überschätzte sich und seine Rolle nicht. Wenn die Ostverträge dennoch eine Liberalisierung anvisierten, dann musste er darüber schweigen. So aber blieb, trotz des Durchbruchs, den der Warschauer Vertrag und die Grenzanerkennung bedeuteten, eine anhaltende Irritation zwischen Brandt, seiner Partei und den politisch nahen Verwandten, den liberalen, demokratischen, europäischen Oppositionellen.

Ein Jahr nach dem Besuch in Warschau erhielt Brandt einen Anruf aus Oslo, ihm sei der Friedensnobelpreis zuerkannt worden. Der Minderheitsdeutsche, der im eigenen Land – mit seiner Vita wie mit seiner Ostpolitik – derart polarisierte und den nur eine hauchdünne Mehrheit zum Kanzler gewählt hatte, erhielt internationale Rückendeckung. Ausdrücklich sollte anerkannt werden, dass man ihm als dem «anderen Deutschen» traute, ausdrücklich sollte auch seine Methode der Vertrauenswerbung und des Dialogs als Alternative zum Kalten Krieg unterstützt werden. Unzweifelhaft wollte das Nobelkomitee den Ostverträgen über die Hürden helfen. Der deutschen Opposition sollte es schwer gemacht werden, sie zu blockieren. Wenn die Welt das «gute Deutschland», in der Person Brandts, auszeichnen wollte, konnten die Deutschen dahinter zurückfallen? Aus Oslo erhielten sie einen moralischen Schubs.

Ein lockerer, gelöster, selbstironischer Willy Brandt präsentierte sich bei der Preisverleihung, mit der Norwegerin Rut an seiner Seite. Vergnügt erzählte er die Geschichte vom kleinen Indianerjungen, der seinen Vater nach einem der üblichen Indianerfilme traurig fragt: «Do we never win?» Für Brandt hatte der Moment etwas von einer «Stunde null», die er selbst nie hatte verlangen wollen. Ja, er war dieser kleine Junge, jetzt hatte er gewonnen.

Alle Fesseln fielen von ihm ab. Er grüßte, was er sich in Deutschland versagt hätte, die Freunde der Résistance aus allen Ländern, aus seinem ersten Leben. Auch auf das eigene Land blickte er versöhnlich von Oslo aus. Kein Wort darüber, dass er nicht hatte wiedereingebürgert werden sollen. Er räsonierte auch nicht über Mehrheits- und Minderheitsdeutsche. Er mahnte keinen anderen Umgang mit der Vergangenheit an. Souverän zeigte der Friedenspreisträger Verständnis: «*Deutschland hat sich mit sich selbst versöhnt; es hat zu sich selbst zurückgefunden, so wie der Exilierte die friedlichen und menschlichen Züge seines Vaterlandes wiederentdecken durfte.*» Dort, in Oslo, formulierte er zuerst seinen großen Wunsch: Wenn in der Bilanz seines politischen Wirkens stünde, er habe einem neuen Realitätssinn in Deutschland den Weg ebnen helfen, dann hätte sich «eine große Hoffnung für ihn erfüllt». Der Mann, der als Junge «unbehaust» war, war wieder angekommen, er war zu Hause.

Die Ostpolitik ein Arrangement mit den Mächtigen über die Köpfe der Opposition hinweg?

Dem engagierten Lektor und Journalisten Freimut Duve (von 1980 bis 1998 auch SPD-Bundestagsabgeordneter) gelang es, Willy Brandt zu einem Essay über *Menschenrechte – misshandelt und missbraucht* (1987) für den Rowohlt-Verlag zu überreden. Ausführlich setzte der Autor sich darin gegen die Kritik zur Wehr, die Menschenrechte seien zu kurz gekommen und die Demokratiebewegungen in Warschau, Prag, Moskau oder auch Ostberlin sträflich ignoriert worden. Im Kern, lautete sein Argument, handelte es sich bei der Ostpolitik um eine «realistische Politik», die versuche, sich auch in die Lage der anderen Seite zu versetzen. Praktisches Ziel sei es, alltägliche Verbesserungen für die Menschen im Alltag zu erreichen. Also auch: Menschenrechte. Nur würden die nicht an die große Glocke gehängt, um osteuropäische Regime überhaupt zur Kooperation zu gewinnen. Zur Illustration führte Brandt das Passierscheinabkommen an, ein Passepartout für die gesichtswahrende Methode, die er für die erfolgreichere beim Umgang mit autoritären sozialistischen Regierungen in Moskau, Prag, Warschau und gerade auch mit dem SED-Regime in Ostberlin hielt: «*Ich denke zurück an meine Berliner Jahre, besonders an den Dezember 1963. Vom Prestigedenken belastete, mühselige Verhandlungen brachten zustande, was die Mauer seit mehr als zwei Jahren unmöglich gemacht hatte: die Westberliner durften wenigstens zu den Feiertagen wieder ihre Familien im anderen Teil der Stadt besuchen. Und sie machten davon hunderttausendfach Gebrauch ... Damals sagte ich, ‹kleine seien besser als keine Schritte – oder als lauter große Worte.*»[60]

Schon den Ostpolitikern der ersten Stunde schlug Anfang der siebziger Jahre Skepsis im Lager der Dissidenten entgegen, weil sie davon überzeugt waren, jedes Arrangement mit den Machthabern im Osten stabilisiere die dortigen Regimes und verlängere deren Leben. Unterstützt wurden sie dabei vor allem von französischen Intellektuellen, aber auch in der Bundesrepublik wurde der Einwand lauter, die Dialogbefürworter betrachteten die Welt zu etatistisch und ignorierten kaltherzig die Lage der unterdrückten Opposition.

Wir müssten lernen, ohne Angst, den Frieden zu verlieren, «solidarisch zu bleiben mit denen, die von Freiheit träumen», bedrängte beispielsweise Freimut Duve, der Herausgeber der gelben Rowohlt-Reihe mit ihrem osteuropäischen Themenschwerpunkt, seine eigene Partei. Zuständig seien wir nicht nur für die Hoffnung auf Frieden, sondern auch für die «Freiheitsutopie», wenn nicht der Eindruck einer Kumpanei der Herrschenden in West und Ost entstehen solle. Der moralische Druck lasse sich nur in einen politischen verwandeln, argumentierte auch Heinrich Böll, einer der Brandt-Unterstützer, wenn das heuchlerische Konzept der Nichteinmischung in die inneren Angelegenheiten anderer Staaten aufgegeben werde. Solche Mahnungen an die Adresse der Ostpolitiker stammten aus dem Mund von vehementen Befürwortern der Ostpolitik, nicht von Falken, die schon immer im Kalten Krieg Partei ergriffen, sich aber nicht wirklich für das Schicksal der Oppositionellen interessierten.

Entgangen war Brandt gewiss nicht, dass auch die Linke, befördert von der Erfahrung in Prag 1968, von Václav Havel und der Charta 77, stärker darauf drängte, sich mit Emanzipationsbewegungen, Dissidenten oder mutigen Gewerkschaftlern zu solidarisieren. Aber das Dilemma ließ sich nicht einfach auflösen – die Ostpolitik hatte sogar beigetragen zu dieser langsamen Erosion in Ostmitteleuropa, und nun sollte sie zu den inneren Verhältnissen bei den Nachbarn in Polen, der Tschechoslowakei, Ungarn, Rumänien, dem Baltikum oder auch in der Sowjetunion schweigen?

Kritik übten auch intellektuelle Freunde, die seine Ostpolitik befürworteten, was besonders schwer wog, so der Historiker aus New York Fritz Stern oder der Soziologe Ralf Dahrendorf, unbestreitbar liberale Köpfe. Sie rieten dringend, stärker auf Bürgerrechtler, Journalisten, Oppositionelle im Osten zu hören wie Bronisław Geremek, Adam Michnik oder Jacek Kuroń in Warschau.

Im Jahr 1986, als er sich an die Arbeit zu diesem Menschenrechtsessay setzte, stand Brandt noch für kurze Zeit an der Spitze seiner Partei. Drei Jahre zuvor hatte er sich aus dem Europaparlament zurückgezogen. Lediglich den Vorsitz der Sozialistischen Internationale behielt er, gerade in diese Versammlung heterogener Linksparteien aus Lateinamerika, Afrika, Asien, Europa ragte der Menschenrechtsdisput sperrig hinein. Einigen Mitgliedern wurde zu Recht vorgeworfen, Opposition, Minderheiten und eine freie Presse in ihren Heimatländern schonungslos zu unterdrücken, andere wiederum galten als moderat sozialdemokratisch im europäischen Sinne oder als liberal.

Schon mit dem ersten Satz suchte Brandt klarzumachen, dass er sich nicht in die falsche Ecke schieben lassen wollte. «*Erfahrungen mit dem Missbrauch von Menschenrechten haben mein Leben bestimmt*», verteidigte er sich, der Missbrauch von Menschenrechten sei es gewesen, der ihn jung in jene politische Bewegung führte, «die den Geist der Freiheit mit dem Geist der Gerechtigkeit vereinen will». Extreme Unmenschlichkeit sei «Staatsdoktrin» geworden, er habe das erlebt. In unterschiedlichen Ämtern habe er aber auch erfahren, wie die Berufung auf Menschenrechte zur «billigen Münze» werden kann, missbraucht im Streit der Mächte und im innenpolitischen Wettkampf der Parteien.[61] Das war in der Tat schwer zu entkräften.

Brandt: Propaganda und parteiliche Schuldzuweisung helfe den Opfern nicht, aber darum, um «Rettung der Opfer», müsse es doch aller Politik gehen. Der öffentliche laute Schrei, die behutsame Diplomatie, die gewagte Aktion, Freikauf oder Austausch – die Mittel könnten vielfältig sein. Zudem: Wer sich im Westen zu seiner Verfassungsgeschichte bekenne, müsse sich eine noch härtere Prüfung der menschenrechtlichen Lage gefallen lassen als andere mit anderen Traditionen. Die griechischen Obristen, die im Namen des Westens und der Freiheit Demokraten folterten, forderten auch *unsere* Verfassungsprinzipien heraus. Für Spanien, Chile, Südafrika gelte das auch.

Ohne Hausnummern und Namen zu nennen, sprach er die Defizite der SI an, was also im Namen einer «sozialistisch» firmierenden Staatsmacht auf dem Boden des eigenen Landes oder weiter entfernt Menschen angetan werde. Auf sein Credo kam Brandt mit dem Hinweis auf «neue» Dimensionen der Menschenrechte zu sprechen, «Sicherung des Überlebens im Atomzeitalter, Freiheit von Hunger, Gerechtigkeit beim Nutzen der Güter».[62] Ins Zentrum der Antwort an seine Kritiker stellte er sein Plädoyer für einen «unteilbaren» Begriff von Menschenrechten, also dafür, sie als Aspekt eines gesamtpolitischen Ansatzes zu verstehen. Viele engagierte Menschenrechtler, muss man an der Stelle freilich hinzufügen, hielten dieses Argument schon immer für eine Ausrede, die den wirklichen Opfern autoritärer Regime in ihren Gefängniszellen nicht helfe.

Auch in seiner Antrittsrede als Präsident der SI vom 26. November 1976 in Genf befasste sich Brandt aus gegebenem Anlass grundsätzlich mit dem Begriff. Klar musste ihm sein, dass diese Frage den internationalen Zusammenschluss der Sozialistischen Parteien störte: Trotz aller Lippenbekenntnisse wurden Menschenrechte schließlich auch von «linken» Regierungen sträflich missachtet. Zudem war ihm klar, die Menschenrechts- und die Demokratiefrage hängen direkt miteinander zusammen. Dass Sozialismus ohne Demokratie nichts wert sei, lautete eine seiner Einsichten aus den Exiljahren. Jetzt war er mit dem Problem in einer ganz neuen Rolle konfrontiert. Brandt holte weit aus. Es sei Zeit für eine Offensive, um die Beziehungen zwischen Nord und Süd neu zu ordnen. Die reichen Nationen werden nicht reich bleiben, warnte der frischgewählte Präsident, wenn die Armenhäuser der Menschheit wachsen. Auf lange Sicht gebe es keine Inseln der Privilegierung, keine Oasen des Glücks auf Kosten anderer. Der Feldzug gegen den Hunger, gegen die Bevölkerungsexplosion, gegen das Genozid der Not dürfe nicht aufgeschoben werden. Es verlange den Industriestaaten Opfer ab. (Dieser Nord-Süd-Brandt, notiert man sich noch heute bei der Lektüre am Rande, war seiner Zeit wieder einmal mit Problembewusstsein gehörig voraus.)

Auf diesem Weg, seiner Mahnung, die weiter wachsenden Ungleichheiten, Ungleichzeitigkeiten zwischen Nord und Süd ernst zu nehmen, gelangte er zu seiner Deutung, was unter «Menschenrechten» zu verstehen sei und wie Politik damit umgehen solle: *«Wir haben gelernt, dass es nicht nur individuelle, sondern auch kollektive Menschenrechte gibt ... Der Mensch lebt nicht vom Brot allein, aber er braucht Brot, um zu leben. Der Kampf gegen den Hunger, der Kampf für Arbeit und sozialen Schutz – das ist der Anfang. Aber auch dort, wo dieser Anfang die äußerste Anstrengung verlangt, kann er kein Freibrief sein für Gewalttätigkeit und Willkür.»*[63]

Zwei Monate später erhielt Brandt ein Fernschreiben des Präsidenten der Weltbank, Robert McNamara, der ihn bat, den Vorsitz einer Nord-Süd-Kommission zu übernehmen, die sich den Problemen der ärmeren zwei Drittel unserer Welt widmen und der Frage nachgehen solle, wie eine gerechtere Weltordnung zu schaffen sei. Auch dabei ging es um «Menschenrechte», jedenfalls nach seinem Verständnis. Er sagte zu, aber erst, als er ein handverlesenes, kompetentes Team aus aller Welt zur Mitarbeit gewonnen hatte, das in der Frage möglichst so pragmatisch und praktisch wie er dachte und nicht nur «Moral» predigte zu PR-Zwecken.

An den Gedanken der Nord-Süd-Kommission knüpfte 1982 die Kommission seines schwedischen Freundes Olof Palme an, die gleichfalls im Auftrag der Vereinten Nationen über «Gemeinsame Sicherheit» *(A blueprint for survival)* nachdachte. 1987 folgte der Bericht der Brundlandt-Kommission über globale Umweltprobleme, *Unsere gemeinsame Zukunft*. Alle drei Berichte sah Brandt in einem logischen Zusammenhang, für ihn handelte es sich um erste Konturen einer «Weltinnenpolitik», wie er es gern nannte.

«Die Politik der Entspannung», verteidigte er sich noch einmal gegen die Vorbehalte derjenigen, die mehr Unterstützung für Menschenrechte und für die Opposition in Osteuropa verlangten, *«ist nicht als Strategie begründet worden, kommunistische Regierungssysteme abzuschaffen.»* Auch die KSZE habe das nicht bezweckt. Unsere Ostpolitik, argumentierte Brandt, ging nicht davon aus, dass damit und auf kurze Sicht die «tiefgreifenden Ost-West-Unterschiede» oder die machtpolitischen Gegensätze zum Verschwinden gebracht werden könnten. Besonders die Sowjetunion sei in den Jahren des Kalten Krieges nicht schwächer geworden, daher zähle für ihn die Sicherung des Friedens als eigener Wert. Was Brandt hier nicht erwähnte – seit zwei Jahren führte in Moskau Michail Gorbatschow Regie, auf dessen Reformanstrengungen er eminente Hoffnungen setzte. Der neue Mann hatte ihn sogar wissen lassen, sein Urteil über die wahren globalen Menschheitsprobleme der Zukunft, Ungleichheit zwischen reichen und armen Ländern, Hunger, Migration, Ökologie, voll zu teilen, auch deshalb müssten beide Lager den Ost-West-Kon-

flikt endgültig hinter sich lassen. Erkennbar handelte es sich um Einsichten, hinter die Moskau in der Putin-Ära weit zurückfallen sollte. Der Widerstand gegen den neuen Kremlherrn, Gorbatschow, zu Hause formierte sich offenbar rasch. Jedes unbedachte Wort, fürchtete Brandt ahnungsvoll, konnte den neuen Generalsekretär in seiner fragilen Lage beschädigen.

So erklärt sich wohl auch, dass er jetzt erstmals derart offen die Vorwürfe der Oppositionellen im Osten aufgriff, unter denen er litt. Dass jedes Gespräch mit Moskauer Offiziellen in den Augen der Regimekritiker der Legitimation und Aufwertung der Unterdrücker diente, ließ sich schwerlich vermeiden – während sich kaum belegen ließ, wer von den westlichen Politikern sich hinter den Kulissen wirklich für Dissidenten starkmachte. Hinzu kam, manche Parteifreunde, auch das war Brandt vermutlich bewusst, nahmen habituell die Opposition nicht sonderlich ernst.[64] Insofern stand er zwischen den Flügeln.

Vor allem die «Schlussakte» der KSZE aus Helsinki betrachtete Brandt als einen unerwartet großen Erfolg, trotz vieler Formelkompromisse. Hier konnten zwei Ziele gleichzeitig verfolgt werden, den Frieden zu bewahren und für möglichst viele Menschen Grundrechte zu sichern.[65]

Trotz der Einwände von Oppositionellen, deren Mut er so schätzte und denen er helfen wollte – grundsätzlich korrigierte er seine Haltung nicht, wirkliche Veränderungen könnten im Osten nur von «oben» kommen, von Leuten wie Gorbatschow, wie er gegen Ende der achtziger Jahre fast triumphierend hervorhob. Einen glaubwürdigeren Beleg für seine These konnte es gar nicht geben, nicht wahr?

Am besten aufgehoben sah Brandt die «Menschenrechte» aber letztlich ganz grundsätzlich in einem richtig verstandenen Sozialismus, vielleicht deklariert als «Dritter Weg». Diesen Traum aber träumten gerade viele der kritischen Geister, der Linken und Liberalen zwischen Warschau, Prag oder Budapest nicht mehr mit, «Sozialismus» hatte sich für sie endgültig kompromittiert.[66]

75 Jahre alt war er, als er sich in der Streitfrage zu positionieren suchte. Ob er wirklich noch immer glaubte, das Ziel «Sozialismus»

befinde sich in Reichweite? Dazu blickte er wohl längst zu desillusioniert in die Welt. Ein Fixstern aber war «Sozialismus», richtig verstanden!, für ihn offenbar doch trotz allem geblieben, sonst hätte er sich nicht eingelassen auf die Rolle in der SI.

Weizsäcker sagt, was die CDU nicht sagen wollte

Postskriptum. Ende Januar 1989, im Jahr des Mauerfalls, lud Richard von Weizsäcker, nunmehr Bundespräsident, zum 75. Geburtstag Willy Brandts zu einem sorgsam vorbereiteten internationalen Geburtstagsessen ein, einem «ganz außergewöhnlichen Ereignis für dieses Haus», wie der Gastgeber formulierte. Dem Gastgeber war die Vorgeschichte wohl bewusst, vom Umgang Konrad Adenauers und Franz Josef Strauß' mit Willy Brandt bis zum vehementen Widerstand der Unionsparteien gegen die Ostpolitik.

Eine illustre Runde aus Freunden, Sympathisanten und Ehrengästen kam zusammen, um Brandt Reverenz zu erweisen: Unter anderem folgten der Einladung des Präsidenten Bruno Kreisky, François Mitterrand, Shimon Peres, Ingvar Carlsson, Mieczysław Rakowski, Mário Soares, Jacques Delors, Kalevi Sorsa, natürlich auch Egon Bahr, Hans-Jochen Vogel, Walter Scheel, Hans-Dietrich Genscher, sogar Helmut Kohl, der Kanzler, mit dem Brandt seinerzeit nicht sonderlich viel verband. Sein eigener Lebensweg legitimiere ihn nicht besonders, schränkte Weizsäcker gleich zu Beginn in seiner Geburtstagslaudatio ein, über den Lebensweg Brandts zu sprechen. Unter den Gästen seien viele Gefährten, die dazu mehr Recht hätten. Aber Sache seines Amtes und seines Herzens sei es auszudrücken, warum «Ihnen dieses Volk Dank und hohe Achtung schuldet». Sein illusionsfreier fester Friedenswille, so Weizsäcker, sein Mut und seine Humanität hätten Brandt «zu einer der großen Leitfiguren in der Welt nach dem Zweiten Weltkrieg» gemacht. Das war kein selbstverständlicher Satz, auch 1989 nicht.

Die Reverenz, die Weizsäcker seinem Gast erwies, lief auf den Versuch einer deutschen Versöhnung hinaus. Um einen bewussten

Akt der Geburtstagspolitik handelte es sich. Weizsäcker sprach offen an, dass der Sozialdemokrat gerade vom Bürgertum «schmähenden Angriffen ausgesetzt» war – «und eine Elefantenhaut haben Sie nicht», wie er zu Brandt gewandt hinzufügte. Helmut Kohl saß als Gast mit am Tisch und hörte zu.

Zweierlei Bürgerlichkeit wollte Weizsäcker, wie mir scheint, zusammendenken, das anständige Deutschland, ob es nun zur Linken gehörte oder zum konservativen Lager. Brandt machte nicht ungern mit.

Im Beisein der Gäste aus vielen Weltgegenden zollte der Redner der West- und der Ostpolitik vorbehaltlos Respekt, die zu einem «zusammengehörenden Ganzen geworden» sei, das «seither nicht mehr ernsthaft umstritten ist – ein kostbares Allgemeingut». «Es ging Ihnen um die Erkenntnis, dass uns Deutschen niemand die Verantwortung abnehmen kann, uns auch im Osten um unsere Interessen stärker selbst zu kümmern. Aus Ihrer Einsicht in die Realitäten forderten Sie, dass wir uns von Positionen befreien sollen, die Sie als Fesseln empfanden. Der Streit darüber war im ganzen Volk leidenschaftlich und schmerzhaft, er musste es sein, alles andere wäre im Angesicht der tiefen menschlichen und geschichtlichen Wurzeln der Sache nicht ehrlich gewesen. Am Ende war die Auseinandersetzung dem ernsten Gegenstande würdig und heilsam. Der Aussöhnung mit dem Westen, die Konrad Adenauer zustande gebracht hatte, stellten Sie die Verständigung mit dem Osten an die Seite. Das Neue war keine Ablösung des Alten. Ganz im Gegenteil: Es war die feste Verankerung im Westen, die Ihnen die Möglichkeit zur neuen Ostpolitik gab und die Sie nutzten.»

Diese Ostpolitik, so Weizsäcker, schloss den besonderen Respekt dafür mit ein, nie das ganze Volk pauschal schuldig gesprochen zu haben, Schuld sei für ihn «nicht kollektiv, sondern persönlich». Und damit, in persönlicher Weise, habe er «als unser Kanzler» am Eingang zum Warschauer Ghetto Abbitte geleistet, «wie das Zeichen eines Fremdlings unter den Mächtigen». Ein merkwürdiger, schöner Satz. Jedes Wort hatte sich der Redner offenbar reiflich überlegt. «Ein tiefes Menschengefühl wurde zum Ausdruck eines Regierenden. Niemand hatte es erwartet. Keiner hat es vergessen.»

Willy Brandts Lebensweg und der des Gastgebers – Weizsäcker kam 1920 in einem Seitenflügel des Stuttgarter Schlosses zur Welt, aus einer gutsituierten Familiendynastie, der Vater hoher Diplomat unter Hitler, der Bruder namhafter Atomphysiker – konnten sich kaum stärker voneinander abheben. Zweierlei Bürgerlichkeit verkörperten sie, Welten trennten sie also. Als Weizsäcker an vornehmen europäischen Universitäten studierte, lebte Brandt bereits im Exil. Brandt hoffte auf Hitlers Niederlage, Weizsäckers Vater Ernst verschrieb sich dem «Dienst am Ganzen» in Ribbentrops Auswärtigem Amt. Weizsäcker und sein jüngerer Bruder machten am 1. September den Einmarsch in Polen mit (der Bruder fiel am zweiten Tag), Willy Brandt beantragte nach der Ausbürgerung die norwegische Staatsbürgerschaft. In seinem preußischen Eliteregiment entdeckte Richard von Weizsäcker selbst im Rückblick noch einen «Grundbestand an Vernunft und Moral», er kam auch mit Offizieren des Widerstands in Berührung und gewann Freunde wie Axel von dem Bussche, während Brandt zur gemeinsamen Front gegen Hitler beitragen wollte und von der «Idee einer klassenlosen Gesellschaft als Kern allen sozialistischen Strebens» träumte.

Dass der frischgebackene Kanzler in «jugendbewegter Aufbruchsstimmung» und mit gewaltigem Anspruch der Opposition ins Gesicht sagte, jetzt gehe es erst richtig los mit der Demokratie, wer ließe sich das widerspruchlos bieten? Diese Frage wollte der Hausherr zumindest gestellt haben. Aber am Tenor änderte das Fragezeichen nichts. Als Weizsäcker bilanzierte, Brandt sei es gelungen, in seiner Person «die Spannung von Macht und Moral aufzulösen», wurde deutlich, verschlüsselt sprach der Gastgeber auch über sich. «Ihre Lebensgeschichte, Herr Brandt, ist ein deutsches Schicksal dieses Jahrhunderts, in seinen Kriegen und im Frieden, zu Hause und in der Fremde, unter Zwang und in der Freiheit.» Macht sei ihm zugewachsen nicht auf die übliche Weise, sondern eher als einem «eigenwilligen und nachdenklichen Einzelgänger». Weizsäcker, man spürte es mit jedem Satz, wollte Brandt jene Anerkennung nachliefern, die ihm so oft verweigert worden war, gerade von seinen Parteifreunden. Und seinerseits, hörte man zwischen den Sätzen heraus, wünschte er auch die Anerkennung Brandts für sich.

Brandt und Weizsäcker: Ihren im Kern gemeinsamen Ansichten hatten sie sich auf sehr unterschiedlichen Wegen genähert. Vor allem verband sie das Urteil über die Verantwortung, die aus dem historischen Versagen der Deutschen erwachse. Das aber bildete den Kern der Ostpolitik. Weizsäcker, muss man an der Stelle hinzufügen, hatte allerdings auch mit seiner Rede vom 8. Mai 1985 etwas zum Abschluss gebracht, was mit dem Kniefall Brandts 1970 intoniert worden war – Brandt schwieg bis auf das notwendige Minimum über das, was Weizsäcker in Erinnerung an den 40. Jahrestag des Kriegsendes genauer explizierte, er stellte jene Fragen an die Mehrheitsdeutschen unter Hitler, die Brandt nicht laut hatte stellen wollen. Zum wortlosen Kniefall verhielt sich die Rede vom 8. Mai komplementär.

Neidlos stattete Weizsäcker dem Urheber der Ostverträge Dank ab. Respekt wollte er jenem mutigen jungen Mann zollen, der nicht versagt hatte, als es darauf ankam, 1933 und in den Jahren, die folgten, und der von «draußen» Hitler bekämpfte. Er selbst diente als junger Offizier in Hitlers Armee. So besehen, war für ihn Brandt eindeutig der Held, alle Parteidifferenzen verblassten dahinter vollkommen. In diesem Moment wollte er nicht auf seinen Anteil am Gelingen der Ostverträge pochen, vorbehaltlos wollte er dem Mann applaudieren, der konsequent auf das Heraufdämmern der Nationalsozialisten reagierte, der in Oslo eine neue Heimat fand und dort sein Weltbild korrigierte, der frappierend früh ein «anderes Deutschland» suchte, das sich mit Europa verträgt.

An diesem strahlend sonnigen Tag in der Villa Hammerschmidt hielt der Bundespräsident Richard von Weizsäcker die Rede, zu der sich seine Partei nie durchgerungen hat.

IX
Der andere «andere Deutsche»: Herbert Wehner

Zwei Jahre nach seinem Tod, am 26. Februar 1994, veröffentlichte die *Frankfurter Allgemeine Zeitung*, einst überwiegend eine leidenschaftliche Gegnerin der Ostpolitik, Willy Brandts aufsehenerregende *Notizen zum Fall G.* Handschriftlich hatte er diese «Notizen» auf 43 Seiten schon bald nach seinem Rücktritt verfasst. Er sprach nicht darüber. Spätestens mit dem Mauerfall änderte sich die Haltung der *FAZ* zu Brandt, der sich 1989 als enthusiasmierter Befürworter einer raschen Fusion der beiden Halbnationen erwies und Helmut Kohl bei den ersten Vereinigungsschritten entschieden unterstützte. Vorübergehend ging er davon aus, die beiden deutschen Staaten könne man zu einem «Deutschen Bund» formieren, auch der Kanzler dachte zunächst noch an eine Föderation als Maximum des Erreichbaren. Brandts Frau, Brigitte Seebacher-Brandt, avancierte zu einer der Lieblingsautorinnen des Frankfurter Blattes und ließ ihren Vorbehalten gegenüber jenen Sozialdemokraten freien Lauf, die sich aus ihrer Sicht als nicht «national» genug erwiesen. Dem Bild ihres Mannes hingegen verlieh sie ausgeprägt deutsche, streng nationale Züge. Seine *Notizen zum Fall G.* wurden im Wortlaut auch in die Taschenbuchausgabe der *Erinnerungen* aufgenommen, die 1994 erschien. Willy Brandt hatte sie zumindest zu Lebzeiten offensichtlich nicht publizieren wollen.

Genauer hätte der Verfasser das Konvolut wohl mit *Notizen zum*

Fall W. überschreiben müssen. Bald nach dem Rücktritt hatte er begonnen, die dramatischen Ereignisse aus dem Frühjahr 1974 zu rekonstruieren und dazu Fakten, Analysen, Spekulationen zusammengetragen. Nicht der Spion im Haus, Günter Guillaume, stand für ihn wirklich im Mittelpunkt, sondern Herbert Wehner, der aus Brandts Sicht den Ostberliner Agenten kalt genutzt hatte, um ihn zum Rücktritt als Kanzler zu zwingen. Zwischen den Zeilen konnte man sogar lesen, der Spion könne eigens zu dem Zwecke enttarnt worden sein. Kaum verdeckt lief Brandts Fazit darauf hinaus, er hätte nicht zurücktreten müssen und sollen, denn er sei einem Komplott zum Opfer gefallen.

Wie Brandts letztes (privates) Wort zu Wehner las sich das, aber auch zu seinem eigenen Rückzug, postum veröffentlicht. Und dennoch bleibt rätselhaft: War er wirklich zu dem Ergebnis gelangt, seine Entscheidung in Münstereifel Anfang Mai 1974 sei falsch gewesen, die Verantwortung für den gesamten Komplex «Guillaume» zu übernehmen, zurückzutreten und für Helmut Schmidt den Stuhl frei zu machen? Selbst loyale Freunde wie Egon Bahr hatten ihm geraten aufzugeben, er werde die Hetzjagd andernfalls nicht überstehen. Ausgerechnet Helmut Schmidt riet ihm als einer von wenigen dringend, durchzuhalten – um dann allerdings später zu relativieren, Brandt sei seinerzeit ohnehin schon zu schwach gewesen, die Weltrezession samt Folgen seien ihm über den Kopf gewachsen, die Parteilinken tanzten ihm auf der Nase herum. «Willy» war am Ende, so konnte man bei Schmidt heraushören. Im Übrigen ließ auch Brandt sich widersprüchlich ein zu der Frage, ob er sich anders hätte verhalten sollen. Wenn er wirklich sicher gewesen wäre, Wehner habe Feuer an die Lunte gelegt, hätte er vermutlich die *Notizen* selbst veröffentlicht.

Andererseits: Sobald er auf Herbert Wehners Anteil an seinem Rücktritt zu sprechen kam, zeigte Brandt sich unversöhnlich, unversöhnlich wie selten in seinem Leben. Auf Wehners schriftliche Rechtfertigung,[1] ihn treffe keinerlei Mitverantwortung für den Rücktritt nach Guillaumes Enttarnung, reagierte er empört mit dem Hinweis, Wehner sei damals bereits «gesundheitlich schwer angeschlagen», eine solche Publikation zur Selbstrechtfertigung hätte gar nicht veröffentlicht werden dürfen. Was so viel hieß wie: Wehner wusste nicht mehr wirklich, was er sagt.

Trotz seiner schweren Zuckerkrankheit gehörte Wehner bis 1983 dem Bundestag an, erst zur vorgezogenen Neuwahl trat er nicht mehr an für seinen Hamburger Wahlkreis (Harburg), den er von 1949 an vertreten hatte. Dass «der Onkel», einst der mächtigste Mann der SPD, derart radikal aus der Geschichte der Bundesrepublik eliminiert wurde, hängt sicher mit seiner Krankheit, wohl aber auch mit dieser Publikation zusammen. Einsam fühlte er sich schon seit langem, jetzt hatte er sich selbst verloren. Dieses letzte Bild überschattete, was er bedeutete für die frühe Bundesrepublik und ihre Machtverhältnisse.

Mit seinen *Notizen zum Fall G.* setzte Willy Brandt sich also wieder einmal schriftlich zur Wehr, zunächst einmal heimlich. Diesmal ging es nicht um Klarstellungen zu seiner Herkunft oder um das Exil, auseinandersetzen wollte er sich mit dem Vorwurf, er habe einen Ostagenten an seiner Seite gehabt (und geduldet) und sich mit seinem privaten Verhalten erpressbar gemacht, noch nachdem er von dem Anfangsverdacht erfuhr. Nicht «Vaterlandsverrat» wurde jetzt unterstellt, wohl aber Ähnliches, ein laxer Umgang mit vertraulichen Staatsangelegenheiten, zu denen Guillaume Zugang gehabt haben könnte, zudem habe er sich mit «Frauengeschichten» erpressbar gemacht. Ihm sei kein Staat anzuvertrauen, hieß das mindestens. Aber wer war verantwortlich für den Umgang mit Guillaume?

Detailliert, fast tagebuchartig rekonstruierte er den kurzen Weg zu seinem Rücktritt, beginnend mit dem 24. April 1974, als er von Gesprächen mit Algeriens Präsident Houari Boumedienne sowie Ägyptens Staatschef Muhammad Anwar as-Sadat aus Kairo zurückkehrte und sowohl der Innenminister Hans-Dietrich Genscher als auch Kanzleramtschef Horst Grabert ihn am Flughafen in Köln mit ernsten Mienen empfingen: Sie hatten ihm mitzuteilen, kurz zuvor sei sein Mitarbeiter Günter Guillaume – nach monatelanger Observation, von der Brandt wusste – verhaftet worden und habe bereits gestanden, Offizier der NVA zu sein.

Aber was war damit bewiesen? War Guillaume verantwortlich? Pfuschte Wehner hinein? An der Stelle muss man erwähnen: In sei-

Das Ehepaar Brandt beim Spaziergang, an der Seite Günter Guillaume. Obwohl unter Spionageverdacht, darf der Mitarbeiter aus dem Kanzleramt Brandt sogar noch in den Urlaub nach Norwegen begleiten. Insgeheim soll er observiert werden, Brandt ist «Versuchskaninchen». Nach Guillaumes Eingeständnis, ein DDR-Agent zu sein, wird Brandts Rücktritt unausweichlich.

nen *Erinnerungen* erläuterte Brandt zwar schlüssig aus seiner Sicht, wie Wehner ihn systematisch seit geraumer Zeit habe demontieren wollen, aber für eine Verschwörung – gar eine zwischen Herbert Wehner und dessen Genossen aus jungen Jahren, Erich Honecker – hielt er keine Beweise in Händen.[2] Hatte sich das geändert?

In einem Begleittext zu den *Notizen zum Fall G.* in der FAZ unterstellte der verantwortliche Redakteur, Volker Zastrow, Brandt habe die Veröffentlichung gewollt. Zum Beleg zitierte er dessen Anmerkungen aus dem Jahr 1984, es werde losgelöst von aller Tagespolitik einen Zeitpunkt geben, «an dem man auch mein Urteil einbeziht bei der ausgewogenen Darstellung der Vorgänge 1974». War sein Urteil denn wirklich derart ignoriert worden, wie er es hier anklingen ließ?

Im Begleittext der FAZ wurde nicht nur die Konspiration Wehner/Honecker beleuchtet, sondern aus den Unterlagen auch abgeleitet, Brandts Rücktritt sei dank der Informationen, die er nachträglich erhielt, als «unnötig und nicht zwingend»³ erschienen. Das war tatsächlich ein Novum, öffentlich hatte Brandt sich so nie eingelassen. Unter dem Datum vom Mittwoch, 24. April (1974) heißt es in den *Notizen*: «*Mittags Rückkehr aus Kairo. Grabert, mit Genscher am Flugzeug, unterrichtet, G(uillaume) wurde am frühen Morgen verhaftet. Er habe sich als ‹Offizier der NVA› zu erkennen gegeben (bzw. entlarvt – denn ohne dieses Geständnis hätte man nicht einmal genügend Material gehabt, um ihn in U-Haft halten zu können) ... Im Bungalow Koalition: Verständigung über Bodenrecht. Danach ab ca. 21.00, Gespräch im Amt mit Wehner. (Von ihm kein Hinweis auf besondere Meinungen oder Intentionen). Abends beginnen Meldungen zu laufen.*»

Am Donnerstag, 25. 4., trägt Brandt unter anderem ein: «*So bedrückend dies alles ist, ich ahne nicht, dass dies in wenigen Tagen zu meinem Rücktritt führen wird. Darauf wird zurückzukommen sein: Ich habe die Sache von Anfang an nicht ernst (genug) genommen und unterbewerte (unterbewusst?) jetzt ihre Auswirkungen.*» Nicht immer klingen seine Anmerkungen präzise, manchmal hält Brandt fest, seine Erinnerungen seien «nicht bestätigt» worden, oder auch, heute sehe manches wesentlich anders aus ... Im Kern laufen die Eintragungen zunächst auf das Eingeständnis hinaus, er fühle sich insbesondere verantwortlich dafür, dass Guillaume ab Ende Mai 1973 – dem Zeitpunkt, zu dem Genscher (und Nollau) ihn über den Verdacht informierte, es lägen Anhaltspunkte vor gegen seinen Referenten – in seiner Funktion belassen wurde. Brandt referiert weiter, er sei um zweierlei gebeten worden, einmal, mit einer gewissen Überwachung G.s einverstanden zu sein («ich stimme zu»), zum anderen, am Aufgabenbereich und seinem Verhältnis zu G. nichts zu ändern. Dem fügt Brandt die «Randbemerkung» hinzu: «*Ich Rindvieh hätte mich auf diesen Rat eines anderen Rindviehs nie einlassen dürfen.*»

Auch wenn keine wirklichen Beweise gegen Guillaume vorlagen, man nähert sich hier einem der ungelösten Rätsel der Affäre: wie es nämlich Genscher und Nollau verantworten konnten, seelenruhig abzuwarten, ob Brandt ausspioniert werde oder nicht. Der Agent sollte auf frischer Tat beobachtet und überführt werden, das notfalls noch während des gesamten Urlaubs in Norwegen. Aus heutiger

Sicht ein schwer nachvollziehbarer Gedanke, der Kanzler als Versuchskaninchen? Besonders Günther Nollau soll darauf bestanden haben, an den Dispositionen nichts zu ändern, aber auch der Innenminister widersprach nicht. Allerdings zählte Genscher später zu den strikten Verteidigern Brandts, sogar in der Kontroverse um die «Nachrüstung» achtete er streng darauf, kein böses Wort über den SPD-Vorsitzenden zu äußern, obwohl er in der Sache anderer Meinung war. Hing das vielleicht damit zusammen, dass Brandt ihm zum zweiten Mal – ähnlich wie nach dem misslungenen Versuch, israelische Sportler bei den Olympischen Spielen in München vor palästinensischen Terroristen zu retten – das politische Überleben sicherte und ausdrücklich nicht den Rücktritt verlangte? Willy Brandt vermerkt lediglich, die «Fachleute» hätten auf die Idee kommen können, Guillaume an eine andere, ‹noch wichtigere› Stelle zu versetzen, ohne ihn damit zu warnen. Sich selbst jedoch macht er in den *Notizen* Vorwürfe, er hätte «darauf kommen und bestehen müssen». Eine effektive Observation in Norwegen mit Hilfe der Sicherungsgruppe und des BND habe gar nicht stattgefunden, die Behörden hätten ihn mit G. in Urlaub fahren lassen und «selbst auch Urlaub gemacht». Den ganzen Herbst über setzte sich diese «Observierung» fort. Bei ihm habe das die Vermutung verstärkt, an der Sache sei nichts dran.

Montag, 29. 4.: Horst Ehmke spricht, wie Brandt notiert, als Erster über einen Rücktritt des Kanzlers, der möglicherweise einer «zu erwartenden Erosion» vorzuziehen sei, sein Kanzleramtschef, Horst Grabert, widerspricht, er selbst sei zu dem Zeitpunkt noch entschieden dagegen gewesen. Dem fügt Brandt hinzu: *«Hatte allerdings H(erbert) W(ehner) am Nachmittag gefragt, ob er meine, dass ich durchkommen werde (ohne eine Antwort darauf zu bekommen).»*

Damit nähert er sich der Frage nach Wehners Rolle an, ohne bereits über dessen mögliche Absichten zu spekulieren. Ausgerechnet der Königsmacher, immer noch die große Autorität, schweigt, wenn es auf seine Stimme ankommt. In den nächsten Tagen, auch das notiert Brandt sorgfältig, sickern Andeutungen aus Vernehmungen seiner Sicherheitsbeamten durch, wonach ihm «Mädchen zugeführt» worden seien im Wahlsonderzug. Oder er habe ein Verhältnis mit einer Journalistin gehabt und sich während dieser Reisen mehrfach mit ihr getroffen. Auch bei anderen Gelegenheiten und Orten habe es «Frauengeschichten» gegeben (mit dem Zusatz, das habe ihn «erpressbar» gemacht).

Mittwoch, 1.5.: *«Mittags mit Hubschrauber nach Cuxhaven (Versammlung). Von dort mit der Fregatte Köln nach Helgoland. Davor und danach düstere Gedanken, die ich auch in einem dann aber in Bonn vernichteten Brief festhielt: Zusätzlich zur Verantwortung, wie ich sie am Montag/Dienstag definiert hatte: Empfinden, dass ich mich nach den vielen Pannen, Versäumnissen und Anfeindungen seit dem Nov. 72 nicht mehr auf solidem Grund befände. Ahnung, dass die BILD-Kampagne mit dem ‹Kanzlerspion› nur der Auftakt einer neuen großen Hetze sein würde».*

Freitag, 3.5.: *«Alleingespräch mit H(elmut) S(chmidt), der überrascht ist, als ich ihm sage, dass die Kanzlerschaft möglicherweise rasch auf ihn zukommen könnte.»*

Diese beiden Einträge sind es, auf die besonders einzugehen sich lohnt. Was in dem Brief genau stand, den er vernichtete, ist nicht erhalten geblieben. Die Journalistin Wibke Bruhns allerdings, die ihn auf Helgoland begleitete und gewiss Brandts Vertrauen besaß, berichtete darüber: Brandt war am Ende, er wusste nicht weiter, trug sich mit Selbstmordgedanken und bedauerte, keine Pistole zur Hand zu haben ...

Man kann auch sagen, es brauchte niemanden, der ihn stürzte, die «Anfeindungen» in dem hochemotionalen Jahr 1972 waren hängen geblieben, wieder wurde er «gehetzt», ein Grundmuster seines Lebens holte ihn ein. Er klagte nicht etwa, dass die Deutschen ihn ablehnen, aber er empfand vermutlich erneut, dass er ausgegrenzt werde. Der Rücktritt war «nicht zwingend»? Gemessen an dieser Stimmungslage – der Öffentlichkeit, aber auch bei ihm selber – führte kein Weg darum herum.

Dann erst verfolgt Brandt eine andere Spur. Unter dem Datum Sonnabend, 4.5., hält er aus Münstereifel fest: *«Nach Abendessen mein Einzelgespräch mit H(erbert) W(ehner). Ich lege meine Sicht der von mir zu übernehmenden Verantwortlichkeit dar, einschliessl.*

der durch Jahn bzw. Genscher (Herold) angedeuteten Vorgänge. H(erbert) W(ehner) bezog selbst nicht Stellung, sondern sprach von einer ‹besonders schmerzlichen Nachricht›, die er mir zu überbringen gehabt haben würde, wäre ich nicht selbst auf die diversen Aspekte eingegangen. Er deutete aber an, Nollau würde meinen Rücktritt empfehlen.»
Worauf sich die Worte von der «besonders schmerzlichen Nachricht» beziehen, lässt Brandt offen. In seiner folgenden «Randbemerkung» aber zieht er den Vorhang beiseite: Unvermittelt sieht er sich nicht mehr als gescheitert an, sondern erkennt Wehner als aktiven Drahtzieher. Es heißt: «*Am Rande and.(erer) Informationen hat sich in den verg. Tagen ergeben, dass H(erbert) W(ehner) Ende Mai (oder früher?) Anf. Juni von Nollau über den möglichen Verdacht unterrichtet wurde (kurz bevor H(erbert) W(ehner) zu seinem Treffen mit Honnecker nach Ostberlin fuhr.*» «*Von zentraler Bedeutung: die Rolle H (erbert) W(ehners), vor allem seit dessen SU-Reise, Sept. 73*».
Sonnabend 4. 5.: «*Randbemerkung: Gibt es Zus.hang mit Honn(ecker)-Kontakten? Jedenfalls gibt es Briefe, die mir vorenthalten wurden. Von H(elmut) S(chmidt) bestätigt. Hat die ‹andere Seite› mit vergiftenden Berichten gespielt? Betr. SU-Reise: H(erbert) W(ehner) versuchte, seine z. T. unflätigen Bemerkungen herunterzuspielen – Journalisten korrigierten ihn. Mein Fehler, dass ich dies durchgehen ließ. Als ich H(erbert) W(ehner) – erst gegen Ende Okt, schrieb, dass eine Klärung erforderlich sei, bat er sofort um ein Gespräch + beendete es mit der absonderlichen Frage, ob ich es noch einmal mit ihm versuchen wolle.*» Sonntag 5.5.: «*Ich gebe Gründe für Rücktritt. H(elmut) S(chmidt) widerspricht, H(erbert) W(ehner) nicht. H(elmut) S(chmidt): ‹Wenn doch, musst du Vorsitzender bleiben. Du kannst die Partei zusammenhalten, ich nicht.*» Wenig später gibt er – wie seine *Notizen* belegen – Helmut Schmidt den «freundschaftlichen Rat, sich in der Folge nicht so zu äußern, als ob er von mir einen ‹Scheissladen› übernommen hätte».

Noch am Abend, zurück aus Münstereifel, schreibt Brandt mit der Hand seinen Brief an den Bundespräsidenten. Bahr und Börner, offenbar von Brandt gut informiert, raten ihm unter anderem, noch zu warten und Wehner zu einer «klaren Äußerung zu veranlassen».

Montag 6. 5.: «z. H.: *mit Rut und Lars.*»
«*Anruf von Gra(bert) aus Hamburg nachts einige freundlich laute Demonstrationen auf d. Venusberg.*»
Die Notizen enden mit:
«*Das Treffen in der Schorfheide Ende Mai 1973: Wehner, Honecker, Mischnick*».[4] Kommentiert hat Brandt das allerdings nicht mehr.

Herbert Wehners Bedeutung für die formativen Jahre der Republik kann man schwerlich überschätzen. Sie war auch alles andere als selbstverständlich, man muss dazu nur seine Vita im Stenogramm rekapitulieren: Am 11. Juli 1906 im Dresdener Stadtteil Striesen geboren, Sohn einer Schneiderin und eines Schuhmachers, Radikalsozialist und Anarchosyndikalist wie Brandt, 1930 für die KPD im Sächsischen Landtag, seit 1933 im Untergrund, Jahre in Moskau, 1942 Gefängnis in Schweden, seit 1946 zurück in Deutschland. In Hamburg schloss er sich erneut den Sozialdemokraten an, 1949 zog er als Abgeordneter des Wahlkreises Hamburg VII (Harburg) in den Bundestag ein.

Früh war zu spüren: Den erhofften Einfluss gewann Wehner in seiner Partei nach der Rückkehr aus Schweden tatsächlich sehr rasch. Kaum hatte er die Bühne betreten, galt er als graue Eminenz, seit den fünfziger Jahren bewunderten ihn Journalisten als «Urgestein», dem man anmerke, dass er mit hartem Widerstand umzugehen gelernt habe und an dem in seiner Partei keiner vorbei könne – und das trotz seiner kommunistischen Lehr- und Wanderjahre. In gewisser Weise verlief sein Aufstieg sogar reibungsloser als der Brandts. Bereits im Jahr 1958 rückte er auf zum stellvertretenden Parteivorsitzenden. Von Anfang an passte Herbert Wehner einfach in keine Schublade, Parteirechte bewunderten ihn ebenso unverhohlen wie Parteilinke. Konservative Journalisten wie Paul Sethe hörten ihm bereitwillig zu, die liberale *ZEIT*-Politikchefin Marion Gräfin Dönhoff nahm sein politisches Urteil überaus ernst, *Spiegel*-Herausgeber Rudolf Augstein gestand unverhohlen, gefesselt von dem raubauzigen und etwas mysteriösen Ex-Kommunisten zu sein, mit dem er das Gespräch suchte. Dass er in der jungen Bundesrepublik als ehemaliger sächsischer KPD-Fraktionschef nie die «Nummer eins» werden könne, schon gar nicht in den Blütezeiten des Antikommunismus und des antitotalitären Grundkonsenses, der die Republik zusammenhielt, hatte er vorsichtshalber selber als ungeschriebenes Gesetz dekretiert. Anders als Brandt antizipierte er lauthals öffentlich die Ressentiments gegen sich, bevor sie auch nur artikuliert werden konnten – ihm werde die «Haut bei lebendigem Leib» abgezogen, pflegte er zu seufzen, sein politischer Sündenfall in der Jugend werde ihm nie verziehen. Er bleibe ein «Gezeichneter». Im Rückblick meint man deutlicher zu erkennen, dass er damit anderen auch Grenzen zog, klug immunisierte Wehner sich gegen Angreifer.

Ihm wurde zugeschrieben, zuerst die Abkehr der Sozialdemokraten vom Marxismus, dann den Weg aus der Opposition als Juniorpartner in die Große Koalition und endlich ins Kanzleramt ermöglicht zu haben. Dass er als Meister hinter den Kulissen auch die Fäden zog, an denen Brandt hing, lag für Beobachter auf der Hand. Er galt aber als derjenige Sozialdemokrat, der immer aus dem Hintergrund steuerte, als Vorsitzender des Gesamtdeutschen Ausschusses im Parlament (seit 1949), als «Stellvertretender Vorsitzender» seiner Partei (seit 1958), als Minister für Gesamtdeutsche Fragen (1966–1969) in Kiesingers Kabinett. Erkennbar aus dem Schatten trat er erstmals, seit er sich nach dem Machtwechsel im September 1969 bewegen ließ, die Leitung der SPD-Bundestagsfraktion zu übernehmen (1969–1983). Spätestens, seit er an die Spitze der Fraktion gewählt wurde, galten Brandt, Wehner und Schmidt als «Troika», in der Wahrnehmung der Medien fraglos für lange Jahre das informelle Machtzentrum der SPD.

Erstmals traf Willy Brandt 1946 in den Räumen des *Hamburger Echo*, einer sozialdemokratischen Tageszeitung, mit dem Parteifreund aus Dresden zusammen. Herbert Wehner hatte dort als Redakteur angeheuert, für ihn als einstigen Kommunisten gestaltete es sich noch schwieriger als für den vormaligen Exilanten Brandt, zu Hause wieder Fuß zu fassen. Wegen verbotener politischer Betätigung war Wehner in Schweden inhaftiert worden, seine kommunistische Vergangenheit schleppte er als Ballast mit – nur die sowjetische

Besatzungszone wäre bereit gewesen, ihn einreisen zu lassen, gerade dorthin konnte er aber nicht gehen, ohne sein Leben zu riskieren. Dank seiner deutschen Frau, die er in Schweden als Emigrantin kennengelernt hatte, wurde ihm dann genehmigt, in die britische Besatzungszone einzureisen. Seine Bemühungen, als politischer Journalist in parteiunabhängigen Medien einen Platz zu finden, schlugen fehl.[5] Wohl oder übel hielt er also dem *Echo* die Treue, fast täglich verfasste er Leitartikel zur Deutschland- und Außenpolitik. Aus seiner Warte in Hannover verfolgte Kurt Schumacher aufmerksam den Weg des bekehrten Genossen und nötigte ihn «sozusagen mit der Faust» – wie Wehner in einem legendären *ZDF*-Gespräch mit Günter Gaus 1964 erzählte –, für den Bundestag zu kandidieren. Wehner sträubte sich, zumindest brauche das Zeit, argwöhnte er, und er prophezeite Schumacher, ihm werde wegen seiner kommunistischen Lehrjahre im Parlament «die Haut vom lebendigen Leib gerissen». «Ja, aber das wirst du auch aushalten», habe Schumacher ihm erwidert.

Herbert Wehner hielt das aus seit 1949. Im Jahr 1964, als Günter Gaus das Gespräch mit Wehner über sein Leben führte, wurde Brandt trotz der Rufmordkampagnen zum Vorsitzenden der SPD gewählt. Mit diesem Sprung an die Spitze galt Brandt nicht länger uneingeschränkt als Mann von Wehners Gnaden.

Mit fünfzehn schloss sich Willy Brandt der sozialistischen Arbeiterjugend an, er rückte ab von den Sozialdemokraten, zum Hauptgegner avancierten für ihn die Nationalsozialisten. Wehner schied mit siebzehn, 1923, aus der Arbeiterjugend (SAJ), die der SPD nahestand, aus; ins Zentrum der Widersacher rückten für ihn die Sozialdemokraten selber, der «Klassenfeind» in den eigenen Reihen. Seinem Biographen Christoph Meyer zufolge wurde 1923, das Krisenjahr der Weimarer Republik, entscheidend für die «Radikalisierung» Wehners.[6] Im Januar hatten französische Truppen das Rheinland besetzt. Die deutsche Regierung druckte Geld, um die Arbeitslosen zu unterstützen. Die Inflation schoss im Laufe des Jahres schwindelerregend nach oben.

Ähnlich wie der junge Frahm hielt er die Sozialdemokratie für konformistisch, Kommunist sei er ja aus «Protest gegen die Lauheit» geworden, erklärte er seinem geschätzten Interviewpartner Reinhard Appel in einem kleinen Gesprächsbüchlein,[7] zu oft lasse sich die SPD ein auf «bürgerliche» Kompromisse. Aber er ging weiter: Nicht um die Macht im Staat gehe es, postulierte der junge Wehner, der Staat müsse zerstört, dem «Bestehenden» ein Ende bereitet werden. Als «ultralinks und sektiererisch, avantgardistisch und elitär» beschreibt Meyer die politische Position des jungen Wehner.[8]

Angesprochen auf seinen Satz, der Irrtum, Kommunist zu werden, werde in der Demokratie nie verziehen, erwiderte er: Er wolle sich nicht pharisäisch über das Urteil anderer erheben oder ein Gesamturteil über Demokraten fällen, sei aber nach wie vor der Meinung, «dass es auch unter demokratischen Verhältnissen kaum möglich ist, ungestraft Kommunist gewesen zu sein, gleichgültig was man in einem Vierteljahrhundert getan hat, um aufzuarbeiten und um Menschen zu helfen».[9] Er habe keine persönlichen Hassgefühle gegen Leute, die damals im Nationalsozialismus etwas Neues, Richtiges aufdämmern sahen, zumal die Massenarbeitslosigkeit die Verhältnisse prägte. Auch sein Vater und dessen Bruder verloren ihre Arbeit und konnten nie mehr zurückkehren in ihren Beruf.[10]

Zeitweise wurde auch er arbeitslos. Eine politische Heimat suchte er vorübergehend wie Brandt in syndikalistischen und anarchistischen Jugendgruppen. Für einige Monate verdingte er sich als Privatsekretär bei Erich Mühsam, dem anarchistischen Schriftsteller aus Berlin, der sich am Aufbau der Münchner Räterepublik beteiligt hatte. Er begann, wie Hartmut Soell in seiner Biographie des jungen Wehner schildert, gründlicher Stalins *Probleme des Leninismus* zu studieren, bezweifelte, dass die anarchistischen Freunde wirklich etwas erreichen könnten, probte in der «Roten Hilfe» die Zusammenarbeit mit Kommunisten, er wollte etwas bewirken, etwas tun, nicht nur reden.[11]

Das Gespräch mit Reinhard Appel muss Wehner auch zu der eigenartigen Reminiszenz bewegt haben, als einer vom Jahrgang 1906 könne er sagen, «wir kamen immer einige Jahre zu spät». Zu den «Nachvollziehenden» gehörten sie, fügte er an.[12] Besonders im Vergleich zu Brandt ist diese Bemerkung interessant, dergleichen kam dem Jüngeren nie über die Lippen. Beinahe hörte es sich so an, als liefen Wehner und seine Freunde der Geschichte hinterher. Zeitweise half er als Pianist aus beim Theater Erwin Piscators, kam in Kontakt mit Kurt Tucholsky, Carl von Ossietzky, Georg Lukács, Ernst Thälmann, Walter Ulbricht, Silvio Gesell, ein denkbar breit gefächertes ideologisch-politisches Panorama der zeitgenössischen Linken, die der Widerstand einte und zugleich zerriss – bald sollte er selbst «Gegenstand einer Untersuchungskommission in Moskau», ein «Ausgestoßener» werden.

Nach dem Ausflug in die anarchistische Künstlerszene Berlins mit Mühsam und Freunden zog es Wehner 1927 zurück nach Dresden, damit dann auch zur Kommunistischen Partei. Drei Jahre später, 1930, zog er für sie in den Landtag ein. Er sei «Angestellter» (der KPD) gewesen, berichtete er, der den Weg «bis zum bitteren Ende» habe gehen müssen. Was hatte ihn angelockt oder gefesselt? Wehners Antwort auf eine entsprechende Frage von Günter Gaus: weil der Sozialismus jedenfalls für ihn damals die «ökonomische Befreiung der moralischen und politischen Persönlichkeit» versprach. Anfangs fühlte er sich noch frei, wenig später wurde er gemaßregelt, weil er sich nicht einfach anpasste, aus dem Landtag geworfen und strafversetzt nach Berlin. Weshalb blieb er in den schlimmsten Stalin-Jahren «linientreu»? Er deutete an, dass er sich das selber frage. Eine Antwort gab er nicht.

Nach dem Reichstagsbrand tauchte Wehner ab in den Untergrund, zunächst in Berlin, seit 1934 im Saarland: «Dort war ich dann ein Angestellter und habe den Weg gehen müssen bis zum bitteren Ende, den man nur verstehen kann, wenn man daran denkt, dass schon im Jahre 1932 jene grausige neue Wirklichkeit über uns hing, die 1933 Gestalt annahm. Es mag seltsam klingen in einer Erklärung: Ich wollte doch nicht feige sein! ... Ich habe mich später auch davon frei gemacht, rot zu sein, aber nicht, um braun zu werden.»[13] Ein Wechsel, erläuterte er im Gespräch mit Günter Gaus, hätte für ihn «Verrat» bedeutet. «Ich hätte also tot sein müssen, politisch und menschlich, sittlich!»[14] Und die schwierigen, schrecklichen Jahre in Moskau sollten erst noch folgen.

Gemeinsam mit seiner Lebensgefährtin Charlotte Treuber wurde Wehner 1935 verhaftet und erstmals nach Moskau abgeschoben.

Aber dort setzte der Slalom sich fort. Im Oktober rückte er dennoch ins Zentralkomitee der Partei auf, ab November 1935 sollte er von Prag und Paris aus sogar die Einheits- und Volksfront organisieren, aus dem «Hauptfeind», den Sozialdemokraten, wurde zumindest zeitweise ein gesuchter Bündnispartner, viele der namhaften Sozialdemokraten im Exil schätzte er, auch wenn er sie bekämpfen sollte.

Nächste Eskalationsstufe: Im Februar 1937 folgte er erneut einer Parteiordre nach Moskau, er reiste im Glauben, er werde nur zehn Tage bleiben. Vier bedrückende Jahre im Hotel Lux wurden daraus, in denen ihm die Ausreise verwehrt wurde. Warum? Wehner erklärte es nicht näher. Er beschränkte sich darauf zu sagen, es sei nicht länger darum gegangen, eine heimliche Front gegen die Nationalsozialisten aufzubauen, jetzt in den Hochzeiten der Stalin'schen Schreckensherrschaft musste er versuchen, seine Haut zu retten, und – so Wehner – möglichst niemanden zu verraten, der nicht schon vorverurteilt war. Allein schon diese Formulierung macht klar, in welcher Falle er saß. Er wusste nicht, als er (zwei Mal) zum Verhör in die Zentrale der Geheimpolizei, die Lubjanka, einbestellt wurde, ob er seine Frau noch einmal wiedersehen würde.

Als er endlich illegal und ohne echten Pass 1942 nach Schweden ausreisen durfte, geschah das immer noch in der Absicht, insgeheim nach Deutschland weiterzureisen und den Kampf gegen die Diktatur fortzusetzen. Offenbar war er wieder in Gnade. Eine Chance zur neuen Untergrundarbeit erhielt er nicht, die schwedische Polizei verhaftete ihn noch im gleichen Jahr wegen «Spionage für eine fremde Macht».

Während Brandt als freier Journalist in Stockholm über die Lage in Deutschland berichtete, über Kriegsziele nachdachte und die Deutschen vor Pauschalkritik verteidigte, brachte Wehner in schwedischer Haft seine «Gefängnisnotizen» zu Papier. Er lauschte den «Stimmen in seinem Inneren», 1942, die den «Einsamen in der Gefängniszelle quälen». Beide kamen nicht in Kontakt, sie wussten nichts voneinander, da Wehner nicht zur Emigrantenszene gehörte.

Verschlüsselt kam er auf sich zu sprechen: Deutsche, die den Nazismus bekämpft haben, würden am besten «an sich» mit Selbstbesinnung und Selbstkritik beginnen, denn niemand vermöchte von sich zu sagen, er sei ohne Fehl und habe stets richtig gehandelt.[15] Dass er aber seitdem die Warnung vor «totalitären Tendenzen» als seine Sache begriff – weil er eben nicht nur den deutschen, sondern auch den russischen Totalitarismus erlebt hatte –, wird man schwerlich bestreiten können. Der Schock saß tief, tiefer als bei Brandt.

Gemeinsam mit seiner zweiten Frau – 1944 heiratete Wehner die deutsche Emigrantin Charlotte Burmester – wurde er noch vor Kriegsende auf Lebenszeit ausgewiesen aus Schweden. Vollstreckt wurde die Ausweisung glücklicherweise nicht, da ihm in Nazi-Deutschland die Todesstrafe drohte. 1953 überbrachte ihm der schwedische Gesandte in Bonn die amtliche Benachrichtigung, der Beschluss sei aufgehoben.

Den reumütigen und selbstkritischen Herbert Wehner – «Glaubt einem Gebrannten» –, den Schumacher nach Bonn delegiert hatte, umwarb 1950 zunächst sogar Konrad Adenauer. Schon 1953 änderte sich der innenpolitische Tonfall, der Koreakrieg war zwar beendet, aber der Kalte Krieg wurde kälter, in Amerika durfte Joseph McCarthy seinen Denunziations- und Verschwörungsfeldzug vor allem gegen «linksverdächtige» Intellektuelle, Schauspieler, Schriftsteller nach eigenen Faustregeln führen. Die CDU stürzte sich in den ersten großen Kulturkrieg, der eine Auseinandersetzung mit der jüngsten Vergangenheit ersparte, und plakatierte «Alle Wege des Marxismus führen nach Moskau», um die Sozialdemokraten an den Pranger zu stellen. Adenauer, der kurz zuvor Wehners Hilfe bei seinen Bemühungen um deutsche Kriegsgefangene in Moskau noch gesucht hatte, ließ streuen, dieser Ex-Kommunist verkörpere regelrecht den «russischen Einfluss» in der SPD. Ausgerechnet Wehner, der sich im «Kuratorium unteilbares Deutschland» um Konsens mit der Regierung bemühte! Auf einen Beschwerdebrief an den Kanzler erhielt er keine Antwort.[16] Allerdings, für Adenauer verlor Deutschlands Einheit trotz aller Lippenbekenntnisse bereits an Stellenwert, die SPD kämpfte zusehends auf verlorenem Posten gegen das, was sie als Verewigen der Teilung verstand. Sie begriff sich seitdem als die wahrhaft nationale Partei.

Zum großen Kampagnenthema machte Adenauer Wehners kommunistische Vergangenheit erst im Jahr 1957, seit dieser als der heimliche starke Mann galt und Einfluss gewann. Nur knapp wurde die Ablösung Wehners als Vorsitzender des Gesamtdeutschen Ausschusses verhindert.[17] Allerdings fand er auch zahlreiche prominente Verteidigerinnen und Verteidiger, nur sehr allmählich setzte sich das «helle» Wehner-Bild (Christoph Meyer) durch, zu einer neuerlichen Kampagne gegen ihn kam es seitdem nicht mehr.

Herbert Wehner lernte schnell. Er hatte seine Überzeugungen, aber wechselte die Positionen geschickt und kühl, wenn er es für nötig befand. Er hielt nicht gegen den strikt nationalen Kurs Schumachers, auch wenn er Jean Monnets Ideen für ein (zunächst ökonomisches) Zusammenwachsen Europas mit Frankreich und Deutschland als Zentrum unterstützte. Vor allem wollte er aber für seine Partei Anerkennung, gerade auch für ihre historischen Verdienste seit den Weimarer Jahren, die 1949 nicht hinreichend gewürdigt wurden von den Wählern, wie er meinte.

Den virulenten Antikommunismus dieser Jahre trug er mit, wenn auch aus seinen eigenen Motiven heraus. In einem Vieraugengespräch mit Adenauer, an das er gelegentlich erinnerte, hatte Wehner das offensiv angesprochen: Der Kanzler möge ihn noch so sehr diffamieren, wenn es darum gehen würde, sich zwischen den Welten zu entscheiden, könne er die Sozialdemokraten immer als seine loyalen Bündnispartner betrachten, Brüder im Geiste gegen jede Spielart von Sowjetsozialismus. So sprach ein Bekehrter.

Der Titel von Brandts *Notizen zum Fall G.* ließ sich als eine bewusste Anspielung auf jene «Notizen» verstehen, die Herbert Wehner im Jahr 1946 selber verfasst hatte. Seinen Bericht – oder sollte man von einer Lebensbeichte sprechen? – beendete Wehner übrigens mit der Bemerkung, er wolle künftig ein «einfaches Leben» führen.[18]

Willy Brandt gab keine Auskunft darüber, ob und wann er die «Notizen» Wehners gelesen habe. Aber es muss dieser schillernde Wehner zwischen Jugendidealen, Verirrungen, Schuld und Sühne gewesen sein, der auch ihn fesselte und mit dem ihn etwas schwer Greifbares verband. Wehner war lange Jahre «draußen» wie er, freilich nicht im

Exil, sondern im Untergrund – und in Moskau. Wehner wollte sich frei machen von Bevormundungen, wie er schloss er sich den Anarchosyndikalisten an, trotzte wie er gegen die Mutterpartei und verteidigte die Volksfrontidee (wenn auch aus anderen Motiven als Brandt). Allerdings hatte er sich dann ganz in das autoritäre System eingefügt, selbst vom Stalinismus ließ er sich nicht irre machen. Er zweifelte nicht. Dennoch, Willy Brandt befremdete Wehners Lebensweg nicht, er konnte sich hineinversetzen in seine Lage, sein Milieu, seine Welt.

Mit Herbert Wehner als Fürsprecher in der SPD hatte er jemanden mit Autorität an der Seite, den er zugleich als seinesgleichen betrachten konnte – als Relikte der Weimarer Republik ragten sie beide in die neue Ära hinein. Mehr noch, die Grundidee verband sie, die zerrissene Arbeiterbewegung doch vielleicht wieder zusammenführen zu können, auch wenn sich das nicht mehr mit der Jugendhoffnung auf ein revolutionär umgestaltetes sozialistisches Deutschland verband. Zacken im Lebensweg Wehners störten Brandt nicht. Sie waren Verwandte, die die Geschichte auseinandergerissen hatte und die wieder zusammenkamen.

Oft wurde darüber gerätselt, weshalb Willy Brandt sich trotz aller Zerwürfnisse immer aufs Neue mit seinem «Feind und Kollegen» (Lars Brandt über Herbert Wehner) arrangierte. Wenn das Ehepaar Wehner während der Ferien auf Öland zu ihnen in Norwegen zu Besuch kam, erinnerte Lars sich, habe der Vater gekocht, es gab Festessen, alles musste ordentlich sein. «Es lag in seiner geheuchelt freundschaftlichen Privatheit allseitige Verlogenheit.»[19] Selbst wenn man das nicht auf die Goldwaage legt, ein Tag wie jeder andere war ein solcher Besuchstag des SPD-Patriarchen ganz sicher nicht.

Über lange Jahre der Beziehung zwischen den beiden hinweg finden sich keinerlei Hinweise (vor den *Notizen zum Fall G.*) darauf, Willy Brandt sei Wehner mit Grundmisstrauen begegnet, im Gegenteil, er suchte die Nähe. Vom Kommunismus, erläuterte Herbert Wehner seinem Interviewer Günter Gaus, habe er sich ganz *grundsätzlich* getrennt, nicht nur von einer Spielart, dem Stalinismus. Brandt glaubte ihm das seinerzeit zweifellos. Freilich hatte Wehner als Organisator der gesamten illegalen KPD-Arbeit in Deutschland

Anfang der 30er Jahre sowie 1935, seit er erstmals nach Moskau beordert wurde (als Gefangener von Prag aus), eine andere Lebenserfahrung gesammelt. Wehner: Leider hätten die deutschen Führer der Kommunisten daran festgehalten, dass der Staat auch als demokratischer Staat für die Arbeiterschaft nicht akzeptabel sei, sondern erst dann, wenn er unter Führung der kommunistisch geführten Arbeiterklasse umgestürzt sei. Wehner: «Diese Theorie war das Unglück.»[20]

Ganz ähnlich sah das auch Brandt. Darin verbarg sich allerdings auch eine Differenz: Brandt fand zwar, die Zersplitterung der Linken habe die Chancen minimiert, Hitler zu besiegen, Wehner hingegen stand in seinen eigenen Augen auf der Seite derjenigen, die nicht auf den demokratischen Staat, sondern auf die kommunistische Führung der Arbeiterklasse zusteuerten. So besehen erklärt sich auch, weshalb die Versöhnung der «Arbeiterklasse» mit dem Staat seit 1949 Wehners großes Lebensziel blieb. Natürlich ging es auch um seine eigene Versöhnung mit dem demokratischen und sozialen Staat, wie man genauer wird sagen müssen, Wehner arbeitete etwas ab. Brandt hingegen wollte Anerkennung für die historische Leistung der Sozialdemokraten, der «Machtergreifung» Hitlers mehr entgegengesetzt zu haben als die konservativen Eliten und die Mehrheitsdeutschen. 1949 hatten sich dann die Wähler für den Christdemokraten Konrad Adenauers und damit gegen den größeren Neuanfang entschieden. Etwas blieb nachzuholen – wenn man es wollte.

Beste Freunde? Brandt glaubt Wehner

Enger verwoben ist ihrer beider Geschichte, seit Brandt zum Regierenden Bürgermeister Berlins aufstieg. Auf dieser Bühne rückte er automatisch ins internationale Rampenlicht. Wehner galt inzwischen als einflussreichster Sozialdemokrat hinter Fritz Erler (Jahrgang 1913) und Carlo Schmid (Jahrgang 1896), was nach außen sichtbar wurde, als er 1958 zum Stellvertretenden Vorsitzenden gewählt wurde.

Herbert Wehners Hauptinteresse zielte darauf ab, die SPD regierungsfähig zu machen. Sie sollte an der Machtverteilung in der Bundesrepublik partizipieren. Er nutzte die Chance, um die «Parteireform» voranzutreiben, also die Modernisierung der in Weimar geprägten Sozialdemokratie.

Hingegen kämpfte Willy Brandt sogar noch als «Regierender» vom Schöneberger Rathaus aus, um überhaupt einen Sitz im Vorstand zu erobern. Seinen Platz sah er in Berlin, trotz des Parlamentsmandats. In diesem Jahr, 1952, warb die Union natürlich für Konrad Adenauer, der fest im Sattel saß. Als Gegner hatte sie zunächst Herbert Wehner ins Visier genommen. Zwar stand er nicht an der Spitze, aber Erich Ollenhauer, der Schumacher-Nachfolger als Parteivorsitzender, taugte in seiner Mischung aus Anstand, Solidität und Blässe nicht recht zum Feindbild, anders als der «ehemalige Kommunist» Wehner.

Bei dem Berliner Brandt rannte Wehner mit seinen Modernisierungsvorstellungen offene Türen ein, auch wenn er sich um die Details der Parteireform nicht sonderlich kümmerte. Wehner hingegen scheint diesen Abgeordneten aus der Viermächtestadt seit Ende der fünfziger Jahre zunehmend daraufhin beobachtet zu haben, wie weit er dem Leitbild einer «modernisierten» und jüngeren SPD entspreche und wie populär er sei. Vielleicht mehr als Fritz Erler und der eine Generation ältere Carlo Schmid, ganz gewiss aber besser als Erich Ollenhauer passte er zur Idee einer modernisierten Volkspartei. Ollenhauer hatte nach seiner empfindlichen Wahlschlappe 1957 wissen lassen, dass er künftig nicht mehr als Kandidat für das Kanzleramt antreten werde. Die Unionsparteien eroberten die absolute Mehrheit der Stimmen wie der Mandate (269 von 497), Adenauer stand auf dem Zenit, auch wenn die CDU zunehmend als «Kanzlerwahlverein» bespöttelt wurde. Ollenhauer, der gleichfalls aus dem Exil zurückgekehrt war, ahnte, dass Wehner ihn dringend austauschen wollte. Seit Brandt sich weigerte, sich an einem Sturz Ollenhauers zu beteiligen, habe Wehner ihn für einen «Schlappschwanz» gehalten, erinnerte Brandt sich gelegentlich im Gespräch.

Im Jahr 1959 wurde in Godesberg ein neues Grundsatzprogramm beschlossen, seitdem galt Herbert Wehner als der eigentliche Urheber einer Öffnung der SPD und ihrer Wandlung zur modernen Volkspartei. Allerdings scheiterte er mit seinem eigenen «Deutschlandplan», in den er ein starkes Trio, Helmut Schmidt, Gustav Heinemann und Fritz Erler, eingebunden hatte.[21] Unausgesprochen lief das 1959 auf eine neutrale Bundesrepublik hinaus. Die Sowjetunion dachte gar nicht daran, ihren westlichen Vorposten «DDR» preiszugeben. Wehner wäre wohl bereit gewesen, die Republik aus dem Westen zu lösen und auf eine Integration der Bundeswehr ins westliche Bündnissystem zu verzichten. In dieser Frage stand Brandt Konrad Adenauer näher als Herbert Wehner.

Ohne viel Federlesens entschloss sich Wehner auf Grund des Echos aus Moskau, seinen Plan fallen zu lassen. Die Einheit war ihm einen Versuchsballon wert, aber mit dem Kopf durch die Wand wollte er nicht. Das hatte er mit Brandt gemein. Mit seiner berühmten Rede am 30. Juni 1960 im Bundestag zog Wehner auch selbst ohne zu zögern die Konsequenzen aus dem Scheitern seines Plans. Nahezu im Alleingang setzte er einen Kurswechsel der SPD durch, mit dem er sich zum Westen, zur Nato und zu einer gemeinsamen Außenpolitik bekannte. Mit seiner Rede stellte er sich inhaltlich praktisch nahtlos auf die Seite seines Kanzlerkandidaten, Willy Brandt.

Niemand sonst, auch Brandt nicht, hätte zu diesem Zeitpunkt über die Autorität verfügt, die SPD in der Adenauer-dominierten Bundesrepublik in einem einsamen Hauruckverfahren anschlussfähig zu machen und Realitäten anzuerkennen. Das kulminierte in Wehners berühmtem Satz, der in die Geschichtsbücher einging: «Innenpolitische Gegnerschaft belebt die Demokratie. Aber ein Feindverhältnis, wie es von manchen gesucht und angestrebt wird, tötet schließlich die Demokratie, so harmlos das auch anfangen mag. Das geteilte Deutschland – meine Damen und Herren, ich will Sie damit nicht belehren, Sie wissen das wahrscheinlich zum größten Teil selbst – kann nicht unheilbar miteinander verfeindete Christliche Demokraten und Sozialdemokraten ertragen.» Still beerdigt wurde damit die Lieblingsidee der Linken vom permanenten Klassenkampf, für Wehner ein Jugendtraum.

Spontan applaudierte Willy Brandt in einem Brief: Mit seiner großartigen Rede habe er der gemeinsamen Sache einen «bedeutenden Dienst» erwiesen, schwärmte er.[22] Das war der große Schulterschluss, bei dem es – trotz mancher Belastungen – lange bleiben sollte.

Die große Zäsur vom Juni 1960, das Abschneiden alter Zöpfe, sollte nach Wehners Überzeugung auch von einem neuen Personalangebot symbolisiert werden, beides musste Hand in Hand gehen. Weder Carlo Schmid noch Fritz Erler, beides populäre Parteifreunde, eigneten sich aus seiner Sicht dazu so hervorragend wie Willy Brandt. Auf die Kritik, der Kanzlerkandidat Brandt sei seine Erfindung, kam Herbert Wehner am 9. Oktober 1960 zu sprechen, also drei Monate nach dem Godesberger Auftritt, in einem Vortrag im Hamburger Curio-Haus, dem er den Titel gab: «Das Gemeinsame und das Trennende in der deutschen Politik». Wieder holte er sehr grundsätzlich aus, wie er das liebte, und dozierte zunächst über außenpolitische Notwendigkeiten, die Zusammenarbeit erforderten. Sogar das heikle Thema Atomwaffen und «Politik der Stärke» packte er auf eine Weise an, die eher versöhnlich klang. Jedenfalls wollte er trotz des Dissenses mit Adenauer und Strauß über Deutschland als potentieller Nuklearmacht eine Brücke bauen. Dass er die Felle für eine Wiedervereinigung in absehbarer Zeit davonschwimmen sah, je fester die Einbindung ins Bündnis wurde, stand zwischen den Zeilen zu lesen – aber das war der Preis, den er zahlen wollte.

Für Willy Brandt warb er gleichzeitig mit. Allen, die meinten, der Kurswechsel sei ein «fauler Trick», empfahl er in Hamburg, das Verhalten der Sozialdemokraten Berlins zum «Prüfstein» zu machen. Eine «nationalpolitische» Entscheidung sei es gewesen, den führenden Mann aus Berlin, Nachfolger Louise Schroeders, Ernst Reuters und Otto Suhrs, zum führenden Mann, zum Kanzlerkandidaten zu machen im «Ringen» (Wehners Lieblingswort) um eine neue Bundesregierung. Im gleichen Atemzug wehrte er sich gegen den Vorbehalt, den Journalisten anmeldeten, Brandt diene lediglich als «Galionsfigur, die das Schiff sonst selbst nicht beeinflusst». Er sei auch nicht das «Werkzeug anderer», kein «Aushängeschild» einer Partei. Man werde es in dieser Zeit doch hoffentlich nicht verübeln, dass die SPD froh sei wegen eines Kandidaten, der «nicht unattraktiv ist».[23] Dahinter stand bei Wehner auch der Gedanke, dass Brandt als «Regierender» zwangsläufig mehr für das «Gemeinsame» als für das Trennende stehe. Das meinte es, wenn er sagte, als «Mitgift» bringe er die «unschätzbaren Lehrjahren von Schweden und Skandinavien» mit. Wehner wollte eben auch ausdrücklich die skandinavischen Jahre ansprechen, «weil der Versuch gemacht wird, die Jahre als ‹belastende› Jahre hinzustellen – Emigrationsjahre». Dass Wehner damit auf die Ressentiments reagierte, die neben Brandt auch ihn treffen sollten, musste er nicht eigens erwähnen, es war jedermann vertraut. Wehner: «Wenn heute junge Menschen aus dem unfreien Teil Deutschlands in den freieren Teil Deutschlands fliehen, so wirft man ihnen das nicht vor. Wenn damals ein junger Mann, als es keinen freieren Teil Deutschlands gab, aus dem ganzen unfrei gewordenen Deutschland ging als Neunzehnjähriger und draußen manches dazulernte und zu einem Mann wurde, dann glaubt man, man könne mit nationalen Imponderabilien plötzlich spielen. Aber das sind Jahre, die positiv zu werten sind, und ich hoffe, manche von den skandinavischen Freunden in jenen Ländern, in denen seit Jahrzehnten sozialdemokratisch regiert wird, werden auch einmal das Wort finden, um jener eigentümlichen Art, hier Brunnen vergiften zu wollen, mit entgegenzuwirken.»[24]

Nein, Brandt schob er nicht als Puppe vor sich her, er traute ihm die Kanzlerschaft zu (ob er auch schon seiner Partei die Regierungsfähigkeit zutraute, steht auf einem anderen Blatt). Aber Brandt brauchte noch die «schützende Hand» Wehners über sich. Der Laudatio mit ihrer doppelten Botschaft – ein starker Kandidat, aber ein noch stärkeres Duo – dürfte er neugierig gelauscht haben.

Sondiert hatten die Sozialdemokraten seit dem Stuttgarter Parteitag 1958 intern, wen sie an die Spitze als möglichen Nachfolger Adenauers befördern sollten. Dass der Kanzler und die Christdemokraten derart unangefochten von Wahlsieg zu Wahlsieg eilen konnten, im Jahr zuvor sogar mit absoluter Mehrheit, wuchs sich allmählich zum Trauma für die Opposition aus.

Bis zum Sommer 1960 favorisierte Herbert Wehner den europäisch grundierten, in Frankreich geborenen Carlo Schmid, der in «bürgerlichen» Wählerkreisen noch populärer war als der «Intellektuelle», der weltgewandte Fritz Erler. Schmid hatte sich dann aber selbst aus dem Rennen genommen, als er zum Erstaunen seiner Partei Chruschtschows Zwei-Staaten-Theorie aus heiterem Himmel guthieß.

Herbert Wehner sei «nicht auf eine Person fixiert» gewesen, erinnerte Willy Brandt sich in einem Gespräch mit Horst Schättle im *ZDF*. Nicht Wehner selbst, sondern der andere Vizechef der Partei, Waldemar von Knoeringen, habe ihm die Nachricht überbracht, dass er auserwählt worden sei, Erich Ollenhauer habe ihm das bestätigt. Immerhin geht aus einem Brief Brandts an Wehner vom 13. Dezember 1960 hervor, dass Brandt bekannt war, Wehner erwäge seine Kandidatur. Einwände hatte er nicht, nur – er wollte gebeten werden, also nicht den Eindruck entstehen lassen, er bewerbe sich.

Unwirsch bestritt Brandt später regelmäßig, er habe Wehner seine Kandidatur und am Ende die Kanzlerschaft zu verdanken, das Wort vom «Königsmacher» behagte ihm so wenig wie das Gerede, wer alles ein «Vater» für ihn gewesen sei. Sein Brief las sich anders. Sie seien «unterschiedliche Typen», hieß es darin, aber eine «gewisse Verschlossenheit» hätten sie sicher gemeinsam. Sie sollten sich dennoch offen die Meinung sagen, wann und wo immer notwendig. In einem Atemzug bescheinigte er Wehner schließlich Klugheit, Energie, Loyalität und Menschlichkeit, wohl um sein Vertrauen zu unterstreichen. Am Ende seines langen Schreibens ging Brandt aber bereits von vollendeten Tatsachen aus, antizipierte probehalber schon mal seine Kandidatur und warb regelrecht bei Wehner um vertrauensvolle Kooperation in der Zukunft. Das heißt, Herbert Wehner rannte bei ihm offene Türen ein. Brandt wollte nicht ewig Bürgermeister im Schöneberger Rathaus bleiben.

Zu Recht resümierte der Troika-Biograph Martin Rupps, mit diesem Brief sei die «Zweckgemeinschaft zwischen diesen beiden der drei ‹Troikaner› begründet» worden. Am 26. Dezember erwiderte Wehner ausführlich, gewunden und dennoch offen: «Ich bin durch andere Schulen und Lehrjahre gegangen. Vielleicht weiß ich gerade deshalb manches, was andere nicht wissen oder gering achten. Ich wäre glücklich, Willy, wenn ich einmal von mir sagen dürfte, dass ich mit Erfolg daran mitgearbeitet habe, eine Sozialdemokratie zustande zu bringen, die den Anforderungen der zweiten Hälfte dieses Jahrhunderts gerecht werden kann, das heißt, die nicht am Kommunismus zerbricht und in ihrem Volk eine unentbehrliche gestaltende Kraft nicht nur in ihrer eigenen Vorstellung wird. Mir ist der ‹auferlegte› Radikalismus ein Gräuel. Ich meine damit jenes Rouge, das man auflegt, weil es gerade zu passen scheint. Ich bin für Radikalismus in der Sache, der es sich leisten kann, auf äußerliches Getue zu verzichten, weil er weiß, wie wichtig jede wirkliche Veränderung sein kann, wenn die richtigen Leute sich ihrer zu bemächtigen verstehen. Dass die Sozialdemokratie endlich die richtigen Leute an die für sie passenden richtigen Stellen bringt, das ist politisch vordringlich ...»[25] Herbert Wehner spürte Misstrauen bei Brandt und warb um Vertrauen.

Seit 1958 gewöhnte Brandt sich an, sich eng mit Wehner ins Benehmen zu setzen, wenn es wichtig wurde für seine Partei. Ob er sich wirklich Chancen ausrechnen konnte, als Kandidat der SPD Adenauer aus dem Sattel zu werfen, steht auf einem anderen Blatt. Sein Realismus verbot ihm frühe Euphorie. Helmut Schmidt, 42 Jahre alt, liebäugelte vielleicht auch schon mit dieser Rolle, hatte bis dahin von eigenen Ambitionen aber nichts verraten und vertrat öffentlich die Ansicht, Brandt solle es machen. Er war der Ältere und war Berliner.

Wie schon 1961 machte die SPD Fortschritte, aber versetzte nicht Berge. Die Christdemokraten wuchsen am 19. September 1965 auf 47,6 % (von 45,3), die Sozialdemokraten erzielten 39,3 % (zuvor 36,2). Der «Genosse Trend», lautete der Tenor der Kommentare, marschiere weiter sehr langsam. Das Resultat wurde von den Leitartiklern der Republik nicht nur Erhards Reputation als Vater des Wirtschaftswunders, sondern auch Brandts Schwächen zugeschrieben; vor allem, weil er nicht wirklich als Oppositionsführer auftrete, der selbstbewusst die Christdemokraten ablösen wolle. Noch dramatischer empfand es Brandt. Um die Niederlage seines Lebens handele es sich, wie er Freunde wissen ließ, diesmal hatte er anderes erwartet. Herbert Wehner betrachtete das Ergebnis nüchterner, mehr als ein kleiner Erfolg war aus seiner Warte nicht drin, so äußerte er sich öffentlich jedenfalls. Aber auch die SPD hatte sich zweifellos mehr erhofft. Was war verantwortlich für das magere Resultat? Wer? In aller Klarheit führte Rut Brandt – die sich in der Regel zurückhielt mit Kommentaren – das schwache Abschneiden auf einen zentralen Aspekt zurück: «Die Mehrheit der Bevölkerung wollte keinen Kanzler, der Emigrant gewesen war.» So dachte wohl auch ihr Mann, ohne es laut zu sagen. «Tief verletzt und niedergeschlagen» schrieb er ihr, es sei ein Trost, «dass wenigstens Dir bescheinigt wird, von politischem Ehrgeiz frei zu sein ...»[26] Die Leitartikler der Republik hielten diesen Aspekt kaum für erwähnenswert, obwohl viel dafür spricht, dass Rut und Willy Brandt mit ihrer Diagnose ins Schwarze trafen.

Das Jahr 1965 markierte eine Wende im Leben Brandts. Im ersten Moment schloss der deprimierte Parteivorsitzende sogar strikt eine weitere Kandidatur aus. Hans Georg Lehmann vermutete, das habe zugleich die Grundlage dafür gebildet, dass Brandt eine politische Karriere zu einem Zeitpunkt neu einleiten konnte, als sie eigentlich bereits beendet zu sein schien.[27] Der überforderte Ludwig Erhard sprach 1965 vom «Ende der Nachkriegszeit», ohne damit umgehen zu können. Neue Impulse gingen von den Christdemokraten nicht mehr aus. Je mehr der Antikommunismus von seiner Militanz einbüßte – die Staaten Osteuropas bekamen plötzlich wieder eigene Konturen –, umso freier konnte sich der Blick auf die eigene Vergangenheit richten. Mit großer Verspätung begann die deutsche Justiz, die Täter zur Verantwortung zu ziehen, dem Prozess gegen Adolf Eichmann (1961) folgten zwei Jahre später die Auschwitzprozesse, die jüngere Generation bezichtigte die Eltern, über ihre Vergangenheit zu lange geschwiegen zu haben, Schriftsteller mischten sich ein in die Wahlkämpfe und plädierten für eine neue Regierung. Hitler galt plötzlich nicht mehr als «deutsches Schicksal», je häufiger einzelne Verbrecher auf die Anklagebank gerieten. Selbst der Offizierswiderstand gegen den Diktator rückte in neues Licht: Verkörperten

Stauffenberg, Tresckow, Adam von Trott nicht doch ein besseres Deutschland? Inzwischen hatten sich mehr junge Deutsche mit der Politemigration identifiziert, ja die neue Generation habe «das geistige Ghetto, in das sie 1947/1948 verbannt worden war, endgültig überwunden». Exilanten und Emigranten erschienen nicht mehr wie Fremdlinge oder Außenseiter, «sondern vielfach bereits als Vorbilder und Idole». Lehmanns Resümee: «Der politische Wandel in der Bundesrepublik, der zugleich ihre tiefe Grundlagenkrisis seit 1965 enthüllte, verhalf dem geschlagenen Brandt nachträglich zu einem späten Erfolg.»[28]

«Nicht sonderlich beeindruckt» gewesen sei er von diesem Berliner mit Kennedy-Look, gestand im Rückblick Erhard Eppler, der Brandt 1961 kennengelernt hatte, vier Jahre darauf aber habe er einen völlig anderen Brandt vorgefunden. Einen nachdenklichen und originellen Kopf, der ihn faszinierte. Vielleicht kann man sagen: Es war die «geistige Situation der Zeit», die mentale Veränderung der Bundesrepublik, die noch gar nicht auf der politischen Ebene angelangt war, die aber unvermittelt Brandt den Rücken stärkte und ihn zum nächsten Anlauf ermunterte. Viel spricht für Lehmanns Beobachtung, er musste sich zum richtigen Zeitpunkt neu erschaffen.[29] Unter der Oberfläche aber brodelte es. Die jüngere Gilde führender Protestanten – Adenauer spottete über die «protestantische Mafia» – mit Carl Friedrich von Weizsäcker, Klaus von Bismarck, Georg Picht oder Ludwig Raiser drängte auf Anerkennung der Oder-Neiße-Linie. Polens Westgrenze galt als eine Chiffre für die Frage, wie wir uns zu unserer eigenen Vergangenheit verhalten. Brandt hörte solchen nachdenklichen Stimmen zu, ohne darüber öffentlich zu reden.

Jetzt veröffentlichte er *Draußen*. Jetzt sei er mit sich versöhnt gewesen, resümierte Hans Georg Lehmann, jetzt schickte er – der den Offizierswiderstand hochhielt und um Anerkennung für die Opposition der Gewerkschafter und Sozialdemokraten gegen Hitler warb – der Speer-Tochter Blumen.[30] Er fühlte sich freier.

Der Mann mit der Pfeife in der Hand, Herbert Wehner, dachte nach der Wahl 1965 daran, den Berliner Bürgermeister endgültig nach Bonn zu beordern, weil er den Eindruck hatte, nur wenn die Rolle des Oppositionsführers eindeutig besetzt sei, könne die SPD endgültig ans Ziel ihrer Träume gelangen. Dazu müsste Fritz Erler, so Wehners Kalkül am Schachbrett, den Stuhl räumen und nach Berlin gehen. Zuvor hatte er auch schon Helmut Schmidt in die geteilte Stadt verpflanzen wollen. Der spielte damals nicht mit, jetzt weigerte sich Erler, den einflussreichen Fraktionsvorsitz abzugeben und sich in die «Frontstadt» abschieben zu lassen. Ich entsinne mich, dass Brandt mir in einem Gespräch – Wehner lebte noch, blieb aber den Augen der Öffentlichkeit entzogen – erläuterte, damals habe ein erboster Wehner ihn «endgültig loswerden» wollen.

Nicht unerwartet verlor Ludwig Erhard im Oktober 1966 die Mehrheit im Parlament, die FDP-Minister zogen sich aus dem Kabinett zurück, das Tor zur ersten Großen Koalition öffnete sich. Gerade hatte er sich ganz aus der Bundespolitik zurückziehen wollen und versucht, Bürgermeister in seiner Heimatstadt Hamburg zu werden, nun wurde Helmut Schmidt dringend gebraucht, er musste den erkrankten Fritz Erler in der Fraktion vertreten. Über Nacht rückte er zur obersten Führungsriege auf.

Nach vielen herben Wahlenttäuschungen seit 1949 – besonders nach den Dämpfern von 1961 und 1965 – rang sich die SPD durch, als Juniorpartner in eine Große Koalition einzusteigen. Vom Widerstand der Schriftsteller in der Wählerinitiative war schon die Rede, sie sehnten und schrieben ein Ende der «restaurativen» Bundesrepublik herbei. Wieder war es Wehner, der im Hader um eine Regierungsbeteiligung an der Seite der CDU/CSU den Ausschlag gab: Der kranke Fritz Erler konnte sich nur noch schriftlich einmischen und unterstützte konsequent Wehner, Helmut Schmidt assistierte nach Kräften, Willy Brandt sträubte sich.

Unmissverständlich bevorzugte er eine «kleine» Koalition, auf den antinationalen und betont freiheitlichen Flügel der FDP baute er schon seit langem, auch in Berlin ging er pfleglich mit den Liberalen um. Herbert Wehner hingegen misstraute (wie die Mehrheit der SPD) der FDP und einem möglichen Kurswechsel, ebenso wie Helmut Schmidt. Beide liebäugelten bereits mit einem Mehrheitswahlrecht, um die FDP ein für alle Mal aus dem Weg zu räumen. Allenfalls als Bildungsminister, also möglichst mit Tarnkappe, wollte der

Parteivorsitzende Brandt in ein Kabinett der Großen-Kiesinger-Koalition eintreten. Entgeistert reagierte Herbert Wehner auf den Zauderer Brandt: Er war der Ansicht, der Juniorpartner in einer solchen Koalition stelle automatisch den Vizekanzler, der Vizekanzler aber habe ein Zugriffsrecht auf das Auswärtige Amt, das er nicht freiwillig aufgeben dürfe. Willy Brandt lenkte zwar ein, aber zwischen beiden öffnete sich ein Riss, der im Laufe der Jahre größer werden sollte. Zwischen der Konsensfraktion Wehner/Schmidt und den kritischen Autoren wie Günter Grass eingekeilt, die den Status quo der alten Bundesrepublik sprengen wollten, musste Brandt zum Jagen getragen werden. Gequält ließ er sich schließlich zum Außenminister nominieren. Herbert Wehner, der seit 1949 die Deutschlandpolitik zu seinem Thema gemacht hatte, übernahm das Ministerium für Gesamtdeutsche Fragen.

Herbert Wehner und Helmut Schmidt trennten nur zwölf Jahre, aber sie kamen aus anderen Erfahrungswelten. Und doch zogen sie in dieser Frage an einem Strang. «Fertig» war die neue deutsche Demokratie vielleicht noch nicht ganz, glaubte Herbert Wehner, aber sie sei weit gekommen. Viel mehr Neuanfang nachzuholen erübrige sich, meinten Wehner und Schmidt. Das Parlament sei stark und präsent, der Rechtsstaat und die Institutionen funktionierten. Sie fanden nicht, die Republik sei erstarrt und «versäult», also überstabil. Letztlich entsprach die Konsensdemokratie, die sich eingespielt hatte, ihrer beider Vorstellung eines intakten Staates. Wehner wollte seiner SPD «Pragmatismus als Grundhaltung» einbläuen und jede Radikalität austreiben. Aus anderen Erfahrungen heraus kam Helmut Schmidt zum gleichen Ergebnis. Die SPD dürfe um keinen Preis irrealen «Utopien» nachjagen von einer anderen, besseren Gesellschaft; bodenständig müsse sie werden und den Staat als ihren betrachten. Beide arbeiteten, wie man beobachten konnte, dabei auch ihre eigene Vergangenheit ab.

Sein Exil hatte Willy Brandt anderes gelehrt. Während Wehner und Schmidt 1966 mit einer Großen Koalition für noch mehr Stabilität und Sicherheit sorgen wollten, hätte er vermutlich schon damals lieber «mehr Demokratie» gewagt. Es wurde höchste Zeit dafür, glaubte er.

Nach Fritz Erlers Tod am 2. Februar 1967 rückte Helmut Schmidt auch formell an die Spitze der Fraktion und fand damit seine Traumrolle. Als Außenminister an der Seite Kurt Georg Kiesingers allerdings fand Brandt seine eigene Rolle nicht wirklich. Egon Bahr begleitete ihn zwar als Sonderbotschafter, später als Planungschef ins Außenministerium, auch andere Vertraute brachte er mit aus Berlin: Klaus Schütz avancierte zum Staatssekretär (ein Jahr darauf abgelöst von einem weiteren Brandt-Vertrauten, dem Diplomaten Georg Ferdinand Duckwitz; Schütz ging zurück nach Berlin als Regierender Bürgermeister); es war aber gar nicht daran zu denken, eine außenpolitische Kurswende zu forcieren, die Bahrs und Brandts Überlegungen aus Tutzing im Jahr 1963 umgesetzt hätte. Noch verteidigten die Christdemokraten die Hallstein-Doktrin, Kiesinger apostrophierte die DDR gewunden als «Phänomen», eine Anerkennung als zweiter deutscher Staat war nicht vorstellbar.

Für die fragile Balance der Kräfte in der sozialdemokratischen «Troika» war der 28. September 1969 besonders bedeutsam, deshalb möchte ich noch einmal kurz darauf zurückkommen. Vier Tage vor der Wahl hatte Herbert Wehner an Brandt einen Brief voller Vorahnungen gerichtet. «So wie es aussieht», lautete schon der erste Satz, «wirst Du wohl keine Gelegenheit haben, mit mir vor der Wahlnacht zu sprechen.» Er kenne nicht die Gespräche, fuhr Wehner fort, die mit anderen über denkbare oder wünschbare Regierungskombinationen geführt worden seien. Er wolle auch keineswegs mit eigenen Gesprächen solche Kombinationen «konstruieren» oder Kombinationen durchkreuzen, die Brandt und seine Freunde ins Auge fassten. Also fügte er eine kleine «Tabelle zum Abwägen» darüber an, welche Kombinationen sich ergeben könnten und was dafür, was dagegen spreche. Was Wehner auf jeden Fall verhindern wollte: dass die «heimliche kapitalistische Koalition von CDU und FDP» das Land regiere. Vor allem aber wünschte er sich, Brandt möge ihn anhören – «falls meine persönlichen Wünsche Dich inter-

Die «Troika» in ihrer stärksten Stunde: Herbert Wehner, Willy Brandt und Helmut Schmidt – hier beim außerordentlichen Parteitag der SPD in Dortmund vom 12./13. Oktober 1972 – sind zwar nie ein Herz und eine Seele. Aber eine Loyalität zur gemeinsamen Sache verbindet sie gleichwohl. Für Brandts sozialliberale Koalition erweist sich 1972 als das dramatischste Jahr, die Republik ist politisiert wie noch selten, das Führungsteam zeigt sich krisenfest.

essieren» –, bevor über seine künftige Rolle entschieden werde.[31] Sehr eng kann ihr Verhältnis schon nicht mehr gewesen sein, wie es klang.

Willy Brandt schlug in der Wahlnacht, wie geschildert, tatsächlich Schmidts und Wehners Rat in den Wind. Und Wehner bezog er, wie dieser befürchtet hatte, ins Prozedere auch nicht mit ein. Dieses Grundmuster, erstmals im September 1969 erkennbar, sollte ihr Verhältnis in den kommenden Jahren zunehmend belasten: einerseits Brandt, der sich emanzipieren wollte, wenn auch halbherzig, andererseits Wehner, der sich an den Rand gedrängt fühlte, weil er nicht zu den engen «Freunden» gehöre, aber gleichwohl sicher war, dass der «Karren» ohne ihn nicht laufe. Wie so oft schon, erwies Brandt sich auch jetzt im entscheidenden Moment als trittsicher und seltsam furchtlos.

Angebahnt hatte sich das bei Brandt schon seit längerem, zu viel staute sich auf in der Großen Koalition. Herbert Wehner hingegen hatte sich recht zufrieden eingerichtet in seiner Doppelrolle, als Minister zuständig für die «innerdeutschen» Beziehungen, die ihm am Herzen lagen, in der SPD einflussreich als Mächtigster des Führungstrios. Wehner sah auch keinen grundsätzlichen Bedarf an einem Machtwechsel, die Bundesrepublik befand sich selbst in Sozialstaatsfragen auf dem richtigen Weg, Sozialisierungsflausen hatte er persönlich 1959 der SPD ausgetrieben, für einen anderen Status der DDR optierte auch er nicht. Welchen grundsätzlicheren Neuanfang also sollten die Sozialdemokraten denn wollen?

Bei Helmut Schmidt verhielt es sich ähnlich, er war davon überzeugt, die Republik müsse ordentlich regiert werden. Dazu hatte er gemeinsam, oft im engen Schulterschluss, mit Rainer Barzel in der Fraktion beigetragen. Aus seiner Sicht nahm sich die Bilanz der Großen Koalition gerade auf ökonomischem Feld doch gar nicht so schlecht aus. Nicht zuletzt auch dank Karl Schiller, dem beliebten Wirtschaftsminister mit seinem ungebremsten Modernisierungselan, einer «antizyklischen Finanzpolitik», der «Globalsteuerung» – all diesen wunderbaren Labels, die er dafür erfand. Von den annähernd 500 000 Arbeitslosen unter Ludwig Erhard stand fast niemand mehr auf der Straße. Anteil daran hatte auch der Finanzminister, Franz Josef Strauß, der sich vorzüglich mit Karl Schiller verstand, als «Plisch und Plum» gewannen sie geradezu Kultstatus. Die SPD musste nicht klagen, ein Hauch von Keynesianismus lag in der Luft. Gescheitert war das Mehrheitswahlrecht, das die FDP beseitigen sollte. Wichtiger waren ihm die Notstandsgesetze, und die hatte er im Bündnis mit der CDU gegen breiten Protest von Gewerkschaften, Teilen der Sozialdemokraten und auch den Intellektuellen der Wählerinitiative durchgepaukt.

Erstaunlich gut vorbereitet zeigte sich Willy Brandt im Herbst 1969, als er sein Kabinett zusammenstellte. Helmut Schmidt sollte das Verteidigungsministerium übernehmen, ein Knochenjob, der ihn ganz einbinden würde. Wehner sollte an die Fraktionsspitze wechseln, das einflussreichste Amt neben dem des Regierungschefs. Wie groß das Risiko und die Widerstände im Parlament wirklich sein würden, machte der 21. Oktober 1969 deutlich, als Brandt nur mit Drei-Stimmen-Mehrheit zum Kanzler gewählt wurde. Vier Stimmen waren bewusst ungültig gemacht worden. «Frahm nein», kritzelte einer der Anonymen auf eine Karte.

Auch wenn sie eine Fortsetzung der Großen Koalition vorgezogen hätten, einmal in der Pflicht, wollten auch Wehner und Schmidt beitragen zum Erfolg dieser sozialliberalen Koalition. Zudem unterstützten beide die angestrebten Verträge mit Moskau, Warschau, Prag und Ostberlin. Dass sie auch – wie schon angedeutet – vor Brandt und Bahr zu den frühen Erfindern einer neuen Ostpolitik zu zählen sind, wie einige ihrer Anhänger ihnen nachrühmten, dürfte in dieser Form zu den historischen Legendenbildungen gehören. Aber Helmut Schmidts gelegentliches Bekenntnis, er hätte sich anfangs für die Ostpolitik «in Stücke reißen» lassen, war durchaus ernst gemeint. Herbert Wehner hielt den Gedanken, um Vertrauen bei den Nachbarn zu werben, also bei den ehemaligen Kriegsgegnern, ohnehin für folgerichtig und überfällig.

Sein Respekt hinderte Helmut Schmidt jedoch nicht daran, sich vor allen erdenklichen Gremien nach Herzenslust über die Führungsschwächen des SPD-Vorsitzenden wie des Kanzlers sowohl in seiner Partei als auch am Kabinettstisch auszulassen. Dieses Problem begleitete Brandt fast vom ersten Tag seiner Kanzlerschaft an und trug erheblich zu der permanenten Unruhe in den Jahren 1970 und 1971 bei. Allein schon das Drama um die Ostverträge konnte die Brandt/Scheel-Koalition täglich an den Rand des Abgrunds führen. In harmonischeren Zeiten hätte Brandt es vielleicht an sich abperlen lassen, jetzt aber belastete es ihn doppelt, dass er beinahe jeden Montagmorgen im *Spiegel* nachlesen konnte, was sein starker Minister am Kanzler auszusetzen hatte, warum er sich nicht hinreichend unterstützt fühlte im Dauerstreit mit dem eitlen Karl Schiller, dass er wenig halte von der Palaverdemokratie, in welcher er neunzig Prozent seiner Arbeitszeit vergeuden müsse, die Klagen über die Inkompetenz der «Leichtmatrosen» um Brandt herum nicht zu vergessen. Diesen letzten Vorbehalt, ausgeschlossen zu sein aus dem engen Kreis der wahren Brandt-Freunde, teilte er besonders mit Wehner.

Mit der Faust müsse er häufiger auf den Tisch hauen, predigte Schmidt auch gerne in Briefen an «Willy». Verstreichen aber ließ er die Gelegenheiten, Brandt ernsthaft zu demontieren oder gar zu stürzen. Brandt behielt für Schmidt seine Autorität. Ich denke, Schmidt genoss zwar die Anerkennung der Mehrheitsdeutschen, weil er ihrem Leitbild entsprach. Zugleich aber, vielleicht noch mehr, wünschte er Brandts Freundschaft, weil er seine Anerkennung brauchte. Herbert Wehner kritisierte er prinzipiell fast nie. Trotz untergründiger Spannungen blieb es Anfang der siebziger Jahre das Verdienst der «Troika», sich immer neu zur Disziplin zu zwingen und zusammenzuraufen.

Beim Konstruktiven Misstrauensvotum vom 27. April 1972, von dem schon die Rede war, wurde das sichtbar. Wie immer es dazu kam, dass Rainer Barzel zwei Stimmen fehlten, um den Machtwechsel von 1969 rückgängig zu machen, Herbert Wehner hatte seine Hände im Spiel, um Brandt die Kanzlerschaft zu sichern. Er deutete das so auch selber an.

Helmut Schmidt entschloss sich im Sommer 1972 zu einem Schritt, den Brandt als Kriegserklärung begreifen musste: Er traf sich mit den «Kanalarbeitern», prominenten Vertretern des rechten Flügels, in seinem Ferienhaus am Brahmsee. Viel fehlte nicht, und die Runde hätte den Stab über die eigene Regierung gebrochen, im Beisein und auf Betreiben des Superministers Schmidt.[32] Vermutlich hatte Schmidt in dem Moment die Wahlen schon für verloren gegeben. So lang seine Liste der Mängel und Schwächen bei Brandt auch ausfiel, stürzen wollte Schmidt auch diesmal den Kanzler nicht. Allerdings wollte er sich mit den Genossen für den Fall präparieren, dass Brandt scheiterte.

Die Zuspitzung auf eine Person prägte erstmals uneingeschränkt den Wahlkampf im Jahr 1972. Brandt regierte bereits, und die Opposition mit ihren «Verrats»-Vorwürfen an die Adresse des Kanzlers sowie dem Misstrauensantrag im Parlament hatte das Gegenteil des Erwünschten erreicht: Die «liberale» Republik erwachte, junge Leute strömten zuhauf in die SPD (zu Anfang des Jahres hatte die

SPD etwa 840 000 Mitglieder, am Jahresende 954 000), die Gewerkschaften bekannten sich überwältigend deutlich zu den Sozialdemokraten.

Nach dem Wahlerfolg 1972 suchte Schmidt bald wieder die Nähe zu Herbert Wehner, während Willy Brandt sich erschöpft und krank zurückziehen musste. Die beiden Hamburger Parteifreunde machten Nägel mit Köpfen, Schmidt sandte Brandt eine lange Rügen- und Mängelliste, die er mit den «Kanalarbeitern» ausgeheckt hatte, bei Wehner suchte er Rückhalt, um Brandt auch in die Kabinettsbildung hineinzureden. Vor allem ging es ihm darum, Horst Ehmke aus seiner Schlüsselrolle als Kanzleramtschef zu verdrängen. Wehner war eher darauf erpicht, Egon Bahrs Einfluss zu minimieren und ihn zumindest aus der Deutschlandpolitik fernzuhalten, diesem mühseligen Klein-Klein, dem er sich so gerne widmete. Als Nachfolger Ehmkes wechselte der Berliner Senator für Bundesangelegenheiten, Horst Grabert, ins Kanzleramt. Statt eines unvergleichlichen Temperaments vom Format Ehmkes, mit Überblick über sämtliche Schlüsselbereiche der Tagespolitik, aber auch mit intellektueller und analytischer Power, leistete nun ein beamteter Staatssekretär seine Dienste, zuverlässig und korrekt.

Den Beraterkreis um Brandt verstärkten allerdings andere, Klaus Harpprecht stieß (als Chef eines kleinen Teams von Redenschreibern) dazu und als Staatssekretär Günter Gaus, der *Spiegel*-Chefredakteur. «Warten auf einen Kanzler» hatte er vor nicht allzu langem einen Kommentar überschrieben, in dem er insbesondere monierte, Brandt lasse die Innenpolitik links liegen. Es fehle jemand, der von Konjunkturpolitik und Steuerplanung etwas verstehe, «denn vom Teil-Kanzler Brandt ist die Hinwendung zur Innenpolitik wohl nicht mehr zu erwarten». Das war starker Tobak.[33]

Brandt traf dieser Kommentar tief. Auf die Gefahr hin, dass er ihn für «mimosenhaft empfindlich» halte, schrieb er Gaus spontan, nichts habe ihm seit langem «so geschadet – und zugleich weh getan – wie Ihr böses Wort vom Teil-Kanzler».[34] In seiner Antwort nahm Gaus nichts zurück. Als eine Selbstverständlichkeit konnte besonders die Berufung von Günter Gaus in sein enges Team vor die-

Horst Ehmke, hier in seinem Arbeitszimmer in Bonn, war mehr als Brandts Kanzleramtschef. Als Hausmeier hielt er klug die Fäden zusammen. Erst Brandt vermochte Intellektuelle wie ihn, den Jungstar unter den Staatsrechtslehrern, in die Politik zu locken. Die diskursive Wende der Republik hängt nicht zuletzt mit ungewöhnlichen Temperamenten wie Ehmke zusammen. Aber Schmidt und Wehner antichambrieren gegen ihn, 1972 verliert er seine Schlüsselstellung an Brandts Seite. Dem Kanzler fehlt er dramatisch.

sem Hintergrund also keineswegs gelten. Aber die kritischen Geister der Republik, und für sie stand der Name Gaus wie wenige andere, wollte Brandt auf keinen Fall verlieren. Er stärkte mit Gaus und Harpprecht zweifellos demonstrativ die «diskursive» Seite, also das, was für ihn zu einer *guten Politik* zwingend gehörte. Horst Ehmke allerdings, das sollte sich rasch erweisen, vermochten sie nicht zu ersetzen.

Was für ein paradoxer Wahlsieg: Zwar hatten die Wähler Willy Brandt im November 1972 den Rücken gestärkt und die sozialliberale Koalition frisch beflügelt, aber die Kanzlerschaft zerbröselte ihm rasch zwischen den Fingern. Nicht, weil Wehner und Schmidt antichambrierten. Störanfällig blieb Brandts Kanzlerschaft aus anderen Gründen, er hatte keine solide Basis unter den Füßen.

Bald nach der Wiederwahl – einer Protestwahl gegen die Methoden, mit denen Brandt gestürzt und die Ostverträge sabotiert werden sollten – drehte sich erneut der Wind. Auch innerhalb der Troika hallte das nach. Alte Wunden brachen wieder auf. Herbert Wehner gestand einem Freund, während Brandt als Wahlsieger gefeiert werde, fühle er sich zutiefst gedemütigt und übergangen. Gegenüber dem *New York Times*-Korrespondenten David Binder ließ er durchblicken, 1957 habe er sich «vollkommen ungeschützt» und «ganz allein» gefühlt, als die SPD-Rechte ihn wegen seiner kommunistischen Jugendsünden attackierte. Als aber die Diffamierungen gegen Brandt 1961 die Schlagzeilen beherrschten, hätten er selbst und viele Parteifreunde sich zu helfen beeilt. Wehner zu David Binder: «Brandt möchte über dem alltäglichen Hickhack stehen. Sollen sich andere bekriegen, ihn darf das nicht tangieren. Wie Walter Scheel will seine Majestät nicht berührt werden. Solidarität? Die verbraucht er.»[35]

Zwar konnte keine Rede davon sein, das zweite Kabinett Brandt habe «linke» Schlagseite gehabt, Helmut Schmidt übernahm wunschgemäß das Finanzministerium, und Brandt flüsterte ihm insgeheim zu, er sei sein natürlicher Nachfolger, wenn die Zeit reif sei. Hans-Jochen Vogel als Städtebauminister, Walter Arendt als Arbeitsminister, Horst Ehmke als Forschungsminister, Klaus von Dohnanyi als Bildungsminister, Erhard Eppler als Entwicklungshilfeminister, Egon Franke als Minister für innerdeutsche Beziehungen, Katharina Focke als Familienministerin und Egon Bahr sowie Werner Maihofer als Minister für besondere Aufgaben – damit hatten sich die Gewichte im sozialdemokratischen Teil der Regierung im Vergleich zum ersten Kabinett Brandt nicht gravierend verschoben. Aber in den Medien setzte sich rasch das Bild durch, in Partei und Fraktion führe fortan endgültig die «Linke» Regie. Wie Schmidt beklagte Wehner, die Jusos wüchsen Brandt nach dem großen Wahltriumph über den Kopf, wollten für ihre Schützenhilfe entlohnt werden und stülpten der SPD ein sozialistisches Programm über.

Die Welt, wie Wehner sie sieht

Die Welt durch Wehners Brille betrachtet: Auf Brandt zielten alle Pfeile im Streit um die Ostpolitik, aber er erntete auch den Ruhm mit dem Friedensnobelpreis, mit dem Respekt vor dem «anderen Deutschland», das er mit dem Kniefall verkörperte. In dem Moment galt er weithin nicht mehr als «Verräter», sondern als der Verratene. Wehner hatte ihn zweifellos loyal unterstützt, er war auch kein Mann, der im Rampenlicht stehen wollte, aber folgenlos blieb es nicht. Aus der Nähe sah er natürlich auch eine andere Seite, nämlich einen Regierungschef, der zu Depressionen neigte (oder sie sich erlaubte, wie Wehner wohl meinte), der lange vor Mitternacht Parteisitzungen lustlos verließ, der immer wieder schwankte wie damals 1965, ob er sich besser ganz aus der Politik zurückziehen solle, der bis 1966 im Berliner Rampenlicht stand, während er den Bonnern wie ihm die Knochenarbeit überließ, der nicht einmal zielstrebig zu «führen» verstand – das alles wollte er nicht länger mitverantworten. Nur mit Schwäche, mit einem fatalen Sich-treiben-lassen konnte er sich Willy Brandts Verhalten erklären. Wehner begann, über seine Arbeit als «Kärrner» zu klagen.

Kein Wunder also, dass 1973 sich zum schwierigsten Jahr zwischen den beiden entwickelte, kurz vor dem Ende der Kanzlerschaft Brandts. In diesem Jahr kam Wehner das Gerede darüber zu Ohren, Helmut Schmidt würde im Zuge eines Kabinettsrevirements gerne auf seinen Stuhl als Fraktionsvorsitzender wechseln, er wollte heraus aus der Regierung. Eilig beschwichtigte dieser, überlegt habe er einen solchen Ämtertausch nur für den Fall, dass Wehner von sich aus habe aufhören wollen. Der wiederum las aus den Spekulationen heraus, dass sich beide, Helmut Schmidt und Willy Brandt, gegen ihn verbündeten. Nach außen stand die Troika noch, aber intern ging jetzt alles schief.

Hinzu kam schließlich der Konflikt um die «Kofferfälle», also die Ostdeutschen, die sich auf gepackten Koffern in der DDR um eine Ausreise bemühten. Jahrelang hatte sich Wehner in vertraulichen Gesprächen mit DDR-Anwalt Wolfgang Vogel darum gekümmert, Familien zusammenzuführen und inhaftierten Flüchtlingen, «politischen» Häftlingen aller Art zu einer Ausreise aus der DDR zu verhelfen. Bei diesem Häftlingsfreikauf wurden hohe Summen ausgehandelt, von der DDR als Devisen in Westmark sehnlichst erwünscht. Egon Bahr hatte diese deutsch-deutsche Politik, Häftlinge gegen harte Devisen, aus vielerlei Gründen bremsen wollen, was Wehner zweifellos als Affront empfand, handelte es sich doch um seine kleine «private» Deutschlandpolitik jenseits des Scheinwerferlichts, die zudem hervorragend funktionierte und vielen Menschen zugutekam. So stellte er sich Politik idealerweise vor. Und Brandt unterstand sich, Bahr nicht zu bremsen. Herbert Wehners plötzliche Reise nach Ostberlin im Mai 1973 diente unter anderem dem Zweck, diese «Kofferfallpolitik» wiederzubeleben. Für Brandt mag es sich um eine Lappalie gehandelt haben, wirklich konzertiert mit ihm war die Reise nicht, für Wehner rührte es an eine Herzensangelegenheit. (Unzählige Zettelkästen mit den Karteien für diese «Kofferfälle» stehen heute noch in der ehemaligen Wohnung Greta Wehners in Dresden, mittlerweile Sitz der Herbert-und-Greta-Wehner-Stiftung.) Seitdem verfestigte sich bei Brandt der Eindruck, Wehner sabotiere ihn, zumindest entziehe er sich der Kontrolle und betreibe Politik auf eigene Faust. Kein Wunder, dass Brandt seinerseits auch nervös reagierte, er stand ohnehin mit dem Rücken zur Wand. Umgekehrt fühlte Wehner sich ausgebootet von einem Kanzler, der ihn nicht ernst genug nahm, er sah sich im Recht und verteidigte seine Claims.

In seinem Buch ‹*Das musst Du erzählen*›. *Erinnerungen an Willy Brandt*, das 2013 erschien, warf Egon Bahr dem ungeliebten Herbert Wehner vor, 1973 «eine Art Hochverrat» in der Deutschlandpolitik und ein «Komplott» mit Ostberlin zum Zwecke des Sturzes von Brandt geplant zu haben. So abenteuerlich das auch klang, man wird einräumen müssen, dass Bahr damit nur aufgriff, was Brandt in seinen *Notizen* intoniert hatte.

Beide blickten in die Welt von ihrem Standort aus, Brandt als Berliner, der die Lage der Stadt am Schnittpunkt von West und Ost im Auge hatte, Wehner als Bonner, für den die Machtverteilung in der Bundespolitik im Vordergrund stand.

Hinzu kam, dass Herbert Wehner – wie schon geschildert – sich tatsächlich als Urheber einer «Ostpolitik vor der Ostpolitik» betrachtete. Immerhin hatte er 1954 mit Gleichgesinnten zur Gründung des überparteilichen «Kuratoriums unteilbares Deutschland» aufgerufen. Unterstützt wurde dieser überparteiliche Kreis von so unterschiedlichen politischen und intellektuellen Temperamenten wie Jakob Kaiser, Paul Sethe, Gustav Dahrendorf (Ralf Dahrendorfs Vater), Hermann Ehlers und Ernst Lemmer. Konrad Adenauer verfolgte das Treiben mit heftigem Misstrauen, weil er dahinter Zweifel an seinen Bekenntnissen zur deutschen Einheit als höchstem Ziel seiner Politik witterte. Eine Politik der «kleinen Schritte» verfolgten sie auch im Kuratorium, der Einheit im Alltag (später spaltete sich das Kuratorium auf in Gegner und Befürworter der Vertragspolitik Brandts). Wenn «Ostpolitik» primär die Einheit zum Ziel hatte, konnte Wehner dann nicht argumentieren, er habe früh zu denen gehört, die nach neuen Wegen suchten, beispielsweise mit seinem Deutschlandplan von 1959? Man schmälert Wehners Verdienste dennoch nicht, wenn man sagt: Von einem Konzept, das noch dazu in konkrete Gewaltverzichtsverträge mündete, kann selbst dann nicht die Rede sein.

Fast entspannt hörte es sich an, als Herbert Wehner in einer Parlamentsdebatte vom 13. März 1975 – Helmut Schmidt hatte im Jahr zuvor Brandt im Kanzleramt abgelöst – den Disput mit Franz Josef Strauß suchte. Strauß hatte wieder einmal Sozialdemokraten gegen Sozialdemokraten ausspielen wollen, Wehner machte er also den Vorwurf, bei der Abstimmung über das Ermächtigungsgesetz 1933 nicht neben Otto Wels gestanden zu haben, jenem Sozialdemokraten, der sich mutig gegen das Gesetz aussprach. Vermutlich sah Strauß nicht einmal die Chuzpe darin, dass ausgerechnet Konservative bei linken Hitler-Gegnern mehr Bekennermut vermissten. Herbert Wehner konterte ungerührt, wie nur er das konnte: «Das ist wahr. Jeder weiß – ich habe es nämlich zum Unterschied von anderen nie geleugnet –, dass ich Mitglied der Kommunistischen Partei Deutschlands – der richtigen Kommunistischen Partei Deutschlands, nicht irgendeiner nachgemachten von heute – gewesen bin und dass ich vom ersten

Tage an, an dem die anderen mit ihren Fackeln aufmarschierten – das war mein Auftrag damals –, die Überführung des organisatorischen Teils des zentralen Komitees in die Illegalität zu verantworten hatte. Das habe ich gemacht. Ich war steckbrieflich gesucht und verfolgt, viele Jahre, auch damals schon, als Otto Wels, vor dem ich nicht nur wegen dieser Rede hohen Respekt hatte, obwohl ich einer anderen Partei angehörte, gesprochen hat. Nein, nein, natürlich stand ich damals nicht neben ihm. Wir hatten aber hier in unserem Bundestag noch einige, die mit ihm zusammen gegen das Ermächtigungsgesetz gestimmt haben. Es waren ja nicht sehr viele ... Wir, Leute wie ich, waren damals schon gejagt; die anderen wurden von da an gejagt. So ging es, das war das Gesetz. Ich bitte nicht um nachträgliches Beileid. So ist das Leben ... Kürzlich hat ja jener Ehrenmann (Strauß), an der Schwelle der sechziger Jahre stehend, gesagt, ein Mensch wie ich gehöre zu denen, die nie legitimerweise in einem demokratisch gewählten Parlament sein dürften. Das ist ein tolles Ding, das ist hier nicht gerügt worden ... Aber aus einem anderen Grund hätte ich hier nicht sein sollen: Wer einmal Kommunist war, den verfolgt Ihre gesittete Gesellschaft bis zum Lebensende ...» Er halte das aus und noch mehr, rief Wehner zum Schluss in den Plenarsaal.[36]

Da sprach kein Verlierer, kein reumütiger Sünder, keiner, der um sein Recht bittet: Herbert Wehner klang wie erlöst. Seine Partei stellte seit fünf Jahren den Kanzler, nach Brandt regierte inzwischen Schmidt; und die Zeiten waren vorbei, in denen mit antikommunistischen Gleichsetzungen sowie Ressentiments gegen die «vaterlandslosen Gesellen» wie Brandt oder «ewige Kommunisten» wie ihn die Wähler mobilisiert werden konnten. Brandts Bekenntnis nach der Bundestagswahl 1969, er werde sich als Kanzler nicht eines besiegten, sondern eines befreiten Deutschland begreifen, nun habe Hitler endgültig den Krieg verloren, hätte auch von Wehner stammen können. Nur machte Brandts Lebenslauf ihn freier, das so offen zu artikulieren.

Wie sich Differenzen an kleinen Nebensächlichkeiten entzündeten, machte allein schon die zweite Regierungserklärung Willy Brandts am 18. Januar 1973 deutlich. Über die «neue Mitte» dozierte er, ein

Begriff, den Klaus Harpprecht eingebracht hatte, aber es blieb vage, wen genau er meinte und was man sich darunter vorstellen sollte. Unterlaufen wollte er damit jedenfalls den verbreiteten Verdacht, die Linke habe die Regierungsgeschäfte übernommen. Herbert Wehner hatte vergeblich abgeraten vom Gebrauch dieses Wortes, das ihm gar zu modisch erschien. Von modischem Schnickschnack in der Politik hielt er nicht viel. In einem Brief an seine Frau Lotte aus dem Frühjahr 1973 brachte Wehner seine ganze Skepsis zum Ausdruck: «Mag sein, dass ich zu kritisch bin, aber mir scheint es immer weniger möglich, sich auf das Aufeinander-zu-Arbeiten zwischen Regierung und uns im Bundestag zu verlassen. Auch in der öffentlichen Debatte, soweit sie durch die Presse zum Ausdruck kommt, fehlt die erkennbar führende Hand der Regierung. Stattdessen findet sozusagen ständig ‹Gewimmel› statt.»[37] Aber der Ärger hatte auch sehr persönliche Gründe, bei Wehner nahm das Gefühl überhand, das er schon nach dem Wahltriumpf hatte, Brandt dränge ihn an den Rand.

Über mangelnden Sukkurs von Wehners Seite in der Kontroverse um die Ostverträge konnte Brandt sich nicht beklagen, aber das war inzwischen Geschichte. Jetzt ging es mehr darum, ob die Regierung aus dem Geist der Verträge auch konkrete Politik mache. Brandt hütete sich, nach außen etwas von einem Zwiespalt der Gefühle erkennen zu lassen, aber gut möglich, dass er Wehners Einfluss als wichtig und zugleich übermächtig empfand und sich einmal mehr freimachen wollte. Herbert Wehner aber entwickelte selbst für kleine Zurücksetzungen ein mimosenhaftes Gespür.

Von sich aus zog der Älteste in der Troika die Konsequenzen und entschloss sich – ohne es Brandt oder Freunde vorab wissen zu lassen –, sich beim Parteitag nach fünfzehn Jahren nicht mehr für das Amt des Parteivize zur Wahl zu stellen. Für Brandt kam die Mitteilung aus heiterem Himmel, es war ein Affront: Wehners Rückzug aus der Spitze musste in der labilen Stimmungslage der Republik so verstanden werden, als seien selbst die engsten Vertrauten mit ihm als Vorsitzendem, vielleicht auch als Kanzler, nicht länger einverstanden. Mit überwältigenden 419 von 429 Stimmen wählten die Delegierten den allseits verehrten Wehner zum «einfachen» Vorstandsmitglied

(Brandt erhielt 404 von 428 Stimmen, kein schlechtes Ergebnis, aber doch eine spürbare Differenz). Die Linke entschied sich für Wehner, obwohl er über den wachsenden Einfluss dieses Parteiflügels klagte. Die Rechte hingegen bestrafte Brandt mit Nadelstichen. Noch spitzte sich das nicht zum Drama zu, aber Wehner ging gestärkt aus dem Zwist hervor. Erst mit Wehners Rückzug aus der Spitze büßte die «Troika» ihren Nimbus ein, es bestärkte noch den Tenor der Leitartikler, der Mann im Kanzleramt sei geschwächt und amtsmüde. Sein Beliebtheitsgrad sank über Nacht unterhalb den Walter Scheels. Bis zum *Spiegel*-Titel anlässlich von Brandts sechzigstem Geburtstag, *Das Monument bröckelt*, war es nicht mehr weit. Erst im Rückblick nimmt man genauer wahr, wie rasch das Hoch für Brandt auch wieder vorüberzog. Für längere Zeit hatte er als Kanzler nie wirklich stabilen, festen Boden unter den Füßen, für ein paar Monate im Ausnahmejahr 1972 blieb das verdeckt, jetzt sollte sich die Schwäche dramatisch offenbaren. Einer der Nebeneffekte war allerdings, dass sich das öffentliche Augenmerk noch stärker auf das Duo Brandt und Schmidt richtete, beide wurden nun regelrecht aneinander geschmiedet. Schmidt wollte sich nicht nachsagen lassen, er habe Brandt den letzten Stoß gegeben, als Parteivorsitzender wollte seinerseits Brandt seinen Nachfolger Schmidt unbedingt im Kanzleramt unterstützen, schon um nicht wieder einmal des «Verrats» bezichtigt zu werden. Um eine Vernunftsache handelte es sich: Zwischen dem Minderheitsdeutschen und dem Mehrheitsdeutschen durfte es einfach nicht schiefgehen, davon waren beide überzeugt, nur in dieser Kombination blieben die Sozialdemokraten aus ihrer Sicht regierungsfähig.

«Bruder» Honecker

Zum ersten offenen Eklat zwischen den beiden kam es, als Wehner am 29. Mai 1973 – wie schon erwähnt – zu seiner überraschenden Reise nach Ostberlin aufbrach, um Erich Honecker zu treffen.

Überraschend besucht im Mai 1973 Herbert Wehner SED-Chef Erich Honecker in Ostberlin, der Fraktionsvorsitzende der FDP, Wolfgang Mischnick, ist zum Gespräch hinzu gebeten. Ein Termin unter Terminen? Brandt bemüht sich nicht wirklich, seinen Eindruck zu verbergen, Troikamitglied Wehner mache Politik auf eigene Faust.

Brandt erweckte jedenfalls den Eindruck – und dürfte das kaum so vorgetäuscht haben –, dass er perplex war, als er die Meldung der Nachrichtenagenturen erhielt, Wehner treffe schon in Kürze in Ostberlin mit Honecker zusammen. Mühsam suchte er nach außen den Eindruck zu erwecken, er sei gerade noch vor der Abreise informiert worden.

Von diesem Tag an jedenfalls setzte sich der Eindruck fest, Wehner habe «privat» mit Erich Honecker gesprochen. Schon der bloße Verdacht wog schwer, dass die beiden ehemaligen Saarbrücker Genossen sich über den Kopf des Kanzlers hinweg austauschten – womöglich sogar über das weitere Schicksal des Kanzlers. Wehners fast vergessene konspirative Vergangenheit im Untergrund in den dreißiger Jahren holte ihn prompt wieder ein. Dieses Risiko nahm er gleichwohl in Kauf.

Allein schon die Reiseumstände nahmen sich geheimnisvoll aus. Wehner war im Auto mit seiner Stieftochter Greta (er heiratete sie nach dem Tod seiner Frau) Richtung Transitautobahn aufgebrochen, am nächsten Tag gabelte sie ein Volvo jenseits der Grenze auf, den die SED ihm entgegengesandt hatte. Schon am Abend begrüßte ihn

Honecker überaus herzlich in Pankow, das DDR-Fernsehen filmte und strahlte die Bilder stolz aus. Am nächsten Tag sollten im Forsthaus Wildfang in der Schorfheide die Gespräche mit Honecker folgen. Über diese Art Publizität war Wehner «entsetzt» (Christoph Meyer). Aber wie hatte er glauben können, die SED lasse sich die Chance zu einer solchen Aufwertung stumm entgehen? Kann er sich wirklich vorgestellt haben, dass von seiner Sensationsreise im Privatwagen mit dem Bonner Kennzeichen zwar berichtet würde, über die folgende Etappe der Reise nach Pankow und in die Schorfheide jedoch Stillschweigen bewahrt werden könnte? Nein, der Routinier Wehner muss das ganze Ausmaß der Erregung geahnt haben, was sich schon daran zeigte, dass er den Fraktionsvorsitzenden der FDP Wolfgang Mischnick (wie er ein gebürtiger Dresdner) bat, zu den Gesprächen in der Mark Brandenburg hinzuzustoßen, um der eigentümlichen Exkursion die Spitze zu nehmen. Man erinnere sich: Mit den Worten Wehner, Honecker, Mischnick endeten Brandts «*Notizen zum Fall G.*» «Gewissermaßen kameradschaftlich» verliefen die Gespräche, wie Greta später berichtete, Honecker habe Respekt gegenüber seinem alten Bekannten «Herbert» spüren lassen.

Am 1. Juni berichtete Herbert Wehner dem SPD-Vorstand über seine Reise, die so viel Wirbel gemacht hatte, der aber kuschte wie gewöhnlich. Verständnis äußerte die kleine Runde, einschließlich Willy Brandts, für die Geheimhaltung, einstimmig wurde das Ergebnis begrüßt. Die Flammen wurden also ausgetreten. Ehrlich machte sich die SPD nicht. Am selben Tag prangte auf der Titelseite des *Neuen Deutschland*, dem Zentralorgan der SED, ein Foto von Wehner, Mischnick und Honecker bei Kaffee und Kuchen, der Begleittext zitierte Honecker mit ähnlichen Worten, wie Wehner sie gebraucht hatte. Dessen Erklärung wiederum vor dem Parteivorstand in Bonn wurde am folgenden Tag gleichfalls im Wortlaut im SED-Zentralorgan abgedruckt.[38]

Willy Brandt hatte sich 1969 von Wehner emanzipiert, aber dieser mittlerweile auch wieder von Brandt. Eine gängige Erklärung, die zutreffen mag: Seine erste Loyalität galt offensichtlich dem Machterhalt der Sozialdemokraten, nicht dem Regierungschef Brandt. Der Kanzler aber saß zu dem Zeitpunkt nicht mehr fest genug im Sattel, um den großen Konflikt mit Wehner zu wagen. Vielleicht hatte es diesen Zeitpunkt auch nie gegeben, Brandt ahnte das wohl.

Obendrein hatte Wehner, liest man seinen Bericht im Wortlaut, in der Schorfheide nichts geäußert, was als illoyal hätte gelten können, an verbesserten Beziehungen und einem engeren Dialog lag Brandt natürlich auch. Und doch, seinerzeit rätselten wir Journalisten daran herum, was Brandt erneut dazu brachte, beide Augen zuzudrücken und Wehner öffentlich zu verteidigen. Er forderte den Vorstand nicht auf, sich hinter ihn zu stellen. Herbert Wehner blieb sakrosankt. Es waren nicht nur die unsicheren Mehrheitsverhältnisse an der Spitze, etwas anderes hielt ihn zurück, weshalb er Wehner nicht fallen lassen wollte.

Es kann wenig Zweifel geben, Herbert Wehner forderte Willy Brandt 1973 offen heraus. Enttäuschung auf Wehners Seite wird es gegeben haben, aber Enttäuschung kann den Trip mit Greta im Volvo nicht restlos erklären. Dazu animiert, ja legitimiert sah er sich wahrscheinlich, weil er sich im Stich gelassen fühlte – und weil er solche Alleingänge durchaus auch schätzte und liebte.

Freundschaften, glaubte Brandt, hatten auch Differenzen auszuhalten. Das war skandinavische Schule. Ganz offenkundig lebte er nicht in der ständigen Furcht, jeden Tag könne er von Vertrauten hintergangen, verraten oder ans Messer geliefert werden. Brandt wünschte sich allerdings seinen Rückhalt und seine Anerkennung, aber zugleich behagte es ihm nicht, wenn Wehner ihn das spüren ließ. Es sah ganz so aus, als wollten sie einander ihre Autonomie beweisen, und sie fanden niemanden sonst, der dazu jeweils besser taugte.

Wehner in Moskau – «Angst habe ich nicht davor, aber unheimlich ist's»

Der nächste Eklat folgte bald. Bestürzt über den rapiden Ansehensverlust des Kanzlers und besorgt, weil die Ostverträge nicht mutiger in praktische Politik umgesetzt wurden, reiste Wehner am 24. September 1973 mit einer Delegation des Bundestages und einigen Journalisten in die Sowjetunion. Nach Moskau wollten die Abgeordneten aus allen Fraktionen auch Kiew und Leningrad einen Besuch abstatten. Wie aus Briefen an Lotte hervorgeht, rechnete Wehner von vornherein damit, diese wenigen Tage bis zum 1. Oktober würden eine Menge Staub aufwirbeln. «Angst habe ich nicht davor, aber unheimlich ist's.» Nach seiner Rückkehr werde «vieles durcheinander gehen». «Froh werde ich sein, wenn ich's hinter mir habe».[39] Tatsächlich ging diese Moskau-Visite in die Geschichte ein. Der Wirbel konnte kaum größer sein. Herbert Wehner lieferte wieder Schlagzeilen. Die wenigen Journalisten, welche die Delegation begleiteten, stimmten im Urteil weithin überein, Wehner habe Brandt mit abschätzigen Äußerungen endgültig demontieren wollen. Ausgerechnet am Tatort Moskau, in der Stadt, in der er selbst einst ums Überleben gebangt hatte, plauderte Wehner ketzerisch und illoyal aus, was er über Brandt dachte. Der Herr «bade gern lau», der Regierung «fehle ein Kopf», lauter Bösartigkeiten wurden kolportiert von mitreisenden Journalisten, Injurien, die man für kein Drehbuch hätte erfinden können. Natürlich löste das Erinnerungen aus an Wehners Jahre im Hotel Lux, zur Herrschaftszeit Stalins – wurde nicht schon seit langem wild spekuliert, er habe damals Freunde verraten, um sein eigenes Leben zu retten? Verriet ausgerechnet einer aus der Troika jetzt Brandt? Der Kanzler konnte es gar nicht anders sehen.

Die Äußerungen Wehners seien unzulässig verkürzt und damit um ihren Sinn gebracht worden, suchte Christoph Meyer später zu beschwichtigen, Wehner habe in seinen berühmten «Schachtelsätzen» etwas ganz anderes gemeint, vor allem habe er wirtschaftlichen Sachverstand vermisst und jemanden, der politische Impulse zu setzen vermöge. Manche der Etiketten, die auf Brandt gemünzt waren, seien erst auf dem Rückflug im Flugzeug aufgetaucht, als die Journalisten rekonstruierten, was Wehner tatsächlich gesagt habe. Die Berichte, wonach der deutsche Besucher sich auch gegenüber sowjetischen Gesprächspartnern derart abschätzig über den Kanzler geäußert habe, seien nachweislich der Protokolle, die inzwischen zugänglich sind, allesamt falsch.[40] Wer um eine Ehrenrettung Wehners bemüht ist, konnte es kaum besser machen.

Natürlich fühlte sich auch Herbert Wehner prompt von den begleitenden Journalisten missverstanden, nicht um die Person Brandt sei es ihm gegangen, sondern dass er mit seinen Bemerkungen in Moskau nur die vernachlässigte Ost- und Deutschlandpolitik befördern wollte, hätten sie nicht begriffen. Wem sollte man glauben? Zutreffen mag, dass Wehner andere Akzente hatte setzen wollen, aber es lässt sich bis heute nicht bestreiten, dass er viel zu erfahren, klug und bedacht bei der Wahl seiner Worte war, um jetzt auf Naivität und Unschuld plädieren zu können. Er kann nicht verkannt haben, was er anrichtete. Entsprechend vorgewarnt hatte er ja auch seine Frau.

Willy Brandt erfuhr davon sofort in New York, wo er sich gerade zu einem offiziellen Besuch aufhielt. Vom ersten Moment an stand für ihn fest: Einen ärgeren Affront hatte Wehner sich noch nie erlaubt, das war nicht nur bloßes Gerede, «Herbert» wollte ihn von Moskau aus kippen. Entweder er würde sich endgültig von ihm befreien, oder er müsste künftig immer nach dessen Pfeife tanzen. Es ging um alles oder nichts, ein existenzielles Drama spielte sich ab – unter Vertrauten. Vor laufender Kamera. Einige Vertraute, Klaus Harpprecht darunter, rieten ihm, sich Wehners gleich nach dem Rückflug rigoros zu entledigen. Jetzt oder nie.

Vermutlich wäre Brandt dem Rat gerne gefolgt. Ausgerechnet sein engster Vertrauter, Egon Bahr, hielt in diesem Moment von den Muskelspielen nichts und riet damals, Brandt solle noch einmal mit Wehner reden. (Viel später, 2013, machte Bahr sich zweite Gedanken, ob er sich richtig verhalten habe.) Kanzleramtsminister Horst Grabert hatte hingegen schon eine Maschine bestellt, die Wehner in Moskau vorzeitig abholen sollte. So entsprach das einem Rat Horst Ehmkes, der wie Harpprecht dafür plädierte, Brandt solle den sofortigen Rücktritt Wehners vom Fraktionsvorsitz verlangen.[41] Wer schätzte die Kräfteverhältnisse richtig ein, Bahr oder Ehmke?

Fünf Briefe richtete Herbert Wehner in den nächsten Wochen an Brandt, mit der Hand wie gewohnt, winzig und gestochen scharf, in gepflegt konservativem Deutsch, in denen er um ein Gespräch, ja um Versöhnung nachsuchte, Brandt erwiderte nicht. Zutiefst getroffen zeigte er sich – und unsicher. Denn er spürte, nicht Wehner ging über dünnes Eis, sondern er. Ja, Wehner musste damit rechnen, dass Brandt mit ihm nach diesem Moskauer Eklat endgültig brechen würde. Aber würde er es auf eine Kraftprobe an der Spitze der Partei ankommen lassen, wenn der Ausgang ungewiss war? Und selbst wenn er verlieren würde, Wehner hätte das wohl auch in Kauf genommen, konsequent und im Zweifel auch erbarmungslos gegenüber sich selbst.

Er hatte jedoch richtig kalkuliert, wie sich bald erweisen sollte. Ähnlich wie nach dem Treffen mit Honecker in der Schorfheide stellte sich eine Mehrheit des Parteivorstands erneut hinter Wehner und billigte ausdrücklich dessen Verhalten, knapp, aber immerhin. Brandt akzeptierte die gemurmelten Entschuldigungen Wehners und auch dessen Angebot, es noch einmal «miteinander zu versuchen». Er kannte diese Floskeln schon.

Es ließ und lässt sich bis heute nur vermuten, was Herbert Wehner beabsichtigte mit seinen Eskapaden. Wollte er Brandt wirklich stürzen? Oder glaubte er sich, politisch und auch persönlich enttäuscht, nur im Recht, um den eigenen Kanzler zur Ordnung zu rufen? Wussten seine engsten Mitarbeiter, wusste seine Frau, der er so viele seelenvolle Briefe schickte, was ihn im Innersten umtrieb und plagte? Eher nein, muss man vermuten.

Als ausgerechnet die Opposition im Bundestag Herbert Wehner attackierte wegen seines Auftretens in Moskau, sah Willy Brandt sich bemüßigt, ihn zu verteidigen: «So können Sie nicht mit einem Mann umgehen, den die Sorge um Deutschland umtreibt, der sich um Berlin und um die Menschen in diesem Deutschland verdient gemacht hat.»[42] Das war weniger überraschend, als es klingt: In der Troika wurden nicht nur Kriege ausgetragen, alle drei zwangen sich auch zu eiserner Disziplin. Eine Rolle spielte dabei auch, dass Wehner wie Brandt darauf drängte, die Ostverträge mit Leben zu erfüllen und sie nicht zu belasten. Diese prinzipielle Gemeinsamkeit zwischen Kanzler und Fraktionschef bestand ja trotz aller Friktionen weiter.

Ganz anders klang es in einem Brief Brandts an Wehner, der vom 23. Oktober 1973 datiert ist. Vier Schreiben Wehners an ihn hatte er bis dahin bereits unbeantwortet beiseitegeschoben, jetzt erwiderte er ihm. Offen ließ er, ob ihr Konflikt sich beilegen lasse. Unterschiedliche Meinungen konzediere er, aber ihn befremde das «Drum und Dran». Dann kam er zur Sache. Seine Einstellung ihm gegenüber bleibe ihm schwer erklärlich, so Brandt, «*welche besondere oder akute Veranlassung es während der Russland-Reise oder danach gegeben hat, eine Reihe von Gesprächspartnern an einer extrem negativen Deskription Deiner Einstellung zu mir teilhaben zu lassen*». Er meine nicht unwichtige Zeitungsleute, die den Eindruck gewonnen hätten, zwischen Wehner und ihm habe sich ein «nicht mehr zu heilender Bruch» ergeben. Wehner warf er mehrdeutige Erklärungen vor, die nichts davon korrigierten. Seines Erachtens müsse geklärt werden, «*ob das, was als persönlicher Bruch erscheint, zwischen uns noch in Ordnung gebracht werden kann – und sei es nur in der Form, dass unbeschadet eines persönlichen Gegensatzes sachliche Kooperation praktiziert wird, – oder ob der Konflikt noch deutlicher gemacht und mit den für die Partei ernsten Konsequenzen ausgetragen werden muss.*» Zu einem persönlichen Gespräch sei er bereit, «Dein Br(andt).»[43]

Allein gegenüber seiner Frau Lotte ließ Wehner immer wieder erkennen, wie er sich zurückgesetzt fühle von Brandt. Wenn sie verreist war oder sich auf Öland aufhielt, überschüttete er sie mit einer Flut handschriftlicher Briefe. Ihr verriet er auch, wie er die Berichterstattung über seinen Honecker-Besuch 1973 empfand: Recht sachlich, so Wehner, habe die DDR-Presse berichtet, während er zu Hause viel «Verrücktheit» beobachtete, das «Überlegenheits- und Herabsetzenwollen-Gefühl» wuchere, klagte der Briefeschreiber, er habe auf dem Plattenspieler «Zum Trost» von Edvard Persson aufgelegt – «vi klarar ass nog ändå ...»[44]

«Morgen früh kommt Gaus. Nachmittags muss ich eine Zeit für Augstein freimachen. Beide sind zum Abendessen bei Brandts eingeladen; dort befassen sich die Herrschaften nicht mit den tristen Realitäten – das muss ich allein tun ...»[45]

«Aber es ist ja nicht das erste Mal, dass ich mich um mich selbst ‹kümmern› muss. Der ‹Kurfürst› (wie Du kürzlich schriebst) ist unnahbar ... Es kostet unbeschreiblich viel Nerven und Beharrlichkeit und Umsicht. Ich klage nicht. Wenn's aber nicht so auf mich ankäme, wäre es an der Zeit, diesem Treiben den Rücken zu kehren. Fast 12 Stunden habe ich heute – mit einer ganz kurzen Essenspause – ‹sitzen› müssen.»[46]

«Der Bundeskanzler geruht zu sagen, es müsse das und jenes im Auge behalten werden ... Leider bin ich dabei nicht einen Schritt weitergekommen mit dem, was mir auf den Nägeln brennt. Sie leben alle in anderen Sphären. So muss ich selbst sehen, weiter zu kommen.»[47] Er klagte und verbot sich zu klagen. Er wütete und suchte Trost. Brandt wünschte er Erfolg, aber er registrierte zugleich, wie da einer an ihm vorüberzog. Wie oft fühlte wiederum Brandt sich im Stich gelassen von Wehner, wie oft hatte er aus den Augenwinkeln heraus beobachtet, wie hart, ja schonungslos Wehner über Menschen urteilen konnte. Umgekehrt empfand es auch Wehner ähnlich, er leistete Kärrnerarbeit Tag und Nacht, Brandt aber bewies kein Gespür dafür, bezog ihn nicht ein in den Freundeskreis, zeigte ihm lieber die kalte Schulter. Beide erwarteten mehr oder anderes voneinander, als sie zu geben vermochten. Seine Briefe an Lotte künden davon, Herbert Wehner saß in der Einsamkeitsfalle, keiner half ihm heraus. Auch Brandt erlöste ihn nicht, wie denn auch, ihm erging es ja ähnlich.

Auf 29 Schreibmaschinenseiten fasste Herbert Wehner für einen kleinen Kreis der Beteiligten und auch Mitreisenden den Ablauf des Besuchs und der Gespräche in Moskau zusammen, wobei er auf eigene stenographische Notizen zurückgreifen konnte. Aber er lenkte nicht wirklich ein. An Brandt richtete er in einem Begleitbrief zu diesem Text nur spröde die Worte, er bitte um Verzeihung für manche Bitterkeit, «die Du im Zusammenhang mit dem Vorgang erlebt hast», er hoffe, ihn «wenn schon nicht ‹milder›, so doch gerechter» zu stimmen. Wieder ließ er Lotte wissen, er wolle nicht Recht haben oder behalten, sondern das Richtige machen. Egon Bahr und anderen Ratgebern Brandts werde er nicht nachgeben und an der humanitären Politik festhalten, auf die er sich mit Honecker verständigt hatte: «In der Sache bin ich nicht zu ignorieren.»[48]

Drei Wochen später, am 23. Oktober 1973, schlug erstmals seit langem Brandt Wehner ein Treffen vor. Wehner zögerte nicht. In der Kanzlervilla am Venusberg setzten die beiden sich nachmittags zusammen, bei mehreren Flaschen Wein – wie kolportiert wurde – sprachen sie sich bis in den späten Abend hinein wieder einmal aus.

Zitiert wurde aus dem Vieraugengespräch der berühmte Satz Wehners, der devot klang, als habe er alles bereut: «Willst Du es noch einmal mit mir versuchen?»[49] Das Übliche also.

Anfang März 1974: Die Bundesrepublik schlitterte in die Weltwirtschafts- und Ölkrise, die Arbeitslosigkeit stieg rasant, gleichwohl kämpfte ÖTV-Chef Heinz Kluncker (Gewerkschaft Öffentliche Dienste, Transport und Verkehr) für einen sprunghaften Anstieg der Löhne und Gehälter. Superminister Helmut Schmidt machte sich nahezu unsichtbar, und der Kanzler erhielt denkbar schlechte Noten, weil er die Zügel nicht straff in der Hand halte, wie es hieß. Wie so oft debattierten die Medien hitzig darüber, ob Brandt sich mit einer Kabinettsumbildung größeren Ausmaßes noch einmal aus der Affäre ziehen könne, zumal Walter Scheel ohnehin das Auswärtige Amt aufgeben wollte, um sich (im Mai) als Nachfolger Gustav Heinemanns zum Bundespräsidenten wählen zu lassen. Unvermittelt sah es so aus, als sei der «Vorrat an Gemeinsamkeiten» in der sozialliberalen Koalition, der anfangs als unermesslich groß galt, beinahe aufgebraucht.

Als in dieser angespannten Situation das Gerücht durchsickerte, Willy Brandt wolle sich jetzt endlich doch von Herbert Wehner trennen und Schmidt könne dann an die Fraktionsspitze zurückkehren, suchte ein alarmierter Herbert Wehner dringend das Gespräch mit Brandt. Wieder brüteten sie sechs Stunden zusammen. Wehner habe den Kanzler gedrängt, hieß es anschließend, stärker zu «führen» und die politische Richtung klarer zu markieren. Das alte Lied. Zugleich hieß es, beide seien sich in ihrer Kritik an Helmut Schmidt einig gewesen. Von Wehner freilich unterschied sich Schmidts Einmischung nur, weil er sie publik machte. Kaum zu glauben, dass Brandt seit diesen sechs Stunden unter vier Augen wirklich annahm, künftig stehe Wehner dauerhaft auf seiner Seite. Sie verband und sie trennte mehr, bei einer Flasche Wein ließ sich das nicht einfach harmonisch auflösen.

Wehners Worte in Brandts Ohr

Sämtliche Details des Dramas, das sich mit Günter Guillaumes Name verknüpft, sind von den Beteiligten, von einem parlamentarischen Untersuchungsausschuss, von zahlreichen Journalisten und Buchautoren recherchiert, beleuchtet und hin- und her gewendet worden. Nicht zuletzt hat Brandt sich selber in seinen *Erinnerungen* wie in den *Notizen* an der Spurensuche beteiligt. Im Folgenden soll noch einmal zurückgeblendet werden auf Herbert Wehners damalige Rolle.

Seit dem 24. April 1974, dem Tag der Verhaftung Günter Guillaumes, lag ein Rücktritt Brandts in der Luft. Am 3. Mai besuchte, wie schon erwähnt, unangekündigt Günther Nollau, der Verfassungsschutzpräsident, Herbert Wehner. Sie kannten sich lange, beide stammten aus Dresden, beide pflegten Kontakt miteinander. In diesem Vieraugengespräch soll Nollau über «pikante Details» berichtet haben, die sich bei den Vernehmungen der Sicherheitsbeamten ergeben hätten. Nollau hielt in seinen Erinnerungen fest, Wehner habe ihm zugestimmt, als er geraten habe, Brandt solle nach diesen Aussagen zurücktreten.[50]

Für die beiden folgenden Tage war ohnehin in Bad Münstereifel ein Treffen der Gewerkschaftsspitze mit dem Kanzler und der SPD-Spitze vorgesehen, das ließ Wehner Nollau auch wissen. Wehner und Brandt trafen sich am Abend des 4. Mai. Wehner berichtete dabei, was Nollau ihm zu den «pikanten Details», nämlich «Damenbekanntschaften», mitgeteilt habe. Wehner ließ Brandt auch wissen, dass Nollau den Rücktritt empfehle, weil er als Kanzler erpressbar geworden sei, falls Guillaume als Agent jemals ausgetauscht würde. Beide, Wehner und Brandt, haben über ihr Vieraugengespräch Ähnliches berichtet. Unumstritten ist auch, dass Wehner Brandt seine «uneingeschränkte Treue für jede denkbare Entwicklung» versicherte.

Über die genaueren Umstände dieses kurzen Zusammentreffens der beiden, über das Unausgesprochene oder bloß Angedeutete, ist dennoch viel spekuliert worden. Ob die Worte Wehners in Brandts Ohr in der Eifel, die keiner außer dem Kanzler zu hören bekam, den Ausschlag gaben? Zunächst widersprach ausgerechnet Willy Brandt der Version in zahlreichen Medien, Wehner habe ihn in den Rücktritt getrieben. Holger Börner, seinerzeit Bundesgeschäftsführer, übergab er einen Zettel für Wehner mit wenigen Zeilen: «Die im ‹Stern›, im ‹Spiegel› und in anderen Blättern aufgestellten Behauptungen über das Verhalten Herbert Wehners während der Tage vor meinem Rücktritt treffen nicht zu. Herbert Wehner hat mich niemals zum Rücktritt gedrängt. Gez. Willy Brandt».[51]

Dass Wehner ihn tatsächlich nicht zum Rücktritt «drängte», wie Brandt formulierte, ist unbestritten. Brandt hat dennoch nach einigem Abstand – vor allem in den *Notizen* – suggeriert, er gehe einfach davon aus, dass Wehner ihn habe loswerden wollen, entweder bei der überraschenden Enttarnung Guillaumes oder im Laufe der folgenden Wochen habe er entsprechend agiert. Aus Wehners Sicht nahm sich das sicher anders aus: Dieser Frauenheld Brandt, der Zauderer, Weichling und Lebensgenießer, war den Deutschen als «Nummer eins» zuzumuten, einer wie er, ein «Gebrannter», offenbar nicht? Viel Unausgesprochenes schwebte zwischen ihnen in dieser Nacht von Münstereifel. Auch Brandt blieb Antworten schuldig. Auf die weitreichende Frage ließ er sich in seinen *Notizen* nicht näher ein, weshalb nämlich Herbert Wehner und Erich Honecker sich gemeinsam vorgenommen haben sollten, ihn aus dem Kanzleramt zu katapultieren. Diesen Verdacht legte Brandt aber nahe. Gewiss misstraute der unsichere Honecker der offensiven Ost- und Deutschlandpolitik Brandts. So lange hatte Ostberlin die Anerkennung als Staat erzwingen wollen, nun fürchteten die SED-Gralshüter offensichtlich, dahinter drohe eine «Aggression auf Filzlatschen». Aber was konnte Honecker sich von einem Sturz Brandts versprechen? Auf welchen Nachfolger hätte er bauen sollen? Von Helmut Schmidt, der als «Kronprinz» auserwählt war, konnte er sich keine größere Kurskorrektur in seinem Interesse versprechen, den «Wandel durch Annäherung» wiederum wollte am Ende auch Wehner. Das Techtelmechtel Honeckers mit seinem Saarbrücker «Jugendfreund» mag zwar suggeriert haben, eine deutsch-deutsche Insel lasse sich wetterfest abschirmen von den wechselhaften Ost-West-Beziehungen. Aber es war kaum anzunehmen, dass Moskau seinem Ostberliner Satelliten einen wirklichen Alleingang erlauben würde. Herbert Wehner, das kam hinzu, hatte kein nachvollziehbares Interesse, Honecker zu stabilisieren, bloß weil er ihn aus den kommunistischen Jugendjahren im Saarland kannte. Dass Willy Brandts Misstrauen erweckt worden war gegenüber dem Weggefährten, dem er viel zu verdanken hatte, kann man sehr wohl verstehen. Seinen Verdacht aber, ausgerechnet von ihm dann «verraten» worden zu sein, konnte Willy Brandt in den *Notizen* jedenfalls nicht verifizieren.

Herbert Wehner mag geglaubt haben, Brandt lasse sich auf dem Felde der Ost- und Entspannungspolitik treiben, ja er wollte vermutlich gleichsam an Stelle des «lauen» Brandt die Politik gegenüber Moskau und Ostberlin fortsetzen, wenn nicht gar retten. Der schwächelnde Brandt hatte in seinen Augen die Kraft dazu nicht mehr. So weit lassen sich Wehners Beweggründe vielleicht nachvollziehen.

Komplott oder nicht, als Dolchstoß muss Willy Brandt dann aber empfunden haben, was von Wehner in Münstereifel gesagt und was nicht gesagt wurde. So oft hatten sie es in immer neuen Anläufen miteinander versucht, hatten einander Loyalität versprochen und Offenheit, jetzt beim Showdown ließ Wehner ihn im Stich und beschränkte sich auf die Formel, er werde jede seiner Entscheidungen mittragen. Sein Schweigen zur Frage, ob er als Kanzler bleiben oder gehen solle, konnte Brandt gar nicht missverstehen.

Der Königsmacher, der zum Königsmörder wird: Ja, Wehners Worte, Wehners Schweigen bedeutete für ihn etwas anderes als der Rat etwa von Schmidt, Bahr, Ehmke oder Börner. Als es darauf ankam, hatte Wehner tatsächlich das letzte Wort. Man kann nur vermuten, dass ihm das auch voll bewusst war. Und Brandt sah in dem Moment nicht mehr den Weggefährten am Werk, mit dem ihn so viel verband. In seinen Augen hatte sich nun erwiesen, dass Wehner aus seiner Haut nicht herauskonnte, gnadenlos opferte er auch Weggefährten und Freunde. Willy Brandt suchte eine einfache Erklärung für sein frühes Scheitern, und die bot sich an – Verrat blieb sein Lebensthema und seine Tragik, verraten fühlte er sich jetzt von dem Mann aus dem Hotel Lux, dem «ewigen» Kommunisten. Ausgerechnet Brandt, der solche Nachreden hasste, war zu dieser Überzeugung gelangt.

Brandt und Wehner benötigten einander, vermutete David Binder in *The Other German*, seiner Brandt-Biographie, und sie verabscheuten doch zugleich das Gefühl, dass sie sich brauchten. Willy Brandt hatte die Bundestagswahlen (1972) gewonnen und den Ruhm geerntet, dafür hatte Herbert Wehner bei den Wahlen der Parteispitze gepunktet, also durchaus auch Anerkennung gefunden. Binder: «Jetzt folgten sie verschiedenen Spuren, als wollten sie die Ziele verdunkeln, die sie sich gesetzt hatten. Für Brandt bedeutete die SPD immer ein Vehikel mit doppeltem Zweck, aber einem einzigen Ziel – die Wiedereingliederung Deutschlands unter dem Banner der Demokratie und der deutschen Nation in die Familie der Nationen. Für Wehner repräsentierte die SPD mehr – ein Vehikel zur Reintegration von ihm selbst in das deutsche Volk, und zugleich zur Demokratisierung der Deutschen.»[52]

Mit seinem Urteil über die Differenzen zwischen beiden konfrontierte Binder bei einem ihrer Gespräche auch Wehner (1973), der Stern Brandts sank bereits wieder, die Umfragen für seine Partei gingen in den Keller. Wehner erwiderte Binder, um den großen Unterschied zu Brandt zu beschreiben: «Ich war in jeder Hinsicht heimatlos. Ich hatte nichts vorzuzeigen. Brandt und die älteren Weggefährten der SAP mussten nie irgendetwas begraben. Ein Kommunist muss sich von allem lossagen, sonst ist er tot. Einige, wie er, haben immer recht; sie mussten nie neu geschmolzen werden. Für mich war es schwieriger, ich war ein gebrochener Mann, der das nicht leugnete.»[53]

Auf dem Höhepunkt des Dramas, am Morgen nach dem Rücktrittsentschluss, nahmen Brandt und Wehner nebeneinander Platz an den Tischen der Bundestagsfraktion. Weit weg saß Brandt von Wehner. Von diesem Nachbarn, vermutete Binder sensibel, wünschte er sich nur ein einziges Wort: Bleibe! Das aber verweigerte ihm Wehner. Ja, es trifft wohl zu, wieder fühlte Brandt sich als Outcast. Er wurde abgestoßen – «der Deutsche von Deutschland, der Kanzler vom Kanzleramt, der Demokrat aus der Demokratie, der Befürworter von Solidarität von der Solidargemeinschaft, der Vogel vom Nest». Wieder blieb ihm nur eine Heimat, seine Partei.[54]

Einfühlsam grübelte Helmut Schmidt nach dem Rücktritt 1974 der Entfremdung zwischen Brandt und seiner Partei nach, letztlich einer Fremdheit zwischen ihm und den Deutschen: «Die Beziehung zwischen Brandt und seiner Partei erklärt nicht alles. Er war mehr als ein Parteimensch. Er hat sein eigenes Leben geführt, abgetrennt von seiner Partei. Er war nicht vollkommen integriert in die SPD, anders als Wehner und ich. Alle zwei oder drei Jahre war er versucht, sich ganz zu trennen, bei uns löste das große Besorgnis aus. Dann kapselte er sich ein und wir konnten ihn zwei, drei Tage lang nicht erreichen.»[55] Die Pointe: Schmidt stellte sich damit auf Wehners Seite, sie fühlten sich ihrer Partei – so war er zu verstehen – tiefer verbunden als der Mann, der sich selbstbewusst als Nachfolger August Bebels betrachtete, auf nichts so sehr achtete wie auf die Einheit der Linken, und der beinahe ein Vierteljahrhundert an ihrer Spitze stand.

Und doch kommt man damit einer Erklärung näher, weshalb Brandt so betont «links *und* frei» bleiben wollte, von niemandem und nichts abhängig, im Zweifel auf Distanz sogar zu seiner Partei, ohne große Vaterfigur, ohne Freunde. Im Innersten zählte er zu keiner Fraktion. Wer ihm zu nahe kam, engte ihn zu sehr ein. Wenn ihm niemand nahekam, vermisste er es.

Nach der Nacht von Münstereifel fand Willy Brandt nie mehr ein einigermaßen unbefangenes Verhältnis zu Wehner und dieser auch nicht zu Brandt. Zu tief war der Bruch. Und auch Wehner war zu verletzt, zumindest empfand er es so. Der Konflikt mit Brandt, die *Notizen zum Fall G.*, ließen am Ende übersehen, dass keiner die Ostvertragspolitik in den siebziger Jahren vor «Verwässerungen» und «Draufsatteln» derart strikt in Schutz nahm wie Wehner. Die Frage, ob Wehner für die «andere Seite» gearbeitet habe, hat als Erster und am schärfsten Egon Bahr beantwortet – «nicht für sie, sondern für sich». Brandt und seine engsten Gefolgsleute schlossen sich dem Verdikt an (nicht so sein Sohn Peter). Ich denke, es gibt keine letzten Beweise. Sehr wohl lässt sich aber festhalten: Fallen gelassen hat Herbert Wehner den schwächelnden Brandt allerdings, oder im Sturz mitgerissen. Ja, auch gestoßen und es vielleicht zugleich bereut. Etwas war nicht kompatibel zwischen ihnen. Wehner arbeitete bis zuletzt sein Leben ab, er blieb sein eigener Gefangener, Brandt nicht.

Betrogen fühlte Willy Brandt sich gewiss um seine Kanzlerschaft. Herbert Wehner machte er dafür verantwortlich, wenn auch heimlich in seinen *Notizen* versteckt. Aber immerhin, da steht es schwarz auf weiß. Nicht die Deutschen überraschten ihn, nicht von ihnen fühlte er sich in diesem Augenblick verraten, auch wenn er noch so oft denunziert worden war, sondern von Bruder Wehner, der auch für ein «anderes Deutschland» stand und dafür zu büßen hatte. Für ihn war er der andere «andere Deutsche». Er wünschte so sehr, aus ihrer Beziehung würde eine Freundschaft entstehen, aber am Ende scheiterte er damit. Weder in *Links und frei* noch in seinen *Erinnerungen* – in denen Brandt Freunden gerne kleine Denkmäler zu errichten pflegte – widmete er Herbert Wehner ein eigenes, sei es auch noch so kleines Kapitel. Kein *Stolperstein*, nichts. Herbert Wehner starb nach langjähriger Krankheit im Jahr 1990. Zu seiner Beerdigung auf dem Burgfriedhof in Bad Godesberg raffte Brandt sich nicht auf, weil er es nicht übers Herz brachte, wie er gestand.

X
Der «Vaterlandsverräter» als Patriot

Der Sorgfalt des Historikers Bernd Rother ist es zu danken, dass eine kleine historische Ungenauigkeit korrigiert werden konnte, die sich mit Willy Brandts Namen verband. Nicht ohne sein Zutun hatte sich eingebürgert, aus seiner Ansprache am Abend des 10. November 1989 auf den Stufen des Schöneberger Rathauses einen Satz zu zitieren, der wie ein gewaltiger Seufzer der Erleichterung nach Jahrzehnten frustrierender Anstrengungen klang: *«Jetzt wächst zusammen was zusammengehört.»* So meldeten es die Nachrichtenagenturen, *dpa* und *Reuter*, so war es bereits am 11. November in sämtlichen großen Tageszeitungen zu lesen. Das Zitat, fand Rother heraus, gab nicht den wirklichen Wortlaut vom 10. November wieder, er konnte aber erklären, wie es zu der genialen Kurzformel kam.

Von Günter Schabowskis legendärem Presseauftritt in der Mohrenstraße, in welcher er stotternd eine Neuregelung des Grenzübertritts für DDR-Bürger («das gilt ... sofort, unverzüglich») bekanntgab, hatte Brandt am Abend zuvor während einer Bundestagssitzung gehört. Die Maueröffnung in der Nacht verschlief er nach eigenem Bekunden. Erst ein journalistischer Anrufer überbrachte ihm in den frühen Morgenstunden die frohe Botschaft. Mit einer britischen Militärmaschine flog er noch am frühen 10. November nach Berlin, im Flugzeug machte er sich Notizen zu einer kurzen Ansprache. Der Mitschnitt seiner Rede am Abend vor Tausenden von Berlinern, im

Ein Tag nach dem Mauerfall, am 10. November 1989, vor dem Rathaus Schöneberg: Willy Brandt am Rednerpult, im Hintergrund Helmut Kohl, vorne links Außenminister Hans-Dietrich Genscher. Keiner von ihnen hat erwartet, was gerade geschieht.

Beisein von Helmut Kohl (der aus Warschau herbeigeeilt war), Hans-Dietrich Genscher und Walter Momper, enthält den zitierten Satz nicht, jedenfalls nicht im Wortlaut. Willy Brandt formulierte demzufolge etwas umständlicher: «*Aus dem Krieg und aus der Vereinigung der Siegermächte erwuchs die Spaltung Europas, Deutschlands und Berlins. Jetzt erleben wir, und ich bin dem Herrgott dankbar dafür, dass ich dies miterleben darf, dass die Teile Europas zusammenwachsen.*»

Wie Bernd Rothers Recherchen ergaben, hatte Brandt allerdings auf eine Frage des SFB-Reporters Ansgar Hocke, «Sie standen oft hier, was geht in Ihnen vor?», erwidert: «*Sie haben Recht: Ich habe oft hier gestanden, vor allen Dingen am 16. August 1961, kann ich mich erinnern, da haben wir unseren Zorn, unsere Ohnmacht herausgeschrien. Jetzt sind wir in einer Situation, in der wieder zusammenwächst, was zusammengehört.*» Ähnlich wiederholte er es im

Gespräch mit einem Berliner Zeitungsjournalisten. Der Satz, auf die Formel verkürzt, jetzt wachse zusammen, was zusammengehört, bekam jedoch Flügel. In der «Nachschrift» zu einer aktualisierten Ausgabe seiner *Erinnerungen*[1] erwähnte Brandt den Satz noch nicht. Als jedoch der Dietz-Verlag einen Sammelband mit ausgewählten Texten zu Deutschland veröffentlichen wollte, gab er ihm den Titel «... *was zusammengehört.*» Vom Lektor danach gefragt, wo er das Wort denn geprägt habe, erwiderte Brandt, er erinnere sich daran nicht mehr genau, schlug aber vor, den Satz in seiner Rede vom 10. November einzufügen, genau auf Seite 36, handschriftlich ergänzte er ihn im Druckmanuskript.

Es war keine Fälschung, der Satz stammte von ihm, in ähnlicher Form hatte er sich öffentlich erstmals bereits 1958 geäußert, er muss ihm immer auf der Zunge gelegen haben. Gewiss entsprach er auch dem, wie Brandt tatsächlich dachte.

Die kleine Sünde also, einen Satz in eine Rede einzutragen, den er an anderer Stelle formuliert hatte und der jetzt so glänzend passte, die musste doch erlaubt sein. Man könnte auch sagen, den nüchternen Brandt bewegte in diesen Tagen ein Überschwang der Gefühle, alles andere kam ihm kleinkariert vor.

Am 10. November 1989, bei seiner Rede auf dem John-F.-Kennedy-Platz, raffte er seinen politischen Lernprozess als Bürgermeister von 1957 bis 1966 zusammen. Beim Mauerbau 1961 hatte er in seiner Rede vor dem Rathaus die Erregung der Berliner zu dämpfen und ihnen trotz allem Hoffnung zu machen versucht, «nichts wird so bleiben wie es war ...»; jetzt, nach der wundersamen Wende, dem Mauerfall, bilanzierte Brandt überrascht und gelöst wie selten: «Das war ein schöner Tag nach einem langen Weg ...» Denen, die heute noch so schön jung sind, und denen, die nachwachsen, könne es nicht immer leichtfallen, sich die historischen Zusammenhänge klarzumachen, in die sie eingebettet sind ... er erinnere daran, dass das alles nicht erst am 13. August 1961 begonnen habe. Das deutsche Elend, so Brandt, begann mit dem terroristischen NS-Regime und dem von ihm entfesselten Krieg, jenem schrecklichen Krieg, der Berlin wie so viele andere deutsche und nichtdeutsche Städte in eine Trümmerwüste verwandelte. Ihm jubelten auch jetzt wieder Zehntausende zu, als er vor dem Rathaus stand. Er stand für die Politik, die das ermöglicht hatte, für das Verbindende. Helmut Kohl wurde ausgebuht, was Brandt zutiefst missfiel. Für sie, die aus unterschiedlichen Politikwelten kamen und oft zusammenprallten, schmolzen die Parteigrenzen in diesem Moment der nationalen Gefühle dahin.

Seit dem Mauerfall am 9. November erlebte man einen verwandelten Willy Brandt. Ein Traum erfüllte sich unerwartet. Ja, Fritz Sterns enthusiastisches Wort, Deutschland erhalte damit seine «zweite Chance», entsprach auch seinem Empfinden.

Fast über Nacht entfremdeten sich Willy Brandt und Oskar Lafontaine, der Saarbrücker Sozialdemokrat, auf den Brandt große Stücke setzte, vermochte die «patriotischen» Worte und Empfindungen des SPD-Ehrenvorsitzenden nicht nachzuvollziehen. Lafontaine war kein Einzelfall: Der Autor Patrick Süskind weinte der kleinen, zurückhaltenden, alten Bundesrepublik in einem *Spiegel*-Essay freimütig eine Träne nach. Das galt einer Republik, die transparenter, weniger national, weltoffener, liberaler geworden war im Laufe der vierzig Jahre, als man hätte erwarten können. Und war das, die Frage drängte sich auf, nicht gerade auch ein Verdienst von Politikern von der Art Willy Brandts?

Er setzte jetzt andere Prioritäten. Von Dresden bis Schwerin, von Rostock bis Magdeburg, rastlos bereiste der Kanzler a. D. den Osten, es muss eine wunderbare Reise in die Vergangenheit für ihn geworden sein. Zum Leben wiedererweckt – so glaubte er jedenfalls – wurde die Idee eines geeinten Landes, damit aber auch einer Sozialdemokratie, die seit 1933 unterdrückt, ins Exil getrieben, weggesperrt und deren Reste im Osten 1946 auch noch mit der KPD zwangsvereinigt worden waren. Diesem Brandt konnte nach dem Mauerfall und Kohls Zehn-Punkte-Plan Ende November (den Brandt vorbehaltlos guthieß) das Zusammenwachsen nicht schnell genug gehen. Wenn es wie erhofft zu einer Föderation käme auf zehn Jahre oder länger, sollte er dann nicht noch einmal als Präsident eines Deutschen Bundes antreten, also an der Spitze des neuen, vereinten, anderen Deutschland? Gemeinsam mit Freund «Egon» wälzte er Zukunftspläne.

Ausgerechnet in dem Augenblick nämlich, in dem das Ende der Spaltung aufleuchtete, glaubten Brandt und Bahr nicht so recht daran, Bundesrepublik und DDR könnten verschmolzen werden. Etwa fünf bis sechs Wochen scheint auch Brandt es zumindest für realistisch gehalten zu haben, dass Gorbatschow zwar die DDR freigebe, aber nicht etwa, damit sie sich in das westliche Bündnissystem integriere, nein, als politisch neutralen Staat. Als Präsidenten konnten die beiden sich Brandt vorstellen, unter dem gemeinsamen Dach würden zwei deutsche Regierungen ein friedliches Nebeneinander organisieren, malten sie sich aus. Aus den Bündnissystemen hätten die zwei Staaten austreten müssen, falls sie nicht ohnehin aufgelöst würden. Heute weiß man: Ihr Traum war nicht kühn genug, die Revolution war schneller. Brandt mit seinem Sensorium für Stimmungen an den Graswurzeln stellte sich als einer der Ersten auf die rasante Entwicklung ein, er spürte rasch, der sowjetische Generalsekretär würde sich nicht dagegen stemmen, wenn die Deutschen über ihre Zukunft alleine entscheiden, alleine und sehr bald.

1989 Mitte Oktober 1989 reiste Willy Brandt ein weiteres Mal nach Moskau, um sich im Gespräch mit Michail Gorbatschow, den er inzwischen gut kannte, ein Bild zu machen, was für die beiden deutschen Staaten sowie für Ost- und Westeuropa konkret zu erwarten sei. In der DDR brodelte es. An der Spitze der SPD stand er nicht länger, der Regierung gehörte er auch nicht an, er reiste in eigener Regie. Gegen solche Fühlungnahme konnte allerdings auch Helmut Kohl nichts einwenden. Er hatte sein *Newsweek*-Interview über Gorbatschow als «Meister der Propaganda» wie Joseph Goebbels (1986) längst bereut, Weizsäcker und Genscher zu einer Beschwichtigungsmission nach Moskau delegiert, hinter den Kulissen sondierte er mit ungarischen Politikern, ob sie wirklich bereit wären, den Worten Taten folgen zu lassen und den Eisernen Vorhang durchlässiger zu machen oder einfach zu durchschneiden. Ein Umbruch zeichnete sich ab. Aber welcher genau, wie weit würde er führen?

Willy Brandt ließ das keine Ruhe. Michail Gorbatschow müsse man beim Wort nehmen, das sah er wie Genscher, der Mann dachte offensichtlich auch, was er sagte. Mehr noch: In dem sowjetischen

Am 17. Oktober 1989 trifft Brandt Michail Gorbatschow in Moskau. Das Gespräch mit dem neuen Generalsekretär hat er schon öfter gesucht, seit seiner Ernennung 1985 nimmt er ihn ernst. Später wird Brandt sich erinnern, bei diesem Besuch sei ihm klar geworden, dass die deutsche Einheit in greifbare Nähe rücke.

Generalsekretär erkannte er tatsächlich rasch einen nahen Verwandten, die Geschichte hatte Europa geteilt und die Linke auseinandergerissen, nun führte sie in einer überraschenden Volte die Europäer auch wieder zusammen.

Ein enthusiasmierter Willy Brandt bilanzierte beim Rückflug, wie ich mich entsinne, etwas sei in Bewegung geraten, ein Ende nicht absehbar; Michail Gorbatschow habe ganz gewiss nicht die Absicht, das Rad der Geschichte zurückzudrehen. Zumindest angedeutet hatte er seinem deutschen Gast offenbar, dass es auf eine Moskauer Intervention zurückging, als eine Woche zuvor, am 9. Oktober, «hohe sowjetische Offiziere» oder «ein gescheiter General» angeordnet hatten, die Truppen und Panzer der Nationalen Volksarmee (NVA) müssten in den Kasernen bleiben. Das hieß, sie durften keinesfalls eingesetzt werden gegen die Zehntausende Demonstranten, die sich in Leipzig versammelt hatten. In Wahrheit, so vermutete Brandt, habe das also Gorbatschow gewollt und auch durchgesetzt. Schon das lief auf eine historische Wende hinaus. Dass der Generalsekretär es ernst meinte mit Perestroika und Glasnost, entnahm er auch einer Andeutung, am nächsten Tag bereits werde Erich Honecker abgelöst. Exakt so kam es, am 17. Oktober trat das Politbüro die Flucht nach vorn an und beschloss, die Nummer eins abzulösen.

Dass Honecker die Macht verlieren würde, wusste Brandt also, aber hatte Gorbatschow ihm tatsächlich auch angedeutet, die deutsche Einheit sei möglich? Wenige Wochen später beteuerte er, der Generalsekretär habe das schon bei ihrem Oktober-Treffen erwogen. Bloß hätten wir Journalisten ihm nicht genau zugehört, als er beim Rückflug von den Gesprächen berichtete.

Mit dem Tempo der Entwicklung kamen die Sozialdemokraten kaum mit, zudem gingen die Meinungen auseinander, wie das neue deutsche Miteinander aussehen solle. Willy Brandt hingegen antizipierte im Überschwang vieles im Vorhinein, oder er stellte sich an die Spitze der jeweils neuen, nächsten Bewegung. Im Dezember 1989 scharte sich endlich eine unsichere Partei hinter ihm, die nicht recht wusste, wie ihr geschah. Eindeutig galt er und nicht Oskar Lafontaine als Mann der Stunde. Augenblicklich führten die Ereignisse Regie, auf solche Verhältnisse verstand er sich aus Erfahrung.

Willy Brandt wirkte euphorisiert: Am 29. November 1989[2] entschuldigte er sich vorweg bei der SPD-Fraktion, bei seinem jetzigen Lebensrhythmus sei das normalerweise die Zeit, wo er zu Abend esse und «ein Glas Rotwein oder auch zwei» zu sich nehme. Es sei richtig, dass die SPD dem Zehn-Punkte-Plan Helmut Kohls zustimme. War es überhaupt ein «Plan»? Man schreibe eine Nummer davor, spottete Brandt, dann wird daraus einer. Aber dann: Einiges an Kohls Punkten könne man auch ergänzen, richtig bleibe das Papier aus dem Kanzleramt dennoch. Man dürfe keine «dogmatische Position» zur Frage der Zweistaatlichkeit einnehmen. *«Revolutionen, auch wenn sie friedlich sind, erfordern Improvisation und nicht perfektionistische Vorwegerklärung. Und im Übrigen lehrt die Geschichte, dass Versäumnisse in der ersten Phase einer Revolution Gewalttätigkeit in der zweiten oder dritten Phase nach sich ziehen.»*

«*Also, wir sind nun drin ... Ich sage Euch, wir dürfen uns nicht abheben von jenem Gefühl, dass aus der Einheit der Menschen – die erleben sie jetzt zu Hunderttausenden, das ist die Einheit von unten –, dass ein Prozess im Gange ist bis hin zu dem, was ich den neu heranwachsenden Deutschen Bund nenne ...*»
Zwei Staaten, eine Nation, auf diese Formel hatte Brandt das früher schon einmal gebracht. Damals war ihm «Verrat» vorgeworfen worden, jetzt zeigte sich, er lag damit gar nicht so falsch.

Willy Brandt am 6. März in der St.-Marien-Kirche in Rostock: «*Meine Damen und Herren, Schwestern und Brüder, Landsleute vor allem (begeisterter Beifall) ... ich bin wirklich sehr, sehr glücklich ... bedanke mich vor allen Dingen bei Pastor Gauck ...*»
«*Ich will nicht bei den Sentimentalitäten stehen bleiben ... Obwohl ich Ihnen zugebe, für mich ist dieses bewegend auch deshalb, weil ich ja zur Hälfte ein Mecklenburger bin. Meine Mutter kam aus Klütz, und ich habe in meiner Kindheit nicht nur Klütz und Wismar besucht, sondern auch Rostock und Schwerin und Malchin und Güstrow. Das Land ist mir vertraut, aber es sind 53 Jahre her, seit ich das letzte Mal als junger Mann meinen Fuß auf Rostocker Boden setzte. Da schwingt sehr viel mit. Was ist alles in dieser Zeit an Elend über unser Volk gekommen, aber jetzt sind wir dabei, aus dem Tunnel herauszukommen, wir alle miteinander.*»
Den «langen Weg» ließ Brandt beim «Pastor» (wie er Joachim Gauck beharrlich titulierte) Revue passieren, der abgesteckt werden musste in all den Jahren zuvor. Vom Mauerbau über das Passierscheinabkommen 1963, wenigstens für die Weihnachtstage, um die Familien zusammenzuhalten, Anfang der siebziger Jahre dann die Verträge mit der Sowjetunion, Polen, der Tschechoslowakei, der DDR. Schließlich die erste «gesamtdeutsche, nein, gesamteuropäische» Konferenz in Helsinki. Mehr als gewohnt ließ der Redner auch den eigenen Anteil an der Vorgeschichte anklingen. Aber gleich rief er sich wieder zur Ordnung, er wolle nicht übertreiben, «den Gorbatschow habe ich nicht erfunden».
Alles dränge auf Einheit, so war Brandt zu verstehen. Ohne Günter Grass beim Namen zu nennen, widersprach er dem Schriftsteller-

freund in der Kirche: Nationale Schuld werde nicht durch die willkürliche Spaltung einer Nation getilgt.³ Emotionaler, gerührter, mit sich und der Welt einiger als in Rostock habe ich Willy Brandt nie erlebt.

In der CDU verhielt es sich durchaus ähnlich wie bei den Sozialdemokraten, auch sie hatte den Gedanken an eine staatliche Einheit seit Mitte der achtziger Jahre – von wenigen Ausnahmen abgesehen – aufgegeben, obgleich Helmut Kohl in letzter Sekunde eine entsprechende Neuformulierung des Programms blockierte. Später hat er dann alle Parteifreunde, die sich um eine neue Positionierung in der «deutschen Frage» bemüht hatten, ebenso als national unzuverlässig, ja als Verräter gebrandmarkt wie die Sozialdemokraten um Oskar Lafontaine oder Jürgen Schmude, nur Brandt und Eppler nahm er ausdrücklich aus von seinem Verdikt.

Willy Brandt hatte mit dieser Wende, einem Bekenntnis zur staatlichen Einheit, wenig Mühe, Erinnerungen wurden wach an seine legendäre Visite in Erfurt und die «Willy, Willy»-Rufe, sein diskretes Erscheinen am Fenster des «Erfurter Hofes» 1970. Ja, für ihn wuchs zusammen, was zusammengehört. Zu ihm und seiner europäischen Lebensgeschichte passte das. Überall galt er als Weltbürger. Er durfte patriotisch-nostalgische Gefühle zeigen, ohne ernsthaft als rückwärtsgewandter Nationalist verdächtigt zu werden – abgesehen davon, dass es ihn in diesem Moment auch nicht weiter bekümmerte.

Bei dem Parteitag in Berlins überdimensioniertem, klotzigem «Internationalen Congress Centrum» (ICC) aus dem Jahr 1979 ließ sich die desorientierte SPD gerne von Brandt (und Egon Bahr) retten. Mit ihm zeigte sie eine deutsche, nationale Seite, die man nach Kurt Schumacher, nach der Godesberger Wende kaum noch hatte wahrnehmen können. Manche fürchteten und verbargen es nicht, auch Brandt lasse sich gar zu weit mitreißen von nostalgischen, großdeutschen Träumen, einer mächtigen Deutschlandgrundwoge. Annähern sollte man sich, aber es grassierte auch Angst vor Unbekanntem. Was würden die Deutschen aus ihrer «zweiten Chance» machen? Würde sie ihnen zu Kopf steigen? Das zu fragen, war angesichts der deutschen Vergangenheit keineswegs illegitim.

Auch Brandt wusste nicht genau, was kommt. Aber seine Botschaft lautete eindeutig: Mit der Suche nach einem neuen Verhältnis der Deutschen zueinander muss man nicht wie vorgesehen bis zu den Wahlen am 6. Mai warten. Pragmatisch ging er jetzt auf Distanz zu der eigenen Überzeugung, zuerst müsse die Einheit Europas kommen, bevor auf die «nationale Frage» eine Antwort zu finden sei. Die Geschichte verlief augenblicklich eben anders, als er erwartet hatte, das hatte er öfters beobachten müssen im Leben, es kostete ihn nichts, das anzuerkennen und sich darauf einzustellen. Ab jetzt ist die Einheit irreversibel, vielleicht wird es dauern, aber «sie wächst von unten». Mit diesem Aufruf, das Mondfenster zügig zu nutzen, wer weiß denn, wie lange es offen steht, setzte er sich an die Spitze, während Oskar Lafontaine im ICC tapfer die künftige Weltgesellschaft beschwor. Man kann sagen, beide, Brandt und Lafontaine, blieben sich dabei treu.

Mit Willy Brandts Patriotismus könne er so wenig anfangen wie mit jenem Helmut Kohls, gestand Lafontaine seinerzeit ehrlich. Damit sprach er für viele Jüngere, die in der Bundesrepublik groß geworden waren, vielleicht auch für einige Ostdeutsche, die von einem dritten Weg träumten, für die Mehrheit sprach er nicht. Er wird es gewusst haben. Oskar Lafontaine hatte wenige Tage zuvor in einem eher trotzigen Interview mit der *Süddeutschen Zeitung* (25. November 1989) fast beiläufig einfließen lassen, eine «gemeinsame deutsche Staatsbürgerschaft» lasse sich nicht länger aufrechterhalten. Plädierte er ernsthaft für zwei Staatsbürgerschaften? Ostdeutsche, die in die Bundesrepublik wollten, bezeichnete er als «Übersiedler». Ja, Lafontaine tastete sich auch an den Gedanken heran, die Bundesrepublik könne aus der Nato austreten, zumindest aus der militärischen Integration.[4] Vor einer großformatigen Satellitenaufnahme der Erdkugel dozierte er noch lange über die internationale Tradition der SPD, über die Vergiftungen der Weltmeere und das Abholzen der Regenwälder, wie er es seit Jahren pflegte. Die «Irrtümer» in der Bundesrepublik, darauf bestand der Redner, müsse man kritisch sehen, «wer unser System preist, hat überhaupt nicht die Zeichen der Zeit begriffen». Die soziale Frage werde zumindest im Westteil im kommenden Jahr und in einem Wahlkampf gegen Kanzler Kohl die Hauptrolle spielen, auch wenn im Osten die «nationale» Frage vielleicht überwiege. Redete er sich ein, damit seien Wahlen zu gewinnen, oder ahnte er schon, dass er den Kürzeren ziehen würde? Zum 2. November 1990 trat Lafontaine bei den Bundestagswahlen als Kanzlerkandidat gegen Helmut Kohl an, auf aussichtsloser Position, wie ihm klar war. Verrannt hatte er sich in seine eigene Überzeugung: Er verteidigte eine Republik, in der andere politische Prioritäten galten, einen Postnationalstaat, der eingebettet ist in Europa. Auch Brandt sympathisierte über lange Jahre hinweg mit solchen Ideen. Aber jetzt? Sein einstiger Lieblingsenkel, Oskar Lafontaine, wollte nach vorne preschen: «Wenn wir über den Nationalstaat sprechen, dann müssen wir ihn lösen und trennen von der Idee der Nation.» Bloß, in diesem Moment war die Rückkehr des «Nationalstaats» bereits sichtbar. Dem «Übervater» habe er damit leider «etwas widersprechen müssen», rechtfertigte Lafontaine sich später.

Was Oskar Lafontaine in dem Moment im ICC nicht wusste: Etwa zur gleichen Zeit wurde Helmut Kohl vor den Ruinen der Dresdner Frauenkirche für seine Rede bejubelt. «Deutschland einig Vaterland», skandierten Zehntausende zu seinem Empfang. «Wir sind ein Volk!» und «Helmut, Helmut!», brandeten die Rufe auf, der Kanzler dämpfte die Emotionen, obwohl er vorsichtig andeutete, die Parolen verstanden zu haben.

Noch auf der Bühne im ICC ging Brandt auf Lafontaine zu mit den Worten, er sei ihm «wohl etwas zu national» gewesen. Oskar Lafontaines Replik: «Ja». Aber er verstehe das, fügte er noch diplomatisch hinzu, weil er auch wisse, welche Erinnerungen in dieser Zeit des Umbruchs ihn als ehemaligen SPD-Vorsitzenden bewegten. Beide sorgten dafür, dass ihr Kurzdialog rasch die Runde machte.

Brandt-Freund Günter Grass, der seit 1961 für ihn trommelte, bekannte spontan, in der «nationalen Frage» eindeutig zur Lafontaine-Fraktion zu zählen. Grass: «Na ja, der Willy wird eben auch alt.» Brandt wankte nicht: Da bietet sich eine historische Chance auf die Einheit, mit der auch er schon nicht mehr gerechnet hatte, und dann präsentiert sich «Oskar» als Internationalist, der den Ostdeutschen zuruft, es gebe wichtigere Probleme als die eigene Nation? Der Bruch zwischen den beiden ließ sich nie mehr reparieren.

Um einen jener raren Momente im Leben Willy Brandts handelte es sich jetzt wieder, in dem er – der ewige Zauderer – nicht nach links und rechts schaute, er war sich seiner Sache vollkommen sicher. Der «alte» Willy, jung wie schon lange nicht mehr, verließ den Parteitag für einige Stunden und eilte zu einer Kundgebung auf dem Domplatz in Magdeburg. Wie neunzehn Jahre zuvor in Erfurt, skandierten die Besucher wieder ihr «Willy, Willy», als er auf dem Platz erschien. «Wie im Rausch» waren die Menschen, erinnerte er sich später, Männer legten die Arme um seine Schultern und zerrten an seinem Mantel.[5] «Lieber Wiedervereinigung als Wiedervertröstung» stand zu lesen auf einem Plakat, Brandt wurde mit «happy birthday», «hoch soll er leben» bejubelt.

«Liebe Landsleute», begann er seine Rede, ein langer Jubelschrei, «Jaaa», beantwortete das. «Ihr seid das Volk», fuhr er fort, und wieder bekam er ein überwältigendes «Jaaa» zu hören. Während Kohl in Dresden noch gedämpft hatte, lobte Brandt den Druck, den die Ostdeutschen machten: *«Ihr, die ihr gesagt habt, wir sind das Volk, macht die Einigkeit von unten möglich.»* Einheit heiße gleichwohl, schränkte er zwar ein, dass nichts mehr so wird, wie es war – *«wir wollen doch nicht wieder ein Reich wie zu Zeiten Bismarcks oder Hitlers».* Aber dann begeisterte er die 70 000 Versammelten gleich wieder mit dem konkreten Versprechen einer gemeinsamen Währung und einer Angleichung der Lebensverhältnisse in Ost und West. Nein, von niemandem wollte er sich an vaterländischer Zielstrebigkeit übertreffen lassen. «Komm wieder», riefen sie ihm hinterher, als er das Podium verließ, «wir gehören zusammen.»

Zurück in Berlin, wurde Brandt von Journalisten gefragt, ob sein «nationaler» Auftritt und Lafontaines «übernationales» Argumentieren nicht doch eine gewaltige Differenz verrieten. Milde dementierte er. Er finde das nicht, plauderte Brandt, die beiden Reden «ergänzten einander gut». Was sie an unterschiedlichen Akzenten gesetzt hätten, «erklärt sich doch aus den unterschiedlichen Lebensgeschichten». Und dann: Er sei 76, Lafontaine 46 Jahre alt. Er könne sich eben «erlauben, einiges zu sagen, was andere vorziehen, nicht zu sagen». Der geballte Unmut der Kommentatoren entlud sich spontan über «Oskar», dem Kanzlerkandidaten; er galt als unpatriotisch, jetzt war er der «Vaterlandsverräter», nicht mehr wie gewohnt Willy Brandt.

Rangierte Deutschland plötzlich vor Europa? Der Tonfall veränderte sich. Für einen ehrlichen Umgang mit den europäischen Nachbarn plädierte Brandt bei einem Auftritt im thüringischen Gotha: *«Das bedeutet nicht, dass der deutsche Zug willkürlich angehalten werden darf durch diejenigen, die sich hinter Europa verstecken, um Deutschland zu verhindern.»*[6]

Danach gefragt, ob er sich im Wahljahr 1990 eine gewisse Aufgabenverteilung mit Oskar Lafontaine als Kanzlerkandidat vorstellen könne, wonach der Jüngere die «soziale» Seite einer Vereinigung thematisiere und den Wohlstand (im Westen) verteidige, er aber das «nationale» Gemüt (im Osten) anspreche, erwiderte Brandt unverblümt: *«Ich spiele keine von irgend jemandem mir zugedachte Rolle, sondern ich sage in dieser Phase der Entwicklung und meines eigenen Lebens das, was ich für richtig halte, egal, ob es in ein Parteikonzept hineinpasst oder nicht.»* Willy Brandt emanzipierte sich, wenn man so will, von sich selber, er setzte andere Gewichte und Prioritäten, um Deutschlands europäische Einbettung ging es ihm momentan nicht.

Mitte Januar 1990: Die *FAZ*, amüsierte er sich, schwärme jetzt von seiner «geistigen Souveränität», das Blatt entdecke seine patriotische Seite – während er dort im Konflikt um die Ostpolitik noch der nationalen Unzuverlässigkeit geziehen worden sei. Aber ja, er habe in jüngster Zeit markantere deutsche Töne angeschlagen, plastischer und drastischer als Freund Bahr. Zu den Bekenntnissen früherer Jahre müsse man nun auch stehen. Brandt im Blick auf Bedenken in Paris wie in London: *«Die regelmäßigen Bekundungen deutscher Einheit – etwa als ritueller Bestandteil von Nato-Texten – sind doch nicht etwa in der Erwartung abgegeben worden, niemandem werde die Probe aufs Exempel abverlangt.»* «Haben Sie dagegen John K. Galbraith gehört, den berühmten amerikanischen Ökonomen?» Brandt: Ein starkes Deutschland sei ihm lieber als ein schwaches, als junger Mann habe er erlebt, wie ein wirtschaftlich desolates Deutschland «sich und Europa kaputtgemacht hat». Diese Gewichtung Galbraiths imponierte Brandt.

Ob sich der Osten und der Westen Europas, in zwei Militärblöcke aufgeteilt, tatsächlich würden annähern können, stehe immer noch in den Sternen. Das heiße nicht, dass er die «Europäisierung Europas» als Idee preisgebe. Deutschlands Einheit – und sei es als Konföderation – werde sich mit dem «anderen Europa» ganz sicher verbinden lassen.

Hat er mit seinem Satz, eine zeitlos verordnete Spaltung könne nicht noch so große Schuld tilgen, sagen wollen, jetzt könne ein Schlussstrich gezogen werden, der Mauerfall mache es möglich? War sein Kniefall in Warschau nicht umgekehrt eine Erinnerung und ein Symbol, dass die Vergangenheit nicht vergeht? Brandt im Gespräch: «Sehr evangelisch» komme ihm das Argument vor. Er könne einfach nicht zustimmen, wenn gesagt wird, es sei gerecht, dass wir «geteilt bleiben sollen» wegen unserer Vergangenheit. Auch wenn es Günter Grass ist, der es so formuliert. Für ein paar Monate plagten Willy Brandt keine Zweifel und keine Anfälle von Melancholie.

Die Woge der Zustimmung, auf die er stieß, muss ihm den Eindruck vermittelt haben, als würde seine Sozialdemokratie im Osten wiedergeboren. Brandt malte sich aus, die SPD werde am Ende ausgerechnet von dort erneuert, wo sie von der Einheitspartei SED geschluckt worden war. Aber der Druck nahm noch zu, bis Mai wollten die Ostdeutschen mit den ersten freien Wahlen zur Volkskammer nicht warten, der Termin wurde auf den 18. März 1990 vorverlegt. Die Stimmung in den Reihen der Sozialdemokraten verschlechterte sich dramatisch. Das lag nicht an Brandt und auch nicht an Lafontaine. Plötzlich füllten sich manche der Domplätze in Ostdeutschland nur noch zur Hälfte. In Ostdeutschland breitete sich die Sorge vor einer ungewissen Zukunft aus, es war unklar, ob die Sparguthaben bei einer Währungsunion verlorengehen, was aus den Arbeitsplätzen wird, wieviel Industrie im Osten noch bleibe, wovon sie künftig leben sollten. Unvermittelt wuchs auch die Skepsis gegenüber den «Sozialisten». Willy Brandt verzichtete in seinen Reden darauf, die Zuhörer als «Genossen» zu begrüßen, aber er bekam zu spüren, auch die SPD wurde assoziiert mit der SED. Und dann: Garantierte der Kanzler, Helmut Kohl, nicht am ehesten, man werde weich fallen, wenn man ihm die Stimme gibt? Er predigte bei seinen Wahlreisen, die «Genossen» wollten in Wahrheit die Einheit nicht. Brandt erwähnte er natürlich als rühmliche Ausnahme. 21 % erhielt die SPD schließlich bei den Wahlen im Osten, erheblich weniger sogar als 1949 nach dem Krieg in der jungen Bundesrepublik. Ein blasser, enttäuschter Willy Brandt rang um Worte. Es wuchs nicht alles zusammen, was zusammengehört.

Er habe erwartet, dass die Tradition stärker nachwirken würde, räumte er Monate später ein, als er sich längst wieder gefasst hatte, seine Partei komme zwar aus Sachsen und Thüringen, aber darin habe er sich geirrt. Immerhin war es doch Leipzig, sinnierte Brandt, wo 1863 der Allgemeine Deutsche Arbeiterverein von Ferdinand Lassalle gegründet wurde. Damals meldete sich auch schon ein junger Drechselmeister namens August Bebel zu Wort, der den moderateren Flügel der sozialdemokratischen Bewegung vertrat.[7] Auch im Westen, das überraschte ihn noch mehr, löste die Einheit nicht nur Begeisterung und nostalgische Emotionen aus.

Gegen Ende des Jahres fand Brandt seinen «europäischen» Tonfall wieder. Als Alterspräsident des 12. Deutschen Bundestags – der ausnahmsweise im Berliner Reichstag zusammentraf – begrüßte er am 20. Dezember 1990 Richard von Weizsäcker und seinen italienischen Präsidentenkollegen, Francesco Cossiga, die zuhörten auf der Gästetribüne, neben siebzig Botschaftern und Missionschefs. Besonders verbunden fühle man sich heute den Landsleuten in den neuen Bundesländern, bekannte der Redner, *«in Goethes und Schillers Thüringen, in Bachs und Leibniz' Sachsen, in Luthers und Nietzsches Sachsen-Anhalt – wenn es das schon gegeben hätte –, in Fritz Reuters und Ernst Barlachs Mecklenburg, in Caspar David Friedrichs Vorpommern, in Schinkels und Fontanes Brandenburg, in Humboldts und Hegels jetzt nicht mehr zerklüfteten Berlin».* In einem Satz kam er auf die Arbeit an der staatlichen Einheit und gleiche Lebensverhältnisse zu sprechen, die auf das Parlament in den kommenden vier Jahren warte, um dann schon bei der Einigung Europas zu landen.

Sie müsse einen qualitativen Sprung machen, um von der gewachsenen Mitverantwortung in der Welt zu sprechen, von drohenden Kriegen vor der Haustür Europas, von den Überlebensfragen der Menschheit, Welthunger, Armutswanderungen, Umweltzerstörung. Willy Brandt, wie man ihn kannte. Nur, diesen Brandt unterschied bei Lichte besehen nicht sehr viel vom «Enkel» Oskar Lafontaine vor der Weltkarte.

Die parlamentarische Demokratie, dozierte Brandt, sei «uns im Westen» nach 1945 geschenkt worden. In der Tradition der Nationalversammlungen von Frankfurt 1848 und von Weimar 1919 sehe er das Parlament, auch in jener der freiheitlichen Kräfte im Reichstag vor und nach dem Ersten Weltkrieg. Damit kam er schon an beim deutschen Widerstand, dem Erbe, dem der Bundestag verpflichtet sei, also bei seinem Kanon. Namentlich nannte er Julius Leber und Graf Claus Schenk von Stauffenberg, aber auch die Opfer der kommunistischen Diktatur, die nicht vergessen seien.

Auch an die Ermordung der europäischen Juden erinnerte der Redner. Die Last dieser Vergangenheit werde nur dann leichter, «wenn wir sie für unser Volk immer noch einmal annehmen». Schon mit dieser Ouvertüre – die Welt im Blick, aber auch versöhnlich nach innen – setzte Brandt den Ton, das versammelte Parlament mit den Gästen aus vielen Ländern der Erde hatte er spürbar hinter sich. Im Vereinigungsjahr 1990 trat Brandt so wenig als Ankläger gegenüber den «Mitläufern» auf wie 1946, als er erstmals aus Skandinavien durch das zerstörte Deutschland reiste.

Seinem kaum verhohlenen Plädoyer für Berlin als neuer Hauptstadt ließ er wieder den Rat folgen, das vereinte Deutschland solle sich «vom Beginn an als Teil des werdenden Europa verstehen». «*Zu den Gründervätern des vereinten Deutschland zählen in diesem Sinne – wir sollten es nicht vergessen – die Urheber des Marshallplans und Männer wie Jean Monnet, die unseren Völkern den Weg nach Europa haben weisen helfen, noch ehe Hitler zur Hölle gefahren war. Wenig später hat Thomas Mann das Wort geprägt, das auch zu unserer Verfassung passt: Nicht ein deutsches Europa, sondern ein europäisches Deutschland muss das Ziel unserer Anstrengungen sein.*» Und zum Schluss: «*Meine Damen und Herren, Menschen, die mir freundlich gesonnen sind, bemerken dann und wann, der Tag, an dem sich die Deutschen in Freiheit vereinten, müsse die Erfüllung meines politischen Lebens sein. Das ist zu kurz gedacht und zu eng. Ich möchte den Tag sehen, an dem Europa eins geworden sein wird.»* Das Protokoll verzeichnete Beifall im ganzen Haus.

Erinnert fühlt man sich beim Lesen dieser Passagen an Dolf Sternbergers geniales Wort vom «Verfassungspatriotismus». Vielleicht hätte Brandt es unterschrieben, vielleicht auch nicht. Immerhin nahm er 1992, in seinem letzten Lebensjahr, den Sternberger-Preis in Heidelberg entgegen, er wird gewusst haben, an wen dieser Preis erinnerte.

1946 Zurückblenden möchte ich für einen Moment auf Willy Brandt im Jahr 1946, als er – damals norwegischer Journalist – über die Kriegsverbrecherprozesse in Nürnberg und über die Lage im Nachkriegsdeutschland zu berichten hatte. Als junger Mann folgte er einer vagen großdeutschen Vorstellung. Diese Idee sei umgekippt ins Nationalistische, wie er anmerkte. Geblieben hingegen war bei ihm die Überzeugung, Deutschland müsse «sozialistisch» werden. Das Buch, in dem er darüber nachdachte, gipfelte in knappen Überlegungen zu «Deutschland und Europa».[8]

Dabei griff er auf einen eigenen Vortrag aus Stockholm vom Februar 1945 zurück über die deutsche Außenpolitik nach dem Krieg. Als Großmacht, argumentierte er seinerzeit, sei Deutschland erledigt, das Land besitze nicht einmal «den Schatten einer nationalen Souveränität». Vielleicht, spekulierte er düster, werde das Volk die Krise nicht überleben, sondern «auseinandergerissen». Die Grenzen seien bereits eingeengt worden. Vorsichtig fuhr er fort, das müsse keine Tragödie sein, *«es wäre jedoch tragisch, wenn der deutsche Antinazismus zum endgültigen Zusammenbruch beiträgt».*

Anmaßen wollte er sich nicht, für das «andere Deutschland» zu sprechen; aber so, wie er auch seine Mitverantwortung für die Spaltung der Linken 1933 stets einräumte, so mochte er sich auch jetzt nicht davonstehlen. Für einen Augenblick verstand er sich schon wieder als Deutscher, trotz seines norwegischen Passes. Seinen Landsleuten wollte er die Ausflucht verwehren, der Krieg hätte vermieden werden können von anderen Staaten. Ja, die «borniete Politik anderer Regierungen» habe dem Nazismus Rückhalt verschafft, das wollte er einräumen, aber das verringere nicht die Verantwortung der Deutschen.[9] Seinerzeit ahnte Brandt wohl bereits, dass es zum Bruch zwischen der Sowjetunion und den angelsächsischen Mächten kommen könnte, also zu einem Auseinanderbrechen der Kriegsallianz. Aber er machte sich selber auch blind, er wollte daran nicht glauben, «*weil keine der Parteien daran interessiert ist, den Zweiten Weltkrieg durch den Auftakt zum dritten abzulösen*». Keinesfalls, warnte er, dürften die Deutschen selbst auf einen solchen Bruch mit den drohenden Folgen für Deutschland hinarbeiten, nationale Einheit müsse das Ziel sein.

Brandts Hoffnungen unmittelbar vor Kriegsende sollten sich als unrealistisch erweisen, Stalins Absichten schätzte er nicht richtig ein. Aber die wichtigste Veränderung nach dem Ersten Weltkrieg sah er im Aufstieg der Sowjetunion zu einer der führenden Weltmächte – ein «Faktor von allergrößter Bedeutung», nicht nur für die außenpolitische Situation, sondern auch für die innere Gestaltung.

Am Ende lief für ihn alles darauf hinaus, Deutschland in einen «größeren europäischen und internationalen Zusammenhang» einzuordnen. Nach den Erfahrungen mit dem Europa der Nationalsozialisten, das war ihm bewusst, begegne man jedoch allen Vorschlägen zu einer Föderation misstrauisch, wenn sie von deutscher Seite kommen. Verständlicherweise fürchteten die Nachbarn, das Land mit seinen 70 Millionen Menschen werde sich erneut zum Hegemon aufschwingen.

Wenn die Deutschen einmal wieder am Verhandlungstisch sitzen, eilte er gedanklich Jahre voraus, und nicht nur als «Befehlsempfänger», wären sie klug beraten, bescheiden und tolerant aufzutreten. Davon habe es in der deutschen Außenpolitik – auch vor Hitler – nicht allzu viel gegeben. «*Es kommt darauf an, der europäischen Jugend, die in Deutschland heranwächst, ein neues Ideal zu geben, für das sie arbeiten kann. Deutsche Europäer und Weltbürger haben früher wenig Glück gehabt. Das ist kein Grund, ihre Arbeit nicht wiederaufzunehmen ... Das Problem Deutschlands und Europas kann nur dadurch gelöst werden, dass man West, Ost – und das, was in der Mitte liegt – vereint. Es kann nur auf der Grundlage von Freiheit und Demokratie gelöst werden.»*[10] Solche Sätze waren es, denke ich, die Richard von Weizsäcker dazu veranlassten, bei der Vorstellung der neuen Edition des Buches aus dem Jahr 1946 *(Verbrecher und andere Deutsche)* von Brandts früher Weitsicht und seiner europäischen Perspektive zu schwärmen. Zerstückelt wurde Deutschland zwar nicht, wie er gefürchtet hatte, wohl aber geteilt. Nur ein europäisches Deutschland und eine Annäherung von West- und Osteuropa könne diese deutsche Teilung abmildern, wenn nicht überwinden, glaubte Willy Brandt, über Jahrzehnte hielt er fest an diesem Grundgedanken.

1982 Im Januar 1982 veröffentlichte der *Spiegel* einen Essay Willy Brandts mit dem Titel *Deutscher Patriotismus*, den man in der Rückschau – nach der Zäsur vom November 1989 – noch einmal anders liest. Die sozialliberale Ära unter dem Kanzler Helmut Schmidt neigte sich seinerzeit dem Ende zu. Die FDP wollte den Bruch und sammelte möglichst einleuchtende Argumente, von der umstrittenen «Nachrüstung» bis zur ökonomischen Lage und den ewig staatsgläubigen Linken. Der zweite deutsche Staat, die DDR, hatte sich scheinbar auf Dauer etabliert, war anerkannt und gehörte wie die Bundesrepublik auch den Vereinten Nationen an.

Auf den ersten Blick, das war dem Autor des Essays bewusst, klang es überraschend, als wolle er eine nationale Wende in seinem Denken begründen. Aber Brandt fiel es leicht zu erläutern, weshalb er schon 1970 in Moskau und Warschau die Formel «zwei Staaten, eine Nation» in den Mund nahm. Er wollte gerade zeigen, dass es einen Patriotismus gebe, «der von allen nationalistischen Verirrungen frei» sei. Dass sich die deutsche Politik auf «dünnem Eis» bewege, wenn von nationalen Interessen die Rede sei, musste man gerade Brandt nicht erklären. In Frankreich wie in Russland stehe Deutschland unter Verdacht, einen nationalen Sonderweg anzustreben, schrieb er, wenn von Wiedervereinigung gesprochen wird. Skeptisch würden die Deutschen betrachtet, wenn sie sich dagegen sträubten, dass die Bundesrepublik mit neuen militärischen Installationen «noch mehr zum Schießplatz der Weltmächte» gemacht werden soll.[11] Erst nach Teilung, Besetzung und doppelseitiger Eingliederung in zwei gegensätzliche Bündnissysteme erscheine Deutschland den Nachbarn «halbwegs hantierbar». Willy Brandt erinnerte an die Mahnung von Günter Gaus,[12] am Ort des Begriffs der Nation sollte kein Vakuum hinterlassen werden. Wenn das Thema zu lange ausgespart werde, würde dann nicht die junge Generation allzu leicht irrationale Ersatzangebote an Stelle der Nation aufgreifen wollen? Obwohl Willy Brandt es abstritt, es schwang etwas Neues bei ihm mit. Patriotismus verlange den Mut zum Erkennen der Wirklichkeit, zitierte er aus seinem eigenen Bericht zur Lage der Nation aus dem Jahr 1970. Das hieß, die Ostpolitik musste jene Realitäten anerkennen, die der Krieg Hitlers schuf. Auch die Zugehörigkeit zum westlichen Bündnis galt ihm als unverrückbar, bloß kein deutscher Weg aus den Blöcken heraus. Allerdings riet er zu Selbstbewusstsein. Brandt: «*Wir Sozialdemokraten zucken ja keineswegs zusammen, wenn man uns vorhält, dass im Godesberger Programm eine atomwaffenfreie Zone in Mitteleuropa, der Abzug fremder Truppen und die Wiedervereinigung geschrieben stehen.*» Aber das, besänftigte er gleich, stehe nur am Ende eines langen Prozesses.

Bloß, wie stellte Brandt sich das Procedere vor? Zur Erklärung griff er zurück auf ein Buch des Journalisten und Historikers Peter Bender, das im Jahr zuvor erschienen war: *Das Ende des ideologischen Zeitalters. Die Europäisierung Europas*. Bender verbinde politische Phantasie mit der Einsicht, dass der zweite Schritt nur aus dem ersten folgen könne, er sei Realist. Wenn die Großmächte, so sein Argument, Abrüstung und Entspannung zulassen, könnten die Blöcke an Gewicht verlieren. Das zeige sich bereits. «*Bei aller Bitterkeit, bei aller Solidarität: Warschau 1981 ist nicht wie Prag 1968. Dass es gleichwohl einen solchen polnischen Winter gegeben hat, können wir durch große Worte und Gesten nicht aus der Welt schaffen. Vielleicht aber durch ein längerfristiges Bemühen, nicht nur Spannungen, sondern auch Rüstungen abzubauen.*» Beide deutsche Staaten sah er verpflichtet, zur Entspannung und Abrüstung beizutragen. Dann fänden sich vielleicht Gemeinsamkeiten. Verschanzt hinter vorsichtigen Worten, tastete Brandt sich wieder einmal in Neuland vor.

Die staatliche Einheit – über die er schon lange nicht mehr gesprochen hatte – komme nicht «sozusagen nebenbei» heraus, spekulierte er. Deutschland unter gemeinsamem Dach? Mit einem Fragezeichen war das versehen, aber immerhin. Brandt antwortete sich selbst monologisch: «*Dies kann nur der hundertste Schritt eines Prozesses sein, in dem hundert andere Schritte der Vertrauensbildung in Europa vorausgegangen sein müssen. Wer heute unvermittelt nach deutscher Einheit ruft, ohne etwa angeben zu können, welche Rolle die bestehenden Staaten in Deutschland – beide – in einem solchen Konzept spielen sollen, auch der fördert nicht, sondern mindert die Chancen Europas. Es ist eine gefährliche Vorstellung, Deutschland gegen Europa organisieren zu wollen.*»

Willy Brandt blieb also vorsichtig, aber dennoch interpretierte er «Wandel durch Annäherung» einmal mehr neu: Die nationale Frage werde sich weder verleugnen noch abwürgen lassen, es sei verständlich, wenn junge Leute «unsere geschliffenen Argumente» nicht einfach übernehmen mögen. Patriotisch sein hieß aber für ihn in diesem Moment eindeutig nicht, der deutschen Einheit Priorität einzuräumen, vielmehr: die Gemeinsamkeiten in unserem Volk zu wahren – also in beiden Deutschlands – und auf die besondere Verantwortung für den Frieden in Europa bedacht zu sein. Und zwar «mit der DDR, wo immer das möglich ist».

Was witterte er? Die Stunde für eine Entspannung zwischen Ost und West schien nicht günstig. Im Kreml herrschte zudem eine orthodoxe, altersschwache Garde. Patriotismus übersetzte Brandt jetzt mit «Verantwortung» – sich zur eigenen Verantwortung bekennen und zugleich auf die Lebensinteressen des eigenen Volkes zu pochen. Das bedeute, den Satz, dass von deutschem Boden nie wieder Krieg ausgehen darf, nicht zur Phrase verkommen zu lassen. Damit kam er auf sein wahres Motiv zu sprechen. Willy Brandt fürchtete wie schon in der Kubakrise, das Risiko eines Atomkrieges sei gar nicht zu überschätzen. Und Mitteleuropa könnte die Bühne für dieses *nuclear theater* werden, von dem neuerdings so häufig die Rede war. Helmut Schmidt sorgte sich wegen einer «Grauzone», die Sowjetunion erlange heimlich ein nukleares Übergewicht. Brandts Sorge reichte weiter, ein heißer Krieg, ein Atomkrieg werde wahrscheinlicher. Dagegen wollte er Dämme errichten. Unter der Lupe betrachtet, standen Schmidt und Brandt sich in dieser Einschätzung näher, als ihr Streit um den Nato-Doppelbeschluss suggerierte. Als Brandt im Frühjahr 1982 das Manuskript für *Links und frei* abgeschlossen hatte und ein kurzes Vorwort für die Buchausgabe verfasste, ließ er es mit Gedanken über eine reale Kriegsgefahr enden. Die letzten Zeilen im Vorwort lauten: «*Das vorige Mal haben reaktionäre Verblendung, geschichtslose Kurzsicht und gefährliches Wunschdenken dazu geführt, dass weite Teile Europas verwüstet und andere Teile der Welt böse in Mitleidenschaft gezogen wurden. Ein nächstes Mal würde es unvergleichlich schlimmer werden. Es gibt nichts Wichtigeres als dies: einen dritten Weltkrieg verhindern zu helfen.*»[13] Als er das schrieb, zeichnete sich bereits ab, dass die sozialliberale Koalition unter Schmidt nicht mehr von langer Dauer sein würde, der Nato-Doppelbeschluss drohte rasch umgesetzt zu werden von einer neuen Regierung. Mitteleuropa, fürchtete Brandt, werde zum Austragungsort.

Zu den «Lebensinteressen» rechnete er in seinem Essay den Versuch zu verhindern, dass in Deutschland immer mehr nukleare Vernichtungswaffen stationiert werden und Deutschland somit endgültig zu einem Zielgebiet möglicher Vernichtungsschläge wird. Dies sei «patriotische Pflicht», so Brandt, an die Adresse beider deutscher Staaten gerichtet; niemand enthebe sie dem Zwang, «*über die Gesamtbedingungen friedenssichernder Politik in Europa nachzudenken und Fehlschlüsse, aus denen Kurzschlüsse werden könnten, zu vermeiden. Vom Vaterland reden: Das muss man vom Rausch fernhalten, dann ist es erlaubt.*» Gemeint wäre für ihn eine «deutsche Partnerschaft für den Frieden und ein europäisches Deutschland». Er lieferte damit eine inhaltliche politische Begründung der Nation, ohne Selbstzweck und frei von jeder metaphysischen Überhöhung.

Selten hatte er sich seit 1977, dem Beginn der Debatte über die Nachrüstung, derart weit vorgewagt, selten so deutlich bekannt, dass er die gesamte angedrohte Rüstungsrunde für höchst gefährlich hielt, selten eine «friedensstiftende» Rolle beider deutschen Staaten derart klar anvisiert.[14]

1984 Versucht man zu rekonstruieren, wie Brandt über Deutschland und die Rolle der Nationalstaatlichkeit dachte, muss man, wie ich meine, besonders seinen Beitrag zur Reihe *Reden über das eigene Land* 1984 in den Münchner Kammerspielen betrachten. Die «nationale Komponente» spielte für ihn nun gar keine Rolle mehr: Bestenfalls sah er die beiden deutschen Staaten als «Verantwortungsgemeinschaft» miteinander verbunden. Fruchtlos sei die Diskussion, wie offen die Deutsche Frage ist, sie sollte beendet werden, «sie bringt nichts». Den Frieden erhalten, die Lage der Menschen erleichtern und mit der «Kulturnation» (Günter Gaus) pfleglich umgehen, darauf solle man sich künftig konzentrieren.

Vor allem diese Rede war es, die Brandt – nach 1989 – den Vorwurf eintrug, er habe in Wahrheit die Idee der Einheit endgültig aufgegeben. Hatte er sich zum Defätisten in Sachen Nation gewandelt? Eher bewog ihn, wie es aussieht, dass Europa aus seiner Sicht zunehmend in eine fragile Lage geriet. Brandt hatte sich nicht ein paar griffige Thesen für die Münchner Theaterbühne einfallen lassen, er war zutiefst besorgt.

Der Realpolitiker Brandt, der er ja war: Zu sehr sei der Zusammenhang zwischen deutscher Einheit und europäischem Gleichgewicht nach dem Zweiten Weltkrieg aus dem Blick geraten. Die Angst vor dem ganzen Deutschland und vor einer Gefährdung des innereuropäischen Gleichgewichts, das von hier ausgehen könnte, sei «älter als die Herausforderung durch Hitler». Die Nachbarn in Ost und West fühlten sich nicht nur in der Vergangenheit in ihrem Sicherheitsempfinden bedroht, er sah Anzeichen, dass dies wieder spürbar werde, sobald die Deutschen zu laut über «nationale Ambitionen» redeten. Deutsch-deutsche Politik ohne eine Entspannung in Europa bliebe in der Luft hängen ... «*Wir brauchen ein europäisches Dach über dem Kopf, das ist sicher.*»

In den Kammerspielen fiel auch das Wort von der «Lebenslüge der 50er Jahre», dem Bekenntnis zur Wiedervereinigung, das in Sonntagsreden wiederholt werde, während an den restlichen sechs Wochentagen den westlichen Interessen der Bundesrepublik Rechnung getragen wird. Brandt formulierte: «*Der heftige Streit darüber, wie offen die Deutsche Frage heute sei, ähnelt der Dramatik eines*

Traums, der nachschwingt, aber vorüber ist, wenn man aufwacht. Der Traum ist vorbei. Doch er sagt etwas über die psychologische Befindlichkeit des Träumers.» Es gehe darum, vom Status quo auszugehen, um über die Zukunft nachzudenken. Für heute heiße das: das Nebeneinander der beiden deutschen Staaten organisieren, um zu einem «kooperativen Miteinander» zu kommen.[15] Seine Botschaft konnte man auch so zusammenfassen: Die Deutsche Frage darf die wichtigeren Fragen für uns wie für Europa nicht länger überschatten.

Als schiene er die Resonanz zu ahnen, sprach Brandt im Münchner Theater – den Zuhörern konnte es kaum entgangen sein – unüberhörbar nicht nur über Patriotismus heute und abstrakt, er sprach auch über sich. So oft war er als «vaterlandsloser Geselle» denunziert worden. Jetzt antwortete er. Erzähle ihm keiner, was Patriotismus sei. Zur Welt gekommen, grübelte der Redner, sei er nicht als Regierender Bürgermeister, der zur harten Selbstbehauptung herausgefordert wurde. Auch nicht als Chef einer Regierung, in deren Namen (wie im Moskauer Vertrag und im Grundlagenvertrag geschehen) Briefe zur Deutschen Einheit deponiert wurden. Brandt: «*Es war kein kurzer Weg von meinem Großvater, der als Knecht nach Lübeck kam und dort Fabrikarbeiter wurde. Er hatte ein ursprünglich-lebendiges Verhältnis zur mecklenburgischen Heimat. Mit dem Deutschen Reich, für das er verwundet aus Frankreich zurückkam, hatte er nicht viel im Sinn. Wohl aber sehnte er sich nach dem ‹Vaterland der Liebe und Gerechtigkeit›, von dem August Bebel gesprochen hatte; ‹national› hatte in seinem begrenzten plattdeutschen Wortschatz keinen vorteilhaften Klang.*»

Als er in jungen Jahren «draußen» war, behagte ihm die Idee, zu einem «anderen Deutschland» zu gehören, dem nämlich, das die Münchner aus Lübeck, Heinrich und Thomas Mann, repräsentierten. Für seine Mutter wie für ihn war das Reich der Nazis «die geschundene Heimat, doch nicht ein uns verpflichtendes Vaterland». Dabei hatte er eine Jugend hinter sich, in der sich linker Abscheu vor Radaunationalismus mit «großdeutschen Sympathien» durchaus verbinden ließ. Von dem «Holzweg» brachte ihn erst Bruno Kreisky ab.[16] Ganz nahe sei die deutsche Nation ihm dann gewesen, als es

ihren Angehörigen besonders dreckig ging. Aber ihn hätten nicht «abstrakte Theorien» vom Weiterbestehen des Deutschen Reiches «vom Jahre X oder Y» interessiert. Auch nicht in Berlin, als es um die Lage der Menschen und ihr Existenzrecht ging. Sogar auf seine Söhne warf Brandt bei der Gelegenheit noch einmal einen liebevollen Blick. Der eine frage mehr als die anderen, weshalb es für die Deutschen – um der Gerechtigkeit und der Organisation des Friedens willen – nicht wie für andere Völker das Recht geben sollte, unter einem ihnen gemeinsamen Dach zu leben. *«Die Brüder finden ihre Verankerung stärker in europäischer Kultur, in der sie das finden, was ihnen an Deutschland wichtig ist. Sie verdienen gleichermaßen das Verständnis ihres alten Herrn.»*
Viele Antworten gebe es auf ein Thema, wollte er sagen, viele müssen erlaubt sein. Wenn die Einheit in tradierter Form nicht zu haben ist, muss man es realistisch zur Kenntnis nehmen und an Gemeinsamkeit retten, was zu retten ist. Nur eines wollte er nicht mehr akzeptieren: wenn einem wie ihm, der in Europa auf der Flucht vor Hitler Exil findet, der eine Einbettung Deutschlands in Europa als Lehre aus dem Krieg ansieht, Patriotismus bestritten werde.

1986 Merklich beschwingt von dem überraschenden Aufstieg Michail Gorbatschows und seinen ersten Schritten, ging Brandt 1986[17] schon einen Schritt weiter: Es müsse nicht sein, argumentierte er, dass in Europa konservative Zeiten anbrechen. Er habe sich mit Ralf Dahrendorf unterhalten über dessen These vom Ende des sozialdemokratischen Zeitalters, aber das sei doch etwas zu eng gesehen und wohl eine «terminologische Frage». Mit Schneid und Verstand lasse sich eine «richtige Europapolitik» machen, wer das wage, gewinne auch die Meinungsführerschaft. Die Amerikaner wären zumindest nicht dagegen, ob Gorbatschow Lockerungen in Osteuropa zulasse, wisse man noch nicht mit Sicherheit. Eine Chance aber sehe er, und Bonn könne eine «Führungsrolle» in Europa übernehmen.[18]

1987 Erst den Abschied von der Parteispitze 1987 nutzte er für ein deutliches Plädoyer, die Politik nationalstaatlicher auszurichten. Unvermittelt konfrontierte er die Zuhörer in der Beethovenhalle mit

Sätzen wie diesem: «*Ich meine, die nationale Komponente unserer Außen- und Sicherheitspolitik ist bei weitem nicht immer deutlich genug sichtbar gemacht worden.*» Zum ersten Mal kamen ihm Sätze über die Lippen wie dieser: «*Für mich war es immer auch nationaler Verrat, was die Nazis mit Deutschland angestellt haben. Für mich beruhte die Politik der kleinen Schritte auch auf der Logik, dass die Nation nicht Bestand hat, wenn die Menschen immer weniger voneinander wissen. Ich habe auch aus Gründen der nationalen Existenz leidenschaftlich vor dem gewarnt, was eine militärische Entladung des Ost-West-Konflikts bedeuten würde. Deshalb ja auch der von anderen wiederholte Hinweis, den ich im März 1970 in Erfurt gab, wir seien uns sicher darin einig, ‹dass von deutschem Boden kein Krieg mehr ausgehen darf›. Die darauf beruhende, wenn auch erst in Ansätzen vorhandene Verantwortungsgemeinschaft der Deutschen, Initiativen ihrer beiden Staaten für den Frieden, Vereinbarungen der Regierungen zugunsten der Menschen und über beiden Seiten hilfreiche Zusammenarbeit – das alles hat in dieser Phase der Entwicklung, auch an der nationalen Elle gemessen, viel mehr Gewicht als alle inhaltsleere Wiedervereinigungs-Rhetorik.*»[19] Alle diese Argumente, die er anführte, finden sich – teils im Wortlaut – in der Biographie, die Brigitte Seebacher über ihren Mann verfasste. Es hörte sich an, als sei dieser Passus im Duett entstanden. Brandt schrieb sich plötzlich ins Nationalfixierte um, als wolle er die Prediger der Vereinigung unbedingt mit seiner Vaterlandsloyalität in den Schatten stellen. Wenn es ihm nur darum gegangen wäre, sich von der Idee eines Transnationalstaates abzugrenzen, also einem Übergangsstadium auf dem Weg in einen vereinten europäischen Staat, man hätte es als Warnung vor einem naiven europäischen Traum noch nachvollziehen können. Aber es ging ihm wohl um mehr.

Verwunderlich wäre auch nicht gewesen, dass er im Prinzip die «Sache der Nation» – in friedlicher Gesinnung und europäischer Verantwortung – von Anfang an bei der demokratischen Linken besser aufgehoben fand als bei der Rechten. Die Sätze seiner Abschiedsrede jedoch ließen sich damit nicht erklären, sie ragten merkwürdig sperrig bei ihm heraus. Dass ausgerechnet er jetzt zum Abschied gerade bei der demokratischen Linken mehr Nationalbewusstsein verlangte, empfanden viele Zuhörer damals als Novum. Er erklärte auch nicht weiter, weshalb ihm plötzlich die «nationale Komponente» ein derartiges Bekenntnis abverlangte, wer sie zu sehr ignoriert hatte und ob er wirklich zu der Ansicht gelangt war, er selbst habe diese Seite der Ostpolitik nicht klar genug gemacht. Wollte er behaupten, eine Verständigung mit Russland oder mit Polen habe nur dem deutschen Interesse gedient, Deutschland *first*? Schwer vereinbaren ließ sich auch dieses betont nationale Bekenntnis in seiner Abschiedsrede mit dem Grundton der gesamten Rede, der kaum europäischer hätte klingen können. Die «große Aufgabe», darauf lief ja ansonsten alles hinaus bei ihm, bleibe für ihn die europäische Einigung, wenn nicht, wie er es in seiner Jugend genannt hatte, die «Vereinigten Staaten von Europa». Könnte es also sein, fragte man sich beim Zuhören, dass er wenigstens dieses eine Mal, aus diesem Anlass, auf sämtliche lebenslange Diffamierungen als «national unzuverlässig» mit einer Breitseite antworten wollte, die alle ihre Urheber endlich zum Schweigen bringt?

1988 Von München war es kein großer Schritt mehr zu seiner Rede über *Deutsche Wegmarken*, die er 1988 im Berliner Renaissance-Theater (im Rahmen der ‹Berliner Lektionen›) hielt, also exakt ein Jahr vor dem Fall der Mauer, als sich in der DDR schon viel Unmut und Unzufriedenheit staute und die Zahl der Ausreiseanträge lawinenartig wuchs. Der Redner, so liest es sich heute, wollte beruhigen aus Sorge vor einem Rückschlag. Er hoffte, Michail Gorbatschow werde sich mit seinen Reformanstrengungen durchsetzen, sicher erschien es ihm nicht. Brandt wollte aber auch nochmals verständlich machen, was er mit dem Wort von der «Lebenslüge» meinte, das so viel Wirbel ausgelöst hatte: Die Rede vom Provisorium und von der kurzen Dauer der Teilung, pointierte er scharf, sei die «große Doppelillusion» der deutschen Nachkriegsgeschichte gewesen. Auch er habe sich geirrt. Vielen sei inzwischen klar geworden, dass Bismarcks Reich eher die Ausnahme der deutschen Geschichte darstelle. Und dann: «*Lange haben wir so getan, ich auch – aber unser höchstes Gericht länger als mancher begreifen konnte –, als verpflichte uns das Grundgesetz zur Wiedervereinigung. In Wirklichkeit spricht die*

Präambel von der Verpflichtung des gesamten deutschen Volkes, ‹in freier Selbstbestimmung die Einheit und Freiheit Deutschlands zu vollenden›. Damit sollte gesagt werden, dass sich das durch Hitlerkrieg und Okkupation gespaltene deutsche Volk weiterhin in einer Schicksalsgemeinschaft befinde. Die Einheit zu beschwören, war mehr als Fiktion ... Durch den Kalten Krieg und dessen Nachwirkungen gefordert, wurde die ‹Wiedervereinigung› zu jener spezifischen Lebenslüge der zweiten Deutschen Republik.» Bei der Ostpolitik sei es darum gegangen, diesen «Realitätsverlust» wenn nicht zu überwinden, so doch zu reduzieren: «*Es war nicht einfach, aber inzwischen sind ja eh fast alle dafür.*»[20]

Ein geeintes Europa blieb Willy Brandts politisches Ziel. Auch ein Traum? Kontinuum seines Denkens war früh und blieb die «europäische Komponente», trotz aller Ausreißer und Widersprüche und obwohl er sich selbst manchmal ins Wort zu fallen schien. Ganz unübersehbar riefen die neuen Chancen Europas, die er mit Gorbatschow aufblitzen sah, in ihm Hoffnungen aus seiner Lübecker Jugend wach, die er und seine Freunde damit verbunden hatten, und natürlich die Träume aus Osloer Zeiten: kein von Amerika unabhängiges Europa, aber eines, das sich stärker emanzipiert.

1989 Am 16. Juni 1989 hielt Brandt als Ehrenvorsitzender seiner Partei im Bundestag eine Rede zum Staatsbesuch Michail Gorbatschows. Bei dieser Gelegenheit gestattete er sich eine Bemerkung, die für ihn ungewöhnlich war: «*Beim Blick zurück freue ich mich darüber, dass die Zeit hinter uns liegt, in der der Vertrag mit der Sowjetunion wie der mit Polen nach hartem Streit der Meinungen und Emotionen nur mit knapper Mehrheit angenommen und auch der Weg nach Helsinki zur gesamteuropäischen Konferenz heftig umstritten war. Heute wird wohl den allermeisten klar sein: Ohne unseren Beitrag, ohne unsere Ostpolitik keine Überwindung des Kalten Krieges. Ohne Moskauer Vertrag keine Konferenz über Sicherheit und Zusammenarbeit in Europa, die nach sehr schwierigen, enttäuschenden Anlaufjahren dann durchaus Vernünftiges zustande gebracht hat*».[21] Das «Wagnis der Versöhnung», wie er es einmal nannte, machte sich 1989 bezahlt. Er musste sich nicht mehr rehabilitieren, die Geschichte rehabilitierte ihn, war sein Eindruck. Unerwartet sah er sich als Gewinner, und dabei war noch nicht einmal abzusehen, die Mauer könne fallen.

Neben der sozialen habe die nationale Frage das Kontinuum im Denken Willy Brandts gebildet, lautete einer der Schlüsselsätze in der Biographie Brigitte Seebachers über ihren Mann.[22] Mit den «nationalrevolutionären Ereignissen» von 1989 habe sich sein eigener Lebenskreis geschlossen, lautete ihre Bilanz. Schon in seinem Buch aus dem Jahr 1945, *Verbrecher und andere Deutsche*, habe er «bekannte Elemente seiner nationalen Einstellung» gesammelt und neu zusammengesetzt; er habe das in dem Bewusstsein getan, «vor dem Regime geflüchtet zu sein und nie, auch in den dunkelsten Augenblicken nicht, seinem Volk den Rücken gekehrt zu haben ... Das mitlaufende Volk nimmt W. B. in Schutz.»[23] «Das Verlangen des Volkes war sein Verlangen», formulierte sie mystifizierend,[24] dem habe Brandt mit seiner Rede am 10. November Ausdruck geben wollen.

Aber hatte er wirklich ein Leben auf die Einheit der Nation hin geführt? Hatte sich mit der Teilung des Landes für ihn alles geändert, und war er damit zum Nationalrevolutionär geworden, ausgerechnet dieser Hitler-Gegner, der den Nationalismus durchschaute und früh für die Vereinigten Staaten Europas plädierte? Warum geriet ihm dann seine Abschiedsrede 1987 in erster Linie – von ein paar Sätzen abgesehen – zu einem großen Plädoyer für den Freiheitsgedanken? Frotzelte er nicht gelegentlich in aller Freundschaft über Egon Bahr als den «letzten Deutschnationalen»?

Seine Biographin: «Immer, sein Leben lang, hatte er den Nationalsozialismus als anti-national empfunden. Es war die Konstante seines Denkens und Fühlens.»[25] Sollte man wirklich Brandt als den Gralshüter des wahren Nationalen begreifen, der den falschen, verlogenen Nationalismus bekämpfte? Warum hatte er dann in *Verbrecher und andere Deutsche* geurteilt, deutsche Nazigegner seien «nicht in erster Linie für eine nationale Sache in den Tod gegangen», sondern für das, «was sie als internationale menschliche Ziele auffassten»?

Seine Vita, seine Bücher und Schriften, die Haltung an der Spitze seiner Partei über fast ein Vierteljahrhundert sind Argument genug gegen Umdeutungen ins fast Deutschnationale. Der Blick zurück auf die Etappen von Lübeck über Oslo bis Berlin und Bonn lehrt doch unübersehbar, peu à peu erzog ihn das Leben zum Europäer. Peu à peu weitete sich sein Blick. Erst Erhard Eppler verdanke er es, hat er einmal bekannt, den Süden des Globus, den er ignoriert hatte, genauer wahrzunehmen. An der Spitze der Nord-Süd-Kommission bewies er dann, was das heißt.

Man darf sich Brandt gewiss nicht vorstellen als den mit Weltblick geborenen, immer nur widerspruchsfreien nach irgendwo vorne reisenden Weisen. Aber hinter solche entscheidenden Lernschritte fiel er nie mehr zurück. Natürlich rückte mit seiner Rolle im Schöneberger Rathaus die Teilung Deutschlands für ihn ins Zentrum, nach dem Mauerbau musste er am Beispiel Berlin beweisen, dass der Osten und der Westen der Stadt dennoch zusammengehören. Aber deswegen ließ sich seine Vertragspolitik nicht auf die Idee reduzieren, die Nation zusammenzuführen. An eine Vereinigung war noch gar nicht zu denken, als er die Anerkennung des zweiten deutschen Staates durchsetzte und der «Grundlagenvertrag» das künftige Nebeneinander regeln sollte. Ein neuer «Deutscher Bund» hätte ihn auch glücklich gemacht. Die Konstruktion nach dem Fall der Mauer, seine Politik habe allein der Wiederherstellung des geeinten Deutschland gedient, machte er sich jedenfalls nicht zu eigen. Vielleicht könnte man als Leitbild ein «anderes Deutschland» beschreiben, aber auch das zeichnete sich gerade dadurch aus, dass es in einen europäischen Kontext mit postnationalem Schimmer gestellt wurde. Ihm deshalb «Patriotismus» abzusprechen, war immer und bleibt lächerlich.

Dass der Sozialdemokrat und Wahlkämpfer Willy Brandt auch die nationale Klaviatur beherrschte, steht auf einem ganz anderen Blatt. «Deutsche, wir können stolz sein auf unser Land. Wählt Willy Brandt»: Mit diesem Text unter seinem Portrait warb die SPD 1972 im Wahlkampf um bürgerliche Stimmen. Aber ja, die Sozialdemokraten zogen verblüffend ungeniert die «nationale Karte», um Brandt und seine Ostpolitik zu retten. Von dieser Seite des politischen Spektrums hatte man das so kaum je gehört. Mit dem offenen Appell ans Nationalgefühl reagierte er zudem darauf, dass die Ostverträge von ihren militanten Kritikern immer noch als Verrats- und Verzichtspolitik befehdet wurden, mit der Schlesien und Pommern endgültig abgeschrieben würden. Bei ihm sei die «Nation» am besten aufgehoben, lautete seine Antwort darauf. Der Wahlkämpfer Brandt jedenfalls drehte den Spieß um und schlug die Christdemokraten mit ihren eigenen Waffen.

Sein Deutschland durfte keinesfalls Europa dominieren wollen, eine gewisse «Führungsrolle» freilich schloss er – zumindest seit 1989 – nicht mehr aus. Der komplexen Figur Brandts und seiner vielschichtigen Politik werde die nationale Umdeutung nicht gerecht, argumentierte die Historikerin Helga Grebing. Ihr Buch über den «anderen Deutschen» las sich als ein einziger Einspruch gegen den Versuch Brigitte Seebacher-Brandts, in ihrer Biographie den «linken» Sozialdemokraten ins nationalkonservative Lager hineinzuschreiben. Sie brachte das auf die Formel: «Er war immer ein international orientierter, freiheitsliebender demokratischer Sozialist europäischer Prägung und gewiss auch emotionaler Bindung an die deutsche Kulturnation als Ausdruck seiner, einer anderen Vaterlandsliebe.»[26] Besser konnte man es nicht sagen.

Seine Haltung zur Einheit 1989, als sich die Chance bot, wird man ohne den Tag im Jahr 1933, an dem er im Fischerboot Deutschland verließ, ohne die zwölf Jahre im Exil nicht verstehen können. Patriotismus meinte für ihn eine Alternative zum Hitler-Deutschland. Darauf kaprizierte er sich in seiner Osloer Rede zum Friedensnobelpreis mit den Worten, ein guter Deutscher «kann kein Nationalist sein».

Dass ausgerechnet ihm, der so oft des «Verrats» verdächtigt wurde, nun nationaler Überschwang (Günter Grass) oder Vaterlandskitsch (Oskar Lafontaine) attestiert wurde, hat Brandt vermutlich doch eher als Ironie der Geschichte empfunden. Locker ließ er das stehen. Er hatte sein Leben gelebt. Helmut Kohls spätes Lob freilich wird ihm gefallen haben. Vereinnahmen ließ er sich ohnehin von niemandem mehr, sollte sich doch jeder seinen Reim auf «Willy Brandt» machen, schien er zu denken.

1990 Dass die Teilung endgültig zu Ende geht und daraus wieder ein gemeinsamer Staat entsteht, daran zweifelte er seit Januar 1990 nicht mehr. Die Idee vom Deutschen Bund hatte er rasch ohne Wehklagen beerdigt. Umso schärfer widersprach er nun auch öffentlich Oskar Lafontaine und einigen der Parteifreunde, die aus seiner Warte viel zu zögerlich oder gar unwillig den Einigungsprozess verfolgten. Die schlichte Tatsache, dass auch er mit der Einheit nicht mehr gerechnet hatte, schon gar nicht, bevor West- und Osteuropa wieder zusammenkämen, änderte nichts daran, dass auch aus seiner Sicht die Spaltung eine Wunde und die Einheit ein Traum geblieben waren. Über einen drohenden Nationalismus der Deutschen wollte er nicht diskutieren. Jetzt nicht! Nicht, während das revolutionäre Ereignis sich noch vollzog.

So erklärt sich, dass Willy Brandt sich buchstäblich für alle Optionen offen zeigte, wie Helmut Kohl stellte er sich flexibel und undogmatisch täglich auf die jeweils neue Lage ein. Die Landsleute in Magdeburg, Dresden, Zwickau oder Schwerin sollten über die jeweils nächste Etappe und den weiteren Weg entscheiden, nicht der Westen der Republik. Ja, seit es machbar erschien, wollte er die Einheit möglichst sofort. Punkt.

Um einen Akt demonstrativer Versöhnung vor den Augen der Öffentlichkeit handelte es sich daher aus der Sicht Willy Brandts, als er sich am 30. September 1990, also kurz vor dem Beitritt der DDR, gemeinsam mit Helmut Kohl in der *ARD* den Fragen Fritz Pleitgens stellte.[27] In den Jahren vor der Wende, wollte Pleitgen von Willy Brandt wissen, habe er den Eindruck erweckt, als sei das Streben nach einem vereinten Deutschland nicht mehr seine erste Priorität. Die Diskussion um die deutsche Frage habe er als «rückwärtsgewandt» bezeichnet. Nun sei die deutsche Einheit vor der europäischen da. Betrachte er das als Geburtsfehler?

Eine gute Frage. Brandts Antwort: Nein, das wäre ein Missverständnis, er sei «rundum zufrieden». Wie der Bundeskanzler sage er, dies ist eine «*gewaltige Sache, dass nicht gekrönte Häupter, sondern das Volk diesmal entschieden hat, nicht Einigungskriege, wie wir sie aus der Geschichte gekannt haben bei uns und anderswo, nicht Bürgerkriege, sondern eine friedfertige, freiheitliche Umwälzung stattgefunden hat bei uns.»* Dass die deutsche Einheit noch rascher laufe als die europäische, solle eher anspornen. Das Wort von der «kritischen Größe Deutschlands» griff er in diesem Gespräch, an der Seite Kohls, von sich aus auf. Es war ihm ernst damit. Er ahnte, was bei den Nachbarn empfunden würde, von der ersten Sekunde an wollte er Vorbehalte entkräften. Von seiner Größe her passe Deutschland in Gestalt der Bundesrepublik, argumentierte Brandt, leichter in die Europäische Gemeinschaft, die Republik war dort «gleichgewichtig mit Frankreich, Italien, Großbritannien – ohne andere zu übersehen». Jetzt müsse hinreichend deutlich gemacht werden, dass nicht ein Nationalstaat alter Prägung wieder entstehe. Willy Brandt: *«Auch wenn wir ein bisschen größer sein werden als andere, sind wir europäisch eingebunden.»* In der Hinsicht offenbarte er noch mehr Behutsamkeit als Kohl, oder jedenfalls verstanden sie sich darin. Helmut Kohl wollte ein einiges Deutschland, kein Großdeutschland. Brandt nahm den Europäer Kohl beim Wort.

Über Nacht vergessen waren alle alten Zwistigkeiten, die sie miteinander ausgetragen hatten. Wie hatte Kohl ihn manchmal gepeinigt. Auf Pleitgens verdutzte Frage, ob er da etwas wie eine neue große Koalition vor Augen habe, erwiderten Brandt wie Kohl unisono, sie hätten nichts einzuwenden dagegen.

In seinen letzten Lebensjahren, heißt es, habe Brandt viel nachgedacht über ein unabhängigeres Europa. Er soll Material gesammelt haben, um darüber ein Buch zu schreiben. Realisieren konnte er das Projekt jedenfalls nicht mehr. Vielleicht wäre es ein Traktat über seinen Traum aus dem Exil über die «Vereinigten Staaten von Europa» geworden, wiederbesichtigt nach dem Mauerfall 1989?

Scheinbar aus heiterem Himmel dachte der 26-jährige Willy Brandt (im Dezember 1939) – nach den herben Erfahrungen in Katalonien, nach dem Schock mit dem Hitler-Stalin-Pakt, kurz nach dem Einfall deutscher Truppen in Polen – über diesen «Traum von Europas Vereinigten Staaten» nach. Wenn alle Völker das gleiche Recht haben sollen, «ihr eigenes Leben zu leben», argumentierte Brandt, müssen sich die Völker Europas zusammenschließen.[28] Deutschlands Rolle in diesen anderen «Vereinigten Staaten» beleuchtete er nicht näher. Darauf aber kam er ausführlich in seiner Schilderung über *Die Kriegsziele der Großmächte und das neue Europa* zu sprechen. Publiziert wurde das Opus, das ihm viel bedeutete, schon bald nach Erscheinen des Aufsatzes über Europa, im April 1940.

Zentrales Thema, schrieb der junge Brandt, sei das Verhältnis der Länder Mitteleuropas zu den angrenzenden osteuropäischen Ländern, beziehungsweise das Verhältnis Deutschlands zu seinen östlichen Nachbarn. Nicht nur Moskau und Russland hatte er dabei im Blick. Aus seiner Sicht sollte sich als Grundfehler die Neuordnung Europas nach 1919 erweisen, die Grenzziehungen produzierten große Minderheiten, zudem gingen die Siegermächte oft willkürlich dabei vor. Die neuen unabhängigen Staaten, malte er sich aus, «entfalteten eine Selbstüberschätzung, die auf Kosten der nationalen Minderheiten ging».[29]

Folgerichtig plädierte er für einen föderativen Zusammenschluss zwischen Deutschland und den Nachbarn im Osten, bloß dürfe eine solche «demokratische Föderation» nicht von einem imperialistischen Deutschland dominiert werden.[30]

Seine gesamten Exiljahre hindurch ließ ihm die Idee keine Ruhe, wie Deutschland anders einzufügen und das Vertrauen der Nachbarn zu gewinnen sei. Dazu müsse man über die «primitive Auffassung» hinaus gelangen, die eigene Sicherheit nur im Kampf gegen andere behaupten zu können, verabschieden müssen sich die europäischen Staaten von «imperialistischen Interessen».[31] Weit entfernt war das nicht von den Formeln, die er in den sechziger Jahren für die Ost- und Entspannungspolitik fand.

1992 An die frühen Berliner Nachkriegsjahre erinnerte Willy Brandt in einer Rede im Schauspielhaus Dresden im Februar 1992, an den Kampf gegen die Zwangsvereinigung von SPD und SED, die Blockade, den Aufstand vom 17. Juni, die Berlin-Ultimaten und schließlich an 1961, den Mauerbau, den entscheidenden Wendepunkt in seinem politischen Leben. Ja, die Deutschlandpolitik habe ihre «diplomatische Seite» gehabt, formulierte er verklausuliert. Er reagierte damit auf die Vorwürfe Helmut Kohls, der bei jeder Gelegenheit klagte, die Sozialdemokraten hätten den Gedanken an eine Wiedervereinigung längst aufgegeben vor dem 9. November, zum Fall der Mauer sei es also ohne ihr Zutun gekommen. Brandt: Wer die Geschichte erst 1989 oder kurz davor anfangen lasse, springe gedanklich zu kurz. Diplomatisch verkleidet bezog sich das auf Helmut Kohl, den er nicht namentlich nannte. Er wusste, in dessen Reden auf den Marktplätzen in ostdeutschen Städten spielten die Ost- und Entspannungspolitik keine Rolle, so wenig wie die KSZE 1975 in Helsinki, der vertragliche Gewaltverzicht, die Anerkennung der Oder-Neiße-Grenze, das wachsende Vertrauen, das der Hitler-Gegner Brandt mit seiner Politik bei den Nachbarn im Osten fand. Generell ließ der Kanzler nichts davon erkennen, ob er das alles für richtig und hilfreich gehalten habe. Aber Brandt erinnerte jetzt nicht an Kohls Lavieren und beharrliches Schweigen zur Ostpolitik (an die er als Regierungschef gleichwohl pragmatisch anknüpfte), es wäre ihm kleinlich vorgekommen. Er wollte sich auch nicht genau darauf einlassen, wem der «Umbruch» zu danken sei. Seine Vorsichtsformel lautete daher: «*Die Sache wurde spruchreif, als sich die Welt veränderte – und Deutschland mit ihr.*» Niemand, fügte er noch hinzu, habe den Zerfall des sowjetischen Herrschaftssystems mit «zuverlässiger Terminierung» voraussagen können.

Lieber beschränkte der Redner sich darauf, vor «Pharisäertum und Denunziantenwesen» zu warnen. Brandt: «*Für den deutschen Neubeginn wäre es unnötig belastend, würde ein Aufarbeiten der Vergangenheit in dem Sinne betrieben, dass der – rechtlich, politisch oder moralisch – zur Verantwortung Gezogene sich wie zwischen zwei Spiegeln fühlt (um ein Bild des tschechoslowakischen Schriftstellers und Botschafters Jiri Gruša zu gebrauchen). Er, der mit der Verantwortung Konfrontierte, meint, wenn er in den Spiegel vor sich schaut, er blicke in die neue Richtung, und doch ist es in Wirklichkeit die alte.*»

Eindeutig der Versöhner Willy Brandt war es, der in Dresden sprach. Er wollte nicht für «Verdecken oder voreiliges Vergessen» plädieren, aber, so sein Credo, mit den Mitteln des Rechtsstaates könne die Vergangenheit nicht aufgearbeitet werden. Brandt riet zwar den Leuten im Westen ausdrücklich, daran zu denken, dass wir «*ohne ein erhebliches Maß an innerer Aussöhnung über die Jahre 1933–45 nicht hinweggekommen wären*». Aber ihm wird klar gewesen sein, dass er damit Gehör finden würde bei Freunden wie Wolfgang Thierse und Friedrich Schorlemmer, wohl auch bei Jens Reich, dass er aber so die Herzen und Köpfe der meisten Bürgerrechtler nicht würde gewinnen können. Das nahm er in Kauf, 1945 hatte er es ja ähnlich gehalten. «A house divided against itself cannot stand», zitierte er gern Abraham Lincolns Rat an die Amerikaner nach dem Bürgerkrieg.[32]

Seine Rede konnte man als einzige Mahnung an die Adresse der Landsleute und besonders der Jungen verstehen, nicht über die Mühsal beim Zusammenwachsen zu lamentieren oder eine «Mauer in den Köpfen» zu bauen, sondern die Chance zu nutzen. Der «Vaterlandsverräter» von einst als Patriot: Es war einer seiner letzten öffentlichen Auftritte.

XI
«Die Generation, auf die wir gewartet haben»
1968

«Die schwierigen jungen Leute»

Willy Brandt war kein «68er». Als der Westberliner Polizist Karl-Heinz Kurras am 2. Juni 1967 während einer Demonstration gegen den persischen Schah den Studenten Benno Ohnesorg erschoss, leitete er das Außenministerium an der Bonner Adenauerallee. Nach einigem Zögern hatte er sich dazu durchgerungen, als Minister und Vizekanzler ins Kabinett zu gehen, obwohl die Christdemokraten Kurt Georg Kiesinger als Nachfolger Ludwig Erhards ins Kanzleramt entsandten. Die Rebellion der jungen Leute strahlte bis auf Brandts Familie aus, sein ältester Sohn Peter reihte sich in Berlin unter die Protestierenden gegen den Besucher aus Teheran, der verantwortlich gemacht wurde für die brutale Unterdrückung der demokratischen Opposition.

Die junge Generation setzte sich in Bewegung gegen die Elterngeneration, gegen Hierarchien und Traditionen, als finge die Welt neu an. Endlich sollte der 8. Mai 1945 nicht länger als «Tag der Kapitulation», sondern als «Tag der Befreiung» verstanden werden. Gegen Kurt Georg Kiesingers NS-Vergangenheit richtete sich der Protest, gegen die Notstandsgesetze, gegen die Große Koalition. Paradoxerweise wuchsen zugleich aber auch die Erwartungen an die Politik.

Willy Brandt saß zwischen den Stühlen. Sein Lebenslauf stieß in der Protestgeneration zweifellos auf Respekt, aber wie sollte sich das vereinbaren lassen mit seiner Rolle als Außenminister am Tische Kiesingers, noch dazu in einer verpönten Großen Koalition? Einerseits hatte er nie die Rolle des Anklägers übernehmen wollen, andererseits konnte gerade er der Protestgeneration nicht verwehren, den Eltern kritische Fragen nach ihrer Vergangenheit zu stellen. Exemplarisch soll hier seine Bundestagsrede vom 26. September 1968 stehen, die vor allem der Okkupation der Tschechoslowakei galt. Die Ergebnisse zwanzigjähriger Aufbauarbeit dürfe sich niemand «von Extremisten oder Pöbel» zerstören lassen, grenzte er sich zunächst mit markigen Worten von jugendlichen Demonstranten ab. Er habe als junger Mann eine deutsche Republik zugrunde gehen sehen, «das wollen und werden wir nicht noch einmal erleben». Ein Satz, mit dem er sehr weit ging, wenn man sich ihn auf der Zunge zergehen lässt. Aber er rief sich auch gleich wieder zurück. Er füge aus gegebenem Anlass hinzu, fuhr er nämlich fort: Verhärtung des Denkens sei gegenüber der jungen Generation ebenso schädlich wie Verweichlichung des Empfindens. *«Ich denke nicht daran, von ‹den› Studenten, auch nicht von den ‹linken› Studenten schlechthin zu reden, wenn ich eine extreme Minderheit meine. Ich denke schon gar nicht daran, die junge Generation zu verurteilen. Im Gegenteil, ich verstehe, wenn sie, die nicht terrorisiert, trotzdem kopfscheu wird angesichts des Widerspruchs zwischen alten Strukturen und modernen Möglichkeiten oder ... angesichts der Ohnmacht, der schrecklichen Ohnmacht, die wir alle empfinden und die die Jugend wohl noch stärker empfindet und die zum Trauma werden kann. Ich meine die Ohnmacht gegenüber den Rechtsbrüchen der Gewalt und dem Blutvergießen in der Welt, in der wir leben.»* [1]

Axel Springer und seine Zeitungen redeten die «bürgerliche» Republik geradezu in Pogromstimmung. Immerhin war allmählich – gegen große Widerstände vor allem aus der Justiz heraus – eine öffentliche Auseinandersetzung mit den Hitler-Jahren in Gang gekommen. 1961 fand das Verfahren gegen Adolf Eichmann (in Israel) statt, 1963 und 1965 folgten dank des hessischen Generalstaatsanwalts

Fritz Bauer die großen Auschwitz-Prozesse, 1965 blockierte der Bundestag nach einer leidenschaftlichen Debatte erstmals die Verjährung von Naziverbrechen. Willy Brandt wollte sein Leben im Exil am liebsten überhaupt nicht thematisieren, konnte aber schwerlich den Eindruck erwecken, dieser «andere Deutsche» sei gar nicht er gewesen. In Wahrheit wusste er ja auch zu schätzen, dass so viele Schriftsteller und Intellektuelle in den sechziger Jahren ihren Elfenbeinturm verlassen hatten und sich stark machten für ihn, gerade wegen seines frühen Lebens.

Öffentlich vertrat er nicht die Meinung, die Bundesrepublik müsse ihre «Stunde Null» nachholen, insgeheim freilich sah er die Defizite der Anfangsjahre durchaus, in diese Kerbe schlug dafür nun die junge Generation von 1968. Seine eigenen Söhne gehörten dazu. *«Das war für mich das Jahr mit diesen schwierigen jungen Leuten»*, grummelte er in dieser Lage wortkarg, aber nicht unfreundlich, wenn man wissen wollte, was «1968» für ihn bedeutet habe. Um ein schwieriges Jahr handelte es sich jedenfalls auch für ihn persönlich. Als Außenminister gewann er nicht wirklich Kontur, auch wenn er ein Team brillanter Mitarbeiter um sich scharte. In Sachen Westorientierung und Sicherheitspolitik hatten die Sozialdemokraten zwar Anschluss an die Realitäten gesucht, aber in großen Streitfragen (Anerkennung der DDR, Oder-Neiße-Grenze, Verhältnis zu Moskau, Nichtweiterverbreitung von Atomwaffen, Hallstein-Doktrin) hielten sie sich auffallend zurück, zwischen den Koalitionspartnern herrschte weitgehende Funkstille.

Auf die Frage, was von «1968» geblieben sei, hat Jürgen Habermas bekanntlich dreißig Jahre danach lakonisch erwidert: Rita Süssmuth. Wunderbar. Willy Brandt hätte sich darüber amüsiert. Es lässt sich zeigen, wie ich meine, dass er – ohne der Protestgeneration nach dem Munde zu reden – mit der Chiffre «1968» und dem folgenden Machtwechsel 1969 durchaus eine Erfolgsgeschichte verband.

Aber noch war es nicht so weit. Vor dem Parteitag im März 1968 in Nürnberg fürchteten sich die Genossen an der Spitze. Brandt und seine Berater rechneten damit, sie würde «der bewegteste Parteitag seit Kriegsende» erwarten, denn die Republik befand sich in Unruhe wie noch nie. Gerne wollte der SPD-Vorsitzende die Protestbewegung einladen zum «Marsch durch die Institutionen», seine Partei also öffnen, Horst Ehmke sprach werbend von der «Generation, auf die wir gewartet haben», aber einflussreiche Parteifreunde sträubten sich kategorisch dagegen, die Unruhegeister zu umarmen.

Gut fing es nicht an in Nürnberg. Ausgerechnet Herbert Wehner wurde auf dem Weg zum Parteitagsgelände tätlich angegriffen und verlor dabei seine Brille. Einer der Jusos befreite ihn aus dem Handgemenge und geleitete die Parteiikone fürsorglich bis in die Meistersingerhalle. Wie nicht anders zu erwarten, biss der Attackierte die Zähne zusammen – er war nicht blind und auch nicht von gestern –, ließ sich von seinem Groll nichts anmerken und erinnerte an die politisch bedrückendsten Zeiten der Stadt während der Hitler-Jahre, auch an die Unbeugsamkeit seiner Partei seit einem Jahrhundert. Nachträglich allerdings sollten die Genossen billigen, dass die SPD sich im Dezember 1966 entschlossen hatte, unter einem christdemokratischen Kanzler als Juniorpartner in ein Bündnis mit der ungeliebten CDU/CSU einzutreten. Herbert Wehner hatte dies mehr bedeutet als dem Vorsitzenden der Partei, Willy Brandt. Aber nun, bei den Protesten vor der Halle, hatte er zu spüren bekommen, welcher Unmut über diese «Elefantenhochzeit» CDU/SPD und die Notstandsgesetze sich aufgestaut hatte. Denn wenn jemand unter den Sozialdemokraten als unantastbar galt, dann war es Herbert Wehner, eindeutig mehr als Willy Brandt.

Brandt verfügte über ein ausgeprägtes Sensorium gerade für solche ambivalenten Übergangszeiten. Gleich zu Beginn seiner Rede in Nürnberg warnte er daher vor einer «Wischiwaschi»-Politik und suchte klarzumachen, dass er nicht an einer breiten Mehrheit um der Mehrheit willen hänge. Wichtiger seien «klare Entscheidungen». Schon damit griff er eine Kritik gerade aus der jüngeren Generation und von Schriftstellern wie Günter Grass auf, der unter den Ehrengästen saß. Die Regierungsarbeit verdiene kein kleinmütiges Urteil, das Glas sei nicht halbleer, sondern halbvoll.

Angelangt war der Redner schließlich bei den Attacken auf Herbert Wehner: «*Pöbel bleibt Pöbel, auch wenn junge Gesichter darunter sind.*» Anbiedern, so musste man Brandt verstehen, wollte er sich schon gar nicht. Zugleich aber stand für ihn fest, die SPD dürfe sich der Apo nicht verschließen. Manche spendeten den rebellischen jungen Leuten in Prag, Warschau, Moskau oder Budapest Applaus, so Brandt, wenn sie mit der Polizei in Konflikt gerieten, aber das sei «Heuchelei». Denn dort kämpfe die Jugend um elementare Freiheiten, wo solche Freiheiten aber bestehen, würden sie leicht als formal abgetan. «*In Deutschland marschiert man zur Zeit mit Vorliebe unter ostasiatischen oder südamerikanischen Revolutionsfahnen. Nun, Jugend ist kein Verdienst, Alter ist kein Verdienst. Nach meinen Erfahrungen ist Jugend ein Kredit, der jeden Tag kleiner wird. Die Selbstherrlichkeit junger Leute ist ebenso töricht wie die Besserwisserei der Alten. Das sollte man sich täglich als Vater sagen.*» (Das Protokoll verzeichnet an der Stelle Heiterkeit und Beifall.) Brandt weiter: «*Hoffentlich sagen sich das manchmal auch die Söhne.*» (Wieder Heiterkeit und Beifall.) Elegant hatte Brandt damit angespielt auf die Kritik, die an ihm geübt worden war wegen der eigenen Kinder. Lars hatte Schlagzeilen in der Boulevardpresse ausgelöst, weil er in einem Film, «Katz und Maus», das Ritterkreuz (EK 1) aus den Hitler-Jahren zur Entrüstung des bürgerlichen Publikums über der Badehose baumeln ließ, die Vorlage lieferte ein Roman von Günter Grass. Und das als Sohn des Außenministers!, entrüsteten sich Kritiker. Peter wiederum wagte es, Sympathien für die Studenten zu bekennen, die sich gegen den Vietnamkrieg, die Notstandsgesetze, die erdrückende Große Koalition auflehnten. Wohlweislich hütete sich der Redner jedenfalls, sich von seinen Söhnen zu distanzieren.

Allerdings, Peter hatte sich eilig in einem Telegramm nach Nürnberg bei dem Parteivorsitzendenvater entschuldigt, wenn auch sehr selbstbewusst: Entschieden verurteile er die Tätlichkeiten, denn sie drohten die berechtigte Kritik an dem Kurs der Partei zu untergraben, formulierte er fast schon im Stil des Papas. Mit einem gewissen Stolz reichte Brandt das Telegramm im Führungszirkel seiner Partei herum.

Willy Brandt, man spürte es in Nürnberg, erinnerte sich an seine eigenen Jugendjahre, ohne das ausdrücklich anzusprechen: «*Was an mir liegt, was an uns liegt, wird geschehen, muss geschehen, damit die Demokratie und damit die Chance der nächsten Generation in*

Familie Brandt im Garten ihres Hauses in Berlin (September 1965).

dieser Republik nicht vor die Hunde geht. Wir wissen, dass an diesem Staat vieles zu verbessern ist ... Die jungen Leute müssen sich klar werden, was sie wollen. Sie müssen formulieren, wofür sie eintreten. Sind sie, so frage ich von dieser Stelle, sind die besorgten jungen Leute im Land mit uns für den deutschen Beitrag zur europäischen Friedensordnung? Sind sie mit uns für einen modernen sozialen Bundesstaat? Wenn ja, dann gibt es viel zu bereden.» Als eine Einladung auf seine spezifische Art konnte man das verstehen. Ein Außenminister, der sich gedanklich einrichtet auf eine Verlängerung der Großen Koalition (oder gar einer, der sich bereitwillig zur Seite schieben ließe in die Villa Hammerschmidt, damals der Bonner Amtssitz des Bundespräsidenten), sieht sicherlich anders aus. Mit ihrer Kritik an der Elterngeneration und an dem Bündnis mit Kiesinger, ausgerechnet!, trafen die Protestler durchaus auch etwas von seinen Ansichten. Obgleich – ein wenig zu sehr spielten sich manche als Helden auf mit ihrem Revolutionspathos, der Systemkritik und ihrem Widerstandsgerede. Die «Hinwendung zur jungen Generation», formulierte Brandt in seinem Schlusswort zum Parteitag sorgfältig, würde er als nicht weniger wichtig beschreiben als die Regenerationsfähigkeit der Partei – «wenn ich als Journalist und Beobachter hier wäre».

Wirklich gut standen auch im beginnenden Wahljahr 1969 die Zeichen nicht für die SPD, es galt keineswegs als sicher, dass die Wechselstimmung im Land ihr unter diesen Umständen zugutekommen würde. Am 5. März wurde zwar ihr Kandidat, Justizminister Gustav Heinemann, auf Vorschlag der SPD und mit Hilfe der FDP zum Bundespräsidenten gewählt. Außenminister Gerhard Schröder, der von der CDU nominiert und von der NPD unterstützt wurde, unterlag. Im April des Jahres[2] aber verloren die Sozialdemokraten bei den baden-württembergischen Landtagswahlen erdrutschartig, die NPD löste mit ihrem Erfolg, 9,8 %, einen Schock aus. Dass eine rechtsradikale, nationalistische Partei derart reüssieren könne, galt bis dahin geradezu als tabu. Die SPD-Führung – vorneweg Helmut Schmidt – lag in Fehde mit Teilen der eigenen Partei und der Gewerkschaften, gegen die sie die Notstandsgesetze durchpauken wollte, mit der CDU verständigte sich das sozialdemokratische Establishment gegen Brandts halblaute Bedenken obendrein auf ein Mehrheitswahlrecht, um die Liberalen aus ihrer komfortablen, traditionellen Schlüsselstellung als Mehrheitsbeschaffer zu drängen. Zum Vietnamkrieg herrschte unter den Parteigranden bedrücktes Schweigen, weil man den großen Bruder in Washington mit Kritik nicht verärgern wollte, während die Apo sich zumindest verbal für den Vietcong begeisterte. Noch stand nicht hundertprozentig fest, ob Willy Brandt einen dritten Versuch riskieren würde, um ins Kanzleramt zu gelangen.

Kein Held, nirgends: Brandt galt noch keineswegs als Leuchtfigur, der die Herzen der jungen Generation zuflogen, die «Geist und Macht» versöhnen, die heimatlose Linke und die Apo integrieren könnte. Man ahnte nur, dem Außenminister behagte seine Rolle in der Koalition nicht, als SPD-Vorsitzender wirkte er gelähmt. (Dass er hinter den Kulissen äußerst beharrlich viele Weichen umstellte, ist dennoch unbestritten). Mit der Godesberger Wende 1959 war die SPD in die Mitte gerückt und hatte sich von der undogmatischen Linken losgesagt. Brandt unterstützte sowohl den Modernisierungskurs als auch die Abgrenzung. Auf dem Weg, um Regierungsfähigkeit nachzuweisen, musste seine Partei nicht nur überholte Klassenkampfpositionen räumen, sie passte sich auch bereitwillig an die ökonomischen Herrschaftsverhältnisse an, «Antikapitalismus» war gestern. Die Angst vor einem «realen» Atomkrieg saß tief, und gerade die Deutschen mussten sich als Militärmacht selber zügeln. Die «Bewegung gegen den Atomtod», die damals aus dem Boden schoss, führte zur ersten ernsthaften Auseinandersetzung um die Identität der noch jungen Bundesrepublik. Damals fanden heimatlose «Linke» und Sozialdemokraten durchaus zueinander, der Konsens reichte vom prominenten Atomphysiker Carl Friedrich von Weizsäcker über den jungen Philosophiestar Jürgen Habermas bis zum Schriftsteller Hans Werner Richter. Gar nicht hoch genug einschätzen kann man den Beitrag der *Spiegel*-Affäre zu diesem Prozess: Nicht nur die Journalisten der liberalen Medien begannen, sich als «vierte Gewalt» zu verstehen, im geistigen, kulturellen Deutschland, in Zeitschriften, im Rundfunk, in Bucheditionen (*rororo aktuell, edition suhrkamp, Luchterhand Verlag*) regte sich Widerstand gegen die politische Lähmung der Adenauer-Ära. Erst zwei Jahre im Kanzleramt, verlor Ludwig Erhard die Nerven und beschimpfte diese «andere» Republik, die Intellektuellen als «Pinscher», seine Lieblingsidee von einer «formierten Gesellschaft» entlieh er ungeniert bei Carl Schmitt, dem renommierten Juristen, der seinen Namen in den Hitler-Jahren gänzlich kompromittiert hatte. Zeitweise schweißte das die Opposition im Parlament mit den widerständigen Geistern der Republik zusammen, so heterogen sie auch dachten.

Diese geistige Koalition, die sich in der ersten Hälfte der sechziger Jahre formierte, blieb aber zunächst politisch folgenlos: Sie mündete in die Große Koalition, genau die Konstellation, in der sich die kritischen Geister, der neue Zeitgeist nicht wiederfinden konnten. Axel Schildt beschrieb das treffend als «Wendung der SPD zur ominösen Mitte».[3]

Im Jahr 1968 traf nun alles zusammen: Einerseits wollten die Sozialdemokraten des Brandt-Lagers die Protestgeneration für sich gewinnen, andererseits zerbrach die «Liaison» zwischen der Partei und den Schriftstellern, denen die Notstandsgesetze bewiesen, dass die SPD die liberale Demokratie ablehne und mit den alten Mächten fraternisiere.[4] Vor allem für die Wehner-, Schmidt-, Schiller-SPD trifft das Verdikt zu. Sie erkannte die Bundesrepublik, so wie sie geworden ist, grundsätzlich an. Die Sozialdemokraten hatten nicht nur Traditionsballast abgeworfen, die Partei nahm zusehends auch affirmativen Charakter an.

Seit vier Jahren stand Willy Brandt an der Spitze. Vorstellen darf man sich ihn nicht, wie Nürnberg 1968 lehrte, als Vorsitzenden, der mit der Fahne in der Hand voranstürmte, strikt einen mutigen neuen Kurs einschlug und dabei loyale Gefolgschaft verlangte. Seit den frühen sechziger Jahren veränderte sich die Republik eher subkutan, Brandt wandelte sich mit. Mit Konrad Adenauer hatte man gelernt, die Bundesrepublik als «Kanzlerdemokratie» zu begreifen, hier wurde von oben nach unten regiert. Daran gemessen, versprach Willy Brandt etwas revolutionär Neues, jeder sollte mitreden können, Politik als deliberatives Gewerbe. Sein Angebot stellte zwar nur den kleinsten gemeinsamen Nenner dar, Vorsicht blieb auch jetzt Brandts Grundhaltung, passte aber vorzüglich in die «68er»-Aufbruchszeiten mit ihrer Sehnsucht nach Mitsprache.

Er hütete sich, sich mit Beate Klarsfeld zu solidarisieren, die Schlagzeilen in der Weltpresse damit gemacht hatte, dass sie Kurt Georg Kiesinger während eines CDU-Parteitages im November 1968 mit den Rufen «Nazi, Nazi, Nazi!» ohrfeigte. Dieses «Attentat» hatte sie als Aktivistin gegen NS-Verbrecher zuvor im Beisein von Günter Grass, Ekkehart Krippendorff, Jacob Taubes und Johannes Agnoli angekündigt, symbolisch drückte diese Ohrfeige auch die Stimmung der Protestgeneration aus, die von der Elterngeneration endlich eine ehrlichere Auseinandersetzung mit der eigenen Vergangenheit verlangte. Der Außenminister der Großen Koalition Willy Brandt schwieg, er widersprach auch nicht, als Beate Klarsfeld wegen ihres spektakulären Akts aus dem Deutsch-Französischen Jugendwerk ausgeschlossen wurde. Gerade er mit seinem Lebenslauf hätte sie leicht gegen Vorwürfe in Schutz nehmen können, man hätte ihm seine Haltung geglaubt. Mühelos hätte er damit Applaus bei den jugendlichen Anklägern auf den Straßen der Republik und in den Hörsälen einheimsen können. Aber mit dem Weg, den die Republik seit 1949 einschlug, hatte er sich mehr oder minder klaglos arrangiert. Sein Lebenskompromiss sollte es bleiben. Und nicht zu vergessen, er saß eben als Vizekanzler am Kabinettstisch von Kiesinger, er hatte sich einbinden lassen und saß in der Falle, wie Grass vorausgeahnt hatte.

Nur selten, am Ende von *Links und frei* beispielsweise, dem Bericht über seine Jugend und das Nürnberger Tribunal, nahm er sich kleine Freiheiten. Skeptischer als gewohnt grübelte er über der Frage, ob die «überlebenden deutschen Demokraten» allein die Kraft zum Neubeginn gefunden hätten. Seine Antwort: «*Natürlich wäre, wovon in unseren Texten und Diskussionen so viel die Rede war, eine revolutionäre Umwälzung notwendig gewesen. Doch die Verhältnisse waren nicht so, die Selbstreinigung durfte nicht stattfinden.*» Das Verbot jeder politischen Tätigkeit habe sich in seinen objektiven Wirkungen gerade gegen solche Kräfte gerichtet, «deren Mitarbeit beim Aufbau unerlässlich war ...» Ungeduld blitzte auch auf, als er schrieb, 1944 hätten SS-Chef Heinrich Himmler und Adolf Eichmann damit geprahlt, sechs Millionen Juden seien getötet worden. Brandt fügte an – «als ob man von alledem in Deutschland nichts gewusst hätte!» Wirklich geglaubt hat er diese deutsche Nachkriegsformel wohl nie, man habe von nichts gewusst, nicht einmal seiner Mutter glaubte er es. Aber solche wuchtigen Sätze relativierte er dann wieder eilig mit Bemerkungen wie dieser, schließlich sei nicht Deutschland, sondern Hitler der «eigentliche Feind» gewesen.

Sehr weit entfernt von den Thesen der Protestgeneration über das

Verhalten der Eltern und Mehrheitsdeutschen bewegte er sich damit nicht, aber das blieben Ausnahmen bei ihm, in der Regel verordnete er sich Zurückhaltung, wenn nicht Schweigen, ganz wie im Falle Klarsfeld.[5]

Gestolpert bin ich bei der Lektüre seiner *Erinnerungen* über eine Bemerkung Willy Brandts zur Protestgeneration, die eigentümlich unbeholfen klang. «Ohne sonderliches Verdienst», schrieb er im Jahr 1989, sei ihm das «Image zugewachsen», sich nicht abgekapselt zu haben, sondern gesprächsbereit und lernfähig geblieben zu sein. Um dann fortzufahren: *«Dies mag sich von der vorherrschenden Ignoranz abgehoben haben, aber was die junge Generation, und zwar nicht ihren schlechtesten Teil, umtrieb, habe ich nicht genug verstanden, vielleicht auch nicht verstehen wollen; abgestandener Wortradikalismus machte den Zugang schwer.»*[6] Selten hatte er das derart ungnädig formuliert. Warum musste er im Rückblick, ohne weitere politische Ambitionen, so demonstrativ auf Distanz gehen?

Im November 1968 beispielsweise hatte das ganz anders geklungen, als er vor der UNESCO entschieden um Verständnis für die Jüngeren warb: *«Gar so verwunderlich ist es wohl nicht, wenn junge Menschen aufbegehren gegen das Missverhältnis zwischen veralteten Strukturen und neuen Möglichkeiten. Wenn sie protestieren gegen den Widerspruch von Schein und Wirklichkeit. Wenn sie an einer Politik verzweifeln, die sich zwar Postulate setzt, sich jedoch bei Rechtsbrüchen, bei Gewaltanwendung, Unterdrückung und Blutvergießen als ohnmächtig erweist. Ich bin nicht dafür, jungen Menschen nach dem Mund zu reden ... Aber ich meine, wir dürfen uns nicht abriegeln. Zuhören ist nicht genug. Wir müssen uns der Herausforderung stellen mit der Bereitschaft, uns selbst in Frage zu stellen und hinzuzulernen.»*[7] Zuhören, hinzulernen – exerzierte er nicht beinahe ein Leben lang vor, was das heißt?

Trotz des unterkühlten Tons, in dem er sich an die kritischen jungen Leute erinnerte, Brandt war bewusst, dass er sie nicht allein wegen einer versprochenen Bildungsreform, wegen einer geplanten Senkung des Wahlalters auf 18 Jahre oder eben wegen des «blauen Himmels über der Ruhr» für sich gewinnen konnte. Das zählte zwar alles. Viel mehr aber wog das Versprechen, das in seinem Lebenslauf steckte, für den er aber von großen Teilen der Elterngeneration – und nicht nur von Strauß oder Adenauer – verhöhnt wurde.

Nur die Frage ist damit nicht beantwortet, warum er in den *Erinnerungen* als alter Herr grübelte, er habe die junge Generation nicht verstanden oder nicht verstehen wollen. Inzwischen lebte er, neu verheiratet, in Unkel. Seine Frau zählte er zu den Parteikonservativen, sie wiederum betrachtete ihn wohl als nationalkonservativen Sozialdemokraten, der fälschlich von der Linken vereinnahmt werde. Vielleicht reagierte er darauf? Vielleicht entsprach es aber auch einfach seinem Wunsch, sich von niemandem – buchstäblich von niemandem – vereinnahmen zu lassen, ganz autonom zu sein, ganz frei? Vielleicht fühlte er sich alleine am sichersten?

Vor allem der Vietnamkrieg trieb junge Leute zwischen Berlin und San Francisco Ende der sechziger Jahre auf die Barrikaden. Die Losung Ernesto «Che» Guevaras im Jahr 1967, «schafft zwei, drei, viele Vietnam», fand weltweites Echo, in Deutschland verliehen Rudi Dutschke, Gaston Salvatore und andere Freunde dem Stimme. Schon einige Monate vorher, im Oktober 1966, hatte sich eine Koalition von kritischen Sozialdemokraten, Gewerkschaftlern und Studenten im Kongress «Notstand der Demokratie» verständigt mit dem Ziel, mit Demonstrationen und Sternmärschen quer durch die Republik die Notstandsgesetze (Gesetze für den «Ausnahmefall», wie es hieß) zu verhindern.

Schon Ende 1966 propagierte Rudi Dutschke vor einem Forum des «Sozialistischen Deutschen Studentenbundes» (SDS) die Außerparlamentarische Opposition. Anfang 1967 erblickte die «Kommune I» in Berlin das Licht der Welt, mit Fritz Teufel, Rainer Langhans, Ulrich Enzensberger, vieles glich einer Pop-Inszenierung, Scheinwerferlicht und TV-Kameras begleiteten das Geschehen. Sympathisanten und Mitglieder der Kommune verkündeten marktschreierisch, «deutsche Kaufhäuser» in Brand setzen zu wollen als Protest gegen den Krieg in Indochina. Die Ereignisse überstürzten sich. Der tödliche Schuss auf Benno Ohnesorg bildete den Ausgangspunkt für eine zunehmende Radikalisierung des Protests. Schon wenige Wochen später spaltete sich die gewaltbereite Fraktion ab, Gudrun Ensslin und Andreas Baader beschlossen, sich gegen die «postfaschistische» Republik mit Waffen zur Wehr zu setzen. Gemeinsam mit Ulrike Meinhof gründeten sie die «Rote Armee Fraktion» (RAF). Bis weit in den SDS hinein wogte die Kontroverse, ob Gewalt, also ein Guerillakrieg, ein legitimes Mittel gegen den Staat sei. Anti-Vietnam-Proteste an den Universitäten, nicht nur in Westberlin, folgten, während die USA immer mehr Truppen nach Asien in einen Krieg entsandten, der sich als aussichtslos für sie erweisen sollte. Brandanschläge auf Kaufhäuser in Frankfurt (unter Beteiligung Gudrun Ensslins und Andreas Baaders), Schüsse auf Rudi Dutschke, die ihn lebensgefährlich trafen und an deren Folgen er später auch starb, Proteste gegen die Springer-Presse, schließlich eine der ersten Großdemonstrationen nach dem Krieg Anfang Juni 1968 gegen die Notstandsgesetze auf der Bonner Hofgartenwiese – die Republik brodelte wie noch nie seit 1949.

Als Ansprechpartner für diesen Unmut auf den Straßen stand die SPD jedoch nicht zur Verfügung, zu stark war sie eingebunden in die Große Koalition, und zu fest nistete in einem Großteil der Partei durchaus nachvollziehbar die Überzeugung, die Kritik richte sich doch auch gegen jene Republik, die sie selbst mit aufgebaut hatte. Auch Willy Brandt wirkte jetzt einigermaßen gelähmt. So viel ihm als Vorsitzendem auch lag an einer möglichst breiten Integration – der verbale Radikalismus der 68er mag ihn an seine Gymnasialjahre erinnert haben, aber blieb ihm fremd, von den Aufrufen der RAF zu Gewalt und ihrem revolutionären Gestus ganz zu schweigen. Nicht einmal die Notstandsgesetze – so wenig sie ihm schmeckten – hatten etwas mit einem Ermächtigungsgesetz zu tun, und die Große Koalition inklusive Kurt Georg Kiesinger war, gemessen am NS-Regime, ein Papiertiger in einem demokratischen Land. Er wusste es genauer, die Zeiten waren nicht zu vergleichen.

Mit dieser Einschätzung bewegte Brandt sich nicht sehr weit weg von Jürgen Habermas, dem Frankfurter-Schule-Philosophen, dem die aufgeklärten Köpfe der Protestgeneration weithin sorgfältig zuhörten. Über die Zukunft der Demokratie machte auch er sich Sorgen. Und dennoch, auf die «Legitimationskrise des Spätkapitalismus» blickte Habermas erfrischend kritisch, den unehrlichen Umgang mit der jüngsten deutschen Vergangenheit beklagte er, die Schwächen der Großen Koalition übertünchte er nicht. Und doch nutzte er seinen Auftritt am 9. Juni 1967 bei einem Studentenkongress zu dem «Vorschlag», wie er es nannte, das, was 1848 vielleicht als utopischer Sozialismus firmiert hätte, unter den heutigen Umständen «linken Faschismus» zu nennen. Das Wort saß. Brandt wäre vielleicht öffentlich nicht so weit gegangen, aber ich bin mir sicher, im Blick auf die selbsternannten «Widerständler» der RAF stimmte er zu ohne Vorbehalt.

Als er in seinen *Erinnerungen*[8] zurückblendete auf die Anfangsjahre nach dem Krieg, muss ihm seine eigene Rede vom 8. Mai 1949 beim Landesparteitag der Berliner SPD aufgefallen sein, in der er sich mit den «programmatischen Grundlagen des demokratischen Sozialismus» auseinandersetzte. Seine Haltung spitzte er rückblickend, 42 Jahre später, auf die Formel zu, die Demokratie sei «uns keine Frage der Zweckmäßigkeit, sondern der Sittlichkeit». Er habe damit, so Brandt, jenen großen Irrtum zurechtrücken wollen, «dem viele in der deutschen Sozialdemokratie – und ich mit ihnen – erlegen waren». Und ich mit ihnen!, das wollte er unbedingt loswerden.[9]

Die neue deutsche Demokratie sei «noch nicht fertig», dachte Brandt in Berlin laut vor sich hin. Die Sozialdemokratische Partei müsse sich als eine neben anderen Parteien begreifen, sie habe nicht die Wahrheit gepachtet. Eine neue «Millionenarbeitslosigkeit» könnten wir uns nicht leisten. Freiheitlich und revolutionär müsse der Sozialismus sein, suchte er die auseinanderklaffenden Pole zusammenzuzwingen und abzugrenzen vom «sozialistisch drapierten Totalitarismus». In ein furioses Plädoyer für ein freies Europa mündete das alles. Willy Brandt pathetischer als gewohnt: *«Die Vereinigten Staaten von Europa werden von sozialistischem Gedankengut erfüllt sein. Oder sie werden nicht sein.»*

Heute mag man lächeln darüber. In dieser «ersten großen öffentlichen Standortbestimmung Willy Brandts in Nachkriegsdeutschland» (Daniela Münkel) von 1949 war aber etwas angelegt, was ihn für die neue politische Generation attraktiv machen konnte. Sozialismus und Demokratie, links und frei, beides gehörte zusammen.

«*Demokratisierung der Demokratie*»

«Mythisch überhöht» habe Brandt die Wahlen vom 28. September 1969, die ihn im dritten Anlauf ins Kanzleramt führten, monierte Peter Merseburger. Allerdings räumte er ein, was für jede normale westliche Demokratie eine «Routineangelegenheit» gewesen wäre, habe sich zwanzig Jahre nach Gründung der Republik, mit der scheinbar ewigen Staatspartei CDU an der Spitze, doch anders dargestellt. Die Anhänger empfanden den Machtantritt als Aufbruch zu neuen Ufern, aber Willy Brandt auch.

An der Stelle muss noch einmal die Rede sein von der Regierungserklärung, die der neue Kanzler am 28. Oktober 1969 im Bundestag abgab. Erst zum Schluss, nach der peniblen Auflistung der Reformprojekte und auffallend sparsamen Andeutungen einer neuen Politik gegenüber dem Osten (und Ostberlin), kam Brandt noch einmal auf die demokratische Frage zurück. Erfolgreich könne seine Regierung nur wirken, wenn sie «vom demokratischen Engagement der Bürger» getragen werde. Und dann, wieder im Kennedy-Duktus: «*Wir haben so wenig Bedarf an blinder Zustimmung, wie unser Volk Bedarf hat an gespreizter Würde und hoheitsvoller Distanz. Wir suchen keine Bewunderer; wir brauchen Menschen, die kritisch mitdenken, mitentscheiden und mitverantworten. Das Selbstbewusstsein dieser Regierung wird sich als Toleranz zu erkennen geben.* (Das Protokoll verzeichnete hier «Lachen bei der CDU/CSU».) *Sie wird daher auch jene Solidarität zu schätzen wissen, die sich in Kritik äußert. Wir sind keine Erwählten; wir sind Gewählte.*»

Für das Ende seiner Rede hatte Brandt sich fünf knappe Sätze überlegt, in denen er summierte, was ihm am Herzen lag. Jetzt aber klang es auch nicht mehr andeutend nach Abgrenzung von der jungen Generation, sondern nach der Einladung, an einer Art Neugründung der Republik teilzunehmen. Willy Brandt wog die Worte sorgfältig ab: «*Meine Damen und Herren, in den letzten Jahren haben manche in diesem Land befürchtet, die zweite deutsche Demokratie werde den Weg der ersten gehen. Ich habe dies nie geglaubt. Ich glaube dies heute weniger denn je ...*» Das Protokoll verzeichnete: «Abg. Dr. Barzel: ‹Aber Herr Brandt!› – Weitere Zurufe von der

CDU/CSU». Brandt weiter: «*Wir wollen ein Volk der guten Nachbarn sein und werden im Inneren und nach außen.*» «Anhaltender lebhafter Beifall bei den Regierungsparteien», hieß es im Protokoll. – Abg. Dr. Barzel: «Das ist ein starkes Stück, Herr Bundeskanzler! Ein starkes Stück! Unglaublich! Unerhört!»[10] Hat er wirklich damit den Anfang mythisch verklärt? Hat er sich hinterher das Wort von der Umgründung der Republik «aufschwätzen» lassen?[11] Zu großen Worten neigte er nicht. Aber es handelte sich um mehr als den ersten «Machtwechsel» der Republik seit 1949. So selten er sich dazu auch einließ, der Anfang nach dem Krieg und bei Gründung der Bundesrepublik hätte aus seiner Warte größer ausfallen sollen, er sah keinen Grund, sich selbstzufrieden zurückzulehnen, die Bundesrepublik war für ihn zudem auch 1969 nicht fertig. Tatsächlich befand sie sich erst am Anfang der Selbstliberalisierung, wie er meinte. Erstmals stellte er sich an die Spitze all jener, die sich das Land als kompromissfähige Konfliktdemokratie wünschten. Was er sagte, klang keineswegs «aufgeschwätzt». Nicht immer war das der Fall.

Die eigentliche «deutsche Frage» sei es, lautete die zentrale These Ralf Dahrendorfs 1965 in seiner grandiosen Untersuchung über *Gesellschaft und Demokratie in Deutschland*, dass die angelsächsische Konfliktdemokratie hierzulande nicht wirklich verinnerlicht worden sei, die Deutschen seien von ihrer Sehnsucht nach Synthese, nach Gemeinschaft unter obrigkeitlichem Dach verführt.[12] Dahrendorf zielte damit auf eine Stärkung der parlamentarischen Demokratie. Jürgen Habermas wiederum, der sich in die studentische Debatte über Notwendigkeit und Grenzen der «Systemkritik» einmischte, schwebte eine stärker partizipative Demokratie («Demokratie als Verfahren») vor, die also die außerparlamentarischen Mitsprachewünsche aufgriff und ausweitete. Nur auf diese Weise, argumentierte Habermas, ließen sich soziale Ungleichheiten und gesellschaftliche Friktionen leidlich überwinden.

Zu derart abstrakten Debatten neigte Willy Brandt nicht, so gern und viel er auch las. Aber als Pragmatiker wollte er beide Seiten – Dahrendorf und Habermas – miteinander versöhnen in einer «liberalisierten Bürgergesellschaft» (Jens Hacke), die ihre Konflikte vielerorts auf rationale Weise austrägt. Etwas blieb auch aus seiner Sicht noch nachzuholen in der Bundesrepublik. Staat und Gesellschaft sollten enger zusammenrücken, enger als in den Adenauer-Jahren, darauf zielte die Botschaft seiner Regierungserklärung. Natürlich sollte die «Apo» mitreden, ihn erschreckte das nicht, in einer weit radikaleren außerparlamentarischen Opposition hatte er sich als junger Mann selber getummelt.

Willy Brandt hörte nicht nur den eigenen Söhnen zu, sondern auch den «schwierigen jungen Leuten». Wie offen er nach anfänglichem Zögern war, aber auch wie differenziert er warb, spiegelte sich wieder in seiner Rede, die er Anfang 1969 bei einem Kongress in Bad Godesberg über die «junge Generation und die Zukunft der Demokratie» hielt. Brandt fast in einer Art Selbstgespräch: *«Zu meiner Erfahrung gehört: Man kann nicht aussteigen. Ihr könnt nicht aus der Geschichte aussteigen; ihr könnt nicht aus eurer Umwelt aussteigen; ihr könnt eure Familie nicht verleugnen, nicht eure Bildung und nicht die Tradition, in der ihr aufgewachsen seid – im Guten nicht und im Bösen nicht. 1930 und 1931 habe ich als Sechzehn- bis Siebzehnjähriger gerufen, Republik, das sei nicht viel, Sozialismus sei das Ziel. Dabei war die Weimarer Republik nicht wenig, gemessen an dem, was ihr vorausging, und vor allem an dem, was ihr folgte.»*[13]

Torsten Körner ist das Kunststück geglückt, im Spiegel der «Familie Brandt», der Geschichte von Vater und Söhnen, auch eine Kontur von Willy Brandt nachzuzeichnen, die ihn in ein anderes Licht rückt. Ein langer Weg sei es gewesen von dem jungen Herbert Frahm, der sich fremd wurde und entrückte und sein Ich «abspaltete», zu jenem Willy Brandt, dem immer wieder aufgezwungen wurde, sich an seine Jugend zu erinnern, so lange, bis er endlich mit sich selber wieder identisch werden konnte. Er sei der Mann mit der Haut eines überaus Empfindlichen, Verletzbaren in einem robusten Gewerbe, Politik, in das es ihn trotz allem drängte. Trage man Schichten ab, um sich ihm anzunähern, stoße man immer wieder auf neue, die sich darüber lagern. Ein Mann nicht nur mit mehreren Namen, Herbert,

Willy, Gunnar, sondern in mehreren Gestalten; einer, dessen Identitätskern sich nur allmählich erschließe, so Körner, wenn überhaupt.[14] Dieser Brandt, der sicher viele Metamorphosen durchlief, der Positionen wechselte und dazulernte, der sich irrte und dies auch eingestand, hielt in Godesberg 1969 eine Werberede für die Demokratie, die man im parlamentarischen System verankern müsse. Eine Rede vor allem an die Adresse der Jungen. Zu dem Zeitpunkt allerdings hatten Ulrike Meinhof, Gudrun Ensslin und Andreas Baader bereits den Weg in den Untergrund gesucht,[15] der Terror der RAF sollte bis tief in die siebziger Jahre alle Anstrengungen begleiten und überschatten, die Kritiker des «Systems» und «Establishments», die Sympathisanten der Apo ins Parteien- und Institutionensystem zu integrieren.

Schon im ersten Regierungsjahr spitzte sich die Kontroverse vor allem über das öffentliche Erscheinungsbild und Brandts liberalen Führungsstil zu. In der hitzigen öffentlichen Debatte wurde die kritische Linke, inklusive der linken SPD, über einen Leisten geschlagen mit der gewalttätigen RAF. Helmut Schmidt stellte sich vom ersten Tag an an die Spitze der Fronde, die für Kabinett, Fraktion und Partei ein strafferes Regiment verlangte. Zwar stand er im Ruf, das Parlament als Bühne zu schätzen und auch ein glänzender, scharfzüngiger Debattierer zu sein, aber dieses allzu liberale, nicht-autoritäre Politikverständnis missfiel ihm. Auch er argumentierte, die Grenze zu den Gewalttätern verschwimme. Willy Brandt wiederum litt unter den permanenten Nörgeleien Schmidts über seine mangelnde Entschlossenheit gegenüber allen, die er als unbotmäßig empfand. Schmidts Politikverständnis, jedenfalls nach außen hin, war weniger diskursiv als dezisionistisch. Die Leute schätzten das so, er war sich sicher. In einem Geburtstagsbrief vom 22. Dezember 1970 an Schmidt blickte Brandt zurück auf ein *«schwieriges Jahr, das zu Ende geht, und das kommende wird mit Sicherheit nicht einfacher werden»*. *«Wir sollten miteinander dafür sorgen»*, gab er dem Unduldsamen zu bedenken, *«dass es nicht noch schwerer wird, als es sich ohnehin abzeichnet und nur bedingt zu beeinflussen ist.»* Helmut Schmidts briefliche Bitte, ihn in seinem Streit mit Herbert Wehner stärker zu unterstützen, beantwortete er kühl mit dem Rat, das solle er selbst in einem Vieraugengespräch ausräumen. Dann kam Brandt erst zur Sache: «*Dein gutgemeinter, freundschaftlicher Rat, ich sollte deutlicher sagen, wo die Reise lang geht, hilft auch nicht viel weiter. Erstens kann keiner von uns mehr aus seiner Haut – aus seinem Stil heraus. Zweitens liegt die Lösung der meisten unserer Probleme wirklich in ‹kollektiven› Antworten.*» Das reichte noch nicht: «*Im übrigen solltest Du wirklich nicht einen zu strengen Maßstab anlegen, wenn andere nicht jedes Wort auf die Goldwaage legen. Du tust es auch nicht. Auch Du würdest einen Teil Deiner Ausstrahlungskraft aufgeben, wenn Du über Gebühr darauf verzichtest, Dir Fesseln anzulegen.*»[16]

Das war ein Brief ganz ohne Brandts Sowohl-als-auch. Eindeutig machte er klar, dass seine Regierungsmethode nicht einfach eine Allüre war aus Schwäche heraus.

Alle verwalten ihr Ressort aus eigener Kompetenz. Alle sind erwachsen. Seinen Regierungsstil verteidigte Brandt nicht nur, weil «keiner aus seiner Haut heraus kann», es war ihm auch bewusst, die Republik liberalisierte sich inzwischen rasant. Brandt wünschte sich mehr davon, weil es ihm entgegenkam, aber auch weil er annahm, sonst werde seine Partei eine ganze Generation verlieren. Schmidt fürchtete, damit werde die ohnehin nervöse Republik vollends unregierbar. Und beiden war es ernst damit.

«Der größte Fehler meines Lebens»

Umso unzeitgemäßer musste der Radikalenerlass wirken, der «größte Fehler» seiner Kanzlerjahre, wie Willy Brandt in der Rückschau selbstkritisch einräumte. Mit ihrer Vereinbarung vom 28. Januar 1972 verständigten sich die Ministerpräsidenten der Länder in einer gemeinsamen Konferenz mit dem Kanzler, den Zugang zum öffentlichen Dienst für junge Anwärter zu verbauen, die nicht loyal auf dem Boden des Grundgesetzes stehen. Die Treuepflicht gegenüber dem Staat sollte Vorrang vor dem «Parteienprivileg» haben, wonach die Mitgliedschaft in einer nicht-verbotenen Partei mit der Zugehörigkeit zum öffentlichen Dienst vereinbar sei. Betroffen waren vor allem Lehramtskandidaten. Den Initiatoren war bewusst, dass sie eine Einschränkung der Grundrechte vornahmen, ein weitgehender Schritt, zudem ein gewagter juristischer Balanceakt. Sie beschlossen kein Verbot der DKP (die vor vier Jahren gegründet worden war), es erschien ihnen nämlich höchst ungewiss, ob das Verfassungsgericht einem Verbotsantrag zustimmen würde, wohl aber mussten die Mitglieder individuell ihre Gesinnungstreue nachweisen. Danach sollte eine Regelanfrage beim Verfassungsschutz diese loyale Gesinnung der Bewerber bestätigen, andernfalls drohte ein Verbot, den angestrebten Beruf im öffentlichen Dienst anzutreten.

Alle Parteien, mit Ausnahme der DKP, machten sich stark für dieses Vorgehen, aber festhalten muss man dennoch: Ohne die Sozialdemokraten wäre es zu dem Erlass nicht gekommen, sie galten seitdem als diejenigen, die das große Toleranz- und Integrationsversprechen abgegeben hatten, nun aber rigoros die Gegenreformation einleiteten. Damit verprellten sie nicht nur die dogmatische Linke, sondern viele Anhänger, die mit dem rebellischen Zeitgeist sympathisierten. Willy Brandt hatte zwar nicht den Anstoß dazu gegeben, aber geriet zwangsläufig ins Zentrum der Kritik. Mit seiner liberalen Regierungserklärung von 1969, «mehr Demokratie wagen», war es nicht mehr vereinbar. Viele der Intellektuellen, die ihm früh den Weg ins Kanzleramt zu ebnen versuchten, und viele, die keineswegs sympathisierten mit der DKP, haderten nun öffentlich mit Willy Brandt.

Konrad Adenauer habe mit seiner Parole «Keine Experimente» die Nachkriegsgesellschaft wie unter einer Dunstglocke erstickt, urteilte Brandt in seinen *Erinnerungen*, dem habe er ausdrücklich seine Losung «keine Angst vor Experimenten» oder «wir schaffen das moderne Deutschland» entgegengehalten.[17] Das «Fortschrittspathos», zu dem er sich bekannte, war nun eigenen Abwehrreflexen gewichen. Mit dem Radikalenerlass zeigte seine Koalition eine andere Seite, es sah ganz so aus, als gehe jetzt sie selbst aus Angst vor den kritischen jungen Leuten auf Nummer sicher. Keine Experimente auf sozialdemokratisch?

Diese Kontroverse, gemeinsam mit dem Kampf gegen den RAF-Terrorismus, veränderte das Bild von Willy Brandt und seiner Partei dramatisch. Pointiert gesagt, «die Generation, auf die wir gewartet haben», stand unversehens draußen vor der Tür. Gesinnungen wurden vom Staat überprüft, das Klima veränderte sich rapide. Die diskursive Republik, kaum proklamiert, blieb stecken. Wundern durfte Brandt sich jedenfalls nicht, dass Befürworter und Kritiker seine Zustimmung zu dem Erlass auch in Zusammenhang mit seiner eigenen Jugend brachten. Weil er selber in der SAP eine Volksfront mit Kommunisten befürwortet habe, hieß es, suche er jetzt demonstrativ eine Abgrenzung nach links. Wenn es ihm tatsächlich um «Rettung der Ostverträge» ging, was er als Argument nachreichte, dann hat er dafür allerdings einen hohen Preis gezahlt. Willy Brandt kam nicht ungeschoren davon.

An der Absicht, kritische junge Geister zu integrieren, änderte sich im Prinzip nichts. Auch an Parteifreunde richtete er sich mit der Warnung, die «geistige Rebellion» der jungen Leute zu verteufeln, die SPD müsse eine «Partei der Freiheit und der parlamentarischen, repräsentativen Demokratie» bleiben, wie er in einer Rede zum 100. Geburtstag des ehemaligen Vorsitzenden Otto Wels formulierte.[18]

Er kämpfte gegen Windmühlen. Willy Brandt war es, der 1975 ausdrücklich im Parlament den «Studentenprotest von 1968» verteidigte, der nicht wie ein Naturereignis über uns gekommen sei. Aus dem Protest sei zum bitteren Ende das leidenschaftliche Aufbegehren einer Generation gegen die erkennbare Gefahr geworden, «*unser Staat könnte im spießerhaften Mief ersticken und durch seine Unbeweglichkeit seine Zukunft und unser aller Zukunft verspielen*». Den von der RAF entführten Peter Lorenz zitierte er, der seine eigene Partei, die CDU, gefragt hatte, warum ihr eine ganze Generation junger Menschen den Rücken kehrte.[19] Auch die Union, prophezeite er, werde noch eingeholt von der Kritik der Jungen. Wenn der SPD die Integration gelungen sei, dann, weil sie die Protestgeneration überzeugte, dass der Staat nicht immobil, nicht auf Spießbürgerlichkeit, nicht auf die Durchsetzung der Interessen der Mächtigen programmiert sei. Diese Zwischenbilanz war voreilig optimistisch.

Zudem, nicht alle Parteifreunde Brandts hätten seinerzeit solche Sätze unterschrieben, auch wenn sie schwiegen. «Spießbürger», hielt Brandt ärgerlich dagegen, saßen auch in der SPD. Laut empörte sich freilich nur die Opposition: «Aufhören!», «Sie haben Ihre Zeit überschritten!», «Abtreten!», «Sie rauben hier die Zeit, und die Präsidentin versagt!», «Heuchelei!» Willy Brandt wurde niedergeschrien.[20]

Der große Zwist, der nicht sein durfte

Besonders die neue Friedensbewegung tangierte Willy Brandt doppelt: einmal, weil sie sich unmittelbar gegen die Regierungspolitik und damit gegen die SPD richtete. Helmut Schmidt hatte die umstrittene «Nachrüstung» der Nato mit atomaren Mittelstreckenraketen selbst in Gang gesetzt mit seiner Rede 1977 über eine drohende Rüstungsdisparität zwischen Ost und West. Zum anderen, weil eine neue Aufrüstungsrunde – angedroht für den Fall, dass Moskau nicht zu ernsthaften Gesprächen über einen Abbau seiner neuen Raketengeneration bereit sei – seine eigene Entspannungspolitik unterminieren musste.

Einzuwenden hatte Brandt nichts gegen das Prinzip, auf das sich die Nato schon 1967 im Harmel-Bericht verständigt hatte, in einer Art Doppelstrategie mit Moskau zu verhandeln und zugleich ein Gleichgewicht (mit konventionellen und nuklearen Waffen) anzustreben, um eine funktionierende wechselseitige Abschreckung zu sichern. Für eindeutig falsch aber hielt er den Nato-Doppelbeschluss von 1979, obwohl er sich öffentliches Schweigen dazu auferlegte. Erstens, weil beide Großmächte über eine gewaltige Überkapazität an Nuklearwaffen verfügten, die ausreichte, um sich wechselseitig mehrfach zu vernichten, zudem gebiete Amerika über ein hinreichendes Arsenal von Nuklearwaffen auf U-Booten, sodass sich der Westen wegen einer «Grauzone» oder einer «Raketenlücke» bei den Mittelstreckenraketen nicht sorgen müsse; zweitens, weil er zunehmend befürchtete, die Abschreckung könne versagen, der Welt drohe ein Atomkrieg mit Mitteleuropa – den beiden deutschen

Staaten und Polen – im Zentrum; drittens, weil er die Verhandlungsbereitschaft Washingtons unter Ronald Reagan grundsätzlich bezweifelte (und sich vom Verlauf des Prozesses 1983 bestätigt sah); und viertens, weil er glaubte, ein neuer Kalter Krieg drohe, falls der Westen seine Mittelstreckenraketen wirklich stationiere, und das auch noch auf deutschem Boden. In all diesen Punkten stimmte er mit den Nachrüstungskritikern in seiner Partei nahtlos überein, von Oskar Lafontaine bis Erhard Eppler und Egon Bahr, ebenso wie mit der Friedensbewegung. Junge Deutsche seien schon für Schlechteres auf die Straße gegangen, pflegte er in Interviews gerne zu repetieren, wenn er nach seinem Verhältnis zu den Gegnern des Doppelbeschlusses gefragt wurde.

Ein «Kräftegleichgewicht» wünschte mithin auch er. Ihn empörte, wenn Helmut Schmidt zwischen «Realpolitikern» und «Gesinnungsethikern» unterschied, wobei er den Parteivorsitzenden im Bunde mit Erhard Eppler zur letzteren Kategorie zählte. Er wusste es doch besser, gemeinsam zogen sie an einem Strang, seit die Bundeswehr eingerichtet und in die Nato eingegliedert worden war. Warum ignorierte Schmidt das? Öffentlich gewöhnte Brandt sich freilich an, über solche Differenzen zu schweigen. Allerdings ging er – anders als Helmut Schmidt – fest davon aus, die Sowjetunion wie die Westallianz seien ohnehin objektiv überrüstet, es lohne den Streit nicht, ob der Osten den Westen dabei überholt habe, in jedem Fall reichten die atomaren Kapazitäten auf beiden Seiten aus, die Welt auszulöschen.

Von den Sachargumenten abgesehen: Brandt billigte der «Straße», wie es abfällig auch in seiner eigenen Partei hieß, das Recht zur Mitsprache zu. Ungleich schwerer fiel es Helmut Schmidt, sich auf diese Partizipationsansprüche einer liberalen Republik einzulassen.

Höchst besorgt verfolgte Willy Brandt die mächtige Demonstration der Friedensbewegung vom 10. Oktober 1981 in Bonn. Seine Befürchtung, die Partei könne zersplittern, hatte sich schon bewahrheitet. Mit Sonnenblumen, Strickpullovern und Turnschuhen waren die Grünen ins Parlament eingezogen. Jetzt hielt er das eigene politische Erbe für gefährdet, die Entspannungspolitik. Washington zeigte sich resistent gegenüber dem Drängen Schmidts, ernsthaft Gespräche mit

Die neue Basisdemokratie mischt mit: Demonstrationszug der Friedensbewegung auf dem Weg zum Bonner Hofgarten am 10. Oktober 1981. Der Protest richtet sich gegen die geplante Stationierung atomarer Mittelstreckenraketen, zu der Helmut Schmidt selbst den Anstoß gegeben hatte. Brandt ist anderer Meinung, zudem fürchtet er die Abspaltung der jungen Generation von seiner Partei, verordnet sich selbst aber Zurückhaltung aus Rücksicht auf den Kanzler.

Moskau über eine Deeskalation im Rüstungsstreit zu suchen. Sein Nachfolger saß aus Brandts Sicht damit in der Falle, er konnte von dem Doppelbeschluss nicht herunter, ohne einen geeigneten Hebel in Händen zu halten, um die Großmächte an einen Tisch zu zwingen. Zudem verfügte er als SPD-Vorsitzender und Kanzler a. D. praktisch über keinen Spielraum, da jede kleine Eigenständigkeit in dieser Streitfrage unweigerlich Schlagzeilen produzierte, er untergrabe die Autorität Schmidts oder falle ihm in den Rücken. In der Regel biss Brandt also die Zähne zusammen und schwieg, was ihm in der Friedensbewegung und bei den Grünen keine Freunde machte (zumal der Radikalenerlass das Bild sowieso beschädigt hatte). Helmut Schmidt reichte das nicht, er wünschte mehr demonstrative Unterstützung.

Weil die für den 10. Oktober geplante Friedensdemonstration gegen die sicherheitspolitischen Interessen der Bundesrepublik gerichtet sei, rief die CDU/CSU-Fraktion im Bundestag unverhohlen nach einer Art Scherbengericht. Helmut Schmidt und Willy Brandt widersprachen beide mit dem Hinweis auf das grundgesetzlich garantierte Recht auf freie Meinungsäußerung. Mit ihrer Gemeinsamkeit war es damit freilich auch schon zu Ende. Der Kanzler suchte den Auftritt von SPD-Mitgliedern zu verhindern. Willy Brandt sagte daraufhin seine Teilnahme ab, Erhard Eppler hingegen, mittlerweile neben Oskar Lafontaine an der Spitze der sozialdemokratischen Opposition gegen die Nachrüstung, trat als Hauptredner dieser Fraktion auf, neben Pastor Heinrich Albertz, dem engen Berliner Brandt-Freund, sowie Heinrich Böll. Hinter den Kulissen, meldete der *Spiegel* am 21. September, hatte Schmidt vergeblich versucht, den Parteifreunden einen Parteiausschluss anzudrohen, falls sie bei der Kundgebung im Hofgarten aufträten. Sein Sprecher dementierte das wenig später. Willy Brandt befand sich in einer Zwickmühle: Fest im Sattel saß der Kanzler seit der Wahl 1980 nicht mehr, von seinem Koalitionspartner FDP war bekannt, er suche nach Wegen, um ohne Verratsvorwürfe und Gesichtsverlust aus dem Bündnis aussteigen zu können. Neben der Wirtschafts- und Sozialpolitik diente der Widerstand gegen die Nachrüstung als Hauptargument.

Einen förmlichen Eiertanz absolvierte Brandt mit seiner «Erklärung» vom 29. September im Pressedienst der Partei. Allenfalls erahnen konnten Eingeweihte seine Sympathien für die Protestierenden. Immerhin 300 000 Menschen versammelten sich auf der Bonner Hofgartenwiese, viele von ihnen aus jener Generation, welche die SPD auf keinen Fall verlieren durfte. Die SPD habe sich stets als eine «Partei des Friedens» verstanden, als solche handele sie auch heute, verkündete er pauschal und unkonkret, das bleibe ihre Maxime «gerade auch als Regierungspartei». Das Ziel der Friedenssicherung trenne sie nicht von anderen, die sich ohne Winkelzüge für einen beiderseitigen ausgewogenen Rüstungsabbau einsetzten. Aber dann konzentrierte er sich weithin aufs Warnen, vor allem, falls sich Sozialdemokraten bei der Demonstration nicht klar genug von Gewalttätern absetzten. Helmut Schmidt kam er noch weiter entgegen mit der Bemerkung, die SPD unterstütze den moralischen Anspruch der Friedensbewegung, sehe sich aber vor dem Problem, «wie Moral in praktische Politik umgesetzt werden kann». Er verband das mit einem erneuten Bekenntnis zum Doppelbeschluss der Nato. Schmidt bescheinigte er, die Verhandlungen seien «in nicht geringem Maße ein Erfolg der Bemühungen des Bundeskanzlers und des Bundesaußenministers». Mit dieser sorgfältig austarierten Erklärung hatte er in der Friedensbewegung weitere Sympathien verspielt. Glücklich kann er nicht gewesen sein über seine Rolle, fand aber keinen Ausweg.[21]

Bestätigt hatten sich mittlerweile Brandts Ahnungen aus den frühen siebziger Jahren, die unruhigen Jungen könnten ihr Interesse an seiner Partei, der SPD, auf Dauer verlieren. Nicht nur der Radikalenerlass trug dazu bei, in der Republik waren auch Bürgerinitiativen aus dem Boden geschossen, die sich der Integration ins etablierte Parteiensystem verweigerten. Im Jahr 1980 schlossen sich die Graswurzelinitiativen, Ökologie-, Friedens- und Frauenbewegung, zur neuen Partei der Grünen zusammen. Andere bewegten sich ins Abseits der K-Gruppen. Um den befürchteten Super-GAU handelte es sich für den Parteivorsitzenden Brandt.

Jungen Leuten, die traditionell zu den Jusos neigten, stand seitdem mit den Grünen eine neue, auf sympathische Weise moderne und jung wirkende Partei offen, die kernenergiekritisch, wachstumsskeptisch, vor allem aber ökologisch orientiert war und im Nachrüstungsstreit eindeutig Position bezog. Nicht zuletzt junge Frauen machten mit. Aus Brandts Sicht gehörten grüne junge Leute in Wahrheit unbedingt in seine Partei, es ging um sein Erbe, während der Kanzler nicht oft genug wiederholen konnte, diese Ökologiekinder seien blauäugig, trügen Scheuklappen und passten nicht in die Welt der Realpolitik, kurzum, sie seien nicht zu integrieren. Ökologiebewegungen meldeten sich im Übrigen lautstark in vielen Ländern des Westens.

Verhalten blieb Brandt in einer Rede über die Identität seiner Partei gegenüber der Friedensbewegung, wenn sie der Bundesregierung die Unterstützung versage, die doch gerade die Weltmächte zu Verhandlungen anspornen solle. Aber auch da ließ er Präferenzen deutlich erkennen. «*Wir sollten uns nicht gegen Menschen in Stellung bringen*», gab Brandt zu bedenken, «*die letzten Endes nichts anderes wollen als wir – und was sogar in unserem Programm steht. Wir helfen der Regierung nicht, wenn wir das Elementare und Nachdenkliche dessen verkennen, was sich am 10. Oktober in Bonn dargestellt hat.*» Eine saubere Umwelt oder Absage an das Wettrüsten in Ost und West interessiere nicht nur Randgruppen oder «Bürgerkinder».

Eine Sowohl-als-auch-Rede hielt Brandt damit, die dennoch pointierter kaum hätte sein können. Sie stand in direktem Widerspruch zu Helmut Schmidt, der sich nicht nur über die Friedensbewegung entrüstete, sondern ökologische Veränderungen unserer Lebenswelt nicht als großes Problem wahrhaben wollte. Brandt muss geahnt haben, welchen geballten Widerspruch er auch im konservativen Milieu der eigenen Partei auslösen würde, er wollte es sicher so, zu groß war seine Sorge geworden, die SPD gebe ihre Bindekraft freiwillig auf und die Grünen etablierten sich dauerhaft.[22]

Erst nach dem nächsten Machtwechsel, nachdem also Helmut Schmidt im Herbst 1982 abgelöst worden war von Helmut Kohl und einer christdemokratisch-liberalen Koalition, fühlte Brandt sich einigermaßen frei, offen auszusprechen, wie er wirklich im Raketenstreit dachte. Den ersehnten Machtwechsel hatte die FDP zuletzt mit dem Argument forciert, Brandts Partei sabotiere in Wahrheit den Doppelbeschluss und desavouiere die eigene Regierung.

Ein halbes Jahr später, am 22. Oktober 1983 auf der Bonner Hofgartenwiese, überließ es Willy Brandt nicht mehr allein Erhard Eppler oder Oskar Lafontaine, zu den Demonstranten zu sprechen. Nur ein paar Minuten wurden dem SPD-Vorsitzenden von den Veranstaltern für seine Rede bewilligt, er ahnte vorher schon, dass er im Auditorium nicht nur auf Wohlwollen stoßen würde. Seine Partei stellte den Kanzler, der – insgeheim vermutlich über Washingtons Renitenz in der Nachrüstungsfrage unglücklich, wenn nicht verzweifelt – die Diskussion über eine neue Rüstungsrunde angestoßen hatte. Jimmy Carter hatte sich erst gar nicht darauf einlassen wollen. Jetzt bekam Willy Brandt die Prügel ab. Aber er wollte den Auftritt. Annähernd 150 000 Teilnehmer waren dem Aufruf der Grünen, der Friedensbewegung, der Gewerkschaften und auch einiger Sozialdemokraten gefolgt, eine halbe Million Menschen beteiligten sich zugleich an einer Friedenskette quer durch die Republik.

Vor dem Mikrophon auf der Universitätswiese stand der Mann, der sich an die Leitlinien seines Großvaters gehalten hatte und sich als Jugendlicher gerade nicht den Kommunisten anschloss, der als junger Linkssozialist an der Bebel'schen Sozialdemokratie zunächst festhielt. Auch der Mann, der rebellierte gegen den Weg der Weimarer Republik, es aber später als den «eigentlichen Irrtum» seines Lebens bezeichnete, das Versagen von Weimar läge am «zu geringen Sozialismus». Es gab andere Gründe, wusste Brandt mittlerweile: «Es lag an der zu wenig kämpferischen Demokratie.»[23]

Von solchen Details aus der Lebensgeschichte des Redners, inzwischen siebzig Jahre alt, werden nicht mehr viele der Kundgebungsteilnehmer gewusst haben, wie sollten sie auch. Das Brandt-Bild bei der jüngeren Generation, von der nicht wenige seine Wiederwahl 1972 mit Fackeln gefeiert hatten, war lange schon wieder verblasst. In dem Jahr, in dem er zum Parteivorsitzenden gewählt worden war, 1964, hatte er im Gespräch mit Günter Gaus über seine eigene Demokratisierung reflektiert. Auf die Frage, wann sich sein Verhältnis zur dogmatischen Programmatik gewandelt und seine «Entideologisierung» stattgefunden und wie weit sich dabei die Begegnung mit Skandinavien ausgewirkt habe, erwiderte er keineswegs pikiert oder rechtfertigend: *«Ganz entscheidend. Man glaubt es kaum, aber während ich in Norwegen war, ist dort zum ersten Male das ‹Kapital› von Karl Marx ins Norwegische übersetzt worden. Das gab es vorher gar nicht, und es wurde dort von einer Intellektuellengruppe übersetzt und herausgegeben. (Gaus: «Zu der Sie gehörten, glaube ich?») Mit der ich Verbindung hatte. Aber das was die skandinavischen Sozialdemokraten insgesamt trug, das war das, was aus den Kraftquellen des Christentums und des Humanismus gekommen war, viel mehr als das, was in der deutschen Sozialdemokratie von der Marxschen Soziologie, oder wie immer man die Lehre umschreiben will, gekommen war. Ich lernte eine große Offenheit kennen – bei uns blieb während der Weimarer Zeit alles doch sehr abgekapselt, Schichten, Gruppen, Klassen, wenn man so will, im Verhältnis zueinander ... Ich lernte dort kennen, wie wirklich um die Demokratisierung eines Staatswesens gerungen wird ...»*[24]

Mit ihm hätten die Demonstranten auf der Hofgartenwiese ein Herz und eine Seele sein können. Diesen anderen Brandt sahen sie aber nicht vor sich. Den Mann, der ans Mikrophon trat, empfingen Pfiffe. Eine fundamentalistische, gar eine pazifistische Rede war von ihm nicht zu erwarten. Zum öffentlichen Verbiegen und Vertuschen neigte er nicht. Er hatte sich lange bedeckt gehalten, obwohl es ein offenes Geheimnis war, wie er dachte. Brandt hatte seine Rede sorgsam handschriftlich vorformuliert: *«Hier steht nicht die Fünfte Kolonne, zu der uns ein Volksverhetzer hat machen wollen* (gemeint war CDU-Generalsekretär Heiner Geißler). *Wir stehen hier für die Mehrheit unseres Volkes. Über 70 Prozent der Menschen in der Bundesrepublik – und das ist gut so – halten nichts davon, dass Deutschland noch immer mehr vollgepackt wird mit atomarem Teufelszeug. Man weiß, ich stehe in der Tradition der Arbeiterbewegung ... Ich spreche hier zugleich als einer, der bemüht war, Spannungen abzubauen und unser Verhältnis auch zu den östlichen Nachbarn auf eine neue Grundlage zu stellen – gegen hasserfüllten Widerstand im eigenen Land. Ich möchte für diejenigen mitsprechen, die sagen: Es hat uns bitter enttäuscht, dass in Genf kein politischer Wille zur Einigung deutlich wurde.»* (Die Verhandlungen in Genf über eine «Null-Lösung» zwischen Washington und Moskau waren kurz zuvor endgültig gescheitert.)

Moskau habe überzogen, fuhr Brandt fort, das auch eingeräumt und sich bereit erklärt, die Mittelstreckenraketen auf einen Stand vor dem Brüsseler Doppelbeschluss zurückzuführen. Dem Westen hielt er damit vor, ohne Namen zu nennen, wichtiger sei ihm das Aufstellen von *Pershing II* als das Verschrotten von *SS-20*. Die Stationierung mache nichts leichter. Die neuen Waffen mit kurzen Vorwarnzeiten brächten zusätzliche Gefahren, und sei es nur ein Fehler, den Menschen oder Computer machen. Die beiden deutschen Staaten dürften nicht zur «Abschussrampe für neue Atomraketen der Weltmächte» gemacht werden. Kein verantwortlicher Deutscher – das richtete sich durchaus auch an Schmidt und dessen Nachfolger

Kohl – dürfe seine spezifische Verantwortung an der Garderobe des Weißen Hauses abgeben. Schließlich bekannte er sich zur Bundeswehr, zur Nato und auch zu Amerika, bei allen Differenzen. Die Mittel, so schloss er, sollten umgelenkt werden für den weltweiten Kampf gegen Armut, Hunger und Unterdrückung. Der Friede ist der Ernstfall, zitierte Brandt ein Wort Gustav Heinemanns. Seine Stimme klang rau wie meist, wenn er angespannt war. Sonderlich viel Applaus erhielt er nicht. Pfiffe waren zu hören. Er konnte volle Fabrikhallen, er konnte Tausende Zuhörer auf Marktplätzen elektrisieren. Und jetzt? «Willy, hau ab!» «Du Heuchler!» Seit dem Streit um die Ostverträge hatte er derlei selten erlebt. Keine Spur von Brandt-Nostalgie. Aber man spürte auch, die Friedensbewegung hatte längst andere Helden mit anderen Lebenswegen gefunden. Brandt wird gewusst haben, dass eine Mehrheit die Stationierung zwar skeptisch sah, aber auf dem Sessel des Kanzlers saß seit einem guten Jahr Kohl, der sich als Vollstrecker einer Sicherheitspolitik feiern ließ, die Schmidt zwar initiiert hatte, aber nicht so durchsetzen konnte wie gewollt. Helmut Kohl, über das Konstruktive Misstrauensvotum ins Amt befördert, war bei der ordentlichen Bundestagswahl im März 1983 mit deutlicher Mehrheit im Amt bestätigt worden. Und dennoch: Brandt suchte nach langen Jahren den Schulterschluss mit der jungen Protestgeneration und zugleich mit der jüngeren, weiblicheren, liberaleren, bunten Republik, die er auf der Hofgartenwiese versammelt fand. Er brauchte deren Hilfe: Die Ost- und Entspannungspolitik sollte nicht endgültig beerdigt werden, deshalb hatte er sich zu diesem Auftritt gezwungen.

Wie befreit klang es hingegen, als er am 22. Oktober 1983, bei der letzten der großen Friedenskundgebungen vor der endgültigen Stationierung der *Pershing* und *Cruise Missile*, öffentlich auftrat und ganz selbstverständlich in Anspruch nahm, für die gesamte SPD zu sprechen. Es handelte sich um den Höhepunkt des Protestes, die Basis war noch breiter als der Widerstand gegen die Notstandsgesetze im Jahr 1968. Ein Jahr zuvor war Helmut Schmidt als Regierungschef nach langen Querelen mit den Freidemokraten abgelöst worden. Die SPD war wieder in der Opposition gestrandet. Jetzt hinderte sie keine Rücksicht auf die Regierung mehr daran, mit überwältigender Mehrheit eine Raketenstationierung abzulehnen.

Der Wermutstropfen: Die Kritiker konnten gleichwohl nicht mehr verhindern, dass auf dem Territorium der Bundesrepublik, der Mutlanger Heide, *Pershing II* in Silos stationiert würden. Helmut Kohl hatte das zu seinem wichtigsten Wahlkampfversprechen gemacht, seine Regierungskoalition schickte sich an, seine Ankündigung gegen alle Proteste auch durchzusetzen. Was 1972 bei der versuchten Brandt-Abwahl so spektakulär fehlschlug und in einem Debakel für Rainer Barzel mündete, war der Union diesmal geglückt: Ohne zu zögern hatte die FDP ihren lange vorbereiteten Plan realisiert, den Koalitionspartner gewechselt, Kohl in den Sattel verholfen und als zentrales Argument ins Feld geführt, sie rette damit Schmidts Nato-Doppelbeschluss. Was heißen sollte, letztlich sei Schmidt nicht von illoyalen Freidemokraten, sondern an der intransigenten eigenen Partei gescheitert. Klaus Bölling, Helmut Schmidts loyaler Sprecher und Berater, widersprach dem zwar leidenschaftlich in seinem Tagebuch[25] und zeichnete akribisch die Wendemanöver der Liberalen nach, aber vergebens. Das Bild vom Dolchstoß der eigenen Partei gegen Schmidt setzte sich durch: Willy Brandt galt in den Medien weithin als Verräter und Täter, der populäre Helmut Schmidt als sein Opfer. Verräter? Wieder einmal? Exakt das hatte Brandt immer vermeiden wollen.

Aber jetzt störte ihn das offensichtlich nicht mehr, seit Jahren hatte man ihn nicht so gehört wie in diesen Minuten im Hofgarten. «*Zu Hunderttausenden stehen wir hier*», begann der Redner, als spräche er nun im Namen der gesamten Bewegung, «*in strikter Gewaltfreiheit, um über sonst Trennendes hinweg zu bekunden: Wir brauchen in Deutschland- und in ‹Europa, solange es steht› – nicht mehr Mittel der Massenvernichtung, wir brauchen weniger. Deshalb sagen wir Nein zu immer neuen Atomraketen. Ja sagen wir zu der Forderung, dass der Frieden organisiert werde.*»

Vieles hatte sich aufgestaut, das er loswerden musste. Die Teilnehmer, verteidigte er die Kundgebung, stünden im Hofgarten – der nicht ausreiche für mehr als eine halbe Million Menschen – für die Mehrheit des Volkes, nicht als «fünfte Kolonne» Moskaus. Kein

Blatt nahm er länger vor den Mund. Die sowjetische Führung habe überzogen und das selbst zugegeben. Sie habe sich deshalb bereit erklärt, bei den Mittelstreckenraketen auf einen Stand beträchtlich vor dem Brüsseler Doppelbeschluss zurückzugehen und die Verschrottungen überwachen zu lassen. Damit war er angelangt beim Verhalten Washingtons, ohne namentlich amerikanische Politiker zu erwähnen. Sein Vorwurf: Mächtige Leute im Westen hätten sich in ihren Dickkopf gesetzt, das Aufstellen von *Pershing II* sei wichtiger als das «Wegbringen» von *SS 20*, man müsse es denen im Osten – vielleicht auch den Deutschen? – erst mal zeigen.

Jubel löste er nicht aus, wirklich Einfluss nehmen auf die Entscheidungen der Regierung Kohl konnte er auch nicht mehr. Die Friedensbewegung war seit drei Jahren von Helmut Schmidt abgerückt, von der SPD damit auch, Willy Brandt konnte mit einer Rede auf dem Bonner Universitätsgelände 1983 nichts davon mehr reparieren.

Den Lernweg des jungen Brandt hat der Biograph seiner skandinavischen Lehrjahre, Einhart Lorenz, schlüssig folgendermaßen beschrieben: «Schließlich darf nicht unbeachtet bleiben, dass Brandt seine politischen Erfahrungen am Ende der Weimarer Republik gesammelt hatte, d.h. in einem Lande mit einer gespaltenen Arbeiterbewegung, mit zahlreichen Abspaltungen, für die theoretische und ideologische ‹Klarheit› essentiell waren, die aber nie vor der Aufgabe standen, eine praktische Krisenlösung durchzuführen. Er kam aus einer Arbeiterbewegung, die eine totale Niederlage erlitten hatte und nach den Gründen für ihre Niederlage suchte. In Norwegen traf Brandt auf den diametralen Gegensatz: *eine* dominierende Arbeiterpartei, die im Herbst bei den Parlamentswahlen zum ersten Mal die 40-Prozent-Grenze überschritt und sich anschickte – bei einer zersplitterten ‹bürgerlichen› Front – zur wichtigsten politischen Kraft Norwegens zu werden.» Einhart Lorenz fuhr im Blick auf Brandt fort: «Seine Jugend war hier zugleich ein Startkapital. Weder war er mit dem politischen, ideologischen und organisatorischen Ballast der Fraktionskämpfe deutscher Splittergruppen in der Weimarer Republik belastet, noch war er in den Augen der Norweger mitverantwortlich für die Niederlage der deutschen Arbeiterbewegung. Hier lag die

Chance für Offenheit und Lernprozesse seitens Brandts und für Aufgeschlossenheit ihm gegenüber auf norwegischer Seite.»[26]

Zum konsensorientierten Politiker, der auf die Inklusion der demokratischen Linken baute, der aber auch als Akteur keinesfalls selbst polarisieren wollte, ist Willy Brandt also erst im Laufe vieler Jahre geworden.[27] Radikal denkende Intellektuelle kannten sie in Oslo zwar auch, er fühlte sich heimisch in ihrem Milieu, und er kündigte auch nicht rasch alte Freundschaften. Aber seine Exilfreunde waren anders sozialisiert: Sie hörten einander zu, bei Kompromissen bekreuzigten sie sich nicht entgeistert. Brandt lernte, die Meinungen anderer aufzusaugen und sein osmotisches Talent zu nutzen. Weshalb sich dennoch, in Berlin wie in Bonn, erneut die «Geister schieden» an ihm und dies seit den Osloer Jahren zu einem Grundmuster seines Lebens werden sollte? Die Antwort ist gar nicht einfach, die Spur führt immer wieder darauf zurück, dass die Mehrheit ihn als Repräsentanten einer Minderheit und als wandelnden Vorwurf empfand.

Aber die Friedensbewegung interessierte das alles nicht mehr.

Die Sonnenblumenkinder

Beinahe wehmütig klang es, wenn er in der letzten Phase als Parteivorsitzender über die Grünen sinnierte. Er teilte die Einschätzung des unorthodoxen, geistreichen Revoluzzers von einst, Daniel Cohn-Bendit, die Grünen seien «Kinder von Helmut Schmidt», auch wenn er nicht gerne laut darüber sprach.

Der Journalistin Birgit Kraatz gestand er 1986 freimütig, seine Partei habe versäumt, sich frühzeitig der ökologischen Themen zu bemächtigen, Helmut Schmidts Name fiel dabei nicht. Wohl aber erinnerte er daran, 1961 am Beispiel des Ruhrgebiets über die Vergiftung von Erde, Wasser und Luft gesprochen zu haben. Die SPD müsse sich vorwerfen, das große Zukunftsproblem früh erkannt, aber nicht konsequent thematisiert und zu ihrer Sache gemacht zu haben. Brandt erinnerte an den Erfolg des Wahlkampfes im Jahr 1972, der in einen persönlichen Triumph für ihn mündete. Das sei nicht unbeeinflusst davon gewesen, dass die Sozialdemokraten erstmals die Formel von der «Qualität des Lebens» aufgriffen. Seinerzeit hoffte er immer noch, die Stimmen der jüngeren Generation zurückgewinnen zu können.

Mit der grünen Konkurrenz sympathisierte er, aber einen kleinen großen Unterschied machte er aus. Tendenz bei den Grünen sei es, erläuterte Brandt im Gespräch mit Birgit Kraatz, die Verhältnisse so hinzunehmen, wie Krieg und Hitler sie geschaffen hätten, «und nun haben wir zwei deutsche Staaten und rühren das nicht weiter an». Dem hatte er etwas entgegenzusetzen: Zurück hinter die Ergebnisse der ‹Hitlerei› und des Zweiten Weltkrieges könnten wir zwar nicht, aber die Geschichte kenne kein letztes Wort. Die Generationen, die uns nachfolgen werden, «werden es mit einer anderen Art von Europa zu tun haben ...»[28] Ja, die ökologischen Fragen hatte seine Partei – gegen seine eigene Überzeugung – sträflich vernachlässigt. Aber er witterte, dass sich etwas anderes anbahnte, nicht nur Polen mit seiner Gewerkschaftsbewegung geriet in Unruhe, in Moskau hatten sie einen neuen Generalsekretär installiert, in der DDR konnte es jederzeit zur Explosion kommen ... Als markanteste Differenz zwischen den Grünen und sich selber sah er in der zweiten Hälfte der achtziger Jahre die «deutsche Frage», die plötzlich wieder akut wurde.

Ein Politiker, der das Gras wachsen hörte, war er geblieben. Gerade junge Leute, gerade Linke müsse es doch umtreiben, sinnierte er nun, ob sich für Deutsche doch noch die Möglichkeit eröffnet, «wenn sie es wollen, unter einer Art von staatlichem Dach zusammenzuleben». Das Desinteresse daran entfremdete ihn von der jüngeren Generation.[29] Ökologie, Grenzen des Wachstums, Rechte der Frauen, Friedensbewegung – mit Recht konnte er reklamieren, früh für all diese Fragen offen gewesen zu sein. Das behielt Relevanz. Sein Lebensthema aber, das machte das Gespräch mit Birgit Kraatz exemplarisch deutlich, blieb Deutschland, Deutschland in Europa. Und das wurde unversehens auf die Tagesordnung gesetzt. Schon der Gedanke machte ihn jung.

Bei der Bundestagswahl vom 6. März 1983, mit der Kohls Regierung eindeutig bestätigt wurde, zogen die Grünen in den Bundestag ein.

Wenige Wochen nach seinem Auftritt vor der Friedensbewegung im Hofgarten, beim Kölner Sonderparteitag am 18. November 1983, trafen Schmidt und Brandt aufeinander. Schmidt hieß seit einigen Monaten «Altkanzler». Er wusste, wie die Mehrheit in seiner Partei dachte – und es war klar, die Genossen würden nun nicht länger Rücksicht auf ihn nehmen. Honoriger, nachdenklicher, ambivalenter hätte die Rede des Kanzlers a. D. kaum ausfallen können als die, die er an diesem Tag hielt. Widerlegen wollte er ausdrücklich den Eindruck, wählte Schmidt seine Worte, «das Schiff verlasse den Lotsen». Der Prozess sei schon sehr viel früher in Gang gekommen, und, ja, auch Sozialdemokraten könnten «aus Gewissensgründen» zu dem Ergebnis kommen, die Nachrüstung jetzt sei verkehrt. Nur erwarte er denselben Respekt, eine andere Entscheidung könne auch auf Gewissensgründen beruhen. Verschweigen wolle er nicht, dass ihn gleichfalls Zweifel heimsuchten, seit er sich vom Amt zurückgezogen habe. In einer Hinsicht jedoch plage ihn jetzt keinerlei Zweifel, zu keiner Stunde: «Dies ist der Parteitag meiner Partei, der ich seit nun bald vier Jahrzehnten angehöre, der ich mich zugehörig fühle, die mein politisches Schicksal gewesen ist und von der mich niemand abdrängen wird, weder von außen noch von innen.»

Formsache blieb danach die Abstimmung, zur Sache hatte Helmut Schmidt erst gar nicht mehr argumentiert. 400 Delegierte votierten für den Leitantrag des Parteivorstandes, dreizehn stimmten dagegen – dreizehn plus Helmut Schmidt. Diesen schwierigen Moment brachte er in seinem Erinnerungsbuch *Weggefährten* auf die Formel, eine «emotionale Mehrheit» habe einen wichtigen Teil seiner Außenpolitik abgelehnt, also den Doppelbeschluss, der am 1. Juni 1988 mit dem INF-Vertrag zur Abrüstung atomarer Interkontinentalraketen «seine glänzende Rechtfertigung finden sollte».[30] Er habe verloren und am Ende doch noch gewonnen, hieß das.

In der Lobby der Kölner Messehallen begegneten sich die beiden Matadore, Brandt und Schmidt, beim Hinausgehen. Sie blickten einander nicht an. Der Zwist hatte Wunden geschlagen, die nicht verheilt waren.

Zurückholen konnte Brandts Partei «die Generation, auf die wir gewartet haben», nicht mehr.

Zugleich wagte die Bundesrepublik mehr Demokratie, bei allen Relativierungen, die man machen kann, Brandt hatte 1969 den Mund nicht zu voll genommen. Der Impuls kam von unten und außerhalb des Parlaments, von den Graswurzeln.

Nach sechzehn Oppositionsjahren glückte der SPD 1998 die Ablösung Helmut Kohls und der christdemokratisch-liberalen Koalition. Fast in letzter Sekunde beförderte dieser dritte Machtwechsel «die Generation, auf die wir gewartet haben», doch noch ins Kanzleramt. Gerhard Schröder nahm Platz auf dem Chefsessel, an seiner Seite der Grüne Joschka Fischer als Vizekanzler und Außenminister. Noch einmal behauptete sich die SPD als Volkspartei, mit 40,9 % stellte sie die stärkste Parlamentsfraktion, aber koalieren musste sie mit den Grünen (die 6,7 % der Stimmen verbuchten), zu deren Entstehen sie selber viel beigetragen hatte. Viel Anfang lag in der Luft, die Aufbruchsstimmung glich fast jener vom Machtwechsel 1969, als es ja auch einen Moment lang so schien, als werde die Republik neu gegründet. Knappe acht Jahre sollte sich das rot-grüne Bündnis unter der Regie von Schröder und Fischer behaupten.

Willy Brandt erlebte das alles nicht mehr. Oskar Lafontaine, den er als Ausnahmetalent geschätzt hatte und von dem er enttäuscht worden war, scherte nach wenigen Monaten als Finanzminister aus der rot-grünen Regierung Schröder aus, kehrte der SPD den Rücken und ließ sich als Wortführer und Vorsitzenden der neuen Linkspartei inthronisieren. Willy Brandts Albträume wurden erst richtig wahr lange nach seinem Tod: Jetzt erfasste der Erosionsprozess die Sozialdemokratie vollends. An seinem eigenen Maßstab gemessen, der Idee von einer starken demokratischen Linken, ist er gescheitert. Freilich lässt sich, ins Positive gewendet, die Fraktionierung der Parteienlandschaft – mehr Demokratie wagen – auch als paradoxe Folge der Liberalisierung in den siebziger Jahren betrachten, zu deren Vätern Brandt gehört.

XII
«Lebensläufe lassen sich nicht auf Flaschen ziehen»
Frei und links

«Frei und links»: Mit dieser sparsamen Formel beschrieb Willy Brandt seine innere Verfassung, als er sich nach 23 Jahren von der Spitze der SPD verabschiedete. Die Überschrift über sein Leben hätte es sein können. Unübersehbar spielte er an auf *Links und frei*, den Titel, den er nach einigem Überlegen im Jahr 1982 den Erinnerungen an seine jungen Jahre –1930 bis 1950 – auf 462 Seiten gegeben hatte. Eine freiere, souveränere Rede als an diesem Tag in der Bonner Beethovenhalle hat er wohl selten gehalten. Satz für Satz, Wort für Wort, alles authentisch Brandt. Bitter klingt anders.

Den Abgang «von den Zinnen der Partei», wie er sagte, hatte er sich mit Gewissheit anders vorgestellt. Dass er Margarita Mathiopoulos, die Tochter eines griechischen Freundes, der vor der Obristenherrschaft geflohen war, zur Sprecherin seiner Partei hatte machen wollen, dabei aber auf erbitterten Widerstand stieß in den eigenen Reihen, das nahm sich nicht gerade wie das geeignete Thema aus, um einen angemessenen Schlusspunkt zu setzen.

Offen antwortete er seinen Kritikern, aber er rechnete mit niemandem ab. Zwei Stunden der wahren Empfindung machte er aus diesem Auftritt, alles sollte auf den Tisch. Alles, unmissverständlich, aber gleichwohl parlando, ganz Brandt-Style. Nicht «allen und allem» habe er gerecht werden können, räumte Brandt lakonisch und gar nicht reumütig ein, er bitte dafür um Nachsicht. Wenn man nach dem Ertrag frage, dürfe man nicht nur an das denken, was gelang. Brandt selbstkritisch, aber nicht zerknirscht: *«Mir ist es oft genug leichter gefallen, neuen Themen nachzuspüren – und ich denke nicht allein an die Umweltvergiftung –, als danach hart genug am Thema zu bleiben. Als Vorsitzender habe ich den Zusammenhalt der Partei so ernst genommen, dass bisweilen eine ohnehin vorhandene Neigung obsiegte, wo doch der Durchbruch zu neuer Entscheidung gedrängt hätte. Aber welcher Durchbruch? Und zu welcher Entscheidung? Jedenfalls reichte die Kraft nicht aus, die der deutschen Sozialdemokratie not getan hätte zu einer raschen Stärkung und überzeugenden Erneuerung.»* [1]

Reformpolitischen Ansätzen habe seine Partei zur Geltung verholfen bereits in den sechziger Jahren, als das Gemeinwesen «zu erstarren drohte», und eine «Politik der Verständigung» durchgesetzt, als es bitter notwendig geworden war. Brandt weiter: *«Einer, der nicht für Hitler kämpfen musste, sondern für das andere Deutschland arbeiten konnte, durfte mit großer Genugtuung erfahren, dass Friede und Deutschland wieder, oder für viele in Europa überhaupt erst, auf einen Nenner gebracht werden.»* Die SPD müsse im Kern bleiben, was sie seit mehr als hundert Jahren war – «ein «Zusammenschluss deutscher Patrioten mit europäischer Verantwortung».

Die Klassenfrage hatte er über der Deutschen und Europäischen Frage nicht vergessen. Das Exil stellte sich ihm, wie aus seinem Mund gewohnt, als Chance dar, nicht etwa als Opfergang. Historisch ordnete er sich ein in die Parteigeschichte, stark genug, um auf seine Schwächen einzugehen, aber auch, um Rückfragen an seine Kritiker nicht zurückzuhalten. Verstummt war das Murren über seinen zu liberalen Führungsstil bei der Parteirechten nie ganz, ihm lasteten sie insgeheim immer noch Helmut Schmidts Abwahl an.

Brandt unzerknirscht: Schämen müsse sich seine Partei nicht der sechzehn Jahre Regierungsverantwortung, auch das gehörte auf die Habenseite dieser Bilanz. Sie habe ihren Anteil daran, dass die Bundesrepublik, «unsere Republik», sich sehen lassen könne im internationalen Vergleich, zumal gemessen an der deutschen Vergangenheit. Dann die SPD: In vier Anläufen stieg sie von gut 31 % auf fast

46 %, bei den Erststimmen waren es mehr als 49 % (womit er auf seine Wiederwahl 1972 anspielte). Die Zahl der Parteimitglieder schnellte von 650 000 auf knapp eine Million, in einem gewissen Sinne sei er «mitverantwortlich» dafür.

Zu sprechen kam er aber auch auf die Kritik an seinem Führungs- und Amtsverständnis. Kontroversen über die Richtung, die seine Partei austrug, galten Parteifreunden wie Journalisten gleichermaßen gern als Schwäche – meist als Ausdruck von Brandts Schwäche. Natürlich sei es leichter, den Ärger über Misserfolge zu delegieren, als andere an der Freude über Erfolge teilnehmen zu lassen, replizierte er jetzt. Angenehm sei es, Führungsschwäche zu beklagen, wenn es sich nicht um die eigene handele. Man könne dem scheidenden Vorsitzenden *«auch seine Liberalität ankreiden; nur muss man wissen, dass er ohne sie nicht mehr er selbst gewesen wäre»*. *«Einige schienen mir zwischenzeitlich die Rolle eines Sündenbocks vom Dienst zugedacht zu haben. Dazu war ich nicht gewählt noch gewillt. Ich habe meine Fehler gemacht. Ich habe nicht immer alles bedacht, was hätte bedacht werden sollen. Das tut mir leid. Und das ist es dann auch.»*

Hat er damit die eigene Regierung gefährdet, also Helmut Schmidt? Auch dieses heiße Eisen packte er an. Zunächst erinnerte Brandt an sein Versprechen, die Einheit der Partei zu hüten «wie meinen Augapfel». Aber hätte er die Partei wirklich, wie gewünscht, zusammenhalten können mit autoritärem Auftreten oder Reden? Zu spät wäre es allemal. Bekräftigen wolle er aber lieber seine Überzeugung, wie sehr es weiterhin ankomme auf «Freiheit der Diskussion», «Zusammenhalt beim Handeln», «entschlossenes Abwehren von Attacken». Dann sein schöner Satz, der zum Ohrwurm werden sollte: *«Ich halte nichts von einer teutonischen Pseudo-Autorität, die durch den Schlag auf den Tisch demonstriert wird. Den Tisch beeindruckt der Faustschlag wenig. Wen sonst?»*

Vor dem inneren Auge ließ er noch einmal die sechziger Jahre an sich vorübergleiten. Zum ersten Mal hatten sich Intellektuelle – zunächst tastend und vorsichtig, später dann vehement – in die Politik eingemischt, «Geist und Macht», wie seine Formel hieß. Sollte das etwa falsch gewesen sein? Nein, für Außenseiter plädierte der Redner ausdrücklich, für Unbequeme, für bunte Vögel. Allen innerparteilichen Kritikern, die die SPD schon auf dem Weg zur «Nenni-Partei» wähnten – Helmut Schmidt hörte in der ersten Reihe zu –, hielt er nun lapidar entgegen: «*Die Partei ist in ihrem Kern gesund.*» Zweifel daran hätte er allenfalls deshalb, weil die Frage der deutschgriechischen Pressesprecherin ohne Parteibuch sich zur «Haupt- und Staatsaffäre» habe auswachsen können. Und das in einer europäischen Partei, die nicht fremdenfeindlich sein will? «*Wir waren schon mal weiter*», hielt Brandt allen entgegen, die er mit seinem «unkonventionellen» Vorschlag erschreckt haben könnte. Politisch wichtiger, daran ließ er keinen Zweifel, erschien ihm aber die Konkurrenz der Grünen: Wenn sie sich nicht auf Dauer etablieren sollten, müsse die SPD sozial offen bleiben und die Zukunft der Lebenswelt ernst nehmen.

Den vielzitierten Satz Ralf Dahrendorfs griff Brandt noch einmal auf, wonach das «sozialdemokratische Jahrhundert vorbei» sei. Das Verdikt des Soziologen wog schwer, fand er. Zeitgenossen wie ihn fragte der Redner jetzt allerdings, ob mit solchen Urteilen die beiden Weltkriege, Faschismus und Stalinismus ausgeblendet würden oder die großen Wirtschaftskrisen und die neuen existentiellen Bedrohungen. Ganz offenkundig bezweifelte er im Blick auf die epochalen Konfliktlinien und Zäsuren die These, man könne überhaupt von einem «sozialdemokratischen Jahrhundert» sprechen.

Aber auch als langjähriger Parteichef wollte er die Frage Dahrendorfs an sich herankommen lassen, ob es eine Volkspartei wie die SPD auf Dauer geben werde, wenn sie sich nicht breit verankere, weit über die Wurzeln einer Arbeiterpartei hinaus, wenn sie nicht geistig offen bleibe, pragmatisch und undogmatisch, wenn sie sich also nicht als «Partei der Freiheit» verstehe. Seine wahre Botschaft steckte darin. Ja, die Welt hatte sich radikal verändert seit seiner Jugend – zur «Partei der Freiheit» müsse die SPD sich häuten, lautete sein drängender Rat. «*Wenn ich sagen soll, was mir neben dem Frieden wichtiger sei als alles andere, dann lautet meine Antwort ohne Wenn und Aber: Freiheit. Die Freiheit für viele, nicht nur für die wenigen. Freiheit des Gewissens und der Meinung. Auch Freiheit von Not und Furcht ... Für den Eisernen Kanzler war Freiheit ein*

Luxus, und den könne sich nicht jeder leisten ... Dass so mühsam um Menschenrechte und humane Gleichwertigkeit im eigenen Land gerungen werden musste, hat an der nationalen Kraft gezehrt und Europa geschwächt. Nein, eine Laune war es nicht, dass ich 1969 dazu einlud, mehr Demokratie zu wagen. Was wir auf den Weg brachten – von der Bildungs- und Rechtspolitik bis zur Betriebsverfassung – blieb hinter mancher Erwartung zurück, doch es hat Dinge verändert, neue Realitäten geschaffen ... Der Kompass muss auf das eingestellt bleiben, was ich unserer Bewegung tragende Idee nenne, nämlich, einer sich steigernden Zahl von Menschen Freiheit erfahrbar zu machen ... Und dass es vor allem Solidarität ist, die den Schwachen zu mehr Freiheit verhilft.»

«Ich trete dafür ein, dass der freiheitliche Gedanke im demokratischen Sozialismus stark bleibt und noch stärker wird ... Auf Freiheit zu pochen – zuerst und zuletzt – für uns Europäer und für das eigene Volk, Freiheit einzuklagen für die Verfolgten und Ohnmächtigen – dies sei meine letzte ‹Amtshandlung› als Vorsitzender der Sozialdemokratischen Partei Deutschlands.»

Seine gesammelte Erfahrung packte er in solche Sätze. Gewollt war die Liberalisierung der Gesellschaft, so ließ sich der Redner verstehen. Nein, es war keine private Marotte, wenn er nicht mit der Faust auf den Tisch schlagen wollte. Eine «illiberale Demokratie», wie es später einmal heißen sollte, hätte er für eine Bankrotterklärung der Demokratie gehalten. In der Beethovenhalle, die bis auf den letzten Platz gefüllt war, Journalisten aus aller Welt unter den Gästen, lauschten die Zuhörer gebannt.

Im Frühjahr 1933 traf er in Oslo ein als Vertreter der SAP, als glühender Anhänger einer revolutionären Partei – «Republik, das ist nicht viel, Sozialismus ist das Ziel». Es gebe keinen Sozialismus ohne Demokratie, lernte er dann nach eigenem Bekenntnis in seinen beiden Gastländern. Ein gutes halbes Jahrhundert später, zum Abschied 1987, hatten sich für ihn die Gewichte noch einmal verschoben. Nicht den Sozialismus allein hatte er nun im Blick, Politik generell war gemeint mit dem Satz, der Freiheit gebühre höchste Priorität. Und ja, auch das eigene Land blieb in der Hinsicht anfällig.[2]

Für überrüstet halte er die Welt noch immer, ließ er sein Credo folgen, es fehle Geld für die Entwicklung des Südens der Welt, das für die Rüstung nicht mehr wirklich gebraucht werde.

Nicht nur Nostalgie war es, die er sich mit der Erinnerung an Freunde erlaubte, mit denen er wichtige Lebensstationen teilte. In der Jugendbewegung vor 1933, im Exil, Freunde aus der «illegalen» Arbeit, aus Jahrgängen, die durch Krieg, Kerker, Lager und Zerstörung gingen, Freunde aus den Berliner Jahren. Oder Genossen, die ihn 1960 auf den Schild des Kanzlerkandidaten hoben. Viele lebten nicht mehr. Zu seinem ganzen Leben, zu allen Lebensgefährten wollte er sich bekennen in dieser Bilanz, keiner sollte sich ausgegrenzt fühlen.

Willy Brandt elegisch: *«Der Arbeiterjunge von der Wasserkante, der in Skandinavien politisch in die Lehre ging, den es von der Spree an den Rhein verschlug und der sich nun nach nahezu einem Vierteljahrhundert im Parteivorsitz verabschiedet: er blickt nicht im Zorn zurück, sondern kritisch auch auf sich selber ... Lebensläufe lassen sich nicht auf Flaschen ziehen. Mein Verdienst ist es nicht, wenn ich – vielleicht – der letzte Vorsitzende war, der aus der Arbeiterschaft kam und in der alten Arbeiterbewegung aufwuchs. Es ist gut, wenn den Heutigen der für viele opferreiche Weg meiner Generation im allgemeinen, meiner Parteigeneration im besonderen erspart bleibt. Doch mit dem schweren Weg verbindet sich viel, das sich unauslöschlich eingegraben hat in die Erinnerung: Beispiele unerschütterlicher Treue und ungewöhnlicher Selbstlosigkeit; ein Verständnis von Solidarität, dem nichts Doppeldeutiges anhaftete.»*

Wen hatte er vor Augen damit? Namen nannte er nicht.

Auch an die großen Wunden seines Lebens wollte er an diesem Tag nicht rühren. Zu den Diffamierungen, die ihn so lange verfolgt und gepeinigt hatten, nur ein einziger Satz: Nationaler Verrat sei es für ihn immer gewesen, was die Nationalsozialisten aus Deutschland machten. Sie reklamierten mit ihrem Namen etwas, was ihnen nicht zustand. Aber das war es zum zwölfjährigen «Reich» denn auch. Jetzt ging es ihm um anderes: Brandt, noch einmal auf dem Zenit seines Ansehens, wollte sich versöhnlich zeigen, er wünschte sich auch die Deutschen versöhnlich ihm gegenüber.

Er ging, wie schon 1974, als er als Kanzler zurücktrat, auch jetzt mit ungebrochener Autorität. Nur mit seiner Person hing das zusammen, nicht mit seinen Ämtern. Unmittelbar nach dem Abschied in der Beethovenhalle publizierte Wolf Jobst Siedler in seinem Verlag ein kleines Bändchen mit dem Wortlaut der Rede, im handlichen Westentaschenformat, das als Vademecum über Nacht zum Bestseller wurde.

Willy Brandt trat an diesem Tag ab von der Bühne, aber er verstummte nicht, Politik blieb sein Leben. In die aktuelle Politik mischte er sich selten ein, wohl aber war er zu vernehmen, wenn es um sein bedrohtes Erbe ging. Oder wenn er gefragt wurde, in den Krisenherden der Welt zu vermitteln. Ihm blieb vor allem, zu reden und zu schreiben. Mit Vergnügen besann er sich wieder auf seinen «eigentlichen Beruf», wie er es genannt hatte, er arbeitete häufiger als Journalist, ohne Zeilen herausschlagen zu müssen wie damals in Norwegen, als er für seinen Lebensunterhalt zu sorgen hatte. Die Buchhonorare, wurde gemunkelt, seien fürstlich, die Auflagen waren hoch, an diesem Brandt schieden sich nicht länger die Geister.

Außer der Präsidentschaft der «Sozialistischen Internationale» (SI), an deren Spitze er bis zum Tod blieb, übernahm Willy Brandt keine politischen Ämter mehr. (Aus dem Europäischen Parlament, in das er 1979 gewählt wurde, war er 1982 ausgeschieden.) Zurückgezogen genoss er das Leben als Privatier in Unkel, nahe dem Rheinufer, unweit von Bonn. Gelegentlich wurde er gebeten, als Mediator in internationalen Konflikten aufzutreten. Michail Gorbatschows Zielstrebigkeit schlug ihn spürbar in Bann. Ähnlich fesselte ihn nur noch eine mögliche Europäisierung Europas. Manche Freunde oder Vertraute – voran Egon Bahr, Horst Ehmke, auch Klaus Harpprecht – notierten verdutzt, nicht mehr so leichten Zugang zu ihm zu erhalten wie gewohnt. Traf man ihn, wirkte er jung und gelöst, wie ich mich entsinne, stets politisch à jour. Frei und links, in dieser Reihenfolge.

XIII
Flaschenpost: Ostpolitik

Detailliert hat Willy Brandt sein Bild von Russland nicht wirklich geschildert, aber er komprimierte in seinen *Erinnerungen* in einem kleinen Kapitel, was ihm relevant erschien. Überschrift: «Stalins zweiter Tod». Die wenigen Sätze lasen sich so, als habe er daran gründlich gefeilt. Brandt: «*Was sich in der Sowjetunion tat und was von ihr ausging, hat mein politisches Leben in starkem Maße beeinflusst: in der Jugend erst hohe Erwartungen, dann bittere Enttäuschung. Die Stalinschen Verbrechen – zu ‹Entartungen› heruntergestuft – werden überspielt durch den Respekt vor Leid und Leistung der Völker. In Berlin bin ich hineingestellt in die Abwehr eines Machtanspruchs, der über alles hinausreicht, was die Partner der Anti-Hitler-Koalition verbunden hatte. Einsicht in neue weltpolitische Gegebenheiten, nicht erst in Bonner Amtsstuben gewonnen, machte mich zu jenem Bundeskanzler, der sich vornahm, der Aussöhnung mit unseren westlichen Nachbarn möglichst gute Beziehungen zu den östlichen Nachbarn hinzuzufügen. Ohne oder gar gegen die Sowjetunion ging das nicht. Auch nicht durch das Warten auf Personen, die einem sympathischer als andere waren.*»[1]

Von dieser Person, die ihm «sympathischer war als andere», einem leitenden Parteisekretär, hatte er noch zu Breschnews Endzeit nichts gewusst, wie er bekannte. Dann rückte überraschend der Protegé des kurzzeitigen (inzwischen verstorbenen) Kreml-Chefs Jurij

Andropow, Michail Gorbatschow, im Jahr 1985 zum Generalsekretär auf. Schon wenig später suchte er das Gespräch mit ihm in Moskau, damals noch als Vorsitzender der SPD. Jetzt traf er auf ein Gegenüber, von dem er Sätze zu hören bekam, die ihm die Sprache verschlugen, beispielsweise: «Nach der nuklearen Gefahr steht, an zweiter Stelle, die Gefahr sozialer Explosionen in der Dritten Welt.» Bald lernte er, dass Gorbatschow und seine intelligenten Berater die Entwicklungsfragen – neben der Friedensgefährdung und den Umweltlasten – zu jenen Menschheitsaufgaben zählten, die allem übergeordnet werden müssten. Einer der Reformprofessoren, die er traf, habe gegrübelt: was der Klassenkampf nütze, wenn die Menschheit untergehe … Ergänzt habe er das mit der Bemerkung, die Geschichte sei offen. «Wer hätte da noch die These vertreten wollen», kommentierte Brandt verblüfft, «das System in der Sowjetunion sei, im Gegensatz zu rechten Diktaturen, unwandelbar?»[2] «Besonders dumm» sei die Annahme gewesen, die neue Führung sei infolge westlicher Härte an die Macht gekommen, eine Anmerkung, die sich auf den langjährigen Konflikt um die «Nachrüstung» bezog. Dieser neue Hausherr im Kreml also bekannte ihm gegenüber, dem westdeutschen Sozialdemokraten, Sozialismus müsse von allem befreit werden, was ihn deformiert habe. Ohne Demokratie funktioniere er nun einmal nicht. Kein Wunder, dass Brandt in Gorbatschow einen Gleichgesinnten erkannte. Der «morbide Radikalismus der Stalinschen Unterdrückung» gehöre der Vergangenheit an, zitierte er wieder einmal den Russland-Kenner George F. Kennan, seinen geschätzten Kronzeugen, nicht ohne vorsichtig hinzufügen, er wünsche, der Professor aus Princeton hätte recht. Gorbatschow suchte offenbar Anschluss an die realen Probleme von heute, an eine Welt *nach* dem Kalten Krieg.[3] In seinem Gegenüber glaubte Brandt die europäischen Züge Russlands zu erkennen.

Im Zeitraffer hatte der Autor damit eine lange Geschichte zusammenschnurren lassen. Natürlich gehörte dazu auch, dass er als Schüler in Lübeck mit seinen sozialistischen Freunden erwartungsvoll in Moskau einen Verbündeten im antikapitalistischen Klassenkampf ausmachte. 1937 in Spanien hatte er den Kommunismus von seiner schlechtesten Seite kennengelernt. Und doch wollte er die Hoffnungen auf eine Volksfront noch nicht begraben, wie sonst sollte man denn Hitler überwinden. Erst in Skandinavien ließ er das alles langsam hinter sich, lernte andere Prioritäten zu setzen und entdeckte den demokratischen Sozialismus für sich – anders als manche Freunde. Dies alles, in *Links und frei* gründlich rekapituliert, spielte nun keine große Rolle mehr. Ein ewiges Leben traute er dem doktrinären und autoritären Sowjetsozialismus schon lange nicht mehr zu.

Um wechselseitiges Vertrauen und Friedenssicherung sei es gegangen, argumentierte er, «Liberalisierung» im Osten sei nicht das Ziel gewesen, hielt er Kritikern stets entgegen, die meinten, die Ostpolitik habe die Herrschaft der Kommunisten nur unnötig verlängert und die Regime stabilisiert. Vermessen wäre es Brandt erschienen, hätte er sich den Mauerfall und die Implosion der Sowjetunion gutgeschrieben. (Den Satz, dass wir die «weghaben» wollten, wie sogar sein Freund Egon Bahr bekannte, hätte gleichwohl sicher auch Brandt unterschrieben.) Unter dem Strich blieb für Brandt, die Ostpolitik habe sich als richtig erwiesen, zum «Wandel durch Annäherung» sei es tatsächlich gekommen. Helsinki 1975, Solidarność in Polen 1980, der Warschauer Runde Tisch im Frühjahr 1989, im Osten fand sichtlich ein dramatischer Wandel statt, die Mauer fiel, die Ostmitteleuropäer kehrten zurück nach Europa, und es entstanden neue Demokratien wie in der Ukraine.

Schlagartig hat der Angriff auf die Ukraine die Frage aktualisiert, ob die deutsche Politik Wladimir Putins wahre Absichten verkannte und zu lange auf Kooperation gesetzt wurde, auf «Wandel durch Handel». Besonders das Gaspipeline-Projekt durch die Ostsee (Nord Stream 1, von Brüssel breit unterstützt, wurde 2011 fertiggestellt; Nord Stream 2, erheblich umstrittener, wurde 2021 beendet, aber nicht mehr in Betrieb genommen) galt als schlagender Beleg dafür, dass die deutsche Politik sich blind oder naiv einseitig abhängig gemacht habe von russischen Gaslieferungen. Alle Warnungen vor den machtpolitischen Ambitionen seines «Freundes» Putin, hieß es, habe insbesondere der sozialdemokratische Kanzler Gerhard Schröder in den Wind geschlagen.[4] Von der Kritik an der Ostseepipeline und der zurückhaltenden Reaktion des Westens auf die Besetzung der Krim

2014 war es jedenfalls nur ein kleiner Schritt zur Pauschalkritik, zunächst an der Russlandpolitik seit den neunziger Jahren, schließlich aber auch an der Politik des Kanzlers Willy Brandt.

Bereits vor der Offensive russischer Truppen rechnete die *FAZ* in einem Leitartikel[5] mit der Entspannungspolitik grundsätzlich ab. Traumtänzer oder Landesverrat? Dazwischen pendelte das Verdammungsurteil, verblüffend ähnlich der Debatte vor fünfzig Jahren über die Ostverträge. Wiederbelebt würden Argumente aus der «Mottenkiste der Friedensbewegung», kein Mythos sei zu falsch, kein Widersinn zu groß, um nicht die historische Zwangsläufigkeit deutscher Friedenspolitik zu «konstruieren». An diesen Strohhalm klammere sich jetzt eine Generation, die es kaum mehr gebe, deren Vertreter aber im Laufe der Jahre in höchste Ämter und Positionen gelangt seien. (Wen genau er meinte, ließ der Autor offen.) Einer sozialdemokratisch inspirierten Legende zufolge habe es sich beim Nato-Doppelbeschluss 1979 um eine sinnlose Eskalation des Kalten Krieges gehandelt. Nicht Schmidt habe die Sowjetunion damit in die Knie gezwungen, sondern die Entspannungspolitik Willy Brandts. Diese These blende die «Abschreckungslogik» aus. Umgekehrt habe die Entspannungspolitik der Stabilität gedient, während die Opposition jenseits des Eisernen Vorhangs fast schon als Störfaktor gegolten habe.

Der «deutschen Linken» schrieb der Autor ins Stammbuch, die Maxime «Nie wieder», auf die Joschka Fischer im Kosovo-Krieg zurückgriff, wurde «nie so pervertiert wie heute». Jetzt gehe es um das «Gegenteil von Neutralismus, eine Abkehr von Pazifismus», denn ein Opfer des Zweiten Weltkriegs sei zum Täter geworden. Fast klang es nach Erleichterung, weil die Prophezeiungen der Ostpolitikgegner in den frühen siebziger Jahren sich endlich bestätigten. Brandts friedensbewegte Kinder, lautete der Subtext, säßen heute noch in den Regierungsämtern.

Als «Reise zum Mars»[6] überschrieb der *Spiegel* zehn Tage nach dem Einmarsch eine lange Titelgeschichte. Jahrzehntelang hätten wir reichlich blind auf enge Wirtschaftsbeziehungen geschworen, jetzt müssten wir uns «für Kriege wappnen». Die Bundesrepublik, lautete der kurze Aufriss der Nachkriegsgeschichte, sei nach dem Zweiten Weltkrieg und dem Holocaust «ein im Grunde pazifistisches Land geworden», zwar habe sie sich mit Erlaubnis der westlichen Verbündeten eine Armee zugelegt, aber die Gesellschaft entmilitarisiert, «im Alltag, im Denken, in der Politik». Möglich machte das demzufolge der atomare Schutzschirm der Amerikaner, «im Kalten Krieg mussten die Deutschen nicht kämpfen». Als der «romantische Held dieser postheroischen Zeit» wurde Willy Brandt apostrophiert. Die Ostpolitik habe er aufs Gleis gesetzt und mit dem Anführer der Sowjetunion, Leonid Breschnew, geturtelt, obwohl doch auch der ein autoritärer Herrscher war. Resümee: «Die SPD liebt Brandt dafür bis heute.» Und weiter: «Er wurde auch zu einem Leitstern der Friedensbewegung, die Anfang der Achtzigerjahre gegen die Nachrüstungspolitik von Bundeskanzler Helmut Schmidt (ebenfalls SPD) protestierte. Auch am Widerstand der eigenen Partei ist Schmidt gescheitert. Er war kein Romantiker, sondern Realist, aber dafür wird man in der SPD nicht geliebt.» Zwar habe sich die größer gewordene Bundesrepublik 1990 nicht mehr ganz «raushalten» können, aber vergleichsweise Zurückhaltung bei militärischen Einsätzen geübt, zwar verloren Soldaten ihr Leben, «aber die pazifistische Grundhaltung waberte weiter durchs Land». Aus der Bundesrepublik sei eine Brandt-Republik geworden, hieß das in der Summe. Willy Brandt wurde wieder jenen europäischen Illusionisten zugeordnet, die der amerikanische Konservative Robert Kagan als Jünger der Venus («Planet der Liebe») verspottete, während die Amerikaner als realitätsbewusste Mars-Menschen (benannt nach dem Kriegsgott) die richtigen Maßstäbe setzten und für die verzagten Europäer am Balkan die Kastanien aus dem Feuer holten. Die Deutschen hätten die «Friedensmelodie» gesungen, referierte der *Spiegel* zustimmend einen Kommentator der *ARD*, jetzt müssten sie die «Wehrhaftigkeitsmelodie» anstimmen. Der gesellschaftliche Trend entwickelt sich aber «eher venushaft in Richtung Achtsamkeit, Empfindsamkeit, Inklusion». «Ein Feindbild passt dazu überhaupt nicht.» Hatte der *Spiegel* ernsthaft plötzlich Sehnsucht nach Feindbildern? Kein Wort verlor das Magazin jedenfalls über den eigenen Anteil und den

Rudolf Augsteins am Abbau von Feindbildern und am Zustandekommen der Ostverträge, die ohne das Engagement der liberalen Öffentlichkeit nicht die Hürden genommen hätten, nicht im Parlament und nicht in der Öffentlichkeit.

Mit dem «falschen Charme der Schaukelpolitik» erklärte sich Heinrich August Winkler den Kurs der SPD gegenüber Kiew und Moskau, nachdem Putin seit Wochen eine militärische Drohkulisse hatte aufbauen lassen.[7] Sie müsse ihre Ostpolitik aufarbeiten, wenn sie ihre Regierungsfähigkeit retten wolle. Bei der Sowjetunion habe es sich seinerzeit um eine «konservative Status-quo-Macht» gehandelt – im Unterschied zu Russland unter Putin. Winklers Vorbehalte galten der «Nebenaußenpolitik» der SPD in den achtziger Jahren (bis 1986 immerhin war Brandt Parteivorsitzender). Das ungeschriebene Motto, dem die SPD in den Achtzigerjahren folgte, lasse sich am besten als «europäische Ordnungspolitik im deutschen Interesse beschreiben». Als Protagonisten dieser Denkschule im Geiste Metternichs, der Sicherheit und Stabilität über alles gegangen sei, führte er vorsichtig Helmut Schmidt, uneingeschränkt aber Peter Glotz, Herbert Wehner und insbesondere Brandt-Intimus Egon Bahr an. Die konservativ-ordnungspolitische Haltung der Sozialdemokraten habe als «Richtschnur» des Denkens und Handelns die Zeit des Kalten Krieges, die Wiederherstellung der deutschen Einheit und die Ära Kohl überlebt.[8]

Heinrich August Winklers Fazit: «Das Zwielicht, in das die Russlandpolitik der SPD geraten ist, rührt zu einem guten Teil daher, dass die älteste deutsche Partei zu einem Opfer ihrer Erfolge geworden ist. Sie hat einen entscheidenden Beitrag dazu geleistet, dass die Ost-West-Konfrontation des Kalten Krieges schließlich überwunden werden konnte ... Was es in der SPD an kollektiver Erinnerung an die Ostpolitik gibt, ist durch die Friedenspolitik jenes Jahrzehnts geprägt. Verdrängt wird heute meist der Preis, den die SPD in der zweiten Phase der Ostpolitik den Bürgerrechtsbewegungen des Ostblocks abverlangte, die es ohne die erste Phase wohl gar nicht gegeben hätte. Sie sollten sich um der Stabilität des Ost-West-Verhältnisses willen in ihr Schicksal fügen und weiterhin in Unfreiheit leben.

‹Wandel durch Annäherung›, Egon Bahrs zündende Formel vom Juli 1963, wurde zwei Jahrzehnte später im Westen Deutschlands sehr viel enger verstanden als jenseits des Eisernen Vorhangs. Anders gewendet: Für politischen Wandel im Osten war seitens der SPD nicht mehr viel Platz vorgesehen. In der nicht nur unter Sozialdemokraten populären Vorstellung von einem deutsch-russischen Verhältnis schwingt auf deutscher Seite verschüttetes Großmachtdenken mit. Wenn Deutschland und Russland sich verständigen, ist das angeblich für Europa gut.»[9]

Winklers Befund war gewiss ernst zu nehmen, so entsprach es ja auch tatsächlich der Kritik osteuropäischer Oppositioneller. Etwas war aus der Balance geraten. Was Winkler nicht erwähnte: Brandt zeigte sich später souverän genug, selbstkritisch darauf zurückzublicken: Er habe die Kraft der zivilen Gesellschaft unterschätzt, gestand er im Gespräch mit Bronisław Geremek und Alexander Dubček. Nicht alle seiner Parteifreunde zeigten sich zu einer solchen Geste bereit.[10] Dass es sich um «verschüttetes Großmachtdenken» bei sich und seiner Partei handelte, weil die Sozialdemokraten den Gesprächsfaden mit der Sowjetunion nicht abreißen lassen wollten, hätte er allerdings kaum akzeptiert. Realistisch musste man aus seiner Sicht die hierarchischen Machtverhältnisse zur Kenntnis nehmen, um überhaupt in Moskaus Einflussbereich so etwas wie «Wandel durch Annäherung» zu ermöglichen.

Zum endgültigen Verdikt über Willy Brandt und seine Ostpolitik holte Timothy Snyder aus, der renommierte Osteuropahistoriker und Holocaustforscher aus Yale. Snyder beschrieb insbesondere die Ukraine als permanentes Opfer zwischen den Großmächten – auch die Deutschen unter Hitler betrachteten sie als «Hauptziel», das dem deutschen Großreich einverleibt werden sollte. Die Landwirtschaft der Ukraine sollte die Industrie tragen. Millionen Ukrainer sollten dem Hungertod preisgegeben oder versklavt werden. Dafür hätten deutsche Soldaten gekämpft, auch wenn viele Deutsche das nicht in Erinnerung hätten. Den deutsch-russischen Schulterschluss nach dem Ersten Weltkrieg, den Hitler-Stalin-Pakt und die Ostpolitik Brandts ließ er zu einem einzigen Syndrom zusammenschnurren –

das Schicksal des postsowjetischen Raumes hätten Moskau und Berlin unter sich geregelt. Timothy Snyder im Präsens: «Beide Seiten sind es gewohnt, sie als Kolonie zu sehen.» Danach gefragt, ob das auch für die Entspannungspolitik Willy Brandts gelte, erwiderte Snyder: «In Berlin wirkt eine koloniale Haltung weiter, die nicht auf Parteien begrenzt ist. Moskaus Vorherrschaft in Osteuropa wurde jedenfalls auch von Brandt nicht infrage gestellt. Und für die Ukraine hat sich niemand allzu sehr interessiert. Nach der Wende ist das nicht viel besser geworden.»

Wie Brandt Moskaus Vorherrschaft hätte in Frage stellen und zugleich die Ostverträge umsetzen sollen, darauf ließ Snyder sich nicht ein. Er argumentierte, die «zögernde Haltung» von Kanzler Olaf Scholz im Ukraine-Krieg habe hier ihre Wurzeln. «Jetzt könne Entspannungspolitik», deutete er seinen Wunsch an, «zu wirklicher Ostpolitik werden». Deutschland als frühere Kolonialmacht könne auf die Stimme des kolonialisierten Volkes hören und «bei seiner Verteidigung ganz vorne stehen».[11] Ganz ähnlich ließ sich der Russland- und Ukraine-Historiker Karl Schlögel ein. In der Wahrnehmung der Russen sei die Ukraine «immer nur ein weißer Fleck, eine Peripherie ohne eigene Identität gewesen». «Unser gesamtes Verhältnis zur Ukraine wurde immer durch eine imperiale Perspektive gefiltert, und aus diesem Blickwinkel war die Ukraine nichts anderes als eine Provinz des russischen Reiches.»[12]

Eine «wirkliche» Ostpolitik gab es noch gar nicht? Das war alles andere als ein beiläufiger Nebensatz. Zu Winklers kritischen Anmerkungen hätte Brandt wohl stumm genickt. Dass die Ukraine ein «weißer Fleck» blieb, hätte er bestätigt, aber zu erklären versucht, weil sein Verhandlungspartner nun einmal der Hausherr im Kreml war. Dass er aber Timothy Snyder mit seinem Urteil vom «kolonialistischen» Denken so hätte stehen lassen, kann man sich schwerlich vorstellen. Seinen Gewaltverzichtsvertrag mit der Sowjetunion verstand er ja nicht als Freibrief für Moskaus Herrscher, um die Ukraine und andere Nachbarn weiter als Kolonien zu behandeln. Auch wenn er eingeräumt hätte, dass es die deutsche Ostpolitik überforderte, sich die Demokratisierung und Selbstbestimmung der sowjetischen «Nationalitäten» vorzunehmen. Und schließlich: In Brandts

Augen handelte es sich bei der KSZE in Helsinki 1975 um einen ersten großen Erfolg auf dem Weg, um Moskaus erdrückende Dominanz in seinem Herrschaftsbereich zu lockern.

Wegen der fast einhelligen Kritik an einer betont abwägenden Haltung der Regierung unter Olaf Scholz in der Frage, wie weit sich die Bundesrepublik (und der Westen) an der Seite der Ukraine engagieren solle, meldete sich aus Starnberg Jürgen Habermas zu Wort. Akribisch verteidigte er eine vorsichtige Politik der Zurückhaltung, zugleich monierte er die Haltung ehemaliger Pazifisten, die sich in neuem Realismus überbieten und mehr «Wehrhaftigkeit» proklamierten. Richtig spürte Jürgen Habermas heraus, dass am Beispiel des Ukraine-Krieges über das Selbstverständnis der Republik verhandelt werde – eine Debatte, an der er sich zeit seines Lebens beteiligte und aus der er gar nicht wegzudenken ist. Der Zeitpunkt zur Einmischung war gut gewählt.

Die Parteinahme für die Ukraine sei einhellig wegen dieses völkerrechtswidrigen Angriffskrieges, argumentierte Jürgen Habermas. Ihn irritiere, kam er zum Kern seiner Intervention, «die Selbstgewissheit, mit der in Deutschland die moralisch entrüsteten Ankläger gegen eine reflektiert und zurückhaltend verfahrende Bundesregierung auftreten». Behutsam wog Jürgen Habermas ab: Grenzen beim militärischen Beistand für die Ukraine habe es gegeben; nachdem der Westen sich entschlossen habe, «in diesen Konflikt nicht als Kriegspartei einzugreifen, gibt es eine Risikoschwelle, die ein ungebremstes Engagement für die Aufrüstung der Ukraine ausschließt». Wer ungeachtet dieser Schwelle den Bundeskanzler «in aggressiv-selbstgewissem Tenor in diese Richtung immer weiter vorantreiben will, übersieht oder missversteht das Dilemma, in das der Westen durch diesen Krieg gestürzt wird; denn dieser hat sich mit dem auch moralisch gut begründeten Entschluss, nicht Kriegspartei zu werden, selbst die Hände gebunden». Putin entscheide darüber, wann der Westen die Schwelle überschreitet, jenseits derer die militärische Unterstützung auch formal als Kriegseintritt des Westens betrachtet wird. Angesichts des Risikos eines «Weltenbrandes» lasse die Unbestimmtheit dieser Entscheidung «keinen Spielraum für riskantes Pokern».

Seine Folgerung lautete: «Selbst wenn der Westen zynisch genug wäre, die ‹Warnung› mit einer dieser ‹kleinen› Atomwaffen als Risiko einzukalkulieren, also schlimmstenfalls in Kauf zu nehmen, wer könnte garantieren, dass die Eskalation dann noch aufzuhalten wäre?» Die russische Seite habe einen asymmetrischen Vorteil gegenüber der Nato, die «wegen des apokalyptischen Ausmaßes eines Weltkrieges – mit der Beteiligung von vier Atommächten – nicht zur Kriegspartei werden will.» Andererseits, räumte er ein, könne sich der Westen nicht «*beliebig* erpressen lassen». Würde die Ukraine einfach ihrem Schicksal überlassen, wäre das nicht nur unter politisch-moralischen Gesichtspunkten ein Skandal, es läge auch nicht im eigenen Interesse. Denn dann müsste er erwarten, das gleiche russische Roulette demnächst wieder im Falle von Georgien oder der Republik Moldau spielen zu müssen – «und wer wäre der Nächste?» Den Kritikern einer «Politik der Furcht» (Ralf Fücks) hielt er entgegen, damit überlasse man die Ukraine keineswegs sich selbst. «Aber ist es nicht ein frommer Selbstbetrug, auf einen Sieg der Ukraine gegen die mörderische russische Kriegführung zu setzen, ohne selbst Waffen in die Hand zu nehmen? Die kriegstreiberische Rhetorik verträgt sich schlecht mit der Zuschauerloge, aus der sie wortstark ertönt. Denn sie entkräftet ja nicht die Unberechenbarkeit eines Gegners, der alles auf eine Karte setzen könnte. Das Dilemma des Westens besteht darin, dass er einem gegebenenfalls auch zur atomaren Eskalation bereiten Putin nur durch eine sich selbst begrenzende militärische Unterstützung der Ukraine, die diesseits der roten Linie eines völkerrechtlich definierten Kriegseintritts bleibt, den Grundsatz signalisieren kann, dass er auf der Integrität staatlicher Grenzen in Europa besteht.»

Habermas: In einer «erstaunlichen Konversion» kündigten friedensbewegte Geister eine von rechts immer wieder denunzierte, «tatsächlich schwer genug errungene Nachkriegsmentalität der Deutschen auf – und damit überhaupt das Ende eines auf Dialog und Friedenswahrung angelegten Modus der deutschen Politik». Diese Lesart entdeckte er vor allem bei Politikern der jüngeren Generation, die zur Empfindlichkeit in normativen Fragen erzogen worden sei, jetzt aber den Eindruck erwecke, die völlig neue Realität des Krieges habe sie aus ihren pazifistischen Illusionen herausgerissen. Gemeint war vor allem, wenn auch nicht nur, die Außenministerin, Annalena Baerbock.

Europa, lautete seine Folgerung, werde handlungsfähig nur sein, wenn es «militärisch auf eigenen Beinen stehen kann». Aber zunächst müssten wir einen konstruktiven Ausgang aus unserem Dilemma finden. Diese Hoffnung spiegele sich «in der vorsichtigen Formulierung des Zieles, dass die Ukraine den Krieg nicht verlieren darf».[13]

Es ist nicht allzu gewagt zu vermuten, dass Willy Brandt diesen Argumenten grundsätzlich gefolgt wäre. Jürgen Habermas seinerseits verteidigte eine Haltung, wie Brandt sie sich wohl gewünscht hätte: eine Bundesrepublik, welche die deutsche Vergangenheit kennt, die Partei ergreift, Europa stärken will und sich mit ihren Partnern abstimmt, die auch vor dem Einsatz militärischer Mittel nicht zurückzuckt, die aber ein Umschlagen des Pazifismus in einen überschäumenden Realismus (oder Abenteuer) besorgt.

Viel Applaus erhielt Habermas von Seiten derjenigen, die ihre Positionen im Spiegel der Mediendebatte kaum wiederfanden. Offenbar trennte die Frage des angemessenen Verhaltens im Ukrainekrieg tatsächlich vor allem die Generationen. Sein Befund, als Gesprächsangebot gedacht, löste freilich auch große Empörung aus. Um nur einen Namen zu nennen: Simon Strauss. Der renommierte Theaterkritiker der *FAZ* marschierte im Feuilleton vorweg. Wütend und ohne ernsthafte Argumente warf er Habermas vor, aus ihm spreche «die Wut des ideologisch so sicher verorteten Altlinken über die politische Unzuverlässigkeit der heutigen Jugend». Er sehe die «mühsam errungene pazifistische Nachkriegsmentalität» in Gefahr, daher auch seine Behauptung, «dass Kriege gegen eine atomare Supermacht sowieso nicht gewonnen werden können». Um Glaubenssätze eines «alten Kriegers» handele es sich dabei, der seine Felle davonschwimmen sehe. Mit spöttischen Bemerkungen über die «frühen Diskurstheorien», mit denen er dem Strukturwandel auf die Spur kommen wollte, beendete Simon Strauss seinen Traktat, den wahren Strukturwandel von heute müssten «andere beschreiben als Jürgen Habermas».

Jetzt schlage die Stunde einer frischen Republik, so musste man Simon Strauss verstehen, die ihre Konflikte nicht demütig pazifistisch austrägt und ihre Feigheit hinter moralischen Bezügen auf die deutsche Vergangenheit verbirgt wie die Alten. Risiken ja, Abenteuer auch. Die Atomkriegsgefahr mag Seniorenphilosophen beschäftigen, uns nicht. Sie besteht ohnehin nur in den Köpfen. Triumphierend verabschiedete der Autor eine Republik, zu deren Selbstverständnis Zurückhaltung, Besonnenheit, die Gegenwärtigkeit der Vergangenheit gehörten, und wozu ja tatsächlich Stimmen wie jene von Habermas vieles beitrugen.[14]

Erinnert fühlte man sich an jene nationalkonservativen Autoren, die schon bald nach dem Mauerfall, im Kroatien-Krieg seit 1991, die «alte» Bundesrepublik als große Schweiz belächelten, weil sie sich krämerselig aus den Weltkonflikten heraushalte (oder, wie es im Blick auf Helmut Kohl hieß, herauskaufe). Im Kosovo-Krieg 1998 musste die frischgewählte rot-grüne Koalition dann direkt beweisen, ob sie bereit ist, sich im Zweifel auch mit militärischen Mitteln an internationalen Operationen der Nato zu beteiligen. Mit dem Argument «Nie wieder Auschwitz» begründete der grüne Außenminister Joschka Fischer sein Plädoyer, sich wegen der ethnischen Säuberungen an einem Kriegseinsatz der Nato zu beteiligen. Beim Bielefelder Sonderparteitag der Grünen führte das zu einer Zerreißprobe mit der pazifistischen Fraktion, Fischer wurde von einem Farbbeutel getroffen, ein Trommelfell platzte. Er setzte sich mit seiner Position durch.

Gerhard Schröder plädierte ohnehin für eine Beteiligung an der Operation, zeitweise hatte er sogar damit kokettiert, einem Einsatz mit deutschen Bodentruppen zuzustimmen. 51 % der Argumente sprächen für eine Intervention, 49 % dagegen, wog Jürgen Habermas seinerzeit sorgfältig ab, in Vorwegnahme eines globalen Völkerrechts sollten auch die Deutschen Verantwortung in diesem Konflikt übernehmen. So geschah es ja auch. Von ihrer «Politik der Zurückhaltung» verabschiedete sich die Bundesrepublik dennoch nicht.

Nach dem 11. September 2001 entschied die rot-grüne Regierung, sich an der militärischen Intervention in Afghanistan zu beteiligen. Mit der Formel «Risiken ja, Abenteuer nein» entschloss sich Schröder, zur Einmischung im Irak strikt «nein» zu sagen. Die Republik wurde neu einjustiert, aber der Grundkonsens stand gleichwohl nicht zur Disposition. Willy Brandt hätte den Weg bis dahin wohl unterstützt, kann man vermuten.

Aber dann? In einem Buch unter dem pompösen Titel *Der Auftritt. Deutschlands Rückkehr auf die Weltbühne*, das im Jahr 2003 erschien, plädierte der Historiker Gregor Schöllgen für eine weit offensivere Rolle der Deutschen auf der internationalen Bühne. Das rührte bereits an mühsam erworbene Grundsätze. Schöllgen plädierte für einen «deutschen Weg» mit einem «neuen nationalen Selbstbewusstsein», zumal man sich von Amerikas Dominanz stärker befreien müsse. Unverhohlen gab er der pragmatischen Neuausrichtung, die im Kosovokrieg begann, einen «pathetischen Überbau» (Werner A. Perger). Gerhard Schröder, der sich dem Irak-Einsatz noch verweigerte, muss er überzeugt haben; Schöllgen avancierte später zum Biographen des sozialdemokratischen Ex-Kanzlers, der selber gern von sich sagte, mal habe er sich stärker als Erbe Schmidts, mal in der Tradition Brandts gesehen.

Vielleicht hätten ja beide einer Kurswende unter dem deutschnationalen Etikett «Der Auftritt» widersprochen? Wie weit das neue Denken im Ernstfall gehen würde, blieb freilich noch in der Schwebe. Erst die Kontroverse im Ukraine-Krieg führte weiter, wie mir scheint, bewusst wurde jetzt das Vermächtnis Brandts, der Grundkonsens über das allmählich gewachsene Selbstverständnis und die künftige deutsche Rolle, zur Disposition gestellt. Verkürzt wurde das auf die Formel, eine pazifistische Republik sei nicht überlebensfähig, die alte Bundesrepublik habe sich überlebt, die Berliner Koalition verweigere sich den Realitäten.

Hat Brandt uns dazu eine Flaschenpost hinterlassen? Kurz muss man im Blick darauf seine Ost- und Entspannungspolitik noch einmal Revue passieren lassen. Mit Recht ist sie sein Vermächtnis genannt worden.[15] Brandt schlug diskret ein radikales Umdenken vor, radikaler, als er es gerne öffentlich darlegte. Adenauers Westbindung bleibe die Grundlage, auf der nun ein Ausgleich mit den Nachbarn im Osten gesucht werden solle. Nur, die Idee, die zugrunde lag, eine Politik des Gewaltverzichts, der «gemeinsamen Sicherheit» und der Anerkennung der Grenzen, lief auf einen Bruch mit dem herrschenden Paradigma im Ost-West-Konflikt hinaus. Hitler hatte den Krieg ausgelöst, die Deutschen mussten von sich aus endgültig die Verantwortung übernehmen auch für die Folgen. Nur so würde sich der Revisionismusverdacht, der in der Luft lag, aber auch instrumentalisiert wurde, aus der Welt schaffen lassen.

Dieses grundsätzliche historisch-moralische Argument wog schwer, aber Brandt beließ es wie gewohnt bei wenigen unmissverständlichen Sätzen dazu. Man muss dazu kurz zurückblenden. Für die Schriftsteller und Intellektuellen, die sich in den frühen sechziger Jahren für ihn erwärmten, auch für die Protestgeneration seit 1967 rückte die Frage ins Zentrum, wie die Deutschen ihr Verhältnis zur Vergangenheit klären könnten: Zu viel Kontinuitätslinien beklagten sie in der Adenauer-Republik, zu wenig Bruch seit 1945. An Brandts innerer Einstellung in der Hinsicht konnte es keinen Zweifel geben, als Kanzler wollte er endlich Fakten schaffen. Das blieb sein komplizierter Balanceakt.

Schon aus dem Streit über Adenauers Staatssekretär Hans Globke und dessen NS-Karriere hatte er sich herausgehalten, auf die Enthüllungen über den Werdegang Heinrich Lübkes ließ er sich nicht weiter ein. Auch in den erregten Parlamentsdebatten 1960 und 1965 über die Verjährung nationalsozialistischer Verbrechen ließ er Parteifreunden den Vortritt. Zum Vorwurf der 68er-Generation an die Elterngeneration, sie verdränge, schwieg er in der Regel. An Kurt Georg Kiesingers Seite im Kabinett der Großen Koalition hatte er wegen dessen NS-Karriere nur gequält Platz genommen, aber Platz nahm er eben doch. So sollte er es auch weiterhin halten. Weder benotete er Helmut Kohl, als er US-Präsident Ronald Reagan zu einer Kranzniederlegung am Soldatenfriedhof am 5. Mai 1985 in Bitburg gedrängt hatte, noch ließ er sich genauer auf Bundespräsident Richard von Weizsäcker ein, der drei Tage später mit seiner Rede zum 8. Mai 1985 die Erinnerung an die deutsche Vergangenheit zum konstitutiven Teil des deutschen Selbstverständnisses machte. Selbst den Historikerstreit 1986 bewertete er nur verklausuliert. Lieber offerierte er den Deutschen einen Generalpardon auf seine eigene Art mit der Bemerkung, wir seien «nicht zu Helden geboren».[16]

Genauer erinnern muss man an der Stelle besonders an den 25. November 1960, eine politisch entscheidende Station. Die SPD hielt ihren Parteitag in Hannover ab. Brandt war auserkoren, als Kandidat seiner Partei bei den kommenden Bundestagswahlen anzutreten gegen Konrad Adenauer. Wegen des Exils war er schon gebrandmarkt worden. Exilanten und Emigranten wurden seinerzeit weithin als «Deserteure» verunglimpft. Er müsse sich nicht rechtfertigen, erklärte er, sein dringender Rat sei, dass sich die Deutschen mit sich selber versöhnen. Brandt: «*... es gibt niemanden, der frei ist von Fehlern, und jeder sollte nach seiner Schuld oder seinem Versagen suchen, bevor er auf den anderen mit dem Finger zeigt*». «*Das, was heute Deutschland ausmacht, stammt aus vielen Quellen. Otto von Bismarck und August Bebel, Friedrich Ebert und Gustav Stresemann, Julius Leber und Graf Stauffenberg, Ernst Reuter und Theodor Heuss, sie alle gehören zu diesem Volk. Kein Schweigen aber kann das Schreckliche vergessen machen, das sich an den Namen Hitlers knüpft. Das alles gehört zu unserer Geschichte. Wir müssen sie als Einheit sehen. Für das Gesindel um den Verführer reichten die strengsten Normen der Strafgesetze nicht aus. Aber die millionenfache Opferbereitschaft der Bevölkerung kann nicht verachtet werden, nur weil sie schändlich und verbrecherisch missbraucht wurde*».

Brandt, kommentierte das klug der Historiker Hartmut Soell, habe Helmut Schmidt und seiner Generation moralische Entlastung geboten. Es sei nicht risikolos gewesen, die Volksgemeinschaftsideologie derart umzuformen, die hinter der Diffamierung von Emigranten als eine Art Vaterlandsverräter steckte. Helmut Schmidt, einer von neunzehn Millionen deutschen Soldaten, reagierte enthusiasmiert, Brandts Rede sei das «Großartigste» gewesen, was er je von ihm gehört habe. Es war der Tag des Schulterschlusses zwischen beiden, der Auftakt zu Brandts Versuchen, auch eine Art mentalen Paktes mit den Mehrheitsdeutschen schließen zu können.[17] Bei dieser grundkonzilianten Haltung blieb Brandt auch später. Auch die Ostverträge mit Moskau, Warschau und Prag wollte er auf eine Weise realisieren, die nach innen versöhnt. Das war die Prämisse und das Problem.

Die Verteidigung des Status quo – bis hin zur Hallstein-Doktrin, die allen Staaten Sanktionen androhte, die Botschafter mit der DDR austauschen – hatte zum Mauerbau geführt, der hochgerüstete Westen konnte das so wenig verhindern wie die Panzer des Warschauer Pakts, die im August 1968 den «Prager Frühling» erstickten. Brandt sah wohl allerdings auch, dass Moskau sich damit in eine Sackgasse manövriert hatte. Die Freunde im Westen andererseits, über die Teilung nicht unglücklich, wollten mit der «deutschen Frage» und diesen Querelen nicht weiter behelligt werden. Aber sie wollten auch nicht, dass die Bonner Regierungen das Heft in die Hand nehmen. Wer weiß denn, ob nicht wieder ein Großdeutschland herauskäme. Nicht nur Brandt gewann den Eindruck, die Republik werde an fremden Fäden gezogen, aber auch zum Status quo gezwungen. Daher seine Bemerkung in den *Erinnerungen*, gewundert habe er sich über die Opposition, die doch als Konservative an nationaler Souveränität und Bewegungsfreiheit größeres Interesse hätte entwickeln müssen.

Das Duo Brandt/Bahr plante einen konsequenten Schnitt, den Abschied von der Droh- und Abschreckungslogik des Kalten Krieges, ohne das so auszusprechen. Einen Abschied aus der Allianz planten sie nicht. Das Mündel will Vormund sein, hieß das verklausuliert. Da es nur um die «deutsche Frage» ging, konnten Paris, London und Washington schlecht ein Veto einlegen, sie hatten die Deutschen selbst gedrängt, das Thema irgendwie von der Tagesordnung zu räumen. Aber immerhin – den Schlüsselvertrag handelte Egon Bahr mit Moskau aus, dem Antagonisten im großen Ost-West-Konflikt, der Grundlagenvertrag mit der DDR, der die deutsch-deutschen Belange regeln sollte, folgte erst zuletzt. Henry Kissinger schäumte.[18] Wenn es den Deutschen gelänge, Vertrauen zu erwerben, lautete das Credo der Bonner Akteure, könnte man die Beziehungen «entmilitarisieren» und «Wandel durch Annäherung» riskieren. Dagegen nahm sich Adenauers «Keine Experimente»-Republik alt aus, Brandts Gedankenexperiment, das es ja zunächst war, revolutionär.

Aus dem Hut gezaubert hatte Brandt das Konzept nicht. Schon 1940 dachte er über die «Kriegsziele der Deutschen und das neue Europa» nach. In seinem Buch klang das andere Motiv an, das der Ostpolitik eingeschrieben war.[19] Für «einen föderativen Zusammenschluss zwischen Deutschland und den Nachbarn im Osten» plädierte der Autor, nur müssten die Nachbarn sicher sein, nicht «Ausbeutungsobjekte des deutschen Imperialismus» zu werden. In diesem Zusammenhang tauchten bei ihm schon die «Vereinigten Staaten von Europa» auf, ein Gedanke, den er vier Jahre später in *Verbrecher und andere Deutsche* etwas genauer entfaltete. Als «entscheidendes Prinzip» stellte er sich die gemeinsame Sicherheit vor. Die Forderung nach europäischer Einheit schließe ein, dass man über die primitive Auffassung hinausgelange, die besage, man könne «die eigene Sicherheit nur im Kampf gegen andere» behaupten.

Aus heiterem Himmel kam die Ostpolitik 1970 also gewiss nicht. Es hat viel für sich, wenn argumentiert wird, die Bonner Entspannungspolitik im Allgemeinen und der Moskauer Vertrag im Besonderen seien «eine Art Unabhängigkeitserklärung an die Adresse der westlichen Hegemonialmacht» gewesen, «ohne die Westbindung zur Disposition zu stellen – eine Veränderung des Status quo bei gleichzeitiger Anerkennung seines ideellen Sockels». Der Kern selbstständiger Ostpolitik sei statt einer «Sprache der Macht» eine «Grammatik des Vertrauens» gewesen. Asymmetrische Abrüstung, strukturelle Nichtangriffsfähigkeit, gemeinsame Sicherheit, darauf liefen die neuen Ideen hinaus. Ja, die Ostpolitik bahnte «einer außenpolitischen Neugründung der Bundesrepublik den Weg».[20]

Wer das heute revidieren will, stellt en passant Grundsätze der Republik auf den Kopf, heißt das.

Zugrunde lag dieser «Neugründung» gewiss die Erfahrung, dass die Politik der Stärke und Abschreckung stecken geblieben war. In der öffentlichen Kontroverse spielte aber auch der spezifisch deutsche Aspekt eine Rolle, die historisch-moralischen Motive, welche die Dialogpolitik antrieben. Davon war schon die Rede. Auf den Gegner im Kalten Krieg zuzugehen und ausdrücklich die Verantwortung für den Krieg und seine Folgen zu übernehmen – das verstieß gegen heilige Prinzipien, wie man mit der Sowjetunion und ihren Satrapen umzugehen habe. Jetzt, noch herrschte Kalter Krieg, sollte es gleichzeitig um «Entfeindung» (Egon Bahr) und konkret um beiderseitige Rüstungsreduzierung gehen, beides gemeinsam sollte ein Klima des Vertrauens stiften. Ost- und Entspannungspolitik galten als zwei Seiten einer Medaille.

Befürworter der Ostpolitik wie Heinrich Böll und Günter Grass, aber auch Marion Dönhoff, Günter Gaus oder Carola Stern, legten Nachdruck gerade auf diesen Aspekt: Die Deutschen, die den Krieg verursacht hatten, hatten – trotz des Kalten Krieges – eine historische Bringschuld gegenüber den Nachbarn im Osten. Darum ging es vielen primär. Das bedeutete den Bruch mit der Kontinuität, der Brandt so viel Überzeugungskraft an der innenpolitischen Front abverlangte.

Diese Politik des Dialogs und der Verständigung bezog sich auf alle Nationalitäten unter Moskaus Fuchtel, ebenso wie auf Polen, die Tschechoslowakei, Ungarn und andere ostmitteleuropäische Nachbarn. Gemeint war eine Ostpolitik ohne moralisches Ranking darüber, wer mehr Opfer gebracht hätte im Krieg gegen Nazi-Deutschland und unter der Besetzung. Nur Polen bildete für Brandt dabei eine Ausnahme, daher der Kniefall.

Von dieser Vorgeschichte wurde die Ostpolitik seit dem Ukraine-Krieg oft gerne entkoppelt. Eine Rolle spielt auch nicht mehr die komplizierte Geschichte, die folgte. Ohne die Ostpolitik hätten die Deutschen nicht wirklich wieder Vertrauen gewonnen bei den Nachbarn und in der Welt. Sie ermöglichte zunächst die Konferenz von Helsinki 1975, zweifellos der Höhepunkt des Denkens in entspannungspolitischen Kategorien. Die Saat schien aufzugehen, Liberalisierungen in Osteuropa wurden schwer umkehrbar. Mit der Konferenz von Helsinki erzielten diejenigen Ostpolitiker einen Etappensieg, die Vertrauensbildung zwischen Ost und West als Basis für «gemeinsame Sicherheit» betrachteten, die aber die Frage der Menschenrechte und Meinungsfreiheit ins Zentrum rückten – als Basis für die Opposition in Osteuropa. Die KSZE ermöglichte wiederum die

Charta 77 mit Václav Havel und auch den Streik der Danziger Werftarbeiter mit Lech Wałęsa im Jahr 1980. Die Helsinki-Fraktion und die Jalta-Fraktion, die in Kategorien von Einflusszonen und beiderseitiger Truppenreduzierung dachte, saßen in Helsinki noch an einem Tisch.[21]

Der Einmarsch sowjetischer Truppen in Afghanistan 1980 beendigte das, von nun an sah auch Brandt die Entspannungspolitik bedroht. Er bangte um sein Erbe. Die streikenden Werftarbeiter in Danzig konnten sich auf Helsinki berufen, zugleich gefährdete Solidarność aber die Stabilität. Brandt und der amtierende Kanzler Helmut Schmidt fürchteten, Moskau könne rückfällig werden und erneut Truppen entsenden. General Jaruzelski beugte dem mit dem Kriegsrecht vor. Seitdem achteten die Sozialdemokraten auf Distanz zur Opposition in Polen, auch Brandt. Dass er sich weiter eine Liberalisierung im Osten im Geiste von Helsinki wünschte, steht nicht in Frage – nur ließ sich über solche Fernziele schwerlich reden. Das Verhältnis zu den Oppositionellen trübte es dauerhaft, politisch änderte das wenig, denn in Bonn regierten längst die Christdemokraten mit Helmut Kohl im Sattel.

Im Jahr 1985 folgte die Nominierung Michail Gorbatschows zum Generalsekretär, der sich an den KSZE-Vereinbarungen orientieren wollte und Glasnost sowie Perestroika versprach. Brandt schrieb sich das – wie geschildert – nicht zugute, sah aber die leise Politik, Vorsicht und Zurückhaltung, bestätigt. Anders als Wladimir Putin, den die junge demokratische Opposition auf dem Maidan 2014 erschreckte, entschloss sich Gorbatschow, von den polnischen Nachbarn zu lernen und das Experiment auch zu Hause zu wagen. Zehn Millionen Anhänger zählte die Solidarność inzwischen. Im Juni 1989 setzten sich die führenden Strategen der Gewerkschaft mit den Machthabern der Arbeiterpartei am ersten runden Tisch zusammen und bereiteten dem Ancien Régime im Handumdrehen ein Ende. Am 9. November fiel die Mauer im Gefolge einer durch und durch friedlichen Revolution. Ohne Gorbatschow wiederum wäre es kaum zum Mauerfall gekommen, davon war Brandt überzeugt, zur Implosion des Sowjetreiches oder auch zum souveränen Staat Ukraine.

Am 11. März 1990 erklärte sich Litauen für unabhängig, 1990 folgten die Ukraine und Belarus (GUS). Michail Gorbatschow trat am 25. Dezember 1991 zurück, am Tag darauf endete die Sowjetunion. Wäre der Reißverschluss aufgegangen ohne die deutsche Ostpolitik, ohne Polens Solidarność, ohne den polnischen Papst, ohne Gorbatschow? Brandts Russlandpolitik war nicht blauäugig. Es handelte sich auch nicht um Appeasement. Derart missverstehen kann man ihn nur, wenn man die Geschichte der Ostpolitik seit den frühen siebziger Jahren aus ihrem historischen Kontext löst.

Was also sah er als sein Vermächtnis? Zurückkommen möchte ich noch einmal auf seine Rede, die er am Tag nach der Verleihung des Friedensnobelpreises, am 11. Dezember 1971, an der Osloer Universität hielt. Zwar tobte zu dem Zeitpunkt die Kontroverse um das Schicksal der Ostverträge noch. Aber unter der Überschrift «Friedenspolitik in unserer Zeit» zog er bereits eine Art erster Lebensbilanz. Dass ihn der massive Widerstand kaltließ, kann man nicht unterstellen. Während er aber stets dann, wenn Ressentiments wegen Herkunft und Exil gegen ihn mobilisiert wurden, dünnhäutig reagierte und sich nach innen zurückzog, hielt er es in den großen Streitfragen gerade andersherum: Ein geradezu unerschütterlicher Brandt verteidigte dann seine Überzeugungen, ohne nach links und rechts zu blicken.

Willy Brandt also in Oslo: Eine Politik für den Frieden begreife er «als wahre Realpolitik dieser Epoche», darauf lief seine Botschaft vor diesem Forum hinaus, vor dem er sich wie zu Hause fühlte. Brandts ganze Dankesrede kann man heute noch lesen als Widerspruch gegen jenes Bild, das gerne von ihm gezeichnet wurde, wonach er die harten Realitäten ignoriere. Genau umgekehrt sah er das, und das lässt sich so auch nachvollziehen: Mit seiner Politik wollte er die «Realität» der atomaren Aufrüstung von Ost und West ebenso zur Kenntnis nehmen wie auch den Umstand, dass die Ergebnisse des Krieges – die Teilung und der Verlust der Ostgebiete, auch der Eiserne Vorhang, der die Systeme und Einflusssphären trennte – nicht mit einer «Politik der Stärke» zu revidieren seien. Zu den «Realitäten» dieser Zeit, an die er erinnern wollte, zählte die «Drohung einer Selbstvernichtung der Menschheit», daher sei Koexistenz eine

«Frage der Existenz überhaupt geworden». Für uns Deutsche, dachte Brandt laut nach, gebiete sich diese Einsicht schon deshalb, weil wir den Krieg zu verantworten hatten. Aber weder der Mauerbau 1961 noch die Panzer, die im August 1968 in Prag rollten, hätten sich verhindern lassen mit noch mehr Drohpolitik. Im Gegenteil, dieser Weg hatte sich als Sackgasse erwiesen. Für ihn hieß das gerade nicht, er «kapituliere» vor Moskau, oder aus rein moralischen Gründen sei er bereit, die Oder-Neiße-Grenze anzuerkennen. Schon als Schüler hatte er sein politisches Leben begonnen, das Exil war geprägt von Politik, die Jahre in Berlin rückten ihn gar ins Zentrum des Ost-West-Konflikts, Politik war sein Beruf im Sinne Max Webers, bis in die Fingerspitzen – und er sollte sich anhören, er sei ein Gesinnungsethiker, ein *Peacenik*, der Held des postheroischen Zeitalters, das er selbst befördert habe?

In den «sehr ‹militanten› Jahren» – er bezog sich damit auf seine Zeit in Berlin – musste Politik auf die «friedenssichernde Wirkung» achten. Brandt: *«Es war und ist meine Überzeugung: Hätte sich der Westen aus meiner Stadt vertreiben lassen, wäre das nicht nur ein Unglück für die unmittelbar betroffenen Menschen gewesen, nicht nur ein schwerer Schaden für die Bundesrepublik Deutschland, Westeuropa und die Vereinigten Staaten, sondern es hätten sich daraus mit großer Wahrscheinlichkeit sehr gefahrvolle Konsequenzen für den Frieden ergeben. So war es nicht nur bei Stalins Blockade 1948, sondern auch nach Chruschtschows Ultimatum 1958.»* Seine Erfahrungen in der Frontstadt, so sollte man das verstehen, hatten ihn Härte gelehrt. Auch die Kubakrise sei durch «verantwortungsbewusste Kaltblütigkeit beigelegt» worden, soweit der Friedensnobelpreisträger. Mit dem Hinweis auf die «Realpolitik» in den zwölf Hitler-Jahren drehte er den Spieß sogar um, die sogenannte Realpolitik war fürchterlich pervertiert worden. Wenn wir Deutschen heute «mit uns selbst und mit der Welt ein erträgliches Gleichgewicht finden», darauf beharrte er jetzt in Oslo, dann hing das mit diesem «neuen Realitätssinn» zusammen, von dem er sprach.

Realitätssinn, wie er das verstand, hatten ihn auch die Hitler-Jahre gelehrt. Brandt: *«Der deutsche Widerstand hat opfervoll für An-*

Friedensnobelpreisträger Carl von Ossietzky. Im Osloer Exil organisiert Brandt – unterstützt unter anderem von Albert Einstein und Thomas Mann – die internationale Kampagne zugunsten des Pazifisten, Herausgebers der Weltbühne, den das NS-Regime inhaftiert hat.

stand, Rechtlichkeit und Freiheit gekämpft. Er hat das Deutschland bewahrt, das ich als das meine empfinde und das mir mit der Auferstehung des Rechts und der Freiheit wieder ganz zur Heimat wurde.» Widerstand meinte Widerstand ganz generell, anders konnte man das nicht verstehen, von den Freunden im Exil über die Gewerkschaftler, Sozialdemokraten und Kommunisten bis zu den Offizieren im Führerhauptquartier in der Wolfsschanze. Nur, Brandt wäre nicht Brandt, hätte er bei der Gelegenheit nicht auch seinen großen Respekt für Carl von Ossietzky erkennen lassen, der als strenger Pazifist und Anti-Militarist Widerstand leistete und dafür mit dem Leben bezahlte. Den Norwegern dankte er, die Ossietzky 1936 den Friedensnobelpreis zuerkannten. Brandt hatte von Oslo aus die internationale Kampagne für ihn organisiert.

Die Bundesrepublik kenne die Grenzen ihrer Möglichkeiten, wog

Brandt vor dem Auditorium ab, damit verbunden sei aber die Einsicht, *«dass sie durchaus auch Macht hat und eine Macht ist – sie versteht sich mit allen ihren Kräften als eine Friedensmacht.»* «*Der Übergang von der klassischen Machtpolitik zur sachlichen Friedenspolitik, die wir verfolgen, muss als der Ziel- und Methodenwechsel von der Durchsetzung zum Ausgleich der Interessen verstanden werden.*» Dass zwei zum Tango gehören, er also durchaus optimistisch davon ausging, auch Moskau sei an einem solchen Interessenausgleich gelegen, spürte man als Prämisse dieser politischen Überlegungen zum Ost-West-Verhältnis heraus.

Junge Menschen, so der Redner, verlangten von ihm häufig das «ungebrochene Ja, das deutliche Nein». Für ihn gebe es aber mehrere Wahrheiten, deshalb glaube er «an die Vielfalt und an den Zweifel». Mit diesem Bekenntnis zum Zweifel schloss er. Man konnte das gar nicht missverstehen, seine Botschaft steckte auf altmodisch klingende Weise – auch aus heutiger Sicht – bewusst voller Ambivalenzen. Und dennoch konnte sie klarer kaum sein. Die «Friedensmacht» Bundesrepublik, wie er sie verstehen wollte, sollte keineswegs vor Drohgebärden einknicken. Keinen Hauch von Zweifel wollte er aufkommen lassen, das gelte nicht auch für ihn persönlich. Nur mit äußerster Standfestigkeit konnte die Freiheit verteidigt werden. Für Machtverzicht plädierte er nicht, auch dann nicht, wenn er sich – was in Oslo besonders gern gehört wurde – für Truppenreduzierungen in Ost und West stark machte und die mühseligen Abrüstungsverhandlungen in Genf nachdrücklich verteidigte. Der «neue Realitätssinn», konnte man lernen bei ihm, schloss einen nüchternen Befund über die militärischen Kräfteverhältnisse keineswegs aus.

Brandt hatte soeben den Friedensnobelpreis erhalten, aber er ließ sich nicht dazu verleiten, sich zum neuen Ossietzky zu stilisieren. Wie nicht anders zu erwarten, hielt er eine Sowohl-als-auch Rede, ohne als Widerstandsheld auf Applaus zu schielen.

Als «Anti-Nazi» verstand er sich immer. 1937 suchte er deshalb den Pakt mit den Kommunisten in der Volksfront. In der Hochzeit des Kalten Krieges sprach er für die Majorität, an «antikommunistischer» Rhetorik schwerlich zu überbieten. Und 1971 kam die Zeit zum Wechsel von «Ziel und Methode», wie er es ausdrückte: statt

Durchsetzung von Interessen, Ausgleich von Interessen. Ein Unterschied ums Ganze. Zeitweise zählte er daher zur Jalta-Fraktion, dann wieder zur Helsinki-Partei, um es mit den Worten von Timothy Garton Ash zu sagen. Ein widerspruchsfreies Leben führte er nun einmal nicht.

An seinen Maßstäben aber hielt er fest, die in die Ostpolitik einflossen. Zu den Bellizisten und Nationalisten, den «Machtpolitikern» alter Art, gesellte er sich selbst während der Großkrisen zwischen Ost und West nie. Unter dem Strich bleibt, dass der Mann der «vielen Wahrheiten» sich Deutschland ausdrücklich als «Friedensmacht» wünschte, als Antithese zu dem, was es in der ersten Hälfte des 20. Jahrhunderts darstellte. Brandt betrachtete das als seinen Beitrag zu einer Neudefinition unseres Selbstverständnisses. Einfache Formeln wie jene von der Bundesrepublik als «großer Schweiz» wurden dem gewiss nicht gerecht.[22] Wer Brandt folgte, konnte die Maxime gar nicht ernst genug nehmen, die Freiheit unbedingt zu verteidigen. Das hatte er als Exilant gelernt, darin fühlte er sich als Berliner Bürgermeister bestärkt, und das sollte auch in Verhandlungen mit Moskau oder Ostberlin nicht vergessen werden.

Nein, die Ostpolitik bietet keine zeitlose Anleitung für alle Konfliktfälle in der Welt, dazu verklärte er sie auch nicht. Aber die Maßstäbe, die ihr zugrunde lagen, die Skepsis, mit militärischem Auftrumpfen oder gar einer «Politik der Stärke» der eigenen Sache zu dienen, das Dialogische als Methode, der «neue Realitätssinn» in Deutschland, das alles musste gültig bleiben.

Inwieweit die Ostpolitik zur großen Zäsur von 1989 und zum Ende des Kalten Krieges beitrug, dazu schwieg er. Bloß keine Illumination in eigener Sache! Aber er sprach seitdem immerhin von einer «success story», davon nahm er nie etwas zurück.

Leonid Breschnews ausgreifenden Träumen in Oreanda 1971 traute er wohl, trotz aller Vorbehalte, mit Stahl aus Deutschland und Energie aus Russland könne man über dreißig, vierzig oder fünfzig Jahre den Wirtschaftsinteressen beider Seiten dienen. Ob er dazu geraten hätte, auch unter der Ägide Wladimir Putins diese Politik fortzusetzen? Als europäischen Russen wie Gorbatschow hätte er Putin sicher nicht gesehen. Hätte er Putin verkannt und seine großrussischen Träume übersehen, hätte er selbst nach der Krim-Besetzung die Zusammenarbeit fortgesetzt und sich für die eigene Blindheit entschuldigt wie Frank-Walter Steinmeier? Oder hätte er argumentiert wie Angela Merkel, die beteuerte, sie habe immer gewusst, dass Putin «Europa zerstören» wolle? «Mea culpa» wollte sie ausdrücklich nicht sagen, sie habe es auch als «schade» empfunden, dass Frank-Walter Steinmeier sich damit an die Brust schlug, ließ sie wissen. Trotz allem habe sie darauf vertraut, auch Putin werde die Wirtschaftsbeziehungen nicht in Frage stellen. «Wandel durch Annäherung» meinte nicht nur «Wandel durch Handel». Man kann sich schwer vorstellen, Brandt hätte sich damit abgefunden.

Widersprochen hätte Brandt wohl jenen Stimmen im Westen, die sich seit 1990 als Sieger der Geschichte betrachteten und die Ausdehnung der Nato propagierten. Der Jalta-Politiker in ihm, der er auch blieb, mahnte zur Vorsicht. George Kennans Warnung (1997), die historische Bedeutung der Ukraine für Russland nicht zu vergessen, hätte er ganz gewiss ernst genommen – aber da lebte Brandt bereits nicht mehr. Helsinki-Politiker blieb er gleichwohl auch, über die jungen Demokraten mit ihren Bekenntnissen zu Europa auf dem Maidan hätte er sich vermutlich von Herzen gefreut. Aber das bleibt alles Spekulation.

«Mein Brandt» hätte sich wohl den Einwand zu Herzen genommen, die Ukraine speziell sei im Schatten der deutschen Russlandpolitik gestanden. So nahm er auch die polnische Kritik ernst. Aber die Grundprinzipien seiner Politik würde Brandt wohl auch weiterhin verteidigen gegen ihre Verächter. Als «venushaft» erschien ihm die Bundesrepublik nicht, er hätte sich gewiss gegen den Vorwurf verwahrt, sie dorthin befördert zu haben. Sein ganzes Leben stand dem entgegen.

Aber er hätte auch daran erinnert, dass man die Ostpolitik nicht einfach extrapolieren könne, weil sie in anderen Zeiten entstand. Diese Politik antwortete auf den Kalten Krieg, der auch ihn prägte. Der Schatten von Hiroshima und Nagasaki schwebte darüber, einen nuklearen Konflikt schloss er nicht aus. Er suchte nach Auswegen. Diese Zeiten – mit einer gewissen Berechenbarkeit des Gegenübers –

waren vorbei nach dem Rückzug Michail Gorbatschows, in den er so viele Hoffnungen investiert hatte. Schwer zu glauben, Brandt hätte Steinmeier, Gabriel oder Angela Merkel Vorhaltungen gemacht, weil sie sich täuschen ließen oder weil sie an ihrer Politik festhielten, obwohl sie ihn durchschauten. Zum rückblickenden Besserwissen neigte er nicht. Aber gab es plausible Alternativen? Man muss das als Frage so stehen lassen.

Angela Merkels pragmatische Anmerkung hätte ihm vermutlich eingeleuchtet: Wenn der Westen auf die Krim-Besetzung sofort hart reagiert hätte, wäre es früher zum Krieg gekommen, und die Ukraine wäre kaum in der Lage gewesen, sich zu verteidigen, sie habe Zeit gewonnen und diese gottlob genutzt.

Was hätte er wohl zu Behauptungen wie jener gesagt, die hier stellvertretend für viele zitiert sein soll, Fehlentwicklungen über Jahrzehnte hätten in ein außenpolitisches «Wolkenkuckucksheim» geführt und den «intellektuellen und moralischen Kern unserer Republik» erheblich erschüttert? Es müsse geredet werden über die «dunkle, hybrid-neurotische, national-nihilistische Seite des 68er Erbes in der deutschen Politik», so dieser Anklagetext weiter, auch über die «ideologische Deformation des Buß- und Reuegedankens der Deutschen in der staatlich geförderten und gesellschaftlich nahezu omnipotent gewordenen Quasi-Glaubenslehre von der Einzigartigkeit und Unvergleichlichkeit deutscher Verbrechen». Beides habe unseren realistischen Blick nicht nur auf Russland schwerwiegend eingetrübt. «So war uns der mörderische Zusammenhang zwischen den Verbrechen des russisch-bolschewistischen Internationalsozialismus und denen des in Deutschland ausgebrüteten Nationalsozialismus völlig aus dem Blick geraten», die tödliche Gemeinsamkeit der beiden Systeme hinter der «unmäßig glorifizierten Rolle Russlands im Großen Vaterländischen Krieg» verschwunden.[23]

So weit die neuen deutschen Töne. Ausführlich wiedergeben wollte ich diesen umfänglichen Leserbrief nicht nur, weil ihn die *FAZ* immerhin publizierte, sondern weil er typisch erscheint für das Grundrauschen auch in den sozialen Netzwerken seit Beginn des Ukraine-Krieges. Solche Sprache und Denkmuster erinnern an die Kontroverse um die Ostverträge und an den Historikerstreit gleichermaßen – sie führen direkt in die sechziger Jahre zurück. Auch Simon Strauss' polemische Abrechnung war davon nicht weit entfernt. Ihr Tenor: Die «Brandt-Habermas-Republik» möge zu Ende gehen.

Was war seine Republik? Vergangenheitsbewusst wünschte Brandt sich auch die Politik des vereinten Landes. Den Kniefall sah er nicht als Schlussstrich, den Mauerfall am 9. November ebenso wenig. Gewundert hätte er sich wohl über die forsche Fröhlichkeit, mit der nach Waffen gerufen und im Zweifel halt auch ein Atomkrieg in Kauf genommen werden müsse. Das Leben lehrte ihn anderes, von einer wehrlosen Republik träumte er dennoch nicht, nicht in den Hitler-Jahren, nicht in Berlin, nicht in Bonn, und er träumte gewiss auch nicht davon, sich von Amerika endlich zu emanzipieren. Von welchem Amerika? Und welches Europa könnte sich selber behaupten?

Hurra-Patriotismus hätte ihn an seine Jugend erinnert, er war dafür unverführbar, auf die «Reise zum Mars» *(Spiegel)* also hätte er auch das neue Deutschland ganz gewiss nicht schicken wollen. Schlecht gewählt war sein Wort in Oslo nicht von der «Friedensmacht», auf Deutschland gemünzt.

Dass sein Vermächtnis, das neue Denken, auf das die Ostpolitik hinauslief, nach Jahren des breiten Konsenses wieder umstritten sein würde, hätte ihn allerdings kaum sonderlich überrascht. Genug Debatten war er gewöhnt, die ihn krisenfest machten, und zwar nicht nur von Seiten der Opposition. Auch Friendly Fire war ihm vertraut. Beispielsweise von Herbert Wehner, «der Herr badet gern lau». Kontinuität und Konzentration versprach zwar sein Nachfolger Helmut Schmidt, als er 1974 einzog ins Kanzleramt, stellte zugleich aber eine «realistische Entspannungspolitik» in Aussicht. Immerhin sprach er über Brandts Haupt- und Herzenssache, auf die dieser zugelebt hatte. Rückblickend kommentierte er, wie ich mich entsinne – Helmut Schmidt war bereits abgelöst worden von Helmut Kohl –, gegen ihn habe sich das gerichtet, vielleicht auch einer «vermeintlichen Stimmung» entsprochen, aber – «welche Chuzpe!»

XIV
Der ewige Dissident

Drei Jahre vor seinem Tod wurde der Ex-SPD-Vorsitzende vom *Süddeutschen Rundfunk* eingeladen, einen einstündigen Essay über Rosa Luxemburg zu verfassen, als Teil der Sendereihe «Portraits zur deutsch-jüdischen Geistesgeschichte».[1] Ich erinnere mich, dass Brandt bei einem Gespräch in seinem Büro im Tulpenfeld mit einigem Stolz erzählte, er grabe sich gerade ein in dieses Thema. «Rosa», diese Ikone der Linken, hatte spürbar mehr mit seinem Leben zu tun, als ich ahnte.

Seine Freunde in der SAP und er stellten sich gerne die Frage, «was hätte Rosa gesagt?», eine Frage, die ihm auch später immer wieder in den Sinn kam. Offenherzig überschrieb er damit bereits in *Links und frei* ein paar Seiten, auf denen er die geistig-politischen Impulse des kleinen linkssozialistischen Zirkels in Lübeck näher charakterisieren wollte, der sein wahres Zuhause war. Ja, junge Sozialisten seiner Couleur hegten rundum Sympathien für Rosa Luxemburg und Karl Liebknecht, daran ließ er keinen Zweifel. Der alte Vorstand in seiner Gruppe war abgelöst worden, in der neuen Leitung hatten 1932 Anhänger der KPO (KP-Opposition) eine zentrale Rolle belegt. Um Angehörige der Vorkriegssozialdemokratie handelte es sich, die sich Rosa Luxemburg und Karl Liebknecht zugewandt hatten und zum Spartakusbund stießen, später beteiligten sie sich an der Gründung der KPD. Ihr Lehrmeister: Wladimir Iljitsch Lenin. In polemischer Abgrenzung von der Komintern bezeichneten sie sich als «wahrhaft kommunistisch». Anknüpfen wollten sie – mit Rosa Luxemburg – an Marx und Engels aus dem Jahr 1847/48 mit ihrem «kommunistischen» Manifest. Das alles in einer Zeit, in der sich auch August Bebel mit einem gewissen Stolz ebenso gern «Kommunist» wie «Sozialist» nennen ließ, für ihn lief es auf das Gleiche hinaus.

Wahrhaft kommunistisch? Für die SAPler bedeutete das: Sie wollten aus den Ursprungsquellen schöpfen, um klarzumachen, dass sie nicht an Moskaus Leine liegen. Abgrenzen wollten sie sich damit zugleich aber auch und mindestens ebenso strikt von der SPD und ihren «reformistischen» Unzulänglichkeiten. Das machte ihre SAP-Gruppe relativ stark, bilanzierte Brandt in *Links und frei*, auch wenn sie ihre Rolle und ihre Möglichkeiten weit überschätzten.[2] Dass sie zwischen allen Stühlen saßen, erschien ihm nicht weiter erwähnenswert. So war er hineingewachsen in die Politik, er kannte es gar nicht anders.

Sein Radioessay über «Rosa» erinnerte an eine andere Selbstbeobachtung, die er gelegentlich machte: Auch ihm habe es nicht an Radikalität gemangelt in seiner Jugend, gestand er nämlich umstandslos im Gespräch mit Birgit Kraatz, das er 1986 führte.[3] Der erste norwegische Zeitungsartikel, den er zum 1. Mai 1933 verfasste, war «natürlich radikal und von Illusionen ganz und gar nicht frei», gestand er rückblickend fast vergnügt, allerdings nicht ohne den Zusatz, seine Einschätzung, was geschehen würde in Europa, sei so falsch nicht gewesen; dass nämlich der Faschismus die Erschütterungen nicht überleben werde, die ein Krieg mit sich führe.[4]

Er illuminierte sich nicht mit einer besonderen Nähe zu der legendären Sozialistin, aber beim Schreiben wollte er sich selbst Klarheit darüber verschaffen, was ihn mit «Rosa» verband oder was ihn sogar faszinierte. So oft sollte ihm ein Strick gedreht werden wegen seiner Jugendradikalität, jetzt konnte er sich diese Spurensuche erlauben. Karriere musste er nicht mehr machen, auf den Kanzler Schmidt nicht mehr Rücksicht nehmen. Und der Vorsitz in der Sozialistischen Internationale galt eher als sein privates Steckenpferd.[5]

Im Grunde blieb er sich treu: Schon in einem Aufsatz über

«Deutschland unter dem Hakenkreuz» aus dem Jahr 1933, im Exil entstanden, bezog er sich mehrmals auf die «wilden» Spartakisten und griff dankbar Rosa Luxemburgs Wort von der «formalen Demokratie» auf. Ja, auf die damals herrschende Demokratie blickte auch er ähnlich kritisch. Und schließlich stimmte er ihrem Vorwurf zu, gerade die Sozialdemokraten hätten 1918/19 die «revolutionären Kräfte» der Arbeiterklasse niedergeschlagen.[6]

Mit scharfem Intellekt und revolutionärer Weltanschauung trieb sie die ohnehin schon weit fortgeschrittene Zersplitterung der Linken noch weiter. Für die Sozialdemokraten machte sie schon das allein zur erklärten Gegnerin, auch der Mord an ihr und Karl Liebknecht am 15. Januar 1919, den Angehörige der Gardekavallerie-Schützen-Division begingen, änderte an dieser Einschätzung in der Mutterpartei wenig.

Eine «jüdische Sozialistin» sei sie gewesen, das beschreibe sie mehr als «sozialistische Jüdin», differenzierte der Autor sorgfältig. Was ihn aber wirklich fesselte, war – «Rosa» war nach Europa hineingeboren, in die europäische Arbeiterbewegung wie in den internationalen Sozialismus. Ein bisschen wie er, wollte er wohl sagen zwischen den Zeilen. Man müsse sich vergegenwärtigen, notierte er respektvoll, dass diese Polin in Deutschland politisch aktiv wurde, eine bewundernswerte Sprachgewandtheit erlaubte ihr das, wie selbstverständlich bewegte sie sich in ganz Europa. Ihr Vaterland, erwiderte sie einmal stolz einem Vertreter der wilhelminischen Justiz, sei größer als das seine, es bestehe aus der großen Masse der arbeitenden Männer und Frauen. Anti-nationalistisch gesonnen war sie bis ins Innerste, der Klassenkampf endete nicht an den jeweiligen nationalen Grenzen.[7]

Willy Brandt dementierte gar nicht umständlich, dass er bei dieser Anti-Nationalistin, die sich so selbstverständlich in Europa bewegte, etwas von seinem eigenen Denken wiederentdeckte. Ja, eine Geistes-, vielleicht gar Seelenverwandte erkannte er in den Zügen von «Rosa». Was für ihn damals Julius Leber verkörperte, verkörperten für sie im Kaiserreich Friedrich Ebert und Philipp Scheidemann, die brav angepasste Sozialdemokratie par excellence. Sogar mit den «Unabhängigen» überwarf sie sich – so wie auch er bei sozialistischen Splittergruppen gelandet war, zuerst in Lübeck, später in der Osloer Intellektuellenclique von *Mot Dag*. Was er aber am meisten schätzte – und worum es hier geht –, war wohl ihr großes Autonomiebedürfnis, das sie in ihr berühmtes und vielzitiertes Bekenntnis kleidete: «Freiheit nur für Mitglieder einer Partei, mögen sie noch so zahlreich sein, ist keine Freiheit – Freiheit ist immer nur Freiheit des Andersdenkenden.» Er mochte den Satz und nahm ihn ernst.

Bei allem spürbaren Respekt, man kann dennoch nicht sagen, Willy Brandt redete sich Rosa Luxemburg im Rückblick einfach schön. Er vergaß nicht: Sie jagte Illusionen nach. Zur lupenreinen Demokratin verklärte er sie keineswegs. Ja, oft agierte sie rechthaberisch oder advokatenhaft, auch das deutete der Autor an. Nachvollziehen konnte er ebenso, dass ihr «talmudistische Spitzfindigkeit in hegelianischem Gewand» vorgeworfen wurde – es sei «nicht antijüdisch», das zu sagen.

Politische Absolution wollte er nicht erteilen, zu lange hatte sie gegen das «bürgerliche Virus» in der SPD polemisiert, zu gläubig die Grundlagen des Marxismus verteidigt, zu unerbittlich und starr den Klassenkampf propagiert sowie die parlamentarische und gewerkschaftliche Arbeit diffamiert. Allein schon durch Mitarbeit in Gewerkschaften oder den demokratischen Institutionen diene man sich der Bourgeoisie als Opfer an, behauptete sie. Aber die Methoden des Rufmords, die Taktik, dem Gegner böse Motive zu unterstellen, solche Entartungen – der Leninismus war gemeint – habe sie nicht mitgemacht, den Stalinismus späterer Jahre könne man ihr schon gar nicht anlasten. Fast erstaunt blickte Brandt auf die «Largesse des vorigen Jahrhunderts» zurück, die wir nicht wieder erreicht hätten: Ein Maß an Toleranz herrschte, das sich gegen Banausentum und Schlimmeres gut behauptete. Sie bewies Weltkenntnis und Gewandtheit, auch wenn sie das vor Fehleinschätzungen wie jener nicht bewahrte, Hoffnungen auf die «Vereinigten Staaten von Europa» seien «reaktionärer Abfall». Darüber insbesondere dachte er ganz anders, er setzte auf dieses andere Europa.

In der Summe jedoch muss es ihm beim Arbeiten an dem Essay ergangen sein wie dem Parteipatriarchen Bebel, wenn er an Rosa

Luxemburg dachte: Auch der war von der blitzgescheiten, ideensprudelnden jüdischen Genossin nicht wenig beeindruckt, obwohl sie ihm zugleich mit ihren «Auffassungen und Aufgeregtheiten» auf die Nerven ging. Willy Brandt: Mutig war sie, emanzipiert, populär, unorthodox, attraktiv, neben den Bewunderern (wie Bebel) hatte sie auch diverse Liebhaber, wie man erst später erfuhr (was seinen Respekt nicht schmälerte).

Als ihr Frankfurter Ankläger sie wegen Fluchtgefahr verhaften lassen wollte, erwiderte sie scharf: «Herr Staatsanwalt, ich glaube Ihnen, *Sie* würden fliehen. Ein Sozialdemokrat flieht nicht. Er steht zu seinen Taten und lacht Ihrer Strafen. Und nun verurteilen Sie mich!» Als eine «schwere Verbrecherin», eine «staatlich Geächtete», eine «heimatlose» Frau habe der Staatsanwalt sie gebrandmarkt. Was die Heimatlosigkeit angehe, fuhr Brandt fort, die habe sie mit dem preußischen Herrn Staatsanwalt *nicht* tauschen wollen. Heimatlosigkeit begriff sie nicht als Vorwurf, ihr Europa hätte sie nicht mit der «Heimat Preußen» eintauschen wollen. Nur zu gut konnte er das nachvollziehen, besser keine Heimat als die falsche.

Zur «sozialdemokratischen Mutterkirche», darin war er sich sicher, wäre sie anders als er gewiss nicht zurückgekehrt. Er bewertete das nicht weiter. Ihre konsequente Haltung habe sie zur «Toten auf Urlaub» gemacht, wie er formulierte im Blick auf die Zeit, als sie noch einmal aus dem Gefängnis kam. Sie überlebte nicht. Mit Rosa habe man daher «die tragische Gestalt einer leidenschaftlichen europäischen Revolutionärin» vor Augen, darin mündete sein einfühlsames Resümee. Sie wurde umgebracht. Er wurde Parteivorsitzender für ein Vierteljahrhundert und Kanzler für vier Jahre. Aber er nutzte die Chance, sich ehrlich zu machen: Dieser Revolutionärin aus Zamość, am Zentralfriedhof in Berlin-Friedrichsfelde bestattet, fühlte er sich eigentümlich nah, und nicht bloß, weil er manche ihrer Freunde noch kennenlernte im Exil.

Inzwischen hatte er ein Alter erreicht, in dem er kein Blatt mehr vor den Mund nehmen musste. Seine Botschaft beim Rückblick: Es ist nicht grundsätzlich falsch, das lehrte ihn der Fall Rosa Luxemburg, radikal zu denken, sich aufzulehnen, sich nicht anzupassen. Vorausgesetzt, man schreibt Freiheit konsequent groß, die eigene

Autonomie, aber auch die der anderen. Ja, sie war – links und frei. Für Brandt zählte das mehr als sämtliche Einwände gegen sie. Als Vorbotin eines anderen, imaginierten Europas verteidigte er sie damit offen, eine Reverenz, die er sich in jüngeren Jahren nicht erlaubt hätte. Wenn Julius Leber den «rechten» Eckpfeiler in seinem Leben bildete, dann Rosa Luxemburg den linken. Dazwischen suchte er seinen Weg.

War ich das? Seine verwunderte Frage an sich sei hier noch einmal aufgenommen. Ja, er neigte zum Einkapseln, zu einer Grübelei, die Günter Grass als sein «Sich-nach-vorne-zurückziehen» beschrieb. Wer sonst konnte wie Brandt durch die Lobby des Bundeshauses in Bonn wandeln, ohne dass ihn jemand anzusprechen gewagt hätte? Er war präsent und weit weg.

Natürlich darf man sich diesen von Kopf-bis-Fuß-Politiker Willy Brandt dennoch als fröhlichen Menschen vorstellen, Günter Grass hätte nicht widersprochen. Jeder, der ihn kannte, sah auch die gesellige Seite, den Mann, der laut lachen konnte. Und der Witze liebte, vor allem Witze zu erzählen liebte. Auf Birgit Kraatz' Frage, ob er je aussteigen wollte, erwiderte er: *«Eigentlich nein. Zwar habe ich mich immer weiter entfernt vom blauäugigen Optimismus meiner Jugend, doch war ich nie ohne Hoffnung, jedenfalls nicht ohne Freude am Leben.»*

Auf die Frage nach Depressionen seines Vaters antwortete Lars: «Depressionen, wissen Sie, das ist ein Wort, das heute in Mode ist. Das ist doch Quatsch. Er hatte manchmal das Bedürfnis, sich zurückzuziehen. Wenn ich mir überlege, mit welchen Leuten der immer zu tun hatte! Man muss ja nicht nur den Oberspießer Guillaume nehmen, da waren ja auch sonst genug Pappnasen. Und wenn mein Vater da zweimal im Jahr sagt, drei Tage will ich keinen mehr sehen, habe ich das größte Verständnis.»[8]

Als Neuankömmling, gerade mal zwanzig, konnte er das Leben in Oslo genießen, er wollte es dann auch bewusst nicht als Exil verstehen. In diesen Kreisen klagten sie ihm zu häufig über ihr Los. Als alter Herr flanierte er gern über den Markt in Uzès unter der französischen Mittelmeersonne, kaufte Gemüse, stöberte gerne im *Le*

Monde, hörte sich die französischen Nachrichten an, lud Gäste ein (Oskar Lafontaine mit Familie darunter, als er ihm noch vertraute), setzte sich mit Vergnügen ans Verfassen eigener Texte und Bücher. In seinem Refugium, Haus mit Garten in Unkel, fühlte er sich wohl, Berlin vermisse er nicht, beteuerte er.

Seinen Geschichtsoptimismus sah Brandt, Melancholie hin oder her, in der Rückschau bestätigt. Hitler war besiegt worden, wenn auch nicht von den Deutschen, für die Befreiung von außen musste man den Alliierten, namentlich den Amerikanern, ewig dankbar sein. Gerechnet hatte er mit der Einheit Deutschlands nicht, aber wie gerne ließ er sich von der Geschichte widerlegen. Sogar West- und Osteuropa rückten wieder zusammen, ohne Angst vor dem großen, unruhigen, ausgreifenden Deutschland in der Mitte, wunderbar. Was für ein Happy End nach diesem Leben.

Im Jahr 1964 lernte Hans Mayer in der Berliner Wohnung von Günter Grass den Regierenden Bürgermeister kennen. Ludwig Erhard hatte Konrad Adenauer abgelöst, Willy Brandt war beim ersten Anlauf als Kanzlerkandidat gescheitert, wollte es aber 1965 erneut versuchen. Zur Gesprächsrunde in Friedenau gehörten neben den prominenten Sozialdemokraten Herbert Wehner, Fritz Erler, Karl Schiller, Adolf Arndt und Egon Bahr auch Autoren und Autorinnen wie Uwe Johnson, Ingeborg Bachmann, Walter Jens und Hans Werner Richter, die Brandt bei seinem neuerlichen Versuch unterstützen wollten, die CDU-Dominanz zu brechen. Im Jahr zuvor hatte Walter Ulbricht dem Leipziger Professor nach einem Westbesuch die Rückkehr in die DDR verweigert und ihn zur Unperson, zum Republikflüchtling, ja zum «Abschaum» erklären lassen, wie Mayer sich erinnerte. Im Westen wiederum sprachen die Christdemokraten kaum freundlicher über die Intellektuellen. Die Mauer teilte seit nunmehr drei Jahren Berlin.

Mayer, der prominente Intellektuelle, von Haus aus Literaturhistoriker (Jahrgang 1907), entstammte einer großbürgerlichen jüdischen Familie aus Köln, die Eltern starben in Auschwitz. Promoviert wurde er 1930 bei dem Staatswissenschaftler Hans Kelsen in Köln. Beeinflusst von Georg Lukács und Karl Marx, schloss er sich zunächst den Sozialdemokraten an, engagierte sich dann wie Brandt in der SAP, um sich schließlich Anfang der dreißiger Jahre auf den Spuren Rosa Luxemburgs der KPD(O) anzuschließen. Nach der Rückkehr aus dem Schweizer Exil – wo er sich eng mit Carl Jacob Burckhardt befreundete, dem großbürgerlichen Historiker, der ihn unter seine Fittiche nahm – arbeitete er zunächst als Journalist in Frankfurt, 1948 wechselte er gemeinsam mit Stephan Hermlin in die Sowjetisch Besetzte Zone (SBZ). Bald zählte er zu den namhaftesten Schülern und Freunden Ernst Blochs. Seit 1964 lebte er zunächst in Blochs Nähe in Tübingen, später erhielt er nach langen Querelen – schließlich galt er als bekennender «Marxist» – einen Lehrstuhl an der TU Hannover. Willy Brandt, der zwischen Marxisten und Marxisten sehr wohl zu unterscheiden wusste, hatte hinter den Kulissen bei der Berufung geholfen.

Konkret austauschen wollte sich die illustre Runde bei dem Treffen in Grass' Wohnung darüber, ob Heinrich Lübke auch von den Sozialdemokraten als Bundespräsident wiedergewählt werden solle (ins Amt gewählt wurde der Christdemokrat erstmals 1959) und welche Machtperspektiven sich für die SPD aus einer solchen Geste des guten Willens ergeben könnten. In seinem kleinen Büchlein *Erinnerungen an Willy Brandt* berichtete Hans Mayer, ihr erstes Gespräch bei dieser Gelegenheit habe bei ihm den Eindruck hinterlassen, sie kennten sich schon seit jeher. Überrascht hätte es ihn nicht, wenn sie sich schon in der Weimarer Republik begegnet wären, notierte er, so nahe standen sie sich, der linke Intellektuelle aus dem wohlsituierten rheinischen Milieu und der Radikalsozialist aus dem proletarischen norddeutschen Ambiente. Wie weit Brandt zuhörte bei dem Treffen, zu dem er die Initiative ergriffen hatte, oder seine «innere Anteilnahme» ganz auf die wunderschöne Ingeborg Bachmann richtete, ließ Mayer ausdrücklich offen. Mayer schloss sich der Sozialistischen Arbeiterpartei an, Brandt, sechs Jahre jünger, engagierte sich in deren Jugendverband. Sie gehörten zur radikalen Minderheit und hatten dasselbe politische Zuhause.

In erster Linie wollte Hans Mayer im Rückblick als 92-Jähriger darlegen, weshalb Willy Brandt für ihn eine Ausnahmefigur darstellte und auch blieb, darum geht es mir hier. Sein Leben lang sei Brandt ein «Dissident» gewesen, «was immer einen Abweichler bedeutet, und ein Sozialist, nicht Kommunist», raffte er sein Urteil in einem Satz zusammen.[9] Die bürgerliche Erziehung, der rasche Aufstieg als hochbegabter Schüler, Student und Jungpolitiker, nichts half über die Einsamkeit und das Einzelgängertum des unehelichen Kindes hinweg. Adenauer wusste, was er machte, als er zu «läppischen Wahlkampfzwecken» an muffige Vorurteile über den «Herrn Herbert Frahm aus Lübeck ...» herzog. Schon davon blieb ein Stachel zurück, erst recht aber, weil politische Gegenspieler seinen Lebenslauf schamlos missbrauchten zum Vorwurf, er sei «bloß ein Emigrant» gewesen, obwohl er als Nichtjude doch keinen Grund gehabt hätte, ins Exil zu gehen.

Das entscheidende Kapitel seiner *Erinnerungen*, jedenfalls aus der Sicht Hans Mayers, überschrieb Brandt mit «Heimkehr in die Freiheit». Mayer interpretierte das folgendermaßen: Brandt habe nicht bloß ein Faktum damit beschrieben, sondern einen «Entschluss». Er wollte «in die Freiheit heimkehren», womit sich bei ihm «der tiefe Wunsch nach einem Ende des Dissidententums» verknüpfte.[10] Zwar erlitt Brandt nicht das Schicksal von politischen Querdenkern und Außenseitern, er zählte am Ende nicht zu den Mordopfern des 20. Jahrhunderts wie Jean Jaurès, Rosa Luxemburg, Karl Liebknecht, Walther Rathenau, Matthias Erzberger, Mahatma Gandhi, Martin Luther King, Dag Hammarskjöld, John F. Kennedy, Itzhak Rabin, Olof Palme, die der Autor allesamt auflistete. Aber als Kind der Aufklärung wie der Arbeiterbewegung blieb er zeitlebens Sozialist, allein das schon war lebensgefährlich – das hatten sie beide in ihrer Jugend erfahren. Die Vermutung des empathischen Beobachters: Brandt habe sich die Heimkehr nach zwölf Jahren anders vorgestellt, er habe wohl gehofft, dass sowohl die soziale Herkunft als auch das politische Bekenntnis zum Sozialismus keinen Stoff für Verdächtigungen mehr liefern würden. Fazit: Es kam anders, die Widersacher stürzten sich darauf. Brandts Wunsch nach Ende des Dissidententums sei nach der Rückkehr also «unerhört» geblieben.[11] Als Außenseiter werde man nicht geboren, zum Außenseiter werde man gemacht, darauf lief Mayers Lebenserfahrung hinaus.

Beim ersten Lesen hatte ich den Eindruck, Hans Mayer spreche nicht so sehr über Brandt als über sich. Sein eigenes Lebensgefühl als Außenseiter projizierte er auf diesen bewunderten Brandt. Als Jude (die Eltern ermordet), unabhängiger Sozialist, Karriere in der DDR an Ernst Blochs Seite, verkörperte er eine toxische Mischung in beiden Deutschlands. Ja, der «Dissident», dessen Wunsch nach Ende des Dissidententums uneingelöst blieb, das war zunächst einmal gewiss Hans Mayer selber. Aber ich denke, er hatte ein sicheres Gespür für Außenseiter im eigenen Land, für die Mentalität der Mehrheitsdeutschen, er konnte sich in die Lage Brandts hineinversetzen ähnlich wie vielleicht nur noch Günter Grass und Heinrich Böll. Willy Brandt selber hat viel dazu beigetragen, dass man die Ausgrenzung nicht allzu ernst nahm. Das war ja der Anlass, es war davon schon die Rede, weshalb er am liebsten einen Stillhaltepakt ausgehandelt hätte mit Konrad Adenauer. Aber er musste lernen, die Ressentiments gegen ihn ließen sich jederzeit mobilisieren – Vater unbekannt, Exil, fremde Uniform, Verzichtskanzler, das blieb die Grundmelodie.

Was Hans Mayer treffend erkannte: Das Gros wollte sich nicht irritieren lassen von einem, der gegen den Strom schwimmt. Nicht die sozialistische Herkunft war es, die ihm verübelt wurde, eine andere Bürgerlichkeit als gewohnt verkörperte er, und damit ein anderes Deutschland. Das «andere, eigentliche» Deutschland, wie er gelegentlich leise sagte.

Zwar wurde er wiedereingebürgert (nach langem Zögern der Behörden), aber er blieb latent eben auch ein «Fremder», Norweger, Sozialist. Die Begründungen wechselten, das Ressentiment haftete zäh.

Hans Mayer, scheint mir, hat Recht: Willy Brandt wünschte nicht nur sehnlichst, ein «normaler» Kanzler zu sein wie andere Regierungschefs vor ihm. Seine Kanzlerschaft sollte deshalb auch nicht auf die Ostpolitik reduziert werden. Als «normaler» Kanzler wollte er gesehen werden, als normaler Sozialdemokrat, als normaler Deutscher, nicht als Dissident. Mit solcher Schärfe sah Mayer das deshalb, weil ihm Ähnliches widerfuhr. Dahinter steckte Grundsätzlicheres, ein unerfüllter Wunsch nach letzter Anerkennung. Das war wohl auch der Grund, weshalb Brandt über die Ausgestaltung des

Staatsaktes für ihn am Krankenlager selber mitberaten hatte. Hans Mayer, der Brandt zu seinen Seelenverwandten zählte, hatte wohl das richtige Gespür dafür, dass er trotz aller Erfolge und des Erreichten, trotz weltweiter Reputation, ein Outcast blieb, ein ewiger Dissident wider Willen.

Das vor Augen, lohnt es sich, das Gespräch mit Birgit Kraatz über Brandts Verhältnis zu Deutschland und den Deutschen, von dem schon die Rede war, noch einmal genauer zu beleuchten. Selten hat er so viel von sich preisgegeben, die Reporterin fand den richtigen Ton zum richtigen Zeitpunkt. Veröffentlicht wurde das Gespräch bei Diogenes 1986, ein Jahr bevor Brandt sich zurückzog von der Parteispitze. Helmut Kohl setzte im Kanzleramt Brandts Ost- und Deutschlandpolitik auf der operativen Ebene fort und bereitete gerade die Einladung Erich Honeckers nach Bonn vor. Einer Kulturrevolution kam das gleich, noch immer haderte der «nationale» Flügel der Christdemokraten mit der Anerkennung der DDR.

Ziemlich nahe sei es ihm gegangen, gestand Willy Brandt der Reporterin offenherzig, dass er als «Vaterlandsverräter» und «herrenloser Geselle» attackiert wurde. Getroffen habe es ihn, weil er *«überzeugt war, mich für Deutschland engagiert zu haben, als andere es verrieten, indem sie es zugrunde richteten»*. Schon damit ging er einen Schritt weiter als gewöhnlich. Er wiederholte dann die Erklärung, die er auf solche Fragen gern gab: In der Rückschau wisse er, er habe sich «viel zu defensiv» verhalten, weit entschiedener hätte er sich wehren sollen. Dann aber wurde er genauer: *«Ich habe mich oft verteidigt aus der Vorstellung heraus, ich könne nicht erwarten, dass die Leute meinen Lebensweg verstehen, der sehr abweichend von dem der meisten anderen war. Also, dachte ich, musst du zum Beispiel nachweisen, dass du nicht auf deutsche Soldaten geschossen hast. Das habe ich in der Tat auch nicht. Aber ich hätte hinzufügen sollen, dass es gewiss nicht schandhafter gewesen wäre, gegen als für Hitler zu kämpfen.»*[12] Auch wenn das immer noch vorsichtig klang, so prägnant formulierte er selten.

Waren die Angriffe auf ihn nicht Ausdruck eines schlechten nationalen Gewissens? Brandt verbindlich: Man könne nicht erwarten, dass Abertausende Familienväter weggehen wie er als Junge von 19 Jahren, ohne Familie. Sogar eine Ehrenerklärung stellte er seinen Landsleuten aus, die zu Hause blieben: Einige seien bewusst nicht weggegangen, suchte Brandt nach Rechtfertigungen, weil sie «ein Stück Mitverantwortung an der Machtergreifung» fühlten und die Konsequenzen tragen wollten. Tragisch erschienen ihm diejenigen, die zu retten versuchten, was nicht zu retten war, und auch die, die nicht «zu Lasten anderer mutig sein mochten». Brandt beschwichtigend: Diejenigen, die Hasskampagnen gegen ihn in Gang setzten, hätten zwar an «Ungutes» im eigenen Volk appelliert, aber letzten Endes «sind sie damit nicht durchgekommen».

Hat ihn der Widerstand in jungen Jahren härter gemacht? Seiner Gesprächspartnerin erwiderte Brandt: Nicht in dem Sinne von Nutzanwendungen für heute, eine vergleichbare Situation gebe es nicht, beschwichtigte er schon mit dem ersten Satz. «Widerstand», hieß das, passe nicht in unsere Zeit. Damals galt er als «Feind im eigenen Land», so wurde er nicht nur von den Herrschenden gesehen, sondern vom Gros der Deutschen. Ein klein wenig lüftete er damit den Vorhang. Zu viele machten mit. Widerstand war im Exilland Norwegen eingebettet im Bewusstsein als «nationale und freiheitliche Aufgabe». In Deutschland, so erinnerte Brandt sich, sah es anders aus: Ein großer Teil hatte sich einreden lassen, dass die Machthaber ihre Interessen vertreten. Widerstand hieß, den schwereren Weg zu gehen – auch das betonte Brandt sonst fast nie –, «den Weg des gefahrvollen Gegen-den-Stachel-Löckens».[13]

Hartnäckig danach gefragt, ob der Anfang in Deutschland nach 1945 nicht hätte anders aussehen müssen, bei allem Verständnis für die Erschöpfung nach den Bombennächten, für die Niederlage des eigenen Volkes, für die Verbitterung über verlorene Illusionen, nein, Brandt bezweifelte das. Birgit Kraatz hatte die wahre Schlüsselfrage gestellt. Er fragte zurück, wie man wohl im großen Stil aus Nicht-Demokraten Demokraten, aus Faschisten Antifaschisten machen sollte, machen konnte. *Manches geht nicht, manche Sachen müssen sich einfach auswachsen.* Aus dem Neubeginn habe sich etwas entwickelt, was zwar nicht glorreich, aber «gar nicht so schlecht» sei. Gegen den Einwand, in Deutschland wachse viel Rechtskonservativismus nach, die Deutschen hätten Probleme mit der Demokratie, drehte er den Spieß sogar um: Am Kriegsende habe er nicht gedacht, dass es eine «so relativ gedeihliche» deutsche Nachkriegszeit geben würde. Er habe mit «manifesteren Formen von Nazismus» gerechnet. Brandt: *«General de Gaulle erklärte, als er zurückkehrte, wenn er die Franzosen zähle, die gegen Pétain gewesen seien, dann seien das mehr Leute, als das Vaterland Bürger habe ... Sie können nicht alles zur gleichen Zeit machen. Wir haben uns für den Neuanfang entschieden, nicht fürs Grübeln.»* Das war pragmatisch, nicht moralisierend geantwortet.

Nicht zufällig brachte er für Konrad Adenauers Grundhaltung zum Aufbau der Demokratie aus den Trümmern großes Verständnis auf, auch das ist nachzulesen in dem Gespräch. Zeitweilig habe er es für eine große staatsmännische Leistung gehalten, so Brandt, *«mit Hilfe eines gewissen Opportunismus so etwas wie ein neues Staatsgefühl werden zu lassen».* Adenauer habe sich gesagt, wir könnten nicht gut mit einer in sich geteilten Nation in dem einen westdeutschen Volk leben. Mindestens die Hälfte des Volkes war mehr oder weniger in das Lager der Nazis gelaufen. Daher plädierte Adenauer für eine Generation Abstand, er wollte hinwegkommen über die kritische Zeit, bis die Personen nicht mehr agieren, die den Nationalsozialismus als Staat getragen haben. Brandt nüchtern: So wurde es auch gemacht. Diejenigen, die bei den Nazis eine Rolle spielten, seien zum großen Teil in die Wirtschaft gegangen, die meisten der leitenden Beamten kehrten dorthin zurück, wo sie schon vor Hitler arbeiteten. In der Presse, ließ Brandt die Geschichte der Republik weiter im Daumenkino Revue passieren, seien *«erstaunlich viele erstaunlich rasch wieder dagewesen und konnten jetzt ebenso gut schreiben wie zuvor, auch bei den überregionalen Zeitungen».* Die Besatzungsmächte besorgten den Rest, wer sich in antifaschistischen Ausschüssen betätigt hatte, wurde rasch abgesetzt. Sozialdemokraten wurden ausgetauscht gegen Leute, die vorher schon in staatlichen Ämtern tätig waren, weil sie Leute brauchten, die machen, was die Besatzer wollen und die etwas vom Geschäft verstünden.[14] Ironisch klang das, aber nicht bitter und ganz gewiss nicht nach einem gewaltigen Vorwurf.

Skeptisch reagierte er auf die Frage, ob man die Gewissenserforschung später hätte nachholen müssen: «*Ich glaube nicht, dass man eine Befreiung, die nicht stattgefunden hat und die man auch nicht durch – übrigens sehr unzulängliche – alliierte Maßnahmen ersetzen konnte, eine Generation später, mehr als eine Generation später, nachholen kann. Ich glaube einfach nicht, dass das geht ... Nicht eine, nicht einer kann aus dem Strom der Geschichte aussteigen. Aber den heutigen jungen Deutschen weismachen zu wollen, sie seien rückwirkend noch mitschuldig für das, was die Nazis im eigenen Land und in der Welt angerichtet haben, das ist zuviel, das geht nicht.*»[15]

Bevor die Russen Ostdeutschland besetzten, fuhr Brandt fort, kamen die Amerikaner nach Buchenwald und führten die Bewohner Weimars an den Massengräbern vorbei. Sie wollten den Leuten vor Augen führen: Das habt ihr gemacht! Das war zu viel, keiner hält das aus. Es sei nicht früh genug klargemacht worden, dass es eine politische Verantwortung vor allem dafür gab, dass Hitler an die Macht kam. «*Da glaube ich, ist viel schiefgelaufen in der ersten Nachkriegszeit. Und dann kam halt der Opportunismus, der sich aus der Teilung zwischen Ost und West ergab ... Sie hat die Welt schön eingeteilt, und wer auf der vermeintlich richtigen Seite stand, stand auf der richtigen Seite, gleichgültig was vorher war oder wo er vorher stand.*»[16]

Milde reagierte er schließlich auf die verwunderte Reaktion seiner Gesprächspartnerin, die über so viel «väterliche Toleranz» staunte, die sie bei ihm heraushörte. Ein bisschen hänge das mit der «Funktion» zusammen, gab er zu bedenken. Willy Brandt: «*Wenn ich meine Rolle zum Beispiel als schreibender Mensch gefunden hätte, würde ich vermutlich manches anders formuliert haben, auch heute manches anders formulieren als einer, der Politik macht.*» Sie sei als Journalistin freier, sollte das heißen, Politiker brauchen Mehrheiten. Und die Mehrheiten hätte er nicht erhalten, wenn er so sprechen würde wie seine Interviewerin, warb er um Verständnis.

Auf die Frage endlich, ob die Deutschen nicht doch allzu bereit gewesen seien in ihrer Geschichte, Autorität zu idealisieren, setzte er kategorisch einen Punkt: «*Ich halte die Fragestellung für falsch.*

Außerdem sollte man von mir wissen, dass ich in nationalen Fragen kritisch, doch kein Masochist bin.»[17] Das war das Ende des Gesprächs über die Deutschen und über sich. Mit der Majorität legt man sich nicht an, nicht als Politiker, der seine fünf Sinne beisammen hat. Willy Brandt hatte sich wieder vorwärts zurückgezogen ins Schneckenhaus, wie Günter Grass gesagt hätte. Nein, er wollte nicht als Außenseiter gelten, schon gar nicht als Dissident.

Allenfalls in kurzen Momenten wie diesem, im Gespräch mit einer klugen Reporterin, blitzte etwas auf von diesem anderen Brandt, was man sonst fast nicht sah, nicht sehen sollte. Beim Kniefall in Warschau zeigte er sich. Etwas davon konnte man kurz erkennen, als er sich am Wahlabend 1969 hinreißen ließ zu der Bemerkung, jetzt habe Hitler den Krieg endgültig verloren. Auch mit dem Satz wagte er sich ähnlich weit vor, wir stünden nicht am Ende der Demokratie, wir fangen erst richtig an. Oder schließlich, als er die «Freunde der Résistance» grüßte in seiner Nobelpreisrede in Oslo.

Oft hat er die Frage nicht gestellt, an die ich noch einmal erinnern möchte, wo die «Mühsamalleen und die Heinrich-Mann-Plätze» sind. Und er hat auch nur selten sinniert, wir hätten mehr «herüberretten» sollen in die Gegenwart von der «Radikalität des Wollens», die den Widerstand antrieb.

In aller Regel wollte Brandt es uns erleichtern, sich mit ihm zu versöhnen, das machte er sich zum eisernen Prinzip. Er ging davon aus, *ihre* Geschichtsversion wollten die Mehrheitsdeutschen hören, nicht *seine*. Verteidigt hatte er die Deutschen zwölf Jahre lang leidenschaftlicher, als sie es wahrhaben wollten. Aber das interessierte nicht sonderlich, hatte er lernen müssen.

Rut Bergaust gab unbefangener den Blick auf den anderen Brandt frei als er selber. Auf den ganzen Brandt, sollte man besser sagen. Sie bekannte, die Stimmungsmache in Berlin nach der Rückkehr aus dem Exil, als sei er eine Art Landesverräter gewesen, «der sich jetzt nach vorne drängte und um Stimmen bei seinen Landsleuten warb, auf die er geschossen hatte», das habe sie wütender gemacht als alle politischen Kontroversen im Lande. In der Rückschau nahm sie für einen Moment kein Blatt vor den Mund: «Meinten sie, dass eine breite und offene Debatte über die Rolle der Emigranten in der deutschen Politik zu riskant wäre? Befürchteten sie, dass die Wähler keinen Bundeskanzler haben wollten, der die Uniform eines anderen Landes getragen hatte? Willy hatte keinen Grund, sich zu rechtfertigen ... Ich muss aber sagen: Selbst wenn Willy norwegischer Soldat gewesen und 1940 im Krieg in Norwegen dabei gewesen wäre, hätte er sich dessen nicht schämen müssen. Es war ja Hitler-Deutschland, das Norwegen überfallen hatte, nicht umgekehrt.»

Auch die Kinder und sie, erinnerte Rut sich, seien nicht verschont worden. Anonyme Briefe und Drohungen, sogar Bombendrohungen gehörten dazu. Der Passauer Verlag, der sich notorisch gegen Brandt betätigte, schickte ihr Auszüge aus intimen Briefen, die eine Bekannte von Willy angeblich zum Druck angeboten hatte. «Während der Schwangerschaft behaupteten böse Zungen, auch das diene nur dem Stimmenfang. Es war nicht auszuhalten. Und es wurde dadurch nicht besser, dass die Leute sorgfältig vermieden, irgendetwas zu erwähnen, wenn ich in der Nähe war. Das war beinahe peinlich. Niemand sprach mit mir darüber, auch Willy nicht. Ich versteckte alles, was in den Augen der Kinder einen Schatten auf Willy hätte werfen können. Sie sollten es nicht sehen ... Wie viel besser wäre es gewesen, wenn ich – oder besser noch Willy – mit ihnen gesprochen hätte. Ich vertraute mich einem Tagebuch an, und später konnte ich lesen, dass ich niemals in meinem Leben so unglücklich gewesen war.»[18]

«Hineingewachsen» war die norwegische Journalistin ebenso selbstverständlich in die Arbeiterbewegung wie Brandt, mit der gleichen Selbstverständlichkeit sträubte sich alles in ihr gegen die neuen Herren Europas, Hitler, Mussolini, Franco. Wie er begeisterte sie sich für Carl von Ossietzky. Mit ihm protestierte sie gegen die «Schande», dass Norwegen an Hitlers Olympischen Spielen in Berlin mitmachen wollte. Ihr Herz «blutete für Spanien», als die Bomben über Madrid fielen, Geld und Kleidung sammelte sie für die Internationale Brigade, die Faschismus gleichsetzte mit «Unterdrückung, Gewalt und Krieg».[19] Schon diese wenigen Sätze in *Freundesland* machten klar, wie viel Parallelen es in ihrem gemeinsamen Leben gab, wie ähnlich sie die Welt sahen.

Selbst nach so langer Zeit klang in diesen Erinnerungen der Norwegerin Verwunderung, ja gelindes Erstaunen über die Deutschen an, denen sie so viel Kredit entgegenbrachte, Erstaunen darüber, dass sie Willys «anderes Leben» nicht wirklich zu schätzen und zu würdigen wussten. Die sensible Autorin suchte Erklärungen, wie einer so hoch aufsteigen kann, aber ein Fremder bleibt im eigenen Land. Mit Rut Bergaust lebte er die längste Zeit seines Lebens zusammen.

Hochkämpfen musste er sich gegen die Mehrheit, gegen Widerstände in der eigenen Partei, gegen eine Flut von Ressentiments. In der Politik ist das alles normal. Erinnern möchte ich aber noch einmal daran, wie unendlich anders die Minorität, die ihn näher kennenlernte und für die er nicht fremd war, über ihn dachte. Eine Stimme für alle: Er ist wirklich «die Zierde meiner Generation», schwärmte Elisabeth Fisher-Spanjer noch als alte Dame mit leuchtenden Augen, als sie für einen Dokumentarfilm über Brandt um Auskunft gebeten wurde. Im Jahr 1934 – damals als junge Trotzkistin – hatte sie Brandt im holländischen Künstlerdorf Laren kennengelernt bei einem geheimen Treffen der antistalinistischen Linken aus halb Europa. Über «courteoisie de coeur» habe er verfügt, Menschlichkeit des Herzens.[20] Hingerissen schon bei der ersten Begegnung war diese junge Frau aus dem Amsterdamer Widerstandsmilieu, Jahrgang 1915: «Dieser verteufelt attraktive Kerl hat mich, was selten passiert, nun tatsächlich sprachlos gemacht. Damals hieß er noch gar nicht Willy Brandt. Aber diese gütigen, freundlichen und mitunter doch so tieftraurigen Augen, das jugendliche braune Haar und die sportliche, schlanke Figur! Sein Hemd mit Schillerkragen und der Velourpullover, der ihm verdammt gut stand. An alles erinnere ich mich ... Und plötzlich, da stürmt die holländische Polizei unsere Versammlung und macht Ausweis-Razzia. Um ein Haar hätten sie ihn also geschnappt und, sture blöde Beamte, nach Deutschland ausgewiesen und den Nazis in den Rachen geworfen. Zum Glück hatte er geistesgegenwärtig seine in Norwegen ausgestellte Aufenthaltsgenehmigung vorgezeigt, sodass der Kelch an ihm vorüberging.» Drei Deutsche aber wurden verhaftet und, wie Elisabeth Fisher sich erinnerte, nach Deutschland abgeschoben, sie überlebten nicht. «Tja, unsere netten und korrekten

Holländer, die später während der Besatzung auch die Juden auslieferten und mit Gestapo und SS blendend zusammenarbeiteten ...»

Beide gehörten sie zu jener Linken Europas, die glaubte, die Befreiung der Arbeiter vollziehe sich jenseits der bürgerlichen, parlamentarischen Demokratie. Dieses Ziel, der proletarische Klassenkampf, hatte mindestens denselben Stellenwert wie der Kampf gegen Hitler und Stalin. Sie gehörte zur *Revolutionair Socialistische Partij* (RSP), die mit der SAP Brandts kooperierte. Aber es gab auch ein Leben jenseits der Politik, vielleicht war es sogar die Hauptsache – als Teil jener anarchistischen Künstlerboheme in Europa, der individuelle Freiheit und Freizügigkeit über alles gingen. Zu Außenseitern waren sie nicht nur gemacht worden, wie Hans Mayer sagte, sie hatten dieses Leben auch selber gewählt. Natürlich seien sie sich wiederbegegnet, berichtete Elisabeth Fisher mit 96 Jahren dem Journalisten Marko Martin[21] noch immer enthusiasmiert. Ende 1946, bei einer Alliierten-Party in Berlin, traf sie «Herbert», er sah sie und fiel ihr um den Hals: «Gott, das ist doch meine Bepie!»

Ähnlich wie seine Frau, Rut, hat «meine Bepie» mit einem einzigen Satz vor Augen geführt, was man zu Hause so oft vermisste. «Die Zierde meiner Generation»: Von ihr und ihren Freunden wurde dieser junge Deutsche nicht trotz, sondern wegen seines Lebens bewundert, wenn nicht verehrt.

Während der letzten vier Monate pflegte ihn seine Frau, Brigitte Seebacher-Brandt, sie entschied, wer ihn am Krankenbett besuchen kann und wer nicht. Viele Freunde sah er nicht mehr. Egon Bahr und Klaus Harpprecht gehörten dazu, Helmut Kohl stattete ihm einen Besuch ab, die Söhne ohnehin.

Der älteste Sohn, Peter, schilderte in seinem *Versuch über den Politiker und Privatmann Willy Brandt*, dass der Vater am 22. Mai noch einmal hatte operiert werden sollen, der Eingriff sei jedoch nach wenigen Minuten abgebrochen worden, da sich der Tumor explosionsartig ausgebreitet hatte. Noch im März hatten sich bei einer Kontrolluntersuchung keine Hinweise auf eine Rückkehr der Krankheit ergeben. Peters diskretem Buch (das im Jahr 2013 erschien) lässt sich entnehmen, dass er in steigendem Maße Morphium erhielt, aber die Apparatemedizin auf ein Minimum reduziert wurde. Soweit möglich, sei sein Sterben «selbstbestimmt» gestaltet worden. Noch am Todestag sah er den Vater ein letztes Mal. Am 8. Oktober 1992 starb Willy Brandt zu Hause in Unkel.

Ein Schatten hing über dem Abschied, kleinere Misshelligkeiten. Nun wirkte sich aus, dass Brandt nach dem Mauerfall nicht ganz glücklich war mit seiner Partei – und die nicht mit ihm. Mehr noch, Helmut Kohl hatte sich zwar zu Brandts Ostpolitik nie ausdrücklich bekannt, konnte aber nach dem 9. November dessen Patriotismus gar nicht genug rühmen. Brandt fungierte nun als der gute Sozialdemokrat, der sich wohltuend abhebe vom «vaterlandslosen» Gros der Partei, das die Einheit insgeheim gar nicht wünsche. Brandt ließ es so stehen.

Mitdenken muss man diese Vorgeschichte bei dem, was folgte. Im Auftrag Helmut Kohls stand ein Beamter des Kanzleramtes der Witwe bei den Vorbereitungen des Staatsaktes zur Seite. Peter Brandt ging davon aus, sein Vater habe schon direkt mit dem Kanzler über die Gestaltung der offiziellen Beerdigung gesprochen, vielleicht sogar über ein Detail, das öffentliche Aufmerksamkeit erregte: Seine norwegische Frau, Mutter seiner drei Söhne, wurde weder zum offiziellen noch zum privaten Teil des Zeremoniells eingeladen. Bei seinem Sohn Matthias wie bei Freunden Brandts löste das offene Verärgerung aus, Peter hingegen schwieg. Ähnlich hielt es Rut, die öffentlich nur wissen ließ, sie wäre ohnehin nicht gekommen zum Staatsakt, um jeden Anschein von Witwenzank zu vermeiden. Eine Einladung allerdings hätte sie gleichwohl erwartet. Beim Gottesdienst selbst erinnerten Richard von Weizsäcker, der evangelische Bischof Kruse und Berlins Regierender in ihren Trauerreden an die Frau, die im Reichstagsgebäude, dem Ort der Veranstaltung, derart auffällig fehlte: Rut Brandt.

Erst später wurde publik: Seit 1983 trafen sich Brandt und Kohl angeblich öfter zum Gedankenaustausch, ohne darüber zu reden. Genaueres wusste wohl kaum jemand sonst. Nahe standen sie sich in den siebziger Jahren gewiss nicht. Ob sich das wirklich änderte vor dem Mauerfall? In seinen Memoiren verriet Kohl darüber jedenfalls kein Wort. Sicher ist nur, der Kanzler hatte den Patienten im August ein letztes Mal zu Hause besucht, seinerzeit legte Brandt ihm wohl seinen Wunsch ans Herz, der offizielle Staatsakt solle im Reichstag stattfinden. Respektvoll nannte er ihn «mein Kanzler», wenn er von Helmut Kohl sprach. Gewünscht hatte er sich auch, dass von Seiten der Regierung, nicht der SPD, die offizielle Nachricht von seinem Ableben verbreitet werde. Mit Lebenserfahrung und Weisheit habe der Patriot Brandt «zur Versöhnung der Deutschen mit ihrer Geschichte» beigetragen, hieß es im Amtsdeutsch in der Mitteilung des Kanzleramtes. Das war fair und korrekt formuliert.

Kein Familienangehöriger saß in der ersten Reihe beim Trauerakt außer der Witwe. Völlig in Ordnung war das, kommentierte Peter Brandt, etwas kleinlich sei bloß die Empfehlung gewesen, die Kinder zu Hause zu lassen. Brandts Tochter Ninja richtete sich nicht danach und brachte die Enkelin, Janina, mit. Ein Vorspiel war dem vorausgegangen: Wie verabredet, war Ninja aus Norwegen angereist, um ihren Vater ein letztes Mal zu sehen, wurde aber nicht vorgelassen, weil er zu krank sei. (Ähnlich widerfuhr es Michail Gorbatschow, der vor verschlossener Tür in Unkel stand.) Gewünscht hatte er sich letzte Worte von Felipe González, dem spanischen «Enkel», den er überaus schätzte; und der rief ihm, dem «Deutschen bis ins Mark, Europäer aus Überzeugung und Weltbürger aus Berufung», ein bewegendes «adios amigo» am Sarg zu. Vorsichtig erinnerte Peter Brandt daran, es wäre «vielleicht angebracht» gewesen, «die Partei und ihre Anhänger stärker zur Geltung kommen zu lassen», durch eine langsamere Fahrt des Wagens mit dem Leichnam durch die Stadt zum Zehlendorfer Waldfriedhof. Aber versöhnlich wie der Vater setzte er rasch hinzu, dass es vielleicht auch in diesem Punkt so sein sollte wie geschehen. Immerhin hatten die Berliner sich am Vortag im Rathaus Schöneberg verabschieden können. Zehntausende kamen dem nach.[22]

Erinnern muss man auch daran, dass Brandt in einem Interview (für ein Buch) auf die Frage nach dem Verhältnis zu seinen Söhnen erwiderte, sie seien mit ihrem Vater einverstandener, als es ihm selbst recht sei. Als Loyalitätsbruch empfand das Lars: «So gab er zu erkennen, dass ihm nicht mehr klar war, wie ich zu ihm stand und was mich unser Verhältnis auch kostete. Ich schrieb ihm einen Brief. Er antwortete und bot mir ein Gespräch an, aber ich ging darauf nicht mehr ein. Von da an sah ich ihn jahrelang nur noch im Fernsehen, obwohl er nur wenige Kilometer entfernt wohnte.»[23] Beim Betrachten aus der Distanz fiel ihm auf, dass der Vater, inzwischen über siebzig, noch nicht gezeichnet von der Krankheit, sich «älter gab, als er war». Im Laufe der Zeit näherten sie sich wieder an, der Sohn besuchte «V.» auch in Unkel. Von wem diese Wiederannäherung ausging, erzählte er nicht. Betont neutral ließ er einfließen, dass der Vater – inzwischen todkrank – alle drei Söhne enterbt habe. Er verzichtete auf jede Erläuterung, ja, souverän setzte er sein «Andenken» fort, als wäre nichts geschehen.

Auf dem Waldfriedhof in Berlin, erinnerte sich Lars, suchte er das Grab von «V.», bei der Beerdigung hatte sich ihm die Lage nicht eingeprägt. Noch einmal sinnierte er hier über ihre Beziehung, auch über die «Beziehungslosigkeit». «Ich stand an seinem Grab, aber hatte nicht das Gefühl von mehr Verfügungsgewalt über den, der in ihm liegt, jetzt, da er sich nicht mehr zu wehren vermochte. Er gab, was er zu geben hatte, auf seine Art.»[24]

Exakt dieser Ton kam seltsam bekannt vor. Beurteilen kann man von außen nicht, was sie wirklich verband und trennte. Der Ton aber, das war das Eigentümliche, klang zum Verwechseln ganz so wie bei «V». Zeichnete es nicht auch Rut Brandts *Freundesland* aus, dass ihr kein Wort der Klage über die Lippen kam? Brandt hatte Glück, wie oft hatte er seine Familie und gute Freunde enttäuscht, düpiert oder gar im Stich gelassen, die aber sahen souverän über seine Schwächen hinweg.

Ein großes Drama mag man das alles nicht nennen. Willy Brandt hatte Sinn für Symbolik, Formen, Höflichkeit, es lag ihm an wechselseitigem Respekt. Ein Herzenswunsch muss es gewesen sein, dass die Berliner Philharmoniker seinem Sarg Geleit geben mit Schuberts «Unvollendeter». Die Mehrheitsdeutschen sollten nicht anders können, als ihm anständig Reverenz zu erweisen und ihn vorbehaltlos anzuerkennen. Wie erbeten, so geschehen. Die Wunden eines langen Lebens waren bei ihm vermutlich vernarbt. Als «Dissident», wie Hans Mayer es formulierte, wird er selbst sich damit nicht mehr gesehen haben, jedenfalls zog er einen Vorhang vor.

Ob Willy Brandt ein «Geheimnis» für ihn gehabt habe, wollte ich von Helmut Schmidt wissen. Nein, lautete seine lakonische Antwort. Verstehen könne man «Willy» allerdings nur, wenn man bedenke, wie sehr er unter Depressionen litt. Ich war überrascht. Zeichnete Brandt sich nicht dadurch aus, dass er sich nicht ganz dechiffrieren ließ? Bleibt nicht etwas Enigmatisches?

War ich das? Ja, er war der Mann, der seiner «Melancholie Termine einräumte», jemand vom «Stamme Zweifel», mit diesen empfindsamen Worten malte Günter Grass mehr aus, was er sah, als dass er behauptet hätte, ihn zu entschlüsseln. Der Schriftstellerfreund, der gern forsch auftrat, hatte ein sicheres Gespür für die verdeckte, manchmal weltabgewandte, sagen wir: für die andere Seite von Brandt, die viele nicht sahen und wohl auch nicht sehen wollten. Für den Outcast, wie Hans Mayer das formulierte, der er ganz sicher im Stillen auch war und blieb.

Das Unerklärbare an Brandt suchte sein amerikanischer Bewunderer und Biograph David Binder folgendermaßen in Worte und Bilder zu fassen: «Er litt darunter, dass seine halbierte Familie ihn hinauswarf, als er vierzehn war, als seine unverheiratete Mutter nach ihrer Neuvermählung einen anderen Sohn zur Welt brachte, seinen Stiefbruder. Er suchte Ersatzväter, Mentoren, Manager, Chefs – später cronies. Er suchte die Gesellschaft von Frauen. Und immer, immer suchte er Nestwärme, wie er zwei Monate nach seinem Rücktritt in vielen Gesprächen schilderte. Aber Nestwärme zu finden, hieß, dass Nestwärme versagt wurde, immer und immer wieder. Er fand sogar Nestwärme auf ganz ungewöhnliche Weise, bei den Wählern, die zugleich aber auch seine Kanzlerschaft beendeten.»[25] Richtig, Brandt suchte bei denen Halt, die ihn verehrten (für kurze Zeit), die ihn aber auch fallen ließen.

Viele reklamieren Brandt gerne für sich als politischen Kronzeugen, fest davon überzeugt zu wissen, was er zu den jeweiligen Dramen von heute gesagt hätte. Schön, wenn es so wäre. Sicher ist nur, man sollte es sich damit nicht zu einfach machen, ein schlichtes Passepartout für alle politischen Lebenslagen in einer gewandelten Welt lieferte Brandt nicht, er hätte das auch nicht behauptet.

In der Ahnengalerie der Kanzler ragt er heute eigentümlich heraus. Zur Ausnahme macht ihn zuallererst wohl sein Wunsch, radikal unabhängig zu sein. Sosehr er polarisierte, die Mehrheitsdeutschen versöhnten sich mit ihm, als sei er einer von ihnen, einer von uns. In den Hintergrund rückte damit aber der andere Brandt: der Mann mit dem eigenen Lebensweg, der sich schon als Abiturient in Lübeck auf die Seite der Minderheit schlug; der von Norwegen aus Hitler bekämpfen wollte; der es als wahren Patriotismus empfand, «Anti-Nazi» zu sein; der mit Adam von Trott in Oslo über Deutschland nach dem Krieg nachdachte, sich gedanklich mit Julius Leber versöhnte, den 20. Juli in Ehren hielt und großen Respekt hatte vor dem Widerstand aller Couleur. Ja, er musste erst lernen, dass Sozialismus ohne Freiheit nicht gedacht werden sollte, links und frei, frei und links, immer nur beides. Aber er machte es sich uneingeschränkt zu eigen. Freiheit hätte darum bei all seinen Antworten auf die Frage «Was hätte Brandt dazu gesagt?» eine besondere Rolle gespielt. So hielt er es ja auch: Er konnte sich korrigieren, dazulernen, Fehler einräumen, Schwächen benennen, «die Szene neu arrangieren», wie er das nannte, das gehörte zu ihm, seit er 1933 Deutschland verließ, ein Leben lang blieb er dabei.

Für die Metamorphosen in seinem Leben gab es triftige Gründe. Er hatte zwei (oder mehr) Namen und sprach von «meinen beiden Vaterländern». Nach Norwegen brachte er seinen jugendlichen Radikalsozialismus mit, aber er lernte die gemäßigte, tolerante Sozialdemokratie des Gastlandes zu schätzen; Gunnar Myrdal hatte mehr Einfluss als Jacob Walcher, obwohl auch zu ihm ein enges Band blieb. Diesen eigenen Wenden, Wechseln und Widersprüchen spürte er gern nach in seinen Büchern: ein Leben in mehreren Fassungen. Er häutete sich und leugnete es auch nicht. War er ein Linker oder ein Rechter? Beides sei richtig, erwiderte er gerne ironisch im Blick zurück, die Etiketten interessierten ihn weiter nicht. Mal sah er sich als Bebelianer, mal als Luxemburgianer, er hätte auch sagen können, als ein Kind seiner Zeit. Im Gespräch, erinnere ich mich, nannte er sich einen «Übriggebliebenen», wenn die Gedanken zurück nach Oslo, Stockholm, Barcelona oder Paris in jenem fernen ersten Leben schweiften. Gerne kramte er dann Fotos seiner Weggefährten von einst aus einer Schublade.

Was war von diesem Schüler aus Lübeck, dem es «nicht an Radikalität mangelte», wie er sagte, was war von dem begeisterten SAPler im späteren Leben geblieben? Vieles, wenn auch verborgen unter der Oberfläche. Ein radikaler Gedanke lag vor allem dem Kniefall zugrunde. Gegen alle Diffamierungen in seinem politischen Leben seit der Rückkehr aus dem Exil, gegen sämtliche Verrats- und Verzichtsvorwürfe legte er in diesen wenigen Sekunden Widerspruch ein. Im Kniefall nahm er ein anderes Deutschland vorweg. Eines, das sich anders begründen ließe, wenn es denn bereit dazu wäre.

Auch die Ostpolitik, überfällig, mit der er die Verantwortung für die zwölf Hitler-Jahre übernahm, bedeutete eine radikalere Zäsur als gerne behauptet. In Kauf nahm Brandt, dass ihm vorgeworfen wurde, die «nationalen Interessen» zu opfern. Die Deutschen hatten eine Bringschuld nach dem Krieg gegenüber der Sowjetunion, Polen, Osteuropa generell, die noch zu begleichen war. Das setzte er durch. So lag es im «nationalen Interesse», wie er es empfand. Für einen kurzen Moment der Geschichte gab der Minderheitsdeutsche den Ton an, jetzt war er kein «Dissident». Für kurze Zeit, im Sommer und Herbst 1972, wurde der «Vaterlandsverräter», der «Exilant», wurde der Mann, der als Herbert Frahm in Lübeck zur Welt kam, sogar als Ikone verehrt.

Elegisch im Ton, aber keineswegs resigniert, so präsentierte sich Brandt in einem Hintergrundgespräch für die ZEIT vom 19. September 1972, das seinerzeit also nicht zur Veröffentlichung gedacht war. Zwei Monate später, am 19. November, sollten die Bundestagswahlen stattfinden. Brandts sozialliberale Regierung erhielt miserable Noten in den Medien, auch wenn sich das Blatt allmählich zu seinen Gunsten wendete. Von ihm persönlich wurde dringlich mehr «Führung» verlangt, er sei zu «langmütig» und «im Regiment zu wenig entschieden», monierten die Leitartikler. Sah er Anlass zu Selbstkritik? Ja, erwiderte der Befragte – ohne dass er es damals zitiert wissen wollte –, im Einzelnen möge das stimmen, da und dort habe er manches falsch gemacht «oder zu lange treiben lassen, das sollte man eigentlich nicht tun». Ein Kanzler müsse halt viel reden und schreiben, der könne nicht immer nur Richtiges sagen und schreiben. Und dann, plötzlich gar nicht mehr konziliant: «*Diesen Willy Brandt, so, wie er geworden ist, und so alt, wie er jetzt auch geworden ist, den funktioniert keiner mehr um ... Aber im ganzen ist es nicht nur so, dass ich nicht aus meiner Haut heraus kann, sondern dass für diesen Stil auch auf Grund meiner Überzeugung mehr spricht als für einen autoritären.*» Zugegeben, manchmal hätte er vielleicht «etwas früher durchgreifen sollen», sinnierte er weiter, beispielsweise im Streit zwischen den großen Egos Karl Schiller und Helmut Schmidt, der tatsächlich zu entgleiten drohte. Ohne Loyalität könne er sich vernünftiges Regieren nicht vorstellen, auch nicht die Führung einer großen Partei. Er versuche das zu bedenken. Brandt wäre nicht Brandt, hätte er nicht gleich hinzugefügt: «*Aber ob ich dann wirklich daran denke, wenn es jeweils soweit ist, das kann ich nicht garantieren.*»[26] Solche Sätze kann man sich schwer bei anderen vorstellen, sie gehören ganz Brandt.

Auf der Tradition von Julius Leber und Adam von Trott freilich, wie er sich das vorgestellt haben mag, wurde die Republik 1949 nicht gegründet, die Heinrich-Mann-Straßen musste man suchen, von einem Hauch Rosa Luxemburg oder Carl von Ossietzky über allem erst gar nicht zu reden.

Die Ostpolitik war sein großes Vermächtnis. Sie enthielt eine Flaschenpost, die bis heute relevant ist: ein selbstbewusstes Deutschland in einem emanzipierten, demokratischen, wachen Europa, das die globalen Herausforderungen als seine Sache begreift. So kristallisierte es sich heraus als Summe seiner Erfahrungen. Die Kluft zwischen Nord und Süd, die Zukunft der Lebenswelt, atomare Risiken, Hunger und Migration – Schritt für Schritt eignete er sich das an, als Kanzler und in den Jahren danach. Erstaunlich früh suchte er andere Prioritäten zu setzen für eine Zeit nach dem Ende des Kalten Krieges. Als «Visionär» sah er sich deswegen nicht, unter dem Etikett wollte er sich auch nicht an den Rand schieben lassen. Radikaler Realismus war es wohl eher, mit dem er in die Welt zu blicken gelernt hatte.

Willy Brandt polarisierte zuletzt nicht mehr sonderlich. Ändern wird daran auch der Vorwurf nichts, er habe für eine Pazifizierung des Denkens gesorgt. Held des postheroischen Zeitalters, das gerade zu Ende gehe? Auf einfache Formeln wie diese lässt sich sein Leben nicht bringen. Außer vielleicht – frei und links.

Versöhnt allerdings haben wir uns mit einem Patrioten, dessen Patriotismus lange Jahre in Frage gestellt wurde, mit jemandem, den wir für uns vereinnahmen, mit dem wir uns illuminieren, von dessen Namen als guter Deutscher wir profitieren und den wir auf den Sockel stellen konnten – der aber keinen Stachel mehr hat.

Anmerkungen

Motto

1 Die Passage stammt aus einer Bundestagsrede des Alterspräsidenten Willy Brandt vom 1. September 1989, also zum Kriegsbeginn, dem Überfall der Deutschen auf Polen, die er Günter Grass zusandte. Brandt/Grass: *Briefwechsel*, 1. September 1989, S. 788.

Vorwort

1 Simon Strauss: «Hart verteidigte Illusionen», *FAZ* vom 30. April 2022. Jasper von Altenbockum: «Mit der Realität auf Kriegsfuß», *FAZ*, 17. Februar 2022.
2 *Reise zum Mars, Der Spiegel* Nr. 10 vom 5. März 2022. Dazu auch S. 432.
3 Lars Brandt: *Andenken*, S. 35 f.
4 Eva Menasse: *Im Rausch des Bildersturms, Der Spiegel* Nr. 27, 2. Juli 2022, S. 40.

I «Unbehaust»

1 Willy Brandt: *Mein Weg nach Berlin*. Aufgezeichnet von Leo Lania, München 1960, S. 27 ff.
2 Willy Brandt: *Erinnerungen*, Frankfurt/Main, 1989, S. 85 f.
3 Mieczysław Tomala: Deutschland von Polen gesehen, Marburg 2000, Seite 302. Der Autor, Tomala, war Ohrenzeuge in der Staatslimousine.

4 Ebd., S. 8 f.
5 Willy Brandt: *Links und frei*, Hamburg 1982, S. 26 f.
6 Willy Brandt: *Erinnerungen*, S. 12 f.
7 Ebd., S. 77.
8 Lars Brandt: *Andenken*, München 2006, S. 114.
9 Ebd., S. 21.

II «Wo sind die Mühsam-Alleen, die Heinrich-Mann-Plätze?»

1 Marineoffizier im Ersten Weltkrieg, Diplomat, Politischer Direktor und Staatssekretär im Auswärtigen Amt seit 1938, seitdem auch SS-Führer, Vater des Atomphysikers Carl Friedrich und Richards, des späteren Bundespräsidenten.
2 Dieses und die folgenden Zitate aus: Willy Brandt: *Links und frei*, S. 362 ff.
3 Auf diesen Offizier gibt Brandt leider keine näheren Hinweise.
4 Willy Brandt: *Links und frei*, S. 368.
5 Ebd., S. 369.
6 Willy Brandt: *Die Partei der Freiheit*, BA (Berliner Ausgabe) Band 5, Bonn 2000, S. 488 ff.
7 Willy Brandt: *Links und frei*, S. 374.
8 Ebd., S. 211.
9 Zu diesem langen Ringen mit sich selber in all seiner Komplexität: Kristina Meyer: *Die SPD und die NS-Vergangenheit 1945–1990*, Göttingen 2015.
10 Dazu Norbert Frei: *Erinnerungskampf. Der 20. Juli in den Bonner Anfangsjahren*, in: ders., *1945 und wir*, München 2005, S. 129–144, und Peter Steinbach (Hrsg.): *Widerstand gegen die NS-Diktatur 1933–1945*, Berlin 2004, S. 11 ff.
11 Willy Brandt: *Im Zweifel für die Freiheit*, hrsg. v. Klaus Schönhoven, Bonn 2005, Dokument 19, darin: Willy Brandt: *Euer Opfer hat doch einen Sinn gehabt*, S. 337 ff.
12 Ursprünglich erschienen in: *Tribüne. Zeitschrift zum Verständnis des Judentums*, Jg. 23, 1984, Heft 89, S. 130–142, nachgedruckt in: Willy Brandt: *Im Zweifel für die Freiheit*, Dokument 20: *Aus dem Bewusstsein verdrängt. Vom deutschen Umgang mit Widerstandskämpfern und Emigranten*, S. 345 ff.
13 Willy Brandt: *Im Zweifel für die Freiheit*, Dokument 20: *Aus dem Bewusstsein verdrängt*, S. 355.
14 Ebd., S. 346.

15 *Bonn ist nicht Weimar*, lautete der geläufige Titel eines Buches von Fritz René Allemann aus dem Jahr 1956. Der liberale Schweizer Journalist, der für die *Tat* und die *Weltwoche* arbeitete, verteidigte als einer der Ersten die Bundesrepublik gegen jene Kritiker, die ihr vorwarfen, sie habe sich von ihrer jüngsten Vergangenheit nicht konsequent genug gelöst.
16 Willy Brandt: *Im Zweifel für die Freiheit*, Dokument 20: *Aus dem Bewusstsein verdrängt*. Dieses und die folgenden Zitate S. 346 ff.
17 «Wir sind nicht zu Helden geboren». Ein Gespräch über Deutschland mir Birgit Kraatz, Zürich 1986, S. 108 f.
18 Am 16. November 1956, zitiert nach: Willy Brandt: *Julius Leber, ein großer und wirksamer Lehrmeister*, in: *Im Zweifel für die Freiheit*, Dokument 23, S. 363 ff.
19 Ebd., S. 94.
20 Willy Brandt: *Mein Weg nach Berlin*, S. 171 f.
21 Ebd., S. 161.
22 Dazu: Willy Brandt: *Im Zweifel für die Freiheit*, Anm. 12, S. 369. Brandt hatte sich auch in die Edition dieses Textes eingemischt und das Vorwort zu einer Leber-Biographie verfasst.
23 Zitiert nach: Sonderdruck Bibliothek Friedrich-Ebert-Stiftung Bonn: *Gedenkveranstaltung Julius Leber*, Berlin Gethsemanekirche 15. November 1981, hrsg. FES 1992.
24 Willy Brandt: *Mein Weg nach Berlin*, S. 174 f.
25 Inzwischen erschienen: Wolfgang Benz *Im Widerstand. Größe und Scheitern der Opposition gegen Hitler*, München 2019.

III «Links und frei»

1 Willy Brandt: *Links und frei*, S. 7 ff.
2 Ebd., S. 19.
3 Klaus Harpprecht: *Im Kanzleramt. Tagebuch der Jahre mit Willy Brandt*, Hamburg 2000, S. 307 ff.
4 Peter Brandt: *Mit anderen Augen. Versuch über den Politiker und Privatmann Willy Brandt*, Bonn 2013, S. 26 f.
5 Willy Brandt: *Links und frei*, S. 12.
6 Willy Brandt: *Erinnerungen*, S. 88.
7 Ebd., S. 89.
8 Ebd., S. 85.
9 Dazu auch: Einhart Lorenz: *Willy Brandt in Norwegen. Die Jahre des Exils 1933 bis 1940*, Kiel 1989, S. 14.

10 Willy Brandt: *Links und frei*, S. 62.
11 Dazu: Einhart Lorenz: *Willy Brandt in Norwegen*, S. 17 ff.
12 Willy Brandt: *Links und frei*, S. 71.
13 Ebd., S. 65.
14 Ebd.
15 Ebd., S. 66.
16 Ein verdientes, überfälliges Denkmal hat ihr Gertrud Lenz in ihrer Dissertation gesetzt: *Ein politisches Leben im Schatten Willy Brandts*, Paderborn 2013.
17 Hier zitiert nach Torsten Körner: *Die Familie Willy Brandt*, Frankfurt/Main 2013, S. 41. Tatsächlich richtete Brandt später an seine Tochter zahlreiche Briefe, Torsten Körner hat dankenswerteweise einige – von Ninja übersetzt – in Auszügen publiziert. Gegen das übliche Klischee zeigen sie jedenfalls einen sehr zugewandten, um das Verständnis seiner kleinen Tochter bemühten Vater, der ein ausgesprochenes Familienempfinden an den Tag legte. Torsten Körner, S. 45 ff.
18 Sie begleitete nach dem Krieg Brandt nach Berlin und später nach Bonn, 1979 verließ sie ihren Mann, der inzwischen Brigitte Seebacher kennengelernt hatte. Mit ihr, seiner letzten Frau, mit der er 1983 getraut wurde, lebte er bis zu seinem Tod zusammen.
19 Willy Brandt: *Erinnerungen*, S. 99.
20 Schreiben an Jacob Walcher 31. August 1933: *Hitler ist nicht Deutschland*, BA Band 1, Bonn 2000, S. 192 f.
21 Willy Brandt: *Hitler ist nicht Deutschland*, BA Band 1, darin Vorwort Einhart Lorenz, S. 53.
22 Einhart Lorenz: *Willy Brandt in Norwegen*, S. 263 ff.
23 Willy Brandt: *Hitler ist nicht Deutschland*, BA Band 1, S. 221.
24 Willy Brandt: «Wie sieht es in Hitlerdeutschland aus?» Arbeiderbladet 11. April 1933, in: *Hitler ist nicht Deutschland*, BA Band 1, Dok. Nr. 13, S. 115 ff.
25 Willy Brandt: *Links und frei*, S. 173.
26 Ebd., S. 176 f.
27 Als Hauptwerk des deutsch-schwedischen Schriftstellers gilt sein Roman *Die Ästhetik des Widerstands*. Weiss' Familie emigrierte nach London und Stockholm.
28 Willy Brandt: *Links und frei*, S. 179.
29 Willy Brandt: *Erinnerungen*, S. 110.
30 Willy Brandt: *Links und frei*, S. 97.
31 Peter Merseburger: *Willy Brandt*, S. 69.
32 Willy Brandt: *Links und frei*, S. 189.
33 Ebd., S. 96.

34 Ebd., S. 215.
35 Dazu: Einhart Lorenz: *Willy Brandt in Norwegen*, S. 180.
36 Dazu Peter Merseburger: *Willy Brandt*, S. 128.
37 Einhart Lorenz: *Willy Brandt in Norwegen*, S. 182 f.
38 Ebd., S. 239.
39 Ebd., S. 235.
40 Ebd., S. 237; Peter Merseburger: *Willy Brandt*, S. 136.
41 Peter Merseburger: *Willy Brandt*, S. 117 f.
42 Willy Brandt: *Links und frei*, S. 245.
43 Willy Brandt: *Links und frei*, S. 246.
44 Ebd., S. 260.

IV «Unsägliche Schande legte sich über den deutschen Namen. Ich ahnte, dass uns diese Schande lange nicht verlassen würde»

1 Willy Brandt: *Links und frei*, S. 73.
2 Später übernahm etwas von dieser Methode Alexander Gauland in der AfD, der aus einem konservativen, aber nicht reaktionären Milieu kam.
3 Hans-Peter Schwarz, ein ausgesprochener Verehrer des ersten Kanzlers, vermutete, Strauß habe hinter der ganzen Kampagne gesteckt. Hans-Peter Schwarz: *Adenauer. Der Staatsmann 1952–1967*, Stuttgart 1991, S. 596.
4 Nachrichtendienstchef Markus Wolf dementierte, die Staatssicherheit habe damit etwas zu tun gehabt, aber wieso sollte man dem trauen? Dazu Peter Merseburger: *Willy Brandt*, S. 411.
5 Franz Neumann war von 1946 bis 1958 SPD-Vorsitzender in Berlin.
6 Willy Brandt: *Berlin bleibt frei*, darin: Siegfried Heimann: Einleitung, S. 38, Anm. 89, S. 532.
7 Ebd., S. 218.
8 Von Hans Frederik stammte ebenfalls die Broschüre «… *da war auch ein Mädchen*», die der Passauer Verleger Hans Kapfinger – ein enger Strauß-Freund – im Zusammenspiel mit der CSU herausgab. Enthalten waren darin intime Briefe, die Brandt an seine Geliebte Susanne Sievers geschickt hatte. Kennengelernt hatte Brandt sie als Abgeordneter im ersten Bundestag, 1962 wurde sie in Ostberlin wegen Spionage verurteilt und galt später als Doppelagentin. Ihr wurde nachgesagt, sie habe sich nach ihrer Freilassung in Bonn an Brandt rächen wollen, weil er sie nicht unterstützte auf der Suche nach einem festen Lebensunterhalt.
9 Dazu Peter Merseburger: *Willy Brandt*, S. 415.

10 Hans Georg Lehmann: *In Acht und Bann*, S. 260 f. Auch Peter Merseburger: *Willy Brandt*, S. 420.
11 Kurt Lischka wurde bezichtigt, für die Ermordung von mehreren Zehntausend Juden verantwortlich zu sein, lebte und arbeitete aber unbehelligt in der Bundesrepublik, einem Auslieferungsbegehren Frankreichs gab die deutsche Justiz nicht statt. 1971 versuchte Beate Klarsfeld vergeblich, ihn zu entführen, um einen Prozess gegen ihn zu ermöglichen. Erst 1979 kam Lischka vor ein deutsches Gericht, 1980 wurde er zu zehn Jahren Haft verurteilt, musste aber die Strafe nicht voll verbüßen.
12 Willy Brandt: *Links und frei*, S. 264 f.
13 Ebd., S. 279 f.
14 Ebd., S. 285.
15 2018 veröffentlichte die Willy-Brandt-Stiftung eine sorgfältig betreute Edition des Buches, das vor Erscheinen eingestampft worden war.
16 Ragna Thiis Stang, die ihm ein Quartier anbot, wurde später Direktorin des Munch-Museums.
17 Willy Brandt: *Links und frei*, S. 305.
18 Einhart Lorenz in: *Willy Brandt. Zwei Vaterländer 1940–1947*, Bonn 2000, S. 19.
19 Willy Brandt: *Links und frei*, S. 311.
20 Einhart Lorenz: *Willy Brandt. Zwei Vaterländer*, S. 22 f.
21 Einhart Lorenz: *Willy Brandt. Zwei Vaterländer*, S. 20.
22 Willy Brandt: *Links und frei*, S. 334.
23 Ebd., S. 339.
24 Einhart Lorenz in: *Willy Brandt. Zwei Vaterländer*, S. 24.
25 Willy Brandt: *Links und frei*, S. 350.
26 Ebd., S. 352.
27 Einhart Lorenz: *Willy Brandt. Zwei Vaterländer*, S. 28 f.
28 Willy Brandt: *Links und frei*, S. 357.
29 Willy Brandt: *Links und frei*, Dieses und die folgenden Zitate S. 122 ff.
30 Thomas Mann emigrierte 1933 in die Schweiz, 1938 in die USA. Brandts politische, aber wohl auch literarisch-ästhetische Sympathien gehörten unmissverständlich Heinrich, den er als «republikanischer» und «politischer», dennoch aber als weniger radikal empfand als Thomas.
31 Willy Brandt: *Links und frei*, S. 145.
32 Ebd., S. 148.
33 Ebd., S. 150.
34 Dazu Peter Merseburger: *Willy Brandt*, S. 106 f. Auch die Schauprozesse Stalins gegen die trotzkistischen «Abweichler» vermochten Walcher nicht abzuhalten von der Überzeugung, nur die Sowjetunion vertrete konsequent eine Alternative zum Kapitalismus.
35 Willy Brandt: *Links und frei*, S. 185.

V «Verbrecher und andere Deutsche»

1 Hannah Arendt: *Besuch in Deutschland 1950. Die Nachwirkungen des Naziregimes*. Zitiert aus: *Zur Zeit. Politische Essays*, geschrieben für das American Jewish Comittee, Berlin 1986, S. 43 ff.
2 Willy Brandt: *Erinnerungen*, S. 143.
3 Ebd., S. 144.
4 Willy Brandt: *Links und frei*, S. 352.
5 Willy Brandt: *Erinnerungen*. Dieses und die folgenden Zitate S. 146 ff.
6 Rut Brandt: *Freundesland*, Hamburg 1992, S. 77.
7 Ebd., S. 79 f.
8 Mitschnitt der Buchpräsentation im DHM vom 20. Februar 2008.
9 Willy Brandt: *Verbrecher und andere Deutsche. Ein Bericht aus Deutschland 1946*, Bonn 2007, S. 125.
10 Ebd., S. 128.
11 Ebd., S. 128 f.
12 Von November 1945 bis Oktober 1946 wurde vor dem Tribunal gegen die Hauptkriegsverbrecher verhandelt, es folgten weitere Prozesse, die sich bis zum April 1949 hinzogen. Brandt nahm an den ersten Verhandlungsmonaten teil.
13 Willy Brandt: *Verbrecher und andere Deutsche*, S. 40 f.
14 Ebd., S. 57.
15 Ebd., S. 145 ff.
16 Ebd., S. 156.
17 Ebd., S. 167.
18 Ebd., S. 181.
19 Ebd., S. 167 f.
20 Willy Brandt: *Mein Weg nach Berlin*, S. 207 f.
21 Rut Brandt: *Freundesland*, Hamburg 1992, S. 74
22 Willy Brandt: *Mein Weg nach Berlin*, S. 229.
23 Siehe dazu: Willy Brandt: *Berlin bleibt frei 1947–1966*, Berliner Ausgabe Bd. 3, Berlin 2004, S. 16 f.
24 Torsten Körner: *Die Familie Willy Brandt*, Frankfurt/Main 2013, S. 190.
25 Willy Brandt: *Erinnerungen*, S. 148 ff.

VI «Mein Weg nach Berlin»

1 Peter Merseburger: *Aufbruch ins Ungewisse. Erinnerungen eines politischen Zeitgenossen*, München 2021, S. 201 ff.
2 Timothy Garton Ash: *Im Namen Europas*, München 1993, S. 51.

3 Ebd., S. 53.
4 Ebd., S. 549.
5 Ebd., S. 550 f.
6 Dem eigentlichen Autor, Leo Lania, einem Freund Brandts, gehörte auch das Copyright.
7 Willy Brandt: *Mein Weg nach Berlin*, S. 11.
8 Ebd., S. 25.
9 Dazu Peter Merseburger: *Willy Brandt*, S. 276.
10 Ebd., S. 282.
11 Ebd., S. 277. Willy Brandt: *Mein Weg nach Berlin*, S. 216.
12 Willy Brandt: *Erinnerungen*, S. 28 f.
13 Dazu auch: Axel Schildt: *Medien-Intellektuelle in der Bundesrepublik*, S. 481 ff.
14 Erst Jahre später wurde publik, dass der *Monat* – dessen Erscheinen 1982 eingestellt wurde – ebenso wie der Freiheitskongress Gelder vom CIA erhielt. Die Enthüllung löste großen Wirbel aus und warf sicher einen Schatten auf die Zeitschrift, aber auch im Nachhinein änderte das nichts am Niveau der geistigen Auseinandersetzung mit der kommunistischen Denkwelt und dem Stalinismus. Besser habe die CIA ihr Geld kaum ausgeben können, kommentierte zu Recht Michael Naumann. Brandt, aber auch das Gros der anderen Autoren, kann sicher für sich in Anspruch nehmen, sich an diesem Kulturkrieg – Linksintellektuelle, die sich nach links abgrenzen – aus Überzeugung beteiligt zu haben und nicht etwa, weil amerikanische Gelder flossen.
15 *Spiegel* Nr. 51, 18. Dezember 2021, *Informant, 0–35-VIII'*, S. 36 ff.
16 Später sollte Löwenthal mit Brandt in heftigen Konflikt wegen der Öffnung der SPD für die Protestgeneration und die Linke geraten. An Brandts Respekt vor dem Weggefährten änderte das nichts.
17 Willy Brandt/Richard Löwenthal: *Ernst Reuter*, München 1957, S. 81 f.
18 Ebd., S. 83.
19 Ebd., S. 108.
20 Ebd., S. 324.
21 Ebd., S. 357 f.
22 Willy Brandt: *Mein Weg nach Berlin*, S. 215 f.
23 Ebd., S. 251 f.
24 Ebd., S. 262.
25 Ebd., S. 277.
26 Ebd., S. 284.
27 Dass der von ihm besonders geschätzte George F. Kennan riet, die Deutschlandnote aus Moskau ernst zu nehmen, wusste Brandt seinerzeit nicht.

28 Willy Brandt: *Mein Weg nach Berlin*, S. 286. – Die EVG scheiterte aber ohnehin am Veto Frankreichs.
29 Dazu Siegfried Heimann in: Willy Brandt: *Berlin bleibt frei*, BA Band 3, Einleitung S. 24 f. Auch Peter Merseburger: *Willy Brandt*, S. 306 f.
30 Schreiben Willy Brandts an den Landesvorstand und Landesausschuss der Berliner SPD vom 19. Mai 1952, in: *Berlin bleibt frei*, Dokument Nr. 19, BA Band 3, S. 163 ff.
31 Siehe dazu: Willy Brandt/Günter Grass: *Der Briefwechsel*, S. 22 f.
32 Ebd., S. 27 f.
33 Willy Brandt: *Mein Weg nach Berlin*, S. 323.
34 Willy Brandt im Gespräch mit Günter Gaus, in: *Auf dem Weg nach vorn*, BA Bd. 4, Bonn 2000, S. 320.
35 *Spiegel*-Gespräch mit Willy Brandt am 11. August 1965, Nr. 33, in: *Auf dem Weg nach vorn*, BA Band 4, S. 335.
36 Schreiben Willy Brandts an Matthias Walden vom 18. November 1965, in: *Auf dem Weg nach vorn*, BA Band 4, S. 374 f.
37 Hans Georg Lehmann: *In Acht und Bann*, München 1976, S. 262.
38 Willy Brandt: *Mein Weg nach Berlin*, S. 307 f.
39 Siegfried Heimann: Einleitung, in: Willy Brandt: *Berlin bleibt frei*, BA Band 3, S. 30. Die Frage stellte sich bald, denn Suhr starb bereits 1957.
40 Willy Brandt: *Berlin bleibt frei*, BA Band 3, Siegfried Heimann: *Einleitung*, S. 43.
41 George Kennan meldete sich 1997 mit der Warnung zu Wort, eine Ausdehnung der Nato bis Kiew könne katastrophale Reaktionen in Moskau auslösen, weil die Ukraine fest zur russischen Einflusssphäre gerechnet würde.
42 Willy Brandt: *Berlin bleibt frei*, Dokument Nr. 38, BA Band 3, S. 233 ff.
43 Dazu Bernd Rother (Hrsg.): *Willy Brandts Außenpolitik*, Wiesbaden 2014.
44 Willy Brandt: *Koexistenz – Zwang zum Wagnis*, Stuttgart 1963, S. 48.
45 Ähnlich sollte Brandt es zehn Jahre später halten, als es um die KSZE in Helsinki ging, wieder stellte er sich an die Spitze derjenigen, die sich von Moskaus Monopolansprüchen die eigenen Gedanken nicht verbieten lassen.
46 Willy Brandt: *Koexistenz – Zwang zum Wagnis*, S. 74.
47 Ebd., S. 78.
48 Ebd., S. 15.
49 Ebd., S. 13.
50 Ebd., S. 42.
51 Neben Frankreich gehörte Großbritannien für ihn unbedingt dazu, im Januar 1963, kurz nach dem Harvard-Besuch, scheiterten allerdings

die Verhandlungen mit London über einen Beitritt zur EWG, erst zehn Jahre später, während der Kanzlerschaft Brandts und von ihm leidenschaftlich unterstützt, trat das Vereinigte Königreich der Europäischen Wirtschaftsgemeinschaft bei.
52 Willy Brandt: *Koexistenz – Zwang zum Wagnis*, S. 86 f.
53 Ebd., S. 100.
54 Ebd., S. 114.
55 Dazu auch Siegfried Heimann: Einleitung, in: *Berlin bleibt frei*, BA Band 3, S. 64 f.
56 Willy Brandt: *Ein Volk der guten Nachbarn*, BA Band 6, Rede des Außenministers vor dem Deutschen Bundestag 26. September 1968, S. 190 ff.
57 Ebd., S. 190 ff.

VII «Und was issen Fortschritt? Bisschen schneller sein als die Schnecke.»

1 Zitiert nach: Klaus Wagenbach: *Der kostenlose Mut*, Kommentar für den *Bayerischen Rundfunk* 1961, in: *Die Freiheit des Verlegers*, Berlin 2010, S. 71 ff.
2 Der Gedanke an eine Sozialdemokratische Wählerinitiative wurde erst 1967 in einem Gespräch zwischen Günter Grass, Siegfried Lenz und Eberhard Jäckel geboren, 1968 wurde dieser Kreis von Intellektuellen dann offiziell gegründet. In den Wahlkämpfen 1969 und besonders 1972 spielte sie eine nicht zu unterschätzende Rolle, weil sie erfolgreich neue, bildungsbürgerlich liberale Milieus für die Sozialdemokraten erschloss.
3 Hans Werner Richter (Hrsg.): *Die Alternative im Wechsel der Personen*, in: *Plädoyer für eine neue Regierung*, Reinbek 1965, S. 9 ff.
4 Peter Weiss: *Unter dem Hirseberg*, in: Hans Werner Richter: *Plädoyer für eine andere Regierung*, S. 147 ff.
5 *Günter Grass auf Tour für Willy Brandt. Die legendäre Wahlkampfreise 1969*, hrsg. v. Kai Schlüter, Berlin 2011.
6 Klaus-Dietmar Henke: *Geheime Dienste*. Bd. 14 der Unabhängigen Historikerkommission zur Erforschung der Geschichte des BND, in diesem Fall über die politische Inlandsspionage in der Ära Adenauer in den Jahren 1953 bis 1968, Berlin 2022.
7 Axel Schildt: *Medien-Intellektuelle in der Bundesrepublik*, Göttingen 2020.
8 Aber das wusste man zu dem Zeitpunkt noch nicht, Grass hatte seine

«Jugendsünde», die kurze SS-Mitgliedschaft als Jugendlicher, noch nicht gebeichtet.
9 Günter Grass: *POUM oder die Vergangenheit fliegt mit*, in: Hans Werner Richter: *Plädoyer für eine neue Regierung*, Reinbek 1965, S. 96 ff.
10 Dazu auch: Willy Brandt/Günter Grass: *Der Briefwechsel*, Göttingen 2013, S. 49 ff.
11 In der akribisch edierten Ausgabe des Briefwechsels Brandt/Grass wird daran erinnert, dass das *Montagsecho*, eine rechte Berliner Zeitung, im Januar 1957 über mehrere Wochen hinweg Brandt mit dem Vorwurf verfolgte, unehrenhaft aus Deutschland geflohen zu sein, in Spanien habe er sich an der Seite kommunistischer Brigaden am bewaffneten Kampf gegen Deutschland beteiligt, und das habe er dann in norwegischer Uniform fortgesetzt.
12 Willy Brandt/Günter Grass: *Der Briefwechsel*, S. 99.
13 Ebd., Grass an Brandt am 26. November 1966, S. 121 f.
14 Ebd., 28. November 1966, S. 126 f.
15 Ebd., 27. April 1967, S. 153 ff.
16 Ebd., 20. Juni 1971, S. 464 ff.
17 Günter Grass: *Aus dem Tagebuch einer Schnecke*, S. 29.
18 Ebd., S. 302 ff.
19 Willy Brandt/Günter Grass: *Der Briefwechsel*, 17. Mai 1974, S. 622 f.
20 Ebd., 27. Januar 1982, S. 727 ff.
21 Siehe auch S. 28 ff.
22 Paul Ingendaay: *Ein tapferer Mann*, FAZ vom 12. Dezember 2020. Der Essay erschien anlässlich der Publikation der letzten, 24-bändigen Werkausgabe im Göttinger Steidl Verlag. Die deutsche Literatur der zweiten Hälfte des zwanzigsten Jahrhunderts, heißt es darin emphatisch, habe Grass ebenso definiert wie Thomas Mann mit den *Buddenbrooks* die erste.
23 Zitiert nach Norbert Bicher (Hrsg.): *Mut und Melancholie*, Bonn 2017, S. 58.
24 Ebd., S. 80.
25 Heinrich Böll: *Gedanken über einen Politiker*, S. 37 ff.
26 Schreiben des Bundeskanzlers an Heinrich Böll vom 29. Januar 1972, in: Willy Brandt: *Mehr Demokratie wagen*, BA Band 7, Dok. 57, S. 297.

VIII Wandel durch Annäherung»

1. Willy Brandt: *Begegnungen und Einsichten*, S. 220.
2. Ebd., S. 122.
3. Willy Brandt: *Erinnerungen*, S. 167.
4. Zitiert nach: Ebd., S. 194 f.
5. Egon Bahr: *Was Nun? Ein Weg zur deutschen Einheit*, Berlin 2019, hrsg. v. Peter Brandt und Jörg Pache.
6. Egon Bahr: *Zu meiner Zeit*, München 1996, S. 181. Egon Bahr hat später auch eine erste, ausführliche Skizze zur «deutschen Frage» präsentiert, die er sogar schon 1957 entwarf.
7. Ebd., S. 183.
8. Ebd., S. 191.
9. Willy Brandt: *Erinnerungen,* S. 187.
10. Willy Brandt: *Begegnungen und Einsichten*, S. 440.
11. Ebd., S. 279.
12. *Bayernkurier*, 6. September 1969.
13. *Die Welt*, 17. September 1969.
14. *IHT*, David Binder, 17. September 1969.
15. Jürgen Tern, *FAZ*, 10. Oktober 1969.
16. *Die Welt*, 4. Oktober 1969.
17. *Bild*, 4. November 1969.
18. *Bayernkurier*, 30. Januar 1970.
19. Zitiert nach: Peter Bender, *Westfälische Rundschau* 25. März 1970.
20. 1. Juli 1979, 20.15 Uhr, Gespräch Löwenthal/Guttenberg.
21. Rede Brandts zum Geburtstag des Dietz-Verlages vom 3. November 1981, in: Willy Brandt: *Die Partei der Freiheit*, BA Band 5, S. 370.
22. Peter Merseburger ist der Hinweis zu danken, dass ein Korrespondent der *New York Times*, H. R. Wishengrad, meinte, Brandt habe als erster Journalist erstaunlich informierte Berichte über den Holocaust im Osten geliefert. Wishengrad zufolge fasste die Berichte ein Stringer namens Karl Frahm ab. An diese Berichte vom Massenmord an Juden im Osten sowie die Existenz von Todeslagern habe zunächst niemand geglaubt. Dazu Peter Merseburger: *Willy Brandt*, S. 204.
23. Claus Heinrich Meyer: *Politik – oder Franz Josef Strauß?*, SZ, 13. August 1970.
24. Rainer Barzel und sein Stellvertreter Richard Stücklen übergaben am 10. August 1970 diesen Brief an Brandt, den die Fraktion am selben Tag einstimmig beschlossen hatte. Abgedruckt in DUD Nr. 150, 11. August 1970.
25. Nikolas Benckiser: *Mehr als Gewaltverzicht*, FAZ, 13. August 1970.

26 Sebastian Haffner: *Brandt's Double Triumph*, New Statesman, 14. August 1970.
27 Willy Brandt: *Erinnerungen*, S. 283.
28 Willy Brandt: *Mehr Demokratie wagen*, BA Band 7, Hintergrundgespräch mit der ZEIT vom 19. September 1972, S. 354 ff.
29 Willy Brandt: *Erinnerungen*, S. 37 ff.
30 Willy Brandt: *Erst das Land, dann die Partei*, Der Spiegel Nr. 9 vom 24. Februar 1992, in: *Willy Brandt/Spiegel-Gespräche 1959–1992*, Stuttgart 1993, S. 523.
31 Willy Brandt: *Begegnungen und Einsichten*, S. 220.
32 Willy Brandt: *Begegnungen und Einsichten*, Dieses und die folgenden Zitate, S. 486 ff.
33 Willy Brandt: *Erinnerungen*, S. 201.
34 Willy Brandt: *Begegnungen und Einsichten*, S. 223.
35 Willy Brandt: *Erinnerungen*, S. 209.
36 Ebd., S. 286.
37 Ebd., S. 287.
38 Ebd., S. 301.
39 Dazu auch S. 403 ff.
40 Aus den Tagebuchaufzeichnungen Willy Brandts vom 19. November 1972, in: *Auf dem Weg nach vorn*, WA Band 4, S. 524.
41 Nachvollziehbar gemacht und gründlich dokumentiert hat das Bernd Rother in seinem Buch: «‹*Willy Brandt muss Kanzler bleiben!*› *Die Massenproteste gegen das Misstrauensvotum 1972*», Frankfurt/Main 2022. Was den professionellen Beitrag seines Wahlkampfteams zu einer wirksamen Gegenöffentlichkeit – gegen die Springer-Presse, gegen *Quick*, gegen Löwenthals *ZDF*-Magazin – mit Albrecht Müller nicht schmälert. Dazu: Albrecht Müller: *Brandt aktuell. Treibjagd auf einen Hoffnungsträger*, Frankfurt/Main 2013.
42 Albrecht Müller: *Willy wählen '72 – Siege kann man machen*, Essen 1997.
43 Alexander Mitscherlich in: *Gedanken über einen Politiker*, hrsg. v. Dagobert Lindlau, München 1972, S. 23 ff.
44 Der Sudetendeutsche Zoglmann gehörte seit 1934 der NSDAP an und wurde HJ-Führer, als Wortführer der Fronde gegen eine neue Ostpolitik gründete er die Nationalliberale Aktion.
45 Der FDP-Abgeordnete stimmte gegen die Ostverträge, votierte beim Konstruktiven Misstrauensvotum für Rainer Barzel und verließ danach, 1972, seine Fraktion, bei der CDU erhielt er ein neues Bundestagsmandat.
46 Sein programmatisches Büchlein *Noch eine Chance für die Liberalen*,

das 1971 erschien, entwickelte sich rasch zur Bibel der Liberalen, der engagiert sozialliberale Flach galt ohnehin als einer der originellsten Köpfe des modernen Liberalismus.

47 Zitiert nach: Andreas Grau: *Auf der Suche nach den fehlenden Stimmen 1972*, in: *Historisch-Politische Mitteilungen*, HPM 2009, Bd. 16, Heft 1 und Online 4. Januar 2013.
48 Andreas Grau: *Auf der Suche nach den fehlenden Stimmen 1972*, S. 7.
49 Markus Wolf: *Spionagechef im geheimen Krieg. Erinnerungen*, München 1997. In ihrer Biographie über Willy Brandt berichtet seine Frau, Brigitte Seebacher, als er das in den Fernsehnachrichten gehört habe, sei ihr Mann erregt aufgesprungen und habe gerufen: «Dann hat er doppelt kassiert.» So in: Brigitte Seebacher: *Willy Brandt*, S. 229.
50 Markus Wolf: *Spionagechef im geheimen Krieg*, S. 261 f.
51 Was so allerdings nicht eintrat, Nachfolger Barzels als Oppositionsführer im Parlament und als Kanzlerkandidat wurde zunächst Helmut Kohl, Franz Josef Strauß boxte sich erst 1980 an die Spitze durch.
52 Rainer Barzel: *Auf dem Drahtseil*, München 1978, S. 60.
53 Rainer Barzel: *Die Tür blieb offen. Ostverträge – Misstrauensvotum – Kanzlersturz*, Bonn 1998, S. 117.
54 Willy Brandt: *Erinnerungen*, S. 289 ff.
55 Ebd., S. 292 ff.
56 Ebd., S. 295.
57 Willy Brandt: *Begegnungen und Einsichten*, S. 524.
58 Ebd., S. 525.
59 Ebd., S. 159.
60 Willy Brandt: *Menschenrechte – misshandelt und missbraucht*, Reinbek 1987, S. 90.
61 Ebd., S. 7.
62 Ebd., S. 8 f.
63 Antrittsrede des Präsidenten der SI, Brandt, beim Kongress der SI in Genf vom 26. November 1976, in: BA: *Über Europa hinaus*, Dok. Nr. 11, S. 161 ff.
64 Willy Brandt: *Menschenrechte – misshandelt und missbraucht*, S. 94 f.
65 Ebd., S. 98 ff.
66 Ebd., S. 70 f.

IX Der andere «andere Deutsche»: Herbert Wehner

1 *Der Onkel. Herbert Wehner in Gesprächen und Interviews*, hrsg. v. Knut Terjung, Hamburg 1986, S. 11 ff., S. 32 f.
2 Auch nach dem Mauerfall ist nie bestätigt worden, der SED-Generalsekretär und Staatsratsvorsitzende aus Ostberlin habe mit Wehner zusammengespielt, um Brandt aus dem Kanzleramt zu vertreiben.
3 Volker Zastrow in seinem Nachwort zu Brandts *Erinnerungen*, S. 516.
4 Zitiert nach: Aufzeichnungen Willy Brandts über den Fall Guillaume 24. April–6. Mai 1974, in: Willy Brandt: *Mehr Demokratie wagen*, Dok. 104, BA Band 7, S. 537.
5 Aus dem dann das *Hamburger Abendblatt* hervorging, das die Basis für Axel Springers Verlagsimperium werden sollte.
6 Christoph Meyer: *Herbert Wehner. Biographie*, München 2006, S. 28.
7 Reinhard Appel: *Gefragt: Herbert Wehner*, Bonn 1969, S. 7.
8 Dazu Christoph Meyer: *Herbert Wehner*, S. 36.
9 Reinhard Appel: *Gefragt: Herbert Wehner*, S. 8 f.
10 Ebd., S. 12 f.
11 Christoph Meyer: *Herbert Wehner*, S. 39. Hartmut Soell: *Der junge Wehner*.
12 Reinhard Appel: *Gefragt: Herbert Wehner*, S. 25.
13 *Gespräch mit Gaus* in: *Zeugnis*, hrsg. v. Gerhard Jahn, Köln 1987, S. 305.
14 Ebd.
15 Herbert Wehner: *Selbstbesinnung und Selbstkritik. Erfahrungen und Gedanken eines Deutschen*. Aufgeschrieben im Winter 1942/43 in der Haft in Schweden, hrsg. v. August Hermann Leugers-Scherzberg, Köln 1994, S. 33–45.
16 Dazu Christoph Meyer: *Herbert Wehner*, S. 180.
17 Ebd., S. 200 f.
18 Herbert Wehner: *Zeugnis*, S. 272 f.
19 Lars Brandt: *Andenken*, S. 117.
20 Ebd., S. 4.
21 Christoph Meyer: *Herbert Wehner*, S. 228.
22 Peter Merseburger: *Willy Brandt*, S. 381.
23 Herbert Wehner: Vortrag im Curio-Haus Hamburg, 9. Oktober 1960.
24 Ebd., Unterlagen in der Greta und Herbert Wehner-Stiftung Dresden.
25 Zitiert nach: Martin Rupps: *Troika wider Willen: Wie Brandt, Wehner und Schmidt die Republik regieren*, Berlin 2004, S. 106 ff.
26 Rut Brandt: *Freundesland*, S. 179.
27 Hans Georg Lehmann: *In Acht und Bann*, S. 262.

28 Ebd., S. 263.
29 Auf der politischen Bühne stand der Republik sogar noch Kurt Georg Kiesinger als Bundeskanzler bevor, in Stuttgart wurde Hans Karl Filbinger zum Ministerpräsidenten gewählt, der «furchtbare Jurist», wie Rolf Hochhuth ihn titulierte, von dem sich herausstellen sollte, dass er 1943 und 1945 Todesurteile als Militärrichter der Kriegsmarine verhängt hatte.
30 Hans Georg Lehmann: *In Acht und Bann*, S. 264.
31 Brief Herbert Wehners an den Vorsitzenden der SPD Willy Brandt am 24. September 1969, BA Band 4, S. 441.
32 Dazu Martin Rupps: *Troika wider Willen*, S. 185 f., sowie Peter Merseburger: *Willy Brandt*, sowie Albrecht Müller: *Brandt Aktuell*, S. 37.
33 *Der Spiegel* Nr. 6, 1. Februar 1971.
34 Abgedruckt in BA Band 2, Schreiben Brandts an den Chefredakteur des *Spiegel* vom 15. Februar 1971, S. 250.
35 David Binder: *The Other German, Willy Brandt's Life & Times*, Washington 1975, S. 310.
36 Herbert Wehner in: *Bundestagsreden und Zeitdokumente*, Bd. 2, Bonn 1978, S. 191–202.
37 Zitiert nach Christoph Meyer: *Herbert Wehner*, S. 393 f.
38 Ebd., S. 402.
39 Christoph Meyer: *Herbert Wehner*, S. 405.
40 Christoph Meyer: *Herbert Wehner*, S. 410.
41 Siehe auch Brandts *Notizen zum Fall G.*, S. 291 ff.
42 Zitiert nach Christoph Meyer: *Herbert Wehner*, S. 412.
43 Willy Brandt an Herbert Wehner am 23. Oktober 1973, in: Willy Brandt: *Die Partei der Freiheit*, S. 115 f.
44 Brief Herbert Wehner an Lotte vom 3. Juni 1973, HGWST-PB 45–005.
45 Ebd. Brief Herbert Wehner an Lotte vom 12. Juni 1973.
46 Ebd. Brief Herbert Wehner an Lotte vom 17. Juni 1973.
47 Ebd. Brief Herbert Wehner an Lotte vom 30. Juni 1973.
48 Christoph Meyer: *Herbert Wehner*, S. 413.
49 Ebd., S. 415.
50 Dazu ebd., S. 423.
51 Ebd., S. 425.
52 David Binder: *The Other German*, S. 311.
53 Ebd.
54 Ebd., S. 352.
55 Ebd., S. 311 f.

X Der «Vaterlandsverräter» als Patriot

1 Die *Erinnerungen* sind erstmals unmittelbar vor dem Mauerfall erschienen. Unter dem Titel *Nichts wird, wie es war* erschien wenige Wochen später gleichfalls bei Propyläen in Berlin die «Nachschrift von Ende November ‹89 zu den ‹Erinnerungen›».
2 Willy Brandt in BA Band 10, Dok. 60, S. 395 ff.
3 Rede in der St.-Marien-Kirche Rostock 6. Dezember 1989, BA Band 10, Dok. 61, S. 398 ff.
4 Am 10. Dezember, es eilte, ging das gesamte Präsidium seiner Partei auf größtmögliche Distanz zu solchen Tabubrüchen.
5 *Akzente setzen in Berlin und Magdeburg: Süddeutsche Zeitung*, 21. Dezember 1989.
6 Gespräch mit Willy Brandt: *Die Einheit ist gelaufen, Der Spiegel*, 5. Februar 1990.
7 *Ich habe die Hektik nicht vorausgesehen*: Interview mit Willy Brandt in der *Süddeutschen Zeitung* vom 2. Oktober 1990.
8 Willy Brandt: *Verbrecher und andere Deutsche*, S. 340 ff.
9 Willy Brandt: *Verbrecher und andere Deutsche*, S. 341.
10 Ebd., S. 345 ff.
11 Brandt spielte auf die avisierte Stationierung amerikanischer Mittelstreckenraketen an, über die noch nicht endgültig entschieden war, aber Moskau und Washington zeigten sich an ernsthaften Abrüstungsgesprächen nicht sonderlich interessiert.
12 Von 1974 bis 1981 arbeitete der Journalist und Brandt-Vertraute Gaus als Ständiger Vertreter – de facto Botschafter – der Bundesrepublik bei der DDR, akkreditiert beim Staatsratsvorsitzenden.
13 Willy Brandt: *Erinnerungen*, S. 8.
14 *Deutscher Patriotismus*. Manuskript eines Essays, das am 1. Februar 1982 im *Spiegel* erschien, in: Willy Brandt: *Im Zweifel für die Freiheit*, S. 729 ff. Erinnert fühlt man sich bei der Lektüre an die Anfänge der Debatte: 1979 war in der *edition suhrkamp* ein Band unter dem Titel *Stichworte zur geistigen Situation der Zeit* erschienen, den Jürgen Habermas herausgab; darin dachten erstmals Linksintellektuelle – voran Martin Walser – unbefangen über die «Nation» und Möglichkeiten beziehungsweise Wünschbarkeit einer Wiedervereinigung des gespaltenen Landes nach.
15 Willy Brandt: *Die Chancen der Geschichte suchen*. Vortrag am 18. November 1984 in den Münchner Kammerspielen in der Reihe ‹Reden über das eigene Land›, in: Willy Brandt: *Im Zweifel für die Freiheit*, Dok. Nr. 50, S. 738 ff.

16 Bruno Kreisky stand von 1970 bis 1983 an der Spitze der österreichischen Regierung, seine Amtszeit überlappte sich also mit der seines Freundes Brandt. Er entstammte einer assimilierten jüdischen Familie aus Wien. Im Jahr 1938 nach dem «Anschluss» floh Kreisky aus Österreich, in Oslo befreundeten sich Brandt und Kreisky. Eine großdeutsche Lösung für Österreich schwebte Kreisky, anders als manchen Parteifreunden, nie vor. Ihm war das «kleine Österreich groß genug». Willy Brandt: *Links und frei*, S. 206.
17 In einem Gespräch in seinem südfranzösischen Domizil Garnières.
18 *Mit fröhlicher Entschlossenheit.* Willy Brandt im Gespräch, *DIE ZEIT* vom 25. Juli 1986.
19 Willy Brandt: *Die Abschiedsrede*, Berlin 1987, S. 62.
20 Willy Brandt: *Deutsche Wegmarken*. Rede am 11. September 1988 im Berliner Renaissance-Theater im Rahmen der ‹Berliner Lektionen 1988›, in: Willy Brandt: *Im Zweifel für die Freiheit*, Dok. 52, S. 770 ff. Die Zitate von S. 782 f.
21 Zitiert nach BA Band 10, S. 380.
22 Brigitte Seebacher: *Willy Brandt*, München 2004, S. 63.
23 Ebd., S. 158 f.
24 Ebd., S. 299.
25 Ebd., S. 322.
26 Zitiert nach Helga Grebing: *Der andere Deutsche*, S. 110.
27 BA Band 10, Dok. Nr. 71, S. 457 ff.
28 Willy Brandt: *Der Traum von Europas Vereinigten Staaten*, 28. Dezember 1939, in: Willy Brandt: *Hitler ist nicht Deutschland*, BA Band 1, S. 452 ff.
29 Aus *Die Kriegsziele der Großmächte*, in Willy Brandt: *Hitler ist nicht Deutschland*, BA Band 1, S. 475. In der deutschen Erstausgabe S. 18 ff.
30 Ebd., S. 480. In der deutschen Erstausgabe S. 18 ff.
31 Ebd.
32 *Zur Sache: Deutschland*, Rede am 23. Februar 1992 im Staatsschauspielhaus Dresden, in: Willy Brandt: *Im Zweifel für die Freiheit*, S. 814 ff.

XI «Die Generation, auf die wir gewartet haben»

1 Willy Brandt: *Ein Volk der guten Nachbarn*, BA Band 6, Rede des Außenministers vor dem Deutschen Bundestag vom 26. September 1968, S. 190 ff.
2 Am 11. April fand das Attentat auf Rudi Dutschke statt, das in den Osterunruhen mündete.

3 Axel Schildt: *Medien-Intellektuelle in der Bundesrepublik*, S. 651.
4 Ebd., S. 718.
5 Willy Brandt: *Links und frei*, S. 402.
6 Willy Brandt: *Erinnerungen*, S. 274.
7 Ebd.
8 Willy Brandt: *Erinnerungen*, erwt. Auflage 1994, S. 24.
9 Willy Brandt: *Auf dem Weg nach vorn*, Rede auf dem VI. Landesparteitag der Berliner SPD am 8. Mai 1949, BA Band 4, S. 99 ff.
10 Zitiert nach der Internetversion, die von der Bundeskanzler-Willy-Brandt-Stiftung zur Verfügung gestellt wird.
11 Geprägt hat den Begriff «Umgründung» der Historiker Manfred Görtemaker, gemeinsam mit Arnulf Baring Autor von: *Machtwechsel. Die Ära Brandt-Scheel*, Stuttgart 1998.
12 Siehe dazu: Alexander Gallus: *«Revolution», «freiheitlicher Sozialismus» und «deutsche Einheit»: Sehnsuchtsorte nonkonformistischer intellektueller Akteure in der Frühphase der Bundesrepublik Deutschland*, in: Axel Schildt/Wolfgang Schmidt (Hrsg.): *Wir wollen mehr Demokratie wagen*, Bonn 2019, S. 70; sowie Jens Hacke: *Demokratisierungs- und Modernisierungsprozesse in der Bundesrepublik Deutschland der 1950/60er Jahre*, ideengeschichtliche Sondierungen, ebd., S. 73 ff.
13 Protokoll SPD-Parteitag Bad Godesberg 1969.
14 Torsten Körner: *Die Familie Willy Brandt*, S. 161.
15 Die Kaufhausbrandstiftung am 18. April 1968 gilt als Geburtsstunde der *Rote Armee Fraktion*.
16 Brief Willy Brandts an Helmut Schmidt vom 22. Dezember 1970, in: Willy Brandt: *Auf dem Weg nach vorn*, BA Band 4, S. 461 f.
17 Willy Brandt: *Erinnerungen*, S. 271 f.
18 Rede Willy Brandts in der FES Bonn vom 15. Sept. 1973, in: Willy Brandt: *Die Partei der Freiheit*, BA Band 5, S. 103.
19 Der Spitzenkandidat der CDU bei den Wahlen zum Berliner Abgeordnetenhaus, Peter Lorenz, wurde als erster deutscher Politiker am 27. Februar 1975 von der Bewegung 2. Juni, der RAF, entführt und fünf Tage als Geisel festgehalten, bevor er wieder freikam. Helmut Schmidt hatte auf Drängen Helmut Kohls und anderer Christdemokraten eingewilligt, dass im Austausch fünf RAF-Häftlinge – begleitet von Heinrich Albertz – mit einer Lufthansa-Maschine in die Sozialistische Volksrepublik Südjemen ausgeflogen werden dürfen. Schmidt sollte sein Einlenken schon bald als einen seiner größten politischen Fehler bezeichnen, da – wie von ihm befürchtet – der Terror der RAF in der Folgezeit noch weiter eskalierte.

20 Rede Willy Brandts am 13. März 1975 im Bundestag, in: Willy Brandt: *Die Partei der Freiheit*, BA Band 5, S. 158 ff.
21 Willy Brandt: *Die Partei der Freiheit*, BA Band 5, S. 353 ff.
22 Willy Brandt: *Sozialdemokratische Identität*, Rede am 21. Oktober 1981 auf einem Symposion zum Gedenken an Willi Eichler, in: Willy Brandt: *Im Zweifel für die Freiheit*, BA Band 5, S. 514 ff.
23 Willy Brandt im Interview mit Günter Gaus 1964, in: Willy Brandt: *Auf dem Weg nach vorn*, BA Band 4, S. 315.
24 Ebd., S. 316.
25 Klaus Bölling: *Die letzten dreißig Tage des Kanzlers Helmut Schmidt*, Hamburg 1983.
26 Einhart Lorenz: *Willy Brandt in Norwegen. Die Jahre des Exils 1933 bis 1945*, S. 76 f.
27 Ebd., S. 222.
28 Willy Brandt: «... wir sind nicht zu Helden geboren», S. 40 f.
29 Ebd., S. 44 f.
30 Helmut Schmidt: *Weggefährten. Erinnerungen und Reflexionen*, Berlin 1996, S. 234.

XII «Lebensläufe lassen sich nicht auf Flaschen ziehen»

1 Alle Zitate nach der Ausgabe der *Abschiedsrede*, die unmittelbar nach der Veranstaltung beim Siedler-Verlag Berlin 1987 erschien.
2 Zitiert nach: WB: *Die Abschiedsrede*, Berlin 1987.

XIII Flaschenpost: Ostpolitik

1 Willy Brandt: *Erinnerungen*, S. 403.
2 Ebd., S. 404.
3 Ebd., S. 408 ff.
4 Dass Angela Merkel diese Politik fortsetzte und die Ostseepipeline verteidigte, fand weniger Aufmerksamkeit. Souverän ließ sich die Kanzlerin a. D. allerdings darauf ein und erwiderte ihren Kritikern, ausdrücklich ohne «mea culpa», ja, sie habe nie Zweifel gehabt, dass der russische Präsident «Europa zerstören» wolle. Sie habe allerdings erwartet, wenigstens das Interesse am «Handel» werde bei dem Kremlherrn weiterhin dominieren.
5 *Mit der Realität auf Kriegsfuß*, Jasper von Altenbockum, *FAZ* Seite, 17. Februar 2022.

6 *Spiegel* Nr. 10, 5. März 2022, S. 54 ff. Siehe auch S. 12.
7 Heinrich August Winkler: *FAZ*, 7. Februar 2022.
8 Heinrich August Winkler: «*Als die* SPD konservativ wurde», *Spiegel*, Nr. 24, 11. Juni 2022, S. 42 ff.
9 Ebd., S. 44 f.
10 Siehe auch S. 278 und 282.
11 Komprimiert erläuterte er seine Thesen in einem Gespräch mit der *FAS* vom 5. Juni 2022. Ausführlich begründet werden sie in seiner herausragenden Untersuchung über die Geschichte der Ukraine, Polens und von Belarus, *Bloodlands. Europa zwischen Hitler und Stalin 1933–1945*. In sechster Auflage 2022 bei C. H. Beck in München erschienen.
12 Karl Schlögel: *Der Krieg gegen die Ukraine wird Putins Ende einleiten*, Interview mit *ZEIT* online vom 26. Mai 2022. Siehe auch sein Buch *Entscheidung in Kiew*, München 2015.
13 Jürgen Habermas: *Krieg und Empörung*, *Süddeutsche Zeitung*, 29. April 2022, S. 12/13.
14 Simon Strauss: *Sollen wir Putin um Erlaubnis fragen?*, lautete die Überschrift in der Online-Ausgabe, *Hart verteidigte Illusionen* in der Printausgabe der *FAZ* vom 30. April 2022.
15 Bernd Greiner: *Brandts Vermächtnis. 50 Jahre Moskauer Vertrag: Von der Sprache der Macht zur Grammatik des Vertrauens*, Blätter für deutsche und internationale Politik, Nr. 8, 2020, S. 101–108.
16 Siehe auch S. 40.
17 Zitiert nach Gunter Hofmann: *Willy Brandt und Helmut Schmidt. Geschichte einer schwierigen Freundschaft*, München 2012, S. 105 f.
18 Dazu auch: Egon Bahr: «*Zu meiner Zeit*», München 1996, S. 268–284.
19 Willy Brandt: *Die Kriegsziele der Großmächte und das neue Europa*, Bonn 2018, S. 76 ff.
20 Bernd Greiner: *Brandts Vermächtnis*, Blätter für deutsche und internationale Politik, Nr. 8, 2020, S. 101 ff.
21 Timothy Garton Ash hat diese Unterscheidung im Blick auf den Ukraine-Krieg gemacht und dem Westen vorgeworfen, er wisse nicht, welches Ziel er in Osteuropa verfolge, wohl aber wisse Putin das sehr genau. «Im Wesentlichen hat der Westen – wenn man noch von einem einzigen geopolitischen Westen sprechen kann – es in den Jahren seit 2008 versäumt, zwischen zwei unterschiedlichen Ordnungsmodellen in Eurasien zu unterscheiden, stattdessen hat er etwas von beidem zu verfolgen versucht und keines angemessen. Man kann diese Modelle kurz ‹Helsinki› und ‹Jalta› nennen. Unmittelbares Ziel des Westens muss sein, eine russische Besetzung der Ukraine zu verhindern, aber dahinter bleibt diese größere Entscheidung. Auf dem Papier unter-

schreibt jeder im Westen das Helsinki-Modell – ein Europa gleicher, souveräner, unabhängiger demokratischer Staaten, das die Herrschaft des Rechts respektiert und sich verpflichtet, alle Konflikte mit friedlichen Mitteln zu lösen. Das wurde in der Schlussakte von Helsinki 1975 entworfen, in der Charta von Paris für ein neues Europa 1990 ausformuliert, und ist jetzt in der Organisation für Sicherheit und Zusammenarbeit in Europa (OSZE) institutionalisiert ... Das Alternativmodell ist Jalta. Das Gipfeltreffen vom Februar 1945 zwischen Josef Stalin, Franklin D. Roosevelt und Winston Churchill in Jalta (welche Ironie der Geschichte) auf der Krim ist zum Synonym für große Mächte geworden, die sich Europa in westliche und östliche Sphären des Einflusses formen ... Nur wenige sogenannte ‹Realisten› im Westen unterstützen ausdrücklich dieses Modell, aber tatsächlich stimmen erheblich mehr einer Version zu, die solche Einflusssphären akzeptiert.» Timothy Garton Ash: «*Putin knows exactly what he wants in eastern Europe – unlike the west*», Guardian 31. Januar 2022.

22 Auch Timothy Snyder benutzte diesen Terminus in einem Gespräch mit der *ZEIT*, Nr. 21 vom 19. Mai 2022.

23 So ein umfänglicher Leserbrief in der *FAZ* vom 2. Juli 2022.

XIV Der ewige Dissident

1 Willy Brandt: *Rosa Luxemburg*, Nachdruck eines Radioessays, in: Die Neue Gesellschaft/Frankfurter Hefte, April 1989, Jg. 36, S. 348 ff.
2 Willy Brandt: *Links und frei*, S. 185 ff.
3 Birgit Kraatz: *Wir sind nicht zu Helden geboren ...*, S. 402.
4 Willy Brandt: *Links und frei*, S. 71.
5 Willy Brandts Wirkung und seine integrative Rolle, aber auch die Grenzen des Machbaren in dieser heterogenen Sozialistenvereinigung hat Bernd Rother erhellt: Social Democracy. Willy Brandt and the Socialist International in Latin America, Washington D. C. 2022.
6 *Deutschland unter dem Hakenkreuz*, Juni 1933, Willy Brandt: *Hitler ist nicht Deutschland*, BA Band 1, S. 157 ff.
7 Alle Zitate sind dem Nachdruck des Radioessays in den *Frankfurter Heften*, April 1989 entnommen.
8 Lars Brandt im Gespräch mit dem *Spiegel*, Nr. 34, «Er war er, und ich war ich», August 2013.
9 Hans Mayer: *Erinnerungen an Willy Brandt*, S. 20.
10 Ebd., S. 22.
11 In der Passage der *Erinnerungen* Brandts über seinen Rücktritt 1974

entdeckte Mayer zudem Zitate aus seiner eigenen Feder, mit denen er kleine Kapitel überschrieb, nämlich «das Geschehen» und «das Schweigen». Als versteckte Botschaften las Mayer das, Brandt habe ihm bedeuten wollen, dass er ihn als Seelenverwandten betrachte, eben auch als Outcast wie er selbst.

12 Birgit Kraatz: *Wir sind nicht zu Helden geboren*, S. 111.
13 Ebd., S. 113.
14 Ebd., S. 58 f.
15 Ebd., S. 61.
16 Ebd., S. 65.
17 Ebd., S. 112 ff.
18 Rut Brandt: *Freundesland*, S. 136 f.
19 Ebd., S. 37.
20 Das Gespräch mit der ehemaligen Widerstandskämpferin ist Teil eines Dokumentarfilms von André Schäfer: *Willy Brandt. Erinnerungen an ein Politikerleben*, Arte, ARD, WDR, 2013.
21 *Die Welt*, 30. Juli 2012.
22 Peter Brandt: *Mit anderen Augen. Versuch über den Politiker und Privatmann Willy Brandt*, S. 11 ff.
23 Lars Brandt: *Andenken*, S. 136 f.
24 Ebd., S. 153.
25 Binder: *The Other German*, S. 308.
26 Zitiert nach: Willy Brandt: *Mehr Demokratie wagen*, BA Band 7, S. 354 ff.

Bildnachweis

Seite 13: akg-images, Berlin und © 2022 The Andy Warhol Foundation for the Visual Arts, Inc./Licensed by Artists Rights Society (ARS), New York
Seite 20: AdsD/FES (Archiv der sozialen Demokratie/Friedrich-Ebert-Stiftung, Bonn), 6/FOTA025703; Rechte: Gemeinfrei
Seite 21: AdsD/FES, 6/FOTA045253
Seite 22, 32, 65, 220, 252, 320: akg-images, Berlin
Seite 38: Bundesarchiv Koblenz, Bild 151–50–39/Fotograf/in: o. Ang.
Seite 68, 70, 127: Willy Brandt Archiv/Archiv der sozialen Demokratie/ Friedrich-Ebert-Stiftung, Bonn
Seite 79: AdsD/FES, 6/FOTA123427
Seite 83: AdsD/FES, 6/FOTA119330
Seite 102: TT News Agency/SVT/akg-images, Berlin
Seite 144: AdsD/FES, 6/FOTA020757
Seite 166: picture-alliance/Günter Bratke/akg-images, Berlin
Seite 176: Presse- und Informationsamt der Bundesregierung, Berlin; Bundesregierung, B 145 Bild-00329875/Fotograf: Klaus Lehnartz
Seite 180, 408: picture-alliance/dpa/akg-images, Berlin
Seite 186: Presse- und Informationsamt der Bundesregierung, Berlin; Bundesregierung, B 145 Bild-00110934/Fotograf: Ulrich Wienke
Seite 199: bpk/Digne M. Marcovicz/ullstein bild, Berlin
Seite 246, 333: ADN-Bildarchiv/ullstein bild, Berlin
Seite 257: Jürgen Henschel/akg-images, Berlin
Seite 270, 294: Sven Simon/ullstein bild, Berlin
Seite 272, 350: picture-alliance/akg-images, Berlin
Seite 279: NTB scanpix/Erik Thorberg/akg-images, Berlin
Seite 325: picture-alliance/Heinrich Sand/akg-images, Berlin
Seite 354: J. H. Darchinger/Friedrich-Ebert-Stiftung, Bonn, 6/F JHD021013

Seite 390: Landesarchiv Berlin, F Rep. 290 Nr. 0108078/Fotograf: Karl-Heinz Schubert
Seite 450: TT News Agency/TT NYHETSBYRÅN/akg-images, Berlin

Personenregister

Kursive Seitenzahlen verweisen auf Bildunterschriften.

Abrassimow, Pjotr 186
Adenauer, Konrad 23, 52, 61 f.,
    90, 134, 140, 142 f., 145,
    157–161, 163, 166 ff., *166*,
    171, 173 f., 178–181, 186–190,
    193–198, 200 ff., 204, 206 f.,
    209, 223, 225, 227, 237,
    241 ff., 249, 258 ff., 267, 271,
    287 f., 305 f., 308–312, 314,
    316, 329, 385, 392 f., 396,
    401, 441–444, 463, 465 f.,
    469
Adorno, Theodor W. 148
Agnoli, Johannes 393
Ahlers, Sibylle 255
Albertz, Heinrich 173, 179, 409
Améry, Carl 193, 212
Andersch, Alfred 191
Andropow, Jurij 429 f.
Appel, Reinhard 302
Arendt, Hannah 115 f., 148 f.
–, Walter 326
Arndt, Adolf 194, 463
Aron, Raymond 148

Attlee, Clement 156
Augstein, Rudolf 193, 299, 339,
    434

Baader, Andreas 222 f., 397, 402
Bachmann, Ingeborg 463 f.
Bahr, Egon 140 f., 173, 175, 179,
    185, *186*, 187, 195, 228–233,
    235 ff., 244, 248 f., 272, 279,
    287, 292, 298, 319, 322, 324,
    326, 328, 337, 340, 344, 346,
    353, 357, 361, 377, 407, 427,
    431, 434 f., 444, 446, 463, 474
Baring, Arnulf 199,
Barzel, Rainer 17, 194, 211, 236,
    244, 250, 253, 255 f., 261–264,
    266–270, 321, 323, 399 f.,
    415
Bauer, Fritz 387
–, Leo 144 f.
Bebel, August 55 ff., 59, 73, 213,
    346, 363, 372, 412, 443, 458,
    460 f.
Beck, Ludwig 53

Becker, Jürgen 193
–, Walter 254
Beckmann, Max 48
Benckiser, Nikolas 240
Bender, Peter 175, 275, 368
Benn, Gottfried 190
Bergaust, Rut siehe Brandt, Rut
Berghahn, Volker 146
Bernadotte, Folke 117
Bevin, Ernest 154
Binder, David 326, 345, 478
Bismarck, Klaus von 275, 316
–, Otto von 73, 106, 167, 250, 360, 375, 443
Blachstein, Peter 91
Bloch, Ernst 111, 464, 466
Blum, Léon 86, 108 f.
Blüm, Norbert 236
Boghardt, Thomas 150
Böhm, Wilhelm 104
Böll, Heinrich 13, 148, 187, 191, 198, 219–224, 282, 409, 446, 466
Bölling, Klaus 415
Börner, Holger 298, 343 f.
Boumedienne, Houari 293
Brandt, Lars 15 f., 26 f., 44, 299, 307, 389, 462, 476 f.
–, Matthias 255, 475
–, Peter 59, 156, 346, 385, 389, 474 ff.
–, Rut 69, 124, 136, 156, 165, 166, 167, 172, 280, 299, 315, 471–475, 477
Brauer, Max 111
Brecht, Bertolt 48, 89
Breitscheid, Rudolf 48, 111 f., 132
Brenner, Otto 121, 190
Breschnew, Leonid 235, 239, 249 ff., 252, 252, 276, 278, 429, 433, 452

Brost, Erich 136
Bruhns, Wibke 297
Brüning, Heinrich 47
Buber, Martin 48
Bullock, Alan 38
Burckhardt, Carl Jacob 464
Burmester, Charlotte siehe Wehner, Lotte
Bussche, Axel von dem 289

Canaris, Wilhelm 91
Carlsson, Ingvar 287
Carstens, Karl 270
Carter, Jimmy 411
Cassirer, Ernst 48
Castro, Fidel 142
Chamberlain, Neville 12, 94
Chruschtschow, Nikita 96, 139, 183, 185, 192, 195, 313, 449
Churchill, Winston 33, 98 f., 126, 251
Clay, Lucius 154 ff.
Cohn-Bendit, Daniel 417
Cossiga, Francesco 363
Cramer, Dettmar 240
–, Heinz von 191
Cycon, Dieter 234
Cyrankiewicz, Józef 24, 274, 278

Dahrendorf, Gustav 37, 329
–, Ralf 282, 329, 373, 400, 424
Daladier, Édouard 94
Delors, Jacques 287
Diamant, Max 75, 83
Djilas, Milovan 148
Döblin, Alfred 110
Dohnanyi, Klaus von 326
Dönhoff, Marion 29, 175, 299, 446
Drautzburg, Friedel 199
Dubček, Alexander 187, 435

Duckwitz, Georg Ferdinand 319
Dutschke, Rudi 200, 396 f.
Duve, Freimut 216, 281 f.

Ebert, Friedrich 21, 222, 443, 459
–, Fritz 155
Eden, Anthony 126
Eggebrecht, Axel 193, 212
Ehlers, Hermann 329
Ehmke, Horst 210, 255, 296, 324 ff., 325, 337, 344, 388, 427
Eich, Günter 191
Eichler, Willi 121
Eichmann, Adolf 315, 386, 394
Einstein, Albert 450
Eisenhower, Dwight D. 176
Enderle, August 101
Engels, Friedrich 73, 458
Ensslin, Gudrun 396 f., 402
Enzensberger, Hans Magnus 191
Enzensberger, Ulrich 396
Eppler, Erhard 316, 326, 357, 378, 407, 409, 411
Erhard, Ludwig 185–188, 192 ff., 197, 200, 208, 225, 267, 314 f., 317, 321, 385, 392, 463
Erler, Fritz 159, 194 ff., 308–311, 313, 317, 319, 463
Erzberger, Matthias 465

Falin, Valentin 231
Falk, Erling 100
Falkenhorst, Nikolaus von 36
Fallaci, Oriana 58
Fechner, Peter 177 f.
Feuchtwanger, Lion 48, 111
Fichte, Hubert 193
Filbinger, Hans 244
Fischer, Hermann 91
–, Joschka 16, 420, 432, 440
Fisher-Spanjer, Elisabeth 473 f.

Flach, Karl-Hermann 261
Focke, Katharina 326
Frahm, Ernst 23
Frahm, Janina 476
–, Ludwig 20, 22–25, 56 f., 59 f., 65, 372, 412
–, Martha 19 f., 21, 22 ff., 56 ff., 60, 65, 116, 118 f., 162, 222, 356, 372, 394, 478
–, Ninja 69, 476
Franco, Francisco 76, 83–86, 94, 206, 472
Franke, Egon 326
Frederik, Hans 91, 164, 202, 204 ff.
Freisler, Roland 52, 132
Freud, Anna 48
–, Sigmund 48, 68
Fried, Erich 193
Frölich, Paul 65, 80
Fücks, Ralf 438
Furtwängler, Wilhelm 76

Gaasland, Gunnar 74, 137 f.
Gabriel, Sigmar 454
Galbraith, John K. 361 f.
Gandhi, Mahatma 465
Garton Ash, Timothy 140 ff., 452
Gauck, Joachim 356
Gauguin, Paul René 98
Gaulle, Charles de 99, 240, 469
Gaus, Günter 166, 175, 199, 301, 303, 307, 324 f., 339, 368, 371, 412, 446
Gehlen, Reinhard 61
Geißler, Heiner 413
Genscher, Hans-Dietrich 141, 270, 287, 293, 295 f., 298, 350, 350, 353
Geremek, Bronisław 278, 282, 435
Gerstenmaier, Eugen 34

Gesell, Silvio 303
Globke, Hans 61, 201, 442
Glotz, Peter 434
Goebbels, Joseph 353
Goerdeler, Carl Friedrich 32 f., 37, 133, 276
Goldenberg, Boris 83
Gomułka, Władysław 274, 276
González, Felipe 85, 476
Gorbatschow, Michail 217, 250, 285 f., 353–356, 354, 373, 375 f., 427, 430, 447 f., 452, 454, 476
Göring, Hermann 62, 106, 127
Grabert, Horst 293, 295 f., 324, 337
Gradl, Johann Baptist 263
Graf, Oskar Maria 48, 111
Grass, Günter 13, 170, 175, 187, 189 ff., 193, 198 ff., 199, 202–219, 221, 223 f., 243, 256, 258, 272, 275, 277, 318, 356, 359, 362, 379, 388 f., 393 f., 446, 462 ff., 466, 471, 478
Grebing, Helga 379
Gromyko, Andrej 231, 235–238
Gropius, Walter 48
Gruša, Jiří 383
Guèsde, Jules 104
Guevara, Ernesto «Che» 396
Guillaume, Günter 14, 292, 294, 285 f., 342 f., 462
Guttenberg, Karl-Theodor von und zu 237

Haakon VII., König von Norwegen 97
Habermas, Jürgen 11, 387, 392, 397, 400, 437 ff., 440, 455
Hacke, Jens 401
Haffner, Sebastian 241

Hammarskjöld, Dag 465
Harpprecht, Klaus 148 f., 324 f., 331, 337, 427, 474
Härtling, Peter 193
Hassel, Kai-Uwe von 262
Hassell, Ulrich von 52
Haubach, Theodor 37
Havel, Václav 223, 282, 447
Havemann, Robert 193
Heckmann, Herbert 191
Heidegger, Martin 190
Heimann, Siegfried 173
Heine, Heinrich 110
Heinemann, Gustav 194, 196, 212, 310, 341, 391, 414
Heißenbüttel, Helmut 193
Heisenberg, Werner 192
Helms, Wilhelm 261
Herman, Lazar siehe Lania, Leo
Hermlin, Stephan 464
Herold, Horst 298
Heuss, Theodor 42 f., 53, 164 f., 443
Hey, Richard 193
Hildesheimer, Wolfgang 191
Hilferding, Rudolf 47
Himmler, Heinrich 91, 104, 117, 394
Hindenburg, Paul von 25
Hitler, Adolf 7, 12, 15, 30–34, 32, 36, 38, 40 ff., 46, 53 f., 56, 64, 66 f., 71 ff., 75–78, 81, 84, 90, 94 ff., 98, 101, 104, 108 ff., 113, 117, 122, 126, 129, 132 f., 143, 164 f., 169, 183, 237, 252, 289 f., 308, 315 f., 330, 364, 366, 371, 373, 394, 418, 422, 431, 435, 442, 463, 467, 469–472, 474, 479
Höcherl, Hermann 194
Hochhuth, Rolf 193, 196

Hocke, Ansgar 350
Höllerer, Walter 191
Honecker, Erich 294, 298 f., 332 ff., *333*, 338 ff., 343 f., 355, 467
Humboldt, Wilhelm von 363
Hupka, Herbert 261
Huxley, Aldous 124

Ingendaay, Paul 218 f.

Jäckel, Eberhard 199
Jackson, Robert H. 128 f.
Jahn, Gerhard 298
Jaruzelski, Wojciech 278, 447
Jaurès, Jean 56, 465
Jens, Walter 191, 13, 234, 463
Jodl, Alfred 131
Johnson, Uwe 191, 463
Jünger, Ernst 190
Jungk, Robert 193

Kagan, Robert 433
Kaisen, Wilhelm 118
Kaiser, Jakob 329
Kandinsky, Wassily 48
Kantorowicz, Alfred 46, 112
Kapfinger, Hans 164, 204 f.
Karniol, Maurycy 104 f., 119
Katzer, Hans 253, 262
Kennan, George F. *102*, *103*, 175 f., 184, 430, 453
Kennedy, Edward 255
–, John F. 26, *166*, 167 f., 170, 176–180, *180*, 184, 194 f., 201, 243, 399, 465
Kienbaum, Gerhard 261, 263
Kiesinger, Kurt Georg 141, 187 f., 197, 208, 211, 225 f., 234 f., 274, 300, 318 f., 385 f., 391, 393 f., 397, 442

King, Martin Luther 465
Kissinger, Henry 244, 444
Klarsfeld, Beate 393 ff.
Kluncker, Heinz 341
Knoeringen, Waldemar von 313
Koeppen, Wolfgang 191
Koestler, Arthur 96
Kohl, Helmut 15, 48, 140 f., 216, 264, 269 f., 287 f., 291, 350, *350*, 352 f., 355, 357–360, 36, 379 ff., 383, 411, 414 ff., 418, 420, 434, 440, 442, 447, 455, 467, 474 ff.,
–, Michael 248
Kohut, Pavel 223
Kollontai, Alexandra 35 f.
Kopelew, Lew 223
Körner, Torsten 138, 401 f.
Kossygin, Alexei 231
Kraatz, Birgit 49, 417 f., 458, 462, 467 f.
Kreisky, Bruno 104, 277, 287, 372
Krippendorff, Ekkehart 393
Kruse, Martin 475
Kühlmann-Stumm, Knut von 261, 263
Kuhlmann, Emil 57
Kuroń, Jacek 282
Kurras, Karl-Heinz 385

Lafontaine, Oskar 216, 352, 355, 357–362, 364, 379 f., 407, 409, 411, 420, 463
Landau, Kurt 164
Lange, Halvard 124
Langhans, Rainer 396
Lania, Leo 50, 143 ff.
Lasky, Melvin J. 148
Leber, Annedore 146
–, Julius 29, 31 ff., 36–39, 38, 49–54, 57, 60, 63 f., 122 f.,

513

146, 153, 364, 443, 459, 462, 479, 481
Lehmann, Hans Georg 91 f., 169 f., 315 f.
Leisler Kiep, Walther 230, 236
Lemmer, Ernst 329
Lenin, Wladimir Iljitsch 457
Lenz, Carl Otto 221
–, Gertrud 68, 221
–, Siegfried 191, 193, 196, 216
Lettau, Reinhard 193
Leuschner, Wilhelm 32, 37
Leussink, Hans 210
Liebknecht, Karl 80 f., 457, 459, 465
–, Wilhelm 73
Lincoln, Abraham 384
Lindlau, Dagobert 221, 256, 258
Lischka, Kurt 93
Lorenz, Einhart 71 f., 100 f.
–, Peter 405, 416
Löwenthal, Gerhard 231, 233, 237
–, Richard 148–152
Lübke, Heinrich 442, 464
Lukács, Georg 303, 463
Luther, Martin 363
Luxemburg, Rosa 15, 64, 73, 79, 80 f., 151, 457–462, 464 f., 481

Maaß, Hermann 37
Mahler-Werfel, Alma 112
Maihofer, Werner 326
Majonica, Ernst 263
Mann, Golo 112
–, Heinrich 46 f., 60, 110 ff., 372, 471, 481
–, Thomas 46, 123, 364, 372, 450
Mannheim, Karl 150
Marshall, George 154
Martin, Marko 474
Marx, Karl 73, 150, 412, 458, 463

Masaryk, Jan 146
Mathiopoulos, Margarita 421
Mayer, Hans 463–467, 474, 477 f.
Mazowiecki, Tadeusz 278
McCarthy, Joseph 305
McNamara, Robert 285
Meckel, Christoph 191
Meinhof, Ulrike 222 f., 397, 402
Mende, Erich 253, 260
Merkel, Angela 453 f.
Merseburger, Peter 16, 86, 140, 146 f., 198, 399
Metternich, Klemens Wenzel Lothar von 434
Meyer, Christoph 301 f., 306, 334, 336
–, Claus Heinrich 240
–, Gertrud 65, 67 ff., 68, 74
–, Kristina 78
Michnik, Adam 277 f., 282
Mierendorff, Carlo 37
Mikat, Paul 236
Mischnick, Wolfgang 299, 333, 334
Mitscherlich, Alexander 13, 222, 258 ff.
–, Margarete 258
Mitterrand, François 287
Moczar, Mieczysław 273
Moe, Finn 107
Möller, Alex 210
–, John Heinrich 23, 137
Molotow, Wjatscheslaw M. 95
Moltke, Helmuth James von 32 ff., 37
Momper, Walter 350
Monnet, Jean 306, 364
Monroe, Marilyn 13, 14
Mühsam, Erich 46, 302 f., 471
Müller, Albrecht 258
–, Günther 261

Münkel, Daniela 398
Münzenberg, Willi 110 ff.
Mussolini, Benito 73, 94, 112, 472
Myrdal, Alva 101 f., *102*, 104
–, Gunnar 101 f., *102*, 104, 479

Nau, Alfred 262
Neumann, Franz 91, 161 f., 172
Nietzsche, Friedrich 363
Nilsson, Torsten 82
Nollau, Günther 295 f., 298, 342
Nossack, Hans Erich 258

Ohnesorg, Benno 211, 385, 396
Ollenhauer, Erich 25, 47, 195, 309, 313
Ording, Arne 107
Orwell, George 148
Ossietzky, Carl von 303, 450 f., *450*, 472, 481

Palme, Olof 85, 255, 285, 465
Palmer, Hartmut 264, 267
Papen, Franz von 62, 67
Paul, Ernst 104
Peres, Shimon 287
Perger, Werner A. 441
Persson, Edvard 339
Pétain, Philippe 469
Picht, Georg 316
Pleitgen, Fritz 380 f.
Putin, Wladimir 11, 87, 174, 286, 431, 434, 437 f., 447, 452 f.

Quisling, Vidkun 97

Rabin, Itzhak 465
Radek, Karl 151
Raiser, Ludwig 316
Rakowski, Mieczysław 287
Rathenau, Walther 21, 465

Reagan, Ronald 407, 442
Reich, Jens 217, 384
–, Wilhelm 68 f., *68*
Reichwein, Adolf 37
Reinig, Christa 193
Reuter, Ernst 8, 48 f., 111, 143, 144, 146–153, 155, 157 f., 160 f., 167, 184, 311, 363, 443
Ribbentrop, Joachim von 95, 126, 289
Richter, Hans Werner 191, 193 f., 196, 203, 212, 234, 243, 256, 392, 463
Roehler, Klaus 191
Rommel, Erwin 103
Roosevelt, Franklin D. 99, 147, 251
Rother, Bernd 349 f.
Rühle, Günther 191
Rühmkorf, Peter 191, 193, 196, 258
Rupps, Martin 313

Sadat, Muhammad Anwar as- 293
Sahm, Heinrich 93
Salvatore, Gaston 396
Sänger, Fritz 105
Sartre, Jean-Paul 124, 190
Schabowski, Günter 349
Schallück, Paul 191, 193, 196
Schättle, Horst 313
Scheel, Cornelia 255
–, Walter 140 f., 174, 225 f., 231, 251, 253 ff., 260 ff., 287, 322, 326, 332, 341
Scheidemann, Philipp 73, 459
Schellenberg, Ernst 194
Schildt, Axel 202, 258, 393
Schiller, Friedrich 363
–, Karl 194, 210, 220, 321 f., 393, 463, 481

Schinkel, Karl Friedrich 363
Schlögel, Karl 436
Schmid, Carlo 194, 308 f., 311, 313
Schmidt, Helmut 12, 14 f., 42, 48, 51 f., 54, 56, 140 f., 159, 194 ff., 207, 210 f., 225, 228, 254 ff., 269, 278, 292, 298, 300, 310, 314, 317–324, 320, 325, 326 f., 329 f., 332, 341, 343–346, 367, 369 f., 391, 393, 402 f., 406–411, 408, 413–417, 419, 422 ff., 432 ff., 441, 443, 447, 455, 458, 478, 481
Schmitt, Carl 167, 19, 392
Schmude, Jürgen 357
Schnurre, Wolf Dietrich 191
Schoettle, Erwin 121
Schöllgen, Gregor 441
Scholz, Olaf 436 f.
Schönberg, Arnold 48
Schorlemmer, Friedrich 384
Schreiber, Hermann 274
Schröder, Gerhard (CDU) 141, 194, 212, 235, 391
–, Gerhard (SPD) 16, 420, 431, 440 f.
Schroeder, Louise 311
Schulenburg, Friedrich-Werner von der 36
Schumacher, Kurt 25, 47, 121–124, 136 f., 153, 157 ff., 161 f., 174, 181, 243, 301, 305 f., 309, 357
Schuman, Robert 156, 158
Schütz, Klaus 173, 179, 195, 319
Schwab-Felisch, Hans 193
Scott, John 34
Seebacher-Brandt, Brigitte 291, 374, 377, 379, 474
Semprún, Jorge 86
Sethe, Paul 299, 329

Siedler, Wolf Jobst 427
Siemsen, Anna 111
Silone, Ignazio 148
Sinclair, Upton 124
Smirnow, Andrei 186
Snyder, Timothy 435 f.
Soares, Mário 287
Soell, Hartmut 302, 443
Sokolowski, Wassili 154
Solschenizyn, Alexander 223, 277
Sonnemann, Ulrich 193
Sontheimer, Kurt 199
Sorsa, Kalevi 287
Speer, Albert 120, 316
Spiel, Hilde 148
Springer, Axel 16, 211, 254, 386
Stalin, Josef 33, 36, 83, 85 f., 94 ff., 151, 154, 159 f., 164, 171, 250 f., 302, 304, 336, 366
Starke, Heinz 260
Stauffenberg, Claus Schenk Graf von 31 ff., 36 f., 38, 39 ff., 50, 123, 126, 132, 134, 152, 316, 364, 443
Steiner, Julius 264–267
Steinmeier, Frank-Walter 453 f.
Steltzer, Theodor 36 f., 121
Stephan, Werner-Heinz 207
Stern, Carola 215, 27, 446
–, Fritz 282, 352
Sternberger, Dolf 365
Stoph, Willi 245–248
Strasser, Johano 215
Strauß, Franz Josef 47 f., 52, 90, 140, 161, 164, 179, 194, 206, 208, 216, 233, 236 f., 244, 251, 255, 264, 266–269, 287, 311, 321, 329 f., 396
Strauss, Simon 439 f., 455
Stresemann, Gustav 443
Strindberg, August 165, 167

Suhr, Otto 19, 41, *166*, 172 f., 175, 207, 311
Süskind, Patrick 352
Süssmuth, Ruth 387
Szende, Stefan 101, 105, 119 f., 136

Tarnow, Fritz 104 f., 119
Taubes, Jacob 393
Tern, Jürgen 235, 240
Teufel, Fritz 396
Thälmann, Ernst 132, 303
Thierse, Wolfgang 384
Thorkildsen, Carlota 69, *70*
Tillich, Paul 31
Toller, Ernst 111
Torp, Oscar 93
Tranmæl, Martin 82, 97
Tresckow, Henning von 32, 316
Treuber, Charlotte 303
Trott zu Solz, Adam von 29, 31 ff., 35 f., 41, 50, 54, 123, 129, 316, 479, 481
Trotzki, Leo 151
Truman, Harry S. 154
Trump, Donald 12
Tucholsky, Kurt 109, 303

Ulbricht, Walter 96, 111, 204, 231, 241, 245, 303, 463

Vansittart, Robert Gilbert 106
Vogel, Hans-Jochen 287, 326
–, Wolfgang 327
Vollmer, Antje 217
Voltaire 190

Wagenbach, Klaus 191, 193
Wagner, Leo 265

Walcher, Jacob 63, 71, 74, 79, 80 ff., 84, 121 f., 136, 145, 479
Walden, Matthias 169, 235
Wałęsa, Lech 277, 447
Walser, Martin 189, 191, 212, 234, 243, 258
Warhol, Andy 13, *13*, 16
Weber, Alfred 150
–, Max 449
Wehner, Greta 328, 333 ff.
–, Herbert 14, 17, 123, 187, 194 f., 225, 232, 255, 257, 266 f., 292–296, 298–324, *320*, *325*, *326*–347, 333, 388, 393, 402, 434, 455, 463
–, Lotte 305, 331, 336, 339 f.
Weill, Kurt 48
Weiss, Peter 76, 193, 196
Weizsäcker, Carl Friedrich von 192, 316, 392
–, Ernst von 30, 126, 289
–, Richard von 125 ff., 141, *186*, 216 f., 230, 236, 253, 262 f., 269, 287–290, 353, 363, 367, 442, 475
Wellershoff, Dieter 193
Wels, Otto 52, 329 f., 405
Werfel, Franz 112
Wienand, Karl 264 ff.
Wilson, Woodrow 99
Winkler, Heinrich August 434 ff.
Winzer, Otto 247
Wirth, Joseph 48
Wolf, Markus 266

Zastrow, Volker 294
Zoglmann, Siegfried 260
Zola, Émile 190
Zweig, Arnold 111

Aus dem Verlagsprogramm

Gunter Hofmann bei C.H.Beck

Helmut Schmidt
Soldat, Kanzler, Ikone
2. Auflage. 2015. 464 Seiten mit 40 Abbildungen. Gebunden

Willy Brandt und Helmut Schmidt
Geschichte einer schwierigen Freundschaft
3. Auflage. 2013. 336 Seiten mit 21 Abbildungen. Leinen

Marion Dönhoff
Die Gräfin, ihre Freunde und das andere Deutschland
2., durchgesehene Auflage. 2019. 480 Seiten mit 29 Abbildungen. Gebunden

Richard von Weizsäcker
Ein deutsches Leben
2. Auflage. 2010. 295 Seiten mit 24 Abbildungen. Gebunden

Verlag C.H.Beck München

Zeitgeschichte bei C.H.Beck

Volker Ullrich
Deutschland 1923
Das Jahr am Abgrund
2. Auflage. 2023. 441 Seiten mit 25 Abbildungen. Gebunden

Volker Ullrich
Acht Tage im Mai
Die letzte Woche des Dritten Reiches
6. Auflage. 2020. 317 Seiten mit 21 Abbildungen und 1 Karte. Gebunden

Michael Wildt
Zerborstene Zeit
Deutsche Geschichte 1918 bis 1945
2. Auflage. 2022. 638 Seiten mit 12 Abbildungen. Gebunden

Ulrich Herbert
Wer waren die Nationalsozialisten?
3. Auflage. 2021. 303 Seiten. Gebunden

Christiane Hoffmann
Alles, was wir nicht erinnern
Zu Fuß auf dem Fluchtweg meines Vaters
6., durchgesehene Auflage. 2022. 279 Seiten mit 12 Abbildungen und 1 Karte. Gebunden

Uwe Wittstock
Februar 33
Der Winter der Literatur
6. Auflage. 2022. 288 Seiten mit 30 Abbildungen. Gebunden

Verlag C.H.Beck München

Biografien bei C.H.Beck

Ralph Bollmann
Angela Merkel
Die Kanzlerin und ihre Zeit
7. Auflage. 2022. 800 Seiten mit 69 Abbildungen. Gebunden

Wolfgang Benz
Allein gegen Hitler
Leben und Tat des Johann Georg Elser
2023. 224 Seiten mit 29 Abbildungen. Gebunden

Sudhir Hazareesingh
Black Spartacus
Das große Leben des Toussaint Louverture
Aus dem Englischen übersetzt von Andreas Nohl
unter Mitwirkung von Nastasja S. Dresler
2022. 551 Seiten mit 38 farbigen Abbildungen auf Tafeln,
30 Schwarzweiß-Abbildungen im Text und 3 Karten. Gebunden

Friedrich Wilhelm Graf
Ernst Troeltsch
Theologe im Welthorizont
2022. 638 Seiten mit 37 Abbildungen. Gebunden

Gudrun Krämer
Historische Bibliothek der Gerda Henkel Stiftung
Der Architekt des Islamismus
Hasan al-Banna und die Muslimbrüder
Eine Biographie
2022. 528 Seiten mit 52 Abbildungen. Gebunden

Verlag C.H.Beck München